METODOLOGIA DA PESQUISA EM EDUCAÇÃO

Abordagens Qualitativas, Quantitativas e Mistas

João Mattar
Daniela Karine Ramos

METODOLOGIA DA PESQUISA EM EDUCAÇÃO

Abordagens Qualitativas, Quantitativas e Mistas

METODOLOGIA DA PESQUISA EM EDUCAÇÃO
ABORDAGENS QUALITATIVAS, QUANTITATIVAS E MISTAS
© ALMEDINA, 2021

AUTOR: João Mattar e Daniela Karine Ramos

DIRETOR ALMEDINA BRASIL: Rodrigo Mentz
EDITOR DE CIÊNCIAS SOCIAIS E HUMANAS: Marco Pace
ASSISTENTES EDITORIAIS: Isabela Leite e Larissa Nogueira

REVISÃO: Marian Gabani
DIAGRAMAÇÃO: Almedina
DESIGN DE CAPA: Roberta Bassanetto

ISBN: 9786586618440
Agosto, 2021

Dados Internacionais de Catalogação na Publicação (CIP)
(Câmara Brasileira do Livro, SP, Brasil)

Mattar, João
Metodologia da pesquisa em educação: abordagens qualitativas,
quantitativas e mistas / João Mattar, Daniela Karine Ramos.
1. ed. – São Paulo: Edições 70, 2021.

Bibliografia
ISBN 978-65-86618-44-0

1. Ciências sociais 2. Educação 3. Pesquisa qualitativa – Metodologia
4. Pesquisa quantitativa I. Ramos, Daniela Karine. II. Título.

21-67050   CDD-370.78018

Índices para catálogo sistemático:

1. Metodologia: Pesquisa educacional 370.78018

Aline Graziele Benitez – Bibliotecária – CRB-1/3129

Este livro segue as regras do novo Acordo Ortográfico da Língua Portuguesa (1990).

Todos os direitos reservados. Nenhuma parte deste livro, protegido por copyright, pode ser reproduzida, armazenada ou transmitida de alguma forma ou por algum meio, seja eletrônico ou mecânico, inclusive fotocópia, gravação ou qualquer sistema de armazenagem de informações, sem a permissão expressa e por escrito da editora.

EDITORA: Almedina Brasil
Rua José Maria Lisboa, 860, Conj. 131 e 132, Jardim Paulista | 01423-001 São Paulo | Brasil
editora@almedina.com.br
www.almedina.com.br

Ao Joãozinho e ao Rafinha,
com todo o meu amor!
À Julia, ao Mateus e à Eduarda,
inspirações para concretizar um projeto de vida!

AGRADECIMENTOS

Ao Professor Doutor Rui Marques Vieira, do Departamento de Educação e Psicologia da Universidade de Aveiro (Portugal), que aceitou gentilmente o convite para escrever o prefácio deste livro.

À Doutora Tara W. Fortune, pesquisadora e fundadora da Tara Fortune Consulting LLC (Estados Unidos), pela pronta resposta e autorização para a tradução do *Immersion Teaching Strategies Observation Checklist*.

A Johnny Saldaña, professor emérito da Arizona State University e autor de diversos livros importantes na área de metodologia da pesquisa qualitativa, pela rápida resposta a uma consulta sobre uma nova edição de um de seus livros, do qual gentilmente nos enviou o prefácio.

Ao Cassio Cabral Santos, grande parceiro e doutorando no Instituto de Educação da Universidade de Lisboa, pelas ricas conversas durante a gestação deste livro e pelas leituras atentas de algumas passagens.

À querida Bruna Santana Anastácio, doutoranda em educação na Universidade Federal de Santa Catarina (UFSC), pelas leituras e pelos comentários em algumas passagens do texto.

Ao Professor Doutor Carlos Valente e ao mestrando Sidnei Novais Magalhães Filho, por terem nos socorrido com tempo e atenção em um momento trágico da redação deste livro: quando, em pleno século XXI, perdemos meses de trabalho por um equívoco no backup dos arquivos.

Aos vários colegas pesquisadores, cujas pesquisas escolhidas iluminaram com muito brilhantismo várias passagens do texto.

Aos nossos alunos e orientandos, com quem, afinal, pudemos aplicar e avaliar várias das propostas deste livro.

Ao Marco Pace, da editora Almedina, que nos orientou na proposta para o livro e conduziu a aprovação e publicação do texto.

APRESENTAÇÃO

O objetivo deste livro é apresentar e discutir as principais metodologias de pesquisa utilizadas na área de educação, servindo, assim, para leitura e consulta de todos aqueles que precisam realizar investigações nessa área, e, de uma maneira mais ampla, nas ciências sociais e humanas, ou que se interessam por esse tema. Apesar de as pesquisas no Brasil, especialmente em educação, adotarem primordialmente uma abordagem qualitativa, contemplamos no texto também a pesquisa quantitativa. Não exploramos especificamente as características das pesquisas em ciências exatas e da saúde, mas várias orientações do livro servem para essas áreas.

Como referências gerais para elaborar este livro, selecionamos obras reconhecidas, nacional e internacionalmente, sobre metodologias de pesquisa qualitativas, quantitativas e de métodos mistos (CRESWELL; CLARK, 2018; CRESWELL; CRESWELL, 2018; CRESWELL; POTH, 2018; GIL, 2019a, MERRIAM; TISDELL, 2016; PATTON, 2015), voltadas para as ciências humanas e sociais (BABBIE, 2016; GIL, 2019b; LUNE; BERG, 2007) e especificamente para a educação (BOGDAN; BIKLEN, 2007; COHEN; MANION; MORRISON, 2018; CRESWELL; GUETTERMAN, 2019; LÜDKE; ANDRÉ, 2015). Além disso, utilizamos obras reconhecidas sobre metodologias e procedimentos específicos, citadas durante o texto e listadas nas referências.

Durante a leitura, você será apresentado a diversos artigos, publicados em periódicos nacionais e internacionais, utilizados para ilustrar os conceitos, as metodologias e os procedimentos trabalhados no livro. Sugerimos fortemente que você acesse os artigos, pois foram selecionados cuidadosamente com o propósito de enriquecer o seu aprendizado.

Você perceberá que o texto está repleto de quadros, figuras e tabelas. Mas as ilustrações que chamamos de exemplos têm um caráter didático: a ideia é que possam servir de modelo para algum procedimento ou técnica que você precise realizar em suas pesquisas.

Além das referências que já são citadas durante o livro, o site do livro apresenta sugestões adicionais e comentadas de leitura, que desenham, assim, um mapa para que você possa aprofundar sua compreensão sobre os temas que mais lhe interessarem.

Diversos capítulos e seções do livro fornecem indicações e demonstrações do uso de softwares de suporte ao desenvolvimento de pesquisas, para demonstrar seu potencial no apoio à execução dos procedimentos indicados.

O livro está dividido em nove capítulos temáticos, que não possuem um tamanho padrão. O primeiro capítulo discute diferentes abordagens e paradigmas para a pesquisa, além de apresentar um modelo para o ciclo da pesquisa, seguido e ampliado durante todo o livro. O segundo capítulo contextualiza o universo da pesquisa em educação no Brasil. O terceiro capítulo destaca a revisão de literatura como uma etapa fundamental da investigação. O quarto capítulo traz orientações para a elaboração dos elementos essenciais do planejamento e de um projeto de pesquisa, como problema, objetivos e questões/hipóteses, além de explorar os desafios éticos do processo. São abordados também aspectos como: variáveis, amostragem, validade e confiabilidade. O quinto capítulo classifica os tipos de metodologias em função de diferentes critérios, como natureza, fontes, abordagem (qualitativa, quantitativa e métodos mistos), objetivos e procedimentos, descrevendo as características específicas de metodologias primordiais para a pesquisa em educação, como narrativa ou história de vida, pesquisa fenomenológica, etnografia, estudo de caso, pesquisa-ação, teoria fundamentada (*grounded theory*), *survey*, pesquisa experimental, quase-experimental e ex-post-facto, dentre outras. O sexto capítulo foca especificamente na coleta de dados, descrevendo instrumentos e estratégias como observação, questionário, testes, entrevista, grupo focal e análise documental. O sétimo capítulo aborda a análise de dados qualitativos e quantitativos, incluindo aspectos da estatística descritiva e inferencial, além da discussão e interpretação dos resultados. O oitavo capítulo traz orientações para a redação de textos acadêmicos, compreendendo as normas da Associação Brasileira de Normas Técnicas (ABNT). Finalmente, a conclusão resume o percurso do livro e traz sugestões adicionais para o desenvolvimento do seu trabalho.

O livro pode ser lido do começo ao fim, o que, certamente, caracterizará uma experiência muito rica. Entretanto, em função da extensão do texto, é provável que seja utilizado para consultas pontuais a seções ou capítulos específicos. Assim, uma consulta geral ao sumário pode ajudá-lo a ter uma visão geral da estrutura do livro. De qualquer maneira, em todos os momentos em que consideramos necessário, fizemos indicações de que em seções ou capítulos anteriores já haviam sido tratados alguns dos conceitos abordados naquele momento ou que serão desenvolvidos em mais detalhes posteriormente.

PREFÁCIO

> A essência dos direitos humanos é o direito a ter direitos.
> (ARENDT, 2001).

Na entrada da terceira década do século XXI vive(u)-se uma pandemia que provocou mudanças (ou induziu, em alguns casos, a sua aceleração) nos modos de vida e de pensar. Em nome da saúde pública, em variados países, foi implementado um conjunto de medidas e restrições ou obrigações, que confinaram uma parte da humanidade a novas formas de (tele)trabalhar e de pensar e agir sobre o que realmente valorizam, individual e coletivamente. O que, entre outras, permitiu a amplificação, pelos meios de comunicação social e redes sociais digitais, da enorme diversidade de contextos, situações e, ainda mais, das desigualdades que uma multiplicidade de seres humanos vivencia(ou).

Esta realidade, e particularmente as problemáticas e questões relacionadas com a área da educação, só poderá ser ultrapassada também com o contributo da investigação. E esta implica a compreensão aprofundada e com evidências destes contextos e que seja capaz de propor a (re)solução dos problemas, incluindo alguns dos decorrentes desta nova realidade, como os relativos ao modo e às dinâmicas das tecnologias digitais nos contextos educacionais.

Neste quadro, e na área das ciências humanas e sociais, este livro pode constituir-se efetivamente como um contributo para quem realiza ou venha a iniciar-se nas metodologias de investigação em educação atual, particularmente em língua portuguesa. O modo como está organizado, que é logo apresentado a seguir a este prefácio, evidencia bem a sua relevância e a sua potencial utilidade.

E esta investigação, e aproveitando as mudanças que estão a ocorrer, algumas delas abruptas, não se compadece (ou não deveria) com agendas educativas reprodutivas do status quo dominante e hegemônicas! Defende-se que esta seja crítica e criativa da realidade, no respeito pelos direitos humanos e que permita a todos, incluindo aos jovens investigadores, o direito a intencionalmente contribuir para a melhoria da aprendizagem de todos.

Preconiza-se e assume-se, neste âmbito, uma cultura de investigação transformadora, crítica e emancipadora dos seres humanos e que, sem deixar de se articular com outros contextos e amplitudes, se centre na práxis educativa (VIEIRA; TENREIRO-VIEIRA, 2013). Como também defendem outros investigadores, de que é exemplo Vieira (2009), pretende-se que esta cultura assente nos valores democráticos da liberdade e da responsabilidade social seja capaz de reconhecer a sua ausência e reclamar pela sua presença na investigação em educação. Esta última investigadora clarifica que

> não se trata de uma emancipação desresponsabilizadora ou assente na liberdade individual(ista), mas sim de uma emancipação que *estreita a relação de obrigações de cada um consigo próprio e com os outros, e ainda com o estado das coisas.* (VIEIRA, 2009, p. 122).

Direitos, como estes, podem ser alcançados com os fundamentos e orientações que esta obra proporciona. Desde logo, por possibilitar uma pluralidade metodológica e paradigmática, a qual surge problematizada no primeiro capítulo. De fato, os autores procuraram selecionar e apresentar aos leitores diferentes visões de investigadores de referência de vários contextos e países e que se posicionam em diversificados paradigmas, sendo que podem apoiar e orientar a tomada de decisão em função do modo como se vê (ou poderá "olhar") o mundo, a educação, a escola e os seus atores, bem como o ensino e a aprendizagem.

> Em educação (tal como noutras áreas), há escolas, autores, correntes e diferentes concepções. Não tenho dúvidas de que o modo como vemos o mundo e nele nos situamos, as mudanças que procuramos construir, os objectivos pelos quais nos batemos, fazem toda a diferença em relação à nossa concepção de educação e, de modo mais directo, à nossa concepção de ESCOLA. (BENAVENTE, 2015, p. 14).

Estes diferentes modos de ver o mundo e de atuar sobre ele influenciam as opções pelas problemáticas e temáticas educacionais a investigar. Importa que as instituições e orientadores/supervisores respeitem essas escolhas dos jovens investigadores, desde que pautadas pela liberdade e no quadro dos direitos humanos e dos padrões da ética que a investigação em Ciências Sociais e Humanas estipula e que, em educação, são absolutamente ess(xist)enciais.

Aliás, ao longo dos vários capítulos desta sua obra, os autores João Mattar e Daniela Ramos procuram apresentar, por um lado, diversos artigos do Brasil e internacionais, com a intenção de ilustrar conceitos, metodologias e procedimentos específicos que expõem, e, por outro, o essencial desta área em quadros, figuras e tabelas. Estes evidenciam uma multiplicidade de exemplos que merece destaque pela preocupação com diferentes áreas da educação, apesar dos seus interesses específicos pelas que realizam e que vão, naturalmente, surgindo ao longo deste livro.

Neste quadro, para uma melhor compreensão desta obra, merece que se saliente o seu "modelo para o ciclo da pesquisa, seguido e ampliado durante todo o livro", o qual coexiste, pese embora a controvérsia epistemológica que persiste em torno da complementaridade dos três paradigmas que bem sistematizam. E, da sua experiência e formação, a partir das naturezas (qualitativa, quantitativa e mista) dominantes nesta área, propõem uma classificação dos tipos de metodologias em função de diferentes critérios, como fontes, abordagens, objetivos, instrumentos e procedimentos concretos para a(s) possível(eis) operacionalização(ões) de uma investigação/pesquisa em educação.

Acresce a preocupação dos autores com a escrita acadêmica e com a redação de textos acadêmicos, com destaque para o cumprimento das normas da Associação Brasileira de Normas Técnicas (ABNT). Pese embora os diferentes estilos de escrita acadêmica, salienta-se o cuidado com uma comunicação clara, concisa e transparente para uma maior amplitude de públicos, além dos potenciais pares, a qual é considerada crucial para a afirmação e consolidação da investigação em educação.

Deseja-se, pois, que este livro apoie a realização de investigação com qualidade nesta área e contribua para o seu aumento sustentado e fundamentado. Esta é absolutamente necessária para se poder responder aos desafios atuais, a que, em situação de emergência de ensino remoto, compeliu muitos estudantes, professores e alunos ao longo de 2020 e 2021 e que se prevê continue a acontecer no futuro.

> Pese embora a investigação crescente neste campo, neste mesmo período de tempo, existe um longo caminho a percorrer para que as mudanças nas práticas educativas e na vida possam ser uma realidade efetiva e sentida no bem-estar dos Seres Humanos e dos modos de vida no planeta. (VIEIRA, TENREIRO-VIEIRA; FRANCO, 2020, p. 82).

REFERÊNCIAS

ARENDT, Hannah. *A condição humana*. Tradução: Roberto Raposo. Lisboa: Relógio D´Água, 2001. (original de 1958).

BENAVENTE, Ana. "O que investigar em educação?" *Revista Lusófona de Educação*, v. 29, n. 9, p. 9-23, 2015.

VIEIRA, Flávia. "Em contracorrente: o valor da indagação da pedagogia na universidade". *Educação, Sociedade & Culturas*, n. 28, p. 107-126, 2009.

VIEIRA, Rui Marques; TENREIRO-VIEIRA, Celina. "Categorias de Análise Qualitativa de práticas Didático-Pedagógicas". *Indagatio Didactica*, v. 5, n. 2, p. 300-308, 2013.

VIEIRA, Rui Marques; TENREIRO-VIEIRA, Celina; FRANCO, A. R. "Pensamento Crítico no Ensino Superior Português: Investigação e Formação de Professores". *In*: RIVAS, Silvia F.; SAIZ, Carlos; VIEIRA, Rui Marques (org.). *Pensamento crítico em Universidades Ibero-americanas: Percursos educativos e perspetivas de formação*. Curitiba: Brazil Publishing, 2020. p. 79-104. doi:10.31012/978-65-5861-176-9.

Aveiro – Portugal, 11 de fevereiro de 2021.

PROF. DOUTOR RUI MARQUES VIEIRA
Universidade de Aveiro, Departamento de Educação e Psicologia – Portugal
CIDTFF – Centro de Investigação Didática e Tecnologia na Formação de Formadores

LISTA DE SIGLAS

ANPEd	Associação Nacional de Pós-Graduação e Pesquisa em Educação
BERA	British Educational Research Association
CAQDAS	Computer–Assisted Qualitative Data Analysis Software
CAPES	Coordenação de Aperfeiçoamento de Pessoal de Nível Superior
CEP	Comitês de Ética em Pesquisa
CFP	Conselho Federal de Psicologia
CNPq	Conselho Nacional de Desenvolvimento Científico e Tecnológico
CNS	Conselho Nacional de Saúde
CONEP	Comissão Nacional de Ética em Pesquisa
DSC	Discurso do Sujeito Coletivo
ECR	Ensaio Clínico Randomizado
FCHSSA	Fórum das Associações de Ciências Humanas, Ciências Sociais e Sociais Aplicadas
FIPE	Fundação Instituto de Pesquisas Econômicas
GT-CHS	Grupo de Trabalho sobre Ética em Pesquisa nas Ciências Humanas e Sociais
Inep	Instituto Nacional de Estudos e Pesquisas Educacionais Anísio Teixeira
IVC	Índice de Validade de Conteúdo
MEC	Ministério da Educação
NESH	The National Committee for Research Ethics in the Social Sciences and the Humanities
OCM	Outline of Cultural Materials
PEA	Perturbação do Espectro do Autismo
PICO	Population, Intervention, Comparison and Outcomes
PISA	Programme for International Student Assessment
PRISMA	Preferred Reporting Items for Systematic Reviews and Meta-Analyses
PROSPERO	The International Prospective Register of Systematic Reviews
ProUni	Programa Universidade para Todos
SATEPSI	Sistema de Avaliação de Testes Psicológicos
TCLE	Termo de Consentimento Livre e Esclarecido

SUMÁRIO

1. INTRODUÇÃO 23
2. CONTEXTO DA PESQUISA EM EDUCAÇÃO NO BRASIL 29
   2.1. Histórico, abordagens e desafios da pesquisa em educação no Brasil 30
   2.2. Formação para a pesquisa nos cursos de formação de professores 34
3. REVISÃO DE LITERATURA 37
   3.1. Definição e características de uma revisão de literatura 37
   3.2. Posição e função da revisão de literatura no ciclo da pesquisa 40
   3.3. Tipos de revisão de literatura 42
      3.3.1. Levantamento bibliográfico 43
      3.3.2. Estudo bibliométrico 44
      3.3.3. Revisão narrativa 45
      3.3.4. Revisão de escopo 47
      3.3.5. Revisão integrativa 49
      3.3.6. Revisão sistemática 50
      3.3.7. Meta-análise 52
      3.3.8. Revisão de revisões 53
   3.4. Etapas da revisão de literatura 54
      3.4.1. Navegação 54
      3.4.2. Planejamento 55
         3.4.2.1. Protocolo 55
         3.4.2.2. Objetivos e perguntas 56
         3.4.2.3. Estratégias de busca 57
         3.4.2.4. Critérios de seleção 59
         3.4.2.5. Orientações para a extração dos dados 60
         3.4.2.6. Metodologia para a análise dos dados 60
      3.4.3. Execução 61
         3.4.3.1. Busca 61
         3.4.3.2. Seleção pela leitura dos títulos, resumos e palavras-chave 61
         3.4.3.3. Seleção pela leitura dos textos completos 62

		3.4.3.4. Extração.	63
		3.4.3.5. Análise e síntese.	63
		3.4.3.6. Redação.	64
	3.5.	Referencial teórico.	66

4. PLANEJAMENTO DA PESQUISA 71
   4.1. Relações entre variáveis 71
   4.2. Etapas do planejamento da pesquisa 76
      4.2.1. Brainstorm 77
      4.2.2. Tema 77
      4.2.3. Problema. 78
      4.2.4. Justificativa. 80
      4.2.5. Objetivos. 80
      4.2.6. Questões e hipóteses. 85
         4.2.6.1. Questões 86
         4.2.6.2. Hipóteses. 88
      4.2.7. Metodologia, coleta de dados, análise de dados e redação 90
   4.3. Amostragem 91
      4.3.1. Amostragem probabilística 92
         4.3.1.1. Amostra aleatória simples 92
         4.3.1.2. Amostra sistemática 93
         4.3.1.3. Amostra estratificada 94
         4.3.1.4. Amostra por conglomerado 94
      4.3.2. Amostragem não probabilística 95
         4.3.2.1. Amostra por conveniência 95
         4.3.2.2. Amostra intencional 95
         4.3.2.3. Amostra por cotas 96
         4.3.2.4. Amostra bola de neve 96
         4.3.2.5. Amostra por saturação 96
         4.3.2.6. Amostra de voluntários. 97
      4.3.3. Outros tipos de amostragem 97
      4.3.4. Tamanho da amostra 98
   4.4. Validade e confiabilidade 100
      4.4.1. Validade 100
         4.4.1.1. Validade interna e externa. 102
         4.4.1.2. Validade de um instrumento. 104
      4.4.2. Confiabilidade 105
   4.5. Ética. 109
      4.5.1. Sistema CEP/CONEP e Plataforma Brasil 112

5. METODOLOGIAS E TIPOS DE PESQUISA 117
   5.1. Natureza 118

SUMÁRIO

- 5.2. Objetivos 119
- 5.3. Tempo 120
- 5.4. Fontes 124
  - 5.4.1. Pesquisa documental 124
    - 5.4.1.1. Pesquisa histórica 126
    - 5.4.1.2. Pesquisa bibliográfica 127
  - 5.4.2. Pesquisa de campo 127
  - 5.4.3. Laboratório 128
  - 5.4.4. Internet 129
- 5.5. Abordagem 131
  - 5.5.1. Qualitativa 131
  - 5.5.2. Quantitativa 133
  - 5.5.3. Mista 134
- 5.6. Procedimentos 138
  - 5.6.1. Pesquisa narrativa (ou história de vida) 138
  - 5.6.2. Pesquisa fenomenológica 141
  - 5.6.3. Etnografia 146
  - 5.6.4. Estudo de caso 150
  - 5.6.5. Pesquisa-ação 154
  - 5.6.6. Grounded theory 162
  - 5.6.7. Survey ou levantamento de campo 166
  - 5.6.8. Pesquisa experimental e quase-experimental 176
    - 5.6.8.1. Pesquisa experimental 176
    - 5.6.8.2. Ensaio clínico randomizado 183
    - 5.6.8.3. Pesquisa pré-experimental 186
    - 5.6.8.4. Pesquisa quase-experimental 187
  - 5.6.9. Ex-post-facto 191
  - 5.6.10. Outras 195

6. COLETA DE DADOS 197
   - 6.1. Mensuração de variáveis 199
   - 6.2. Observação 202
     - 6.2.1. Tipos de observação 203
     - 6.2.2. Métodos e técnicas de observação 204
     - 6.2.3. Dialética observação/participação 211
   - 6.3. Questionário 215
     - 6.3.1. Planejamento e construção do questionário 216
     - 6.3.2. Questões 218
       - 6.3.2.1. Questões fechadas 219
       - 6.3.2.2. Questões abertas 223
       - 6.3.2.3. Escalas 224
       - 6.3.2.4. Layout das questões 231

    6.3.2.5. Ordem das questões 234
  6.3.3. Validação do questionário 236
  6.3.4. Aplicação do questionário 240
 6.4. Testes 241
 6.5. Entrevista 247
 6.6. Grupo focal 254
 6.7. Documentos 258

7. RESULTADOS, ANÁLISE, DISCUSSÃO E INTERPRETAÇÃO 263
 7.1. Análise de dados em pesquisas qualitativas 265
  7.1.1. Codificação e categorização 266
  7.1.2. Análise de conteúdo 275
  7.1.3. Análise do discurso 281
  7.1.4. Validade e confiabilidade em pesquisas qualitativas 284
 7.2. Análise de dados em pesquisas quantitativas 288
  7.2.1. Preparação dos dados para a análise 291
  7.2.2. Estatística descritiva 293
    7.2.2.1. Medidas de tendência central e distribuição: média, mediana e moda 294
    7.2.2.2. Medidas de variabilidade e dispersão: desvio padrão, variância, quartil e intervalo interquartil 296
    7.2.2.3. Distribuição de frequência 299
    7.2.2.4. Tabelas 300
    7.2.2.5. Gráficos 301
    7.2.2.6. Distribuição normal e não normal 308
    7.2.2.7. Análise univariada, bivariada e multivariada 312
  7.2.3. Estatística inferencial 312
    7.2.3.1. Hipóteses unilaterais e bilaterais 313
    7.2.3.2. Erro amostral 315
    7.2.3.3. Intervalo de confiança 316
    7.2.3.4. Nível de significância 317
    7.2.3.5. Erros tipo I e II 318
    7.2.3.6. Dados paramétricos e não paramétricos 319
    7.2.3.7. Tamanho do efeito 320
    7.2.3.8. Graus de liberdade 322
    7.2.3.9. Testes estatísticos 322
  7.2.4. Análise de correlação 368
    7.2.4.1. Correlação de Pearson 371
    7.2.4.2. Rho de Spearman 374
    7.2.4.3. V de Cramer 376
  7.2.5. Análise de regressão 376
    7.2.5.1. Regressão linear simples 377

SUMÁRIO

		7.2.5.2. Regressão múltipla	382
	7.3.	Discussão e interpretação dos resultados	386
		7.3.1. Contexto	387
		7.3.2. Revisão de literatura	388
		7.3.3. Referencial teórico	389
		7.3.4. Objetivos, hipóteses e questões	391
		7.3.5. Pesquisador	392
		7.3.6. Métodos mistos	393
8.	REDAÇÃO		397
	8.1.	Estrutura de artigos e trabalhos acadêmicos	397
		8.1.1. Título	398
		8.1.2. Resumo	402
		8.1.3. Listas e sumário	404
		8.1.4. Introdução	404
		8.1.5. Desenvolvimento	405
		8.1.5.1. Metodologia	405
		8.1.5.2. Resultados	406
		8.1.5.3. Discussão	407
		8.1.6. Conclusão	408
		8.1.7. Referências e citações	408
		8.1.7.1. Elementos principais das referências	409
		8.1.7.2. Tipos de referência	414
		8.1.7.3. Regras gerais para apresentação e ordenação das referências	418
		8.1.7.4. Citações	420
		8.1.8. Formatação	427
	8.2.	Falando por imagens	428
	8.3.	Breves questões de língua e estilo	440
	8.4.	Apresentação do trabalho	441
9.	CONCLUSÃO		443
REFERÊNCIAS			445
SOBRE OS AUTORES			469

1.
INTRODUÇÃO

Segundo Thomas Kuhn (2017), as ciências são determinadas por paradigmas, matrizes culturais e históricas que definem, inclusive, seus objetos de estudo. O paradigma funcionaria como o mapa ou roteiro de uma ciência, fornecendo critérios para delimitar problemas, formular questões, determinar o que deve ser observado, coletar dados, analisar resultados e assim por diante. Corresponderia, portanto, a um conjunto de práticas que caracterizam determinada ciência, incorporando os valores e as crenças dos cientistas da área. Nesse sentido, um paradigma, chamado também por vários autores de visão de mundo, congregaria diversas perspectivas, como: ontologia (como concebemos o ser e a realidade), epistemologia (como concebemos o conhecimento), axiologia (como concebemos crenças e valores) e metodologia (como concebemos a pesquisa).

A "ciência normal", expressão também utilizada pelo físico e filósofo norte-americano, procuraria solucionar problemas com os pressupostos conceituais, metodológicos e instrumentais compartilhados pela comunidade científica, os quais constituiriam o próprio paradigma. A ciência normal ampliaria e aprofundaria o aparato conceitual do paradigma, sem, contudo, alterá-lo.

Entretanto, quando o progresso e o desenvolvimento do conhecimento começam a requerer explicações que o paradigma vigente não consegue mais fornecer, a ciência passa por uma crise, que pode dar origem a uma revolução científica. Guiados por um novo paradigma, os cientistas adotam novos instrumentos e orientam seus olhares para novas direções, chegando, inclusive, a enxergar objetos novos e diferentes ao observarem, por meio de instrumentos familiares, fenômenos da realidade já examinados. Quando mudam os paradigmas, muda, também, o universo dos cientistas.

Na década de 1980, a pesquisa em educação vivenciou uma chamada "guerra de paradigmas" entre as abordagens quantitativas, predominantes na época, e as abordagens qualitativas ou emergentes (GAGE, 1989). Patton (2015) considera que esse debate histórico entre metodologias quantitativas e qualitativas serviu para iluminar o contraste, e mesmo a oposição, entre dois paradigmas ou visões de mundo: de um lado, a utilização de métodos quantitativos e experimentais para gerar e testar generalizações hipotético-dedutivas; de outro lado, a utilização de abordagens qualitativas e naturalistas para entender, de forma indutiva e holística, a experiência humana em contextos específicos. Apesar de a variedade de abordagens de pesquisa ter se expandido para além da dicotomia simplista entre paradigmas quantitativos e qualitativos, e de essa discussão ter ocorrido principalmente nos Estados Unidos, o debate faz parte de nossa herança metodológica em educação e ainda está vivo, inclusive no Brasil, como veremos em vários momentos durante este livro. Portanto, explorá-lo pode auxiliar na tomada de decisões metodológicas e estratégicas.

Para Merriam e Tisdell (2016, p. 15, tradução nossa), por exemplo, as quatro características essenciais para entender a natureza da pesquisa qualitativa seriam: "o foco está no processo, na compreensão e no significado; o pesquisador é o principal instrumento de coleta e análise de dados; o processo é indutivo; e o produto é ricamente descritivo". A pesquisa quantitativa, de outro lado, é experimental, empírica e estatística; utiliza instrumentos para coleta de dados, como escalas, testes e questionários; e é dedutiva. Essas são diferenças gerais, que serão abordadas em mais detalhes durante o livro.

A partir da ideia de "diálogo entre paradigmas" (GUBA, 1990), a guerra teria sido, ao menos parcialmente, superada. No debate quantitativo/qualitativo, diversos autores passaram a explorar a abordagem de métodos mistos, que poderia ser chamada de meio radical:

> Não basta que os pesquisadores de metodologia mista ocupem um espaço epistemológico situado em algum lugar entre os espaços epistemológicos quantitativo e qualitativo. Em vez disso, os pesquisadores mistos devem aspirar pelo que é o meio radical, que não deve ser um espaço passivo e confortável no meio, no qual se mantenha o status quo entre epistemologias quantitativas e qualitativas, mas, antes, um novo espaço teórico e metodológico, em que uma coexistência socialmente justa e produtiva entre todas as tradições de pesquisa seja ativamente promovida, e no qual a pesquisa mista seja conscientemente local, dinâmica, interativa, situada, contingente, fluida, estratégica e generativa. (ONWUEGBUZIE, 2012, p. 192 apud PATTON, 2015, p. 90, tradução nossa).

Nessa concepção, a metodologia de pesquisa mista não se resume à mistura de dados, mas constitui uma epistemologia, uma abordagem, uma axiologia, um paradigma, uma metodologia e uma visão de projetos e métodos (COHEN; MANION; MORRISON, 2018).

Todavia, vários autores resistem à ideia de compreender metodologias qualitativas, quantitativas e mistas como paradigmas, sugerindo que sejam consideradas, de uma maneira mais restrita, abordagens. Além disso, Denzin (2010) defende que, depois da década de 1980, a guerra de paradigmas continuou, mas para além da polaridade quantitativa/qualitativa, envolvendo, por exemplo, o pós-positivismo e o movimento da pesquisa baseada em evidências. Nesse sentido, três grandes paradigmas são em geral levados em consideração pela literatura sobre metodologia da pesquisa: positivista, interpretativo e crítico ou transformativo.

O **positivismo**, fundado por Auguste Comte (1798-1857), está diretamente associado ao método científico e às ciências empíricas naturais, e, portanto, a abordagens mais quantitativas. O positivismo defende que a ciência deveria seguir os princípios da objetividade e da neutralidade do pesquisador. Outras denominações foram utilizadas para se referir a desenvolvimentos ou revisões do movimento, como neopositivismo e pós-positivismo. Segundo Cohen, Manion e Morrison (2018), uma das contribuições dos pós-positivistas é chamar a atenção para o fato de que nenhuma observação é desprovida de teoria. Popper

(2002, 2013), por sua vez, procura distinguir as ciências das pseudociências: para que as afirmações possam ser classificadas como científicas, devem ser capazes de conflitar com observações possíveis ou concebíveis. Uma atitude crítica ou científica implicaria, portanto, estarmos prontos para testar, refutar e mudar nossas hipóteses.

Já o paradigma **interpretativo**, chamado também por muitos autores de construtivista, é, na verdade, um guarda-chuva que engloba diversas abordagens para a pesquisa, como: narrativa, fenomenologia, etnografia, estudo de caso, teoria fundamentada (*grounded theory*) e interacionismo. Importante notar que essas abordagens são também, muitas vezes, simultaneamente filosofias, referenciais teóricos e metodologias. E, em oposição às abordagens mais quantitativas, mostraram-se frutíferas para fundamentar as pesquisas em educação:

> Uma característica comum às perspectivas fenomenológicas, etnometodológicas, interacionistas simbólicas e construcionistas, que as tornam atraentes para o pesquisador em educação, é a maneira como se encaixam naturalmente ao tipo de ação concentrada encontrada nas salas de aula e nas escolas. Outra característica compartilhada é a maneira pela qual são capazes de preservar a integridade da situação em que são empregadas. A influência do pesquisador na estruturação, análise e interpretação da situação está presente em um grau muito menor do que seria o caso em uma abordagem de pesquisa mais tradicional. (COHEN; MANION; MORRISON, 2018, p. 23, tradução nossa).

O terceiro paradigma, **crítico** ou **transformativo**, propõe-se não apenas a compreender a realidade, mas também a modificá-la, muitas vezes com uma agenda política expressa. Nesse sentido, passou a travar outra guerra com os dois paradigmas anteriores, positivista e interpretativo, avaliando-os como excessivamente técnicos. O paradigma crítico é também um grande guarda-chuva para diversas abordagens: teoria crítica, pós-modernismo, pós-estruturalismo, etnografia crítica, pedagogia crítica, teoria feminista, teoria pós-colonial, teoria *queer*, teoria crítica da deficiência, teoria crítica da raça etc. Como no caso dos outros dois paradigmas, a teoria crítica não tem apenas sua própria agenda de pesquisa, mas também suas próprias metodologias, como a pesquisa-ação, a pesquisa participante e a ideologia crítica. Como afirmam Merriam e Tisdell (2016, p. 59, tradução nossa),

> [...] pensando de maneira mais geral sobre a pesquisa crítica, o que a torna especificamente *crítica* é o referencial teórico que fundamenta o estudo; no caso de estudos de pesquisa-ação críticos, o objetivo é especificamente ajudar as pessoas a entender e desafiar as relações de poder no processo do estudo e fazer alguma coisa acontecer *enquanto o estudo está em andamento*. Há muitos outros tipos de estudos qualitativos fundamentados pela teoria crítica ou feminista, teoria *queer*, teoria da raça crítica, deficiência ou teoria pós-estruturalista/pós-modernista/pós-colonial (coletivamente chamados de "estudos críticos"), que não *pretendem* necessariamente fazer algo específico acontecer, ou resolver um problema na prática enquanto o estudo está em andamento. O ponto é que esses tipos de estudo são coletivamente críticos no sentido do referencial teórico que fundamenta o estudo e sua análise das relações de poder. É a *análise dos dados*, à luz do referencial teórico e das relações de poder na sociedade que determinam como as pessoas constroem significados, que torna o estudo crítico.

Outras abordagens são também bastante mencionadas na literatura e aplicadas em estudos na área de educação, algumas vezes classificadas fora do campo dos três paradigmas mencionados, tais como: pragmatismo (bastante utilizado nos Estados Unidos e associado, em geral, à metodologia de métodos mistos), pesquisa baseada em artes (coleta e análise de dados na área, além de estudos de artistas e do processo artístico) e teoria da complexidade (as escolas e instituições de ensino, por exemplo, podem ser concebidas como sistemas adaptativos complexos). Cabe lembrar que Donmoyer (2006) já alertava, há bastante tempo, para a proliferação de paradigmas no campo da pesquisa em educação.

É importante dizer que tanto as abordagens quantitativa/qualitativa/mista, quanto os paradigmas positivista/interpretativo/crítico, como foi possível observar, não são totalmente fechados, havendo áreas de sobreposição entre eles, certo grau de permeabilidade paradigmática. Além disso, não há uma relação determinante e imediata entre esses níveis: nem todas as abordagens quantitativas são positivistas, e nem todas as abordagens qualitativas são interpretativas. Abordagens quantitativas podem capturar opiniões, percepções, causalidade probabilística e processos (por exemplo, pela observação estruturada), enquanto abordagens qualitativas podem ser utilizadas em experimentos, identificando causalidade, e *surveys*, identificando padrões e tendências em dados (COHEN; MANION; MORRISON, 2018).

Nesse sentido, são naturalmente levantadas algumas perguntas essenciais. Qual a relação entre os paradigmas e outras etapas do processo de pesquisa, como a definição do referencial teórico, a elaboração do projeto da pesquisa (que inclui seu problema e seus objetivos), a metodologia e os métodos de coleta e análise de dados? Como o paradigma ou a abordagem da pesquisa moldam o design e os procedimentos de um estudo? Seriam os paradigmas normativos, determinando ao pesquisador o que fazer?

Como afirmam Creswell e Poth (2018), quer estejamos conscientes ou não, sempre trazemos certas crenças e suposições filosóficas para nossa pesquisa; a dificuldade seria tomar consciência dessas crenças e suposições. Entretanto, cabe lembrar que Merriam e Tisdell (2016), por exemplo, identificam que a maior parte das pesquisas qualitativas não assume nenhum tipo de paradigma. Ou seja, é possível fazer pesquisa sem, ao menos conscientemente, escolher e explicitar um paradigma. Segundo Cohen, Manion e Morrison (2018, p. 9, tradução nossa), os paradigmas não *guiam* necessariamente a pesquisa, que é, no fundo, guiada pelos seus objetivos:

> Na verdade, podemos perguntar se efetivamente precisamos de um pensamento paradigmático para fazer pesquisa. Antes, é necessário dizer que os objetivos e a natureza da pesquisa podem ser clarificados com base em um ou mais desses paradigmas; os paradigmas podem clarificar e organizar o pensamento sobre a pesquisa.

É possível, então, conceber que os paradigmas não determinam, mas orientam as abordagens, o referencial teórico, o problema, a metodologia e os métodos utilizados nas pesquisas, os padrões de validação e avaliação dos resultados e até o estilo da apresentação dos relatórios. Uma palavra adequada para descrever essa relação é alinhamento, que remete à ideia de que as várias etapas da pesquisa estejam alinhadas: os paradigmas (as bases filosóficas e a visão de mundo que fundamentam a pesquisa, incluindo a ontologia; epistemologia e axiologia); o planejamento e a metodologia (que envolvem o problema, os objetivos e os métodos e instrumentos escolhidos pelo pesquisador para a coleta dos dados); e a análise, discussão e interpretação dos dados.

Cabe, contudo, ressaltar que é possível que um pesquisador use mais de um paradigma em sua pesquisa, especialmente se trabalhar com métodos mistos, o que pode ser denominado pluralismo paradigmático. As escolhas dos paradigmas e das abordagens de pesquisa são determinadas, na prática, por diversas variáveis, dentre as quais: a visão de mundo e a experiência do pesquisador, o tempo e os recursos disponíveis para a investigação, o problema e os objetivos da pesquisa.

Nesse sentido, os seguintes conceitos serão considerados neste livro:

a) **alinhamento** e congruência entre as etapas propostas para a pesquisa, ou seja, objetivos, questões e métodos interconectados e inter-relacionados, de modo que o estudo apareça como um todo coeso, e não como partes isoladas e fragmentadas (RICHARDS; MORSE, 2012 apud CRESWELL; POTH, 2018);

b) **adequação** metodológica, pressupondo que diferentes métodos são adequados a diferentes situações (PATTON, 2015);

c) **flexibilidade** paradigmática e design emergente flexível, especialmente no caso das abordagens qualitativas, que vai se construindo conforme a pesquisa se desenvolve (PATTON, 2015);

d) **pluralismo** paradigmático, epistemológico, teórico e metodológico (COHEN; MANION; MORRISON, 2018; SURI, 2013), multiplismo crítico (SHADISH, 1993) e ecletismo seletivo (SURI, 2013); Patton (2015) propõe substituir a ideia do padrão de ouro das pesquisas, o ensaio clínico randomizado (ECR), por um novo padrão, de platina: o pluralismo e a adequação metodológica; para Cohen, Manion e Morrison (2018), por exemplo, pode-se adotar uma abordagem construtivista no desenvolvimento de um problema de pesquisa e, em seguida, adotar um paradigma pragmatista, pós-positivista ou transformador para investigá-lo.

Como afirmam Cohen, Manion e Morrison (2018, p. 29, tradução nossa), "planejar e realizar pesquisas em educação não pode seguir receitas simples, mas é um processo complexo, deliberativo e iterativo". A pesquisa é, ao mesmo tempo, um processo de construção e de descoberta. Mesmo reconhecendo que o processo é iterativo e não linear, propomos na Figura 1 um ciclo para a pesquisa, que inclusive organiza o restante do livro e será detalhado nos capítulos seguintes.

FIGURA 1 — **Ciclo da pesquisa**

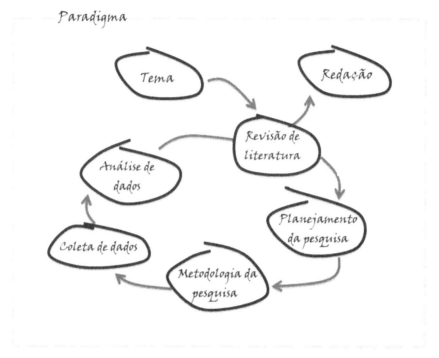

Fonte: os autores.

Partindo de um tema e de um problema ainda geral e não muito delimitado, conduz-se uma revisão de literatura, que deverá construir tanto o estado da arte sobre o tema e o problema quanto o referencial teórico para fundamentar a pesquisa, que, no fundo, já é parcialmente determinado pelo paradigma e continua a ser construído nas etapas seguintes. A revisão de literatura contribui, assim, para que o problema seja delimitado e a investigação delineada, com a definição dos objetivos e das questões e hipóteses, além do planejamento das estratégias para a coleta e a análise dos dados. A coleta dos dados ocorre, então, por meio dos instrumentos definidos no planejamento, e os resultados são analisados e interpretados retornando-se aos estudos correlatos identificados na revisão de literatura e ao referencial teórico adotado pela pesquisa. A conclusão do processo é a redação e publicação dos resultados da pesquisa em formato de trabalhos, artigos, capítulos, dissertações, teses e até mesmo livros.

O ciclo da pesquisa não é tão linear, além de ser mais complexo do que esta imagem inicial. A figura e o ciclo serão enriquecidos e expandidos nos próximos capítulos, de forma que possamos construir, juntos, uma nova figura até o final do texto.

2.
CONTEXTO DA PESQUISA EM EDUCAÇÃO NO BRASIL

A educação constitui-se como um campo humano e social de pesquisa que entrelaça questões profundas e multifacetadas, o que torna difícil identificar relações de causalidade almejadas por paradigmas mais próximos do positivismo. Entretanto, como área de pesquisa, precisa ser rigorosa na condução de suas metodologias, de modo a oferecer resultados que possam efetivamente contribuir com a educação.

O crescimento da pesquisa em educação no Brasil levou à diversificação dos temas e à ampliação dos enfoques. Nas décadas de 1960 e 1970, por exemplo, identifica-se maior interesse por pesquisas experimentais em situações controladas, enquanto nas décadas de 1980 e 1990, as pesquisas voltaram-se para as situações da escola e da sala de aula. Os temas ampliaram-se e passaram a incluir o cotidiano escolar, currículo, aspectos sociais, gestão democrática, aprendizagens específicas e avaliação. Os enfoques passaram a valorizar abordagens críticas, recorrendo-se a outras áreas de conhecimento para interpretar os problemas da educação por uma perspectiva multi/inter/transdisciplinar (ANDRÉ, 2001).

Desde então, essa diversificação remete a questões centrais frequentemente presentes nos estudos sobre educação, que se organizam em subáreas de pesquisa reconhecidas. Cada subárea aborda e integra conceitos que exigem um esforço teórico e metodológico específico para responder às questões que emergem do campo.

A Coordenação de Aperfeiçoamento de Pessoal de Nível Superior (CAPES) reconhece 49 áreas, que são agrupadas em três colégios e nove grandes áreas do conhecimento. A organização por áreas tem o objetivo de facilitar os processos de avaliação. Por isso, as pesquisas e os programas de pós-graduação são classificados dentro dessas áreas. Em muitas situações, a concorrência por bolsas e pelo financiamento de projetos também é conduzida considerando essa classificação.

A área de educação está agrupada no colégio de humanidades, dentro da grande área de ciências humanas, e está dividida em subáreas. Importante notar que há duas outras áreas na CAPES, ensino e interdisciplinar, que apresentam pontos de sobreposição com a área de educação.

Nesse amplo contexto de áreas, subáreas e temas, os aspectos metodológicos precisam ser pensados de maneira cuidadosa, rigorosa e fundamentada para sustentar a pesquisa e garantir coerência e consistência às contribuições que possa oferecer para responder às inúmeras demandas da educação. Especialmente no Brasil, em que se pode dizer que a pesquisa em educação ainda é pouco valorizada, muitas vezes suas contribuições são desacreditadas por serem consideradas distantes do "chão da escola", criando-se, assim, uma cisão entre aqueles que pesquisam a educação, de um lado, e aqueles que nela efetivamente atuam, de outro lado. De uma perspectiva próxima ao senso comum, há um distanciamento entre a produção acadêmica e as práticas escolares, levando ao pouco reconhecimento das contribuições da pesquisa e, consequentemente, à sua desvalorização, o que é reforçado pelo pouco investimento em pesquisa previsto nas políticas públicas de educação. Nesse sentido, a área de ensino da CAPES considera tarefa de seus programas de pós-graduação "[...] pensar e desenvolver ações que contribuam para reduzir a defasagem entre a pesquisa realizada na pós-graduação e o ensino realizado no contexto educacional, principalmente, da Educação Básica" (CAPES, 2019b, p. 9).

Apesar desses cenários de contradições, a pesquisa tem a função de responder a problemas efetivos, oferecendo subsídios que possibilitem um avanço mais seguro e inovador para garantir uma formação de qualidade que, em última instância, leve à consolidação de uma sociedade melhor.

2.1. HISTÓRICO, ABORDAGENS E DESAFIOS DA PESQUISA EM EDUCAÇÃO NO BRASIL

Identifica-se o nascimento das pesquisas em educação no Brasil no movimento para a criação do Instituto Nacional de Pedagogia, em 1937, primeira denominação do hoje Instituto Nacional de Estudos e Pesquisas Educacionais Anísio Teixeira (Inep), com "[...] o objetivo de realizar estudos para identificar os problemas do ensino nacional e propor políticas públicas" (INEP, 2020b). Em 1944, o órgão lança a *Revista Brasileira de Estudos Pedagógicos* (RBEP), primeira publicação periódica sobre educação na América Latina. Anísio Teixeira assume o Instituto em 1952, incentivando a realização de levantamentos e pesquisas. O educador baiano é o responsável pela implantação do Centro Brasileiro de Pesquisas Educacionais (CBPE) e de centros regionais, em 1955 (INEP, 2020b).

Apesar do intercâmbio que existia entre pesquisadores dos centros do Inep e professores universitários, uma mudança significativa na dinâmica das pesquisas em educação no Brasil ocorre apenas no final da década de 1960, com o surgimento dos primeiros programas de pós-graduação em educação. O desenvolvimento da pós-graduação contribuiu para o crescimento da produção científica sobre educação nas universidades, o que se refletiu na ampliação das demandas por financiamento em agências de fomento (ANDRÉ, 2001; GATTI, 2012; MACEDO; SOUSA, 2010).

Hoje, ao se falar de políticas de pesquisa no Brasil, deve-se necessariamente levar em consideração a pós-graduação, já que boa parte da produção de pesquisas está vinculada à atuação de professores em cursos de mestrado e doutorado, à articulação de grupos de pesquisa e à produção de dissertações e teses. "Na Área de Educação, como na maioria das Áreas das Humanas, a pós-graduação é praticamente o único lócus de produção de conhecimento, de modo que a política de pós-graduação se confunde com a política científica." (CAPES, 2019a, p. 3).

Considera-se, em geral, que o predomínio das investigações associadas ao Inep, a partir da década de 1930, estabeleceu um padrão de pesquisas empíricas e quantitativas sobre educação no Brasil. Gatti (2004), entretanto, desafia essa avaliação. Segundo trabalhos analisados pela autora, a maioria dos estudos na época não utilizava dados quantitativos, e, quando os utilizavam, boa parte empregava apenas análise descritiva de tabelas de frequências e percentagens, poucos utilizavam coeficientes de correlação, e raríssimos faziam análise multidimensional. Além disso, esses estudos apresentavam, muitas vezes, problemas na formulação de hipóteses, operacionalização de variáveis, validade e confiabilidade, assim como nos processos de coleta, análise e interpretação dos dados (GATTI, 2012). Mesmo reconhecendo que, a partir da década de 1970, passaram a ser utilizados métodos quantitativos de análise mais sofisticados, Gatti (2004) afirma que a abordagem quantitativa nas pesquisas em educação no Brasil nunca teve uma tradição sólida ou uma utilização mais ampla.

Mesmo sem essa tradição consolidada, entretanto, a guerra dos paradigmas, discutida no capítulo anterior, reproduziu-se no Brasil, mas com características específicas. A partir do final da década de 1960, em função do desenvolvimento da pós-graduação, proliferaram críticas às abordagens quantitativas. Foi questionado, por exemplo, o princípio da neutralidade do pesquisador, que caracteriza o paradigma positivista.

Uma das consequências da guerra dos paradigmas no Brasil foi que "[...] as análises com dados quantitativos foram praticamente banidas de nossos estudos" (GATTI, 2012, p. 33). Ferraro (2012, p. 132) descreve em mais detalhes os efeitos desse embate:

> [...] foi a partir da década de 1980 que se assistiu, pelo menos no Brasil, na área específica da pesquisa em educação, a um crescente desencanto e progressivo abandono de tudo o que pudesse caber sob o nome de métodos quantitativos, mesmo envolvendo estatísticas elementares como percentagens. Se isso, de um lado, permitiu um grande desenvolvimento das metodologias qualitativas e o reconhecimento da legitimidade destas, de outro lado, ajudou a legitimar a retirada da Estatística dos currículos dos cursos de Pedagogia, bem como dos cursos de Pós-Graduação em Educação.

A herança dessa refutação radical das abordagens quantitativas foi, em vários sentidos, negativa. Hoje, observa-se em nosso país, por exemplo, que o estudo dos métodos quantitativos praticamente não é contemplado na formação de mestres e doutores em educação. Por consequência, os pesquisadores enfrentam dificuldades tanto no domínio de metodologias específicas para o exame de determinados problemas quanto no planejamento e na condução da coleta, análise e interpretação crítica de dados quantitativos (GATTI, 2004, 2012). De fato, atualmente poucas pesquisas no campo da educação no Brasil empregam metodologias quantitativas, e, quando são identificados estudos quantitativos com análises mais sofisticadas e robustas, muitas vezes não são conduzidos por educadores, mas por pesquisadores de outras áreas, como, por exemplo, sociologia, economia e psicologia

(GATTI, 2004; SOUZA; KERBAUY, 2017). Gatti (2012, p. 49) é bastante crítica em sua avaliação:

> Evidencia-se, entre grupos de pesquisa, grande desigualdade de consistência na apropriação e desenvolvimento de métodos e técnicas de análise nessa tradição [objetivista]. No meio educacional, podemos detectar, pelo acompanhamento histórico de produções de grupos de pesquisa, que a maioria deles na verdade sequer apreendeu com consistência a lógica e os procedimentos dessa vertente. Houve uma apropriação não só acrítica do modelo, como também feita sem aprofundamento e sem o domínio necessário pelo menos a seu bom uso dentro de seus limites. Observa-se mesmo falta de domínio de princípios e conceitos elementares entre os usuários e, também, entre seus críticos. Ou seja, o que se constata é um uso sem base real. Isto é observável em erros primários detectáveis em análises quantitativas e instrumentos de medida, que estão descritos em teses, artigos, relatórios, etc. Acrescentamos, nas apropriações metodológicas nessa tradição, os problemas de uso inadequado de métodos analíticos, com emprego de técnicas não sustentáveis para certo tipo de dados.

Considerando-se essa falta de fundamentação para conduzir pesquisas quantitativas, as críticas a essas abordagens ficaram também, naturalmente, prejudicadas. Mas Gatti (2004) chama a atenção para o fato de que, no Brasil, lidamos com questões que exigem uma análise mais quantitativa, como dados sobre o analfabetismo e outros problemas, para que se possa, inclusive, orientar políticas públicas.

Como contraponto a essa postura negacionista em relação às pesquisas quantitativas, os estudos qualitativos ganham força no Brasil entre os anos 1980 e 1990, utilizando metodologias diversas, como narrativa e história de vida, etnografia, estudo de caso, pesquisa-ação e pesquisa participante. Os princípios positivistas da objetividade e neutralidade são substituídos pelo "envolvimento historicizado do pesquisador" (GATTI, 2012, p. 34). Técnicas alternativas de coleta e análise de dados passam, consequentemente, também a ser utilizadas, como: observação participante, entrevistas, análise documental e análise de conteúdo (ANDRÉ, 2001; GATTI, 2012).

Entretanto, a formação para a incorporação de métodos qualitativos em pesquisas pode também ser problematizada. Abordagens qualitativas que valorizam a prática e a subjetividade, que privilegiam dar voz aos participantes da pesquisa e que optam por não formular conceitos prévios com base nos conhecimentos anteriormente construídos podem não identificar regularidades e relações entre categorias para organizar e dar sentido aos dados (ALVES-MAZOTTI, 2001). Essas escolhas levam a uma grande quantidade de pesquisas pontuais, irrelevantes e pouco consistentes, que pouco contribuem para uma compreensão mais ampla dos temas da educação. Gatti (2012, p. 31), novamente, é bastante enfática nas críticas, identificando

> [...] observações casuísticas, sem parâmetros teóricos, a descrição do óbvio, a elaboração pobre de observações de campo conduzidas com precariedade, análises de conteúdo realizadas sem metodologia clara, incapacidade de reconstrução do dado e de percepção crítica de vieses situacionais, desconhecimento no trato da história e de estórias, precariedade na documentação e na análise documental.

Alves-Mazotti (2001) chama a atenção para o fato de que a produção de conhecimentos que possam ser transferidos e aplicados a outras realidades contribui para a acumulação do conhecimento, a divulgação de pesquisas e o fortalecimento de uma área. A mera descrição de um fenômeno, sem uma análise fundamentada e acurada, pouco contribui com o avanço da construção de conhecimentos, ao mesmo tempo em que oferece poucas possibilidades de transformação e resposta à realidade. A pesquisa tem o compromisso com o que já foi produzido nas diversas áreas de conhecimento e de posicionar-se no atual contexto e procurar avançar, de modo a fornecer uma contribuição mais ampla.

Nesse sentido, Alves-Mazotti (2001), ao analisar um conjunto de trabalhos que buscavam avaliar a qualidade das pesquisas em educação, apontou alguns problemas relacionados ao processo de produção: nas universidades, o ensino tinha primazia sobre a pesquisa, havia pouca articulação e continuidade das pesquisas para o estabelecimento de linhas de pesquisa para produção de conhecimento sólido e integrado, e faltava apoio das universidades e agências de fomento para o desenvolvimento de pesquisas. Outras deficiências referentes às pesquisas produzidas incluíam: a pobreza teórico-metodológica para abordar os temas, evidenciada pela grande quantidade de estudos meramente descritivos e exploratórios; grande pulverização e pouca relevância dos temas abordados nas pesquisas; foco na aplicação imediata dos resultados; divulgação restrita dos resultados; e pouco impacto nas práticas (ALVES-MAZOTTI, 2001). Cabe refletir se esses problemas ainda persistem, hoje, na pesquisa em educação no Brasil.

Se há problemas que precisam ser investigados de maneira mais ampla, para dar conta de questões no âmbito até mesmo nacional, cabe, então, o uso de abordagens quantitativas ou mistas. Segundo Souza e Kerbauy (2017), a pesquisa em educação no Brasil carece do desenvolvimento de métodos mistos, com pouca literatura sobre sua repercussão teórica e metodológica. Entretanto, muitos estudos, publicados especialmente em revistas internacionais, utilizam-se de abordagens quantitativas e mistas, cabendo, então, uma aproximação com essas metodologias, não necessariamente apenas para seu uso e aplicação, mas também para uma maior compreensão que permita uma leitura crítica dos estudos quantitativos.

Esses aspectos valorizam a necessidade de a pesquisa ter um referencial teórico aprofundado, bem como de uma revisão de literatura que trace um panorama sobre pesquisas relacionadas à temática. Esses procedimentos contribuem para definir um contexto de interlocução mais amplo para a pesquisa e possibilitam o avanço na área, pela construção de um corpo mais consistente para aprofundar a compreensão sobre problemas frequentemente presentes na educação que não sejam resultados, apenas, da influência de condições pontuais e restritas de um contexto de pesquisa específico. A falta de interlocução com os referenciais teóricos e outras pesquisas leva à ausência de comparações entre os resultados (ALVES-MAZOTTI, 2001) e de clareza sobre os avanços na construção do conhecimento relacionado ao tema. Apesar de a área de educação reunir uma relevante trajetória de pesquisa e uma ampla produção, o movimento de rever e analisar de maneira crítica, coletiva e contínua o que vem sendo produzido para a busca do constante aprimoramento é condição fundamental para as pesquisas (ANDRÉ, 2001).

Diante do crescimento da pesquisa vinculado à expansão da pós-graduação, dos desafios em relação à qualidade da pesquisa, dos aspectos para a formação do pesquisador e das contribuições que as pesquisas podem oferecer para a solução de problemas e na orientação em relação às políticas públicas, apresentamos no site do livro algumas organizações que têm papel fundamental na estruturação, nas políticas e na avaliação da pesquisa no Brasil. Dentre as várias instituições e associações, discorremos sobre a CAPES, o Conselho Nacional de Desenvolvimento Científico e Tecnológico (CNPq), a Associação Nacional de Pós-Graduação e Pesquisa em Educação (ANPEd) e o Inep.

2.2. FORMAÇÃO PARA A PESQUISA NOS CURSOS DE FORMAÇÃO DE PROFESSORES

Como já discutimos, a atuação dos professores e dos profissionais da educação pode se beneficiar fortemente da pesquisa. Um olhar acurado, problematizador e inquieto pode levar ao estudo e à busca por alternativas e soluções para responder a demandas, envolvendo procedimentos sistemáticos de observação, registro e análise para pautar a prática e seu compartilhamento. Essas competências vinculadas à pesquisa devem ser valorizadas na formação dos profissionais da educação.

A pesquisa na formação de professores pode gerar diferentes contribuições. Uma delas reforça que as habilidades e competências do pesquisador podem apoiar a resolução de problemas e mobilizar o professor para uma prática mais reflexiva, considerando as relações entre os objetivos delineados e a trajetória percorrida, que incluem as estratégias pedagógicas, os recursos e o processo de avaliação para atingi-los. A perspectiva mais sistemática da pesquisa, que se pauta em objetivos, no diálogo com conceitos e outras pesquisas, descreve, sistematiza e analisa resultados, pode contribuir para a construção do planejamento escolar e a avaliação formativa do processo.

Ao desenvolver competências relacionadas à pesquisa, o professor pode ter uma perspectiva mais crítica na sua leitura. E a busca, seleção e análise de pesquisas pode ser uma alternativa para a atualização docente, assim como para buscar subsídios ou respostas para lidar com situações-problema relacionadas ao cotidiano escolar. Por fim, a pesquisa ainda pode ser uma metodologia ativa para o ensino e está fortemente associada à aprendizagem baseada em projetos.

Apesar da importância da pesquisa e de como pode estar vinculada à atuação docente, a Resolução CNE/CP nº 2 (BRASIL, 2019), que define as Diretrizes Curriculares Nacionais para a Formação Inicial de Professores para a Educação Básica e institui a Base Nacional Comum para a Formação Inicial de Professores da Educação Básica, não inclui a pesquisa na descrição das competências docentes gerais e específicas. Entretanto, ao discorrer sobre os princípios relevantes para a formação docente, na defesa pela articulação entre a teoria e a prática, cita a indissociabilidade entre o ensino, a pesquisa e a extensão.

Dentre os fundamentos pedagógicos dos cursos para a formação do professor da educação básica, o documento reconhece a escola de educação básica como "[...] lugar privilegiado da formação inicial do professor, da sua prática e da sua pesquisa" (BRASIL, 2019).

Além disso, cita a pesquisa como aspecto a ser considerado na diversificação do processo de avaliação dos estudantes e como alternativa para ter evidências da qualidade da formação docente.

A pesquisa recebe destaque na Base Nacional Comum para a Formação Inicial de Professores da Educação Básica (BNC-FORMAÇÃO), que tem como segunda competência geral, em um conjunto de dez: "Pesquisar, investigar, refletir, realizar a análise crítica, usar a criatividade e buscar soluções tecnológicas para selecionar, organizar e planejar práticas pedagógicas desafiadoras, coerentes e significativas" (BRASIL, 2019). Ainda nas competências específicas, descreve como habilidades que são relacionadas à competência: "Comprometer-se com o próprio desenvolvimento profissional" e

> engajar-se em estudos e pesquisas de problemas da educação escolar, em todas as suas etapas e modalidades, e na busca de soluções que contribuam para melhorar a qualidade das aprendizagens dos estudantes, atendendo às necessidades de seu desenvolvimento integral. (BRASIL, 2019).

No âmbito da formação de professores, a pesquisa desempenha diferentes funções, que incluem sua vinculação à diversificação dos processos avaliativos e ao desenvolvimento de competências relacionadas à investigação e à formação integral, voltada a um olhar mais crítico e reflexivo sobre as práticas pedagógicas e o contexto escolar.

Para finalizar, reforçamos que a pesquisa pode ser um importante elo entre a teoria e a prática. As características e as etapas da pesquisa propõem a articulação entre os conhecimentos produzidos e o modo como podemos relacioná-los às problemáticas em investigação, visando a atingir objetivos que, em sua maioria, remetem a questões da prática em educação. Os resultados, ao articularem teoria e prática, permitem avançar em busca da consolidação da área de educação como um importante campo de pesquisa.

3.
REVISÃO DE LITERATURA

O tema geral deste capítulo é a função e a importância da revisão de literatura, também denominada revisão bibliográfica, nas pesquisas em educação. Partimos da hipótese de que damos pouco valor a esse procedimento ou o realizamos de maneira pouco sistemática, o que contribuiu para reduzir a qualidade das pesquisas na área. Vosgerau e Romanowski (2014, p. 184) compartilham dessa percepção:

> Na área da Educação, os estudos de revisão carecem de maior aprimoramento, e na atualidade, devido ao número elevado de pesquisas empíricas realizadas são necessários e fundamentais para sintetizar, avaliar e apontar tendências, mas principalmente para indicar os pontos de fragilidade de modo a favorecer a análise crítica sobre o acumulado da área.

Além de uma introdução geral e conceitual, este capítulo posiciona a revisão de literatura no ciclo da pesquisa, descreve as características dos principais tipos de revisão, faz uma proposta para as etapas do planejamento e da execução de uma revisão de literatura, apresenta alguns softwares que podem apoiar o procedimento, discute as características e funções do referencial teórico em uma investigação e traça reflexões gerais.

3.1. DEFINIÇÃO E CARACTERÍSTICAS DE UMA REVISÃO DE LITERATURA

Pode ser que o problema que você tem interesse em pesquisar já tenha sido discutido e resolvido, ao menos parcialmente, por outros pesquisadores. Como afirma Lo (2020, p. 130, tradução nossa),

> para evitar repetir os esforços de pesquisas anteriores, os pesquisadores devem entender primeiro o estado atual da literatura examinando as revisões existentes ou conduzindo sua própria revisão sistemática. Frases como "foi feita pouca pesquisa" e "falta de pesquisa" são amplamente utilizadas para justificar um artigo recém-escrito.

Nesse sentido, uma revisão de literatura busca elaborar uma síntese de pesquisas sobre determinado tema, procurando produzir novos conhecimentos ao tornar explícitas conexões e tensões entre estudos que não eram visíveis antes (SURI, 2013). A partir dos resultados da revisão, é possível posicionar melhor seu problema em relação à literatura.

Uma revisão de literatura pode ser mais ou menos sistemática, envolvendo diferentes graus de profundidade, desde um breve mapeamento para apresentar o estado do conhecimento sobre determinado tema, até um procedimento mais complexo que procure definir um problema e mesmo responder a uma ou mais questões que demandem pesquisa adicional (MACHI; MCEVOY, 2016). Hammersley (2002), entretanto, defende que precisamos evitar as oposições simplistas entre revisões narrativas e sistemáticas. Nessa perspectiva, o adjetivo sistemática pode ser empregado com uma função qualitativa, em vez de classificatória: não existiria, assim, uma dicotomia entre revisões não sistemáticas ou narrativas, de um lado, e revisões sistemáticas, de outro lado, mas um contínuo. Procuraremos posicionar os tipos de revisão que estudaremos neste capítulo no contínuo representado na Figura 2.

FIGURA 2 — **Contínuo das revisões de literatura**

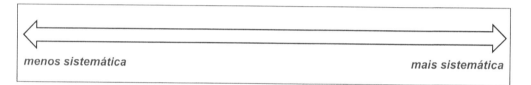

Fonte: os autores.

Okoli (2019, p. 4) define uma revisão sistemática de literatura como "[...] um método sistemático, explícito, abrangente e reprodutível para identificar, avaliar e sintetizar o corpo existente de trabalhos completos e registrados produzidos por pesquisadores, estudiosos e profissionais". Para o autor, uma revisão de literatura rigorosa deve ser sistemática ao seguir uma abordagem metodológica, explícita ao descrever detalhadamente os procedimentos pelos quais foi conduzida, abrangente em seu escopo ao incluir todo o material relevante e reprodutível ao permitir que outros possam seguir a mesma abordagem utilizada na revisão do tema. Nesse sentido, a revisão de literatura deve demonstrar para seu leitor o método utilizado para a pesquisa bibliográfica, as estratégias de busca, os critérios de seleção (inclusão e exclusão de fontes), as escolhas realizadas e as bases de dados efetivamente consultadas, dentre outros aspectos. Quanto mais seguir e explicitar esses critérios, mais sistemática será. Os revisores devem também ser transparentes sobre como e por que escolheram o tópico e se (e como) o foco da revisão mudou ao longo do tempo (HART, 1998).

Por isso, o tempo para realizar uma revisão de literatura pode variar em função do nível de sistematização, desde algumas semanas (com poucos estudos e conduzida por um pesquisador individual) até anos (incluindo milhares de referências e conduzida por um grupo de pesquisadores).

Um início possível para um projeto de pesquisa é buscar revisões sistemáticas já publicadas sobre um tema. Se houver uma revisão recente, pode não ser necessário realizar uma nova sobre o mesmo assunto. No caso de já existirem algumas revisões de literatura sobre o tema, uma opção interessante é fazer uma revisão dessas revisões (meta-revisão ou revisão guarda-chuva, que discutiremos neste capítulo).

Quando há poucos ou muitos trabalhos relacionados ao tema, uma revisão de literatura pode ser infrutífera ou inviável. Uma revisão sistemática é pouco valiosa, por exemplo, no início da constituição de um campo de conhecimento, quando os estudos disponíveis podem ainda ser limitados. É também inapropriada quando a questão de pesquisa é muito vaga ou ampla (o que geraria centenas ou até milhares de estudos muito diferentes), assim como quando a questão é muito limitada (o que produziria poucos estudos úteis) (OKOLI, 2019).

Suri (2013) discute o pluralismo epistemológico nas sínteses de pesquisas. Segundo a autora, haveria poucas discussões sobre as revisões envolverem reflexões sobre seus pressupostos epistemológicos. Uma questão poderia, então, ser colocada: considerando que a pesquisa educacional contemporânea é marcada pela diversidade, complexidade e riqueza de objetivos, métodos e perspectivas, como essa variedade e essa complexidade poderiam ser acomodadas e refletidas em sínteses das pesquisas em educação? Suri (2013) defende que as sínteses sejam fundamentadas por orientações epistemológicas diversas. Contestando a hegemonia das revisões positivistas, propõe que a diversidade de orientações paradigmáticas, predominante na pesquisa educacional contemporânea, também deveria ser praticada no nível das sínteses das pesquisas. Revisões sistemáticas, sínteses das melhores evidências e meta-análises são frequentemente consideradas métodos positivistas, tipo de revisão que emprega, em geral, análises estatísticas orientadas a variáveis. O objetivo do artigo de Suri (2013) é problematizar a identificação exclusiva das sínteses de pesquisas com o positivismo, ou mesmo qualquer paradigma específico.

Para Suri (2013), embora a literatura sobre sínteses interpretativas tenha sido esporádica décadas atrás, um crescente corpo de publicações teria sido publicado desde então. Várias denominações têm sido utilizadas para sínteses interpretativas, como revisão sistemática qualitativa, revisão interpretativa, meta-análise de pesquisas qualitativas, síntese de pesquisas qualitativas, metassíntese, metassíntese qualitativa, meta-estudo, meta-etnografia, análise cruzada de casos, análise agregada e síntese de abordagem estruturada de melhor ajuste — abordaremos várias delas neste capítulo. Ademais, nas últimas décadas, diversos autores de revisões sistemáticas passaram a incluir os consumidores de sínteses de pesquisas na avaliação dos protocolos e relatórios das revisões. Os revisores estão, cada vez mais, procurando envolver no processo aqueles que poderiam se beneficiar da própria revisão. Tal cruzamento de orientações positivistas e participantes tenderia a aumentar o impacto do produto da revisão. Da mesma forma, muitos revisores defendem que uma síntese que se baseia simultaneamente em paradigmas positivistas e interpretativos (ou críticos) seria mais rica do que uma revisão apenas positivista, ou apenas interpretativa (ou crítica). Na prática, para Suri (2013), os revisores de pesquisas costumam ser seletivamente ecléticos e extrair ideias de mais de um paradigma para informar suas próprias sínteses.

Há várias décadas, Glass (1976) já ressaltava a necessidade de esforços para integrar e extrair conhecimentos de vários estudos individuais, envolvendo revisão de literatura e análise de dados, como alternativa a simplesmente adicionar mais um trabalho ao campo das pesquisas em educação. Na área, portanto, precisaríamos de metodologias, projetos, técnicas para mensuração e métodos estatísticos mais robustos. Glass (1976) defendia especificamente a necessidade de meta-análises estatísticas em educação para integrar os achados.

Trinta anos depois, Romanowski e Ens (2006) mencionam a falta de estudos que realizem balanços e mapeamentos sobre o conhecimento já elaborado e apontem as perspectivas, os temas mais pesquisados e as lacunas existentes na área da educação. O foco crescente no uso de evidências de pesquisas para fundamentar políticas e práticas relacionadas a tomadas de decisão em educação aumentou a atenção dada às limitações contextuais e metodológicas das evidências fornecidas por estudos únicos; revisões de pesquisas, por sua vez, podem colaborar para enfrentar esses desafios, quando realizadas de maneira sistemática, rigorosa e transparente (NEWMAN; GOUGH, 2020). Mais recentemente, Okoli (2019) apela por mais rigor em como se executam e redigem revisões de literatura no campo de sistemas de informação. Em educação, estudos de revisão sistemática de literatura são igualmente necessários e importantes. Para Tai *et al.* (2020), entretanto, talvez o maior desafio de realizar revisões sistemáticas de pesquisas em educação seja a "confusão" inerente a domínios que usam terminologia inconsistente e conceitos multifacetados.

Antes de abordar em mais detalhes os diferentes tipos de revisão de literatura, posicionaremos a revisão de literatura no ciclo da pesquisa.

3.2. POSIÇÃO E FUNÇÃO DA REVISÃO DE LITERATURA NO CICLO DA PESQUISA

Uma questão importante é onde posicionar a revisão de literatura no ciclo da pesquisa. Neste livro, concebemos a revisão de literatura como uma fase inicial e essencial de toda pesquisa. Não podemos ignorar o que já foi publicado sobre o tema e o problema que nos propomos a pesquisar; portanto, somente a partir de uma revisão da literatura poderemos compreender melhor o que já foi escrito sobre nossa ideia geral inicial, e, então, definir a perspectiva pela qual pretendemos estudar determinado fenômeno. Por isso, propomos começar a pesquisa pela revisão da literatura para tornar essa ideia mais focada. Como afirmam Paré *et al.* (2015, p. 183, tradução nossa),

> [...] a seção de revisão de literatura ajuda o pesquisador a compreender o corpo existente de conhecimentos, fornece fundamentação teórica para o estudo empírico proposto, apoia a presença do problema da pesquisa, justifica que o estudo proposto contribua com algo novo em relação ao conhecimento acumulado e/ou enquadra a validade das metodologias, das abordagens, dos objetivos e das questões de pesquisa em relação ao estudo proposto.

Assim, após a definição do tema e a elaboração inicial do problema, o próximo passo proposto no nosso ciclo da pesquisa é o levantamento do estado da arte, ou seja, aquilo que outros já pesquisaram e publicaram sobre seu tema. Esse passo acaba ajudando o pesquisador a detectar tanto se o problema escolhido já foi resolvido, quanto as lacunas existentes na literatura sobre o tema, forçando, assim, o refinamento da proposta inicial. Ou seja, após o levantamento do estado da arte, o problema da pesquisa (e, às vezes, até mesmo o tema) poderão ser redefinidos. Cohen, Manion e Morrison (2018, p. 181, tradução nossa) consideram que a revisão de literatura fundamenta e direciona "[...] todas as áreas e fases da pesquisa em desenvolvimento: objetivo, enfoque, questões, metodologia, análise de dados, discussão e conclusão". Portanto, o estado da arte é, no fundo, o ponto de partida da pesquisa, porque você não pode ignorar o que já foi publicado sobre seu tema.

O estado da arte deve ser levantado pelo procedimento denominado revisão de literatura. Importante notar que um trabalho de pesquisa pode realizar revisões de literatura em diferentes momentos (ou simultaneamente) e com diferentes objetivos, como, por exemplo: levantar o estado da arte sobre o tema e o problema, construir o referencial teórico da pesquisa, definir sua metodologia, traçar panoramas históricos, definir e revisar conceitos etc. Voltaremos a estes pontos ainda neste capítulo.

No entanto, reconhecemos que a revisão da literatura, posicionada no início do ciclo da pesquisa, pode apresentar um dilema, especialmente nas investigações qualitativas, pois tem o potencial de influenciar o pensamento do pesquisador e reduzir a abertura ao que possa emergir do campo. Por isso, às vezes, uma revisão da literatura pode ocorrer apenas depois da coleta dos dados. Como alternativa, pode ainda prosseguir paralelamente ao trabalho de campo, permitindo uma interação criativa com os processos de coleta de dados e com a reflexão do pesquisador (PATTON, 2015).

Outra questão importante é onde posicionar a revisão da literatura no texto. Creswell e Creswell (2018) apresentam diferentes opções para as pesquisas com abordagens qualitativas. O pesquisador pode, por exemplo, incluir a revisão da literatura na introdução. Nessa posição, a literatura fornece um pano de fundo útil para enquadrar o problema abordado no estudo. Uma segunda opção é revisar a literatura em uma seção separada, o que é normalmente adotado em pesquisas e periódicos com orientação quantitativa. Mas também em estudos qualitativos, como etnografia, teoria crítica ou com objetivo de transformação, o pesquisador pode posicionar a discussão sobre o referencial teórico e a literatura em uma seção separada, geralmente no início do texto. Uma terceira opção, nas abordagens qualitativas, seria incorporar a revisão de literatura na seção final, utilizando-a para comparar e contrastar com os resultados emergentes da pesquisa; isso é comum, por exemplo, nos estudos de teoria fundamentada (*grounded theory*).

As revisões de literatura quantitativas também têm características específicas. Em geral, estudos quantitativos incluem uma quantidade substancial de literatura no início, para fornecer orientação para as questões ou hipóteses da pesquisa. A revisão pode também ser usada para introduzir um problema ou descrever em detalhes a literatura existente em uma seção separada. Além disso, em pesquisas com abordagens quantitativas, a revisão de literatura pode servir para introduzir uma teoria que procure explicar relações entre variáveis e descrever a teoria que será utilizada na pesquisa. Assim como no caso das pesquisas qualitativas, ao final do estudo o pesquisador pode revisitar a literatura e traçar comparações entre seus achados e os resultados dos estudos correlatos (CRESWELL; CRESWELL, 2018).

Assim sendo, tanto no ciclo da pesquisa quanto no texto, é possível dispor a revisão de literatura em diferentes posições.

3.3. TIPOS DE REVISÃO DE LITERATURA

Como já discutimos, uma revisão de literatura pode ser mais ou menos sistemática. Entretanto, para além desse parâmetro, há diversas tipologias para as revisões, especialmente levando-se em consideração critérios como: seus objetivos, a abordagem dos estudos primários incluídos (quantitativa, qualitativa ou de métodos mistos) e a metodologia para a análise e síntese dos resultados.

Focando especificamente em revisões sistemáticas de pesquisas em educação, Newman e Gough (2020), por exemplo, propõem uma distinção simples entre as revisões que seguem lógicas de síntese configurativas e agregativas. No primeiro caso, as revisões investigam questões conceituais para explorar e desenvolver teorias, incluindo estudos que tenham utilizado, em geral, entrevistas e observações, com dados em formato de texto, para compreender um fenômeno de maneira mais rica. Já as revisões agregativas investigam questões relacionadas a impactos e efeitos de intervenções educacionais, incluindo estudos experimentais e quase-experimentais.

Vosgerau e Romanowski (2014), por sua vez, analisando basicamente artigos na área da educação, classificam os tipos de revisão em dois grupos: mapeamentos e avaliação//síntese. Os estudos de revisão de mapeamento, cuja finalidade seria fornecer caminhos ou referências teóricas para novas pesquisas, incluiriam: levantamento bibliográfico, revisão de literatura, estado da arte e bibliometria. O objetivo do levantamento bibliográfico seria levantar todas as referências sobre determinado tema. A revisão de literatura ou bibliográfica já envolveria discussão sobre o material levantado. O estado da arte, por sua vez, envolveria um aprofundamento da análise, podendo também ser denominado estado do conhecimento — concebido, às vezes, como um estudo que aborda apenas um setor das publicações sobre o tema estudado — ou revisão narrativa. Por fim, a bibliometria ou os estudos bibliométricos envolveriam métodos quantitativos e estatísticos de análise do conteúdo.

Já os estudos de revisão de avaliação e síntese se distinguiriam

> [...] das revisões que mapeiam na formulação da questão de investigação, no estabelecimento de estratégias de diagnóstico crítico e na exigência na transparência para estabelecimento de critérios para inclusão e exclusão dos estudos, necessariamente primários, ou seja, coletados pelo próprio pesquisador. (VOSGERAU; ROMANOWSKI, 2014, p. 175).

Esses estudos incluiriam: aqueles que procuram interpretar as evidências encontradas nos resultados, obtidos a partir de dados tanto qualitativos quanto quantitativos (revisão sistemática, revisão integrativa e síntese de evidências qualitativas), metassíntese qualitativa (classificado tanto como interpretativo quanto como integrador e agregador de dados qualitativos e quantitativos), metassumarização (que procuraria integrar e agregar tanto dados quantitativos quanto qualitativos em uma mesma sistematização) e meta-análise (que procuraria integrar apenas estudos quantitativos).

Paré *et al.* (2015), por sua vez, constroem uma rica e rigorosa tipologia para as revisões na área de sistemas de informação, dividida em quatro grandes grupos, em função do objetivo geral da revisão: resumo do conhecimento anterior (que inclui revisões narrativas, descritivas e de escopo), agregação ou integração de dados (que inclui meta-análise, revisão sistemática qualitativa e revisão guarda-chuva), construção de explicação (que inclui revisões teórica e realista) e avaliação crítica da literatura existente (revisão crítica).

Como é possível perceber, as nomenclaturas e seus sentidos variam, chegando mesmo a se confundir, em função dos autores, das classificações e dos paradigmas adotados. Selecionamos, a seguir, os tipos de revisões de literatura mais mencionados e utilizados, refletindo e exemplificando sua aplicação na área de educação e posicionando-os no contínuo do nível de sistematização das revisões de literatura. Serão abordados: levantamento bibliográfico, estudo bibliométrico, revisão narrativa, revisão de escopo, revisão integrativa, revisão sistemática, meta-análise e revisão de revisões.

3.3.1. Levantamento bibliográfico

A finalidade do levantamento bibliográfico é coletar referências disponíveis sobre determinado tema em diferentes formatos, como livros, capítulos, artigos, dissertações e teses (VOSGERAU; ROMANOWSKI, 2014). O que caracteriza o levantamento bibliográfico é não haver análise nem discussão dos resultados da busca. Seu produto, portanto, é uma bibliografia apresentada em forma de lista. O procedimento, dessa forma, pode ser considerado uma etapa prévia para a fundamentação teórica de um trabalho ou mesmo para a realização de uma revisão de literatura (as etapas da busca e seleção).

Davies (2014), por exemplo, realizou um levantamento bibliográfico sobre o financiamento da educação no Brasil entre os anos de 1988 a 2014, com o objetivo de mapear a produção nesse período e facilitar pesquisas futuras sobre o tema. No artigo, com 72 páginas, o resumo e a introdução ocupam apenas duas páginas, sendo o restante do texto composto pela lista das referências resultantes do levantamento, ordenada alfabeticamente.

Levantamentos bibliográficos podem ser mais ou menos sistemáticos nas estratégias de busca e nos critérios de seleção. Entretanto, como o trabalho, em geral, termina aí, vamos posicioná-los no limite menos sistemático do nosso contínuo de revisões (Figura 3).

FIGURA 3 — **Levantamento bibliográfico no contínuo das revisões de literatura**

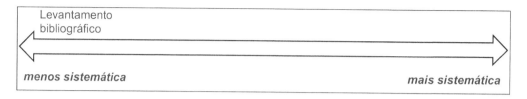

Fonte: os autores.

3.3.2. Estudo bibliométrico

A bibliometria, campo da biblioteconomia e das ciências da informação, utiliza técnicas quantitativas para avaliar o fluxo das informações, a disseminação do conhecimento e a produção científica de uma maneira geral. Outras denominações são utilizadas, em geral com variações nos sentidos: cientometria ou cienciometria, infometria e webometria.

Algumas leis clássicas caracterizam o campo: lei de Lotka (que procura medir a produtividade de literatura científica por autores), lei de Bradford (que procura medir a dispersão do conhecimento por periódicos) e lei de Zipf (que procura medir a distribuição e frequência das palavras em um texto). A análise de citações, a área mais importante da bibliometria segundo Araújo (2006), envolve o parâmetro utilizado internacionalmente para avaliar periódicos: o fator de impacto, que consiste, de uma maneira geral, em dividir o número de citações recebidas pelo número de publicações.

Os estudos bibliométricos mais vinculados a revisões de literatura, em que a bibliometria é utilizada como técnica, denominados por Paré *et al.* (2015) de revisões descritivas, são ainda recentes na área de educação, segundo Vosgerau e Romanowski (2014). Esses estudos partem do resultado de levantamentos bibliográficos sobre determinado tema, aos quais aplicam métodos quantitativos, estatísticos e matemáticos para tentar detectar padrões ou tendências em diversos aspectos, como, por exemplo: autoria e coautoria dos textos; instituições e países em que foram realizadas as pesquisas; datas das pesquisas, do período da coleta dos dados e/ou das publicações; periódicos em que foram publicados os artigos; temas abordados; tipos das fontes; metodologia das investigações; quantidade e caracterização dos participantes das pesquisas; referencial teórico utilizado; estratégias de coleta e análise dos dados; softwares empregados nas pesquisas e nas análises; citações e referências.

Assim como no caso do levantamento bibliográfico, pode-se considerar a bibliometria uma técnica a ser aplicada em todas as revisões de literatura, para avaliar alguns desses aspectos (uma etapa inicial da análise), antes da análise e discussão propriamente ditas.

Diversos softwares podem ser utilizados como apoio aos estudos bibliométricos enquanto técnica, e para revisões de literatura em geral, desde simples planilhas, como

Excel e Google, passando por softwares voltados para análises qualitativas ou Computer–Assisted Qualitative Data Analysis Software (CAQDAS), como NVivo, MAXQDA e Atlas.ti, e análises quantitativas e estatísticas, como SPSS, até específicos para os estudos bibliométricos. Moreira, Guimarães e Tsunoda (2020) avaliaram os softwares bibliométricos Biblioshiny, CiteSpace, Publish or Perishe e VOSViewer, depois de excluir doze ferramentas em função dos seguintes critérios: pagas, sem atualização a partir de 2017, baixa qualidade da documentação e sem interface gráfica.

Toledo e Domingues (2018) realizaram um estudo bibliométrico sobre a produção relacionada à educação corporativa no Brasil. A busca foi realizada nas seguintes bases: Spell (Scientific Periodicals Electronic Library), Portal de Periódicos da CAPES e periódicos e eventos ligados à Associação Nacional de Pós-Graduação e Pesquisa em Administração (Anpad). Os aspectos que orientaram a análise dos 31 artigos selecionados, realizada com o software Excel, foram: ano de publicação, periódico, título, autores, instituição de ensino, objetivo, palavras-chave, tema, citações, abordagem, tipo de pesquisa, objetivos (exploratória, descritiva ou explicativa), procedimentos técnicos, tema e subtema e obras utilizadas. Os resultados da análise são apresentados em diversos gráficos no artigo. Identificou-se, por exemplo, a predominância de artigos publicados em coautoria (84%) e com abordagens qualitativas (87%), e a utilização da análise de conteúdo como principal técnica de pesquisa.

Assim como os levantamentos bibliográficos, o uso de técnicas bibliométricas em revisões de literatura pode ser mais ou menos sistemático. Entretanto, como o trabalho não se resume às buscas, pois há tratamento estatístico dos dados, mesmo quando apenas descritivo, vamos posicionar os estudos bibliométricos no nosso contínuo das revisões depois dos levantamentos (Figura 4).

FIGURA 4 — Estudo bibliométrico no contínuo das revisões de literatura

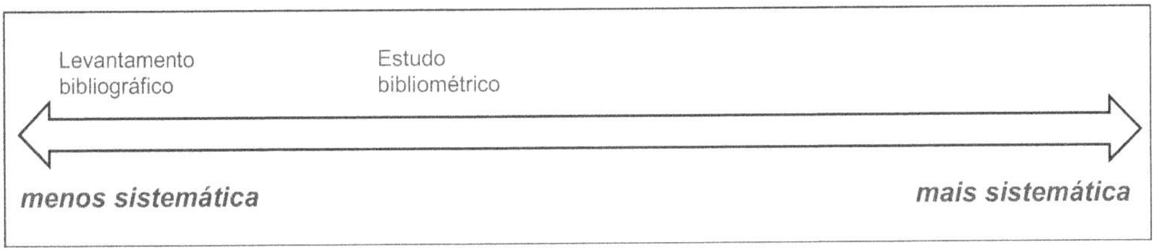

Fonte: os autores.

3.3.3. Revisão narrativa

Revisão narrativa é uma expressão, em geral, utilizada para se referir às revisões não sistemáticas, muitas vezes chamadas também de tradicionais. Da forma como estamos utilizando o adjetivo sistemática neste capítulo, as revisões narrativas estariam, portanto, no extremo menos sistemático do contínuo que representa o nível de sistematização de uma revisão, após o levantamento bibliográfico (Figura 5).

FIGURA 5 — Revisão narrativa no contínuo das revisões de literatura

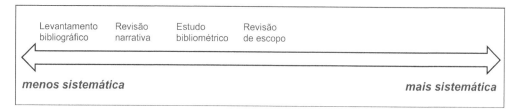

Fonte: os autores.

Nessa concepção, a revisão narrativa seria menos sistemática e não seria explícita, nem abrangente, nem reprodutível, características pelas quais, como vimos, Okoli (2019) define uma revisão sistemática. Portanto, uma revisão narrativa, em geral, não realiza buscas sistemáticas em bases de dados, nem aplica critérios de seleção (inclusão e exclusão) para os resultados das buscas. Justamente porque não segue uma abordagem metodológica claramente definida, não é capaz de fornecer explicações sobre como o processo da revisão foi conduzido. Além disso, é normalmente seletiva, não abrangendo todo o material relevante, apenas a literatura e as evidências que estão prontamente disponíveis para os pesquisadores. Por consequência, não é reprodutível por outros pesquisadores que desejem seguir a mesma abordagem.

Para diversos autores, entretanto, as fronteiras entre as revisões narrativas e sistemáticas não são muito claras, tanto que vários estudos se autointitulam revisão sistemática narrativa ou revisão narrativa sistemática. Nesses casos, a palavra narrativa se refere, em geral, à abordagem não estatística utilizada na análise e síntese dos dados e/ou à apresentação qualitativa (e não quantitativa) do resumo dos achados.

Maroldi, Lima e Hayashi (2018) fazem uma revisão narrativa da produção científica sobre a educação indígena no Brasil. Apesar de indicarem alguns passos da metodologia da revisão, em certos momentos faltam informações mais precisas que possibilitem a replicação do estudo, como quando descrevem a estratégia de seleção dos resultados da busca, sem discriminar os critérios de exclusão. Além disso, apesar de o artigo apresentar vários quadros e trabalhar algumas informações bibliométricas, o resumo narrativo é a principal estratégia utilizada para descrever os resultados da revisão.

Outro artigo representativo de revisões narrativas é o de McAllister e Irvine (2000), que revisa estudos sobre modelos relacionados à competência e educação multicultural. Além de não fornecer nenhuma informação sobre a metodologia da busca e da seleção dos estudos primários, o artigo inclui pesquisas quantitativas e qualitativas na análise e apresenta os resultados em formato de resumo, estudo por estudo, fazendo um breve apanhado do percurso e abordando implicações e recomendações no final.

Segundo Paré *et al.* (2015), a revisão narrativa procura identificar o que foi escrito sobre determinado tema, sem, necessariamente, buscar generalizações ou conhecimento cumulativo, ao contrário dos tipos de revisão que abordaremos nas próximas seções.

3.3.4. Revisão de escopo

O sentido dado à expressão revisão de escopo para definir um tipo de revisão de literatura pode variar consideravelmente, como em praticamente todos os outros tipos de revisão estudados neste capítulo, de autor para autor, inclusive em função do paradigma que guie sua visão de pesquisa. Vamos defini-la em função da maneira geral como Vosgerau e Romanowski (2014) classificam as revisões de mapeamento, e Paré *et al.* (2015) as revisões que procuram resumir o conhecimento anterior, considerando que já discutimos, separadamente, o levantamento bibliográfico, os estudos bibliométricos e a revisão narrativa. Como no caso desses outros tipos de revisão de literatura, a revisão de escopo envolve um levantamento do que se conhece sobre determinado tema em determinada área, mas com um aprofundamento da análise e da discussão do material (VOSGERAU; ROMANOWSKI, 2014).

O resultado de uma revisão de escopo é, em geral, o que se denomina estado da arte, a ponto de esses conceitos se confundirem, tanto que muitos autores classificam estado da arte como um tipo de revisão. A expressão estado do conhecimento é, em geral, utilizada como sinônimo para estado da arte, podendo, entretanto, indicar que se procura abordar apenas um setor das publicações sobre o tema (ROMANOWSKI; ENS, 2006). O Inep (2020a), por exemplo, financiou 13 pesquisas denominadas estado do conhecimento sobre a educação no Brasil, que, às vezes, se restringem a artigos publicados em periódicos, teses e dissertações apresentadas em cursos específicos ou em função da avaliação dos programas e dos periódicos em que os textos foram pesquisados.

O objetivo geral de uma revisão de escopo é "[...] resumir a literatura existente sobre um tópico de interesse específico, para fornecer aos leitores uma base ampla e abrangente para compreender o estado atual do conhecimento nessa área" (PARÉ *et al.*, 2015, p. 185, tradução nossa) e "[...] levantar indicadores que forneçam caminhos ou referências teóricas para novas pesquisas" (VOSGERAU; ROMANOWSKI, 2014, p. 174-175). Esse tipo de revisão fornece uma imagem ampla de um contexto de investigação, direcionando futuros desenvolvimentos de pesquisa, destacando lacunas, áreas inexploradas, oportunidades, controvérsias ou tendências (PARÉ *et al.*, 2015), que a pesquisa poderá preencher e explorar.

Uma revisão de escopo pode desempenhar diferentes papéis importantes no fluxo da pesquisa: mapear o estado da arte da área, contextualizar e definir com mais precisão o problema, subsidiar a elaboração da metodologia a ser utilizada na pesquisa e construir o referencial teórico, além de traçar panoramas históricos e conceituais. Cabe notar que uma revisão pode cumprir mais de um desses objetivos específicos, simultaneamente.

Uma visão geral sobre o estado da arte na área contribui para a contextualização e, por consequência, a moldagem e delimitação do problema e da questão da pesquisa. Nesse sentido, pode ser denominada estado da questão. Você não pode escrever sobre o que não sabe, ou sobre o que os outros escreveram, ignorando o que já foi publicado (MACHI; MCEVOY, 2016).

> Em qualquer campo de pesquisa, é crucial incorporar um tema de pesquisa a um quadro teórico mais amplo de áreas de pesquisa em uma disciplina acadêmica, construir sobre o corpo de conhecimento nessa área e identificar lacunas na literatura para fornecer uma justificativa para a questão de pesquisa sob investigação. Todos os pesquisadores, especialmente estudantes de doutorado e pesquisadores em início de carreira, novos em um campo, devem se familiarizar com o corpo existente da literatura sobre determinado tema. (ZAWACKI-RICHTER, 2020, v, tradução nossa).

Uma revisão de escopo pode também contribuir para a definição da metodologia a ser empregada na pesquisa, incluindo a coleta e a análise dos dados. Como afirmam Vosgerau e Romanowski (2014, p. 168), as revisões podem apontar a evolução dos aportes "[...] teórico metodológicos e sua compreensão em diferentes contextos, indicar as tendências e procedimentos metodológicos utilizadas na área, apontar tendências das abordagens das práticas educativas".

A revisão de escopo pode também contribuir para a construção do referencial teórico e conceitual da pesquisa. Merriam e Tisdell (2016) utilizam a metáfora da iluminação. É possível realizar uma revisão específica sobre conceitos e teorias, mas o referencial teórico pode, também, resultar de uma revisão de escopo e mesmo bibliométrica, pelo mapeamento dos conceitos e das teorias utilizados nos estudos selecionados.

Especialmente do ponto de vista dos paradigmas mais positivistas, a revisão de escopo é considerada menos sistemática. Entretanto, podem ser bastante sistemáticos tanto seu planejamento e suas estratégias de busca e seleção quanto a extração e a análise dos dados, que pode, inclusive, utilizar abordagens quantitativas. Portanto, posicionaremos a revisão de escopo após os estudos bibliométricos no nosso contínuo (Figura 6).

FIGURA 6 — **Revisão de escopo no contínuo das revisões de literatura**

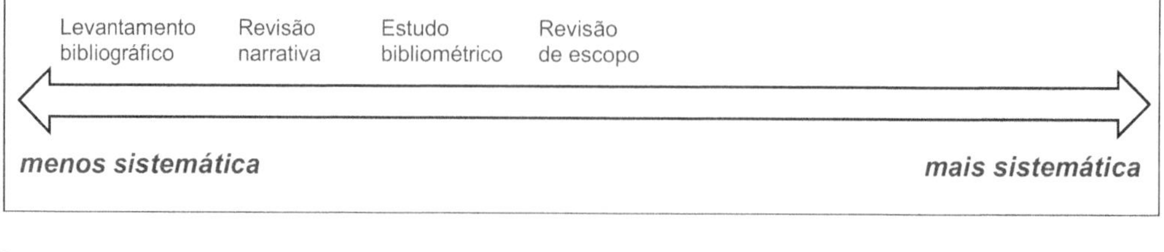

| Levantamento bibliográfico | Revisão narrativa | Estudo bibliométrico | Revisão de escopo |

menos sistemática — *mais sistemática*

Fonte: os autores.

3.3.5. Revisão integrativa

Revisão integrativa é outra expressão utilizada com considerável variação de sentido, dependendo do autor. De qualquer maneira, em comparação com os tipos de revisão apresentados anteriormente, há maior exigência de sistematização, prevendo-se, inclusive, a avaliação da qualidade dos textos selecionados. Além disso, se um de seus objetivos, como no caso das revisões de escopo, é mapear e resumir o conhecimento em determinada área, as revisões integrativas procuram avançar na análise e integrar e agregar os resultados e as evidências dos estudos analisados. Assim, na área de educação, os produtos das revisões integrativas podem servir, por exemplo, para a avaliação e a implementação de intervenções e políticas públicas, bem como para a definição de boas práticas baseadas em evidências.

As revisões integrativas, ao contrário, por exemplo, das meta-análises, podem incluir estudos que utilizem não apenas dados quantitativos, mas também qualitativos, experimentais e não experimentais, teóricos e empíricos, que usem uma diversidade de métodos. As análises podem também ser conduzidas utilizando uma variedade de metodologias e até mesmo de paradigmas. Nesse sentido, a abordagem de métodos mistos é adequada para esse tipo de revisão, que pode ser usada, por exemplo, para explorar campos emergentes e problemáticos.

Paiva et al. (2016) realizam uma revisão integrativa sobre o uso de metodologias ativas de ensino e aprendizagem. Um dos objetivos da análise foi verificar categorias de operacionalização dessas metodologias. A revisão identificou uma diversidade de tipos e estratégias: aprendizagem baseada em problemas; problematização com arco de Maguerez; pedagogia da problematização; estudos de caso; grupos (reflexivos, interdisciplinares, de tutoria e de facilitação); relato crítico sobre experiências; socialização, mesas-redondas, plenárias, exposições dialogadas, debates temáticos, seminários, oficinas e leitura comentada; apresentação de filmes, interpretações musicais, dramatizações e dinâmicas lúdico-pedagógicas; portfólio e avaliação oral. A revisão comprovou benefícios no uso dessas metodologias, mas também apontou desafios.

Para Paré et al. (2015), a revisão sistemática qualitativa, que trabalha com fontes primárias apenas empíricas e quantitativas, mas utiliza como método para análise uma síntese narrativa textual, como, por exemplo, a análise de conteúdo, seria um exemplo de revisão que busca agregar e integrar dados. Vosgerau e Romanowski (2014) classificam as revisões integrativas entre os tipos de estudo que procuram interpretar evidências, assim como a síntese de evidências qualitativas (ou revisão realista) e a metassíntese qualitativa, que procuram determinar o que funciona, para quem e em que circunstâncias.

> Esses estudos partem do princípio de que uma visão interpretativa das evidências seria mais adequada ao campo educacional, visto que os achados, os instrumentos de coletas e sujeitos participantes normalmente são variados, o que torna difícil a agregação ou contabilização de resultados. Dessa forma, os resultados qualitativos e as condições de aquisição desses resultados

necessitam ser agrupados e reagrupados de forma interpretativa, por semelhanças, para que possam responder à questão central de pesquisa proposta. (VOSGERAU; ROMANOWSKI, 2014, p. 179).

As autoras mencionam, ainda, a metassumarização, que procuraria integrar e agregar dados quantitativos e qualitativos em uma mesma sistematização, paralelamente à meta-análise, que trataremos separadamente.

Em função da maior exigência de sistematização, posicionaremos a revisão integrativa no nosso contínuo após a revisão de escopo (Figura 7).

FIGURA 7 — Revisão integrativa no contínuo das revisões de literatura

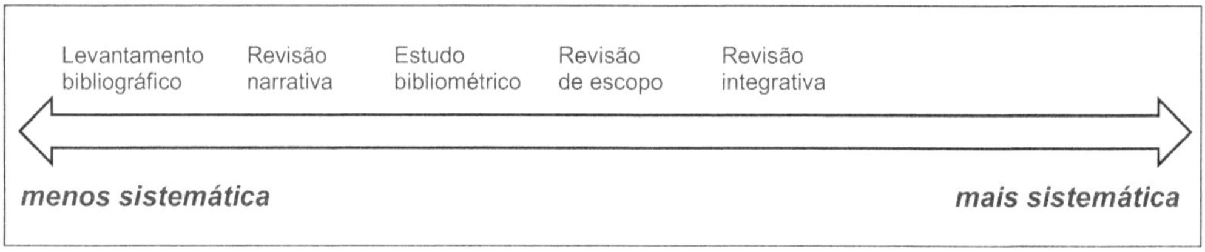

Levantamento bibliográfico — Revisão narrativa — Estudo bibliométrico — Revisão de escopo — Revisão integrativa

menos sistemática → *mais sistemática*

Fonte: os autores.

3.3.6. Revisão sistemática

Como não cansamos de repetir, consideramos neste livro, de forma geral, o adjetivo sistemática como qualitativo, não classificatório. Ou seja, uma revisão pode ser conduzida e avaliada de forma mais ou menos sistemática. Entretanto, a expressão revisão sistemática é amplamente utilizada, em muitos casos, com um sentido específico, então convém apresentar suas principais características.

A Colaboração Cochrane (https://www.cochrane.org/), criada em 1994, define os padrões das revisões sistemáticas na área da saúde, privilegiando ensaios clínicos randomizados e estudos experimentais para identificar evidências que contribuam com a prática clínica. Na área da saúde, merece ser mencionada ainda o Joanna Briggs Institute (https://joannabriggs.org/). Entretanto, cabe lembrar que, ao contrário da crença popular, os métodos de revisão sistemática e meta-análise não se originaram na medicina, mas nas ciências sociais, como psicologia e educação (LITTELL; WHITE, 2018).

A associação irmã da Cochrane, a Colaboração Campbell (https://campbellcollaboration.org/), fundada em 2000, está centrada em revisões sistemáticas de intervenções na área das ciências sociais, econômicas e comportamentais, incluindo a educação, para orientar políticas, programas e práticas. Para a associação, "uma revisão sistemática resume as melhores evidências disponíveis sobre uma questão específica, utilizando procedimentos transparentes para localizar, avaliar e integrar os resultados de pesquisas relevantes" (THE CAMPBELL COLLABORATION, 2019, p. 6, tradução nossa). As revisões sistemáticas da Campbell também incluem, basicamente, ensaios randomizados e estudos quase-experimentais, envolvendo passos rigorosos:

a) protocolo para a revisão, que passa por revisão por pares;
b) critérios claros para inclusão e exclusão dos estudos na revisão;
c) estratégia de busca sistemática, explícita e abrangente, incluindo relatórios não publicados;
d) avaliação da qualidade dos estudos;
e) codificação e análise sistemáticas e replicáveis dos estudos incluídos, cujas decisões, assim como em relação à inclusão dos estudos, passam por pelo menos dois revisores, que trabalham de forma independente e comparam os resultados obtidos;
f) meta-análise estatística, sempre que possível, ou um resumo integrativo de evidências qualitativas (THE CAMPBELL COLLABORATION, 2019).

Após passarem por revisão por pares e de editores, os trabalhos aprovados são publicados, podendo ser acessados gratuitamente na biblioteca on-line da associação. A associação coordena um periódico, o *Campbell Systematic Reviews*, de acesso aberto, no qual essas revisões são publicadas.

Na área de educação, há um grupo na Campbell denominado Education Coordinating Group (ECG), que inclui pesquisadores, legisladores, profissionais e financiadores interessados na prática baseada em evidências e em revisões sistemáticas na área de educação. Sua biblioteca (https://campbellcollaboration.org/better-evidence.html) tem uma seção específica de revisões sobre sínteses de evidências em educação, com dezenas de trabalhos, muitos disponíveis em espanhol. Alguns temas pesquisados por esses trabalhos incluem: currículo, disciplina na escola, horário das aulas, habilidades de compreensão relacionadas à linguagem e leitura, alunos com dificuldades de aprendizagem, autismo, suporte da família e da comunidade para a aprendizagem de crianças e empregabilidade de jovens. Dois exemplos de descobertas dessas revisões são: classes pequenas, para alunos de educação infantil até o ensino fundamental, não melhoram os resultados de aprendizagem (FILGES; SONNE-SCHMIDT; NIELSEN, 2018), e qualificações elevadas dos professores estão significativamente correlacionadas com a qualidade da educação e dos cuidados na primeira infância (MANNING *et al.*, 2017).

Importante notar que outras associações internacionais coordenam e publicam sínteses e revisões sistemáticas nos mesmos moldes. O Evidence for Policy and Practice Information and Co-ordinating Centre (EPPI-Centre), da Universidade de Londres (http://eppi.ioe.ac.uk/cms), desenvolve métodos para revisões sistemáticas e sínteses de pesquisas, conduz e apoia revisões, e oferece orientação e treinamento na área, além de estudar o uso de evidências de pesquisas em decisões pessoais, práticas e políticas. Os Centros da What Works Network (https://www.gov.uk/guidance/what-works-network), no Reino Unido, usam evidências da eficácia de políticas, programas e práticas visando aperfeiçoar a prestação de serviços públicos. Já a What Works Clearinghouse (https://ies.ed.gov/ncee/wwc/), nos Estados Unidos, revisa pesquisas sobre políticas, práticas, programas e produtos especificamente na área da educação, para fornecer aos educadores informações para a tomada de decisões baseadas em evidências. Os resultados das pesquisas são, portanto, utilizados para responder à pergunta: "O que funciona na educação?". Seu site disponibiliza centenas de revisões sistemáticas.

Como se pôde perceber, esses exemplos devem ser posicionados no lado mais sistemático, até agora, do nosso contínuo que representa o nível de sistematização de uma revisão de literatura (Figura 8).

FIGURA 8 — Revisão sistemática no contínuo das revisões de literatura

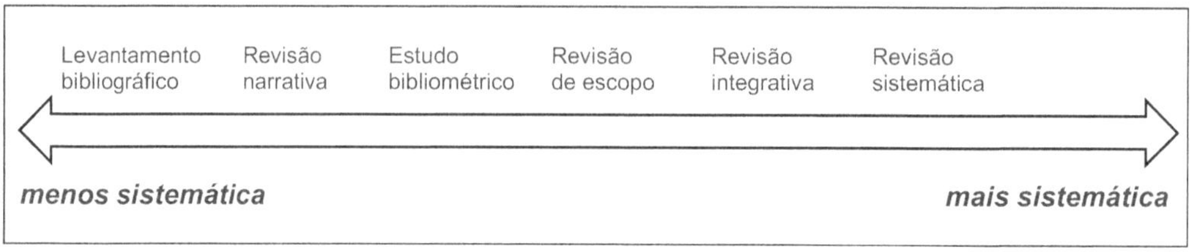

Levantamento bibliográfico — Revisão narrativa — Estudo bibliométrico — Revisão de escopo — Revisão integrativa — Revisão sistemática

menos sistemática ⟷ **mais sistemática**

Fonte: os autores.

3.3.7. Meta-análise

A meta-análise é um tipo específico de revisão sistemática de literatura que combina evidências de diversos estudos, necessariamente empíricos e com resultados quantitativos. Esses estudos primários, entretanto, devem ter hipóteses e metodologias muito similares. A análise da revisão envolve métodos estatísticos para a agregação dos dados, com a utilização de softwares, como o SPSS. A síntese procura, então, medir o tamanho de um efeito ou uma intervenção para além dos resultados individuais dos estudos.

Na área da saúde, onde é mais utilizada,

> [...] a replicação de estudos é uma norma e necessidade científica, o que facilita a meta-análise. Em tais áreas, a realização de meta-análise no contexto das revisões sistemáticas de literatura é considerada uma pesquisa da mais alta qualidade — de fato, as revisões sistemáticas de literatura meta-analíticas de estudos controlados aleatórios são a *crème de la crème* da hierarquia de evidências. (OKOLI, 2019, p. 28).

Nesse sentido, a meta-análise pode ser posicionada no extremo direito do contínuo que utilizamos neste capítulo para representar o nível de sistematização de uma revisão (Figura 9).

FIGURA 9 — Meta-análise no contínuo das revisões de literatura

Fonte: os autores.

Muitas pesquisas primárias em educação examinam os efeitos de intervenções específicas no desempenho de alunos por meio de projetos experimentais ou quase-experimentais, sendo a meta-análise um tipo de revisão adequada para sintetizar, estatisticamente, os efeitos desses estudos (COHEN; MANION; MORRISON, 2018). Entretanto, há limitações e desafios para seu uso nas ciências humanas e sociais, incluindo a educação, pois os estudos primários nessas áreas, em geral, não envolvem controle randomizado, e raramente são homogêneos e replicáveis, tampouco informam os métodos de análise estatística utilizados (OKOLI, 2019; VOSGERAU; ROMANOWSKI, 2014).

Means *et al.* (2009) realizaram uma meta-análise clássica de pesquisas entre 1996 e 2008 que comparavam a educação presencial e a distância. Foram encontrados poucos estudos sobre educação básica e muitos sobre adultos. Um total de 1.132 resultados das buscas iniciais foi reduzido para 176, sendo que 99 envolviam efetivamente comparação com o presencial, e os outros 77 foram usados para uma revisão narrativa sobre educação on-line. A meta-análise mostrou que os alunos que estudaram a distância tiveram melhores resultados de aprendizagem do que os que estudaram presencialmente, e quando as atividades de educação a distância envolveram também atividades híbridas, os resultados foram ainda melhores. Entretanto, os autores avaliaram que esses resultados não estariam fundamentados na modalidade (presencial e a distância), tendendo a refletir diferenças de conteúdo, pedagogia e tempo de aprendizagem.

Hattie (2009), por sua vez, realizou uma síntese de mais de 800 meta-análises relacionadas à educação, comparando tamanhos de efeito de muitos aspectos que influenciam os resultados de aprendizagem. O site Visible Learning (https://visible-learning.org/), coordenado pelo autor e inspirado na série iniciada com o livro, disponibiliza vários recursos, tais como: outros livros da série, notícias, vídeos, podcasts, infográficos e um glossário.

3.3.8. Revisão de revisões

Terminamos a exposição dos tipos de revisão com o que Paré *et al.* (2015) chamam de revisão guarda-chuva, meta-revisão ou revisão de revisões. Se já existem várias revisões publicadas sobre o tema e o problema que você deseja pesquisar, uma boa alternativa pode ser integrar ou agregar os resultados desses estudos, qualitativos e/ou quantitativos.

Segundo Paré *et al.* (2015), como as meta-revisões representam uma modalidade relativamente nova, suas diretrizes, seus métodos e seus procedimentos ainda estão sendo construídos. Nesse sentido, apesar de os autores considerarem que os estudos primários das revisões guarda-chuva devam ser revisões sistemáticas e que as metodologias de análise dessas revisões devam ser similares às das revisões sistemáticas, pode-se conceber, no espírito do contínuo da sistematização que utilizamos neste capítulo, que tanto os estudos primários quanto a metodologia das revisões de revisões sejam menos sistemáticos e mais narrativos.

Nesse sentido, encerramos esta seção citando dois exemplos de diferentes abordagens possíveis em meta-revisões. Chow e Ekholm (2018), de um lado, realizam uma meta-análise, ou seja, uma análise estatística, de 222 meta-análises, para avaliar a relação entre o impacto de estudos publicados e não publicados em educação, incluindo educação especial. De outro lado, Hantonio, Nugroho e Santosa (2018) fazem uma metarrevisão em formato de resumo narrativo e sem restrição em relação à abordagem dos estudos primários, sobre o uso de realidade aumentada em educação.

3.4. ETAPAS DA REVISÃO DE LITERATURA

Partindo da ideia que temos defendido neste capítulo de que uma revisão pode ser menos ou mais sistemática, além de que um menor ou maior nível de sistematização não está associado, diretamente, com a menor ou maior qualidade dos resultados, fazemos nesta seção uma proposta genérica para a condução de uma revisão de literatura na área de educação, procurando combinar os aspectos que consideramos mais importantes dos tipos de revisão analisados. O leitor pode, é claro, decidir se aprofundar em alguns desses aspectos ou tipos de revisão.

Pressupomos, ainda, que a definição de um tema e a formulação inicial de um problema para a pesquisa antecedam o início de uma revisão de literatura. Nossa proposta para as etapas de uma revisão de literatura está dividida em três grandes momentos: navegação, planejamento e execução (ver site). A seguir, detalhamos cada uma das etapas.

3.4.1. Navegação

Antes de iniciar formalmente o processo de revisão, é conveniente sondar livremente a literatura, a partir do tema e da definição inicial do problema da pesquisa, o que chamamos na nossa proposta de navegação. Isso pode ser realizado no Google Acadêmico ou em bases de dados, anais de eventos e/ou empregando outras estratégias para experimentar os processos de busca. Um orientador pode também desempenhar um papel essencial nesse momento, sugerindo direções para o orientando.

Pode-se considerar esta etapa um nível preliminar de busca. Sinta-se livre para brincar, navegar e surfar! Teste algumas palavras e expressões de busca. O objetivo desta etapa é ter uma ideia parcial do tipo e da quantidade de literatura disponível, em função inclusive das diferentes bases e seus filtros, o que deve servir para refinar o tema e o problema da pesquisa, assim como definir os objetivos e as perguntas da revisão, os critérios de inclusão e exclusão, as expressões de busca e as etapas seguintes.

3.4.2. Planejamento

É essencial planejar adequadamente uma revisão de literatura. Especialistas em informação, como bibliotecários, podem contribuir com esse trabalho de planejamento, assim como com outras etapas do processo, para garantir uma melhor qualidade dos resultados. É comum utilizar um protocolo para registrar o planejamento de uma revisão de literatura.

3.4.2.1. Protocolo

Um protocolo é um documento que apresenta um plano detalhado para a condução de uma revisão de literatura. Esse documento contribui para a organização das informações sobre todas as etapas da revisão, servindo também de guia para o treinamento da equipe e a manutenção de um padrão em relação aos procedimentos, no caso de o trabalho ser realizado por mais de um pesquisador. É possível, inclusive, submetê-lo à validação de especialistas externos.

O Preferred Reporting Items for Systematic Reviews and Meta-Analyses (PRISMA) apresenta diretrizes e um checklist para a preparação de protocolos para revisões sistemáticas de literatura (MOHER et al., 2015; SHAMSEER et al., 2015), assim como a Colaboração Campbell (THE CAMPBELL COLLABORATION, 2019). Os principais itens propostos nesses modelos de protocolos incluem:

a) informações gerais (como título, autores e fontes de financiamento);
b) problema, justificativa e objetivos da revisão;
c) características dos estudos primários que interessam à revisão;
d) critérios e processo de seleção (inclusão e exclusão);
e) bases de dados a serem pesquisadas;
f) estratégia de busca;
g) mecanismos para a gestão dos registros e dos dados;
h) procedimentos para a extração e a codificação dos dados;
i) metodologia para a síntese dos dados.

A plataforma The International Prospective Register of Systematic Reviews (PROSPERO) é uma base de dados internacional para o registro (e a consulta) de protocolos de revisões sistemáticas, inclusive em educação, em que haja um resultado relacionado à saúde (https://www.crd.york.ac.uk/prospero/). Como vimos, é possível também submeter protocolos de revisões sistemáticas de literatura em educação para a Colaboração Campbell.

Novamente, cabe notar que, mesmo com a elaboração detalhada de um protocolo, a busca, a extração e a análise dos dados podem modificar dinamicamente o próprio planejamento da revisão. Selecionamos, nas seções seguintes, as etapas essenciais do planejamento de uma revisão de literatura. Se você não quiser utilizar um protocolo, o importante é que seu planejamento inclua estas etapas.

3.4.2.2. Objetivos e perguntas

Depois de navegar e surfar livremente pela literatura disponível, o passo seguinte da nossa proposta é definir os objetivos da revisão. Machi e McEvoy (2016) sugerem que esse movimento de construção seja precedido da definição da perspectiva (unidade de análise e disciplina) pela qual você deseja estudar o fenômeno, a elaboração de uma hipótese e a produção de um argumento lógico para defender uma ideia.

Os objetivos devem ser específicos para cada revisão de literatura, mas podem ser apontados objetivos e motivações gerais, que serão explorados em mais detalhes ainda neste capítulo: mapear, descrever, analisar, agregar e/ou criticar os conhecimentos sobre determinado tema, o que ajuda a posicionar o seu trabalho em relação à literatura existente; e identificar referenciais teóricos e metodologias utilizados no estudo de determinado tema, e, por consequência, construir o referencial teórico e a metodologia para a sua pesquisa.

A estratégia PICO é bastante utilizada para definir os objetivos e as buscas nas revisões de literatura na área de saúde (HIGGINS et al., 2019). O acrônimo corresponde a: *Population* (população/pacientes, incluindo características demográficas), *Intervention* (intervenções ou tipos de tratamento), *Comparison* (comparação/controle, quando há grupos de controle e experimental) e *Outcomes* (desfecho, impacto ou efeitos clínicos). Apesar de a estratégia ser menos útil em revisões área da educação, em que os estudos são, em geral, qualitativos e nem sempre há uma intervenção ou um tratamento claro envolvendo grupos de controle e experimental, que leve a um resultado bem definido (TAI et al., 2020; ZAWACKI-RICHTER, 2020), pode ser adaptada e usada na área.

Outra estratégia cada vez mais comum, especialmente em pesquisas mais participativas, implica envolver os participantes — e todos aqueles que tenham interesse na revisão de literatura ou sejam afetados por seus resultados — na definição dos objetivos e das questões da revisão.

É importante, ainda, notar que os objetivos e as questões da revisão podem ser continuamente refinados, conforme são realizadas as buscas e os textos são lidos.

3.4.2.3. Estratégias de busca

Definidos os objetivos e as questões que guiarão a revisão de literatura, é necessário estruturar estratégias para as buscas. Para garantir a consistência da metodológica da revisão, é importante planejar, registrar e explicitar em detalhes o processo de busca.

Em primeiro lugar, deve-se definir que tipos de fontes pretende-se utilizar na revisão, para orientar, de maneira geral, as estratégias de busca. Artigos publicados em periódicos são as fontes mais bem avaliadas no ambiente acadêmico, especialmente quando envolvem avaliação por pares; muitas revisões se restringem a esse tipo de fonte. Dissertações e teses, são, muitas vezes, levadas em consideração, pois passam pelo crivo de bancas de especialistas, apesar de sua extensão e, por consequência, da maior dificuldade para sintetizar seus resultados. Trabalhos apresentados em eventos envolvem também, cada vez mais, avaliações rigorosas por pares, e, por isso, têm se tornado fontes mais confiáveis. Capítulos e livros podem ser também incluídos, apesar da maior dificuldade de busca e do menor filtro avaliativo, em muitos casos, por parte das editoras. O que se denomina literatura cinzenta, que inclui relatórios e documentos não publicados oficialmente, e até mesmo pesquisas em andamento, além de revistas, jornais, sites e publicações em redes sociais, pode também ser útil para determinadas revisões. Cabe lembrar que as revisões sistemáticas de literatura propostas pelas colaborações Cochrane e Campbell pressupõem buscas abrangentes, que procurem incluir literatura cinzenta. A busca de uma revisão Campbell, por exemplo, deve incluir todas as evidências disponíveis:

> Isso significa que todos os estudos que atendam aos critérios de elegibilidade devem ser incluídos, tenham ou não sido publicados formalmente. Assim, dissertações, relatórios técnicos, artigos de conferências e outros, como literatura cinzenta, devem ser incluídos junto com estudos publicados mais formalmente em periódicos e livros. Note que não é necessário que os estudos sejam revisados por pares para serem elegíveis, e a exclusão de estudos porque não aparecem em publicações revisadas por pares não é apropriada para revisões Campbell (e é uma fonte conhecida de viés). (THE CAMPBELL COLLABORATION, 2019, p. 9, tradução nossa).

A definição dos locais para as buscas talvez seja uma das decisões mais críticas de um processo de revisão de literatura. Cada tipo de fonte e informação, em geral, acaba tendo que ser pesquisada em lugares diferentes.

No caso de artigos publicados em periódicos, diferentes bases disponíveis retornam resultados bastante distintos, inclusive em quantidade. Entre as bases genéricas e multidisciplinares internacionais, são bastante utilizadas em revisões de literatura Academic Search, EBSCOhost (que inclui a Education Source), Google Acadêmico, Scopus e Web of Science (antes chamado de ISI Citation Index, que inclui o Social Science Citation Index). Harzing e Alakangas (2016) comparam Google Acadêmico, Scopus e Web of Science, concluindo que o primeiro oferece uma cobertura mais abrangente. Uma iniciativa brasileira também bastante consultada é a Scientific Electronic Library Online (SciELO). Na área de educação, destacamos o Education Resources Information Center (ERIC).

O Portal de Periódicos da CAPES, outra iniciativa brasileira, possibilita a pesquisa simultânea em várias dessas bases, ou mesmo o acesso a cada base, individualmente. A estratégia de busca pode envolver, ainda, realizar pesquisas em periódicos específicos.

Dissertações e teses produzidas no Brasil podem ser pesquisadas em dois repositórios: o Portal de Teses da CAPES, sistema oficial do governo brasileiro para depósito das teses e dissertações, mas que apresenta apenas seus resumos; e o Banco de Teses e Dissertações do Instituto Brasileiro de Informação em Ciência e Tecnologia (IBICT), que tem os registros completos das dissertações e teses, mas apenas das instituições de ensino superior que utilizam o sistema Bibliotecas Digitais de Teses e Dissertações (BDTD). Já a Networked Digital Library of Theses and Dissertation (NDLTD) é um repositório internacional de teses e dissertações.

As revisões de literatura podem também incluir buscas em bases de dados de anais (ou *proceedings*) de eventos específicos.

Livros e capítulos muitas vezes não estão disponíveis gratuitamente na internet, mas as buscas na Fundação Biblioteca Nacional e em bibliotecas, editoras e livrarias, nacionais e internacionais, podem servir para mapear o que já foi publicado sobre um tema. Cabe registrar que assinaturas de bibliotecas digitais, como Minha Biblioteca e Biblioteca Virtual Universitária, muitas vezes disponíveis para alunos e professores de instituições de ensino superior, permitem acesso integral a livros.

O acesso ao que se denomina literatura cinzenta é menos centralizado e, por isso, mais difícil de ser previsto no planejamento. Jornais e revistas, por sua vez, têm hoje seus acervos disponíveis on-line, mas, em muitos casos, pagos. O acesso a sites e redes sociais é mais simples e imediato, desde que, em geral, com perfil e senha.

Outro item que deve constar do planejamento é a definição das expressões de busca que serão utilizadas. A construção dessas expressões é um procedimento mais complexo do que pode parecer à primeira vista, pois utiliza operadores de lógica booleana (como AND, OR e NOT), que podem ser combinados com o uso de parêntese, aspas, asterisco e outros sinais. O uso desses operadores varia sensivelmente em função de cada base de dados utilizada na pesquisa.

Uma das estratégias interessantes para a construção de expressões de busca é testar as palavras-chave dos textos encontrados inicialmente na fase de navegação. Nessa fase prévia à revisão, é importante tentar identificar textos que interessem à pesquisa, mas que não tenham aparecido nos resultados das buscas com as expressões até então testadas, para aperfeiçoá-las continuamente.

O protocolo ou projeto da revisão pode incluir também estratégias para a ampliação dos resultados das buscas iniciais. Diversas técnicas podem ser utilizadas: acessar algumas das referências dos artigos inicialmente selecionados (busca retroativa ou *backward search*), procurar em bases de dados outros artigos que citem os inicialmente selecionados (busca prospectiva ou *forward search*), realizar novas buscas em funções de palavras-chave que se repetem nos artigos inicialmente selecionados e pesquisar mais publicações dos autores dos artigos inicialmente selecionados. Isso pode obrigar à reelaboração das expressões de busca, o que deve ser documentado.

O importante é que a decisão sobre os tipos de fontes que a revisão de literatura pretende pesquisar oriente a definição das estratégias de busca, incluindo a escolha das bases de dados e a elaboração das expressões de busca, que devem constar do protocolo ou projeto da revisão.

3.4.2.4. *Critérios de seleção*

Uma parte importante da definição das estratégias de busca envolve a elaboração de critérios de inclusão e exclusão dos resultados para análise na revisão de literatura. As definições dos tipos de fontes e das bases de dados, discutidas na seção anterior, já podem ser consideradas critérios prévios de seleção. Além disso, a própria expressão de busca acaba funcionando como implementação de um critério de seleção. Outros exemplos incluem:

a) temas e problemas tratados (de acordo com os objetivos e as questões definidas para a revisão a ser realizada);
b) contexto e ambiente ou local em que o estudo foi realizado (escolas, empresas, internet etc.);
c) nível de ensino (educação infantil, educação básica, ensino superior, educação corporativa, educação não formal etc.);
d) modalidade de ensino (educação presencial, híbrida ou a distância; educação de jovens e adultos; educação especial; etc.);
e) características dos participantes e amostra (gênero, idade, trabalho, se são alunos ou professores etc.);
f) natureza da pesquisa (teórica ou empírica);
g) fontes da pesquisa (bibliográfica ou revisão de literatura, documental, pesquisa de campo ou experimental);
h) abordagem (qualitativa, quantitativa ou de métodos mistos);
i) metodologia (narrativa, estudo de caso, pesquisa-ação etc.);
j) área de conhecimento da publicação;
k) referencial teórico utilizado;
l) idioma em que o documento está redigido;
m) data da publicação e/ou coleta dos dados.

É comum, especialmente em revisões de literatura de abordagens quantitativas e mais sistemáticas, considerar a qualidade um critério de exclusão, que seria aplicado durante a leitura dos textos completos que tivessem passado por uma primeira triagem, em função da aplicação dos critérios gerais de seleção à leitura dos títulos e resumos. Isso poderia envolver, por exemplo, a elaboração de uma tabela para classificar os textos selecionados por pontuação, em função de sua maior ou menor qualidade. No caso de revisões de textos quantitativos, podem-se avaliar: as evidências apresentadas; o processo de coleta, análise e interpretação dos dados; a confiabilidade dos instrumentos e das medidas; os métodos estatísticos utilizados; a validade dos constructos e a validade interna; o tamanho do efeito; as generalizações realizadas; a conformidade da intervenção; e a contextualização. Esse procedimento, entretanto, não é comum em revisões de literatura na área de educação, podendo ser planejado e aplicado quando considerado adequado à revisão.

É importante notar que, mesmo quando pré-definidos no protocolo ou projeto da revisão, esses critérios de seleção ficarão mais claros, e novos surgirão, conforme passamos a analisar os resultados iniciais das buscas. O movimento de planejamento e execução pode, inclusive, provocar o refinamento do tema e do problema original da pesquisa mais ampla, assim como dos objetivos e questões específicos da revisão de literatura.

É uma boa prática planejar a utilização de mais de um pesquisador para a aplicação dos critérios de seleção, de maneira que um possa revisar o trabalho do outro. Um piloto da execução da seleção, portanto, pode estar previsto no protocolo da revisão.

3.4.2.5. Orientações para a extração dos dados

A forma como os dados serão extraídos dos estudos incluídos, depois da aplicação dos critérios de seleção, deve também ser planejada. As perguntas já definidas no planejamento da revisão de literatura podem servir como guia para esse processo de extração. De qualquer maneira, estes são alguns dos direcionadores comuns para a extração de dados de estudos primários incluídos na revisão: tema e problema; objetivos; questões e hipóteses; metodologia dos estudos; participantes e amostra; instrumentos de coleta de dados; referencial teórico; resultados; e conclusões.

É conveniente que seja elaborado um formulário específico para a extração dos dados dos estudos incluídos na revisão de literatura, que já pode ser elaborado nesta fase de planejamento.

3.4.2.6. Metodologia para a análise dos dados

Tanto neste capítulo, quanto nos capítulos seguintes, quando nos referirmos à análise, discussão e interpretação dos dados de uma pesquisa, remeteremos o leitor ao capítulo 7, em que discutimos esses procedimentos em detalhes, para evitar repetições desnecessárias. Quando conveniente, entretanto, destacaremos as características específicas do tópico que estivermos tratando nos capítulos anteriores em relação a esses procedimentos.

Nesta etapa do planejamento da revisão de literatura, tanto quanto possível, cabe antecipar as estratégias que se pretende utilizar para a análise dos dados extraídos dos estudos incluídos. O capítulo 7 traz diversas orientações que podem ser incorporadas a esse planejamento.

3.4.3. Execução

Apesar de as fronteiras entre o planejamento e a execução de uma revisão de literatura não serem tão rígidas, já que a própria execução acaba, muitas vezes, nos obrigando a rever itens planejados, há um momento em que a revisão efetivamente começa, com a realização das buscas nas bases de dados selecionadas.

3.4.3.1. Busca

Este momento envolve a aplicação das expressões de busca definidas às diferentes bases de dados. Cada base tem características próprias para a elaboração das expressões, aprendizado que o pesquisador só adquire com o corpo a corpo com cada base. Sugere-se, de maneira geral, que se utilize o recurso da busca avançada em todas as bases, que oferece mais possibilidades de configuração.

Dependendo da base de dados pesquisada, os filtros que oferecidos possibilitarão a aplicação de alguns dos critérios de seleção definidos no planejamento, seja na busca inicial ou no seu refinamento. São filtros comuns em várias bases de dados: local onde a expressão de busca deve ser aplicada (título do texto, resumo, palavras-chave, assunto, artigo completo etc.), tipo de fonte (artigo, capítulo, livro, trabalho apresentado em evento etc.), periódico ou local em que o texto foi publicado, se o periódico é revisado por pares, área de conhecimento da publicação, idioma e data.

Os resultados iniciais das buscas precisam ser registrados de alguma maneira, não sendo suficiente o link da busca geral realizada, pois toda vez em que for acessado, os resultados tendem a crescer. Esse registro pode ser realizado de várias maneiras (pela referência dos estudos de acordo com as normas da ABNT, em uma tabela com campos diversos, em relatório gerado pelas próprias bases de buscas, em um software etc.) e em vários formatos (planilhas off-line ou on-line, arquivos de texto etc.).

Nas buscas, o pesquisador deparará com muitas fontes; para isso, podem ser utilizadas planilhas, como Excel e Google, mas existem softwares dedicados ao gerenciamento de referências bibliográficas. Yamakawa *et al.* (2014) comparam três deles: Mendeley, EndNote e Zotero.

Uma busca que gerar muito poucos resultados, ou um número excessivo, tende a tornar a revisão de literatura sem sentido. É importante, então, que o planejamento das estratégias de busca resulte, neste momento, em uma quantidade manejável de textos, em função do número de pesquisadores participando da revisão e do tempo e dos recursos disponíveis.

3.4.3.2. Seleção pela leitura dos títulos, resumos e palavras-chave

Para Zawacki-Richter (2020, ix-x, tradução nossa), "a tarefa mais demorada, após a remoção de resultados duplicados de diferentes bases de dados, é a triagem e codificação de um grande número de referências, títulos, resumos e artigos completos".

Dividimos a aplicação dos critérios de seleção, que, na verdade, já começou com a utilização de filtros nas buscas, em dois momentos: a leitura inicial dos títulos, resumos e palavras-chave, e a leitura posterior dos textos completos. O objetivo desta divisão é justamente poupar tempo dos pesquisadores, pois essa leitura inicial já serve para excluir vários textos, sem a necessidade de sua leitura integral.

A remoção de resultados duplicados, a que Zawacki-Richter (2020) se refere, ocorre porque o mesmo texto pode retornar nas buscas em mais de uma base de dados. Então, o primeiro procedimento deve ser remover esses textos duplicados, de forma que os pesquisadores cheguem a um número dos resultados da busca sem repetições. Isso pode ser feito manualmente ou com a ajuda de softwares, mas cabe sempre alertar que, mais para frente, pode-se identificar que ainda restam registros duplicados. Deve-se registrar a quantidade de textos duplicados, pois é importante indicar essa informação na descrição dos resultados. Esse resultado das buscas iniciais com a exclusão dos duplicados corresponde ao produto do tipo de revisão denominado levantamento bibliográfico, já discutido.

Especialmente no caso das revisões de pesquisas em educação, Romanowski e Ens (2006) apontavam como uma limitação a falta de padronização na redação dos resumos. Assim, uma regra que pode ser utilizada nessa primeira fase de triagem é: na dúvida, não exclua! Se o título, o resumo e as palavras-chave não forem suficientes para determinar se um texto deve ou não ser excluído, mantenha-o nesta fase, já que os textos integrais serão lidos na fase seguinte, o que facilitará a decisão.

É também uma boa prática utilizar mais de um pesquisador para a aplicação inicial (e mesmo a seguinte) dos critérios de seleção. Pode-se, por exemplo, realizar um piloto com os mesmos textos para comparar os resultados incluídos e excluídos por cada um dos avaliadores, resolver as divergências e, se necessário, aperfeiçoar os critérios de inclusão e exclusão. Esse procedimento, quando há tempo e recursos, pode ser repetido até o final da seleção, que fica, assim, validada por mais de um juiz.

É importante registrar explicitamente, de alguma maneira, os procedimentos utilizados para a exclusão de resultados. Os motivos para as exclusões devem ser claramente indicados, assim como as mudanças em relação ao que foi planejado no protocolo, já que essa fase de triagem acaba nos levando, em geral, a rever os critérios definidos no planejamento. Uma estratégia interessante é manter classificações específicas para os arquivos excluídos, como tabelas ou pastas, em função dos motivos para a exclusão. Para as revisões sistemáticas seguindo a metodologia Cochrane (HIGGINS et al., 2019) e Campbell (THE CAMPBELL COLLABORATION, 2019), por exemplo, o processo de seleção deve ser documentado em detalhes suficientes, de maneira que seja possível elaborar um fluxograma e uma tabela com as características dos estudos excluídos.

3.4.3.3. *Seleção pela leitura dos textos completos*

É importante notar que esta etapa não é obrigatória na revisão de literatura. É possível partir diretamente da seleção apresentada na seção anterior para a etapa da extração dos dados, caso em que o que se propõe nesta seção seria realizado em paralelo com a extração, ou a seleção apresentada na seção anterior pode também, quando necessário, envolver uma leitura geral do texto completo. Decidimos registrá-la como uma etapa separada porque muitos pesquisadores podem não se sentir confortáveis em, ao mesmo tempo, ler um texto, aplicar critérios de seleção e extrair dados (quando o texto tiver sido incluído). Então, as ações indicadas nesta seção podem ser combinadas com as da seção anterior ou posterior.

A consulta aos textos completos para reaplicar os critérios de seleção e excluir alguns arquivos, quando adequado, deve ser feita por uma leitura flutuante, ou seja, uma leitura que não se proponha a ler o texto todo em profundidade. E cabe lembrar, como em outras etapas da revisão, que essas leituras podem gerar uma revisão dos critérios de inclusão e exclusão, o que deve, como em outros casos, ser registrado.

Neste momento, caso prevista, deve ser realizada a avaliação da qualidade dos textos.

Como já foi mencionado no planejamento, há estratégias para a ampliação dos resultados das buscas, como, por exemplo, o que é denominado busca prospectiva (*forward search*), que envolve a leitura dos artigos que citam os incluídos, e busca retrospectiva (*backward search*), que consultam algumas referências dos artigos incluídos. Esses movimentos, entretanto, tendem a prolongar o processo de seleção; portanto, deve-se avaliar a pertinência de implementá-los. De qualquer maneira, em algum momento, os pesquisadores devem chegar a uma lista final de textos incluídos para a extração e análise de dados. Essa lista pode, então, por exemplo, ser apresentada a especialistas na área, para que se confira se está bem elaborada e se não haveria sugestões adicionais para incluir na revisão. Os próprios pesquisadores podem conhecer textos que não chegaram a retornar nas buscas realizadas; sua inclusão, assim como as sugestões dos especialistas, deve ser justificada e registrada na metodologia utilizada para a revisão.

3.4.3.4. Extração

Talvez mais ainda do que o processo de seleção, a extração de dados é um momento trabalhoso e, muitas vezes, cansativo da revisão de literatura. Aqui, a leitura tem que ser mais atenta do que na etapa anterior, para que os dados sejam extraídos sistematicamente, com as informações de cada estudo que interessam à revisão.

Como já dissemos, deve-se elaborar um formulário específico para a extração dos dados, mas a operação pode também ser realizada com um software de apoio. Como na etapa de seleção, podem-se realizar pilotos com mais de um avaliador, para que o processo de extração de dados seja o máximo possível padronizado e confiável.

3.4.3.5. Análise e síntese

Esta etapa tem o objetivo de relacionar as informações extraídas dos diferentes estudos analisados. O que podemos concluir, a partir da revisão de literatura?

Em primeiro lugar, é comum aplicar os procedimentos já indicados para estudos bibliométricos para fazer uma análise inicial quantitativa dos resultados incluídos na revisão, como locais de publicação, autores, temas etc.

Avançando na análise, discussão e síntese, uma metáfora interessante é que aqui você deve assumir o papel de um detetive, cuja missão é montar um quebra-cabeças. Como um bom detetive, você deve apontar os resultados inesperados e fora do padrão, lacunas, omissões e contradições. Catalogue os resultados, organize — e desorganize — as informações, brinque com quadros, tabelas, mapas mentais, diagramas e fluxogramas. Seja criativo! Em alguns casos, além do estado do conhecimento e das teorias já conhecidas, podem brotar novas teorias e novas questões, não respondidas, que, por sua vez, podem gerar novas pesquisas. Como afirmam Webster e Watson (2002, xix, tradução nossa), "[...] escrever uma revisão não requer apenas um exame de pesquisas anteriores, mas significa fazer um gráfico para pesquisas futuras".

Há muitas metodologias que podem ser utilizadas para a síntese, cobertas no capítulo 7, tais como codificação e categorização, análise de conteúdo e análise do discurso, além de técnicas estatísticas, no caso de estudos quantitativos e de métodos mistos. Uma síntese pode comparar, organizar, discutir e agregar informações. Nesta etapa da revisão, pode-se retomar discussões sobre paradigmas e abordagens.

3.4.3.6. Redação

Da mesma maneira que há um capítulo neste livro sobre análise de dados, há um capítulo sobre a redação da pesquisa, cujas orientações servem, em vários sentidos, para a escrita do texto de uma revisão de literatura. Remetemos então o leitor ao capítulo 8, mas faremos aqui comentários específicos para a redação da síntese de uma revisão.

Em primeiro lugar, é ideal que a revisão não esteja muito desatualizada no momento da publicação; portanto, não convém que o texto seja redigido muito tempo depois das buscas.

É importante que o texto da síntese seja escrito com detalhes suficientes para que outros interessados possam replicar a metodologia e, por exemplo, atualizar a revisão. A elaboração de um protocolo ou projeto para a revisão, uma das primeiras etapas aqui propostas, já teria, de alguma maneira, iniciado esse processo. O checklist do PRISMA (LIBERATI *et al.*, 2009; MOHER *et al.*, 2009) permite verificar se o relatório final de revisões sistemáticas é transparente e completo.

Quadros, tabelas, gráficos, esquemas, diagramas e mapas são técnicas comumente utilizadas nos textos de sínteses de literatura. Procure representar visualmente os resultados da revisão — há várias dicas para o uso de recursos visuais no capítulo 7. O PRISMA, por exemplo, propõe um fluxograma para apresentar o encadeamento de informações durante as diferentes etapas de uma revisão de literatura (Figura 10).

FIGURA 10 — **Fluxograma do PRISMA**

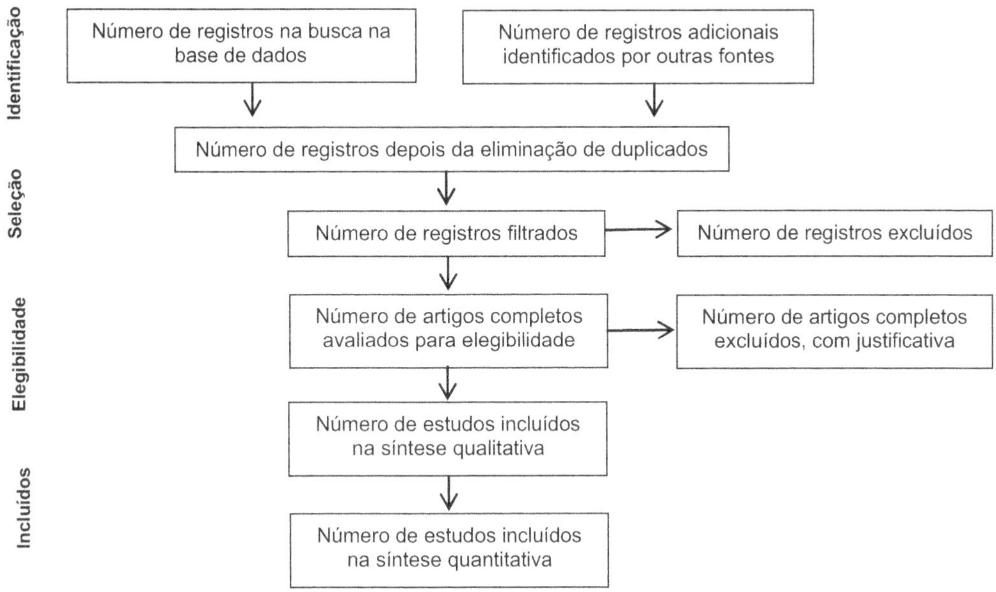

Identificação
- Número de registros na busca na base de dados
- Número de registros adicionais identificados por outras fontes
- Número de registros depois da eliminação de duplicados

Seleção
- Número de registros filtrados → Número de registros excluídos

Elegibilidade
- Número de artigos completos avaliados para elegibilidade → Número de artigos completos excluídos, com justificativa

Incluídos
- Número de estudos incluídos na síntese qualitativa
- Número de estudos incluídos na síntese quantitativa

Fonte: Moher *et al.* (2009, p. 3, tradução nossa).

Dowd e Johnson (2020, p. 85, tradução nossa), por sua vez, chamam a atenção para o estilo, propondo que o texto das revisões seja historiado com ideias, pessoas, políticas e práticas:

> Boas revisões oferecem respostas claras e convincentes a perguntas relacionadas ao "por quê" e "quando" de um estudo. Ou seja, por que esta revisão é importante? E por que agora é o momento certo para realizá-la? Elas também narram e habitam seu texto com pessoas específicas em lugares específicos para ajudar a contextualizar o problema ou a questão que está sendo abordada. Descrição e contexto ricos adicionam textura a revisões que, de outra forma, seriam gordas ou unidimensionais. As revisões habitadas não são apenas bem focadas, apresentando uma justificativa clara e convincente para seu trabalho, mas também têm um público-alvo.

Por fim, cabe notar que o resultado de uma revisão de literatura pode se materializar em diferentes formatos, como seções de artigos, capítulos de dissertações e teses ou mesmo como um documento autônomo e independente. Nesse sentido, há periódicos especializados em publicações de revisões de literatura (ver site), além de vários outros aceitarem esse gênero de artigo.

3.5. REFERENCIAL TEÓRICO

Uma das funções de uma revisão de literatura, como já discutimos, é contribuir para a construção de um referencial conceitual e teórico que possa servir de base para uma pesquisa. Idealmente, a fundamentação teórica deve emergir da própria pesquisa, ou seja, do seu tema e problema, dos seus objetivos e assim por diante, em vez de ser imposta a ela de fora. Por isso, uma revisão de literatura pode contribuir para a construção do referencial teórico, já que permite identificar os pressupostos e embasamentos teóricos de estudos similares que abordam o mesmo tema.

Além disso, como também já discutimos, deve haver alinhamento entre os resultados da revisão de literatura, o referencial teórico e a metodologia da pesquisa. O referencial teórico deve orientar a metodologia, incluindo a coleta, a análise e a interpretação dos dados, mas a metodologia pode também incluir referências teóricas específicas, justificando, em muitos casos, uma revisão de literatura autônoma. O importante é que haja adequação entre o referencial teórico e metodológico do estudo.

Ao contrário dos paradigmas, que muitas vezes não são introduzidos conscientemente nas pesquisas, o referencial teórico acaba se constituindo como parte integrante do processo de investigação, exigindo-se, inclusive, que seja explicitado no relatório final. Como afirmam Creswell e Poth (2018, p. 15, tradução nossa), "as teorias são mais aparentes em nossos estudos qualitativos do que os pressupostos filosóficos, e os pesquisadores, muitas vezes treinados no uso de teorias, normalmente as tornam explícitas em pesquisas".

Construir um quadro teórico de referência para uma pesquisa pode demandar uma revisão específica de teorias clássicas, já conhecidas pelo pesquisador e/ou por seu orientador, que estão, muitas vezes, desenvolvidas em livros reconhecidos na área. Em pesquisas na área de educação, por exemplo, as ideias de Jean Piaget, Lev Vygotsky, Paulo Freire e John Dewey são bastante utilizadas como referências teóricas. Os resultados de uma revisão de escopo podem, também, contribuir para a construção desse referencial teórico mais amplo, pois é possível identificar quais dessas teorias são utilizadas nos estudos analisados, e de que maneira. Entretanto, o referencial teórico pode também ser elaborado mais independentemente de referências predeterminadas a grandes teorias. De qualquer maneira, como afirmam Cohen, Manion e Morrison (2018, p. 78, tradução nossa),

> [...] não podemos escapar das teorias. Goste ou não, use-as ou não, uma ou mais teorias estão por trás de uma pesquisa educacional. Se impulsionam a pesquisa, são incidentais ou sem importância para ela, são questões para cada pesquisador. Talvez as teorias de médio alcance se configurem como um equilíbrio adequado e, mais positivamente, um caminho útil para avançar.

Os autores discutem diferentes tipos de teorias que podem ser utilizadas nas pesquisas em educação, partindo da conceituação de Merton (1968) para teorias empíricas, teorias de médio alcance e grandes teorias em sociologia. Enquanto as teorias empíricas ou de baixo alcance são hipóteses de trabalho mais simples, provisórias e testáveis, que elaboramos e utilizamos em vários momentos das nossas pesquisas, as teorias gerais, como o materialismo histórico de Marx, por exemplo, são abrangentes e sistemáticas, propondo-se a explicar todas as uniformidades sociais observadas, mas não são testáveis. As teorias de médio alcance, usadas em sociologia para guiar a investigação empírica, estariam posicionadas entre essas hipóteses de trabalho menores e essas teorias unificadas, lidando com aspectos delimitados dos fenômenos sociais:

> São intermediárias em relação às teorias gerais dos sistemas sociais que estão muito distantes de classes particulares do comportamento, da organização e da mudança social para explicar o que é observado, e em relação àquelas descrições ordenadas e detalhadas de aspectos particulares, que não são generalizados. A teoria de médio alcance envolve abstrações, é claro, mas que estão próximas o suficiente dos dados observados para serem incorporadas em proposições que permitam testes empíricos. (MERTON, 1968, p. 39, tradução nossa).

As teorias de médio alcance consistem em conjuntos limitados de suposições, a partir das quais hipóteses específicas podem ser logicamente derivadas e confirmadas pela investigação empírica. E são, ao mesmo tempo, suficientemente abstratas para lidar com diferentes esferas do comportamento e da estrutura social, transcendendo a mera descrição ou generalização empírica. Entretanto, envolvem a "especificação da ignorância" (MERTON, 1968, p. 68, tradução nossa), ou seja, não se assumem à altura da tarefa de fornecer soluções teóricas para todos os problemas práticos e urgentes da atualidade, dirigindo-se aos problemas que podem ser esclarecidos, no momento, à luz dos conhecimentos disponíveis.

Para o Merton (1968), a sociologia só avançaria na medida em que sua principal preocupação fosse com o desenvolvimento de teorias de médio alcance, e seria retardada enquanto estivesse primordialmente focada no desenvolvimento de sistemas sociológicos totalizadores.

> Concentrar-se inteiramente em teorias específicas é correr o risco de gerar hipóteses específicas que deem conta de aspectos limitados do comportamento, da organização e da mudança social, mas que permaneçam mutuamente inconsistentes. Concentrar-se inteiramente em um esquema conceitual primordial para derivar todas as teorias subsidiárias é arriscar-se a produzir, no século XX, equivalentes sociológicos dos grandes sistemas filosóficos do passado, com toda sua sedução globalizante, seu esplendor arquitetônico e sua esterilidade científica. O teórico da sociologia que esteja exclusivamente comprometido com a exploração de um sistema totalizante, com suas abstrações extremas, corre o risco de, como acontece com a decoração moderna, que a mobília de sua mente fique vazia e desconfortável. (MERTON, 1968, p. 51, tradução nossa).

Cohen, Manion e Morrison (2018) transportam essa discussão para as pesquisas em educação. Para um pesquisador na área, as macroteorias poderiam ajudar a construir uma compreensão do mundo, assim como a articular uma forma de observar fenômenos ou explicar o contexto de um estudo, e, dessa maneira, contribuir para o desenvolvimento de questões de pesquisa. Entretanto, na visão dos autores, boa parte da pesquisa educacional demandaria teorias de médio alcance, que focam em fenômenos específicos em contextos específicos e procuram explicá-los, com um equilíbrio entre elementos empíricos e abstratos. A metodologia da *grounded theory* (ou teoria fundamentada), em que a teoria emerge dos dados ao final do processo de investigação, e que discutiremos como uma metodologia neste livro, teria, para Cohen, Manion e Morrison (2018), afinidade com teorias de nível médio. Paré *et al.* (2015) discutem o que denominam revisão teórica, que parte de estudos conceituais e empíricos para desenvolver novas teorias, ou seja, estruturas conceituais ou modelos constituídos por um conjunto de proposições ou hipóteses. No campo dos estudos sobre educação a distância, as teorias da distância transacional (MOORE, 2002) e da comunidade de investigação (GARRISON; ANDERSON; ARCHER, 2000) poderiam ser classificadas como de médio alcance. E caberia questionar como poderiam ser classificadas, nessa perspectiva, algumas teorias elaboradas por autores utilizados em pesquisas em educação, como Pierre Bordieu, Michel Foucault e Edgar Morin.

Cohen, Manion e Morrison (2018) abordam, ainda, as teorias normativas ou críticas, que podem envolver pesquisa-ação e pesquisa participante, que também discutiremos como metodologias no livro.

> Uma questão controversa levantada pela teoria normativa é se é tarefa da pesquisa educacional ter uma agenda política ou ideológica explícita, envolver-se em ativismo político e/ou formulação de políticas, ou se a pesquisa educacional deve simplesmente limitar-se a fornecer conhecimento factual que seja usado por outros para agendas políticas e normativas e formulação de políticas. (COHEN; MANION; MORRISON, 2018, p. 75, tradução nossa).

É importante notar que, em pesquisas quantitativas, as teorias desempenham um papel específico, determinando como as variáveis e as hipóteses se relacionam. "A teoria se torna uma estrutura para todo o estudo, um modelo de organização para as questões ou hipóteses de pesquisa e para o procedimento de coleta de dados." (CRESWELL; CRESWELL, 2018, p. 56, tradução nossa).

Outra questão interessante é onde posicionar a exposição e discussão do referencial teórico nos textos, discutida por Creswell e Creswell (2018). As pesquisas qualitativas costumam posicionar o referencial teórico no início do texto, iluminando o tema, o problema e as questões da investigação, ou no final, no caso de teorias geradas pelo próprio estudo, como na metodologia da teoria fundamentada. Já as pesquisas quantitativas costumam posicionar o referencial teórico na introdução, na seção da revisão de literatura, após as questões/hipóteses ou em uma seção separada. As pesquisas de métodos mistos podem tanto testar teorias quanto gerá-las. Assim como no caso da revisão de literatura, há várias possibilidades para o posicionamento do referencial teórico no texto de uma pesquisa, seja quantitativa, qualitativa ou de métodos mistos.

O referencial teórico é essencial em toda pesquisa. A revisão de literatura pode contribuir decisivamente para sua construção, mas é importante notar que, no ciclo da pesquisa, ele vai sendo ampliado dinamicamente, em função do planejamento e da execução da pesquisa.

A Figura 11 apresenta a ilustração do ciclo da pesquisa proposto no livro até a etapa da revisão de literatura.

FIGURA 11 — Ciclo da pesquisa até a revisão de literatura

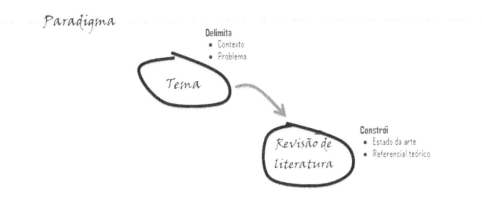

Fonte: os autores.

4.

PLANEJAMENTO DA PESQUISA

O planejamento, assim como a revisão de literatura, é uma etapa essencial da pesquisa. Este capítulo está dividido em cinco seções com funções e objetivos distintos. A primeira seção diferencia tipos de variáveis em função das relações entre elas, o que passará a fazer parte do vocabulário deste e dos próximos capítulos. A segunda seção, central a este capítulo, propõe etapas para a elaboração do planejamento de uma pesquisa. A terceira seção apresenta diversas estratégias para a seleção de amostras, que devem constar do planejamento da pesquisa e da etapa da coleta de dados, e que serão abordadas no próximo capítulo, quando estudarmos diferentes tipos de metodologia. A quarta seção explora vários critérios para garantir a validade e a credibilidade de uma pesquisa e de seus instrumentos, parâmetros essenciais para o planejamento da coleta e da análise de dados. A quinta seção discute os aspectos éticos que envolvem uma investigação. O site do livro sugere, ainda, um modelo para a redação de um projeto de pesquisa.

4.1. RELAÇÕES ENTRE VARIÁVEIS

Até agora, praticamente não nos referimos a variáveis no livro. Entretanto, a partir da formulação dos objetivos e, principalmente, das questões e hipóteses, as variáveis passam a fazer parte da linguagem corrente da pesquisa, especialmente no caso das abordagens quantitativas e de métodos mistos. Assim, antes de entrar no fluxo do planejamento, abriremos um parêntese para definir o que são variáveis, suas principais características, seus tipos e as relações entre elas.

Na pesquisa, o que conseguimos manipular ou observar para medir chamamos de variável: algo que muda (ou varia). A variável é uma condição, característica, fator, propriedade ou qualidade que se modifica e pode ser medida, por exemplo, em relação à quantidade, frequência ou intensidade. Apesar de o conceito poder, inicialmente, parecer simples, há diferentes tipos de variáveis, que podem se alterar em função de diversas condições.

Uma variável deve ser operacional, pois o pesquisador precisará manipulá-la para medi-la. No contexto da educação, entretanto, nem sempre é fácil tornar uma variável operacional. Se, por exemplo, desejamos avaliar a quantidade de calorias e sua relação com o ganho de peso, podemos manipular a quantidade de calorias ingerida e medir facilmente o peso resultante em quilogramas utilizando uma balança. Na educação, todavia, se, por exemplo, desejamos avaliar a influência do uso de uma nova metodologia sobre a aprendizagem dos alunos, a operacionalização dessas variáveis torna-se mais difícil. Poderíamos pensar em operacionalizar a metodologia em função da quantidade de recursos utilizados, e a aprendizagem em função do desempenho em uma avaliação. Entretanto, sabemos que a operacionalização de uma metodologia pelos recursos utilizados é insuficiente, porque o professor pode ter papel fundamental na sua condução, além de que a aprendizagem resultante não pode ser medida apenas com a aplicação de um teste.

De uma forma mais ampla, uma pesquisa está fundamentada em conceitos, que também precisam ser operacionalizados. Tuckman (2012) esclarece que uma definição operacional deve se pautar em critérios ou atributos observáveis do que se pretende definir, permitindo sua compreensão e replicação. Para favorecer a transformação de conceitos em variáveis, Gil (2019b) indica algumas etapas que precisam ser observadas:

a) definição do conceito, para o que a revisão de literatura deve contribuir;
b) estabelecimento de dimensões que definem aspectos que podem ser identificados no conceito;
c) seleção de indicadores: as dimensões devem ser expressas por indicadores que possam ser observados e mensurados;
d) construção de índices e escalas, compostos por mais de um item, que procuram resumir vários indicadores em uma pontuação.

Uma pesquisa pode envolver, por exemplo, o conceito de qualidade em educação. Esse conceito pode ter diferentes dimensões, como infraestrutura, interesse do aluno, desempenho escolar e condições de trabalho dos professores. Essas dimensões, por sua vez, poderiam ser expressas por indicadores, tais como: quantidade de equipamentos, evasão, notas e nível de satisfação dos professores. Por fim, poderiam ser construídos índices para medir a quantidade de equipamentos, a evasão e a aprendizagem dos alunos, assim como uma escala para avaliar a satisfação dos professores.

Tuckman (2012) descreve três possibilidades para a construção de definições operacionais de variáveis, com base em manipulação, propriedades dinâmicas e propriedades estáticas.

O primeiro tipo de definição operacional baseia-se na manipulação de fatores ou condições que podem afetar um fenômeno. A variável uso de tecnologias digitais, por exemplo, pode ser definida operacionalmente como a utilização de tablets, computadores ou celulares para acesso a ferramentas de comunicação, conteúdos e recursos de aprendizagem.

Já a definição operacional baseada nas propriedades dinâmicas é elaborada, basicamente, em termos de comportamentos. Como exemplo, podemos operacionalizar a variável participação em sala como a expressão oral na aula, a execução das atividades propostas e a organização do espaço e de materiais.

Por fim, as definições operacionais de propriedades estáticas descrevem "as qualidades, os traços ou características das pessoas ou coisas" (TUCKMAN, 2012, p. 236), ou seja, suas propriedades internas, em vez de comportamentos. No caso de pessoas, podem ser elaboradas por autodescrição, pela aplicação de questionários e escalas; no caso de coisas, pelas propriedades estruturais relatadas dos objetos. Como exemplo em educação, teríamos a preferência por uma área de conhecimento, a partir do relato dos próprios alunos.

Levando esses aspectos em consideração, entender as variáveis que pretendemos pesquisar é fundamental para que possamos responder ao problema norteador da investigação e oferecer contribuições consistentes para a área. As variáveis e sua medição são frequentemente utilizadas nas pesquisas que possuem abordagem quantitativa. Refletir sobre quais são as variáveis e o que se pretende medir, avaliar ou analisar ajuda a delinear a pesquisa. Por isso, é preciso compreender o que são variáveis, seus tipos, a forma de medi-las e o modo como podemos relacioná-las para conseguir traçar um delineamento adequado para uma pesquisa.

As variáveis podem ser classificadas em função de pelo menos dois critérios distintos: a relação (temporal e/ou causal) que se estabelece entre elas e a forma de sua mensuração (ou observação). Nesta seção, exploramos as relações entre variáveis. No capítulo 5, quando abordarmos a coleta de dados, estudaremos novamente as variáveis, mas a partir das maneiras de mensurá-las ou observá-las.

A ordem temporal entre variáveis indica que uma variável precede outra no tempo, e, por isso, diz-se que essa variável afeta ou prediz a outra (CRESWELL; CRESWELL, 2018). Essa relação temporal entre variáveis, portanto, pode expressar também relações causais, em que a primeira variável (X) é a causa da variável seguinte (Y), seu efeito.

Nesse sentido, uma importante classificação para o delineamento de uma pesquisa envolve as variáveis independentes, dependentes, de confusão, mediadoras (ou intervenientes), moderadoras e de controle.

Em um experimento, normalmente queremos medir como uma variável é afetada por outra. A variável que afeta é a variável independente ou de exposição, e a variável afetada e que se procura medir é a variável dependente ou de desfecho.

A **variável independente**, manipulada pelo pesquisador, pode ser entendida como a condição ou o estímulo que se supõe afetar algo que se pretende medir. Por isso, podemos também entender essa variável como de exposição, ou seja, uma condição a que algo ou alguém é exposto, para verificar de que forma essa condição afeta o que se pretende medir. De modo geral, a variável independente corresponde a uma condição, uma causa ou um estímulo que influencia uma resposta; dessa forma, se manipularmos ou controlarmos essa variável, poderemos avaliar como interfere no resultado.

As variáveis independentes podem, por exemplo, ser fatores como sexo, idade, preferências, hábitos ou características que estão relacionados aos contextos ou integrantes da amostra da pesquisa. Podemos analisar, por exemplo, se há relação entre a idade, de um lado, e o desempenho da atenção, de outro lado, que pode ser medido pela aplicação de um teste no contexto da sala de aula. Então, tomamos a idade como fator ou variável independente, para verificar se há diferença no desempenho da atenção, que é a variável dependente.

O que se pretende medir denomina-se **variável dependente** ou de desfecho. A variável dependente tem características que mudam quando a variável independente é manipulada. Essa mudança pode ser entendida como uma resposta que pode ser medida. Em um delineamento experimental, essa variável não deve ser manipulada, mas apenas mensurada. O que se deve manipular são as variáveis independentes (Figura 12).

FIGURA 12 — Relação entre variável independente e dependente

Variável Independente
- Manipulada
- Exposição

Variável Dependente
- Mensurada
- Desfecho

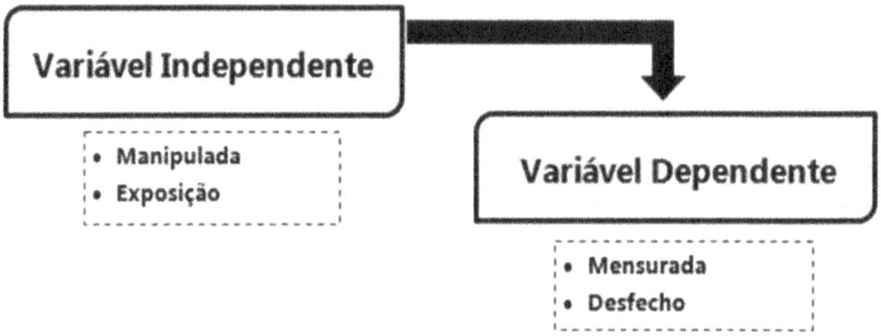

Fonte: os autores.

Nas pesquisas experimentais ou quase-experimentais, busca-se estabelecer relações entre as variáveis independentes e dependentes, supondo que alterações na variável independente (aumento, diminuição, ausência, presença, diferente intensidade ou quantidade) produzem mudanças na variável dependente.

Na educação, entretanto, não é uma tarefa fácil estabelecer relações entre variáveis independentes e dependentes. Lidamos, muitas vezes, com o processo de aprendizagem, que pode ser afetado por diversas condições, desde preferências e gostos pessoais, passando pela qualidade do sono e a alimentação, até o tom de voz do professor, recursos e estratégias pedagógicas utilizados, material didático, entre outros aspectos relacionados ao processo de ensino. Assim, em educação dificilmente estabelecemos relações de causa e efeito lineares, nas quais identificamos uma causa específica para um tipo de comportamento ou resultado. Em muitas pesquisas, temos evidências ou indicadores de que há uma relação entre variáveis, porém não podemos ignorar, na discussão, que outros fatores podem ter influência sobre o que está sendo medido.

É preciso, assim, ter clareza de que, além das duas variáveis mencionadas (independente e dependente), que são fundamentais para entender qualquer delineamento experimental, há outras que podem interferir na relação entre elas, ou especificamente na variável dependente. Essas variáveis podem assumir diferente características e receber diferentes denominações, como: variáveis mediadoras (ou intervenientes), moderadoras, de confusão e de controle.

As **variáveis mediadoras ou intervenientes** posicionam-se entre as variáveis independentes e dependentes, transmitindo (ou mediando) o efeito de uma variável independente para a variável dependente (CRESWELL; CRESWELL, 2018; CRESWELL; GUETTERMAN,

2019). Para Tuckman (2012), as variáveis intervenientes são conceitualmente inferidas. Um exemplo que ele menciona é o de professores que recebem vários feedbacks positivos dos seus alunos (variável independente) e, por isso, têm atitudes mais positivas com seus alunos (variável dependente). Pode-se inferir, como variável interveniente, que os feedbacks positivos dos alunos aumentam a autoestima dos professores, o que, por sua vez, gera atitudes mais positivas com os alunos.

Já a **variável moderadora** pode ser entendida como uma variável independente secundária, que surge quando o pesquisador está interessado em estudar a relação entre uma variável independente e uma dependente, mas suspeita que outra variável pode interferir nessa relação. Essa variável moderadora, então, pode também ser manipulada no estudo para verificar sua influência sobre a variável dependente (TUCKMAN, 2012). Cohen, Manion e Morrison (2018) descrevem que a variável moderadora é aquela que afeta a força ou a direção no relacionamento entre outras duas variáveis. Essa variável pode atuar ou se cruzar com a variável independente e, juntas, influenciarem a variável dependente (CRESWELL; CRESWELL, 2018). Entende-se que moderadores são sinônimos de interações.

De outro lado, podemos conceber, por exemplo, que a quantidade de exercícios resolvidos por um aluno pode afetar seu desempenho em uma prova de matemática; assim, a quantidade de exercícios é uma variável independente, que podemos manipular ao propormos mais ou menos exercícios a serem resolvidos, enquanto a variável dependente é a nota da prova. Entretanto, os alunos podem ter gostado mais do conteúdo que está sendo trabalhado ou do professor da disciplina, e isso pode ter interferido na motivação para estudar e nas notas, ou os alunos podem, ainda, ter percebido diferenças na condução da disciplina e ter se preocupado mais com o desempenho, ficando, assim, mais atentos às explicações dadas em salas. Esses e outros fatores podem também influenciar a nota. Esses fatores ou condições que podem ter influência sobre a variável dependente são conhecidos como **variáveis de confusão**, espúrias ou estranhas, porque podem afetar e interferir no resultado.

Por fim, as **variáveis de controle** são fatores que o pesquisador pode controlar para anular ou neutralizar seus efeitos sobre a variável dependente (TUCKMAN, 2012). Esses efeitos não são analisados, mas controlados para não exercerem interferência. Se o pesquisador, por meio da revisão de literatura, identifica fatores que podem influenciar a variável que pretende analisar, pode prever o controle desses fatores no delineamento da pesquisa. Variáveis de controle são tipicamente características ou atributos demográficos ou pessoais (CRESWELL; GUETTERMAN, 2019). Por exemplo, se o sexo pode ter influência nos resultados, pode-se realizar o estudo apenas com homens ou mulheres.

As variáveis independentes, dependentes, moderadoras e de controle são concretas. Porém, a variável interveniente, segundo Tuckman (2012), é um fator que teoricamente afeta a variável que está sendo analisada, mas que não pode ser observada, manipulada ou medida, apenas inferida a partir do efeito das variáveis independente e moderadora. Quando se busca avaliar o efeito do nível de motivação do aluno sobre o desempenho escolar, temos como variável independente o nível de motivação, que pode ser classificado por meio do uso de instrumentos como testes ou escalas; a variável dependente pode ser o desempenho em uma atividade específica ou um conjunto de atividades; e a variável interveniente seria o processo de aprendizagem do aluno em relação ao conteúdo abordado na atividade. O Quadro 1 resume as características dos tipos de variáveis estudados nesta seção.

Quadro 1 — **Características das variáveis de relação**

Variável	Característica
Independente	Manipulada Condição ou estímulo que afeta outra variável
Dependente	Pode ser mensurada Muda quando a variável independente é manipulada
Mediadora ou interveniente	Fica entre a variável independente e dependente Transmite o efeito
Moderadora	Interfere na relação entre a variável independente e dependente Pode ser manipulada
De confusão	Tem efeito sobre a variável dependente Seu efeito não é facilmente separado dos efeitos da variável independente
De controle	Tem efeito sobre a variável dependente Pode ser controlada ou anulada

Fonte: os autores.

4.2. ETAPAS DO PLANEJAMENTO DA PESQUISA

Nesta seção, apresentamos e discutimos os elementos que consideramos essenciais no planejamento de uma pesquisa. É importante notar que uma pesquisa não precisa conter todos esses elementos, como discutiremos. A apresentação dos elementos é organizada em forma de passos ou etapas, procurando demonstrar seu encadeamento lógico. Contudo, é necessário fazer duas observações.

Em primeiro lugar, os elementos descritos nesta seção podem aparecer em um projeto de pesquisa e em um relatório ou texto final, como um artigo, uma dissertação e uma tese. Portanto, a apresentação dos elementos nesta seção não procura representar a ordem ou forma com que devem aparecer nos projetos ou textos, mas os passos lógicos do planejamento; esses passos, enquanto exercício de construção da pesquisa, podem ser registrados, como rascunhos ou esboços, da maneira que o pesquisador preferir. Aqui, portanto, procuramos apresentar uma sequência lógica a ser seguida no planejamento, que não corresponde, necessariamente, à sequência com que esses passos devem ser registrados em um texto.

Além disso, devemos reconhecer que o planejamento não é um processo totalmente linear, não seguindo, rigorosamente, a ordem em que os passos ou etapas estão descritos, podendo, inclusive, variar em função da abordagem adotada pela pesquisa. Como já vimos, vários autores concebem que as pesquisas qualitativas, ao contrário das quantitativas, utilizam um design emergente e flexível, que se constrói conforme a investigação se desenvolve. Por isso, os objetivos e as questões podem mudar durante o processo da pesquisa, inclusive em função das perspectivas dos participantes. No mesmo sentido, um documento produzido pela Comunidade Europeia sobre ética na pesquisa reflete que:

> A pesquisa em ciências humanas e sociais baseia-se em métodos que podem, involuntariamente, gerar descobertas fora do escopo das questões de pesquisa originais. Trabalhos de campo, observações e entrevistas podem produzir informações que vão além do escopo do planejamento da pesquisa [...]. (EUROPEAN COMMISSION, 2018, p. 14, tradução nossa).

Hine (2015), por sua vez, discute que a etnografia, um tipo de pesquisa basicamente qualitativa e que estudaremos no próximo capítulo, é um método adaptativo, pois as dimensões relevantes da contextualização podem não ser imediatamente claras, as questões de pesquisa não podem ser antecipadas por completo e o campo apropriado para estudar essas questões não pode ser totalmente definido no início.

De qualquer maneira, a exposição didática dos elementos neste capítulo, de forma sequencial e relacionada, tem o objetivo de contribuir para o exercício de concepção do planejamento da pesquisa. Não é por reconhecermos que um projeto quase sempre se materializa de maneira distinta do que foi planejado que devemos abandonar o exercício do planejamento.

4.2.1. Brainstorm

Assim como propusemos, na revisão de literatura, uma etapa inicial de navegação em que o pesquisador está livre para surfar, o planejamento de uma pesquisa pode começar com um *brainstorm* para incentivar o pensamento criativo. Buscas na internet e em outras fontes podem ser realizadas para estimular e traçar relações entre as ideias iniciais do pesquisador, que deve evitar, neste momento, criticá-las. Nesse exercício, podem-se utilizar recursos diversos, como, por exemplo, mapas conceituais ou mentais, para registrar e tentar conectar as ideias. Na verdade, o *brainstorm* e esses recursos visuais podem ser utilizados em todas as etapas descritas a seguir.

4.2.2. Tema

O tema é o assunto ou tópico central que você deseja investigar. Sua escolha é a primeira etapa do ciclo de pesquisa proposto neste livro, e a única do planejamento, portanto, que precede a revisão de literatura, discutida no capítulo 3. Entretanto, mesmo como etapa inicial do ciclo da pesquisa, é importante que o tema não seja muito amplo, mas já delimitado e focado. Nesse sentido, paralelamente ao tema, inicia-se outro movimento de delimitação em relação à formulação inicial do problema a ele associado, movimento que acompanhará todas as etapas do planejamento proposto.

Nossas atividades diárias, questões sociais e políticas, assim como o conhecimento prévio da literatura e da teoria, podem ser inspirações para a definição do tema de uma pesquisa. Segundo Merriam e Tisdell (2016, p. 74, tradução nossa),

> em áreas aplicadas, como educação, administração, serviço social, profissões de saúde e assim por diante, a grande maioria dos temas de pesquisa vem do interesse pessoal na área e do próprio ambiente de trabalho.

Creswell e Creswell (2018) propõem, então, uma pergunta importante: o tema inicialmente escolhido pode e deve ser pesquisado? O tema deve ter um nível de complexidade que possibilite completar sua pesquisa, levando em consideração suas habilidades, o tempo e os recursos disponíveis. Além disso, a revisão de literatura tem como um de seus objetivos ajudar a definir se o tema e o problema escolhidos devem ser pesquisados.

4.2.3. Problema

O passo seguinte é a formulação do problema, que deve ser mais delimitado do que o tema. Para esse exercício de delimitação, a revisão de literatura é essencial, tanto por ter levantado o estado da arte (e, assim, ter possivelmente revelado as deficiências de nosso conhecimento atual sobre o tema e o problema escolhidos), quanto por ter contribuído para a construção de um referencial teórico. Portanto, considere que, para seguir no planejamento, você realizou uma revisão de literatura mais ou menos sistemática, como sugerido no capítulo 3.

Um problema de pesquisa é uma dificuldade, uma preocupação ou uma controvérsia que delimita o tema e guia a necessidade da realização do estudo (CRESWELL; GUETTERMAN, 2019). Aponta para uma situação para a qual não se tem uma solução, muitas vezes nem mesmo nas pesquisas identificadas na literatura, que gera perplexidade e desafia nossa mente (MERRIAM; TISDELL, 2016) e, por consequência, nos mobiliza para uma investigação que possa resolvê-la. Quais dúvidas ou dificuldades em relação ao tema você pretende resolver? Cabe, entretanto, lembrar que nem todo problema é passível de solução; mas é possível, por exemplo, caminhar no sentido de aprofundar sua descrição e compreensão. Portanto, uma pesquisa pode tanto buscar resolver um problema, quanto descrevê-lo e compreendê-lo melhor.

Os problemas têm diferentes níveis e características, podendo variar em função dos paradigmas e das abordagens adotados na pesquisa. Explorar e analisar um problema, por exemplo, é uma característica das pesquisas qualitativas, enquanto explicar fenômenos ou prever relações entre variáveis é, em geral, uma característica das pesquisas quantitativas. Há problemas mais práticos, ligados a situações do cotidiano, e problemas mais abstratos, teóricos e subjetivos.

Nem todo problema pode ser considerado científico. Segundo Gil (2019a), para que possa ser considerado científico, deve ser possível investigá-lo utilizando os métodos das ciências. De modo geral, os problemas científicos indagam como as coisas são e como se comportam, e quais são suas causas e consequências, além de poderem ser testados cientificamente.

Nas pesquisas em educação, um problema precisa ser relevante para a área. Por isso, formular um problema de pesquisa não é uma tarefa simples. Um problema relevante leva à construção de novos conhecimentos e à ampliação da compreensão sobre fenômenos diversos, de maneira mais específica, e sobre a realidade, de maneira mais ampla. A relevância está relacionada às contribuições do estudo para a educação e para a sociedade como um todo. A formulação de um problema, nesse sentido, envolve criatividade e pode se beneficiar do diálogo com pessoas que possuam experiência no tema (GIL, 2019a).

Nesse sentido, Gil (2019a) descreve algumas regras básicas para a formulação de um problema, que incluem algumas características que precisam ser contempladas: apresentar-se como uma pergunta, ter clareza e precisão, ser empírico, permitir uma solução e enquadrar-se em uma dimensão viável.

Nossa proposta de planejamento diferencia o problema dos objetivos e das questões da pesquisa. Apesar de Gil (2019a) afirmar que o problema pode ser apresentado na forma de objetivos, o que seria uma alternativa de operacionalização, e de ser comum redigir o problema em forma de pergunta, Creswell e Guetterman (2019, p. 61, tradução nossa) afirmam: "Um erro comum é formular problemas de pesquisa como o objetivo do estudo ou como a questão da pesquisa". Na verdade, o processo de delimitação, que começou no movimento da escolha do tema para a formulação do problema, continua para os objetivos e as questões da pesquisa. Esse processo de delimitação é representado na Figura 13.

Figura 13 — **Processo de delimitação do tema da pesquisa**

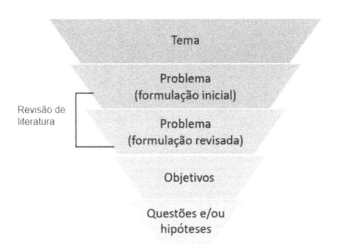

Fonte: os autores.

4.2.4. Justificativa

A formulação de um problema deve ser acompanhada de uma justificativa para sua importância e para a necessidade de estudá-lo, em função da revisão de literatura realizada e da prática, assim como da indicação do público que se beneficiará do seu estudo (CRESWELL; GUETTERMAN, 2019; CRESWELL; POTH, 2018).

> Discuta a importância do estudo para o público. Apresente como o público ou as partes interessadas usufruirão do seu estudo que aborda o problema. Considere diferentes tipos de público e aponte, para cada um, as formas pelas quais eles se beneficiarão com o estudo. Esses públicos podem ser outros pesquisadores, formuladores de políticas, profissionais da área ou estudantes. (CRESWELL; POTH, 2018, p. 132, tradução nossa).

Apesar de a justificativa estar posicionada neste momento na nossa proposta de planejamento, é importante refletir que outras etapas do planejamento também podem ser justificadas, como, por exemplo, os objetivos. Nesse sentido, Costa, Costa e Andrade (2014, p. 20) defendem que "esse elemento (justificativa) é o 'por quê' do estudo, portanto, não é adequado colocá-lo antes dos objetivos 'para quê'. Em outras palavras, para se justificar uma pesquisa, é necessário, antes, apresentar os seus objetivos." Ou seja, para os autores, a justificativa deveria estar posicionada depois da definição dos objetivos da pesquisa.

É possível, ainda, justificar a metodologia e os procedimentos adotados em uma pesquisa, as estratégias definidas para a coleta e a análise de dados, ou mesmo a pesquisa como um todo. Ao longo do planejamento, o pesquisador tomará várias decisões, cabendo justificar suas escolhas pela coerência com o referencial teórico e/ou com o delineamento da investigação, ou em função de experiências descritas em pesquisas similares. Portanto, pode-se conceber a justificativa compondo outros elementos do planejamento, ou, de uma maneira mais ampla, englobando toda a pesquisa. Por isso, é possível que a justificativa esteja também presente em outras etapas do planejamento.

4.2.5. Objetivos

A formulação dos objetivos deve ser a etapa seguinte à formulação do problema que a pesquisa se propõe a investigar. Os objetivos expressam onde se pretende chegar e o que se deseja alcançar, direcionando, assim, as ações e seus desdobramentos para atingi-los. Por isso, são fundamentais em toda pesquisa.

Entretanto, a literatura especializada parece não tratar com a devida importância e adequação o assunto. Larocca, Rosso e Souza (2005), por exemplo, examinaram 28 obras de referência sobre metodologia, avaliando que revelam pouco acerca dos objetivos de pesquisa, sendo que muitas nem tratam do assunto. "Dessas, 15 obras abordam a temática, sendo que a maioria delas é vaga e rápida ao tratar dos objetivos de pesquisa. Como obras destinadas ao tema, esperar-se-ia bem mais do que evasivas." (LAROCCA; ROSSO; SOUZA,

2005, p. 122). Fagundes (2008, p. 73), por sua vez, avalia os projetos de pesquisa de seus alunos depois de terem escolhido um tema geral e delimitado um problema: "Não poucas vezes, aconteceu de terem dificuldades em formular claramente o seu objetivo geral. A indicação de textos existentes na literatura não surtiu o efeito desejado." Porém, a partir do momento em que o professor elaborou um texto específico e dedicou uma única aula ao assunto, "[...] a formulação de objetivos deixou de ser um problema para seus alunos, para tornar-se uma tarefa relativamente simples e por eles realizada satisfatoriamente" (FAGUNDES, 2008, p. 73). Podemos inferir, portanto, que as dificuldades para a formulação de objetivos podem estar relacionadas à escassez ou pouco aprofundamento da literatura especializada em relação a essa etapa da pesquisa.

As pesquisas podem ter diversos objetivos, como, por exemplo: caracterizar determinada situação; conhecer as percepções das pessoas sobre algo; descrever fenômenos; orientar proposições de ações; testar intervenções e avaliar seus efeitos; buscar a identificação de causas de determinadas ações, fatos ou coisas; e assim por diante.

Os objetivos de pesquisas são, usualmente, divididos em geral e específicos.

O **objetivo geral** é definido com o propósito de solucionar, compreender, descrever, explorar ou abordar o problema da pesquisa. Deve indicar a finalidade, a intenção, o propósito ou a ideia principal de uma pesquisa, assim como o que a investigação projeta realizar, alcançar ou atingir, ou seja, onde pretende chegar, o resultado que almeja obter. Nesse sentido, a formulação do objetivo geral aprofunda a direção, a delimitação e o foco da pesquisa (CRESWELL; CRESWELL, 2018; CRESWELL; GUETTERMAN, 2019).

A partir do objetivo geral, definem-se os **objetivos específicos**, concebendo-se os passos intermediários que são necessários para atingi-lo. Se o objetivo geral indica uma direção para a pesquisa, sua delimitação em objetivos específicos viabiliza que se dê sequência à pesquisa. Ao mesmo tempo em que contribuem para que se atinja o objetivo geral, os objetivos específicos podem ser transformados em questões ou mesmo em metas (quando quantificados), estando, assim, mais associados aos procedimentos metodológicos. Entretanto, diferenciam-se tanto do objetivo geral, quanto das questões, das metas e dos procedimentos metodológicos, estando posicionados entre eles.

Normalmente, os objetivos são redigidos com um verbo no infinitivo que expressa uma ação, no início de uma frase. É importante, nesse sentido, que o mesmo verbo seja usado na redação do mesmo objetivo em diferentes momentos de um texto (por exemplo, no resumo, na introdução e na conclusão), para manter uma padronização na sua formulação. Essa variação dos verbos, muitas vezes, é empregada para evitar a repetição de frases no texto, mas acaba gerando confusão na identificação e compreensão dos objetivos da pesquisa.

Como o objetivo é norteador para a pesquisa, torna-se fundamental ter cuidado em sua formulação, incluindo a escolha adequada do verbo que inicia sua escrita. O objetivo precisa ser claro e expressar a intenção da pesquisa. Se a intenção é descrever algum fenômeno, por exemplo, os verbos utilizados devem expressar essa intenção, como: caracterizar, descrever e relatar. De outro modo, se a intenção é verificar se algo pode ser associado a uma variável, se um procedimento ou o uso de um recurso pode alterar algo, podemos utilizar os seguintes verbos para formular o objetivo: associar, comparar, medir e verificar, dentre outros.

Há algumas tipologias que podem apoiar a formulação de objetivos para uma pesquisa, especialmente em relação à seleção dos verbos.

Uma classificação comum, que discutiremos no capítulo 5, divide as metodologias das pesquisas em exploratórias, descritivas e explicativas, em função dos seus objetivos. Haveria, assim, um conjunto de verbos que são mais adequados a cada uma dessas metodologias, associados, naturalmente, a explorar, descrever e explicar.

A taxonomia de Bloom (ANDERSON; KRATHWOHL, 2001; BLOOM, 1956), apesar de voltada para objetivos de aprendizagem e a implementação de currículos, pode também ser útil para apoiar a elaboração de objetivos de pesquisas, especialmente por meio dos verbos associados à dimensão dos processos cognitivos, dos quais apresentamos uma seleção no Quadro 2.

QUADRO 2 — **Verbos da taxonomia de Bloom**

Processo Cognitivo	Verbos
conhecimento	conhecer, definir
compreensão	classificar, compreender, concluir, explicar, inferir, interpretar, resumir
aplicação	aplicar, empregar, executar, experimentar, implementar, utilizar
análise	analisar, diferenciar, distinguir, identificar, relacionar
síntese e criação	compor, construir, criar, estruturar, formular, gerar, integrar, organizar, planejar, produzir, propor, sintetizar
avaliação	avaliar, comparar, criticar, julgar, verificar

Fonte: os autores, a partir de Anderson e Krathwohl (2001) e Bloom (1956).

Larocca, Rosso e Souza (2005) analisam os objetivos de 45 dissertações em um programa de mestrado na área de educação, identificando as seguintes categorias de objetivos: compreensivos, avaliativos, propositivos, descritivos e não objetivos, que procuraremos relacionar aos processos cognitivos descritos na taxonomia de Bloom. Os resultados da análise indicam a predominância de objetivos compreensivos (que podem englobar o processo de análise na taxonomia de Bloom), seguidos dos objetivos avaliativos (há um processo de avaliação na taxonomia de Bloom) e propositivos (que podem ser vinculados à aplicação e à síntese e criação na taxonomia de Bloom, assim como a ações e intervenções), e uma menor quantidade de objetivos descritivos (que podem envolver o processo de conhecimento da taxonomia de Bloom). Para além dessas categorias, os autores identificaram ainda uma quantidade, ainda que pequena, de não objetivos, em que os autores incluem o que denominam objetivos-meio (que apontam, por exemplo, para o caminho a ser percorrido, o referencial teórico e a metodologia, e não o ponto de chegada) e objetivos generalistas (demasiadamente amplos e vagos).

Costa, Costa e Andrade (2014), por sua vez, analisaram os objetivos em 197 dissertações e teses de educação e ensino. O verbo analisar foi o mais utilizado nos trabalhos, tanto nos objetivos gerais quanto específicos. Em seguida, investigar e compreender são os que mais aparecem nos objetivos gerais, enquanto identificar, contribuir e descrever são os mais utilizados nos objetivos específicos. Há especificidades nos mestrados profissionais, mais voltados para a elaboração de produtos que procurem resolver problemas práticos, que, por isso, utilizam bem menos os verbos analisar e compreender, e mais outros verbos, como desenvolver, propor, implementar e produzir.

Segundo Fagundes (2008, p. 74-75),

> um jeito prático de estabelecer o Objetivo Geral de seu trabalho de pesquisa é usar a pergunta que você formulou como sendo o problema de sua investigação, e, de *forma resumida*, transformar essa pergunta em uma *ação a ser buscada*, cuidando de usar o *verbo no infinitivo*, que deve ficar logo no *início da frase*.

Creswell e Creswell (2018) e Creswell e Guetterman (2019) fazem propostas mais formalizadas para a redação de objetivos gerais em diferentes tipos de abordagens de pesquisa: qualitativa, quantitativa e de métodos mistos. A seguir, apresentamos inicialmente uma adaptação de suas propostas para a redação de objetivos em pesquisas qualitativas (Exemplo 1), seguida do exemplo de um objetivo qualitativo retirado de um artigo (Exemplo 2).

Exemplo 1 — **Modelo para a redação de objetivos gerais em pesquisas qualitativas**

O objetivo geral desta pesquisa é (foi) _____ (verbo no infinitivo) o(a) _____ (fenômeno central) no(a) _____ (contexto).

Fonte: os autores, baseado em Creswell e Creswell (2018) e Creswell e Guetterman (2019).

Exemplo 2 — **Redação de um objetivo geral em uma pesquisa qualitativa**

"[...] o objetivo deste estudo consiste em analisar [verbo] a abordagem de pesquisa quanti-qualitativa [fenômeno central], dando ênfase a suas aplicações no campo educacional [contexto]."

Fonte: Souza e Kerbauy (2017, p. 21).

O fenômeno central é o quê ou quem será estudado. Creswell e Creswell (2018) e Creswell e Guetterman (2019) propõem, também, que seja indicada, no início do objetivo, a abordagem adotada para a pesquisa. Por exemplo: "O objetivo desta pesquisa qualitativa...". Não incluímos esse elemento no nosso modelo, pois não o consideramos essencial, já que a metodologia da pesquisa é, em geral, discriminada em um momento seguinte à declaração do objetivo geral.

Creswell e Creswell (2018) e Creswell e Guetterman (2019) não utilizam a ideia do contexto na redação do objetivo geral, mas sim dos participantes da pesquisa e do local em que será realizada, como elementos separados. Nós os juntamos no conceito de contexto porque, muitas vezes, não é possível concebê-los como itens separados. O contexto pode equivaler à unidade de análise, correspondendo, em geral, às unidades de observação. Podem ser indivíduos, grupos, organizações e instituições, espaços e locais, interações e relações sociais, estilos de vida, práticas, artefatos sociais, subculturas, culturas e sociedades, dentre outras possibilidades. Artefatos sociais são qualquer produto de seres sociais ou de seu comportamento, incluindo desde objetos concretos (como livros, poemas, pinturas, músicas, cerâmica, automóveis e edifícios), até piadas, desculpas de alunos por faltarem a provas e descobertas científicas (BABBIE, 2016).

Creswell e Creswell (2018) e Creswell e Guetterman (2019) propõem também modelos para a formulação de objetivos em pesquisas quantitativas, que adaptamos no Exemplo 3. Na sequência, apresentamos um exemplo de um objetivo formulado em uma pesquisa quantitativa (Exemplo 4).

Exemplo 3 — **Modelo para a redação de objetivos gerais em pesquisas quantitativas**

| O objetivo geral desta pesquisa é (foi) _____ (verbos como descrever, relacionar ou comparar) _____ (variáveis). |

Fonte: os autores, baseado em Creswell e Creswell (2018) e Creswell e Guetterman (2019).

Exemplo 4 — **Redação de um objetivo geral em uma pesquisa quantitativa**

| "O objetivo deste artigo é avaliar [verbo] o impacto do aumento de gasto público em educação [variável independente] na quantidade e qualidade do ensino [variável dependente]." |

Fonte: Monteiro (2015, p. 468).

A variável independente (ou a causa) deve preceder a variável dependente (ou o efeito) na redação do objetivo. Se houver variáveis intervenientes (que, como vimos, se colocam entre as duas, influenciando o resultado final), devem ser posicionadas entre as duas. Se há grupos de controle e experimental, devem ser mencionados, assim como o contexto.

Segundo Creswell e Clark (2018) e Creswell e Creswell (2018), os objetivos de pesquisas de métodos mistos devem incluir as informações mencionadas para as pesquisas qualitativas e quantitativas, além de justificativas para a utilização da abordagem mista e o tipo de metodologia mista que será utilizada. Os autores apresentam exemplos para os diferentes tipos de abordagens de métodos mistos, que não cobriremos aqui. No Exemplo 5, aglutinamos os modelos que propusemos para os dois tipos de abordagem, seguido de um exemplo retirado da literatura (Exemplo 6).

EXEMPLO 5 — **Modelo para a redação de objetivos gerais em pesquisas de métodos mistos**

O objetivo geral desta pesquisa é (foi) _____ (verbo no infinitivo) o(a) _____ [fenômeno central] no(a) _____ (contexto) e _____ (verbos como descrever, relacionar ou comparar) _____ (variáveis).

Fonte: os autores.

EXEMPLO 6 — **Redação de um objetivo geral em uma pesquisa de métodos mistos**

"A proposta da pesquisa é compreender [verbo] qual o papel dos cursos de música [fenômeno], desenvolvidos durante o período de 2010 a 2013, em espaços denominados não formais na periferia de Fortaleza [contexto] testando [verbo] se esses espaços atuam e conseguem os mesmos resultados que os encontrados no Projeto Jardim de Gente [variáveis]."

Fonte: Ferreira (2016, p. 3).

Nos objetivos específicos, é importante priorizar o uso de verbos menos amplos, evitando-se, por exemplo, verbos como compreender, entender, conhecer e pensar. Outro cuidado importante é não descrever procedimentos metodológicos. Objetivos como "realizar entrevistas com professores" e "fazer uma intervenção utilizando jogos digitais de matemática" expressam procedimentos metodológicos; o objetivo precisa dar conta de responder para que esses procedimentos serão realizados, o que se pretende com essas ações. A entrevista com os professores poderia, por exemplo, servir para identificar as percepções que eles possuem sobre as contribuições que os jogos digitais oferecem à aprendizagem de matemática. Já a intervenção proposta com jogos poderia viabilizar o objetivo de avaliar a aprendizagem de cálculos de adição e subtração a partir da utilização de jogos digitais em sala de aula.

4.2.6. Questões e hipóteses

É importante, inicialmente, notar que alguns pesquisadores fundem as questões e hipóteses com os objetivos da pesquisa, principalmente os específicos, ou nem mesmo chegam a propô-las. Segundo Bogdan e Biklen (2007, p. 54, tradução nossa), por exemplo,

> os pesquisadores qualitativos evitam começar um estudo com hipóteses para testar ou perguntas específicas para responder. Eles acreditam que moldar as questões deve ser um dos produtos da coleta de dados, não assumido a priori.

De qualquer maneira, questões e hipóteses de pesquisa aparecem com frequência tanto na literatura sobre metodologia científica, quanto em artigos, dissertações e teses. Esta seção, portanto, discute sua função e suas características principais.

4.2.6.1. Questões

Esta fase do planejamento envolve transformar os objetivos em questões concretas para as quais respostas específicas possam ser dadas, questões que permitam operacionalizar a pesquisa, ou seja, que sugiram: os tipos de dados mais apropriados para a investigação, as respostas necessárias para as perguntas, a amostragem que deve ser utilizada e os instrumentos mais adequados para a coleta dos dados (COHEN; MANION; MORRISON, 2018). Nesse sentido, como nos passos anteriores do modelo de planejamento para a pesquisa proposto neste capítulo, as questões delimitam os objetivos.

Em uma pesquisa, pode-se perguntar, por exemplo: o quê, quem, por quê, quando, onde e como. É possível, inclusive, conceber uma questão geral e questões específicas (ou subquestões), que a dividem em partes. As questões devem ter validade de conteúdo e de constructo, conceitos que discutiremos no capítulo 5.

Creswell e Clark (2018), Creswell e Creswell (2018) e Creswell e Guetterman (2019) apresentam diversos modelos para a redação de questões em pesquisas com diferentes abordagens: qualitativas, quantitativas e de métodos mistos, que, por consequência, devem direcionar as metodologias adequadas.

No caso das pesquisas qualitativas, Creswell e Creswell (2018) sugerem utilizar, para a elaboração de questões principais e secundárias, verbos com conotação mais exploratória, adequados para representar a ideia de um design emergente e vinculados às metodologias em que eles focam no livro: relatar ou refletir sobre as histórias (no caso de pesquisas narrativas), descrever a essência da experiência (no caso da fenomenologia), compreender (no caso da etnografia), explorar o processo (para estudos de caso) e descobrir ou gerar teorias (no caso da teoria fundamentada). O Exemplo 7 é a proposta dos autores para a redação de uma questão principal em pesquisas qualitativas, seguido de um exemplo retirado da literatura (Exemplo 8), ainda que não na ordem do modelo.

EXEMPLO 7 — **Modelo para a redação de uma questão em pesquisas qualitativas**

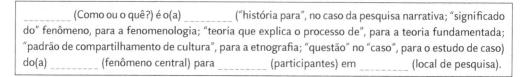

Fonte: Creswell e Creswell (2018, p. 135, tradução nossa).

EXEMPLO 8 — **Questão de pesquisa etnográfica**

"Como os professores de Educação Física [participantes] dos quatro projetos referidos [local da pesquisa], estabelecem relações e ações pedagógico-didáticas [padrão de compartilhamento de cultura] com a Educação Ambiental [fenômeno central]?"

Fonte: Abreu e Carneiro (2009, p. 1894).

Lembramos que os participantes e o local da pesquisa podem ser agrupados em um campo mais geral, que represente seu contexto, como propusemos para a elaboração de objetivos. Além disso, questões mais específicas podem indicar os passos a serem seguidos na análise dos dados em um estudo qualitativo, começando a sinalizar os procedimentos (CRESWELL; GUETTERMAN, 2019).

Já as questões em pesquisas com abordagem quantitativa indagam, em geral, sobre relações entre variáveis. Creswell e Creswell (2018) e Creswell e Guetterman (2019) sugerem começar questões quantitativas por como, o quê e por quê, especificar as diversas variáveis (independentes, dependentes, mediadoras e de controle), utilizar verbos para representar ação ou conexão entre as variáveis (por exemplo: afetar, causar, comparar, descrever, determinar, impactar, influenciar e relacionar) e definir o contexto da pesquisa (incluindo os participantes e o local).

Segundo os autores, três formas de questões são mais usadas em pesquisas quantitativas: descritivas, comparativas e relacionais (ou inferenciais). As questões descritivas procuram descrever os efeitos das variáveis independentes, mediadoras ou dependentes. Outro tipo de questão pode comparar grupos em função de uma variável independente, para avaliar seu impacto em uma variável dependente. Por fim, questões podem relacionar uma ou mais variáveis independentes a uma ou mais variáveis dependentes. Os modelos e exemplos seguintes ilustram esses tipos de questão.

Exemplo 9 — **Modelo para a redação de uma questão descritiva em pesquisas quantitativas**

Com que frequência os _____ (participantes) _____ (verbo) a(o) _____ (variável) no _____ (local de pesquisa)?

Fonte: os autores, baseado em Creswell e Guetterman (2019).

Exemplo 10 — **Questão descritiva**

"Com que frequência os professores [participantes] utilizam [verbo] os quadros interativos multimídia [variável] em sala de aula [local de pesquisa]?"

Fonte: Ferreira e Meirinhos (2011, p. 344).

Exemplo 11 — **Modelo para a redação de uma questão comparativa em pesquisas quantitativas**

Há diferença entre o _____ (grupo 1) e _____ (grupo 2) em relação à(ao) _____ (variável dependente)?

Fonte: os autores.

Exemplo 12 — **Questão comparativa**

"Há diferença entre os rendimentos dos alunos na resolução das atividades propostas para os alunos [variável dependente] que trabalharam em sala de aula (SALA) [grupo 1] e os alunos que trabalharam no laboratório de informática utilizando o software Winplot (LAB) [grupo 2]?"

Fonte: Paula *et al.* (2015, p. 7).

Exemplo 13 — **Modelo para a redação de uma questão relacional em pesquisas quantitativas**

Há relação entre _____ (variável independente) e _____ (variável dependente)?

Fonte: os autores.

Exemplo 14 — **Questão relacional**

"Há relação significativa entre as competências comportamentais [variável independente] e o desempenho acadêmico [variável dependente]?"

Fonte: Nascimento, Teixeira e Bezerra (2017, p. 89).

Tashakkori e Creswell (2007), por sua vez, discutem o uso e a natureza de questões em pesquisas de métodos mistos, apresentando três estratégias:

a) redigir questões quantitativas e qualitativas separadamente, seguidas de uma questão integrativa e explícita de métodos mistos;
b) escrever uma questão híbrida e abrangente de métodos mistos, posteriormente dividida em subquestões quantitativas e qualitativas, para serem respondidas em cada fase da pesquisa;
c) escrever questões quantitativas ou qualitativas para cada fase de um estudo, à medida que a pesquisa evolui.

Uma das orientações de Patton (2015) para a elaboração de questões de pesquisa qualitativas é distingui-las do teste de hipóteses, mais adequado para a linguagem da pesquisa quantitativa e experimental.

4.2.6.2. Hipóteses

As hipóteses costumam ser usadas como norteadoras de pesquisas quantitativas, experimentos e intervenções, mas também podem ser utilizadas em pesquisas qualitativas. Muitas investigações propõem hipóteses fundamentadas no que já foi produzido, nas experiências prévias e nos conhecimentos disponíveis sobre o tema abordado, que podem ser levantados na revisão de literatura. Assim como no caso das questões, as hipóteses delimitam os objetivos, mas também antecipam uma previsão sobre o que o pesquisador espera encontrar (CRESWELL; GUETTERMAN, 2019). Se o problema é o que mobiliza a pesquisa, as hipóteses são alternativas à sua solução.

Nesse sentido, a hipótese pode ser concebida como uma explicação provisória para um problema (GIL, 2019a), uma afirmação na qual o investigador faz uma previsão ou conjectura sobre o resultado esperado de uma relação entre atributos, características ou variáveis (CRESWELL; CRESWELL, 2018; CRESWELL; GUETTERMAN, 2019). Se sua pesquisa chegou a elaborar questões, as hipóteses podem ser elaboradas transformando a questão em uma afirmação preditiva, ou vice-versa.

Em educação, entretanto, como já observamos, é um desafio determinar relações de causa e efeito, já que múltiplas variáveis influenciam os fenômenos comumente investigados na área, em circunstâncias e situações específicas. Diante disso, Gil (2019a) nos alerta que as hipóteses devem informar sobre as relações entre as variáveis, não sobre a influência. E métodos mistos podem ser úteis nesse tipo de análise, com observações e outras formas de coleta de dados qualitativos contribuindo para a compreensão de como as relações entre as variáveis se estabelecem.

Na hipótese "crianças que dormem pelo menos 8 horas de noite têm melhor desempenho escolar", por exemplo, temos como variável independente as horas de sono, e, como variável dependente, o desempenho escolar. O Quadro 3 apresenta mais exemplos.

QUADRO 3 — Relações entre hipóteses e variáveis

Hipótese	Variáveis
As meninas respeitam mais as regras que os meninos na escola.	Variável independente: sexo. Variável dependente: quantidade de registros de mau comportamento.
O uso de vídeos como forma de revisar os conteúdos abordados em sala melhora o rendimento dos alunos.	Variável independente: uso de vídeos (uma turma assiste a vídeos, outra não). Variável dependente: desempenho escolar (notas).

Fonte: os autores.

Gil (2019a) descreve algumas características que podem ser observadas na formulação de uma hipótese:

a) ser conceitualmente clara: conceitos e variáveis relacionadas à hipótese precisam estar claros, utilizando-se, preferencialmente, definições operacionais;
b) ser específica: parte de conceitos claros e especificações que permitem a sua verificação;
c) ter referências empíricas: não envolvem julgamentos de valor e podem ser testadas;

d) ser parcimoniosa: preferem-se hipóteses simples com poder explicativo;
e) estar relacionada com técnicas disponíveis: as hipóteses precisam ser testadas; por isso, é preciso que existam técnicas que possam ser utilizadas;
f) estar relacionada com uma teoria: o vínculo com teorias possibilita a generalização dos resultados.

Em estudos que utilizam estatística, a hipótese é praticamente uma condição para planejar uma pesquisa. Um tipo comum de hipótese é a nula, que parte da ideia de que não há relação entre duas variáveis, ou que não haverá mudança nos participantes entre o pré-teste e o pós-teste, ou que não há diferença entre grupos quando passam por condições distintas e são comparados (COHEN; MANION; MORRISON, 2018). A hipótese nula afirma que não existe relação significativa entre variáveis, enquanto a hipótese alternativa afirma que essa relação existe.

4.2.7. Metodologia, coleta de dados, análise de dados e redação

O planejamento de uma pesquisa deve indicar, ainda, a metodologia que se pretende utilizar, que deve estar alinhada com as decisões tomadas anteriormente, em relação ao tema, ao problema, aos objetivos e às questões e/ou hipóteses. O capítulo 5 discute diversos tipos de metodologia, como: narrativa ou história de vida, fenomenologia, etnografia, estudo de caso, pesquisa-ação, teoria fundamentada, *survey*, pesquisa experimental e quase-experimental e ex-post-facto. Sugerimos, então, que, a partir do conhecimento dessas diferentes opções, o pesquisador enquadre e classifique sua pesquisa, definindo uma (ou mais) metodologias que pretende utilizar, justificando suas escolhas pelo alinhamento com as etapas anteriores do planejamento.

Definições em relação a estratégias de coleta de dados também devem ser consideradas no planejamento de uma pesquisa. Qual é o contexto e o local em que a pesquisa será realizada (por exemplo, uma escola ou um curso on-line)? Quem são os participantes da pesquisa (podendo envolver informações como a faixa etária, o sexo, a quantidade de participantes e outras características importantes ao tema da pesquisa)? Quais serão os critérios que nortearão a definição e a inclusão dos participantes, ou seja, a amostragem (abordada na seção seguinte)? Que tipos de dados são mais adequados para o tema, o problema, os objetivos e as questões e/ou hipóteses da pesquisa? Que fontes de dados são mais apropriadas para a pesquisa? Que instrumentos, procedimentos, técnicas e estratégias para a coleta de dados (e intervenção, quando for o caso) serão utilizados (por exemplo, observação, questionário, entrevista, grupo focal, testes, análise documental etc.)? Como garantir a validade e a confiabilidade dos instrumentos (o que é discutido ainda neste capítulo)? Sugere-se que, neste momento, os instrumentos de coleta de dados necessários para a pesquisa sejam, também, elaborados. Registros de observação e questionários, por exemplo, precisam ser caracterizados, procurando descrever a quantidade de questões, o tipo, a forma como são apresentadas etc. O capítulo 6 discute esses e outros pontos em relação à coleta de dados, que devem orientar as decisões desta etapa do planejamento.

Deve-se também prever, no planejamento de uma pesquisa, como se pretende analisar os dados coletados. Como os dados serão organizados e geridos? Como os resultados serão apresentados? Quais metodologias para a análise, a discussão e a interpretação dos dados serão utilizadas (como, por exemplo, codificação e categorização, análise de conteúdo, estatística descritiva e inferencial e assim por diante)? Que softwares de apoio serão utilizados? Como garantir a validade e a confiabilidade das análises (o que é discutido ainda neste capítulo)? O capítulo 7 deve servir de orientação para esta etapa do planejamento.

Por fim, algumas decisões sobre a redação do relatório final da pesquisa (que pode, na verdade, ser mais de um documento) podem também ser tomadas durante o planejamento. A pesquisa se tornará uma dissertação de mestrado ou uma tese de doutorado? Pretende-se submeter um trabalho para um evento ou um artigo para um periódico? Quais os formatos imaginados para esses textos? O capítulo 8 oferece orientações para se planejar esses elementos formais da apresentação dos resultados da pesquisa.

Estes aspectos dão conta de detalhar o delineamento da pesquisa e indicam as tomadas de decisões realizadas pelo pesquisador.

4.3. AMOSTRAGEM

Poder-se-ia argumentar que a discussão sobre a seleção de amostras em pesquisas estaria mais bem posicionada ao se abordar a coleta de dados. Entretanto, um projeto de pesquisa deve explicar como a amostra será selecionada, e essas decisões serão ressaltadas, a partir do próximo capítulo, ao examinarmos diversas metodologias. Por isso, abrimos um novo parêntese para tratarmos deste tema neste capítulo.

A amostra é uma etapa importante do planejamento de uma pesquisa, tendo repercussão fundamental em sua qualidade. Como descrevem Merriam e Tisdell (2016), a partir de um problema de pesquisa, cabe definir a amostra. Vinculados a um problema, podem existir inúmeros contextos, situações, eventos, atividades e pessoas. Então, é preciso fazer escolhas para selecionar uma amostra que seja representativa e possa fornecer subsídios para responder ao problema e às questões da pesquisa, considerando os objetivos, a abordagem e os procedimentos para a coleta e análise de dados.

A amostra refere-se a uma seleção de integrantes que compõem uma população específica. Na pesquisa, utiliza-se uma amostra como alternativa para viabilizar o estudo, diminuir o tempo e os custos e operacionalizar a realização de procedimentos.

Diante disso, um primeiro passo é identificar a população da pesquisa, que pode ser composta, por exemplo, desde uma turma de uma escola específica até os habitantes de uma região ou cidade. A definição da população depende do objetivo da pesquisa e do delineamento do seu contexto. De modo geral, quanto mais específico é o contexto da pesquisa ou a sua temática, mais específica é a população, que tende a ter uma dimensão menor. A população pode corresponder a um grupo com características específicas que vive ou frequenta um espaço definido.

Especialmente no caso das pesquisas quantitativas, o objetivo da seleção da amostra é que seja o mais representativa possível da população, fundamentando, assim, a generalização dos resultados. Entretanto, no caso de alguns tipos de pesquisa qualitativa, a generalização dos resultados não é um objetivo essencial, então a estratégia para a seleção da amostra acaba sendo distinta, muitas vezes mais por conveniência. Nesse sentido, podem-se identificar dois grandes grupos de amostras: probabilísticas e não probabilísticas.

Nas amostras probabilísticas, todos os integrantes de uma população têm as mesmas chances de compor a amostra, ou seja, todos têm a mesma probabilidade de fazer parte da amostra. Em muitas situações de pesquisa em educação, entretanto, não é possível ter uma amostra probabilística, especialmente no caso de pesquisas realizadas em instituições escolares em que os grupos são organizados por turmas. Diante disso, é possível constituir uma amostra não probabilística, pautada em critérios de composição, o que implica que os integrantes de uma população não terão as mesmas chances de compor a amostra. A definição dos critérios de seleção da amostra precisa considerar quais atributos são cruciais e encontrar as pessoas ou os contextos que atendam a esses critérios e reflitam o objetivo do estudo (MERRIAM; TISDELL, 2016).

As amostras não probabilísticas envolvem frequentemente amostras pequenas de um grupo particular e não têm intenção de generalizar, do ponto de vista estatístico (COHEN; MANION; MORRISON, 2018). Esse tipo de amostra costuma ser utilizado, por exemplo, em pesquisas etnográficas, estudos de caso, pesquisa-ação e teoria fundamentada. Creswell e Guetterman (2019, p. 205, tradução nossa) chegam a relacionar amostras probabilísticas e não probabilísticas a um tipo de abordagem:

> Na pesquisa quantitativa, identificamos sistematicamente nossos participantes e locais por meio de amostragem aleatória; na pesquisa qualitativa, identificamos nossos participantes e locais por uma amostragem intencional, com base em lugares e pessoas que podem nos ajudar da melhor maneira a compreender nosso fenômeno central.

Apresentamos a seguir vários tipos de procedimentos de amostragem probabilística e não probabilística.

4.3.1. Amostragem probabilística

Esta seção apresenta os tipos principais de composição de amostras probabilísticas.

4.3.1.1. Amostra aleatória simples

A composição de uma amostra aleatória simples é um dos procedimentos mais básicos, que se pauta na aleatoriedade. Imagine que cada integrante de uma população receba um número e estes sejam retirados de forma aleatória para compor a amostra. Essa composição pode ser feita, por exemplo, por sorteio.

Na Figura 14, temos um esquema que mostra os integrantes que compõem a população, e, abaixo, em cinza, os integrantes que foram sorteados para compor a amostra, de modo a representar a população.

FIGURA 14 — **Amostra aleatória simples**

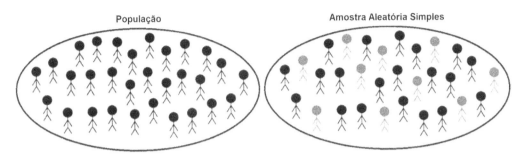

Fonte: os autores.

4.3.1.2. *Amostra sistemática*

A composição da amostra sistemática é uma variação da amostra aleatória simples, requerendo que os integrantes da população sejam ordenados de tal modo que cada um ocupe uma posição, como a formação de um fila sequencial. Para a composição, define-se o ponto de partida e o intervalo entre um integrante e outro que deve ser incluído. Esse intervalo é definido pelo número total de integrantes da população divido pelo número de integrantes que devem compor a amostra.

Suponhamos que temos uma população de 30 crianças do quarto ano do ensino fundamental e precisamos compor uma amostra de 15 crianças. Inicialmente, podemos ordená-las considerando, por exemplo, a data de nascimento, de forma que as mais novas sejam as primeiras. Após ter essa lista ordenada por idade (considerando dia, mês e ano de nascimento), vamos definir o intervalo de inclusão dividindo 30/15 = 2. Na Figura 15, teríamos a amostra composta pelos integrantes em cinza, selecionando um integrante no intervalo de dois.

FIGURA 15 — **Amostra sistemática**

Fonte: os autores.

4.3.1.3. Amostra estratificada

A amostra estratificada considera que há subgrupos na população, então se procede à seleção de integrantes para compor a amostra de cada subgrupo. A definição e a organização desses subgrupos dependem do objetivo e do delineamento da pesquisa. Os subgrupos podem ser organizados por características como sexo, tipo de atividade desempenhada, faixa etária e ano escolar. Essas características podem ser combinadas, pois podemos criar, por exemplo, subgrupos de meninos e meninas por ano escolar.

A seleção dos integrantes pode ser probabilística ou não. Quando probabilística, selecionam-se de forma aleatória, por subgrupo, aqueles que vão compor a amostra. Já na seleção não probabilística, podem-se adotar critérios ou considerar a variabilidade presente em cada grupo.

A quantidade de sujeitos que compõe os subgrupos pode ser diferente. Quando consideramos o sexo, pode ser que tenhamos 60% de meninas e 40% de meninos; dever-se-ia considerar essa proporção para compor a amostra. A Figura 16 apresenta um exemplo.

FIGURA 16 — **Amostra estratificada**

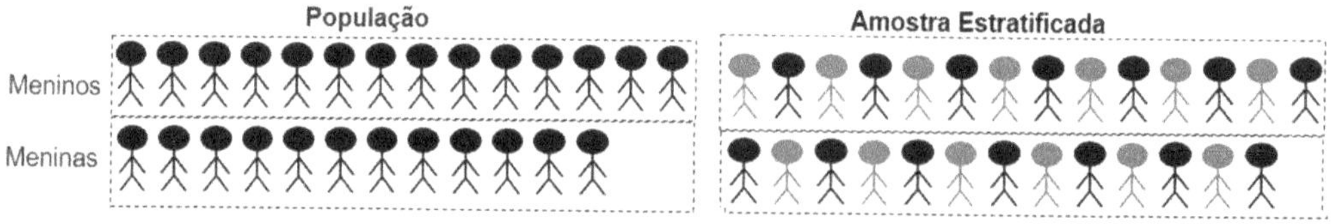

Fonte: os autores.

4.3.1.4. Amostra por conglomerado

A amostra por conglomerados ou *cluster* é utilizada quando há dificuldade de identificar os integrantes da população, como quando temos como população os moradores de uma cidade. O sorteio dos integrantes da amostra, nesse caso, pode ocorrer, por exemplo, por conjuntos como quarteirão, família ou organizações. Assim, a amostra é composta por grupos, e não por integrantes individuais (Figura 17).

FIGURA 17 — **Amostra por conglomerado**

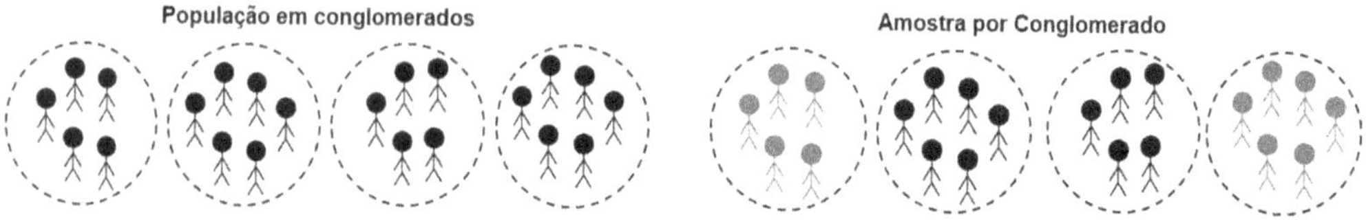

Fonte: os autores.

Uma variação da amostra por conglomerados é conhecida como amostragem por estágio. Segundo Cohen, Manion e Morrison (2018), esse tipo de amostragem envolve a seleção da amostra em etapas. Um exemplo descrito pelos autores indica que um pesquisador pode selecionar um número de escolas aleatoriamente e, em cada uma dessas escolas, selecionar um número de salas aleatoriamente, e, nessas salas, selecionar um número de alunos.

4.3.2. Amostragem não probabilística

Esta seção apresenta os tipos principais de composição de amostras não probabilísticas.

4.3.2.1. *Amostra por conveniência*

A amostra por conveniência é frequentemente utilizada em pesquisas em educação, pois a seleção é feita considerando a facilidade e a disponibilidade, ou seja, são incluídos na amostra os integrantes mais disponíveis para participar, ou utiliza-se uma organização já dada. Quando enviamos um questionário para todos os participantes de um curso, podemos compor a amostra considerando aqueles que responderam ao questionário; logo, incluímos os integrantes que se disponibilizaram.

Outra forma típica de compor a amostra em educação é incluindo turmas de um curso ou ano escolar, especialmente quando se propõe alguma intervenção ou se avalia o uso de alguma estratégia pedagógica ou algum recurso de forma integrada ao currículo no contexto institucional, não sendo possível proceder a um sorteio e aleatoriamente dividir turmas para parte participar e parte não, tanto por questão de organização da instituição e espaço físico como por questões éticas, já que se diferenciariam os participantes.

Em muitas situações, a amostra por conveniência é uma condição para a realização da pesquisa, especialmente em instituições educacionais. O problema desse tipo de amostra é que temos menos rigor, e a disponibilidade para alguém participar pode influenciar o resultado.

4.3.2.2. *Amostra intencional*

A amostra intencional (ou por julgamento) é composta a partir da escolha manual dos pesquisadores, com base no julgamento da presença e do tipo de características particulares que seus integrantes precisam ter para atender a uma necessidade específica da pesquisa, para que seja possível generalizar (COHEN; MANION; MORRISON, 2018).

Esse tipo de amostra atende a problemas específicos de pesquisa que, de modo geral, priorizam a maior profundidade, mesmo que não se possa reconhecer sua amplitude. Na educação, podemos ter pesquisas, por exemplo, que se voltam a investigar a inclusão de alunos que tenham uma necessidade especial específica, então pode-se julgar quais são os profissionais que atuam na escola e que poderiam contribuir para responder às questões da pesquisa, fornecendo informações sobre o processo de inclusão desses alunos.

Segundo Cohen, Manion e Morrison (2018), esse tipo de amostra se aplica quando temos casos especiais ou únicos, incluindo: a amostra de casos reveladores, que compõem grupos específicos e que podem contribuir para esclarecer ideias desconhecidas; a amostra de caso crítico, que inclui um indivíduo particular, um grupo de indivíduos ou casos para fornecer informações que possam ter aplicação mais ampla; e a amostra de casos politicamente importantes. Podem-se, ainda, incluir pessoas que representam importantes conquistas em diferentes áreas, como artística, musical ou teórica.

4.3.2.3. Amostra por cotas

A amostra por cotas procura selecionar, proporcionalmente, integrantes com características semelhantes de uma população. Para tanto, inicialmente é preciso identificar as características da população, depois identificar a proporção manifesta dessas características, e então definir as cotas para selecionar os integrantes que comporão a amostra. Essa composição de amostra procura ter maior rigor, e, para sua efetivação, é preciso ter informações sobre a população.

Na seleção da amostra por cotas, Cohen, Manion e Morrison (2018) descrevem três etapas que o pesquisador pode seguir:

a) identificar as características ou os fatores presentes na população em geral, e que precisam também aparecer na amostra, dividindo a população em grupos homogêneos;
b) identificar as proporções em que as características selecionadas aparecem na população, estimando sua porcentagem;
c) garantir que as proporções percentuais das características selecionadas na população apareçam na amostra.

4.3.2.4. Amostra bola de neve

A amostra bola de neve é uma técnica não probabilística em que não se tem muitas informações sobre a população. Parte de participantes iniciais, que indicam outros participantes para compor a amostra, até que se chegue ao tamanho almejado. Este método é útil para compor amostras que envolvem uma população a que o acesso é difícil, como minorias, grupos marginalizados ou estigmatizados, "grupos ocultos" ou grupos dispersos (COHEN; MANION; MORRISON, 2018).

4.3.2.5. Amostra por saturação

A amostra por saturação é utilizada em pesquisas qualitativas, especialmente quando se delineiam pela teoria fundamentada (*grounded theory*), como veremos no próximo capítulo, e caracteriza-se por não ter o tamanho da amostra previamente definido. O pesquisador deixa de incluir integrantes para compor a amostra quando consegue ter uma compreensão sobre o fenômeno investigado ou quando percebe que as informações começam a se repetir.

4.3.2.6. Amostra de voluntários

A amostra composta por voluntários aplica-se quando é difícil o acesso do pesquisador aos integrantes que atendam a características desejadas. Normalmente, utiliza-se uma estratégia de divulgação, que pode incluir redes sociais, cartazes ou anúncios que divulguem a necessidade de voluntários para participar da pesquisa.

Apesar de ser um tipo de seleção de amostra prevista, Cohen, Manion e Morrison (2018) alertam que é preciso ter alguns cuidados e bom senso na generalização dos resultados, pois os motivos que levam as pessoas a se voluntariar podem ser diferentes e influenciar os resultados, além de que a amostra pode não representar adequadamente a população.

O Quadro 4 apresenta os tipos de amostras estudados nesta seção.

QUADRO 4 — Principais tipos de amostras probabilísticas e não probabilísticas

Probabilísticas	Não probabilísticas
Amostra aleatória simples	Amostra por conveniência
Amostra sistemática	Amostra intencional
Amostra estratificada	Amostra por cotas
Amostra por conglomerado	Amostra bola de neve
	Amostra por saturação
	Amostra de voluntários

Fonte: os autores.

4.3.3. Outros tipos de amostragem

Há ainda outros tipos de amostragem, como amostra desproporcional (em que a representação dos grupos que compõem a amostra não é proporcional) e amostra por tipicidade (seleção por participantes ou grupos típicos). Patton (2015) apresenta vários outros exemplos de estratégias de amostragem para pesquisas qualitativas. São cobertas estratégias de amostragem além das já abordadas, como: caso único significativo, foco em comparação, características de grupo, conceitual e teórica, casos múltiplos de uso instrumental, sequencial e emergente, focada em análise e rica em informação.

4.3.4. Tamanho da amostra

Quando trabalhamos com uma amostra, é preciso definir o seu tamanho; para isso, é preciso conhecer e ter informações sobre a população. É fundamental que a amostra represente a população. Definir o tamanho da amostra não é tão simples, como nos alertam Cohen, Manion e Morrison (2018), pois depende de vários fatores, que incluem o problema e os objetivos da pesquisa; a abordagem da pesquisa (quantitativa, qualitativa ou métodos mistos); o tamanho e as características da população da qual a amostra será retirada; a heterogeneidade da população, a definição do nível e intervalo de confiança; a consideração das eventuais perdas na amostra inicial (não participação efetiva, desistência etc.); o número de variáveis a serem analisadas; e os procedimentos metodológicos que serão utilizados. Em pesquisas qualitativas, definir o tamanho da amostra é ainda mais difícil porque não há fórmulas ou regras definidas. Merriam e Tisdell (2016) esclarecem que o número adequado deve ser suficiente para responder às questões da pesquisa, sugerindo pelo menos um ponto de saturação ou redundância, ou seja, quando se começam a ouvir as mesmas respostas nas entrevistas ou observar os mesmos comportamentos no contexto da coleta.

O tipo de variável pode também influenciar o tamanho da amostra. Quando temos variáveis categóricas, como sexo e nível de escolaridade, por exemplo, são indicadas amostras maiores do que quando temos dados contínuos, como idade e notas. Além disso, no uso de dados categóricos é comum uma margem de erro de 5%, enquanto para dados contínuos é comum a margem de erro de 3% (COHEN; MANION; MORRISON, 2018).

Há questões mais operacionais que precisam ser observadas no planejamento da pesquisa em relação à seleção da amostra. É preciso definir se temos uma população finita ou infinita. Consideram-se infinitas as populações maiores que 100.000, pois, acima desse valor, o número de integrantes da amostra não se altera (GIL, 2019b). Outro aspecto a ser considerado é o erro máximo de medição, que diminui conforme se aumenta o tamanho da amostra. O erro amostral é uma medida que estima a diferença entre os resultados obtidos com a amostra em relação à população. Quanto maior o tamanho da amostra, menor deve ser o erro amostral. Normalmente, utiliza-se uma estimativa de erro entre 3 e 5% (GIL, 2019b).

Outra medida, o nível de confiança, é calculada estatisticamente considerando o tamanho da amostra, o intervalo de confiança e as porcentagens de uma área sob a curva normal de distribuição (conceitos que serão trabalhados no capítulo 7); por exemplo, 95% do nível de confiança cobre 95% da curva de distribuição (COHEN; MANION; MORRISON, 2018). Quanto mais alto o nível de confiança, maior precisa ser o tamanho da amostra.

A seleção da amostra está relacionada a outras decisões que vão sendo tomadas durante o planejamento da pesquisa, pois há vários fatores que influenciam a definição do tamanho da amostra. Diante disso, Cohen, Manion e Morrison (2018) traçam algumas dicas que podem ser consideradas na sua definição. Uma é que, na pesquisa quantitativa, quanto maior a amostra, melhor, pois resulta em maior confiabilidade e permite o uso mais sofisticado da estatística, indicando que, em muitos casos, o número mínimo para uma amostra é 30 integrantes. Porém, se é preciso controlar muitas variáveis, dividir a amostra em grupos e em função do tipo de teste que se pretende utilizar, a indicação é que esse número seja maior. Considerando isso, os autores indicam como regra de ouro um mínimo de 30 integrantes (casos) para cada variável a ser analisada. Já estudos comparativos ou experimentais precisam de um mínimo de 15 casos, e um estudo tipo *survey* não deveria ter menos que 100 participantes compondo a amostra.

O tamanho da amostra, por si só, não garante representatividade, pois isso dependente das características relacionadas à heterogeneidade e das respostas que são obtidas (COHEN; MANION; MORRISON, 2018). Nesse sentido, se a população é heterogênea, indica-se a seleção de uma amostra grande; se a população é homogênea, uma amostra menor pode ser aceitável.

Em educação, se realizamos um estudo de caso pautado na história de vida, por exemplo, a amostra de um sujeito é suficientemente representativa; entretanto, se pretendemos pesquisar os professores de uma escola que possuem diferentes trajetórias profissionais e áreas de formação, precisamos incluir um percentual maior de professores na amostra para que se tenha representatividade. Esses aspectos tornam evidente que a definição do tamanho da amostra não é apenas um cálculo matemático com o uso de uma fórmula; vale um planejamento coerente pautado em uma revisão de literatura consistente e um bom delineamento do contexto em que se pretende desenvolver o estudo.

Para a definição do tamanho da amostra, também é preciso estimar a percentagem com que o fenômeno se verifica na população. Se queremos investigar a percentagem de alunos da educação básica que frequenta museus, precisamos estimar esse percentual, o que pode ser feito com base em outras pesquisas identificadas na revisão de literatura. Ao se estimar que essa percentagem é menor que 10%, é preciso uma amostra maior do que quando o fenômeno é observado em 50%, por exemplo (GIL, 2019b).

Outro aspecto a ser observado são as perdas que podem ocorrer ao longo da pesquisa. Participantes podem desistir, outros podem cometer erros ao responder a instrumentos ou não participar de todas as etapas de coleta. Em pesquisas desenvolvidas em educação, essas situações comumente acontecem, já que temos alunos que mudam de escola, outros desistem, há troca de professores ou ainda períodos de paralisação ou greve. Por isso, no planejamento da pesquisa é importante considerar essas situações, e, no caso da definição da amostra, é prudente incluir um número maior de participantes. Nesse sentido, Cohen, Manion e Morrison (2018) recomendam a seleção do dobro do tamanho da amostra prevista para análise.

De modo geral, quanto menos integrantes compõem a população, quanto mais for heterogênea, quanto mais variáveis e maior for o nível de confiança, maior deve ser o tamanho da amostra. Sempre que possível, é importante optar por um tamanho de amostra maior para que se tenha condições de análise adequadas e maior chance de ter a população representada. Reconhecendo-se a importância da amostra em um estudo, procede-se ao cálculo de seu tamanho. Há várias calculadoras on-line que podem ser utilizadas (ver site).

4.4. VALIDADE E CONFIABILIDADE

Muitas pesquisas procuram medir fenômenos a partir da definição de suas dimensões e de seus indicadores. O processo de mensuração inclui a identificação e classificação das variáveis e o uso de instrumentos que permitam realizar a coleta. Os procedimentos e instrumentos utilizados, então, precisam ser válidos e confiáveis para que os resultados obtidos na pesquisa possam ser reconhecidos.

Embora a validade e a confiabilidade sejam critérios mais presentes quando se discute a coleta e a análise de dados, um projeto de pesquisa já deve prever as estratégias que pretende utilizar para garantir a credibilidade de seus resultados, além de que abordaremos esses critérios ao discutirmos diversas metodologias no próximo capítulo. Então, abrimos mais um novo parêntese para introduzir, de uma maneira geral, esses dois conceitos, que serão aprofundados em diferentes momentos nos capítulos sobre coleta e análise de dados.

4.4.1. Validade

A validade, também denominada autenticidade ou credibilidade, condição importante para a pesquisa, pode ter diferentes sentidos. Como destacam Cohen, Manion e Morrison (2018), pode ser considerada a demonstração de que um instrumento mede o que pretende medir. Outra definição envolve o grau com que as interpretações dos dados são garantidas pelas teorias e evidências. A validade precisa ser considerada desde a concepção da pesquisa e o seu planejamento, incluindo o processo de construção dos instrumentos, até o significado e a interpretação dos resultados, quando se estabelece um diálogo com a revisão de literatura e o referencial teórico.

Para Creswell e Poth (2018), o processo de validação visa avaliar a precisão dos achados da pesquisa, envolvendo a combinação de estratégias como um longo período de coleta, descrição detalhada e proximidade do pesquisador com os participantes. Reforça-se a diferenciação entre a validade da pesquisa quantitativa e da qualitativa, além de que existem muitos tipos de validação.

A validade nas pesquisas quantitativas envolve vários cuidados e aspectos, que incluem a controlabilidade, a replicabilidade, a consistência, a previsibilidade, a formulação de declarações generalizáveis, a randomização das amostras, a neutralidade e a objetividade. Esses aspectos podem ser aplicados na revisão de literatura, no delineamento da pesquisa, na construção dos instrumentos e nas estratégias utilizadas para a coleta, a análise e a interpretação dos dados (COHEN; MANION; MORRISON, 2018).

Já a avaliação da validade nas pesquisas qualitativas se diferencia especialmente porque, nas pesquisas quantitativas, o uso da estatística prevê fórmulas e regras, enquanto na análise qualitativa depende de insights do pesquisador, de recursos conceituais e da integridade de quem realiza a análise. O processo de análise qualitativa, de uma maneira geral, envolve a capacidade do pesquisador de reconhecer padrões e ficar aberto para os dados, visando agregá-los e integrá-los em torno de determinado padrão esperado, sem estar fechado à identificação de padrões inesperados (PATTON, 2015).

Quando pensamos em validade, não podemos tê-la em absoluto quando tratamos de uma pesquisa que envolve a análise da realidade, mesmo fazendo uso de procedimentos científicos que buscam ter o maior grau possível de validade, ou seja, que os resultados obtidos representem a realidade investigada.

De outro modo, na pesquisa qualitativa a validade inclui princípios e aspectos diferentes. A validade de uma pesquisa qualitativa está fortemente vinculada ao rigor e às questões éticas, de tal modo que os resultados obtidos sejam confiáveis, por exemplo, a ponto de orientar novas maneira de ensinar a ler ou de adotar novas estratégias para envolver a família nas atividades da escola (MERRIAM; TISDELL, 2016).

Cohen, Manion e Morrison (2018) esclarecem que, na pesquisa qualitativa, o contexto natural é a principal fonte de dados, o que impõe limites à investigação e pressupõe uma descrição consistente que procure dar conta também dos aspectos sociais e culturais. Outro desafio é que o pesquisador faz parte do mundo pesquisado.

A descrição, característica importante da pesquisa qualitativa, parte de fontes que incluem: as observações do pesquisador; o relato dos participantes; as observações indiretas dos participantes sobre a realidade; e o registro de atitudes, crenças, percepções, opiniões etc., em que não se tem garantia de que são representações adequadas da realidade. Por isso, cabe atenção a todos os passos da investigação, o que torna fundamental não só a descrição dos resultados, mas também de todo processo da pesquisa.

Como não há critérios claros e adequados para delimitar a qualidade da validade em pesquisas qualitativas, Merriam e Tisdell (2016) sistematizam questões que desafiam a validade e que podem auxiliar o pesquisador refletir sobre a validade de sua pesquisa:

a) o que você pode dizer de uma amostra composta por apenas um caso (3, 15, 29 e assim por diante)?
b) quanto vale apenas a interpretação do pesquisador em relação à interpretação do participante em relação ao que está acontecendo ou sendo feito?
c) como se pode generalizar a partir de uma amostra pequena e não aleatória?
d) se o pesquisador é o principal instrumento para a coleta e análise dos dados, como podemos ter certeza de que o pesquisador é um instrumento válido e confiável?
e) como o pesquisador sabe quando parar de coletar dados?
f) como garantir que o pesquisador não é tendencioso e apenas descobre o que espera encontrar?
g) sem hipóteses, como se pode saber o que se está procurando?
h) a presença do pesquisador não resulta em uma mudança no comportamento normal dos participantes, contaminando os dados?
i) as pessoas frequentemente não mentem para pesquisadores de campo?
j) se outras pessoas fizessem o estudo, eles teriam os mesmos resultados?

Creswell e Creswell (2018), por sua vez, propõem estratégias mais específicas para garantir a validade nas pesquisas qualitativas: triangular diferentes fontes de dados; usar a verificação de membros para determinar a precisão dos achados; fazer uma descrição rica e densa; esclarecer o viés que o pesquisador traz para o estudo; apresentar informações negativas ou discrepantes que vão contra os temas do estudo; passar um tempo prolongado no campo; usar a avaliação por pares para aumentar a precisão dos resultados; e usar um auditor externo para revisar todo o projeto. Essas estratégias serão discriminadas e discutidas no capítulo sobre análise dos dados.

4.4.1.1. Validade interna e externa

Como já afirmamos, a validade pode ter diferentes sentidos.

A **validade interna** visa demonstrar que a explicação de um evento específico ou o conjunto de dados de uma pesquisa sustentam com precisão os fenômenos pesquisados (COHEN; MANION; MORRISON, 2018). Mais especificamente na pesquisa qualitativa, trata da questão de como os resultados da pesquisa coincidem com a realidade, ou seja, quão congruentes são os achados com a realidade (MERRIAM; TISDELL, 2016).

Muitos aspectos podem interferir na validade de uma pesquisa quantitativa, como: o tempo decorrido entre o início e o fim da coleta realizada, o que pode alterar algumas condições e circunstâncias; a maturação biológica das crianças e a própria repercussão que a rotina escolar pode provocar no seu desenvolvimento e na sua aprendizagem; o efeito da aprendizagem relacionada a um instrumento ou teste quando são aplicados mais de uma vez; e vínculos e preferências que estão estabelecidos quando temos intervenções que podem levar o participante a mudar sua postura no momento da coleta. No contexto da educação, muitos são os aspectos que podem influenciar o resultado de uma pesquisa, então a validade deve ao máximo buscar evitar essas influências, ou ao menos reconhecê--las. Além disso, é preciso ter clareza de que os dados são sempre interpretados. Não se pode observar ou medir um fenômeno sem alterá-lo. É importante considerar que números, equações e palavras são todos abstratos, simbólicos e representações da realidade, mas não a própria realidade, então a validade deve ser avaliada em termos de algo diferente da realidade — que nunca pode ser apreendida por completo (MERRIAM; TISDELL, 2016).

Merriam e Tisdell (2016) sistematizam três estratégias aplicadas nas pesquisas qualitativas para garantir a validade interna:

a) triangulação (que abordaremos separadamente), que envolve utilizar mais de um método de coleta de dados, múltiplas fontes de dados, vários investigadores ou múltiplas teorias, configurando-se como uma estratégia poderosa para aumentar a credibilidade ou validade interna da pesquisa;
b) verificações de membros ou validação de respondentes, que prevê a solicitação de um feedback sobre sua avaliação preliminar das descobertas para alguns dos participantes da pesquisa, para verificar se a interpretação representa o fenômeno;

c) envolvimento adequado na coleta de dados, que inclui o tempo de observação e inserção no campo, a quantidade de participantes e a observação da saturação dos dados e descobertas.

Diferentes elementos podem ser triangulados para contribuir com o processo de verificação e validação das pesquisas qualitativas: paradigmas, abordagens (utilizando-se, por exemplo, métodos mistos), teorias, metodologias, métodos (por exemplo, para coleta de dados), dados (fontes), amostras e participantes (em diferentes momentos e locais, e em diferentes contextos culturais, sociais e demográficos), pesquisadores (diferentes observadores ou investigadores para analisar vários processos e resultados), técnicas de análise e audiências (ou triangulação reflexiva, que inclui as perspectivas dos participantes da pesquisa e da audiência para quem a pesquisa é produzida, além dos pesquisadores) (BOGDAN; BIKLEN, 2007; COHEN; MANION; MORRISON, 2018; DENZIN, 2010; LUNE; BERG, 2017; PATTON, 2015).

Creswell e Poth (2018) destacam a busca do feedback do participante para julgamento da precisão e credibilidade, por ser uma estratégia amplamente utilizada na maioria dos estudos qualitativos. Para seu uso, os autores sugerem o emprego de grupo focal composto por participantes do estudo, com o objetivo de promover a reflexão e a expressão das opiniões sobre as análises realizadas.

O envolvimento adequado na coleta pressupõe o engajamento prolongado no campo de pesquisa e a observação persistente em campo. Indica-se dedicar o tempo que for possível no campo, incluindo um período antes de iniciar a coleta para a familiarização com o campo e com os participantes (CRESWELL; POTH, 2018).

Outro tipo de validade é conhecido como **validade externa**, que se refere ao grau com que os resultados obtidos na pesquisa podem ser generalizados para a população, ou seja, podem ser transferidos para o seu contexto mais amplo (COHEN; MANION; MORRISON, 2018). Esse tipo de validade é mais evidente nas pesquisas quantitativas que coletam e analisam dados a partir de uma amostra, observando os critérios para sua composição, e que, pautados em testes estatísticos, revelem a possibilidade de generalização dos resultados para a população.

Na perspectiva da pesquisa qualitativa, em que muitas vezes não se busca a generalização, a validade está principalmente relacionada aos significados que os sujeitos atribuem aos dados e às inferências extraídas dos dados (COHEN; MANION; MORRISON, 2018). Merriam e Tisdell (2016) argumentam, ainda, que a pesquisa qualitativa se baseia em distintas visões de mundo, em diferentes suposições sobre a realidade e em grande variedade de tipos de pesquisa, sendo necessário, então, considerar a validade e a confiabilidade em uma perspectiva congruente com os pressupostos filosóficos subjacentes ao seu paradigma. Para Greene e Caracelli (apud CRESWELL; CRESWELL, 2018), a particularidade, e não a generalização, seriam a marca de uma boa pesquisa qualitativa.

Retornaremos a essa discussão no capítulo 7, quando abordarmos a validade e confiabilidade em pesquisas qualitativas no contexto da análise dos dados.

4.4.1.2. Validade de um instrumento

Este tipo de validade refere-se ao fato de um instrumento medir o que realmente pretende medir (SOUZA; ALEXANDRE; GUIRARDELLO, 2017; TUCKMAN, 2012), podendo estar relacionada ao conteúdo, ao critério e ao constructo. Na relação entre a validade e a confiabilidade, Souza, Alexandre e Guirardello (2017) chamam atenção para o fato de não serem consideradas totalmente independentes, pois um instrumento que não é confiável não pode ser considerado válido, mas um instrumento confiável pode, às vezes, não ser válido.

A **validade de conteúdo** envolve em que medida o conteúdo de um instrumento vai refletir adequadamente o constructo que está sendo medido (SOUZA; ALEXANDRE; GUIRARDELLO, 2017). Vale considerar se os itens abordados e a amostra de elementos escolhidos no instrumento são uma representação justa do constructo (COHEN; MANION; MORRISON, 2018). Segundo Tuckman (2012), um instrumento tem validade de conteúdo quando as amostras das situações, do comportamento ou das características avaliadas são representativas do conjunto de onde se extraiu essa amostra.

A avaliação da validade de conteúdo comumente inclui uma abordagem qualitativa, envolvendo especialistas para avaliar os itens do instrumento utilizando uma escala Likert. A partir das respostas obtidas, é possível utilizar o Índice de Validade de Conteúdo (IVC). Cada especialista, por exemplo, assinala uma das alternativas que pode variar de 1 a 4, sendo que 1 = item não equivalente; 2 = item necessita de grande revisão para ser avaliada a equivalência; 3 = item equivalente, que necessita de pequenas alterações; e 4 = item absolutamente equivalente. A partir disso, os itens com pontuação 1 e 2 precisam ser revistos ou excluídos. O índice pode ser obtido somando-se as respostas 3 e 4 e dividindo pela soma total de respostas: IVC = número de respostas 3 ou 4 / número total de respostas. Um resultado aceitável deve ser de no mínimo 0,80 e, preferencialmente, maior que 0,90 (SOUZA; ALEXANDRE; GUIRARDELLO, 2017).

A **validade de critério** supõe verificar se os critérios utilizados estão adequados e representam o constructo em questão (COHEN; MANION; MORRISON, 2018). Para tanto, o pesquisador pode aplicar o instrumento para a coleta de dados em um grupo que reconhecidamente possui o constructo, e então fazer uma análise dos itens do instrumento para verificar se correspondem ao constructo, observando sua presença no participante que o possui. Se temos itens com baixa correspondência, podemos eliminá-los.

Outra opção comumente utilizada envolve medir a relação entre pontuações de um instrumento com algum critério externo, como outro instrumento já validado e aceito, o qual pode ser tomado como um "padrão-ouro" (SOUZA; ALEXANDRE; GUIRARDELLO, 2017). Assim, a avaliação consiste em aplicar os dois instrumentos e comparar seus resultados, que devem concordar. Um bom índice de concordância entre os instrumentos indica que o critério tem validade.

A análise do resultado dos dois instrumentos pode ser feita utilizando-se um coeficiente de correlação, no qual valores próximos a 1,00 indicam haver correlação, enquanto valores próximos de 0,00 indicam que não existe correlação, esperando-se coeficientes de correlação de 0,70 ou superiores para considerar que há correlação.

Por fim, a **validade de constructo** analisa o quanto um conjunto de variáveis pode representar o constructo a ser medido. O constructo é um conceito que pode ser medido, ou seja, é uma definição operacional, preocupando-se com o modo como pode ser medido. É fundamental que se tenha uma teoria vinculada e, normalmente, é realizado um conjunto de estudos. Cohen, Manion e Morrison (2018) referem-se à validade de constructo como sendo fundamental, porque envolve conceituações e explicações, bem como fatores metodológicos, ou seja, o significado, a definição e a operacionalização de fatores. Diante disso, os autores descrevem duas principais etapas. A primeira etapa inclui o processo de definição dos conceitos com base na literatura, buscando teorias e pesquisas de maneira exaustiva. A segunda etapa envolve a operacionalização do constructo, que inclui o modo como o constructo pode ser medido e a construção do instrumento para coleta de dados.

Na pesquisa qualitativa, a validade do constructo volta-se para demonstrar que as categorias utilizadas pelos pesquisadores são significativas para os participantes, por serem a maneira como os participantes realmente experimentam e interpretam as situações da pesquisa (COHEN; MANION; MORRISON, 2018).

4.4.2. Confiabilidade

A confiabilidade ou fidedignidade envolve a possibilidade de reproduzir os resultados obtidos de forma consistente, ou seja, é uma característica que responde ao quão confiável e estável pode ser um resultado, de modo que possa ser reproduzido. Uma medida é fidedigna quando se mantém em situações diferentes. Uma balança confiável, por exemplo, apresenta a mesma medida quando uma pessoa se pesa várias vezes na sequência e apresenta um peso diferente para uma pessoa com estatura e características diferentes. Da mesma forma, um teste de matemática que pretende medir a aprendizagem de determinado conteúdo pode ser considerado fidedigno se mantém o resultado aplicado em dois momentos diferentes com um mesmo aluno.

A análise da confiabilidade não é uma propriedade exclusiva do instrumento, pois precisa considerar a população na qual é administrado, a função do instrumento, as circunstâncias e o contexto de aplicação, ou seja, um instrumento pode ser considerado confiável dentro de certas condições (SOUZA; ALEXANDRE; GUIRARDELLO, 2017).

Segundo Cohen, Manion e Morrison (2018), tanto na pesquisa quantitativa como na qualitativa, a confiabilidade procura tendências, padrões, previsibilidade e controle, existindo três principais tipos de confiabilidade: estabilidade, equivalência e consistência.

A **estabilidade** é uma medida de consistência no tempo, sobre amostras semelhantes e sobre os usos do instrumento em questão, ou seja, a aplicação de instrumentos em amostras semelhantes, ou duas vezes no mesmo grupo em um intervalo de tempo, deve produzir dados semelhantes.

Ao considerarmos que a estabilidade se refere a uma medida que envolve o grau em que resultados similares podem ser obtidos em dois momentos distintos, uma estratégia comumente utilizada para sua avaliação é o método de teste-reteste, para comparar o desempenho nas duas testagens. Nesse tipo de avaliação, aplica-se a mesma medida em dois momentos, esperando-se que um sujeito, ao responder em dois momentos a um mesmo teste, obtenha o mesmo resultado. A partir disso, quanto menos houver alteração no resultado, maior pode ser considerada a confiabilidade do instrumento.

Esse tipo de avaliação teste-reteste tem como vantagem fazer uso de apenas uma forma de instrumento, porém o desempenho da segunda aplicação pode ser influenciado pela prática e pela memória, bem como por outros fatores que possam ocorrer durante o tempo decorrido entre as aplicações (TUCKMAN, 2012).

A confiabilidade como **equivalência** tem dois tipos principais, de acordo com Cohen, Manion e Morrison (2018), por meio da aplicação de instrumentos equivalentes ou envolvimento de avaliadores de confiabilidade.

A equivalência pode ser alcançada com o uso de instrumentos equivalentes, como formas alternativas de testes ou questionários para coleta de dados, que, quando aplicados na mesma amostra, devem gerar resultados semelhantes. Os resultados obtidos a partir da aplicação dos instrumentos equivalentes podem ter a confiabilidade medida através de testes estatísticos, como teste t ou teste U de Mann-Whitney (que serão abordados no capítulo 7), da demonstração de alto coeficiente de correlação, médias e desvios-padrão similares entre os dois grupos analisados (COHEN; MANION; MORRISON, 2018).

A confiabilidade como equivalência também pode ser alcançada por meio de avaliadores de confiabilidade (COHEN; MANION; MORRISON, 2018). A equivalência pode ser avaliada pelo grau de concordância entre dois ou mais observadores quanto aos escores de um instrumento. Para tanto, é necessário que se aplique o instrumento com diferentes avaliadores, esperando-se obter uma equivalência nas pontuações obtidas.

Para avaliar a equivalência, utiliza-se também o coeficiente kappa, que é aplicado a variáveis categóricas.

> Trata-se de uma medida de concordância entre os avaliadores e assume valor máximo igual a 1,00. Quanto maior o valor de Kappa, maior a concordância entre os observadores. Valores próximos ou abaixo de 0,00 indicam a inexistência de concordância. (SOUZA; ALEXANDRE; GUIRARDELLO, 2017, p. 652).

A **consistência** interna ou homogeneidade consiste em uma propriedade que indica se o conjunto de itens de um instrumento mede a mesma característica, voltando-se, então, especialmente para instrumentos que utilizam uma diversidade de itens para a avaliação de um construto. A consistência interna procura avaliar em que medida os itens de um instrumento avaliam a mesma característica ou qualidade (TUCKMAN, 2012), ou seja, se os itens que compõem o instrumento medem o mesmo constructo (tema, característica, habilidade etc.).

Assim, a confiabilidade como consistência interna pode ser alcançada pela divisão dos itens que compõem um teste, de tal modo que cada metade corresponda em termos de dificuldade e conteúdo. Os resultados obtidos em cada metade devem estar altamente correlacionados. Essa estratégia pressupõe que o teste possa ser dividido em duas metades correspondentes; entretanto, muitos testes têm um gradiente de dificuldade ou itens diferentes de conteúdo em cada metade (COHEN; MANION; MORRISON, 2018).

Uma alternativa para a avaliação da consistência interna de instrumentos comum é o uso do coeficiente alfa de Cronbach, que calcula o grau de covariância entre os itens de uma escala, considerando a média das correlações entre os itens (GIL, 2019b; SOUZA; ALEXANDRE; GUIRARDELLO, 2017), ou seja, quanto menos variarem os itens, maior é a consistência do instrumento.

Quando se avalia a consistência interna de instrumentos cujas variáveis são dicotômicas (por exemplo, sim/não), o teste mais adequado é o de Kuder-Richardson, e não o coeficiente alfa de Cronbach. A interpretação dos resultados do coeficiente pauta-se na indicação de que valores próximos a 1,00 são considerados os ideais (SOUZA; ALEXANDRE; GUIRARDELLO, 2017, p. 651). O Quadro 5 apresenta a definição, um exemplo e os testes estatísticos utilizados para os diferentes tipos de confiabilidade.

Quadro 5 — Medidas de confiabilidade de instrumentos

Tipos de confiabilidade	Definição	Exemplo	Testes estatísticos
Estabilidade	Consistência das repetições das medidas, ou seja, o quão estável é a medida ao longo do tempo.	Se um indivíduo conclui uma pesquisa e a repete em alguns dias, é esperado que os resultados sejam similares.	Teste-reteste (coeficiente de correlação intraclasse [ICC])
Consistência interna	Avalia se os domínios de um instrumento medem a mesma característica, ou seja, a correlação média entre todos os itens do construto.	Em um instrumento que avalia satisfação no trabalho, todos os itens de um determinado domínio devem, de fato, medir tal construto e não um construto diferente.	Alfa de Cronbach (variáveis contínuas) Kuder-Richardson (variáveis dicotômicas)
Equivalência	É o grau de concordância entre dois ou mais avaliadores quanto aos escores de um instrumento.	Dois avaliadores treinados preenchendo o mesmo instrumento devem obter a mesma pontuação.	Confiabilidade interobservador (Kappa)

Fonte: Souza, Alexandre e Guirardello (2017, p. 653).

A confiabilidade envolve também características que apontam para os principais critérios de qualidade de um instrumento. São eles: coerência, precisão, estabilidade, equivalência da medida e homogeneidade (SOUZA; ALEXANDRE; GUIRARDELLO, 2017).

Já a confiabilidade na pesquisa qualitativa tem sentido e modo diferente de ser demonstrada. Para Cohen, Manion e Morrison (2018), de uma maneira ampla, pode envolver verificações com outros pesquisadores, triangulação, a permanência por um tempo prolongado no campo, a realização de observações persistentes no período da coleta, a análise de casos negativos e a constante reflexão sobre a pesquisa e os dados coletados.

Creswell e Poth (2018), ao abordarem as perspectivas e os procedimentos de confiabilidade na pesquisa qualitativa, esclarecem que pode haver várias maneiras de ser avaliada. Dentre os procedimentos descritos, incluem a obtenção de registros de campo detalhados, empregando, sempre que possível, dispositivos de gravação para posterior transcrição fiel dos arquivos.

A confiabilidade pode ser expressa no acordo entre codificadores, com base no uso de vários codificadores para analisar os dados de transcrição. Na pesquisa qualitativa, a confiabilidade geralmente se refere à estabilidade das avaliações entre os codificadores em relação a um conjunto de dados (CRESWELL; POTH, 2018). Para tanto, é importante desenvolver códigos e avaliar a confiabilidade como parte do processo de análise, incluindo verificações do grau, de acordo com os codificadores. Os autores sugerem algumas ações:

a) uso de softwares que auxiliem no processo de codificação;
b) realização de uma leitura inicial dos dados pelos pesquisadores envolvidos e levantamento de uma lista de códigos preliminares;
c) compartilhamento dos resultados iniciais para discussão, procurando comparar e avaliar a consistência;
d) desenvolvimento de um entendimento compartilhado em relação aos códigos, de modo a torná-los mais estáveis e que possam representar a análise de codificação de cada pesquisador;
e) exercício de codificação de um mesmo conjunto de dados utilizando os códigos compartilhados para calcular a porcentagem de concordância entre os pesquisadores em relação aos trechos codificados, procurando alcançar um acordo de 80%;
f) revisão e finalização do conjunto de códigos, incluindo codificações adicionais à lista de códigos preliminares.

A Figura 18 apresenta um resumo das características dos tipos principais de validade e confiabilidade discutidos nesta seção.

FIGURA 18 — **Tipos de validade e confiabilidade**

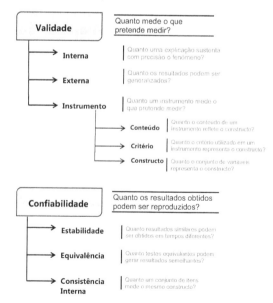

Fonte: os autores.

4.5. ÉTICA

Apesar de a ética estar posicionada como último elemento na nossa proposta de planejamento de pesquisa, a preocupação com questões éticas deve, na verdade, perpassar todo o processo e ser levada em consideração em todos os elementos discutidos.

É importante, inicialmente, contextualizar que diversos experimentos realizados no século XX deram origem a vários regulamentos para a proteção dos participantes em pesquisas, por se considerar que não seguiram princípios éticos. Talvez os mais abomináveis desses experimentos tenham sido os realizados pelos nazistas com prisioneiros na Segunda Guerra Mundial, cujo julgamento de crimes de guerra contra a humanidade deu origem aos dez princípios éticos do Código de Nuremberg, formulado em 1947 para reger as pesquisas com seres humanos (SHUSTER, 1997).

Outro exemplo foi o estudo conduzido pelo Serviço de Saúde Pública dos Estados Unidos com afro-americanos no condado de Macon, no Alabama, entre 1932 e 1972. No estudo de Tuskegee (sede do condado), a progressão de mais de 200 participantes que não tinham sífilis foi comparada com a de aproximadamente 400 que tinham a doença. Os doentes foram informados de que seriam tratados adequadamente, mas não o foram, mesmo quando a penicilina se tornou o tratamento recomendado para a sífilis, na década de 1940. O estudo, que não envolveu consentimento informado, gerou um pedido oficial de desculpas por parte do governo norte-americano, além de indenizações para as famílias dos participantes. Após estudo, o governo mudou suas práticas de pesquisa, procurando evitar uma repetição dos erros cometidos em Tuskegee (CENTERS FOR DISEASE CONTROL AND PREVENTION, 2020).

Os Experimentos de Milgram, realizados no início da década de 1960 no Departamento de Psicologia da Universidade de Yale, procuraram avaliar como as pessoas se comportam em relação à obediência. Uma pessoa, o "professor" (típico adulto da comunidade de New Haven), era orientado a aplicar um choque a um "aluno" toda vez em que ele errava um teste de aprendizagem. A potência do choque variava de 15 a 450 volts, em incrementos de 15 volts. O aluno, na verdade, não chegava a receber os choques, apesar de protestar cada vez mais, até agonizar e mesmo ficar em silêncio em determinados momentos, mas o professor não sabia disso. O professor era sempre ordenado a continuar com os choques pelo coordenador do estudo quando hesitava. Este experimento foi repetido, inclusive em outros locais, sempre envolvendo 40 pessoas em cada um, com alterações na amostra e nas condições (MILGRAM, 1963, 2009).

Outro experimento que levantou questionamentos éticos foi a conhecida Prisão de Stanford. O objetivo do professor Philip Zimbardo foi estudar os efeitos psicológicos da vida prisional por meio da observação de uma simulação. No subsolo do Departamento de Psicologia da Universidade de Stanford, em 1971, foi criada uma prisão simulada, para a qual foram recrutados 24 estudantes universitários que ganharam 15 dólares por dia por participar do estudo. Os voluntários foram divididos aleatoriamente em dois grupos de 12 guardas e 12 prisioneiros.

O experimento, previsto para levar duas semanas, logo começou a sair de controle, com rebeliões dos prisioneiros, uso excessivo de força e táticas psicológicas por parte dos guardas e degradação da qualidade do ambiente. Além disso, todos os participantes assumiram de forma intensa os papéis na simulação, incluindo os pais dos alunos e o próprio Zimbardo, como superintendente prisional. Quando há um boato de resgate, o pesquisador relata:

> Lá me encontrava sentado, sozinho, ansiosamente à espera que os intrusos invadissem a prisão, quando quem acabou por aparecer foi um antigo colega de pós-graduação de Yale e companheiro de quarto, Gordon Bower. Gordon tinha ouvido falar que estávamos a realizar uma experiência e resolveu aparecer para ver o que se estava a passar. Descrevi-lhe brevemente o que pretendíamos e o Gordon perguntou-me uma questão muito simples: "Deixa cá ver, qual é a variável independente do estudo?"
> Para minha surpresa fiquei realmente zangado com ele. Estava a lidar com uma fuga prisional. A segurança dos meus homens e a estabilidade da minha prisão estavam em jogo e tinha agora que lidar com este coração mole, académico, esquerdista e presumido que estava preocupado com a variável independente! Apenas muito mais tarde tomei consciência quão longe estava a levar o meu papel naquela prisão – que estava efetivamente a pensar como um superintendente prisional e não como um investigador de psicologia. (ZIMBARDO, 2020).

O estudo é encerrado prematuramente, após seis dias, porque Zimbardo reconhece que os presos estavam se comportando de forma cada vez mais patológica; os guardas, de forma cada vez mais abusiva e sádica; e ele tinha misturado exageradamente seus papéis de pesquisador e participante. Além disso, a recém-doutora por Stanford, Christina Maslach, questionou o estatuto moral do experimento, após entrevistar e observar os participantes.

O experimento foi inspiração para três filmes: *A Experiência* (*Das Experiment*), a refilmagem de suspense *Detenção* (*The Experiment*) e o documentário *Quiet Rage: The Stanford Prison Experiment* (*O Experimento de Aprisionamento de Stanford*).

Esses (e vários outros) exemplos servem para contextualizar a complexidade das decisões éticas no planejamento e na execução de pesquisas e, por consequência, a necessidade de regras para regê-las. Patton (2015, p. 341, tradução nossa) faz, nesse sentido, uma reflexão interessante:

> Os doutorandos frustrados por terem seu trabalho de campo atrasado enquanto aguardam a aprovação dos comitês de ética precisam lembrar que estão pagando os pecados de seus ancestrais de pesquisa, para os quais o engano e as observações ocultas eram as maneiras típicas de realizar seu trabalho. Os mais sujeitos a abuso eram frequentemente os mais vulneráveis da sociedade — crianças, pobres, pessoas de cor, doentes, pessoas com pouca educação, mulheres e homens encarcerados em prisões e asilos, e crianças em orfanatos ou escolas correcionais do estado. A pesquisa antropológica foi encomendada e usada pelos administradores coloniais para manter o controle sobre os povos indígenas. A proteção dos procedimentos com seres humanos é, hoje, uma afirmação de nosso compromisso de tratar todas as pessoas com respeito, e assim deveria ser. Mas a necessidade de tais procedimentos surge de um passado repleto de horrores científicos, pelos quais aqueles que hoje se dedicam à pesquisa ainda devem ter penitência.

De qualquer forma, precisamos nos inclinar para trás para ter certeza de que essa história está realmente para trás — e isso significa estar sempre vigilante para informar e proteger totalmente as pessoas que nos honram ao concordar em participar de nossas pesquisas, sejam elas mães sem-teto ou executivos corporativos.

Considerando, assim, a proteção e o respeito à dignidade, à integridade, à liberdade e à autonomia dos participantes de pesquisas científicas, além do engajamento ético necessário ao pesquisador, cabe destacar alguns aspectos que caracterizam o contexto da ética nas pesquisas em geral, e na área da educação em particular.

Um dos princípios éticos fundamentais é não causar danos aos indivíduos ou à coletividade, imediatos ou posteriores, diretos ou indiretos, associados à pesquisa. Mesmo que a pesquisa em educação tenha pequena probabilidade de causar danos físicos, é possível a ocorrência de danos psicológicos, situações constrangedoras, tensões, cansaço e desconforto. Por isso, deve-se sempre evitar danos previsíveis, informar aos participantes sobre os possíveis riscos (físicos, psíquicos, intelectuais, culturais, sociais ou espirituais), além de garantir indenização para a reparação de danos causados pela pesquisa.

Outro princípio ético essencial envolve o respeito aos valores religiosos, morais, sociais e culturais, hábitos e costumes, assim como à linguagem e à forma de expressão dos participantes. Nesse sentido, o planejamento de pesquisas com crianças, adolescentes, pessoas com diminuição de capacidade de decisão, povos indígenas e quilombolas, por exemplo, exige maiores cuidados. Como tal, o Estatuto da Criança e do Adolescente deve ser levado em consideração. De outro lado, a tramitação de propostas de projetos de pesquisa com comunidades indígenas e quilombolas pode envolver órgãos específicos, como CNPq, Conselho Nacional de Ética na Pesquisa, Fundação Nacional do Índio (Funai) e Instituto do Patrimônio Histórico e Artístico Nacional (Iphan).

A etapa da coleta de dados também exige cuidados éticos. Inicialmente, é preciso obter autorização para acesso aos locais da pesquisa. Além disso, a definição dos tipos de dados, da amostra e dos procedimentos para a coleta também deve envolver a perspectiva ética.

O armazenamento, a gestão e a divulgação dos dados da pesquisa são também procedimentos que envolvem conotações éticas. Nesse sentido, aspectos como privacidade, proteção da imagem, anonimato (quando nem mesmo o pesquisador pode identificar o participante) e confidencialidade (quando o pesquisador pode identificar o participante, mas se compromete a não tornar essa identificação pública) fazem parte do processo de planejamento, avaliação e aprovação de protocolos de pesquisa por comitês de ética. Especialmente no caso da pesquisa on-line, por exemplo, são utilizados procedimentos como: não utilizar o log do usuário nem a data da publicação de uma postagem, modificar o texto de citações (pois pode ser fácil identificar seu autor na internet) ou mesmo desfazer uma amizade em uma rede social.

A pesquisa em educação, muitas vezes, envolve uma situação peculiar, em que o pesquisador é, simultaneamente, professor ou desempenha outra função na organização escolhida como local para a pesquisa. Nesses casos, tem acesso a informações confidenciais, que talvez não tivesse no papel de mero pesquisador. Essa condição remete a alguns questionamentos: até que ponto essas informações podem ser utilizadas na pesquisa? Podem ser divulgadas? Os dados obtidos poderão ser utilizados para a avaliação dos participantes (professores e alunos, por exemplo) por parte da instituição?

Uma boa dica é consultar pesquisadores com experiência em questões relacionadas a ética em pesquisas em educação. A ANPEd possui uma Comissão de Ética na Pesquisa e mantém uma página (http://www.anped.org.br/site/etica-na-pesquisa) com ricas informações sobre o tema, incluindo textos, vídeos, notícias, regulamentação e links. Um dos recursos é um e-book gratuito (ANPED, 2019), que discute temas como: documentos internacionais sobre ética na pesquisa em educação; princípios gerais da ética na pesquisa; questões éticas na pesquisa com crianças, adolescentes ou pessoas em situação de diminuição de capacidade de decisão; pesquisas em comunidades indígenas, quilombolas e tradicionais; posição dos pesquisadores frente a casos de abuso e de violência; e pesquisas on-line. Uma das reflexões do livro é a seguinte:

> Destaca-se, aqui, a situação da postura incômoda na área de educação em que poucas iniciativas têm sido realizadas e o debate sobre ética na pesquisa educacional ainda é incipiente e com baixíssima adesão por parte dos pesquisadores. Aprimorar e ampliar o debate sobre ética na pesquisa, em geral para as humanidades e em particular para a educação, é fundamental, tanto para os procedimentos quanto para a sua regulamentação. (LEME, 2019, p. 124).

É importante notar que, em outros países, as associações científicas têm papel preponderante na definição de diretrizes e na revisão ética de projetos de pesquisa, inclusive na área de educação.

4.5.1. Sistema CEP/CONEP e Plataforma Brasil

No Brasil, a avaliação dos aspectos éticos de projetos de pesquisa que envolvam seres humanos é realizada pelo sistema CEP/CONEP, instituído em 1996. A Comissão Nacional de Ética em Pesquisa (CONEP) é uma instância colegiada vinculada ao Conselho Nacional de Saúde (CNS), órgão, por sua vez, vinculado ao Ministério da Saúde. Os Comitês de Ética em Pesquisa (CEP) são órgãos colegiados estabelecidos nas instituições ou organizações que realizam pesquisas envolvendo seres humanos.

A Resolução 466 (CNS, 2012) estabeleceu diretrizes e normas regulamentadoras para pesquisas envolvendo seres humanos. A resolução prevê, por exemplo, assistência, provimento de material prévio e ressarcimento de despesas relacionadas à pesquisa para os participantes. Uma das disposições é que as agências de fomento e os periódicos deveriam exigir documentação comprobatória da aprovação do projeto de pesquisa pelo Sistema CEP/CONEP.

Apesar da previsão de que as especificidades éticas das pesquisas nas ciências humanas e sociais seriam contempladas em resolução complementar, diversas críticas vêm sendo feitas às normas e ao Sistema CEP/CONEP, que tenderiam a reproduzir um paradigma de pesquisa mais positivista, fundamentado em princípios da área da saúde, não contemplando, por consequência, as características específicas das áreas das ciências humanas e sociais. Houve propostas, nesse sentido, para a criação de outros sistemas, externos ao Ministério da Saúde e vinculados a órgãos como Ministério de Ciência, Tecnologia e Inovação (MCTI), Conselho de Ciência e Tecnologia (CnC&T) e CNPq.

Em 2013, é fundado o Fórum das Associações de Ciências Humanas, Ciências Sociais e Sociais Aplicadas (FCHSSA), cujo principal objetivo é a criação de um sistema específico de avaliação da ética para pesquisas nessas áreas. No mesmo ano, a CONEP constituiu o Grupo de Trabalho sobre Ética em Pesquisa nas Ciências Humanas e Sociais (GT-CHS), com o objetivo de elaborar uma resolução completar que atendesse às peculiaridades dessas áreas.

Três anos depois, é publicada a Resolução 510 (CNS, 2016), voltada especificamente para as pesquisas em ciências humanas e sociais, que inclui a área de educação. A Resolução 510/2016 consolida alguns avanços, como: previsão de representação equilibrada na composição da CONEP, com a participação de membros das ciências humanas e sociais, e de criação de formulário próprio; indicação de que relatores da análise de projetos nessas áreas devem ser membros com conhecimento qualificado; orientação de que a avaliação feita pelo sistema CEP/CONEP deve incidir apenas sobre os aspectos éticos dos projetos, não evolvendo avaliação científica dos aspectos teóricos, nem análise do desenho e dos procedimentos metodológico; flexibilização dos procedimentos para a obtenção do consentimento por parte dos participantes da pesquisa; menção da possibilidade de realização de pesquisa encoberta, em casos justificados; aceite de que pesquisas realizadas por orientandos possam ser apresentadas como emendas a um projeto do orientador já aprovado, desde que não contenham modificação essencial nos objetivos e na metodologia.

Mesmo assim, a Resolução 510/2016 gera insatisfações nos pesquisadores e nas associações envolvidas no GT-CHS e no FCHSSA, como, por exemplo, a obrigatoriedade de apresentação de protocolo de pesquisa ao sistema CEP/CONEP para trabalhos de conclusão de curso, monografias e similares, o que praticamente inviabiliza pesquisas desse tipo por causa do pouco tempo disponível para o seu desenvolvimento.

Continua, por consequência, o movimento para a constituição de uma instância de avaliação nas áreas de ciências humanas e sociais desvinculada do Ministério da Saúde. Uma das propostas é a saída coletiva das instituições da área e o rompimento com o Sistema CEP/CONEP, com a criação de um sistema autônomo e independente, envolvendo a elaboração de um código de ética geral desenvolvido pela FCHSSA, ou códigos específicos elaborados por cada associação, com as revisões sendo conduzidas por comitês de cada área (ALVES; TEIXEIRA, 2020). Especificamente em relação às pesquisas em educação,

> [...] enquanto não se efetiva a criação de um sistema próprio, a ANPEd recomenda aos pesquisadores da área que busquem participar nos Comitês de ética em pesquisa existentes, de forma a aumentar a representação qualificada da área de CHSSA nos referidos comitês. (AMORIM et al., 2019, p. 13).

Percebe-se neste debate no Brasil uma reprodução da guerra dos paradigmas, que abordamos na Introdução deste livro, em que se confrontam, de um lado, as ciências da saúde e sua concepção de pesquisa que envolve desenhos quantitativos de intervenções e experimentos, grupos de controle e experimental, hipóteses e desfecho, e, de outro lado, as ciências humanas e sociais e suas concepções de designs mais qualitativos, emergentes e flexíveis.

> Duas vertentes destacaram-se e apresentam-se na regulamentação da ética em pesquisa com seres humanos e reivindicam o monopólio científico-social: uma, dominante durante muito tempo, entende que para se estudar a sociedade é necessário aplicar, na medida do possível, todos os princípios epistemológicos e metodológicos que dominam o estudo da natureza; outra que reivindica para as ciências sociais um estatuto epistemológico e metodológico próprio, com base na especificidade do ser humano e na sua distinção radical em relação à natureza (SANTOS, 2002). A segunda variante reivindica para as ciências sociais um estatuto metodológico próprio e coloca a própria ideia de ciência universal em discussão. (ALVES; TEIXEIRA, 2020, p. 15-16).

Os conceitos de pluralismo paradigmático, epistemológico, teórico e metodológico, multiplismo crítico e ecletismo seletivo, apresentados também na Introdução, talvez possam contribuir com esse debate.

De qualquer maneira, os projetos de pesquisa de ciências humanas devem, quando este livro é redigido, ser submetidos à Plataforma Brasil (http://plataformabrasil.saude.gov.br/). Vários manuais e documentos de orientação estão disponíveis no site, que devem ser consultados pelo pesquisador.

Um dos documentos exigidos para submissão de projetos à Plataforma Brasil é o Termo de Consentimento Livre e Esclarecido (TCLE), em que o participante (e/ou seu representante legal) deve registrar sua anuência para participar da pesquisa, depois que tenham sido prestados os esclarecimentos necessários por parte dos pesquisadores. O site do livro apresenta um modelo editável de TCLE. É importante que aprovação do Sistema CEP/CONEP seja mencionada nos relatórios e publicações resultantes da pesquisa — mas não apenas isso. Os relatórios devem mencionar, também, as principais decisões e os cuidados éticos tomados durante a pesquisa, explicitando para os leitores, assim, o enquadramento ético da pesquisa.

A Figura 19 apresenta a ilustração do ciclo da pesquisa proposto no livro até a etapa do planejamento.

FIGURA 19 — **Ciclo da pesquisa até o planejamento**

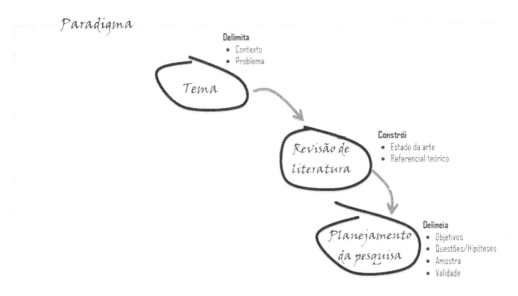

Fonte: os autores.

5.
METODOLOGIAS E TIPOS DE PESQUISA

É comum diferenciar os significados de metodologia e método. Consideramos, neste livro, o conceito de metodologia como mais amplo do que o de método. As metodologias, mais vinculadas ao planejamento da pesquisa, orientam sua organização geral, funcionando como uma bússola, enquanto os métodos, mais vinculados à execução da pesquisa, caracterizam, por exemplo, as técnicas e os procedimentos de coleta de dados. Mas essas distinções semânticas variam bastante na literatura, incluindo, por exemplo, discussões sobre métodos mais genéricos.

As metodologias utilizadas em uma pesquisa devem estar alinhadas com o tema, o referencial teórico, o problema, os objetivos e as questões e/ou hipóteses definidas no seu planejamento. Por sua vez, determinarão as estratégias de coleta e análise de dados.

É importante compreender que as pesquisas podem ser classificadas por diferentes perspectivas, ou seja, não existe uma classificação geral e única; ao contrário, existem múltiplas tipologias, que variam em função dos critérios adotados, inclusive de autor para autor. Dessa maneira, quando definimos a metodologia de uma pesquisa como descritiva, qualitativa ou experimental, por exemplo, estamos classificando-a em função de apenas um critério. Portanto, em geral, a definição da metodologia com apenas uma palavra (como descritiva, qualitativa ou experimental) é uma classificação de uma pesquisa em função de apenas uma perspectiva, de apenas uma classificação.

Neste capítulo, classificaremos as pesquisas em função dos seguintes critérios:

a) natureza: básica e aplicada;
b) objetivos: exploratória, explicativa e descritiva;
c) tempo: transversal e longitudinal;
d) fontes: documental, histórica, bibliográfica, de campo, de laboratório e na internet;
e) abordagem: qualitativa, quantitativa e mista;
f) procedimentos: a classificação mais ampla, que envolverá diversos tipos de metodologia, como narrativa ou história de vida, fenomenologia, etnografia, estudo de caso, pesquisa-ação e pesquisa participante, teoria fundamentada (*grounded theory*), *survey*, pesquisa experimental, quase-experimental e ex-post-facto.

É interessante, portanto, definir a metodologia da sua pesquisa por todas essas perspectivas ou classificações, lembrando que as opções em cada classificação não são, necessariamente, excludentes: uma pesquisa pode utilizar simultaneamente, por exemplo, as metodologias de estudo de caso e pesquisa-ação.

5.1. NATUREZA

Quanto à natureza, sua finalidade ou a utilização de seus resultados, as pesquisas podem ser classificadas em básica (pura ou teórica) e aplicada. Para Patton (2015), enquanto a pesquisa básica contribui para o conhecimento e a teoria fundamentais, a pesquisa aplicada ilumina uma preocupação ou um problema social na busca de soluções.

Em 1945, ano em que termina a Segunda Guerra Mundial, Vannevar Bush, diretor do Office of Scientific Research and Development (Escritório de Pesquisa Científica e Desenvolvimento) dos Estados Unidos, envia ao governo o importante relatório *Science, the Endless Frontier* (*Ciência: a fronteira sem fim*), com a proposta de um sistema de pesquisa mais estruturado para o país. Cruz (2014, p. 244), na apresentação ao relatório, afirma:

> Talvez o que ainda hoje mantenha o relatório Bush muito referenciado seja o valor que dá à pesquisa básica. Na verdade, o relatório contém o que foi, provavelmente, uma das primeiras definições de "pesquisa básica": "é aquela realizada sem considerações quanto à finalidade prática. Ela resulta em conhecimento abrangente e em entendimento da natureza e de suas leis".

É possível conceber pesquisas educacionais básicas, no caso de alguns trabalhos mais teóricos como, por exemplo, nas áreas de filosofia da educação ou teorias da aprendizagem. Mas a maior parte das pesquisas em educação, mesmo nessas áreas, é aplicada, tendo compromisso com a aplicação do conhecimento. Estariam posicionadas, assim, no que Stokes (2005) denominou "quadrante de Pasteur" (Figura 20), em que há busca pelo conhecimento, mas com enfoque estratégico de aplicação para a solução de problemas práticos. Espera-se, nesse sentido, que as pesquisas em educação tenham impacto social, oferecendo retorno à comunidade.

FIGURA 20 — **Os quadrantes para a pesquisa**

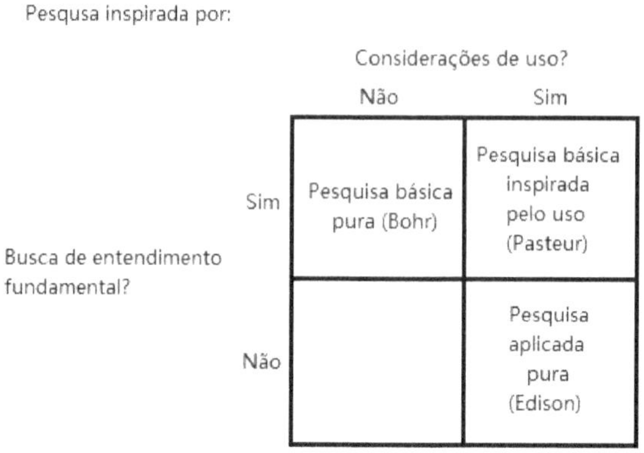

Pesquisa inspirada por:

		Considerações de uso?	
		Não	Sim
Busca de entendimento fundamental?	Sim	Pesquisa básica pura (Bohr)	Pesquisa básica inspirada pelo uso (Pasteur)
	Não		Pesquisa aplicada pura (Edison)

Fonte: Stokes (2005, p. 118).

5.2. OBJETIVOS

Quanto aos objetivos mais gerais ou níveis de interpretação, as pesquisas são, usualmente, classificadas como exploratórias, descritivas e explicativas, embora um estudo possa ter objetivos que perpassem mais de uma dessas classificações.

Boa parte das pesquisas em educação são **exploratórias**, ou seja, voltadas a explorar um tema. As pesquisas exploratórias não assumem um compromisso de aprofundamento da análise, sendo adequadas, portanto, para alunos de iniciação científica, graduação e mesmo mestrado. O estudo de Gusmão (2011), por exemplo, investigou as relações entre o desempenho na disciplina de Percepção Musical e a autorregulação da aprendizagem. Por meio de entrevistas semiestruturadas, foi possível elaborar novas questões e hipóteses de pesquisa para trabalhos futuros, uma das características da pesquisa exploratória.

As pesquisas **descritivas**, por sua vez, propõem-se a descrever situações e eventos, respondendo a perguntas do tipo: o quê, onde, quando e/ou como. Freitas *et al.* (2016), por exemplo, realizaram uma pesquisa descritiva com o objetivo de identificar os saberes dos professores sobre o processo de ensino e aprendizagem na área de saúde. Os autores descrevem a visão dos docentes, a partir de suas falas em entrevistas, em relação à sua formação didático-pedagógica, ao que eles entendem por "saber docente" e "processo ensino-aprendizagem" e às estratégias de ensino-aprendizagem e avaliação que adotam. Essa descrição permitiu concluir que "a atividade docente em saúde é carente de formação direcionada para o exercício dessa prática" (FREITAS *et al.*, 2016, p. 445), havendo, entretanto, também

> [...] indícios de que o processo de ensino-aprendizagem em saúde tende a romper com o modelo tradicional de ensino, uma vez que, ao incorporarem novos saberes à sua prática docente, os professores elegem práticas inovadoras e facilitadoras em favorecimento da aprendizagem discente. (FREITAS *et al.*, 2016, p. 445-446).

Já as pesquisas **explicativas** procuram responder à pergunta por quê, identificando causas para determinado fenômeno. Pesquisas experimentais e quase-experimentais, por exemplo, que estudaremos neste capítulo, procuram relacionar variáveis independentes e dependentes e identificar relações de causa e efeito.

Acrescentaremos mais um elemento na classificação das pesquisas em função de seus objetivos: as pesquisas **transformadoras**, que estão vinculadas ao paradigma crítico ou transformativo e, particularmente, à pesquisa-ação e participante. Explorar, descrever ou explicar não são suficientes para o paradigma crítico desse tipo de pesquisa: é necessário transformar a realidade. O desenvolvimento dos referenciais teóricos críticos e da pesquisa-ação e participante em educação contribuíram para expandir essa tipologia das pesquisas em função dos seus objetivos.

5.3. TEMPO

Em relação ao tempo, as pesquisas podem ser classificadas como transversais ou longitudinais. A diferença pode ser imaginada comparando-se uma fotografia a um filme: as pesquisas transversais tiram "fotografias" de um fenômeno, de uma amostra ou de uma população em determinado momento, enquanto as pesquisas longitudinais coletam dados em diferentes momentos, procurando, assim, apresentar um "filme".

Os estudos longitudinais procuram realizar as coletas em diferentes momentos temporais para apreender e registrar acontecimentos, fatos e eventos vividos, o que sugere que o tempo do vivido e o tempo da coleta se conectam. Já as pesquisas transversais, de modo geral, realizam a coleta em um momento específico para registrar e examinar acontecimentos, fatos e eventos da forma como se revelam naquele momento, sem apreender ou ter indícios sobre o seu processo de desenvolvimento, conforme pode observar na Figura 21.

FIGURA 21 — Linha do tempo e da coleta nas pesquisas longitudinais e transversais

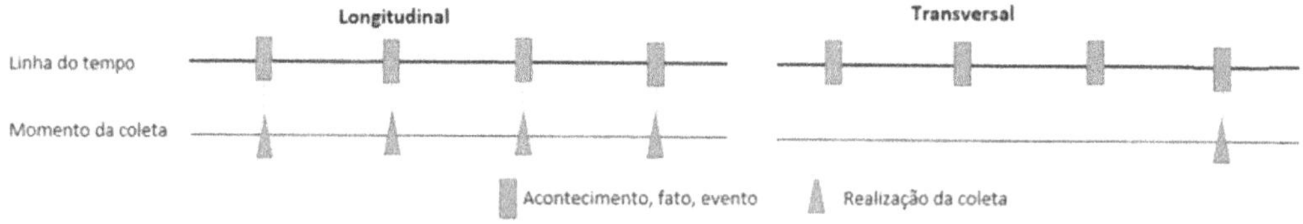

Fonte: os autores.

Estudos longitudinais são realizados há muitos anos. Há registros de estudos realizados em Quebec a partir de 1665, na Suécia em 1749 e nos Estados Unidos em 1790 (RUSPINI, 2002). A autora destaca algumas pesquisas iniciais, como a realizada por De Montbeillard, que, entre 1759 e 1777, registrou as etapas de crescimento do próprio filho, desde o nascimento até os 18 anos. Cabe lembrar que Jean Piaget também realizou importantes estudos de observação do desenvolvimento de seus próprios filhos. No contexto histórico, os Estados Unidos desempenharam um papel pioneiro no desenvolvimento de pesquisas longitudinais, incluindo muitos estudos sobre a infância e o desenvolvimento humano.

Uma pesquisa longitudinal observa e compara participantes e variáveis em diferentes momentos do tempo, ou seja, coleta dados repetidamente durante um período, que pode variar de algumas semanas a vários anos, para apresentar informações sobre o que aconteceu ao longo do tempo (RUSPINI, 2002; TUCKMAN, 2012). Bolger e Laurenceau (2013) propõem o estudo longitudinal intensivo, que valoriza pequenas experiências da vida cotidiana, procurando perceber a vida como é vivida. Essa perspectiva considera que, nas atividades cotidianas, não temos necessariamente uma regularidade na comparação entre participantes, o que não torna fácil compreender as mudanças que acontecem no tempo. Diante disso, os estudos longitudinais intensivos envolvem medições sequenciais em cinco ou mais ocasiões para registrar as mudanças que ocorrem em relação a cada sujeito. Confira o TED "Do que é feita uma vida boa? Lições do mais longo estudo sobre felicidade" como exemplo de estudo longitudinal de duração mais longa:

> O que nos mantêm felizes e saudáveis ao longo da vida? Se você pensa que é fama e dinheiro, você não está sozinho – mas de acordo com o psiquiatra Robert Waldinger, você está equivocado. Como diretor de um estudo de 75 anos sobre desenvolvimento de adultos, Waldinger tem acesso sem precedentes a dados sobre a verdadeira felicidade e satisfação. Nesta palestra, ele compartilha três importantes lições aprendidas com o estudo, assim como alguns conhecimentos práticos e antiquíssimos sobre como construir uma vida longa e plena. (WALDINGER, 2015).

Para Ruspini (2002), a utilização da pesquisa longitudinal permite atingir objetivos relacionados a:

a) analisar a duração dos fenômenos sociais;
b) destacar diferenças ou mudanças entre um período e outro em relação a uma ou mais variáveis;
c) identificar efeitos adormecidos, isto é, conexões entre eventos e transições que são amplamente separados no tempo porque ocorreram de maneira muito diferente, como na relação entre infância, idade adulta e velhice, identificando que dificuldades na vida adulta podem estar relacionadas a eventos da infância;
d) descrever as mudanças intraindividuais e interindividuais dos participantes ao longo do tempo;
e) monitorar a magnitude e os padrões de mudanças;
f) explicar as mudanças em termos de outras características, como gênero, idade, renda e hábitos.

Estudos longitudinais podem combinar dados qualitativos e quantitativos (COHEN; MANION; MORRISON, 2018). Há diferentes tipos de pesquisas longitudinais: painel, coorte e tendência; apesar de essas denominações serem utilizadas pela literatura, muitas vezes, uma no lugar da outra, sem que as diferenças fiquem muito claras.

Nas pesquisas longitudinais de **painel**, a coleta dos dados e os testes são realizados com o mesmo conjunto de pessoas (a amostra ou painel) em diferentes momentos. Brooke *et al.* (2014), por exemplo, observaram durante quatro anos os mesmos alunos de escolas dos municípios de Belo Horizonte (MG), Rio de Janeiro (RJ), Salvador (BA), Campo Grande (MS) e Campinas (SP), aos quais foram aplicados testes de leitura e matemática. Segundo os autores,

> a pesquisa GERES [Estudo Longitudinal da Geração Escolar 2005] apresenta um passo à frente e pode-se afirmar que constitui um estágio intermediário na pesquisa educacional brasileira. Seus resultados vão além das pesquisas transversais observacionais que constituíam quase a totalidade de pesquisas educacionais em grandes amostras no Brasil e prepara terreno para as pesquisas de natureza longitudinal e experimental, embasando as primeiras hipóteses a serem testadas nestas. (BROOKE *et al.*, 2014, p. 94).

A pesquisa longitudinal de **coorte** também acompanha um grupo de pessoas com as mesmas características e que passaram por experiências semelhantes, que muitas vezes pertencem à mesma geração (a coorte) durante um período, mas os dados não são coletados das mesmas pessoas em cada momento, ou seja, diferentes amostras da coorte podem ser utilizadas em cada medida. Barros *et al.* (2008) realizaram um estudo longitudinal clássico que envolveu o acompanhamento de 5.914 crianças nascidas em 1982 na cidade de Pelotas (RS), que compuseram a coorte. Até 2005, ou seja, por um período de 23 anos, foram realizados diversos acompanhamentos com objetivos distintos, envolvendo visitas (que incluíram realização de exames antropométricos e clínicos) e a aplicação de questionários às mães e/ou aos participantes. Em cada acompanhamento, uma porcentagem diferente de participantes foi localizada e/ou estudada (Tabela 1). O estudo permitiu descrever os participantes da coorte por variáveis demográficas, socioeconômicas e de saúde.

TABELA 1 — Acompanhamento de estudo de coorte

Ano	População-alvo	n	Entrevistados
1982	Todos os nascidos vivos nos hospitais de Pelotas de janeiro a dezembro de 1982	5.914	5.914
1983	Todas as crianças nascidas entre janeiro e abril de 1982	1.916	1.457
1984	Todas as crianças	5.914	4.934
1986	Todas as crianças	5.914	4.742
1995	20% de toda a coorte	1.100	715
1997	27% de toda a coorte	1.597	1.076
2000	Todos os jovens do sexo masculino	3.037	2.250
2001	27% de toda a coorte	1.597	1.031
1997 e 2001	Estudo etnográfico	96	96
2004-5	Todos os jovens da coorte	5.914	4.297

Fonte: os autores, baseado em Barros *et al.* (2008, p. 10).

É importante ressaltar que, como coorte é a denominação que se dá a um grupo de pessoas, muitos estudos de painel informam que utilizaram uma coorte, e estudos que se dizem de coorte, na verdade, coletam dados com os mesmos indivíduos do grupo em diferentes momentos (o que caracteriza, pela nossa definição, um estudo de painel). A diferença a se levar em consideração, portanto, é se a coleta de dados foi realizada com as mesmas pessoas do grupo (estudo de painel) ou com pessoas diferentes (estudo de coorte).

Já as pesquisas longitudinais de **tendência** estudam determinadas características de uma população por um período, como por meio da realização de censos escolares em diferentes momentos. Imagine que você envie questionários para todos os calouros de uma instituição de ensino superior durante alguns anos. Nesse caso, conseguirá traçar as tendências do perfil dos ingressantes na IES, detectar modificações nesse perfil, informações essenciais para fundamentar decisões estratégicas da instituição. Mas repare que, ao contrário dos estudos de painel e coorte, não há um grupo que você acompanha por um período, já que os respondentes tendem a se modificar a cada coleta.

É importante notar que um estudo transversal pode se assemelhar a um estudo longitudinal, quando, por exemplo, se estudam grupos diferentes (alunos em diferentes níveis de ensino) no mesmo momento.

> Por exemplo, avaliar alunos de cinco, sete, nove e onze anos em um único ponto no tempo teria algumas características de um estudo longitudinal em que os desenvolvimentos ao longo dos grupos de idade poderiam ser vistos, embora, é claro, não teria o mesmo peso que um estudo longitudinal realizado na mesma faixa etária ao longo do tempo. (COHEN; MANION; MORRISON, 2018, p. 349, tradução nossa).

Outra possibilidade, no mesmo sentido, é estudar os dados de diferentes censos escolares, o que possibilitaria avaliar o desenvolvimento de determinadas características de uma amostra ao longo do tempo, mesmo que o estudo fosse realizado em um momento específico. Ou mesmo fazer o que Ruspini (2002) denomina de estudo longitudinal retrospectivo, histórico de eventos, nos quais solicita-se aos entrevistados que lembrem e reconstruam eventos e aspectos de seus próprios cursos de vida.

O Quadro 6 compara as pesquisas longitudinais e transversais.

QUADRO 6 — **Pesquisas longitudinais e transversais**

	Pesquisa Longitudinal
Painel	*Coorte*	*Tendência*
Coleta dados das mesmas pessoas ao longo do tempo	Coleta dados de diferentes amostras da mesma população ao longo do tempo	Coleta dados de diferentes pessoas ao longo do tempo
	Pesquisa Transversal
	*Foto tirada em um momento*	*Análise de fotos tiradas em diferentes momentos*
Coleta de dados em determinado momento		Análise de coletas de dados realizadas em diferentes momentos

Fonte: os autores.

As pesquisas longitudinais apresentam, naturalmente, uma vantagem em relação às transversais, por estudarem processos ao longo do tempo. Pesquisas transversais têm, por sua vez, mais dificuldade para estudar mudanças ou relações de causa e efeito. Mas essa vantagem tem um custo, tanto em relação aos recursos e à complexidade quanto ao tempo necessário para conduzir a investigação, o que resulta em não haver uma expressiva quantidade de estudos longitudinais (RUSPINI, 2002). Barros *et al.* (2008, p. 8) fazem a seguinte reflexão, nesse sentido:

Apesar da importância de estudo de grandes coortes de nascimento, esse método é raro em países menos desenvolvidos, provavelmente pelos custos elevados e pela dificuldade para seguir os participantes nos estudos de acompanhamento.

As pesquisas de painel podem parecer, à primeira vista, as mais adequadas dentre as longitudinais, já que os dados são sempre coletados dos mesmos participantes. Entretanto, têm também maior custo, além de muitos participantes poderem não se dispor a continuar colaborando com a pesquisa, ou terem mudado de escola, por exemplo, o que se denomina mortalidade do painel. Para Tuckman (2012), o estudo de coorte revela-se a variação mais prática para controlar os fatores que podem distorcer os resultados e a menos suscetível à diminuição da quantidade de participantes. Nesse sentido, Cohen, Manion e Morrison (2018, p. 349, tradução nossa) afirmam que: "Os estudos longitudinais do tipo análise de coorte têm um lugar importante no arsenal dos pesquisadores educacionais". Entretanto, é preciso considerar que os fatores relacionados à maturação, história e experiência dos participantes podem influenciar os resultados do estudo. Por isso, é importante cautela na afirmação de relações de causalidade.

Ao abordarmos a metodologia do *survey*, ainda neste capítulo, a discussão sobre pesquisas transversais e longitudinais será retomada.

5.4. FONTES

As pesquisas podem também ser divididas em função dos tipos de fontes e dos ambientes em que os dados são coletados. Dessa perspectiva, podem ser documentais (incluindo as pesquisas bibliográfica e histórica), de campo ou de laboratório, que possuem características específicas e distintivas. Incluímos nesta seção também uma discussão sobre a pesquisa na internet.

5.4.1. Pesquisa documental

A pesquisa documental pode ser entendida como uma técnica de coleta e análise de dados passível de ser utilizada nas várias metodologias que discutimos neste capítulo. Mas pode ser também concebida como um tipo distinto de pesquisa, nos casos em que é utilizada como o único procedimento de coleta de dados e/ou a única metodologia na investigação, ou mesmo combinada com outras metodologias. Documentos estão, em geral, disponíveis gratuitamente, e por isso não exigem, em geral, muito esforço para coleta, o que torna a pesquisa documental uma estratégia útil de investigação.

A noção de documentos é essencial para defini-la mais claramente. Merriam e Tisdell (2016) propõem uma classificação de tipos de documentos e artefatos que utilizaremos como guia para esta seção. Abordaremos a seguir: registros públicos; documentos pessoais; documentos visuais; artefatos e materiais físicos; e documentos/artefatos produzidos pelos participantes da pesquisa ou pelos pesquisadores.

Registros públicos são um dos tipos mais comuns de documentos utilizados em pesquisas educacionais. Podem incluir: dados estatísticos; documentos legais, como leis, decretos, portarias e resoluções; documentos governamentais e corporativos; documentos de planejamento de escolas e instituições de ensino superior, programas de cursos, planos de ensino e de aula (que, todavia, nem sempre estão disponíveis publicamente); matérias publicadas em jornais e revistas; poemas, romances e canções; etc. Devem-se considerar, também, documentos classificados como literatura cinzenta, semipúblicos ou em desenvolvimento.

Como exemplo do uso de registros públicos em pesquisas, Barreyro e Rothen (2014) analisaram o percurso da avaliação da educação superior durante os governos de Luiz Inácio Lula da Silva (2003-2010). A pesquisa documental utilizou a legislação e documentos oficiais como principal fonte de informação, complementada com uma revisão bibliográfica de trabalhos acadêmicos publicados sobre o tema. Vários mecanismos de avaliação foram destacados na análise, como o Sistema Nacional de Avaliação da Educação Superior (Sinaes), o Exame Nacional de Desempenho de Estudantes (Enade), o Conceito Preliminar de Cursos (CPC) e o Índice Geral de Cursos (IGC).

Em outro exemplo, Pimentel (2001) apresenta uma análise documental sobre a atuação e produção de Ana Maria Poppovic, coordenadora do Programa Alfa, uma proposta nacional de alfabetização executada entre 1977 e 1985. A pesquisa utilizou uma grande variedade de fontes de dados, como: tese e artigos de autoria da própria Poppovic, curriculum vitae, anais, publicações resultantes de seminários e palestras realizadas, jornais, depoimento gravado em fita cassete, vídeos, fotografias, projetos, manuais, relatórios e atas de reuniões, além de textos com avaliações sobre a produção de Poppovic e o Programa Alfa, livros e publicações sobre as relações entre psicologia e educação. São destacados, no artigo, o processo de busca e descoberta dos documentos, a organização do material coletado e os procedimentos de análise documental utilizados.

Documentos pessoais também podem ser utilizados em pesquisas em educação, como, por exemplo, cartas, diários e autobiografias. Podem ser interessantes complementos para pesquisas que se utilizem da metodologia narrativa ou história de vida, que discutiremos neste capítulo. Esta categoria pode incluir, ainda, materiais produzidos por alunos, e mesmo professores, no processo de ensino e aprendizagem.

Documentos visuais, como fotografias, vídeos e filmes, são cada vez mais utilizados em pesquisas educacionais. Pela importância que adquiriram e o desenvolvimento de métodos relacionados ao seu uso, o trabalho com mídias visuais mereceria ser classificado como um tipo de pesquisa distinto, em função de seus procedimentos.

Artefatos e **materiais físicos** podem também se configurar como preciosas fontes de dados para a pesquisa em educação. Podem envolver objetos físicos encontrados no ambiente de estudo (como, por exemplo, computadores não utilizados em uma escola) ou mesmo mudanças detectadas nesse ambiente (como o desgaste dos teclados dos computadores).

Merriam e Tisdell (2016) propõem ainda outro tipo de documento/artefato, não encontrado naturalmente no ambiente de pesquisa, mas produzido pelos participantes da pesquisa ou pelos pesquisadores durante (e para) a investigação. Podem incluir, por exemplo, atividades escritas desenvolvidas por alunos ou professores como parte da pesquisa, tais como diários, portfólios, relatos e reflexões.

Boa parte das técnicas apresentadas no capítulo 7 para a análise, discussão e interpretação dos resultados das pesquisas serve também para a análise documental.

5.4.1.1. Pesquisa histórica

Um tipo de pesquisa documental é a pesquisa histórica, também denominada histórico--documental, que procura compreender fatos do passado a partir de fontes diversas, tais como: relatórios, registros públicos, documentos governamentais, jornais, músicas, poesia, folclore, filmes, fotos, diários, cartas, artefatos, entrevistas e questionários. As fontes são normalmente diferenciadas em primárias (testemunho de quem vivenciou o fato estudado) e secundárias, ou até mesmo terciárias (comentários e avaliações sobre o fato ou testemunhos de pessoas que não estavam presentes no evento original). A fontes orais (história oral) podem ser trianguladas com outras fontes, como textuais. Um dos desafios da pesquisa histórica, nesse sentido, é avaliar a autenticidade das fontes.

Esse tipo de pesquisa é bastante utilizado, por exemplo, para traçar a história da educação. As fontes documentais para a pesquisa em história da educação podem incluir, por exemplo: dados estatísticos sobre a educação, legislação educacional, documentos de escolas e instituições de ensino superior, documentos visuais (envolvendo, por exemplo, fotos de prédios e salas de aula), objetos e bibliografia sobre determinado período histórico. Cohen, Manion e Morrison (2018, p. 326, tradução nossa) destacam ainda o uso da abordagem biográfica para a compreensão da história da educação:

> A biografia educacional oferece um quadro de referência para avaliar o poder relativo das circunstâncias materiais e ideológicas, o significado das políticas e das práticas, a utilidade da educação formal e informal e a relação entre a aprendizagem e o ensino.

Com esse objetivo, podem ser utilizados diários, cartas, biografias, testemunhos orais, fotografias e objetos diversos.

Cabe notar o desenvolvimento de uma diversidade de metodologias que passaram a ser utilizadas no estudo da história da educação, tais como: abordagens marxistas, história das minorias e abordagens pós-estruturalistas baseadas nos estudos do filósofo francês Michel Foucault.

> Quando se trata de nosso passado educacional, a pesquisa histórica e documental precisa incluir não apenas os líderes, mas as pessoas que habitam as salas de aula e as formas, as dimensões e o significado de suas experiências, para trazer a história para dentro e para fora da comunidade e garantir que as ideias desconhecidas das classes mais baixas, dos desprivilegiados e dos derrotados, sejam contadas com integridade e não esquecidas silenciosamente. Desse

modo, uma história da educação teoricamente informada, que reconheça trajetórias alternativas e caminhos não percorridos, pode dar uma rica contribuição para o trabalho de construção de um futuro melhor. (COHEN; MANION; MORRISON, 2018, p. 333, tradução nossa).

É importante distinguir a pesquisa histórica da história de vida (ou narrativa), discutida neste capítulo como uma metodologia específica em função dos seus procedimentos.

5.4.1.2. *Pesquisa bibliográfica*

A pesquisa bibliográfica pode ser considerada um tipo específico de pesquisa documental, que envolve especialmente documentos como artigos científicos, dissertações, teses, capítulos e livros. No capítulo 3, exploramos em detalhes os tipos e as etapas de uma revisão de literatura, também denominada revisão bibliográfica. Souza e Gonçalves (2019), por exemplo, realizaram uma pesquisa bibliográfica para levantar o estado da arte das pesquisas sobre o uso de tecnologias para a divulgação científica na educação e no ensino de ciências, que é, no final das contas, uma revisão da literatura.

Assim como a pesquisa documental pressupõe a análise dos documentos selecionados, a pesquisa bibliográfica pressupõe a leitura e a análise dos textos escolhidos. Também, da mesma forma que a pesquisa documental, a pesquisa bibliográfica pode incluir documentos classificados como literatura cinzenta, semipúblicos ou em desenvolvimento.

Glaser e Strauss (2006, p. 163, tradução nossa) traçam uma bonita e rica comparação entre a pesquisa bibliográfica e a pesquisa de campo, o tema da próxima seção:

> Quando alguém está entre as estantes de uma biblioteca, está, metaforicamente, cercado por vozes que imploram para ser ouvidas. Cada livro, cada artigo de revista, representa pelo menos uma pessoa, que é equivalente ao informante do antropólogo ou ao entrevistado do sociólogo. Nessas publicações, as pessoas discursam, anunciam posições, argumentam com eloquência e descrevem eventos ou cenas de formas inteiramente comparáveis ao que é visto e ouvido durante o trabalho de campo. O pesquisador precisa apenas descobrir as vozes na biblioteca para libertá las para seu uso analítico.

5.4.2. Pesquisa de campo

O campo, que compreende uma delimitação espacial, é o lugar do vivido, no qual os acontecimentos, os fatos, os eventos e os comportamentos se manifestam. Na pesquisa, o campo se revela dinâmico, contraditório e vivo.

> *O trabalho de campo* parece terreno. É a forma como a maioria dos pesquisadores qualitativos coleta dados. Eles vão para onde estão as pessoas que vão estudar — seus sujeitos ou informantes — e passam tempo com eles em seu território — em suas escolas, seus parques infantis, seus locais de encontro e suas casas. Esses são os lugares onde os sujeitos fazem o

que normalmente fazem, e são esses ambientes naturais que o pesquisador deseja estudar. (BOGDAN; BIKLEN, 2007, p. 82, tradução nossa).

Nesse campo, o pesquisador coleta dados procurando explorar, examinar, compreender, entender, descrever e surpreender-se.

> O trabalho de campo significa estar no mundo dos sujeitos, da maneira que descrevemos, não como uma pessoa que faz uma pausa ao passar, mas como uma pessoa que veio para uma visita; não como uma pessoa que sabe tudo, mas como uma pessoa que veio aprender; não como uma pessoa que quer ser como eles, mas como uma pessoa que quer saber como é ser eles. (BOGDAN; BIKLEN, 2007, p. 82, tradução nossa).

Patton (2015, p. 56, tradução nossa) usa imagens similares: "A investigação qualitativa significa ir para o campo — no mundo real dos programas, organizações, bairros, esquinas — e chegar perto o suficiente das pessoas e circunstâncias para capturar o que está acontecendo".

Pesquisas de campo são bastante comuns em educação. O "campo" pode significar uma escola ou instituição de ensino superior, uma sala de aula, um ambiente virtual de aprendizagem e assim por diante. Pesquisas de campo envolvem normalmente a observação (mais ou menos participante) e entrevistas, que estudaremos no capítulo 6, além da busca por documentos.

Há momentos específicos e importantes na pesquisa de campo. A autorização para a realização da investigação e o acesso aos locais é um documento exigido no registro de protocolos na Plataforma Brasil, para a aprovação do projeto por parte dos comitês de ética. Entretanto, depois da autorização das organizações e do Sistema CEP/CONEP, há o momento efetivo da entrada no campo, que exige planejamento, preparação, cuidados e sensibilidade por parte do pesquisador. O momento de saída do campo é também importante, até porque o pesquisador poderá devolver aos participantes os resultados da pesquisa.

5.4.3. Laboratório

Pesquisas de laboratório estariam no extremo oposto das pesquisas de campo. Poderíamos conceber um contínuo que teria, em uma extremidade, o trabalho de campo totalmente aberto, e, em outra extremidade, o trabalho de laboratório totalmente controlado, com uma variedade de controle e manipulação do pesquisador entre essas extremidades (PATTON, 2015).

Pesquisas de laboratório tendem a ser menos utilizadas em educação. Podem ter sentido em áreas mais aplicadas, como educação física e psicologia. Cobriremos neste capítulo, em detalhe, as pesquisas experimentais, que podem ocorrer em laboratórios para o isolamento das variáveis.

5.4.4. Internet

A pesquisa na internet pode ser considerada pesquisa documental, pois lida também com documentos, agora disponíveis on-line. Mas pode também ser considerada pesquisa de campo, um campo agora virtual, on-line ou digital. A internet oferece uma imensidão de fontes, tipos de documentos e "espaços", tornando um desafio identificar e sistematizar todos. Diante disso, destacamos algumas fontes e espaços mais comumente utilizadas em pesquisas em educação.

Primeiramente, temos os sites, que congregam uma grande quantidade de informações e dados apresentados como páginas ou relatórios. Outra fonte são as plataformas de conteúdos, abertos ou não, que permitem que os usuários publiquem materiais e conteúdos, bem como busquem, avaliem e os utilizem. Como exemplo, podemos citar os repositórios de objetos de aprendizagem e mesmo plataformas como o YouTube.

Destacam-se também os ambientes virtuais de aprendizagem, que geram uma grande quantidade de documentos, no formato de relatórios, conteúdos vinculados, atividades realizadas e interações.

Dentre as fontes e os espaços mais informais, muitas vezes voltados ao entretenimento ou à comunicação, temos as redes sociais, em que as pessoas ou instituições compartilham e divulgam informações no formato de textos, fotos, imagens e vídeos. Temos ainda blogs, comunidades virtuais e ferramentas de comunicação que registram trajetórias, compartilham conteúdos e opiniões, e deixam marcas e traços de comportamentos que podem ser utilizados na pesquisa.

Entretanto, além de considerar a pesquisa na internet como um tipo de pesquisa documental e de campo, o intenso desenvolvimento das tecnologias e mídias digitais e da internet, assim como seu uso pervasivo na educação, justifica tratá-la como um tipo de pesquisa distinto. Os referenciais teóricos e éticos e as práticas de coleta e análise de dados são significativamente alterados nesse novo tipo de pesquisa. Desenvolveram-se, nesse sentido, algumas metodologias específicas que procuram dar conta de suas especificidades, como a etnografia para a internet (HINE, 2015), anteriormente denominada etnografia virtual, e a netnografia (KOZINETS, 2015).

Hine (2015) declara que não faz etnografia puramente on-line por não considerar que apenas nesses ambientes se possa estudar a internet, que já estaria incorporada às nossas vidas, não havendo mais tanta separação entre on-line e off-line. Um ambiente virtual poderia, assim, ser estudado em si mesmo ou nas interações com outros ambientes virtuais, mas também nas suas interações com o mundo real.

Em função desse novo tipo de pesquisa, algumas estratégias e técnicas da etnografia, que estudaremos como metodologia em outra seção deste capítulo, precisariam ser reformuladas. As noções de imersão prolongada e de copresença física em um espaço geográfico, por exemplo, precisariam ser rearticuladas para abranger formas mediadas de engajamento e o acompanhamento de conexões. O próprio modelo clássico do etnógrafo solitário e imerso no campo passa a admitir a prática de uma etnografia em grupo. Na verdade, uma nova concepção do campo, móvel e múltiplo, seria mais adequada para a compreensão da internet como um fenômeno incorporado, corporificado e cotidiano.

> A ideia de uma etnografia conectiva, itinerante ou em rede, divorciada de uma conexão necessária a um local específico e aberta para explorar conexões conforme elas se apresentam, é fundamental para conduzir uma etnografia para uma internet incorporada, que pode ter significados bastante distintos em diferentes cenários. (HINE, 2015, p. 70, tradução nossa).

Além disso, algumas notas de campo, que constituíam tradicionalmente o espaço privado do etnógrafo para refletir sobre suas descobertas e interpretações emergentes, passaram a ser compartilhadas e divulgadas on-line publicamente durante a própria pesquisa. Entrevistas e questionários, que estudaremos no capítulo 6, passaram, naturalmente, a ser realizados on-line. Levando todas essas mudanças em consideração, Hine (2015) defende uma etnografia ágil, adaptativa e *pop-up*.

Kozinets (2020), por sua vez, diferencia a netnografia de outros métodos, como etnografia virtual, etnografia on-line, etnografia digital, etnografia em rede ou ciberetnografia. A netnografia, ao contrário dessas propostas, é sistemática e pragmática, descrevendo técnicas e procedimentos para coleta, análise e interpretação de dados, e voltada especificamente para o estudo de rastros on-line: "A netnografia é uma forma de pesquisa qualitativa que busca compreender as experiências culturais que abrangem e se refletem nos traços, práticas, redes e sistemas das mídias sociais" (KOZINETS, 2020, p. 13, tradução nossa). Assim, diferencia-se de outros tipos de etnografia on-line em sua práxis:

> Um etnógrafo digital pode, por exemplo, estudar como o uso do telefone celular afeta o comportamento na mesa de jantar da família, ou as experiências de imigrantes indianos que trabalham para empresas de tecnologia, sem nunca olhar ou considerar mensagens e conteúdo on-line. Esses dois exemplos não seriam netnografias, porque todas as netnografias envolvem a coleta, a análise e a interpretação de rastros on-line. (KOZINETS, 2020, p. 13, tradução nossa).

Kozinets (2020) produziu um vocabulário específico para os movimentos e procedimentos associados a essa práxis, tanto para as operações de foco da pesquisa (iniciação, que inclui a elaboração de questões), como de coleta de dados (investigação, interação e imersão), integração por análise (agrupamento, codificação, combinação, contagem e mapeamento) e interpretação (tematização, talento, totalização, tradução, tartaruga e encrenca), e apresentação dos resultados da pesquisa (encarnação).

Kozinets (2020) propõe, por exemplo, que questões de pesquisa netnográficas sejam elaboradas relacionando fenômenos culturais que se manifestam on-line, plataformas e sites de mídia social e a maneira como interagem com outros aspectos da existência social. A coleta por investigação compreende pesquisar, selecionar e gravar dados; no caso da interação, dados são coproduzidos com os participantes, podendo envolver observação e entrevistas; e a imersão inclui as operações de reconhecimento, registro, pesquisa e reflexão. Destacam-se também suas sugestões sobre a integração por análise e interpretação, que funcionam como reflexões e orientações gerais.

A pesquisa na internet envolve desafios, decisões e reflexões éticas em várias etapas do planejamento, como a coleta e a análise dos dados e a redação dos relatórios. Embora alguns problemas éticos das pesquisas na internet em educação sejam similares aos das pesquisas tradicionais, surgiram preocupações específicas, como, por exemplo, "[...] a compreensão entre o que é público ou privado; a necessidade e a forma de obtenção do consentimento livre e esclarecido; e a garantia de anonimato e confidencialidade" (NUNES, 2020, p. 93).

Afinal, os espaços on-line são públicos ou privados? Há uma dúvida, por exemplo, em relação a dados disponíveis publicamente em redes sociais. Kozinets (2020) denomina "lacuna do consentimento" a diferença entre, de um lado, o fato de as pessoas terem consciência de que suas postagens são públicas, e, de outro lado, a concessão automática e implícita de seu consentimento para que pesquisadores usem esses dados da maneira que desejarem. Além disso, é fácil identificar os autores de citações na internet, mesmo quando os nomes são excluídos, comprometendo, assim, o anonimato e a confidencialidade. É importante, nesse sentido, notar que nem a Resolução 466 (CNS, 2012), nem a Resolução 510 (CNS, 2016) discutem especificamente esses e outros problemas associados com a pesquisa na internet. Além do mais, o desenvolvimento das tecnologias tende a gerar, continuamente, novas questões éticas. Entretanto, algumas associações internacionais já produziram documentos com orientações específicas sobre a ética em pesquisas na internet, como o National Committee for Research Ethics in the Social Sciences and the Humanities (NESH, 2019), na Noruega, e a Association of Internet Researchers (FRANZKE et al., 2020), além de diretrizes para pesquisas em educação que contêm orientações para pesquisas on-line, como as da British Educational Research Association (BERA, 2018).

5.5. ABORDAGEM

Quanto à abordagem, aos métodos gerais empregados ou à natureza dos dados, as pesquisas podem ser divididas em qualitativas, quantitativas e de métodos mistos.

5.5.1. Qualitativa

As pesquisas qualitativas têm como objetivo geral compreender determinados fenômenos em profundidade. Isso implica explorá-los e descrevê-los por diversas perspectivas, além de compreender os significados e as interpretações que os participantes da pesquisa atribuem a esses fenômenos e às suas experiências. Nesse sentido, as pesquisas qualitativas de campo procuram conservar os conceitos e os fenômenos abertos para exploração e iluminação, o que caracteriza um design mais flexível e emergente (BOGDAN; BIKLEN, 2007; CRESWELL; CRESWELL, 2018; CRESWELL; GUETTERMAN, 2019; MERRIAM; TISDELL, 2016; PATTON, 2015).

As pesquisas qualitativas procuram selecionar intencionalmente poucos participantes ou locais (ou documentos, ou materiais visuais), ao contrário das pesquisas quantitativas, que utilizam tipicamente amostras aleatórias de muitos participantes e locais (CRESWELL; CRESWELL, 2018).

Além disso, as pesquisas qualitativas procuram utilizar múltiplas fontes. Dentre as estratégias e os procedimentos mais utilizados para coleta de dados, destacam-se observação, entrevistas e análise documental. Se, por exemplo, temos como objetivo de uma pesquisa descrever as dificuldades para implementar um processo de avaliação formativa, precisamos de uma abordagem que valorize a descrição dessas dificuldades, não sendo suficiente quantificar o número de dificuldades enfrentadas, mas, sobretudo, compreender quais são e como se apresentam para os professores. Logo, podemos adotar uma abordagem qualitativa que se paute na realização de observações em sala de aula e de entrevistas com os professores.

A pesquisa qualitativa é basicamente interpretativa. Assim, a análise, discussão e interpretação dos resultados envolve a identificação de padrões recorrentes e sua comparação com a literatura e o referencial teórico. Dessa maneira, procura-se gerar uma compreensão holística dos fenômenos estudados. E, como o pesquisador desempenha um papel essencial nesse processo, é necessário um grau de reflexividade sobre sua atuação (CRESWELL; CRESWELL, 2018; MERRIAM; TISDELL, 2016).

Uma grande variedade de estudos pode ser classificada como pesquisa qualitativa básica, sem a indicação de uma perspectiva metodológica adicional. Merriam e Tisdell (2016, p. 23, tradução nossa), por exemplo, afirmam que

> em nossa experiência, em campos aplicados e práticos como educação, administração, saúde, serviço social, psicologia e assim por diante, o "tipo" mais comum de pesquisa qualitativa é um estudo interpretativo básico. Aqui, os pesquisadores simplesmente descrevem seu estudo como uma "pesquisa qualitativa", sem declará-lo um *tipo* particular de estudo qualitativo — como uma pesquisa fenomenológica, de teoria fundamentada, análise narrativa ou etnográfica.

Para os autores, as pesquisas qualitativas básicas são a forma mais comum de pesquisa qualitativa encontrada na educação, podendo envolver diferentes perspectivas. De qualquer maneira, estudaremos ainda neste capítulo metodologias específicas que são primordialmente qualitativas: narrativa (ou história de vida); fenomenologia; etnografia; estudo de caso; pesquisa-ação e pesquisa participante; e teoria fundamentada.

A relevância das pesquisas qualitativas é reconhecida por publicações, como o *Qualitative Inquiry* (https://journals.sagepub.com/home/qix), um periódico interdisciplinar focado em pesquisas qualitativas, e por eventos internacionais, como o Congresso Ibero-Americano em Investigação Qualitativa (CIAIQ) e o International Congress of Qualitative Inquiry (ICQI), voltados especificamente para esse tipo de abordagem de pesquisa.

5.5.2. Quantitativa

O objetivo geral das pesquisas quantitativas é explicar e prever fenômenos. Para isso, procuram identificar relações de causa e efeito, medir, relacionar e comparar variáveis. Além disso, boa parte das pesquisas quantitativas formula hipóteses, privilegia amostras aleatórias e amplas e utiliza questionários e testes para a coleta de dados.

Ao contrário do design mais emergente das pesquisas qualitativas, no planejamento da pesquisa quantitativa precisam ser tomadas diversas decisões que envolvem a compreensão de vários conceitos. A construção de instrumentos e a definição de procedimentos para a coleta de dados precisam ser concebidas considerando essas tomadas de decisão prévias, que afetam as possibilidades de análise e os tipos de resultados que podem ser alcançados. Dentre as tomadas de decisão comuns em pesquisas quantitativas, temos:

a) quais tipos de escalas de dados serão usados? (escalas de dados categóricos, ordinal, intervalo, de razão);
b) que tipos de dados procuram-se utilizar? (paramétricos, não paramétricos);
c) que tipos de variáveis serão usadas? (categóricas, discretas, contínuas);
d) quais são as variáveis independente, dependente e moderadoras?
e) qual tipo de estatística será utilizada? (descritiva, inferencial).

As pesquisas quantitativas lidam com variáveis, que podem assumir diferentes características e classificações. As variáveis são fatores, efeitos, características ou comportamentos que variam e podem ser mensurados. A pesquisa quantitativa requer, portanto, que conceitos sejam convertidos em variáveis operacionalizadas, ou seja, mensuráveis (PATTON, 2015). Na pesquisa experimental, por exemplo, alteram-se condições ou fatores para que se possam observar mudanças em outra variável, para, então, estabelecer relações entre variáveis.

Ao planejar uma pesquisa quantitativa, com base em objetivos definidos, é necessário considerar os tipos de variáveis que serão analisadas e qual teste estatístico será utilizado. Dependendo do tipo de variável que se pretende analisar, há um conjunto de testes que podem ser utilizados.

No planejamento da pesquisa quantitativa, é preciso identificar seu principal delineamento, que está atrelado ao objetivo, ao que se pretende medir e a como a pesquisa pode ser conduzida. Dentre os principais delineamentos quantitativos, Dancey e Reidy (2018) descrevem os estudos correlacionais, de causalidade, experimentais e quase-experimentais.

Uma grande quantidade de pesquisas procura estudar a relação entre duas variáveis, buscando verificar se as mudanças efetivadas em uma variável (condição inicial) produzem mudanças em outra variável (condição de desfecho). Há duas alternativas principais para estudar essa relação: o método não experimental e o método experimental.

O método não experimental inclui estudos observacionais que coletam dados, de maneira direta ou indireta, para medir as variáveis que estão sendo estudadas. O participante pode informar sobre uma variável ao responder a um instrumento que a categoriza, estabelecendo valores ou escalas de medição. A coleta de dados pode ser feita por meio da proposição de tarefas e/ou da aplicação de questionários e/ou testes, que geram valores indicadores para a medição da variável. Nesses casos, a análise da relação entre as variáveis é comumente feita por meio da correlação.

De outra forma, o método experimental requer a manipulação e o controle das variáveis. A partir da definição das medidas de uma variável, realizam-se procedimentos para manipular uma delas e mensurar as mudanças resultantes na outra. Esses procedimentos, na área de educação, são, em geral, descritos como intervenções, envolvendo a proposição de uma atividade planejada em um contexto específico. A partir dessa intervenção, que supõe a manipulação de variáveis, procura-se obter, por exemplo, indicadores sobre mudanças e contribuições em relação à aprendizagem ou a fatores relacionados, como motivação, sentimento de pertença, avaliação positiva da intervenção e mudanças no ambiente social ou emocional.

Os tipos de metodologias quantitativas que estudaremos neste capítulo são: *survey* (ou levantamento de campo), pesquisas experimentais e quase-experimentais e pesquisa ex-post-facto.

Por fim, a análise dos dados nas pesquisas quantitativas se dá basicamente por estatística descritiva e inferencial. O Quadro 7 compara, em linhas gerais, as abordagens qualitativas e quantitativas.

QUADRO 7 — **Comparação entre abordagens qualitativas e quantitativas**

Critério	Abordagem de pesquisa qualitativa	Abordagem de pesquisa quantitativa
Objetivo geral	Compreender fenômenos	Prever e explicar fenômenos
Questões/Hipóteses	Utiliza mais questões e menos hipóteses	Utiliza hipóteses
Amostragem	Intencional e com menor número de participantes	Aleatória e com maior número de participantes
Variáveis	Não trabalha com variáveis	Variáveis quantificáveis
Coleta de Dados	Observação e entrevistas	Questionários e testes
Análise dos Dados	Interpretação	Técnicas estatísticas

Fonte: os autores.

5.5.3. Mista

Segundo Creswell e Creswell (2018), a abordagem de métodos mistos, em sua configuração atual, teve origem no final dos anos 1980 e início dos anos 1990, a partir do trabalho de pesquisadores em diversas áreas, como gestão, sociologia e ciências da saúde, incluindo avaliação e educação.

A pesquisa de métodos mistos incorpora elementos das abordagens qualitativas e quantitativas, procurando, assim, gerar uma perspectiva mais completa dos fenômenos estudados. Nesse sentido, Teddlie e Tashakkori (2003 apud DENZIN, 2010) a consideram o "terceiro momento metodológico", propondo que a dupla competência necessária para trabalhar com as duas abordagens poderia ser alcançada com grupos de pesquisa ou com o "bilinguismo metodológico", que presume uma competência mínima de um pesquisador em ambas as abordagens. "O pesquisador crítico, o *bricoleur*, o valete de todos os negócios, produz uma bricolagem baseada no uso de muitas práticas interpretativas e ferramentas metodológicas diferentes." (DENZIN, 2010, p. 423, tradução nossa). Segundo Greene (2007 apud PATTON, 2015, p. 317, tradução nossa),

> [...] a investigação social de métodos mistos envolve uma pluralidade de paradigmas filosóficos, pressupostos teóricos, tradições metodológicas, técnicas de coleta e análise de dados, compreensões personalizadas e compromissos de valor — porque esses são o material dos modelos mentais.

A abordagem mista pode ser aplicada a praticamente todas as fases do ciclo da pesquisa: paradigmas; revisão de literatura; referencial teórico; planejamento; questões e hipóteses da pesquisa; metodologia; mais de um tipo de amostra (probabilística e não probabilística, e de tamanhos diferentes); validade, confiabilidade e coleta de dados qualitativos e quantitativos; e análise, interpretação e integração das duas formas de dados e dos resultados (COHEN; MANION; MORRISON, 2018; CRESWELL; CLARK, 2018).

Creswell e Clark (2018) e Creswell e Creswell (2018) definem três designs básicos para abordagens de métodos mistos (convergente paralelo, explicativo sequencial e explanatório sequencial), além de apresentarem outros designs mais complexos.

No **design convergente**, são inicialmente coletados, em paralelo, dados qualitativos e quantitativos, se possível utilizando constructos, conceitos ou variáveis similares. A análise dos dados é feita separadamente, mas os resultados são, então, reunidos, comparados e combinados (CRESWELL; CLARK, 2018; CRESWELL; CRESWELL, 2018).

Guetterman e Mitchell (2016) realizaram um estudo de caso com uma abordagem de métodos mistos convergente para avaliar o papel da liderança e da cultura organizacional na criação de avaliações significativas por parte de docentes no ensino superior. A questão central que orientou o estudo foi: como a organização da instituição para a avaliação afeta os membros do corpo docente e seus esforços para avaliar os resultados de aprendizagem dos alunos? Três subquestões forneceram orientação adicional. Uma questão quantitativa: qual é a relação entre, de um lado, liderança, cultura e políticas, práticas e estruturas organizacionais, e, de outro lado, a adesão do corpo docente e a implementação da avaliação dos resultados de aprendizagem dos alunos?; uma questão qualitativa: quais são as melhores práticas que incentivam os membros do corpo docente a usar dados de avaliação?; e uma questão de métodos mistos: quais são os resultados da comparação entre as descobertas qualitativas do processo e os resultados dos instrumentos que examinaram o contexto organizacional, o conhecimento sobre a avaliação e a implementação da avaliação? Os dados quantitativos foram coletados por três *surveys*, aplicados antes e depois de um programa de formação que durou nove meses, enquanto os dados qualitativos foram coletados pelas questões abertas dos *surveys* (e respostas narrativas a uma pesquisa realizada no final do programa) e pelos produtos do programa (pôsteres) desenvolvidos pelos docentes. Os dados dos *surveys* foram analisados estatisticamente, e os resultados foram mesclados e integrados aos resultados da interpretação dos dados qualitativos. Em alguns casos, os dados qualitativos serviram para compreender como o conhecimento dos professores melhorou, e, em outros casos, revelaram nuances contextuais quando a análise quantitativa não detectou mudanças.

Já o **design sequencial explicativo** tem duas fases. A primeira fase envolve a coleta e a análise de dados quantitativos. Os resultados da primeira fase são, então, utilizados para planejar a segunda fase, que envolve a coleta e análise de dados qualitativos, com o objetivo de explicar, elaborar ou expandir os resultados da primeira fase. Um procedimento típico pode envolver a coleta de dados quantitativos na primeira fase, e a realização de entrevistas qualitativas na segunda, para ajudar a explicar resultados confusos, contraditórios ou incomuns (CRESWELL; CLARK, 2018; CRESWELL; CRESWELL, 2018).

Ivankova e Stick (2007) realizaram um estudo explicativo sequencial de métodos mistos com o objetivo de identificar os fatores que contribuem para a persistência dos alunos em um programa de doutorado *blended*. A primeira fase envolveu um *survey* com 278 alunos e ex-alunos do curso, cujos resultados foram analisados estatisticamente. Quatro alunos foram então escolhidos intencionalmente, em função de critérios estatísticos, como os "melhores informantes" para a fase qualitativa, cujas entrevistas foram baseadas nos resultados quantitativos da primeira fase, com o objetivo de explorar esses resultados com mais profundidade. A fase qualitativa incluiu, além das entrevistas: transcrições acadêmicas e arquivos dos alunos; fotos e objetos pessoais fornecidos pelos participantes, relativos à sua persistência no programa; as respostas dos participantes às questões abertas e de múltipla escolha dos *surveys* na fase quantitativa; e o estudo de aulas on-line selecionadas, das quais os alunos participaram. Esse material qualitativo passou por codificação e análise temática. Dessa forma, os dados quantitativos e os resultados de sua análise forneceram uma imagem geral do problema de pesquisa, enquanto os dados qualitativos e sua análise refinaram e explicaram esses resultados estatísticos, explorando as opiniões dos participantes sobre sua persistência com mais profundidade. Os resultados das fases quantitativa e qualitativa foram integrados durante a discussão, com referência a pesquisas anteriores, fornecendo implicações e recomendações para os formuladores de políticas.

Por fim, o **desenho sequencial exploratório** começa com a coleta e análise de dados qualitativos, e, a partir dos resultados, constrói um recurso a ser testado (por exemplo, um novo instrumento para *survey*, procedimentos experimentais, um site ou novas variáveis) e testa esse recurso na fase quantitativa (CRESWELL; CLARK, 2018; CRESWELL; CRESWELL, 2018).

Crede e Borrego (2013) realizaram um estudo exploratório sequencial de métodos mistos, em que uma pesquisa etnográfica inicial serviu de orientação para a elaboração de um *survey* para examinar a retenção de alunos de graduação em engenharia. A fase qualitativa envolveu observações etnográficas, participação e entrevistas com grupos de alunos em uma universidade durante nove meses. Os grupos foram selecionados para representar diferentes ambientes, disciplinas e nacionalidades. Os temas descobertos na análise dos dados qualitativos serviram para inspirar constructos para o *survey*, que foi, então, validado por especialistas e testado em um piloto.

A Figura 22 representa visualmente os três tipos de design de métodos mistos discutidos.

FIGURA 22 — Três tipos de designs de métodos mistos

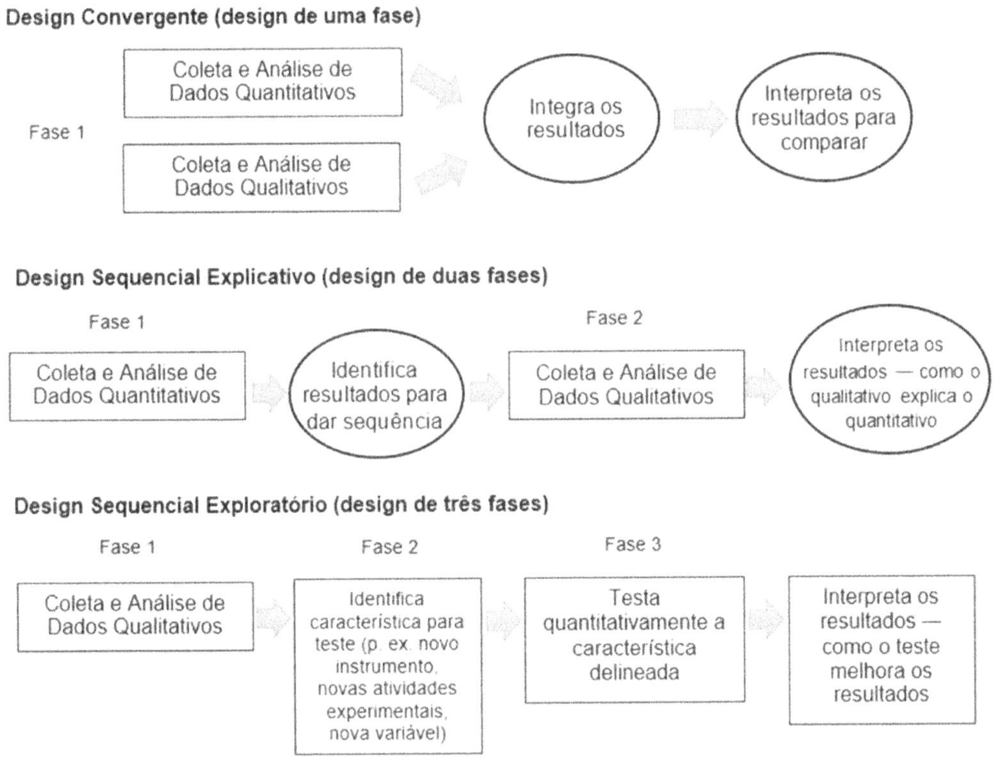

Design Convergente (design de uma fase)

Fase 1: Coleta e Análise de Dados Quantitativos / Coleta e Análise de Dados Qualitativos → Integra os resultados → Interpreta os resultados para comparar

Design Sequencial Explicativo (design de duas fases)

Fase 1: Coleta e Análise de Dados Quantitativos → Identifica resultados para dar sequência → Fase 2: Coleta e Análise de Dados Qualitativos → Interpreta os resultados — como o qualitativo explica o quantitativo

Design Sequencial Exploratório (design de três fases)

Fase 1: Coleta e Análise de Dados Qualitativos → Fase 2: Identifica característica para teste (p. ex. novo instrumento, novas atividades experimentais, nova variável) → Fase 3: Testa quantitativamente a característica delineada → Interpreta os resultados — como o teste melhora os resultados

Fonte: Creswell e Creswell (2018, p. 218, tradução nossa).

Creswell e Clark (2018) e Creswell e Creswell (2018) discutem, ainda, designs mais complexos, como métodos mistos experimentais (por exemplo, KRON *et al.*, 2017), métodos mistos de estudos de caso, métodos mistos de justiça social e participativa (BUCK *et al.*, 2009) e métodos mistos de avaliação (NASTASI *et al.*, 2007), aos quais os três designs básicos podem ser incorporados. Métodos mistos podem ser, ainda, combinados com diversas metodologias que estudaremos no restante deste capítulo, podendo, também, existir mais fases e combinações em sua concepção e execução.

Um dos desafios para a utilização de métodos mistos em uma pesquisa é a forma de integrar adequadamente dados qualitativos e quantitativos. Para Clark, Garrett e Leslie-Pelecky (2010, p. 156, tradução nossa), "o valor da integração em abordagens paralelas ultrapassa a mera soma de evidências qualitativas e quantitativas; é na fusão dinâmica das duas formas de dados que eles se tornam maiores do que a soma de suas partes". Os autores examinam em detalhe a elaboração e aplicação de três estratégias para realizar essa fusão: na discussão; com a utilização de quadros ou tabelas para mostrar convergências e divergências entre os dados qualitativos e quantitativos; e pela transformação de um tipo de dado em outro (por exemplo, com a criação de uma variável quantitativa a partir de dados qualitativos).

Cabe destacar alguns periódicos dedicados especificamente à metodologia de métodos mistos, como *The Journal of Mixed Methods Research* (*JMMR*), *The International Journal of Multiple Research Methods* (*IJMRA*) e *Quality and Quantity*, além da Mixed Methods International Research Association, uma associação internacional dedicada à abordagem.

Como uma pesquisa por métodos mistos tende a levar mais tempo do que as pesquisas puramente qualitativas ou quantitativas, pois envolve diversos tipos de coleta e análise de dados, pode-se considerá-la mais adequada para um doutorado do que para um trabalho de graduação, especialização ou mesmo mestrado.

5.6. PROCEDIMENTOS

As pesquisas podem ser diferenciadas, também, em função dos métodos e procedimentos adotados para a coleta e análise dos dados. É aqui que mais efetivamente se utiliza a palavra metodologia. Entretanto, as metodologias que apresentaremos nesta seção diferem também em relação aos paradigmas que as fundamentam, as abordagens que adotam, os referenciais teóricos que utilizam, os problemas que exploram e os objetivos, as questões e as hipóteses que elaboram. E cabe também ressaltar que estas metodologias não são excludentes, podendo ser combinadas na mesma pesquisa.

5.6.1. Pesquisa narrativa (ou história de vida)

A pesquisa narrativa procura compreender o significado da experiência vivida por e para um ou alguns indivíduos. Nesse sentido, Patton (2015, p. 128, tradução nossa) propõe duas questões principais para esse tipo de pesquisa: "Como essa narrativa (história) pode ser interpretada para compreender e iluminar a vida e a cultura que a criaram?" e "O que essa narrativa (ou história) revela sobre a pessoa e o mundo de onde veio?".

Creswell e Guetterman (2019) elencam vários formatos de pesquisa narrativa, como: biografia, autobiografia, autoetnografia (que pode ser, inclusive, realizada de forma colaborativa), história de vida, história oral, entrevista narrativa, narrativas pessoais, relatos pessoais, memória popular, etnohistória, etnopsicologia, etnobiografia, escrita de vida, documentos pessoais e documentos de vida. Creswell e Poth (2018) ressaltam as possibilidades de combinação entre pesquisas narrativas e pesquisas com imagens.

A pesquisa narrativa tem também proximidade com a pesquisa fenomenológica, que exploraremos como uma metodologia específica, pois histórias são experiências vividas, e a fenomenologia explora justamente o significado das experiências vividas para um grupo de pessoas. Entretanto, a pesquisa fenomenológica busca a essência de um fenômeno vivenciado por um grupo, enquanto na pesquisa narrativa, em geral, o estudo é realizado com apenas um ou poucos participantes, focando no significado das experiências para cada indivíduo. Nesse sentido, o pesquisador precisa coletar informações amplas sobre os participantes e ter uma compreensão clara do contexto das suas vidas (CRESWELL; POTH, 2018).

A pesquisa narrativa utiliza as histórias que as pessoas contam como seu tipo principal de dado.

> Narrativas e histórias revelam e comunicam nossas experiências humanas, nossas estruturas sociais e como entendemos o mundo. O fluxo de uma história — começo, meio, fim — é essencialmente uma estrutura de criar sentidos. À medida que interagimos uns com os outros, criamos e contamos histórias. A investigação qualitativa focada em capturar e analisar essas histórias revela nossa natureza essencialmente social. (PATTON, 2015, p. 131, tradução nossa).

A entrevista é a forma mais utilizada para a coleta dessas histórias, mas podem também ser utilizados outros métodos, estratégias, instrumentos e tipos de dados, como: diários, cartas, documentos, fotografias, observação, notas de campo e planos de aula (CONNELLY; CLANDININ, 1990; CRESWELL; POTH, 2018; PATTON, 2015).

A narrativa é, na verdade, tanto o fenômeno estudado, quanto o método utilizado na análise, que procura compreender o significado das experiências vividas reveladas nessas histórias. Nas pesquisas narrativas, as histórias são "[...] analisadas pelos padrões e temas que revelam, ajudando-nos a aprender sobre indivíduos específicos e sobre a sociedade e a cultura de maneira mais geral" (PATTON, 2015, p. 128, tradução nossa). Nesse sentido, é importante incorporar o contexto na história e nos temas analisados.

A análise pode utilizar uma variedade de abordagens, como biográficas, linguísticas (por exemplo, análise do discurso), hermenêuticas (interpretação de textos), literárias (envolvendo, por exemplo, o estudo do enredo, dos personagens, do espaço e do tempo da narrativa) e psicológicas. É interessante notar, segundo Connelly e Clandinin (1990), que, como a pesquisa narrativa envolve a escrita enquanto fenômeno e método de análise, no final de um estudo narrativo, muitas vezes, não fica claro quando a redação começou.

Para pesquisadores que buscam experiências pessoais em ambientes escolares, a pesquisa narrativa pode trazer importantes resultados:

> As pessoas vivem vidas historiadas. Elas contam histórias para compartilhar suas vidas com outras pessoas e fornecer seus relatos pessoais sobre salas de aula, escolas, questões educacionais e os ambientes em que trabalham. Quando as pessoas contam histórias para pesquisadores, elas se sentem ouvidas e suas informações aproximam os pesquisadores da prática real da educação. (CRESWELL; GUETTERMAN, 2019, p. 512, tradução nossa).

Nesse sentido, a história de vida pode ser utilizada como metodologia em pesquisas que envolvam pessoas com deficiência, valorizando sua visão de mundo e sua voz. Rocha e Reis (2020), por exemplo, discutem as contribuições da pesquisa narrativa para o estudo da educação especial, a partir da história de vida de sujeitos com deficiência, que possibilitam a reflexão sobre as situações vividas por grupos segregados e excluídos socialmente. Uma das funções da pesquisa narrativa é justamente libertar vozes que ficaram por muito tempo silenciadas.

Assim como em ciências sociais, de maneira geral, pode-se falar de uma virada narrativa especificamente nas pesquisas em educação. O artigo de Connelly e Cladinin, "Stories of experience and narrative inquiry", publicado na *Educational Researcher* em 1990, já apontava que a pesquisa narrativa era cada vez mais usada em estudos de experiências na educação. Cortazzi (1993 apud CRESWELL; GUETTERMAN, 2019) sugeriu fatores que influenciaram o desenvolvimento da pesquisa narrativa na área: uma ênfase crescente na reflexão dos professores e no seu conhecimento (o que eles sabem, como pensam, como se desenvolvem profissionalmente e como tomam decisões em sala de aula) e o fato de os educadores procurarem trazer as vozes dos professores para o primeiro plano, empoderando-os para falar sobre suas experiências. Nesse sentido, os estudos narrativos em educação não precisam envolver o relato de uma vida inteira, podendo se concentrar em um episódio ou evento único na vida do indivíduo, que, no final, quando analisado, acaba iluminando todo o contexto social e as pessoas envolvidas em seu trabalho. Segundo Connelly e Clandinin (1990, p. 12, tradução nossa), "precisamos ouvir com atenção os professores e os alunos, e as histórias de suas vidas dentro e fora das salas de aula".

Passeggi, Souza e Vicentini (2011, p. 370) afirmam que as pesquisas autobiográficas nos processos de formação de professores desenvolvem-se no Brasil, a partir da década de 1990, após o que se denominou a virada biográfica na educação. Lima, Geraldi e Geraldi (2014), por sua vez, mapeiam as pesquisas narrativas desenvolvidas no Brasil em educação, destacando a importância que António Nóvoa teve na entrada da temática no país, com seus estudos sobre as histórias de vida de professores. Abreu (2017), por exemplo, apresenta os resultados de pesquisas narrativas com o maestro Levino Ferreira de Alcântara e o professor de violão popular Paulo André Tavares, da Escola de Música de Brasília, como parte de um projeto que procura dar visibilidade às histórias de vida de destacados educadores musicais no Distrito Federal, contribuindo para a construção do conceito de musicobiografização. Reis, Meira e Moitinho (2018), por sua vez, realizaram entrevistas para apresentar as histórias de vida de três alunos idosos do ensino superior no município de Guanambi (BA), mostrando como eles buscam a realização profissional e pessoal, elevar sua autoestima e participar nas atividades da sociedade contemporânea.

Por fim, destacamos o periódico *Narrative Inquiry* (https://benjamins.com/catalog/ni), específico para publicações de pesquisas que utilizam a metodologia narrativa, o que demonstra a importância que essa adquiriu.

5.6.2. Pesquisa fenomenológica

A fenomenologia é, ao mesmo tempo, um movimento filosófico e uma metodologia de pesquisa. Enquanto movimento filosófico, está diretamente vinculada à obra de Edmund Husserl (1859-1938) e é desenvolvida por outros filósofos, como Martin Heidegger (1889-1976), Jean-Paul Sartre (1905-1980) e Maurice Merleau-Ponty (1908-1961). As ideias desses pensadores podem ser utilizadas como referencial teórico em uma pesquisa e/ou para justificar a metodologia e os métodos de uma investigação. Entretanto, isso significa que o pesquisador fenomenológico precisa ter conhecimentos de filosofia, e é um desafio determinar o nível de aprofundamento necessário, assim como é um desafio relacionar os conceitos fundamentais da filosofia com as práticas da pesquisa (GIORGI, 2006).

Enquanto metodologia de pesquisa qualitativa, a fenomenologia volta-se para o estudo da experiência vivida de seres humanos, procurando descrever e interpretar os fenômenos como se apresentam à consciência, e, assim, chegar à sua essência, ou seja, à estrutura subjacente desses fenômenos. A pesquisa fenomenológica procura estudar os seres humanos no mundo-da-vida (*Lebenswelt*), seu mundo cotidiano e natural, sem o uso de experimentos ou testes artificiais (VAN MANEN, 2016).

Apesar das semelhanças, alguns pontos a diferenciam da pesquisa narrativa:

> Enquanto um estudo narrativo relata as histórias de experiências de um único indivíduo ou de alguns indivíduos, um *estudo fenomenológico* descreve o significado comum para vários indivíduos de suas experiências vividas em relação a um conceito ou fenômeno. Os fenomenólogos concentram-se em descrever o que todos os participantes têm em comum quando experimentam um fenômeno (p. ex., o luto é universalmente experimentado). O objetivo principal da fenomenologia é reduzir as experiências individuais com um fenômeno a uma descrição da essência universal [...]. (CRESWELL; POTH, 2018, p. 75, tradução nossa).

Nesse sentido, "[...] uma abordagem fenomenológica é adequada para estudar experiências humanas afetivas, emocionais e, em geral, intensas" (MERRIAM; TISDELL, 2016, p. 28, tradução nossa).

A conexão inseparável do ser humano com o mundo é o que a fenomenologia chama de intencionalidade: a estrutura fundamental da nossa consciência é intencional (VAN MANEN, 2016). Assim, a pesquisa fenomenológica começa com o pesquisador voltando-se para o mundo-da-vida, a natureza da experiência vivida, e escolhendo um fenômeno para estudar.

Uma questão fenomenológica deve então ser formulada. Patton (2015, p. 115, tradução nossa) sugere a seguinte questão geral: "Qual é o significado, a estrutura e a essência da experiência vivida desse fenômeno para essa pessoa ou esse grupo de pessoas?". Van Manen (2016, p. 42, tradução nossa), por sua vez, explora questões voltadas à educação: "O que é ensino?"; "O que há no ensino que torna possível ser o que é em sua essência?"; "O que significa ser professor?"; "O que há na sua relação com essas crianças que faz de você um professor?".

Do ponto de vista metodológico, é importante compreender que existem diferentes tipos de fenomenologia, como, por exemplo: transcendental, empírica ou psicológica, focada nos significados essenciais da experiência individual; existencial, focada na construção social da realidade de um grupo; e hermenêutica, focada na linguagem e na estrutura da comunicação (CRESWELL; POTH, 2018; PATTON, 2015). Van Manen (2016), por exemplo, propõe-se em seu livro a apresentar e explicar a pesquisa fenomenológica hermenêutica: a fenomenologia descreveria a experiência vivida, enquanto a hermenêutica a interpretaria. A pesquisa heurística, por sua vez, considera a análise da experiência pessoal e as percepções do pesquisador como parte dos dados. Mesmo os usos da fenomenologia baseada nas ideias de Husserl apresentam variações. Portanto, é importante que o pesquisador defina com clareza qual referencial teórico e metodologia está utilizando na pesquisa fenomenológica. De qualquer maneira, alguns pontos são compartilhados por todas essas perspectivas:

> O que as várias abordagens fenomenológicas têm em comum é o foco em explorar como os seres humanos dão sentido à experiência e transformam a experiência em consciência, tanto individualmente quanto como significado compartilhado. Isso requer capturar e descrever metodologicamente, cuidadosamente e integralmente como as pessoas experimentam algum fenômeno — como o percebem, descrevem, sentem, julgam, lembram, entendem e falam sobre ele com outras pessoas. (PATTON, 2015, p. 115, tradução nossa).

Os dados das pesquisas em ciências humanas, especialmente na pesquisa fenomenológica, são experiências humanas (VAN MANEN, 2016). A pesquisa fenomenológica deve, portanto, identificar um grupo de pessoas (não superior a 15) que vivenciou diretamente o fenômeno a ser explorado, para que, ao final, seja possível caracterizar uma compreensão comum (CRESWELL; POTH, 2018). Para compreendermos melhor a experiência de outra pessoa, é necessário vivenciar o fenômeno o mais diretamente possível; isso justifica a importância da entrevista e da observação nesse tipo de pesquisa (PATTON, 2015).

A entrevista é o procedimento mais utilizado para a coleta de dados na pesquisa fenomenológica. A entrevista fenomenológica é uma entrevista em profundidade. O livro de Seidman (2019) apresenta uma abordagem fenomenológica para entrevistas em profundidade. Segundo o autor, as pessoas são entrevistadas pois alguém está interessado nas histórias que têm para contar. As histórias são uma forma de conhecimento; contar histórias é um processo de construção de significados. Quando as pessoas contam histórias, selecionam detalhes de suas experiências e moldam seu fluxo de consciência. No processo de seleção e organização dos detalhes constitutivos da experiência e de reflexão, as pessoas transformam as histórias contadas em uma experiência de construção de significado. Para Seidman (2019), o objetivo da entrevista em profundidade não é testar hipóteses ou fazer avaliações, mas compreender a experiência vivida de outras pessoas e o significado que elas dão a essa experiência.

A entrevista fenomenológica combina a entrevista de história de vida com uma abordagem mais detalhada, em função dos pressupostos da fenomenologia. São usadas, preferencialmente, questões abertas. O objetivo da entrevista é fazer o participante reconstruir a sua experiência a partir do fenômeno que está sendo estudado.

Além da entrevista, outras estratégias para coleta de dados podem ser utilizadas na pesquisa fenomenológica, tais como: gravação de conversas; biografias, autobiografias e histórias de vida; observação; documentos; diários e registros para fins educacionais, de pesquisa e de crescimento pessoal, religioso ou terapêutico; fontes literárias, como poesia, romances, contos e peças de teatro; e material artístico não discursivo (VAN MANEN, 2016).

A análise na pesquisa fenomenológica visa reconstruir temas que representem como e o que as pessoas experienciaram, descrevendo a estrutura e a essência do fenômeno para todos os participantes. Van Manen (2016) sugere que as seguintes categorias fenomenológicas, que pertencem à estrutura fundamental do mundo-da-vida, podem ser direcionadoras não apenas da análise, mas também da elaboração de questões e do planejamento geral da pesquisa: espacialidade (espaço vivido e sentido), corporeidade (corpo vivido, a constatação fenomenológica de que estamos sempre corporalmente no mundo), relacionalidade (relação humana vivida, que mantemos com os outros no espaço interpessoal que compartilhamos com eles) e temporalidade (tempo vivido, tempo subjetivo, em oposição ao tempo do relógio ou objetivo). Além disso, discussões sobre os temas ou as descrições temáticas dos fenômenos podem ser conduzidas em um grupo de pesquisa, buscando insights e compreensões mais profundas.

Outro recurso utilizado pela fenomenologia na análise é a hermenêutica, voltada à interpretação do significado de textos. Diferentes concepções de hermenêutica foram desenvolvidas por filósofos como Wilhelm Dilthey (1833-1911), Martin Heidegger (1889--1976) e Hans-Georg Gadamer (1900-2002). O círculo hermenêutico aponta para a circularidade de interpretação, que se movimenta dialeticamente da parte para o todo, e vice-versa.

Mas a pesquisa fenomenológica envolve também técnicas mais específicas de análise das experiências vividas, como redução fenomenológica (*epoché*), horizontalização, variação imaginativa e redução eidética.

Há diferentes níveis ou tipos de redução. Um deles é a redução fenomenológica, transcendental ou *epoché*. Nossos pressupostos, assim como teorias, tendem a direcionar nossas interpretações. Por isso, antes de começar a entrevistar outras pessoas, o pesquisador pode escrever sobre suas próprias experiências, ou mesmo ser entrevistado por um colega, em parte para examinar as dimensões da experiência, em parte para tomar consciência de seus pontos de vista e suas suposições (MERRIAM; TISDELL, 2016). *Epoché*, em grego, significa suspensão do juízo, ou seja, o pesquisador deve procurar suspender suas crenças, suas preferências, suas inclinações, seus pressupostos, suas avaliações e seus conhecimentos sobre o fenômeno, assim como as teorias, colocando-os "entre parênteses", de modo que não interfiram na sua intuição e imponham sentidos muito cedo, mantendo, assim, uma perspectiva fresca (CRESWELL; POTH, 2018; MERRIAM; TISDELL, 2016; PATTON, 2015; VAN MANEN, 2016). Isso, sem dúvida, não é fácil de realizar. De qualquer maneira, o simples fato de tornar explícitos nossos entendimentos, crenças, preconceitos, suposições, pressuposições e teorias já gera um movimento reflexivo antes mesmo que a pesquisa comece, levando o pesquisador a considerar como esses elementos poderão ser incorporados à investigação. E os vieses devem, também, ser reconhecidos no processo de análise (GIORGI, 2006).

A horizontalização, por sua vez, é o processo de considerar o mesmo peso para todos os dados na análise. Já a variação imaginativa livre "[...] envolve enxergar os dados de várias perspectivas, como se estivéssemos andando ao redor de uma escultura moderna, vendo coisas diferentes por ângulos diferentes" (MERRIAM; TISDELL, 2016, p. 27, tradução nossa). O objetivo é descobrir os aspectos ou qualidades essenciais de um fenômeno, verificar se um tema pertence a um fenômeno essencialmente ou acidentalmente, se o fenômeno permanece o mesmo se mudarmos ou excluirmos imaginativamente esse tema, mantendo seu significado fundamental (VAN MANEN, 2016).

A partir do isolamento do fenômeno e da variação imaginativa, a redução eidética busca reduzi-lo à sua essência, ou *eidos*. O objetivo agora é ultrapassar a particularidade da experiência vivida em direção ao que ela tem de universal e geral.

Cabe ainda notar que a pesquisa fenomenológica é a explicação dos fenômenos conforme se apresentam à consciência; portanto, a reflexão fenomenológica não é introspectiva, mas retrospectiva, rememorativa: é a reflexão sobre a experiência já vivida (VAN MANEN, 2016).

Como tentativa de garantir a validade e confiabilidade dos resultados fenomenológicos, Giorgi (2006) sugere que não se devem utilizar as estratégias de juízes e de apresentação dos resultados aos participantes, para que os verifiquem e, se for o caso, os corrijam. De uma perspectiva fenomenológica, ambas as estratégias estariam equivocadas. Os juízes, de um lado, tendem a não estar preparados para avaliar o que foi produzido pelo método fenomenológico, e os participantes, de outro lado, sem dúvida conhecem bem o que vivenciaram, mas não necessariamente o significado da sua experiência.

Há também orientações específicas para a redação de textos baseados em pesquisas fenomenológicas. Reconhece-se que o fenômeno deve ser descrito por meio da arte de escrever e reescrever, como parte da própria atividade de análise. Deve-se também procurar descrever a experiência por dentro, poeticamente, quase como um estado de espírito, expressando, por exemplo, os sentimentos, as emoções e o humor. Assim, o texto fenomenológico pode incluir casos e histórias, evitando-se, o quanto possível, explicações causais e interpretações abstratas. Outro recurso útil é o uso de exemplos, seja um exemplo que se sobressaia pela vivacidade e ilustre o fenômeno em sua originalidade, seja a variação de exemplos, de modo a destacar os aspectos essenciais e invariáveis do fenômeno. A descrição fenomenológica e a interpretação hermenêutica podem também se valer das categorias existenciais da espacialidade, corporeidade, relacionalidade e temporalidade, já discutidas. Por fim, cabe ressaltar que os textos devem incluir a voz do pesquisador, seus insights e suas reflexões (VAN MANEN, 2016).

A metodologia fenomenológica é adequada para pesquisas qualitativas e nas ciências humanas:

O método preferido pelas ciências naturais, desde Galileu, tem sido a observação não participante, o experimento controlado e a mensuração matemática ou quantitativa. [...] Em contraste, o método preferido pelas ciências humanas envolve descrição, interpretação e análise autorreflexiva ou crítica. Explicamos a natureza, mas a vida humana devemos entender, disse Dilthey (1976). Enquanto a ciência natural tende a *taxonomizar* fenômenos naturais (como na biologia) e *explicar* causal ou probabilisticamente o comportamento das coisas (como na física), a ciência humana visa explicar o significado dos fenômenos humanos (como em estudos de textos literários ou históricos) e a *compreensão* das estruturas vividas de significados (como nos estudos fenomenológicos do mundo-da-vida). (VAN MANEN, 2016, p. 4, tradução nossa).

A metodologia fenomenológica é também adequada para as pesquisas na área da educação. Entretanto, como no caso de outras áreas, é necessário combinar a perspectiva fenomenológica com a perspectiva da área (GIORGI, 2006). Sidi e Conte (2017), por exemplo, refletem sobre as possibilidades metodológicas da utilização da hermenêutica nas pesquisas em educação.

Trotman (2006) realizou uma pesquisa fenomenológica sobre a imaginação e a criatividade na educação primária que envolveu entrevistas, observações e discussão de diários de professores. Seu objetivo foi explorar uma abordagem fenomenológica para a compreensão da prática educacional na interpretação da experiência imaginativa e afetiva dos alunos, considerando como o uso de processos de pesquisa fenomenológica pode iluminar e fortalecer a avaliação qualitativa nas escolas. O artigo explorou a interpretação e a avaliação da experiência educacional da criatividade, da imaginação, da emoção e do sentimento dos alunos, e o espaço que podem ter no currículo escolar:

> [...] o desenvolvimento criativo, imaginativo e emocional dos alunos tende a se tornar cada vez mais necessário. É na busca dessa prática que as abordagens fenomenológicas da pesquisa educacional podem oferecer possibilidades importantes para a promoção e avaliação qualitativa dessas áreas. (TROTMAN, 2006, p. 245, tradução nossa).

O estudo revelou as maneiras pelas quais os professores valorizam e interpretam a experiência imaginativa de seus alunos, e que as práticas imaginativas dos alunos encontram forma no mundo-da-vida imaginativo.

De outro modo, Melo e Reis (2018) utilizaram a perspectiva fenomenológica para estudar a percepção de estudantes de uma universidade particular em Portugal em relação ao processo de ensino e aprendizagem. O estudo procurou analisar a percepção de oito alunos acerca da instituição universitária, das práticas pedagógicas e de suas expectativas pessoais e profissionais. A coleta de dados ocorreu em dois grupos focais, e a análise dos dados utilizou alguns dos procedimentos apresentados nesta seção. O artigo reproduz vários relatos dos alunos, a partir dos quais foram identificadas três unidades de sentido que configurariam existencialmente o fenômeno estudado: a relação do aluno com a universidade, com os professores e com o aprendizado.

É importante, por fim, reconhecer que não há consenso a respeito da aplicação da metodologia fenomenológica nas pesquisas na área das ciências humanas e sociais, nem na área de educação. Nesse sentido, como, aliás, no caso de todas as metodologias que estudamos neste capítulo, a prática deve contribuir para a avaliação das situações em que podem ser utilizadas com mais adequação.

Terminamos esta seção com uma bela passagem de Van Manen (2016, p. 5-6, tradução nossa):

> De um ponto de vista fenomenológico, fazer pesquisa é sempre questionar a forma como experienciamos o mundo, querer conhecer o mundo em que vivemos como seres humanos. E como *conhecer* o mundo é, de certa maneira, *estar* profundamente no mundo, o ato de pesquisar–questionar–teorizar é o ato intencional de nos vincularmos ao mundo, nos tornarmos mais integralmente parte dele, ou melhor, nos *tornarmos* o mundo. A fenomenologia chama essa conexão inseparável com o mundo de princípio da "intencionalidade". Ao fazer pesquisa, questionamos os segredos e as intimidades genuínos do mundo, que são constitutivos do mundo e que trazem o mundo como mundo à existência para nós e em nós. Então, pesquisar é um ato de cuidado: queremos saber o que é mais essencial para o ser. Cuidar é servir e compartilhar nosso ser com quem amamos. Desejamos conhecer verdadeiramente a natureza genuína do nosso ente querido. E se nosso amor for forte o suficiente, não apenas aprenderemos muito sobre a vida, mas também ficaremos cara a cara com seu mistério.

5.6.3. Etnografia

A etnografia tem suas origens no final do século XIX e início do século XX, com as pesquisas realizadas por antropólogos como Franz Boas (1858-1942), Bronisław Malinowski (1884-1942) e Margaret Mead (1901-1978). Portanto, assim como a pesquisa fenomenológica pressupõe um nível de conhecimento de filosofia, a pesquisa etnográfica pressupõe um nível de conhecimento de antropologia. O desafio, nos dois casos, é definir quais são os limites necessários para esse conhecimento.

A etnografia é uma pesquisa de campo que procura descrever, analisar e interpretar a cultura de um ou mais grupos de pessoas, incluindo seu contexto, comportamento, atitudes, crenças, imaginação e linguagem. Mas o que exatamente significa a cultura que a etnografia procura estudar?

Geertz (2017) recupera algumas diferenças sutis traçadas pelo filósofo britânico Gilbert Ryle para introduzir o conceito de descrição densa em etnografia. Um garoto que pisca rapidamente o olho direito, em um tique involuntário, não se envolve em um ato de comunicação como um garoto que dá uma piscadela conspiratória a um amigo, apesar de os movimentos serem os mesmos. Já um garoto que procura imitar ou parodiar o primeiro, como um mímico, para ridicularizá-lo e divertir seus companheiros, está envolvido em outra situação de comunicação, e se ele quiser ensaiar em casa a piscadela, diante de um espelho, temos ainda outra situação:

> [...] entre o que Ryle chama de "descrição superficial" do que o ensaiador (o parodista, o piscador intencional, o piscador involuntário...) está fazendo ("contraindo rapidamente sua pálpebra

direita") e a "descrição densa" do que ele está fazendo ("praticando a sátira a um amigo, ao fingir uma piscadela para levar um inocente a pensar que uma conspiração está em andamento"), está o objeto da etnografia: uma hierarquia estratificada de estruturas significativas, em função das quais contrações musculares, piscadelas, falsas piscadelas, paródia, ensaios das paródias são produzidos, percebidos e interpretados, e sem as quais, de fato, não existiriam (nem mesmo as formas zero de contrações musculares, que, como *categoria cultural*, são tão não piscadelas quanto as piscadelas são não contrações), não importa o que alguém tivesse feito ou não com sua pálpebra. (GEERTZ, 2017, p. 23-24, tradução nossa).

A descrição etnográfica, portanto, é densa, e, dessa forma, estabelece os fundamentos para analisar e interpretar a cultura de um grupo. Assim, se as pesquisas etnográficas, da mesma forma que as pesquisas narrativas e fenomenológicas, podem envolver a coleta e produção de histórias, a etnografia tem o foco na cultura. Nesse sentido, Patton (2015, p. 100, tradução nossa) sugere como suas questões centrais: "Qual é a cultura desse grupo de pessoas?" e "Como a cultura explica suas perspectivas e seus comportamentos?".

Cabe determinar se a etnografia é a metodologia mais adequada para estudar o problema, alcançar os objetivos e responder às perguntas da pesquisa. Para Creswell e Poth (2018, p. 93, tradução nossa), "a etnografia é apropriada se as necessidades são descrever como um grupo cultural funciona e explorar as crenças, a linguagem, os comportamentos e as questões que o grupo enfrenta, como poder, resistência e dominação".

Há diversos tipos de etnografia, mantendo-se sempre o foco na cultura: etnografia antropológica, clássica, tradicional ou realista; autoetnografia (já mencionada como um tipo de história de vida); etnografia organizacional e institucional; etnografia de rua ou urbana; etnografia crítica; etnometodologia; dentre outras.

A etnografia institucional é uma técnica de pesquisa "na qual as experiências pessoais dos indivíduos são utilizadas para revelar as relações de poder e outras características das instituições nas quais operam" (BABBIE, 2016, p. 304, tradução nossa).

> O etnógrafo institucional começa com as experiências pessoais dos indivíduos, mas prossegue para descobrir as relações de poder institucionais que estruturam e governam essas experiências. Nesse processo, o pesquisador pode revelar aspectos da sociedade que teriam sido perdidos por uma investigação iniciada com os objetivos oficiais das instituições.
>
> Essa abordagem liga o "micronível" das experiências pessoais cotidianas ao "macronível" das instituições. (BABBIE, 2016, p. 304, tradução nossa).

A etnografia de rua pode, por exemplo, revelar elementos ocultos de subculturas mal compreendidas em nossas sociedades, como no caso dos estudos sobre drogas (LUNE; BERG, 2017). A etnografia crítica, por sua vez, incorpora diversos paradigmas e metodologias, como teoria crítica, teoria *queer*, teoria crítica da raça, teorias feministas, análise crítica do discurso, pesquisa-ação, pesquisa participante e teorias pós-coloniais, com preocupações com as desigualdades sociais, defendendo uma mudança social e a emancipação de grupos marginalizados da sociedade (COHEN; MANION; MORRISON, 2018; CRESWELL; POTH, 2018; LUNE; BERG, 2017).

Para Cohen, Manion e Morrison (2018), enquanto a etnografia convencional se preocuparia com o que é, a etnografia crítica estaria preocupada com o que poderia ou deveria ser. Nesse sentido, seria um empreendimento com intenção política. O que diferenciaria a etnografia crítica de outras formas de etnografia é que aspectos como valores, privilégio, poder, empoderamento, controle, dominação, exploração social, marginalização, repressão e opressão são considerados problemas que devem ser trazidos para o primeiro plano e modificados, não apenas interrogados e descobertos (COHEN; MANION; MORRISON, 2018).

A etnometodologia, desenvolvida pelo sociólogo Harold Garfinkel, é muitas vezes classificada separadamente da etnografia. Procura revelar como as pessoas percebem seu mundo cotidiano, quais expectativas são assumidas como certas. Estuda "os métodos comuns que as pessoas comuns usam para realizar suas ações comuns" (COULON, 1995, p. 2 apud PATTON, 2015, p. 132). Patton (2015, p. 132, tradução nossa) propõe como sua questão central da investigação: "Como as pessoas entendem suas atividades cotidianas para se comportarem de maneiras socialmente aceitáveis?".

A etnografia pode envolver o estudo de grupos pequenos (o que é chamado de microetnografia) ou grupos maiores, comunidades ou sociedades. Apesar de utilizar, em geral, dados qualitativos, também pode coletar dados quantitativos (COHEN; MANION; MORRISON, 2018).

Para compreender a cultura de um grupo, a observação (em geral participante) do pesquisador, a partir da imersão no campo, é o principal método de coleta de dados.

> Como método de pesquisa, a etnografia se diferencia por usar as experiências corporificadas do pesquisador como um de seus principais meios de descoberta. Diferentemente de outros métodos de pesquisa, que buscam desenvolver instrumentos despersonalizados e padronizados de coleta de dados, a etnografia celebra o envolvimento do pesquisador em todo o processo de engajamento com o campo, a coleta de dados e a interpretação dos resultados. [...] "Estar lá" é o aspecto mais significativo da orientação metodológica do etnógrafo, uma vez que permite uma experiência direta e corporificada do campo e evita a dependência de relatos de segunda mão simplificados. (HINE, 2015, p. 19, tradução nossa).

O acesso ao campo precisa ser adequadamente negociado. Além disso, espera-se que o pesquisador dedique certo tempo a esse exercício de imersão e observação; entretanto, em comparação com a antropologia tradicional, o trabalho de campo na etnografia educacional pode envolver períodos mais curtos de permanência no campo, como algumas semanas, dependendo dos objetivos da pesquisa e outras variáveis.

A observação pressupõe o uso de um diário de campo, em que o pesquisador anote acontecimentos, sentimentos pessoais, ideias, impressões ou percepções sobre os eventos cotidianos. Mas o pesquisador pode também utilizar técnicas de registro audiovisuais, como gravações, fotografias e vídeos.

Entrevistas mais ou menos estruturadas, incluindo grupos focais, e até mesmo *surveys*, questionários e testes podem também ser utilizados como técnicas para coleta de dados, assim como a análise de documentos, registros, objetos e artefatos (COHEN; MANION; MORRISON, 2018; CRESWELL; GUETTERMAN, 2019; MERRIAM; TISDELL, 2016). Spindler e Spindler (1992 apud COHEN; MANION; MORRISON, 2018, p. 294, tradução nossa) sugerem que "instrumentos, cronogramas, códigos, roteiros para entrevistas, questionários etc. devem ser gerados *in situ* e devem derivar da observação e da investigação etnográfica".

A análise e a interpretação dos dados na pesquisa etnográfica, como suas outras etapas, devem utilizar a perspectiva da cultura. "Compreender a cultura de um povo expõe sua normalidade sem reduzir sua particularidade. [...] Torna as pessoas acessíveis: colocá-las no quadro de suas próprias banalidades dissolve sua opacidade." (GEERTZ, 2017, p. 32-33, tradução nossa). Assim, o etnógrafo procura reduzir a perplexidade em relação ao estranho e ao desconhecido. Nesse sentido, a análise e a interpretação etnográfica devem permanecer próximas do solo, do que acontece naquele tempo e espaço, do que as pessoas dizem e do que acontece com elas (GEERTZ, 2017).

A análise e a interpretação, portanto, devem ocupar (ou construir) pontes entre a complexidade do campo e a complexidade da abstração. Para Geertz (2017, p. 26, tradução nossa), o etnólogo enfrenta "[...] uma multiplicidade de estruturas conceituais complexas, muitas das quais sobrepostas ou amarradas umas às outras, que são, ao mesmo tempo, estranhas, irregulares e inexplícitas". Fazer etnografia significaria, então, tentar ler um manuscrito "[...] estrangeiro, desbotado, cheio de elipses, incoerências, emendas suspeitas e comentários tendenciosos" (GEERTZ, 2017, p. 26, tradução nossa). Nesse sentido, nossas explicações devem incluir a imaginação científica para nos colocar em contato com a vida de estranhos.

A análise e a interpretação na pesquisa etnográfica podem envolver diversas estratégias, como análise de conteúdo, tipologias, relatos narrativos e metáforas (LUNE; BERG, 2017; MERRIAM; TISDELL, 2016). Devem também incluir a reflexividade do pesquisador sobre seu envolvimento na condução da pesquisa.

A etnografia passa a ser utilizada nas pesquisas na área de educação a partir do final da década de 1960 e início da década de 1970 (ANDRÉ, 2013; LÜDKE; ANDRÉ, 2015). Entretanto, algumas características da etnografia não são seguidas à risca nas pesquisas em educação, como, por exemplo, o longo tempo de imersão do pesquisador no campo. E a etnografia na prática escolar tem características específicas:

> Para que se possa apreender o dinamismo próprio da vida escolar, é preciso estudá-la com base em pelo menos três dimensões: a institucional ou organizacional, a instrucional ou pedagógica e a sociopolítica/cultural. Essas três dimensões não podem ser consideradas isoladamente, mas como uma unidade de múltiplas inter-relações, através das quais se procura compreender a dinâmica social expressa no cotidiano escolar. (ANDRÉ, 2013, p. 34).

Cursos e programas, assim como organizações, também desenvolvem culturas, que afetam seus processos e resultados (PATTON, 2015). Portanto, compreender sua cultura pode auxiliar na sua avaliação e, consequentemente, apontar para mudanças necessárias.

André (2013) apresenta algumas pesquisas do tipo etnográfico que foram realizadas em escolas de ensino fundamental, envolvendo práticas de formação de professores e pesquisa-ação. Segundo a autora, há uma tendência de as pesquisas etnográficas em educação incorporarem elementos de pesquisa-ação e de pesquisa participante. Comparando a pesquisa etnográfica com a teoria fundamentada, Creswell e Poth (2018) apontam que, nesta última, os participantes do estudo provavelmente não estarão localizados no mesmo lugar ou interagindo com frequência, de forma a desenvolverem padrões compartilhados de comportamento, crenças e linguagem. Além disso, o número de participantes da pesquisa etnográfica tende a ser maior do que em um estudo de teoria fundamentada.

Ethnography and Education é um periódico focado em pesquisas etnográficas em educação, o que demonstra a importância dessa metodologia para a área.

5.6.4. Estudo de caso

Diversas áreas, como medicina, psicologia, direito, administração e serviço social, utilizam casos, ainda que com perspectivas e objetivos distintos, como, por exemplo, uso clínico e ensino. Entretanto, é apenas a partir da guerra dos paradigmas, na década de 1980, quando as abordagens qualitativas passam a ocupar um espaço reconhecido no campo da pesquisa, que o estudo de caso começa a ser valorizado como metodologia (MERRIAM; TISDELL, 2016).

Três livros e autores tornaram-se, então, referências sobre o tema. *Case study research: design and methods*, de Robert Yin, cuja primeira edição foi publicada em 1984, já está na sexta edição, utilizada neste livro (YIN, 2018). *Case study research in education: a qualitative approach*, de Sharan Merriam, cuja primeira edição foi publicada em 1988, passou por atualizações, inclusive no título, deixando de focar apenas em educação e em estudos de caso, sendo a versão mais atual também utilizada neste livro (MERRIAM; TISDELL, 2016). E *The art of case study research*, de Robert Stake, cuja primeira edição foi publicada em 1995, mas nunca foi atualizada, apesar de o autor ter publicado outros livros sobre o tema, um dos quais é indicado como sugestão de leitura no final deste capítulo. Yazan (2016) traça uma comparação entre as três abordagens do método de estudo de caso em educação, em função de diversos elementos: compromisso epistemológico dos autores, definição de caso e estudo de caso, planejamento e projeto do estudo de caso, coleta de dados, análise de dados, validade e confiabilidade, apresentando um quadro comparativo entre as abordagens no final do artigo.

A metodologia de estudo de caso é definida de diferentes maneiras, dependendo do autor. Afinal, trata-se de um design, um foco, um processo, uma estratégia, um método, uma metodologia ou um resultado? Para Cohen, Manion e Morrison (2018), chegar a uma definição única seria desnecessário. As definições são às vezes, inclusive, tão amplas que seria possível classificar quase toda pesquisa qualitativa como um estudo de caso. André (2019, p. 95-96), como ilustração, constrói o seguinte exemplo:

Muitos pesquisadores da área de educação ficam em dúvida sobre como podem identificar o tipo de investigação que estão realizando. Muitos perguntam: como eu "chamo" a minha pesquisa? E como o objeto de estudo, muitas vezes, está circunscrito a porções restritas da realidade ou a situações muito pontuais, a decisão do pesquisador, principalmente do iniciante, é considerar essas pesquisas como "estudos de caso". Por exemplo, um pós-graduando vai a **uma** escola coletar dados, faz umas poucas entrevistas e conclui: este é um estudo de caso. Afinal, ele foi a **uma** escola...

Entretanto, a partir da leitura das obras de vários autores que temos utilizado como referência neste livro (BABBIE, 2016; COHEN; MANION; MORRISON, 2018; CRESWELL; POTH, 2018; LUNE; BERG, 2017; MERRIAM; TISDELL, 2016; YIN, 2018), é possível identificar ao menos seis características essenciais de um estudo de caso:

a) é uma pesquisa de **campo**;
b) há categorias mais amplas, ou um contexto, de que o objeto de estudo é um **caso**, um exemplo ou uma instância — lembrando que podem ser estudados casos múltiplos; nesse sentido, para Lune e Berg (2017), poderíamos perguntar: "este é um caso de quê?;
c) o caso deve ser **delimitado**, ou seja, pode ser definido e descrito em função de determinados parâmetros (CRESWELL; POTH, 2018);
d) a investigação sobre o caso deve ser detalhada, rica e conduzida em **profundidade**;
e) para atingir essa profundidade, o estudo de caso deve coletar **múltiplas fontes** de dados;
f) a análise e interpretação dos dados deve realizar a **triangulação** entre essas múltiplas fontes de dados.

Merriam e Tisdell (2016, p. 39, tradução nossa) dão uma sugestão prática para distinguir casos delimitados de não delimitados:

> Uma técnica para avaliar a indeterminação do tópico é perguntar quão finita seria a coleta de dados; isto é, se há um limite para o número de pessoas envolvidas que poderiam ser entrevistadas ou um tempo finito para observações. Se não houver limite, real ou teoricamente, para o número de pessoas que poderiam ser entrevistadas ou para as observações que poderiam ser conduzidas, então o fenômeno não é limitado o suficiente para ser qualificado como um caso.

A partir dessas características, podemos construir a seguinte definição: estudo de caso é uma metodologia de pesquisa de campo que investiga um caso delimitado em profundidade, por meio da coleta de dados em múltiplas fontes, e que utiliza a triangulação na análise e interpretação dos dados.

Considerando que seja uma instância delimitada em um contexto, a unidade de análise, ou o caso do estudo, pode ser muitas coisas, desde uma pessoa, um grupo, uma família, uma instituição ou organização, uma comunidade ou uma cidade, até um projeto, um curso, um programa e um evento, assim como uma relação ou um processo.

Do ponto de vista metodológico, os estudos de caso são ecléticos. Podem ser exploratórios, descritivos ou explicativos, e transversais ou longitudinais. Podem adotar abordagens qualitativas ou quantitativas, sendo bastante adequados para a utilização de métodos mistos. Podem incluir e combinar diversos tipos de pesquisa e metodologia que estudamos e estudaremos neste capítulo, como, por exemplo, histórias de vida, teoria fundamentada, *surveys* e experimentos. Dessa forma, acabam se configurando diversas metodologias híbridas, tais como: estudo de caso etnográfico, estudo de caso histórico, estudo de caso histórico-documental, estudo de caso fenomenológico, estudo de caso participante e estudo de caso com pesquisa-ação.

Em função dessa amplitude semântica, poder-se-ia afirmar que tudo pode ser um caso. Entretanto, para que se possa considerar que um caso potencial foi estudado utilizando-se a metodologia de estudo de caso, precisam estar incluídas as seis características já elencadas. Nesse sentido, se quase tudo pode ser considerado um caso para estudo, nem toda pesquisa, mesmo quando tenha estudado esse caso potencial, pode ser considerada um estudo de caso. André (2019), por exemplo, descreve e comenta dois exemplos preciosos em que, apesar de terem sido realizados estudos de campo centrados em unidades de análise, não houve análise multidimensional aprofundada, não se caracterizando, portanto, estudos de caso. Assim, um caso pode ser estudado por diversas metodologias, mas um estudo de caso é uma metodologia específica.

> O estudo de caso, enquanto pesquisa, é uma ferramenta poderosa, porque há muitos problemas e eventos que não podem ser compreendidos adequadamente sem esse tipo de estudo profundo e intenso por vários ângulos. Como metodologia de pesquisa, fornece mais contexto, história e significado do que qualquer outra abordagem. Além disso, enquanto outros métodos tendem a suavizar as diferenças entre os casos, a fim de destacar padrões comuns, apenas os estudos de caso focam na singularidade de cada caso. Eles trazem o que os outros deixam escapar. (LUNE; BERG, 2017, p. 180, tradução nossa).

Estudos de caso, em geral, utilizam amostras não probabilísticas e intencionais (COHEN; MANION; MORRISON, 2018), ou seja, selecionam os participantes em função da representatividade e importância que têm para a pesquisa.

O estudo de caso deve utilizar mais de um instrumento para coleta de dados, vários tipos de dados e múltiplas fontes de informação, tais como: observação, entrevistas, documentos diversos, artefatos e material audiovisual. Lune e Berg (2017) apontam diferenças entre as entrevistas em estudos de caso, em que o tema pode ser bastante focado e os entrevistados escolhidos em função de sua conexão particular com o caso, e as entrevistas típicas, em que as questões de pesquisa são mais gerais e os entrevistados escolhidos de um grupo de integrantes potencialmente intercambiáveis de uma população.

Considerando a multiplicidade de dados e fontes utilizada nos estudos de caso, duas armadilhas devem ser evitadas: coletar dados em demasia, que não cheguem a ser analisados; e coletar poucos dados, que não sejam suficientes para a análise. Para evitar esses problemas, além de se constituir como uma boa prática metodológica, uma estratégia é realizar um estudo de caso piloto, em que toda a engrenagem do projeto da pesquisa possa ser avaliada e regulada.

Uma das críticas comuns aos estudos de caso é que são pouco rigorosos. Nesse sentido, como nas outras metodologias que estudamos neste capítulo, o estudo de caso deve demonstrar validade e confiabilidade, o que pode envolver: construção criteriosa dos conceitos e do referencial teórico; uso de múltiplas fontes de informação; triangulação de dados, investigadores, perspectivas, metodologias e instrumentos; encadeamento lógico entre os dados e sua análise e interpretação; confrontação com explicações rivais; avaliação dos resultados do estudo por parte dos participantes; utilização de juízes e avaliadores externos; e reflexividade do pesquisador em relação a possíveis vieses (COHEN; MANION; MORRISON, 2018).

Como vimos, a análise e a interpretação em um estudo de caso devem ser profundas, de maneira similar à noção de "descrição densa" desenvolvida por Geertz (2017). Em geral, a análise dos dados e a interpretação dos resultados envolvem estratégias qualitativas, mas podem também utilizar técnicas estatísticas. A codificação e a categorização, comuns a outras metodologias e que serão trabalhadas em detalhe no capítulo 7, são recursos bastante utilizados em estudos de caso.

A organização dos dados é essencial como pressuposto para a análise e a interpretação dos resultados. Assim como já propusemos em outros momentos do livro, você pode, inicialmente, brincar livremente com os dados, buscando identificar relações e padrões. Cohen, Manion e Morrison (2018) e Yin (2018) propõem estratégias e técnicas específicas para serem utilizadas na análise, na interpretação e na redação dos resultados de estudos de caso, dentre as quais podem ser mencionadas:

a) elaborar um resumo narrativo;
b) utilizar uma estrutura geral para descrever o caso, com divisões das partes, por exemplo, em função de conceitos ou temas importantes;
c) utilizar uma série temporal ou cronológica como base para a análise e a redação;
d) fundamentar-se em um modelo lógico que sirva de explicação geral para o caso, para estabelecer um encadeamento entre fenômenos e eventos;
e) tratar os dados do "zero", utilizando o método indutivo, possibilitando, assim, que os dados guiem a análise;
f) utilizar os resultados da revisão de literatura e o referencial teórico como guias da análise e da interpretação;
g) avaliar hipóteses propostas antecipadamente;
g) propor uma explicação para o caso, envolvendo causa e efeito;
h) examinar explicações rivais;
i) fazer uma síntese cruzada, quando forem analisados casos múltiplos.

Um caso único pode ser escolhido: por ser comum, representando o que ocorre, de maneira geral, em outros casos; por ser peculiar, divergindo do que ocorre em outros casos; ou mesmo por ser revelador de uma situação desconhecida. Um estudo pode também avaliar mais de uma unidade do mesmo caso, além de avaliar múltiplos casos.

Em um estado de caso múltiplo, pode-se, em primeiro lugar, analisar os casos separadamente, para depois fazer a análise cruzada, quando se procuram descrições ou explicações que sejam adequadas a todos os casos.

Outra crítica comum feita a estudos de caso é que não seria possível generalizar seus resultados. É possível, todavia, conceber que múltiplos estudos de caso formem um conjunto de dados que permita a generalização de seus resultados. Mas Yin (2018) defende que, em estudos de caso, não deveríamos pensar na generalização estatística dos seus resultados, de amostras a populações, mas no que ele chama de generalização analítica, que envolve hipóteses, lições aprendidas e teorias, que podem ser aplicadas na reinterpretação de resultados de estudos existentes e de outras situações concretas, ou na definição de novas pesquisas, focando em situações concretas adicionais. A generalização analítica pode, inclusive, envolver novos conceitos que tenham surgido com o estudo de caso, como, por exemplo, novas classificações de estratificação social ou explicações diferentes do padrão para determinados problemas. Casos, portanto, não deveriam ser compreendidos como amostras (muitas vezes, há apenas um caso) que possam ser generalizadas estatisticamente, mas como oportunidades de avançar em análises, interpretações e teorias.

Estudos de caso são extensamente utilizados em educação, incluindo na avaliação de cursos e programas. André (2019), por exemplo, além de discutir o conceito e os fundamentos do estudo de caso qualitativo em educação, apresenta exemplos da avaliação do Programa de Formação de Professores em Exercício (PROFORMAÇÃO). Estudos de caso podem trazer contribuições valiosas ao explorarem, descreverem e mesmo explicarem a complexidade dos problemas da educação:

> Se o interesse é investigar fenômenos educacionais no contexto natural em que ocorrem, os estudos de caso podem ser instrumentos valiosos, pois o contato direto e prolongado do pesquisador com os eventos e situações investigadas possibilita descrever ações e comportamentos, captar significados, analisar interações, compreender e interpretar linguagens, estudar representações, sem desvinculá-los do contexto e das circunstâncias especiais em que se manifestam. Assim, permitem compreender não só como surgem e se desenvolvem esses fenômenos, mas também como evoluem num dado período de tempo. (ANDRÉ, 2019, p. 97).

Nesse sentido, o caso pode ser um aluno, um professor, uma atividade, uma disciplina, um curso on-line, uma classe, um programa, uma escola ou instituição de ensino superior, e assim por diante, na sua dinâmica e no seu contexto cotidianos e naturais. Assim, os estudos de caso podem ser conduzidos para orientar a tomada de decisões por parte de formuladores de políticas educacionais, profissionais e pesquisadores.

5.6.5. Pesquisa-ação

A expressão pesquisa-ação é bastante utilizada, mas são também empregadas variantes com menor frequência, às vezes, inclusive, com significados distintos, como: pesquisa participante, pesquisa participativa, pesquisa-ação participante, pesquisa-ação participativa, pesquisa-ação colaborativa, pesquisa-ação crítica e pesquisa-formação, dentre outras. Exploraremos e compararemos o sentido dessas expressões nesta seção.

Creditam-se as origens da pesquisa-ação ao trabalho sobre conflitos sociais e relações em grupos do psicólogo alemão Kurt Lewin (1890-1947). Suas ideias são apropriadas por outras áreas, como a educação, servindo de fundamento, por exemplo, para os docentes pesquisarem e modificarem suas próprias práticas. Esse uso se amplia ainda mais, passando a incluir a formação de professores e a elaboração de currículos. Desenvolve-se também, especialmente na América Latina, uma vertente mais participativa e emancipatória, voltada à educação popular e de adultos (ANDRÉ, 2013; CRESWELL; GUETTERMAN, 2019).

Existem diferentes correntes de pesquisa-ação, como veremos, com algumas concepções distintas. Entretanto, pode-se considerar que todas pressupõem uma orientação para a prática, na forma de um ciclo que abrange: a identificação de um problema ou uma área para desenvolvimento, o planejamento de uma ação ou intervenção para transformar a realidade, a implementação do plano de ação e a avaliação e reflexão sobre os resultados. Esse ciclo envolve o monitoramento e a reflexão em todas as etapas, configurando-se como uma espiral de planejamento, ação e avaliação, novo planejamento e assim por diante.

Várias pesquisas acabam por modificar a realidade; entretanto, na pesquisa-ação, a transformação é um objetivo principal e intencional, esperando-se que seja duradoura, não apenas pontual. Além disso, o processo envolve o acompanhamento das atividades, ações e decisões dos participantes. Outras características, como a pesquisa da própria prática por parte do profissional, a colaboração e cooperação entre o pesquisador e os participantes, uma perspectiva crítica e uma orientação política, variam em função dos diferentes tipos de pesquisa-ação, conforme discutiremos (COHEN; MANION; MORRISON, 2018; MERRIAM; TISDELL, 2016; THIOLLENT, 2011).

Como a própria expressão indica, a pesquisa-ação deve envolver uma combinação entre pesquisa e ação, ou seja, deve ser guiada simultaneamente por objetivos de conhecimento (estudo) e práticos (intervenções). É possível argumentar que toda pesquisa pressupõe ou gera algum tipo de ação; entretanto, a pesquisa-ação procura preencher uma lacuna entre essas duas atividades: a própria pesquisa é concebida como ação, orientada para a ação, com o objetivo consciente de modificar ou aperfeiçoar algum aspecto da realidade (BOGDAN; BIKLEN, 2007; COHEN; MANION; MORRISON, 2018; LUNE; BERG, 2017; THIOLLENT, 2011). Nesse sentido, pode ser denominada pesquisa "mão na massa" (DENSCOMBE, 2014 apud COHEN; MANION; MORRISON, 2018, p. 441, tradução nossa). Todavia, como ressalta Thiollent (2011), uma pesquisa que se limitasse apenas à ação correria o risco de se tornar puro ativismo: a pesquisa-ação deve buscar, também, a ampliação do conhecimento dos pesquisadores e dos participantes.

> Para que não haja ambiguidade, uma pesquisa pode ser qualificada de pesquisa-ação quando houver realmente uma ação por parte das pessoas ou grupos implicados no problema sob observação. Além disso, é preciso que a ação seja uma ação não trivial, o que quer dizer uma ação problemática merecendo investigação para ser elaborada e conduzida. (THIOLLENT, 2011, p. 15).

Ao ordenarmos os tipos de pesquisa-ação por seu nível de complexidade, é inicialmente importante notar que a Resolução 510 (CNS, 2016), que dispõe sobre as normas éticas aplicáveis a pesquisas em ciências humanas e sociais, considera que não deve ser registrada nem avaliada pelo sistema CEP/CONEP "[...] pesquisa que objetiva o aprofundamento teórico de situações que emergem espontânea e contingencialmente na prática profissional, desde que não revelem dados que possam identificar o sujeito". Seriam, por exemplo, as pesquisas informais e pontuais que os próprios professores realizam no cotidiano da sala de aula para resolver algum problema ou aperfeiçoar alguma prática, sem planejamento sistematizado nem coleta de dados sistematizados. Este caso, ao contrário, por exemplo, da pesquisa-formação, que discutiremos nesta seção, poderia ser classificado como um nível preliminar de pesquisa, tanto que seu projeto não precisa ser apreciado por um comitê de ética.

Um segundo nível seria a pesquisa que envolve a observação participante, em que o pesquisador participa mais ativamente da investigação do que um observador não participante. Nesse caso, não precisa haver, necessariamente, algum tipo de ação, nem uma orientação crítica e política. Esse tipo de pesquisa participante, mesmo procedendo "[...] de uma mesma busca de alternativas ao padrão de pesquisa convencional", não seria considerado necessariamente pesquisa-ação: "[...] a pesquisa-ação, além da participação, supõe uma forma de ação planejada de caráter social, educacional, técnico ou outro, que nem sempre se encontra em propostas de pesquisa participante" (THIOLLENT, 2011, p. 7).

Dentre as diferentes concepções de pesquisa-ação, há ainda uma mais técnica e menos crítica, projetada para melhorar os resultados de problemas locais e práticas específicas, e, assim, tornar uma situação existente mais eficiente e eficaz (COHEN; MANION; MORRISON, 2018; CRESWELL; GUETTERMAN, 2019). Nessa direção, além de mencionar o uso da metodologia da pesquisa-ação em áreas técnico-organizativas, como no caso das pesquisas sociotécnicas que seguem uma orientação de democracia industrial, principalmente em países do norte europeu, assim como a comunicação e o serviço social, Thiollent (2011) aponta para uma diversificação e ampliação das áreas de sua aplicação, incluindo: direitos humanos, ciências da saúde, ciências ambientais, ergonomia e engenharia da produção, estudos urbanos, desenvolvimento local, economia solidária e práticas culturais e artísticas.

Outro tipo de pesquisa-ação é aquele em que os pesquisadores são também os profissionais e participantes da investigação, parte do mundo social que pesquisam (COHEN; MANION; MORRISON, 2018), estudando sua própria prática, as organizações em que atuam ou seu próprio ambiente de trabalho, o que Glesne e Peshkin (1992 apud CRESWELL; CRESWELL, 2018, p. 184) denominam "pesquisa de quintal" (*backyard research*). O problema que mobiliza a pesquisa, nesses casos, deve ser identificado na prática profissional do pesquisador. Trata-se, portanto, de uma pesquisa autorreflexiva: enquanto em outros tipos de pesquisa, o pesquisador investiga outras pessoas, na pesquisa-ação o pesquisador investiga a si mesmo (McNIFF, 2010 apud COHEN; MANION; MORRISON, 2018). Para Vidal e Silva (2019, p. 42), a pesquisa sobre a própria prática ou no ambiente de trabalho permite a explicitação de estratégias individuais e coletivas de formação em serviço e formação continuada, com caráter formal e/ou informal, de modo a ampliar o repertório do campo sobre o entrelaçamento dos estudos sobre Educação aos sobre Trabalho, seja ele no setor da Educação ou em outras atividades profissionais. Esse tipo de investigação promove, ainda, a atitude reflexiva no trabalhador, fomenta o exercício da autoavaliação, aprimora a prática profissional e estimula a identificação e a solução de problemas no ambiente de trabalho, com potencial para extrapolar o estudo de caso e tornar-se experiência piloto a ser replicada ou suscitar políticas públicas.

Nesse sentido, esse tipo de pesquisa-ação é uma prática que tende a transformar a prática do profissional, assim como a compreensão sobre ela, envolvendo um processo de aprendizagem situada: no ambiente de trabalho, sobre o ambiente de trabalho e para o ambiente de trabalho (COHEN; MANION; MORRISON, 2018).

Esse tipo de pesquisa é bastante comum em educação, nos casos em que, por exemplo, professores ou outros profissionais da área atuam como pesquisadores de suas próprias práticas, salas de aula e instituições. Questões ou problemas desafiadores nessas atividades ou nesses ambientes mobilizam a investigação, que pode ter como objetivo implementar um novo método ou uma nova estratégia de ensino, ou, de uma maneira mais geral, aperfeiçoar práticas pedagógicas. Esse exercício de pesquisa-ação pode gerar vários resultados, tais como: uma melhor compreensão e um melhor desempenho nas atividades profissionais dos educadores-pesquisadores; sua transformação em profissionais mais reflexivos, mais conscientes dos problemas da sala de aula e com uma visão mais ampla sobre o processo de ensino e aprendizagem, as instituições de ensino e a sociedade como um todo; e a geração de conhecimentos sobre práticas educacionais e currículos (BOGDAN; BIKLEN, 2007; COHEN; MANION; MORRISON, 2018; CRESWELL; GUETTERMAN, 2019; MERRIAM; TISDELL, 2016).

Esse tipo de pesquisa-ação pode ser um empreendimento mais individual do professor-pesquisador, ou seja, uma investigação autorreflexiva visando aperfeiçoar sua própria prática. Mas são também comuns as pesquisas colaborativas, que podem incluir parcerias com outros professores, pesquisadores, alunos e/ou os demais participantes da investigação. Essas pesquisas podem ser conduzidas em grupo e envolver, por exemplo, a implementação de conselhos ou comitês locais nas escolas e instituições de ensino, buscando o desenvolvimento das organizações ou comunidades e a mudança social (CRESWELL; GUETTERMAN, 2019; MERRIAM; TISDELL, 2016). Caracteriza-se, assim, o último tipo de pesquisa-ação que abordaremos: a pesquisa participante (também chamada de pesquisa participativa, ou, em inglês, *participatory research* ou *participatory action-research*), cujas origens podem ser identificadas na América Latina, por exemplo, na obra e nas ideias de Paulo Freire, mas que se desenvolveu também em outros países.

Nesse tipo de pesquisa participante (que se distingue da mera observação participante do pesquisador, já comentada), desde a identificação dos problemas e a formulação dos objetivos, pressupõe-se a interação, cooperação e colaboração ativa entre os pesquisadores e os participantes (ou copesquisadores), que devem compartilhar o controle sobre todos os passos da investigação, concebida com um design emergente. Nesse sentido, uma das características da pesquisa participante é o compartilhamento dos resultados com os participantes. Na verdade, a separação e mesmo a distinção tradicional entre pesquisadores e pesquisados tende a desaparecer. Assim, a pesquisa participante não pesquisa pessoas: pesquisa com pessoas; não pesquisa grupos: pesquisa com grupos; não pesquisa comunidades: pesquisa com comunidades (BABBIE, 2016; COHEN; MANION; MORRISON, 2018; CRESWELL; GUETTERMAN, 2019; LUNE; BERG, 2017; MERRIAM; TISDELL, 2016; THIOLLENT, 2011).

> A pesquisa participante rompe a separação entre o pesquisador e os participantes; o poder é igualado e, efetivamente, eles podem fazer parte da mesma comunidade. A pesquisa torna-se um empreendimento coletivo e compartilhado em várias esferas, incluindo: interesses de pesquisa, agendas e problemas; geração e análise de dados; equalização de poder e controle sobre os resultados da pesquisa, produtos e usos; desenvolvimento da voz, autoria e propriedade do participante; agendas emancipatórias e objetivos políticos; uma abordagem orientada a processo e resolução de problemas; e responsabilidade ética e comportamento. (COHEN; MANION; MORRISON, 2018, p. 441, tradução nossa).

Assim como nos outros tipos de pesquisa-ação, o objetivo geral da pesquisa participante é aperfeiçoar alguma condição ou situação relacionada ao grupo envolvido na investigação.

> Um dos principais objetivos dessas propostas consiste em dar aos pesquisadores e grupos de participantes os meios de se tornarem capazes de responder com maior eficiência aos problemas da situação em que vivem, em particular sob forma de diretrizes de ação transformadora. Trata-se de facilitar a busca de soluções aos problemas reais para os quais os procedimentos convencionais têm pouco contribuído. Devido à urgência de tais problemas (educação, informação, práticas políticas, etc.), os procedimentos a serem escolhidos devem obedecer a prioridades estabelecidas a partir de um diagnóstico da situação no qual os participantes tenham voz e vez. (THIOLLENT, 2011, p. 14).

Nesse sentido, para muitos autores, além da colaboração ativa dos participantes, a pesquisa participante deve incorporar o referencial teórico do paradigma crítico. Como já dissemos, a pesquisa-ação é a metodologia do paradigma crítico. É possível conceber que pesquisas, de uma forma geral, incluindo a pesquisa-ação e a pesquisa participante, podem ser mais ou menos críticas. E uma pesquisa-ação crítica deve incluir uma ação visando a transformação, enquanto uma pesquisa participante crítica deve incluir a colaboração dos participantes. Mas as pesquisas críticas são hoje bastante comuns, em função do que Lincoln (apud MERRIAM; TISDELL, 2016, p. 59) chamou de virada crítica nas pesquisas qualitativas em ciências sociais, e mais comuns ainda quando se pensa em pesquisa-ação, e especialmente em pesquisa participante.

Assim, a pesquisa-ação participante teria como objetivos principais analisar, criticar, desafiar e modificar as relações de poder com base em estruturas sociais de gênero, classe, orientação sexual e raça, por exemplo, transformando a prática em práxis (COHEN; MANION; MORRISON, 2018; MERRIAM; TISDELL, 2016).

São feitas perguntas sobre quais interesses estão sendo atendidos pela forma como o sistema educacional é organizado, quem realmente tem acesso a programas específicos, quem tem o poder de fazer mudanças e quais resultados são produzidos pela maneira como a educação é estruturada. (MERRIAM; TISDELL, 2016, p. 61, tradução nossa).

A pesquisa participante procura, em geral, empoderar e dar voz a grupos marginalizados e oprimidos, de maneira que possam conduzir mudanças sociais significativas e de maneira contínua. Para esses objetivos, podem ser utilizadas diversas referências, como teorias feministas, pós-coloniais, *queer*, da raça e da deficiência, dentre outras, inclusive para a reflexão crítica sobre os resultados das investigações.

Além disso, quase sempre a pesquisa participante assume um viés político. A pesquisa participante é mais política do que a pesquisa-ação técnica, incluindo uma intenção assumidamente emancipatória. Procura influenciar no processo político e promover mudanças nas práticas sociais dos indivíduos, das instituições, das sociedades e das culturas em que estão inseridos, com ênfase na tomada de consciência por parte dos participantes e na maximização da justiça social (BABBIE, 2016; BOGDAN; BIKLEN, 2007; COHEN; MANION; MORRISON, 2018; CRESWELL; GUETTERMAN, 2019). Para Thiollent (2011, p. 20),

> muitos partidários restringem a concepção e o uso da pesquisa-ação a uma orientação de ação emancipatória e a grupos sociais que pertencem às classes populares ou dominadas. Nesse caso, a pesquisa-ação é vista como forma de engajamento sócio-político a serviço da causa das classes populares. Esse engajamento é constitutivo de uma boa parte das propostas de pesquisa-ação e pesquisa participante, tais como são conhecidas na América Latina e em outros países do Terceiro Mundo.

Além de Paulo Freire, já mencionado, as ideias de Carlos Rodrigues Brandão, ativamente envolvido na criação de movimentos e centros de cultura popular e organizador dos importantes livros *Pesquisa participante* e *Repensando a pesquisa participante* (ambos pela editora Brasiliense), também contribuíram para o desenvolvimento da concepção de uma pesquisa com caráter mais político no Brasil. Fora do Brasil, são influências importantes o marxismo e a teoria crítica da Escola de Frankfurt.

A pesquisa participante pode ser realizada em diversas situações na educação, como, por exemplo, em programas de alfabetização para trabalhadores rurais. Em estudos de caráter mais político, seus objetivos podem envolver "[...] empoderar, transformar e emancipar indivíduos em ambientes educacionais" (CRESWELL; GUETTERMAN, 2019, p. 22, tradução nossa).

> A pesquisa-ação participativa se distingue não apenas por sua metodologia (participação coletiva) e seus resultados (democracia, voz, emancipação), mas por suas áreas de foco (desigualdades de poder, agendas de base para mudança e desenvolvimento, por exemplo, desigualdade educacional, exclusão social, sexismo e racismo na educação, impotência na tomada de decisões, descontentamento do aluno com um currículo socialmente reprodutivo, elitismo na educação)

e sua intenção de mudar a sociedade e as situações sociais. (COHEN; MANION; MORRISON, 2018, p. 445, tradução nossa).

Nesse sentido, Creswell e Guetterman (2019, p. 592, tradução nossa) defendem que a pesquisa-ação participativa

> [...] distingue-se por incorporar um objetivo emancipatório de aprimorar e empoderar indivíduos e organizações em ambientes educacionais (e outros). Aplicada à educação, o foco está em melhorar e empoderar indivíduos em escolas, sistemas de educação e comunidades escolares. (CRESWELL; GUETTERMAN, 2019, p. 592, tradução nossa).

E, na educação, teria ainda um caráter mais colaborativo e social do que individual ou técnico, esperando-se a geração de resultados práticos para os ambientes em que são realizadas as investigações:

> Em vez de se concentrar em professores individuais resolvendo problemas imediatos da sala de aula ou escolas abordando questões internas, a pesquisa-ação participativa tem uma orientação social e comunitária e uma ênfase na pesquisa que contribui para a emancipação ou mudança em nossa sociedade. (CRESWELL; GUETTERMAN, 2019, p. 592, tradução nossa).

O Quadro 8 resume as características dos tipos de pesquisa-ação que procurarmos ordenar nos parágrafos anteriores.

QUADRO 8 — **Níveis de pesquisa-ação**

Denominação	Características
Pré-pesquisa	Prática profissional. Não precisa ser submetida à Plataforma Brasil.
Observação participante	Não há ação.
Técnica	Problemas locais e práticas específicas.
Prática profissional	Pesquisadores são profissionais e participantes da investigação.
Prática educacional	Professores; pesquisa-formação.
Pesquisa participante	Paradigma crítico, emancipatória, transformação, compartilhamento dos resultados com os participantes.

Fonte: os autores.

Espera-se que uma pesquisa-ação, em qualquer uma das concepções discutidas nesta seção, elabore o planejamento e implemente uma intervenção que vise a transformação de determinada situação, a partir de sua compreensão adequada. Entretanto, não se espera, necessariamente, que o planejamento dessa intervenção seja rigidamente estruturado, envolvendo, por exemplo, uma revisão sistemática da literatura e objetivos, questões e hipóteses claramente definidos. Admite-se, ao contrário, um design mais flexível, característico das pesquisas qualitativas, mas envolvendo a reflexão e avaliação em todo o processo.

A pesquisa-ação parte de um problema prático, com o objetivo geral de obter uma solução para esse problema. Envolve, como as demais metodologias estudadas neste capítulo, o ciclo da pesquisa proposto neste livro, não prescindindo de planejamento. Questões, por exemplo, podem ser desenvolvidas em grupo. Tanto esse caráter colaborativo da pesquisa-ação como a participação mais ativa do pesquisador, incluindo as situações em que atua como profissional-pesquisador, geram problemas éticos específicos, como, por exemplo, a definição da propriedade dos dados gerados pela pesquisa, questões relacionadas a confidencialidade e a possibilidade de viés.

Além disso, mesmo com o predomínio das abordagens qualitativas, uma pesquisa-ação pode utilizar uma abordagem quantitativa — "[...] a ênfase dada aos procedimentos argumentativos não exclui os procedimentos quantitativos" (THIOLLENT, 2011, p. 44) — ou mesmo métodos mistos. A pesquisa-ação é metodologicamente eclética, assim como o estudo de caso, tanto que é comum a combinação entre as duas metodologias — desde que não se trate primordialmente de uma intervenção, ou simplesmente de dados coletados. Embutida na pesquisa-ação, pode estar também uma pesquisa etnográfica, um *survey* ou um delineamento experimental ou quase-experimental (COHEN; MANION; MORRISON, 2018) — no fundo, a pesquisa-ação não deixa de ser uma experimentação, mas no campo e desvinculada do paradigma positivista, sempre com o objetivo de produzir mudanças sociais. McNiff (2007), por sua vez, procura mostrar as relações entre a pesquisa narrativa e a pesquisa-ação. Cohen, Manion e Morrison (2018) apontam, inclusive, do ponto de vista de referencial teórico, afinidades entre a pesquisa-ação e a teoria da complexidade.

Além do ecletismo metodológico, a pesquisa-ação pode também utilizar uma variedade de instrumentos e estratégias para coleta de dados, além de grupos focais e entrevistas, que são bastante utilizados, tais como: observação, questionários, diários de campo, documentos, registros, fotografias, áudio, vídeo, sociometria, escalas de classificação, sociodramas, biografias e relatos (COHEN; MANION; MORRISON, 2018; THIOLLENT, 2011).

Na pesquisa-ação, apesar de os locais de investigação e os participantes poderem ser escolhidos por amostragem aleatória, tende a ser mais utilizada a amostragem intencional, procurando incluir os participantes mais relevantes na situação ou na instituição, sem, necessariamente o intuito de representar uma população mais ampla (COHEN; MANION; MORRISON, 2018). Já os critérios de validade estariam fundamentados no processo de verificações constantes incorporado à investigação, que garante que os dados sejam significativos em seu contexto e que as interpretações sejam reconhecíveis pelos participantes (LUNE; BERG, 2017).

Apesar de a pesquisa-ação pressupor reflexão e avaliação durante todo o processo, como uma ação tende a ser planejada e implementada para resolver um problema ou aperfeiçoar uma situação, deve ser seguida por uma avaliação e interpretação dos seus resultados na prática, o que acaba gerando um novo planejamento, e assim por diante, em um movimento espiral, como já vimos (COHEN; MANION; MORRISON, 2018; LUNE;

BERG, 2017; MERRIAM; TISDELL, 2016). Entretanto, assim como nos estudos de caso, não se deve esperar que esses resultados, assim como suas análises e interpretações, possam ser generalizados, como concebemos a generalização estatística. Para Thiollent (2011), a aplicação do conhecimento disponível para a resolução de problemas práticos e a formulação de planos de ação envolveria o movimento de particularização, concretizado por meio da interação entre o saber formal dos pesquisadores e o saber informal dos participantes:

> Numa concepção da pesquisa-ação voltada para a construção ou a reconstrução, na área educacional ou outra, o conhecimento disponível (e em parte gerado na ocasião da investigação) é aplicado a problemas ou ações particulares. O primeiro passo consiste numa particularização. Em seguida, a partir das dificuldades e soluções encontradas em várias situações, podemos imaginar um segundo passo no sentido de uma generalização. (THIOLLENT, 2011, p. 112).

Como já dissemos, espera-se que os resultados de uma pesquisa-ação sejam compartilhados com os participantes e os membros do grupo, da instituição e/ou da comunidade onde foi realizada. Isso significa que, além do relatório escrito, que deve ser divulgado publicamente, pode ser feita, por exemplo, uma apresentação oral dos resultados da pesquisa. E é importante, também, que os dados sejam preservados, para que a própria comunidade, e mesmo outros pesquisadores, possam usufruir e construir mais conhecimentos a partir deles. Especificamente quanto ao texto escrito, admite-se uma escrita menos acadêmica e mais descritiva e narrativa, ressaltando-se como a pesquisa contribuiu para a prática, a mudança e a ampliação do conhecimento do pesquisador, dos participantes e do contexto em que estão inseridos.

Jean McNiff é autora de diversos livros sobre pesquisa-ação e tem um site com informações e recursos (https://www.jeanmcniff.com/). *Educational Action Research* é um periódico focado na metodologia.

A pesquisa-ação tem uma ampla gama de aplicações em educação. Pode ser realizada por um educador-pesquisador, um educador e um pesquisador, ou um grupo de educadores e pesquisadores. Tem sido usada em formação de professores, currículo, gestão escolar e desenvolvimento e avaliação de metodologias de ensino e programas em escolas e instituições de ensino superior. "Na área educacional, em diversos países, existe uma tradição de pesquisa participativa e de pesquisa-ação em matéria de formação de adultos, educação popular, formação sindical, etc." (THIOLLENT, 2011, p. 84). No Brasil, há um sólido movimento de pesquisa-formação, e o livro de Santos (2019) explora esse tipo de pesquisa no contexto da cibercultura.

5.6.6. Grounded theory

O marco inicial da metodologia da teoria fundamentada (*grounded theory*) é o livro dos sociólogos Glaser e Strauss, *Discovery of grounded theory: strategies for qualitative research*, publicado em 1967. Em vez de testar teorias, sua proposta é gerar teorias a partir dos dados.

Há diferentes correntes de teoria fundamentada, de mais sistemáticas a mais emergentes e flexíveis, que, por sua vez, combinam paradigmas heterogêneos, como positivismo, construtivismo, pós-modernismo, pragmatismo e interacionismo simbólico. Prigol e Behrens (2019), por exemplo, apresentam em língua portuguesa a perspectiva construtivista da *grounded theory*. Algumas características e estratégias, entretanto, podem ser consideradas comuns a todas essas correntes, dentre as quais: amostragem teórica, método de análise comparativa, codificação e categorização, que discutiremos nesta seção.

Como a proposta é que a teoria emerja dos dados, há um debate sobre a necessidade e a função da revisão de literatura no início de uma pesquisa do tipo *grounded theory*, que poderia direcionar a visão do pesquisador. Dessa forma, a revisão de literatura poderia ser realizada mais no final do ciclo, após a coleta dos dados, para contribuir com a análise ou mesmo possibilitar a comparação da teoria produzida com outras perspectivas, colaborando, assim, para seu refinamento e mesmo sua validação.

Já discutimos a defesa de Merton (1968) de que as teorias de médio alcance, ao contrário das macroteorias e das hipóteses de trabalho, são essenciais para o desenvolvimento da sociologia. A teoria fundamentada, por sua vez, é considerada uma metodologia adequada para o desenvolvimento de teorias de médio alcance, com utilidade prática para abordar processos e mudanças. Como a teoria gerada é baseada nos dados coletados pelo pesquisador, não tem aplicabilidade ou escopo amplo, como as teorias gerais sobre a motivação na educação, nem é uma hipótese pontual de trabalho, como uma explicação para o comportamento dos alunos em uma sala de aula. O objetivo é construir teorias fundamentadas que expliquem ações, atividades, interações, eventos ou processos por meio de procedimentos específicos de coleta e análise de dados (CRESWELL; GUETTERMAN, 2019; MERRIAM; TISDELL, 2016).

> Como a teoria é "fundamentada" nos dados, fornece uma explicação melhor do que uma teoria "de prateleira", porque se ajusta à situação, funciona realmente na prática, é sensível aos indivíduos em um ambiente e pode representar toda a complexidade efetivamente encontrada no processo. Por exemplo, no estudo de certas populações educacionais (como crianças com distúrbios de atenção), as teorias existentes podem ter pouca aplicabilidade a populações especiais. (CRESWELL; GUETTERMAN, 2019, p. 434, tradução nossa).

Assim, Patton (2015, p. 109, tradução nossa) formula a seguinte questão central de pesquisa: "Qual teoria, fundamentada no trabalho de campo, emerge da análise comparativa sistemática para explicar o que foi observado?". Diferentemente, portanto, das metodologias hipotético-dedutivas, em que as teorias são utilizadas para gerar hipóteses a serem testadas por meio de observações, a teoria fundamentada é, de forma geral, uma metodologia indutiva que procura gerar teorias a partir da comparação constante entre observações (BABBIE, 2016). Nesse sentido, mesmo admitindo a abordagem quantitativa, o uso da *grounded theory* se expandiu como uma abordagem qualitativa.

Na teoria fundamentada, a coleta de dados é guiada pelo procedimento de amostragem teórica, ou seja, a amostra da pesquisa é escolhida intencionalmente em função de sua relevância para a teoria que está sendo construída. O processo da coleta de dados — assim como outras etapas da pesquisa — são controlados pela teoria emergente, de forma que a codificação e a análise dos dados são realizadas simultaneamente (GLASER; STRAUSS, 2006).

Assim, além das decisões relativas à coleta inicial dos dados, as fases seguintes da coleta não poderiam ser planejadas antes da teoria emergente. E os critérios básicos que governam a escolha dos grupos para a comparação são a finalidade e a relevância teórica, ou seja, a contribuição que possam dar para o desenvolvimento das categorias emergentes. Há na pesquisa fundamentada, portanto, uma lógica para a inclusão contínua dos grupos.

Para Glaser e Strauss (2006), essa estratégia contrastaria com um planejamento previamente estruturado, que poderia conduzir a pesquisa a direções irrelevantes e mesmo armadilhas. No caso, por exemplo, de o pesquisador enfrentar contingências imprevistas em sua investigação, ele poderia não conseguir ajustar seus procedimentos de coleta de dados ou mesmo redesenhar o planejamento como um todo; ao contrário, poderia ser forçado a dar seguimento ao projeto de pesquisa prescrito, independentemente da precariedade dos dados coletados.

Além disso, o critério para determinar a interrupção da amostragem dos diferentes grupos pertinentes a uma categoria, na teoria fundamentada, é sua saturação teórica, que significa que não está mais sendo encontrado nenhum dado adicional que possa contribuir para o desenvolvimento das propriedades da categoria. Isso também marca uma diferença da *grounded theory* em relação às pesquisas de abordagem mais quantitativas:

> É importante contrastar a amostragem teórica baseada na saturação de categorias com a amostragem estatística (aleatória). Suas diferenças devem ser mantidas com clareza na mente, tanto para planejar pesquisas, quanto para avaliar sua credibilidade. A amostragem teórica é utilizada para descobrir categorias e suas propriedades, assim como para sugerir interrelações em uma teoria. A amostragem estatística é utilizada para obter evidências precisas sobre a distribuição de pessoas entre as categorias a serem usadas em descrições ou verificações. (GLASER; STRAUSS, 2006, p. 62, tradução nossa).

Na amostragem estatística, o pesquisador deve continuar a coleta de dados independentemente do nível de saturação identificado. Na verdade, a noção de saturação é irrelevante nesse tipo de pesquisa, embora seja essencial na teoria fundamentada.

A estratégia de coleta de dados mais utilizada na teoria fundamentada é a entrevista. Para a saturação das categorias, Creswell e Guetterman (2019) e Creswell e Poth (2018) sugerem que sejam conduzidas entre 20 e 30 entrevistas, número, entretanto, que pode ser menor, caso sejam utilizadas outras fontes de dados, como, por exemplo, observações e documentos. O essencial é que o pesquisador permaneça próximo aos dados durante todo o processo da investigação, em um movimento de zigue-zague entre a coleta no campo e a reflexão e análise da teoria emergente, até que seja atingida a saturação das categorias (CRESWELL; POTH, 2018).

O livro de Glaser e Strauss (2006) ressalta o processo de a teoria ser "descoberta" a partir dos dados, de uma maneira ao mesmo tempo sistemática e criativa. Na verdade, pode-se dizer que, na *grounded theory*, a teoria é construída (e não descrita ou aplicada) a partir dos exercícios paralelos e iterativos de coleta e análise de dados, de maneira que a teoria se ajuste aos dados, e não os dados à teoria.

A metodologia é basicamente indutiva, apesar de se admitir, em alguns casos, a dedução e a abdução. Mas o que o que a caracteriza mais intensamente é o método da análise comparativa, que envolve um conjunto de procedimentos de codificação e categorização dos dados que vão sendo coletados para se chegar a teorias. O método envolve a comparação de incidentes dos dados a outros incidentes, incidentes a categorias e categorias a outras categorias (CRESWELL; GUETTERMAN, 2019), até que se alcance a saturação, ou seja, que não se detectem mais variações e novos dados não modifiquem mais a teoria. "Na comparação constante, os dados são comparados em uma variedade de situações, momentos e grupos de pessoas, e por meio de uma variedade de métodos. O processo ressoa com a noção metodológica de triangulação." (COHEN; MANION; MORRISON, 2018, p. 719, tradução nossa). Para Glaser e Strauss (2006, p. 24), "ao comparar onde os fatos são semelhantes ou diferentes, podemos gerar propriedades de categorias que aumentam o poder explicativo e de generalidade das categorias". Como método geral, a análise comparativa serve, por exemplo, para comparar casos e definir as características específicas de um caso a ser estudado, e as que são mais genéricas, similares às de outros casos.

É importante notar que o método comparativo constante de análise pode ser utilizado em diversos tipos de pesquisa, caracterizando a metodologia da *grounded theory* apenas quando uma teoria é construída a partir dos dados. Por isso, direcionamos o leitor ao capítulo 7, em que estudamos os processos de codificação e categorização em detalhes.

Glaser e Strauss (2006) notam que o pesquisador deve ser suficientemente sensível, do ponto de vista teórico, para que possa conceituar e formular uma teoria à medida que essa emerge dos dados. Cohen, Manion e Morrison (2018) apontam a habilidade de tolerar a incerteza (já que não há teoria preconcebida), a confusão e retrocessos (por exemplo, quando os dados refutam uma teoria emergente), evitando a formulação prematura da teoria, mas, por comparação constante, permitir que a teoria final emerja. Uma competência similar ao que Carraher (1993, XXI) define como senso crítico:

> [...] o pensador crítico precisa ter uma *tolerância e até predileção por estados cognitivos de conflito*, em que o problema ainda não é totalmente compreendido. Se ele ficar aflito quando não sabe "a resposta correta", essa ansiedade pode impedir a exploração mais completa do problema.

Assim como no caso das outras metodologias exploradas neste capítulo, é importante refletir sobre a questão da generalização. A teoria gerada pela *grounded theory* foi construída junto aos dados e terminou com a saturação, ou seja, está vinculada, como no estudo de caso, a um fenômeno ou processo específico. Não busca, nesse sentido, explicitamente a generalização estatística. Entretanto, como é uma teoria de médio alcance (e não apenas a análise de um ou alguns casos), pode ser posteriormente testada ou verificada para outros fenômenos ou processos similares.

A teoria gerada pela *grounded theory* pode ser apresentada em textos e artigos de diferentes maneiras: visualmente (por figuras, por exemplo), como narrativas ou histórias, em forma de discussão, um conjunto de hipóteses ou proposições e modelos (CRESWELL; GUETTERMAN, 2019; CRESWELL; POTH, 2018; GLASER; STRAUSS, 2006).

Apesar de ter se originado na sociologia, a teoria fundamentada é hoje utilizada em diversas áreas, inclusive em educação. O *Grounded Theory Review* (http://groundedtheoryreview.com/), por exemplo, é um periódico interdisciplinar internacional focado em pesquisas que utilizam a metodologia.

5.6.7. Survey ou levantamento de campo

O *survey* pode ser considerado um tipo de pesquisa bastante antigo. Babbie (2016), ao traçar seu histórico, retoma uma passagem do Antigo Testamento, em que o Senhor, após uma praga, pediu que Moisés e Eleazar fizessem um censo de toda a comunidade de Israel acima de 20 anos. Cita ainda censos realizados no Antigo Egito, usados pelos governantes para gestão, e menciona que, em 1880, Karl Marx redigiu a enquete operária, enviada para 25.000 trabalhadores franceses para determinar a extensão da sua exploração pelos empregadores, não havendo registro de retorno do questionário.

Na educação, as pesquisas do tipo *survey* são amplamente utilizadas há bastante tempo. Creswell e Guetterman (2019) relatam que as primeiras pesquisas datam de 1817, quando Marc Antoine Jullien de Paris elaborou uma pesquisa internacional comparando sistemas educacionais. Na década de 1890, Granville Stanley Hall utilizou um *survey* para pesquisar crianças, e, em 1907, a Pesquisa de Pittsburgh examinou problemas sociais, incluindo questões educacionais, desde o planejamento de edifícios escolares até a aprendizagem de crianças.

O *survey* ou levantamento de campo é um tipo de pesquisa que interroga diretamente as pessoas envolvidas sobre o que se pretende conhecer, incluindo a solicitação de informações sobre tendências, comportamentos, atitudes, preferências, opiniões, crenças e valores de determinado grupo de pessoas sobre o problema estudado (BABBIE, 2016; COHEN; MANION; MORRISON, 2018; CRESWELL; CRESWELL, 2018; GIL, 2019b). Em relação à abordagem, esse tipo de pesquisa caracteriza-se, basicamente, como quantitativa (CRESWELL; GUETTERMAN, 2019).

> Em geral, *surveys* coletam dados em determinado ponto no tempo com a intenção de descrever a natureza das condições existentes, identificam padrões com os quais as condições existentes podem ser comparadas ou determinam as relações que existem entre eventos específicos. (COHEN; MANION; MORRISON, 2018, p. 334, tradução nossa).

Dentre as principais características do *survey*, destaca-se que é realizada uma coleta de dados originais para descrever grandes populações, tendo como unidade de análise pessoas ou grupos de pessoas. Esse tipo de pesquisa, por se constituir como um levantamento de campo, pode ser utilizado em vários âmbitos e situações, como, por exemplo, no caso de interesses governamentais para identificar a opinião ou o comportamento de determinadas populações, o que pode orientar a tomada de decisões relacionadas a políticas e investimentos públicos. O *survey* também é utilizado em pesquisas de mercado e marketing para conhecer a opinião das pessoas sobre serviços ou produtos. Já foi realizado com mais frequência por carta ou telefone, quando a aleatoriedade é estabelecida pela escolha de endereços ou de contatos da lista telefônica (FOWLER, 2014).

O delineamento mais comum de um *survey* inclui a seleção de uma amostra de respondentes pelo pesquisador para a aplicação de um questionário padronizado (BABBIE, 2016).

Podemos identificar algumas vantagens quando comparamos o *survey* com outros tipos de pesquisa. Uma das vantagens é que os dados são reunidos de uma só vez e de forma padronizada. Outra vantagem é que o *survey* pode ter uma ampla população-alvo, observando as características e os tipos de amostra. No que se refere à análise, podem ser gerados dados numéricos, tornando-se possível o uso de estatística descrita, inferencial e correlações, bem como a manipulação de fatores e variáveis para derivar frequências (COHEN; MANION; MORRISON, 2018).

Apesar das vantagens, há situações em que o uso do *survey* pode ser inadequado. Não cabe seu uso, por exemplo, em situações mais específicas nas quais se tenha a intenção de aprofundar e compreender determinadas relações e motivações, ou quando a pesquisa se volta para um grupo pequeno de participantes. Destacamos ainda que, em muitas situações, o *survey* pode ser uma primeira etapa da pesquisa, e, na sequência, em um recorte populacional menor, podem-se combinar outros tipos de pesquisa para aprofundar a análise e compreender melhor o fenômeno observado.

De acordo Cohen, Manion e Morrison (2018), o *survey* se propõe a coletar dados em um ponto específico do tempo com a intenção de descrever a natureza das condições existentes, identificar padrões com os quais as condições existentes podem ser comparadas ou determinar os relacionamentos que existem entre eventos específicos. Desse modo, Babbie (2016) sugere que o *survey* pode ser usado em pesquisas que têm fins exploratórios, descritivos e explicativos. Em outra classificação, Cohen, Manion e Morrison (2018) sintetizam que esse tipo de pesquisa pode ser:

a) exploratória: quando não há premissas ou modelos postulados e em que relacionamentos e padrões são explorados;
b) confirmatória: envolve a verificação de um modelo, uma relação causal ou uma hipótese;
c) descritiva: volta-se para a descrição de variáveis;
d) analítica: opera com preditores hipotéticos ou variáveis explicativas, testadas quanto à sua influência em variáveis dependentes ou relacionamentos entre variáveis.

Considerando suas funções, destacamos que o *survey* pode ser utilizado tanto para a descrição de um fenômeno, quanto para a identificação de relações entre variáveis. Segundo Creswell e Creswell (2018), o *survey* pode ser usado para ajudar os pesquisadores a responder a três tipos de perguntas:

a) perguntas descritivas (por exemplo, que porcentagem de professores atua no atendimento especializado com crianças com necessidades especiais na escola?);
b) perguntas sobre relações entre variáveis (por exemplo, existe uma associação positiva entre o atendimento especializado na escola e a maior inclusão das crianças com necessidades especiais?);
c) perguntas sobre relacionamentos preditivos entre variáveis ao longo do tempo quando se tem um estudo longitudinal (por exemplo, a oferta do atendimento especializado nos anos iniciais do ensino fundamental prevê maior autonomia aos alunos com necessidades especiais nos anos finais do ensino fundamental?).

Uma classificação dos *surveys* considera o corte temporal da coleta, diferenciando estudos transversais de longitudinais, como já discutimos em outra seção neste capítulo. Os pesquisadores usam desenhos transversais para coletar dados sobre atitudes, opiniões ou crenças atuais em dado momento, para examinar um grupo específico ou comparar dois ou mais grupos educacionais, enquanto pesquisas longitudinais são usadas para estudar indivíduos ao longo do tempo (CRESWELL; GUETTERMAN, 2019).

As pesquisas transversais propõem-se a estudar uma parte de uma população em determinado momento ou ponto no tempo, podendo incluir, na amostra, pessoas de diferentes idades, educação, religião etc. De acordo com Creswell e Guetterman (2019), o *survey* transversal é o tipo mais comum em educação, podendo ser utilizado com diversos objetivos: examinar atitudes, crenças, opiniões ou práticas atuais; comparar dois ou mais grupos educacionais em relação a esses aspectos; medir as necessidades de uma comunidade por serviços educacionais relacionados a programas, cursos, projetos de instalações escolares ou envolvimento nas escolas ou no planejamento da comunidade; avaliar um programa; e realizar uma avaliação em larga escala de alunos ou professores, como um estudo estadual ou nacional envolvendo milhares de participantes.

Já na pesquisa longitudinal, os dados de uma ou mais variáveis são coletados em dois ou mais momentos, permitindo fazer uma medição relacionada a mudanças e suas possíveis explicações (MENARD, 2008). Assim, esse tipo de pesquisa é indicado para investigar mudanças que ocorrem ao longo do tempo.

Surveys longitudinais podem ser prospectivos e retrospectivos. Os últimos são baseados em relatos históricos feitos por participantes convidados a lembrar aspectos de suas vidas, enquanto os primeiros coletam informações sobre eventos no momento em que estão acontecendo (RUSPINI, 2002).

Existem diferentes tipos de pesquisa e diversos métodos que podem ser usados para coletar dados longitudinalmente. Como já vimos em outra seção deste capítulo, os delineamentos mais usados são:

a) estudos repetidos (de tendência), que são realizados regularmente, usando uma amostra bastante diferente ou completamente nova;
b) estudos longitudinais prospectivos (de painel), que coletam dados repetidamente com os mesmos sujeitos ao longo de um período;
c) estudos longitudinais de coorte, que realizam coletas repetidas com um grupo que possui características específicas, sem necessariamente envolver os mesmos sujeitos (COHEN; MANION; MORRISON, 2018; RUSPINI, 2002).

O Quadro 9 apresenta os tipos de estudos longitudinais apontados.

Quadro 9 — **Tipos de estudos longitudinais**

Tipo	Característica
Estudos repetidos ou de tendência	Analisam diferentes sujeitos de uma mesma população em diferentes momentos
Estudos longitudinais prospectivos ou painel	Coletam periodicamente informações dos mesmos sujeitos em intervalos de tempo
Estudos longitudinais de coorte	Acompanham sujeitos com características específicas por um período de tempo.

Fonte: os autores.

Dentre os três delineamentos apresentados, é possível defender que as pesquisas longitudinais prospectivas ou de painel fornecem os dados mais confiáveis em relação à mudança de um fenômeno, porque são feitas coletas com os mesmos participantes (RUSPINI, 2002) e são considerados mais rigorosos em relação ao seu delineamento e aos seus resultados (CRESWELL; GUETTERMAN, 2019).

No desenho repetido ou de tendência, o pesquisador seleciona uma nova amostra para cada momento de medição, configurando conjuntos de casos diferentes para cada período. A análise da mudança se dá em cortes repetidos dos dados, sendo esse tipo de estudo indicado para examinar mudanças nos valores das variáveis e nos relacionamentos entre as variáveis ao longo do tempo (MENARD, 2008; RUSPINI, 2002).

Esses estudos de tendência envolvem a identificação de uma população e o exame das mudanças que ocorrem nessa população ao longo do tempo (CRESWELL; GUETTERMAN, 2019). Quando pensamos em sua aplicação na educação, esse tipo de estudo pode ter como população, por exemplo, os alunos do último ano do ensino médio, e analisar a tendência de suas atitudes em relação ao prosseguimento de seus estudos na graduação ou em cursos profissionalizantes, coletando dados a cada ano por um período de vários anos. Porém, nessa coleta, a cada ano, diferentes alunos do ensino médio são incluídos na amostra, mas todos representando a mesma população (alunos do ensino médio). Um *survey* com esse delineamento pode ajudar o pesquisador a avaliar como as tendências mudam ao longo do tempo.

Em vez de estudar as tendências de mudanças em uma população, o pesquisador pode estar interessado em identificar um subgrupo, denominado coorte, que possua uma característica definidora comum (CRESWELL; GUETTERMAN, 2019). Assim, um estudo de coorte estipula uma população específica que possui alguma característica definidora, como ano em que nasceu ou ano de formatura em um curso, que é acompanhada ou rastreada por um período, selecionando-se amostras dessa população a cada mensuração, incluindo diferentes membros cada vez (COHEN; MANION; MORRISON, 2018). Nos estudos de coorte, participa da coleta, durante os intervalos de tempo, apenas uma amostra aleatória de indivíduos que experimentaram o mesmo evento na vida. Dessa maneira, grupos da mesma idade podem ser seguidos por várias gerações ao longo do percurso de suas vidas.

Portanto, em um estudo de coorte, o pesquisador identifica uma subpopulação com base em alguma característica específica e, em seguida, estuda essa subpopulação ao longo do tempo. Por exemplo, todos os integrantes da coorte podem possuir a característica comum de terem terminado o ensino médio no ano de 2017, assim a característica específica é o ano de formação. Esse grupo é, então, estudado em 2018, 2019, 2020 e assim por diante, e uma amostra pode incluir os mesmos ou diferentes participantes em cada coleta. Embora os participantes estudados possam ser diferentes a cada coleta, devem ter se formado no ensino médio em 2017 para se qualificarem como representantes do grupo de coorte (CRESWELL; GUETTERMAN, 2019).

De outro modo, no *survey* longitudinal classificado como painel, o pesquisador coleta dados e examina os mesmos participantes em todas as coletas realizadas (CRESWELL; GUETTERMAN, 2019). No exemplo da pesquisa para examinar as atitudes dos egressos do ensino médio que se formaram em 2017, a cada coleta precisariam ser incluídos os mesmos participantes.

Na área de educação, o *survey* pode ser utilizado para descrever tendências, como interesses de uma comunidade escolar em metodologias, recursos e temas, ou mesmo tendências estaduais ou nacionais sobre políticas educacionais, em relação, por exemplo, a transporte escolar, merenda e infraestrutura das escolas. Aplicam-se também pesquisas para determinar as opiniões individuais sobre questões políticas, como os critérios de acesso dos alunos às escolas. Como os *surveys* identificam as crenças e atitudes das pessoas, podem voltar-se, por exemplo, para descrever as crenças de estudantes universitários sobre a educação a distância e a incorporação de tecnologias nos processos de ensino e aprendizagem. Em perspectivas longitudinais, os *surveys* podem ser usados para seguir egressos 5, 10 ou 15 anos após o término da graduação, para acompanhar sua colocação no mercado de trabalho e sua vida profissional (CRESWELL; GUETTERMAN, 2019).

O planejamento do *survey* precisa partir de um objetivo bem delimitado, que possa ser sustentado por objetivos específicos e questões que sejam contempladas nas perguntas que compõem o instrumento para a coleta de dados. Ao mesmo tempo, é preciso determinar qual é a população do estudo, ou seja, a quem se dirige o *survey*, para então definir a melhor estratégia para se realizar a coleta de dados. Na educação, é comum a aplicação de questionários e a realização de entrevistas; porém, a definição de qual estratégia utilizar depende dos objetivos, da população e das condições objetivas para a realização da coleta de dados.

Segundo Fowler (2014), é preciso ter atenção aos procedimentos usados para realizar a pesquisa, para que se garanta maior probabilidade de que o resultado obtido descreva com precisão o que se pretende descrever. Para tanto, alguns aspectos precisam ser observados: a amostragem, a elaboração das perguntas a serem feitas e o modo como a coleta será conduzida.

No *survey*, a amostra é condição importante para que os resultados possam representar a população. Especialmente em um *survey* transversal, sempre que possível, vale selecionar a amostra aleatoriamente, para que configure maior representatividade e que todos os membros da população tenham as mesmas chances de compor e representar a população.

No *survey*, são coletados dados mais quantitativos, que são analisados estatisticamente para descrever tendências sobre respostas a perguntas e para testar questões ou hipóteses de pesquisa (CRESWELL; GUETTERMAN, 2019). Embora, de modo geral, a coleta de dados de um *survey* paute-se na aplicação de questionários ou na realização de entrevistas, podemos observar outras estratégias.

O instrumento utilizado para coleta de dados no *survey* merece atenção especial, pois, em muitos delineamentos, acaba sendo a única fonte de coleta de dados, diferentemente de outras pesquisas que incluem a observação, a realização de intervenções ou a combinação de diferentes tipos de instrumentos para coletar dados. Diante disso, cabe reforçar a importância de se construírem bons instrumentos de pesquisa, considerando aspectos relacionados à confiabilidade e validade, bem como prevendo estratégias como a realização de pré-testes ou a avaliação por juízes. Sugere-se a leitura do capítulo 6, que aborda a coleta de dados e possui uma seção específica sobre questionários.

Antes de começar a construir um instrumento, é válido certificar-se de que não haja instrumentos já desenvolvidos e validados que atendam ao objetivo da pesquisa. Creswell e Guetterman (2019) alertam que, no planejamento da coleta de um *survey*, primeiro é preciso considerar se há algum instrumento de pesquisa já disponível para medir suas variáveis, o qual poderia ser utilizado na íntegra ou modificado.

Os questionários utilizados para a coleta de dados em um *survey* incluem, preferencialmente, questões fechadas, nas quais o respondente escolhe dentre um conjunto de itens ou alternativas. No *survey*, a elaboração das perguntas é parte fundamental da coleta de dados; por isso, é importante ter cuidado na elaboração dos instrumentos. Diante disso, Fowler (2014) observa que é preciso observar o conjunto de objetivos da pesquisa e sua relação com as perguntas, além de ter cuidado na redação, priorizando a clareza e a compreensão do respondente. Para garantir um bom instrumento, é prudente realizar pré-testes para a identificação de questões problemáticas.

O uso da entrevista no *survey* pressupõe um roteiro mais estruturado, de modo geral muito próximo a um questionário. Isso porque as características de um *survey* supõem uma amostra considerável de participantes, o que torna inviável a análise de uma entrevista composta por questões abertas e em uma perspectiva qualitativa, pois a quantidade de dados gerados e transcritos tornaria muito difícil sua análise. Esse formato de entrevista cria alguns desafios à condução da pesquisa, que levam à necessidade de contar com um grupo de entrevistadores e supõem um treinamento prévio para a realização da coleta, observando algumas recomendações para a realização de entrevistas. Babbie (2016, p. 269, tradução nossa), ao tratar do *survey* por entrevista, pontua algumas recomendações:

> [...] o entrevistador não pode adquirir familiaridade folheando o questionário duas ou três vezes. Ele deve estudá-lo cuidadosamente, pergunta por pergunta, e praticar a leitura em voz alta.Em última análise, o entrevistador deve ser capaz de ler os itens do questionário para os respondentes sem erros, sem tropeçar em palavras e frases.

Assim, o entrevistador precisa seguir as questões previstas na entrevista, e, quando essas questões são fechadas, apresentar oralmente as opções para que o entrevistado escolha sua resposta. As questões fechadas podem ter um conjunto de alternativas ou solicitar que o entrevistado manifeste seu nível de concordância em relação a uma afirmação, indicando, por exemplo, se concorda totalmente, concorda parcialmente, nem concorda nem discorda, discorda parcialmente ou discorda totalmente.

Fazendo uso de questionários ou entrevistas, esse tipo de pesquisa tem pessoas individuais como as principais unidades de análise e apoia-se em grandes amostras, como censos ou pesquisas de opinião. Assim, o *survey* é utilizado por pesquisadores que estão interessados na coleta de dados originais para descrever uma população muito grande; entretanto, é preciso priorizar uma amostragem probabilística que possa ser representativa da população (BABBIE, 2016).

Além de questionário e entrevista, o *survey* pode combinar dados nominais sobre os participantes com outros tipos de dados ordinais e intervalares, como resultados de escalas de atitude ou testes (COHEN; MANION; MORRISON, 2018).

Portanto, dois aspectos são fundamentais no *survey*: a amostra e o instrumento de coleta. A amostra, quando não probabilística, pode influenciar o resultado da pesquisa. Suponhamos que uma pesquisa pretenda saber a opinião de professores sobre o uso de redes sociais como um recurso pedagógico, em que a população são os professores que atuam no ensino fundamental. Se divulgo o questionário apenas nas redes sociais, terei apenas a opinião dos professores que utilizam essas redes, sem necessariamente constituir uma amostra representativa de toda a população de professores, pois muitos podem não ter perfil na rede. Essa estratégia, então, pode favorecer que apenas professores que conhecem e estão mais familiarizados com as redes sociais manifestem sua opinião. Outro aspecto que pode direcionar o resultado é a forma como as questões são apresentadas, seja em um questionário ou em uma entrevista, o que pode influenciar as respostas. Se uma questão pretende saber qual é a opinião sobre as redes, várias perguntas podem ser feitas, como: "Para você, o uso das redes sociais pode contribuir com a educação?" ou "Para você, qual é a vantagem do uso das redes sociais na educação?". Observe que, na segunda questão, já se está supondo que há uma vantagem, o que pode direcionar a resposta do entrevistado. Nesse sentido, Babbie (2006) reforça que um *survey* útil e confiável começa com a formulação de boas questões.

Um *survey* pode ser aplicado por telefone, quando as pessoas são entrevistadas por meio de uma ligação telefônica. Esse formato já foi muito utilizado, mas também muito criticado, porque incluía na amostra apenas pessoas que tinham telefone, o que poderia levar a um enviesamento da pesquisa (BABBIE, 2016). Apesar de o telefone estar hoje mais acessível à população em geral, outros problemas mais contemporâneos são descritos por Babbie (2016), como a diminuição da taxa de respostas por telefone, devido à disseminação de serviços de telemarketing e o uso de secretárias eletrônicas, o que levou à maior recusa à participação e dificuldades para entrar em contato direto com os entrevistados.

Atualmente, com o uso cada vez mais frequente da internet para a realização da coleta de dados em *surveys*, há outras estratégias para a seleção das amostras e a aplicação do questionário ou condução das entrevistas. Fowler (2014) descreve que, como muitas pessoas podem ser recrutadas para participar, podem dar respostas iniciais ao questionário, abrangendo muitas características, que podem posteriormente ser utilizadas para criar a amostra. Entretanto, cabe reforçar que nenhum participante que não utilize a internet ou não se voluntarie a participar será incluído.

A elaboração dos questionários para aplicação on-line em *surveys* pode utilizar diferentes plataformas de pesquisa (ver site do livro) as quais oferecem ferramentas e recursos para a elaboração do questionário e geram um link para sua divulgação. A partir do acesso a esse endereço, é possível responder ao questionário, e as plataformas guardam os dados coletados, sendo que algumas apresentam alguns tipos de análises descritivas com gráficos. Há a opção de baixar a base de dados gerada para realizar as análises em algum software de apoio à análise estatística. O *survey* on-line agrega vantagens que vão além da redução de custo com o envio do questionário ou o deslocamento de pesquisadores, como ambientais, por não fazer uso de papel para impressão.

Os *surveys* pela internet se tornaram muito populares devido às facilidades para a construção de instrumentos on-line e sua divulgação, e porque são econômicos, pois muitas plataformas de pesquisa fornecem gratuitamente um conjunto de serviços. Por outro lado, há novos desafios, como menos controle em relação à disseminação e aos participantes da pesquisa. Outro desafio refere-se à amplitude que uma pesquisa pode ganhar, em função da facilidade de divulgação e acesso, o que pode gerar dificuldades em relação a interpretações interculturais ou linguísticas dos itens da pesquisa que podem comprometer a validade das respostas ou afetar os participantes (RONI; MERGA; MORRIS, 2020). Outros aspectos referem-se ao uso de smartphones e tablets, que têm tamanhos de tela específicos e tornam o acesso às informações mais imediato e rápido, o que precisa ser considerado quando um participante clica no link da pesquisa nesses dispositivos, o que exige que o design do *survey* seja compatível com diferentes formatos de tela.

Como a pesquisa on-line se desenvolve e modifica muito rapidamente, Babbie (2016) indica a consulta a uma associação e a dois periódicos para se atualizar em relação ao *survey* on-line: *American Association for Public Opinion Research* (AAPOR), *Public Opinion Quarterly* (POQ) e *Journal Survey Practice*, que, mesmo que não tratem especificamente de *survey* on-line, têm uma quantidade expressiva e crescente de publicações que abordam esse tipo de pesquisa.

Toda pesquisa envolve uma série de decisões, com potencial para aprimorar ou prejudicar a confiabilidade e a validade dos resultados obtidos. Várias decisões vão sendo tomadas ao longo das etapas de planejamento. Dentre as decisões que precisam ser tomadas, destaca-se a definição da população e a seleção da amostra, considerando o tamanho, a aleatoriedade, as estratégias para a composição da amostra e a taxa de respostas obtida na coleta (FOWLER, 2014).

Outras decisões envolvem a construção do instrumento para a coleta e os procedimentos a serem utilizados para sua realização. Como já reforçado, a coleta de dados, seja por meio de questionários autoadministrados em papel ou digitalmente, assim como a realização de entrevistas, precisa considerar os procedimentos de validação que incluem o pré-teste e o piloto. Nas entrevistas, cabe considerar o modo como os registros das respostas serão feitos, se serão gravadas por vídeo ou apenas áudio. Cabe, ainda, realizar o treinamento dos entrevistadores e utilizar perguntas padronizadas, para que não influenciem as respostas dos entrevistados (FOWLER, 2014).

A entrevista oferece algumas vantagens, como ter uma maior taxa de retorno, se tem menos respostas como "não sei" ou questões sem resposta. Por outro lado, exige um tempo maior para realizar a coleta, pois, diferentemente do questionário, é preciso coletar os dados de cada unidade de análise (pessoa) por vez, e, muitas vezes, é necessário contar com um grupo de entrevistadores. Diante disso, é preciso observar o modo como o entrevistador pode influenciar as respostas (BABBIE, 2016).

Durante a coleta de dados, podemos ter muitos participantes que não respondem ao instrumento ou não o fazem por completo. Isso pode ser um problema para a pesquisa. Quando o *survey* pauta-se na aplicação de um questionário on-line, tende a ter um menor índice de respostas do que quando o questionário é aplicado no papel. No contexto da educação, sempre que seja possível se encontrar com os participantes individualmente ou em grupo para proceder à coleta, isso pode se efetivar em um maior índice de retorno.

Diante das diferentes alternativas e estratégias de desenvolvimento de um *survey*, Babbie (2016) estabelece algumas comparações:

a) o uso de questionários autoaplicáveis geralmente é mais barato e rápido do que a realização de entrevistas;
b) a aplicação de questionários exige um menor número de pessoas envolvidas na pesquisa em relação à entrevista;
c) o questionário permite o anonimato, que em algumas pesquisas ou em relação a determinados temas, pode ser mais indicado para evitar constrangimentos e deixar o participante mais à vontade para manifestar suas opiniões e seus comportamentos;
d) a coleta por entrevista diminui a quantidade de questionários respondidos de maneira incompleta e tende a aumentar as taxas de retorno e conclusão do questionário;
e) na entrevista ou na aplicação do questionário presencial, tem-se mais controle sobre a amostra e condições para a obtenção das respostas;

f) nas entrevistas, podem-se coletar outros dados a partir da observação em relação ao contexto de atuação e da exploração de outros aspectos que não podem ser verificados com um questionário;
g) *surveys* por telefone ou on-line evitam deslocamentos, agilizam o processo e são mais econômicos e seguros, pois não é necessário deslocar os pesquisadores até o campo de coleta;
h) no *survey* on-line, tem-se menos garantias de que os respondentes da pesquisa representam a população investigada.

Em relação à fase da análise de dados e apresentação dos resultados, Creswell e Creswell (2018) sugerem algumas etapas:

a) descrever o número de participantes da amostra que retornaram o instrumento utilizado para a coleta, incluindo o percentual de respondentes e não respondentes;
b) fazer uma análise descritiva dos dados de todas as variáveis independentes e dependentes do estudo, apresentando as médias, os desvios-padrão e o intervalo de pontuação das variáveis, bem como se há dados ausentes (por exemplo, alguns participantes podem não fornecer respostas a alguns itens ou escalas inteiras);
c) se foram utilizadas escalas com vários itens, é necessário avaliar se há afirmações negativas para fazer a reversão da pontuação atribuída aos itens, para então calcular as pontuações totais da escala;
d) quando possível, mencionar as verificações de confiabilidade quanto à consistência interna das escalas (ou seja, a estatística alfa de Cronbach);
e) definir as estatísticas e escolher o software para testar as principais questões ou hipóteses de pesquisa inferencial no estudo proposto;
f) considerar se as pontuações da amostra têm distribuição normal ou não para definir se os testes a serem utilizados serão paramétricos ou não paramétricos;
g) justificar a escolha do teste estatístico adequado e mencionar as suposições associadas à estatística;
h) a partir das análises estatísticas, apresentar os resultados utilizando tabelas, quadro ou figuras.

Nas análises e conclusões, é preciso reconhecer algumas limitações que o *survey* possa ter, dependendo do tipo de delineamento utilizado. Considerando que o *survey* normalmente tem amostras maiores, cabe refletir sobre o controle que se tem em relação aos dados coletados. Até que ponto os participantes efetivamente entenderam o que se estava questionando? Quanto o estado físico e psicológico pode afetar as respostas? O modo como os dados são coletados também apresenta características que precisam ser consideradas, já que um *survey* pode utilizar, como procedimento de coleta, um questionário on-line ou uma entrevista presencial ou on-line. Na entrevista presencial, o pesquisador tem mais elementos (expressões faciais e corporais) que indicam a nãocompreensão de uma questão ou um desconforto; entretanto, ao responder a um questionário on-line, o participante pode se sentir mais à vontade para expressar suas opiniões ou relatar comportamentos. Essas diferenças precisam ser consideradas durante o planejamento da pesquisa, mas também nas análises dos dados.

Batista *et al.* (2010), por exemplo, combinaram a aplicação de um questionário para coletar informações sociodemográficas e laborais com um inventário validado do Maslach Burnout Inventory-Educators Survey (MBI-ED), em um *survey* que tinha como objetivo avaliar a prevalência da síndrome de burnout e suas relações com as variáveis coletadas no questionário dos professores que atuam no ensino fundamental em escolas municipais da cidade de João Pessoa.

A amostra probabilística do tipo aleatório simples compôs-se por 265 professores. A coleta de dados foi realizada com autorização das escolas, presencialmente, no final do expediente, com grupos de professores, levando em média 30 minutos. Dentre os resultados, os autores evidenciam que "[...] 33,6% dos professores apresentaram alto nível de Exaustão Emocional, 8,3% alto nível de Despersonalização e 43,4% baixo nível de Realização Profissional" (BATISTA *et al.*, 2010, p. 502).

Nesse estudo, a análise dos dados inclui a verificação das relações entre as variáveis sociodemográficas e laborais e a prevalência da síndrome de burnout, por meio do teste qui-quadrado. A relação entre variáveis pode ser analisada por meio de medidas de comparação ou associação, conforme estudaremos no capítulo 7.

Ressalva-se, ainda, que o *survey* tem algumas proximidades com as pesquisas correlacionais; inclusive, a análise de um *survey* pode incluir a análise de correlação entre variáveis, porém seu principal objetivo é aprender sobre uma população, e não relacionar variáveis (CRESWELL; GUETTERMAN, 2019).

5.6.8. Pesquisa experimental e quase-experimental

Nesta seção, apresentaremos os seguintes tipos de pesquisas quantitativas: experimentais, ensaios clínicos randomizados, pré-experimentais e quase-experimentais.

5.6.8.1. Pesquisa experimental

Nas pesquisas experimentais, variáveis são manipuladas sistematicamente para a identificação de relações de causalidade, ou seja, manipula-se uma ou mais variáveis para medir seus efeitos sobre outras variáveis (DANCEY; REIDY, 2018). Nesse sentido, as pesquisas experimentais podem ser consideradas explicativas, e os experimentos propostos implicam basicamente agir e observar as consequências dessa ação (BABBIE, 2016). As ações conduzidas em um experimento supõem a alteração de condições, que podem envolver a manipulação de variáveis, por exemplo, pela proposição de intervenções, assim como a observação do que acontece, o que normalmente envolve medição e quantificação dos efeitos. Campbell e Stanley (1966, p. 1, tradução nossa) sintetizam: "Por experimento, nos referimos à parte da pesquisa em que variáveis são manipuladas e seus efeitos sobre outras variáveis são observados".

Em um experimento, algumas condições precisam ser controladas na tentativa de isolar as variáveis que estão sendo manipuladas e medidas para estabelecer relações de causalidade. Assim, pesquisas experimentais na área da educação comumente envolvem grupos experimentais e de controle. Um grupo experimental inclui participantes aos quais um estímulo experimental é administrado, enquanto os participantes de um grupo de controle não são submetidos ao estímulo, mas se assemelham ao grupo experimental em todos os outros aspectos (BABBIE, 2016).

Considerando que o pesquisador pode influenciar o experimento, seja pela própria presença ou por interferências subjetivas, propõem-se experimentos conhecidos como cegos ou duplo-cegos. Nos experimentos cegos, os participantes não são informados sobre o objetivo do estudo e não sabem de qual grupo fazem parte, ou seja, se estão no grupo controle ou experimental, mas o pesquisador sabe. Já no experimento duplo-cego, nem os participantes, nem os pesquisadores que conduzem o experimento têm conhecimento sobre os objetivos, nem sabem qual é o grupo experimental e qual é o grupo de controle (BABBIE, 2016). Esse tipo de experimento busca minimizar os efeitos de que ter consciência dessas informações pode ter sobre o comportamento e o modo como o experimento é conduzido.

No Brasil, é preciso autorização ética diferenciada nesses casos, pois normalmente o TCLE deve deixar claro os objetivos do estudo e informar sobre o grupo que o participante irá compor. Entretanto, é possível justificar que o conhecimento dessas informações pode interferir no desenvolvimento e resultados da pesquisa e solicitar, por exemplo, dispensa do TCLE.

A pesquisa experimental clássica preserva algumas características, que incluem: um ou mais grupos de controle e um ou mais grupos experimentais; amostragem aleatória de uma população e alocação aleatória da amostra nos grupos controle e experimental; aplicação de pré-teste aos grupos, para garantir a paridade; realização de uma ou mais intervenções com o grupo experimental; isolamento, controle e manipulação de variáveis independentes; aplicação de pós-teste aos grupos, para avaliar os efeitos na variável dependente e nos grupos; separação (não contaminação) entre os grupos controle e experimental. A Figura 23 ilustra as principais características da pesquisa experimental.

FIGURA 23 — **Fluxo da pesquisa experimental**

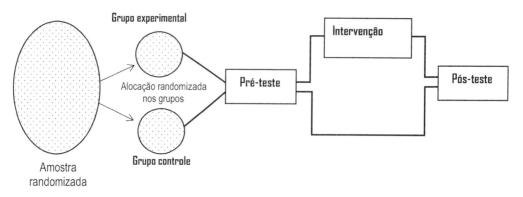

Fonte: os autores.

O Quadro 10 apresenta uma síntese com dez etapas para a condução de um experimento.

QUADRO 10 — **Etapas para a condução de um experimento**

Etapa 1: identifique o objetivo do experimento.
Etapa 2: selecione as variáveis relevantes.
Etapa 3: especifique o(s) nível(is) da intervenção (por exemplo, intervenção baixa, média ou alta).
Etapa 4: isole e controle as condições experimentais e o ambiente.
Etapa 5: selecione o delineamento experimental apropriado.
Etapa 6: administre o pré-teste.
Etapa 7: faça uma amostra da população relevante e atribua os participantes aos grupos.
Etapa 8: conduza a intervenção.
Etapa 9: realize o pós-teste.
Etapa 10: analise os resultados.

Fonte: Cohen, Manion e Morrison (2018, p. 411, tradução nossa).

Essas etapas organizam os procedimentos metodológicos na sequência em que podem ser pensados. Entretanto, as etapas 6 e 7 podem ser trocadas. Na sequência apresentada, o pré-teste pode ser conduzido na população ou na amostra, e os resultados obtidos podem auxiliar na definição da amostra, já que as informações fornecidas no pré-teste podem ser utilizadas para gerar maior paridade nos grupos. Se, por exemplo, o objetivo de um experimento é avaliar a efetividade do uso de um novo método para o ensino de fração em uma escola, uma das variáveis relevantes pode ser o conhecimento de conceitos matemáticos básicos para a compreensão de fração e o nível de motivação para aprender matemática. Então, o pré-teste pode abordar esses aspectos e oferecer um panorama sobre os alunos das turmas da escola que poderiam participar da intervenção. Se uma turma tem um nível de motivação muito superior a outra, isso pode ter influência sobre a aprendizagem, e não ser a intervenção necessariamente responsável pelo que será medido. Cabe então classificar os níveis de conhecimento prévio e de motivação e compor uma amostra de forma estratificada, de tal modo que os grupos possam ter paridade e as diferenças que possam ser encontradas estejam relacionadas à intervenção realizada no grupo experimental.

Se um experimento não tiver todas essas características, é considerado um pré-experimento ou um quase-experimento. A pesquisa quase-experimental, de que trataremos ainda nesta seção, pode, por exemplo, envolver um grupo único utilizando pré-teste e pós-teste, não incluindo um grupo controle, por exemplo.

É possível traçar alguns aspectos históricos da pesquisa experimental na área de educação. Dentre os livros que tratam desse tipo de pesquisa, temos alguns clássicos, como *How to Experiment in Education*, publicado em 1923 por William A. McCall, e *Statistical Methods for Research Workers*, publicado em 1925 por Ronald A. Fisher. O período de publicação dessas obras coincide com o período em que a experimentação dominou o campo da educação, atingindo seu ápice na década de 1920 (CAMPBELL; STANLEY, 1966).

De qualquer maneira, o delineamento clássico é muito difícil de ser conduzido em pesquisas na área de educação, porque, de modo geral, estamos lidando com pessoas, e muitos fatores externos relacionados ao ambiente afetam seus comportamentos, além de que há fatores subjetivos que podem exercer grande influência sobre os resultados, mas não podem ser controlados. A pesquisa experimental clássica, por sua vez, ocorre em laboratórios, o que permite o controle e a manipulação das variáveis.

Em uma perspectiva mais simples, podemos usar como exemplos experimentos de ciências que são feitos em escolas. Para analisar a temperatura em diferentes materiais, pode-se fazer o seguinte experimento: colocar meio copo de água e meio copo com areia juntos na geladeira por 15 minutos para resfriarem, medindo a temperatura com um termômetro ao retirá-los da geladeira. Se, então, colocarmos os dois copos na luz do sol por 15 minutos, podemos novamente medir sua temperatura. A partir disso, é possível observar que, na segunda medida de temperatura, a areia fica mais quente que a água. Isso ilustra o modo como o calor se propaga em diferentes materiais. Nesses simples experimentos, conseguimos isolar e manter a água e a areia nas mesmas condições e manipulamos duas condições que afetam a temperatura, ao colocá-las na geladeira e depois no sol. As variáveis independentes seriam a água e a areia, que preservam suas propriedades, enquanto a variável dependente, que é medida em diferentes condições, é o que está sendo analisado, ou seja, a temperatura.

Quando temos experimentos com pessoas, uma condição fundamental que precisa ser garantida é que os participantes sejam distribuídos nas circunstâncias a serem avaliadas de maneira aleatória (DANCEY; REIDY, 2018). Esse aspecto, muitas vezes, é difícil de ser atendido quando desenvolvemos pesquisa em escolas, por exemplo, pois, normalmente, os grupos são definidos em função das turmas e dos anos escolares.

Considerando que a característica essencial da pesquisa experimental é o controle e a manipulação deliberada das condições que determinam os eventos em que os pesquisadores estão interessados, Cohen, Manion e Morrison (2018) destacam que um experimento envolve alterar a variável independente e observar seu efeito sobre outra variável — a variável dependente. Assim, em um experimento, o pós-teste mede a variável dependente, enquanto as variáveis independentes são isoladas e controladas cuidadosamente. Campbell e Stanley (1966) exemplificam que as variáveis independentes podem ser, por exemplo, sexo, série escolar, método de ensinar um conteúdo ou tipos de recursos visuais utilizados, e que as variáveis dependentes podem incluir o número de erros, a velocidade de execução de uma tarefa, o número acertos e o desempenho em testes.

O pré-teste deve ser conduzido antes do início da intervenção, em um tempo próximo; e o pós-teste, depois da realização da intervenção, logo após sua finalização. É também possível repetir o pós-teste depois de certo tempo do final da intervenção, para verificar, por exemplo, se o efeito se manteve para além do período. O pré-teste e pós-teste são, portanto, formas de observação e mensuração das variáveis dependentes.

Os experimentos feitos em campo têm menos controle sobre as condições experimentais e variáveis; diferentes participantes podem compor os grupos experimental e controle, não sendo possível garantir a paridade. Há também fatores situacionais que podem influenciar os resultados. A pesquisa experimental busca aproximar-se dos "verdadeiros" experimentos, porém pode haver variações. A seguir, descrevemos algumas variações desse tipo de pesquisa:

a) tem grupo controle e experimental, aplica pré-teste e pós-teste e realiza intervenção com o grupo experimental;
b) tem dois grupos controle e um grupo experimental, aplica pré-teste no grupo controle e em um grupo experimental, o pós-teste é aplicado nos três grupos e a intervenção é realizada com os dois grupos experimentais; não aplica o pré-teste para controlar o possível efeito que a interação com o pré-teste pode ter sobre o resultado;
c) tem o grupo controle e o experimental, aplica apenas o pós-teste em ambos os grupos e realiza intervenção com o grupo experimental;
d) tem quatro grupos, dois experimentais e dois controle; os dois experimentais participam da intervenção; em um grupo experimental e outro controle, são aplicados pré e pós-testes, nos outros dois apenas o pós-teste — conhecido como design de Solomon;
e) tem dois grupos experimentais; com cada grupo experimental é realizada uma intervenção diferente e nos dois grupos é aplicado o pós-teste;
f) tem dois grupos experimentais; com cada grupo experimental é realizada uma intervenção diferente e nos dois grupos são aplicados pré-teste e pós-teste (COHEN; MANION; MORRISON, 2018).

Na Tabela 2, podemos observar uma síntese das variações apontadas dos delineamentos experimentais.

Tabela 2 — Delineamentos experimentais em educação

Variação	Pré-teste	Pós-teste	Grupo experimental	Grupo controle	Intervenção
1	x	x	x	x	x
2	x	x	x^2	x	x
3		x	x	x	x
4	x^2	x^4	x^2	x^2	x^2
5		x	x^2		x^2
6	x	x	x^2		x^2

Nota: Os sobrescritos [2] e [4] indicam que há mais de um grupo ou uma intervenção.
Fonte: os autores, baseado em Cohen, Manion e Morrison (2018).

Outros delineamentos são descritos pelos autores, como design de pares combinados, fatorial, paramétrico e de medidas repetidas. Assim, evidencia-se que as pesquisa experimentais podem ser planejadas de diferentes modos, procurando atender às suas condições e características básicas.

No design de pares combinados, é possível haver um delineamento de pares correspondentes, no qual os participantes são alocados aleatoriamente para os grupos controle e experimental, mas esses participantes precisam ter correspondência em relação às variáveis independentes consideradas no estudo, ou seja, é preciso que possam ter influência sobre a variável dependente. Para tanto, inicialmente essas variáveis precisam ser identificadas ou medidas, para que possam ser selecionados os pares de participantes que correspondam nessas variáveis e, então, cada um é alocado em um dos grupos de forma aleatória. Nesse tipo de experimento, é possível ainda prever um grupo controle.

No delineamento fatorial, há duas ou mais variáveis que atuam na variável dependente, ou seja, o pesquisador pretende manipular duas ou mais variáveis (COHEN; MANION; MORRISON, 2018). Por exemplo, a maior colaboração pode ser resultado do bom relacionamento entre os alunos de um grupo e do interesse pela temática abordada na atividade. Para cada variável independente, são definidos níveis, e os participantes são aleatoriamente designados a um grupo que cobre todas as possíveis combinações de níveis de cada de variável. Então, se temos duas variáveis independentes, cada uma com três níveis, a combinação resultará em nove grupos, conforme pode-se observar na Figura 24. Nesse tipo de delineamento, pode haver muitos grupos, dependendo da complexidade das variáveis. Com esses grupos definidos, é possível aplicar o pré-teste e o pós-teste, ou apenas o pré-teste.

FIGURA 24 — Exemplo de delineamento fatorial

	M3 (alta motivação)	M2 (média motivação)	M1 (baixa motivação)
I1 (baixo interesse)	Grupo 1 I1 + M3	Grupo 2 I1 + M2	Grupo 3 I1 + M1
I2 (médio interesse)	Grupo 4 I2 + M3	Grupo 5 I2 + M2	Grupo 6 I2 + M1
I3 (alto interesse)	Grupo 7 I3 + M3	Grupo 8 I3 + M2	Grupo 9 I3 + M1

Fonte: os autores.

5.6.8.1.1. Hipótese nas pesquisas experimentais e quase-experimentais

A hipótese refere-se a uma suposição ou uma ideia prévia sobre um possível resultado, que será verificada a partir da pesquisa, conforme já discutimos no capítulo 4. Muitas pesquisas apresentam hipóteses que estão fundamentadas no que já foi produzido anteriormente, nas experiências prévias e nos conhecimentos sobre o tema ou os conceitos abordados. Em estudos quantitativos, a hipótese é quase uma condição para delinear a pesquisa.

A formulação de hipóteses em pesquisas experimentais geralmente procura estabelecer relações causais entre variáveis que podem ser expressas da seguinte maneira: "*se... então*" (GIL, 2019a). Por exemplo: "*Se* os alunos praticarem meditação no início das aulas, [*então*] conseguirão ficar mais atentos durante as atividades".

A hipótese nula tem a mesma lógica de um júri que começa com a presunção de inocência, e é preciso provar a culpa do acusado em júri, conforme ilustram Cohen, Manion e Morrison (2018). Na pesquisa, partimos da ideia de que não há relação e, por meio dos procedimentos da pesquisa, vamos procurar comprovar ou não se há essa relação.

A partir dos resultados obtidos na pesquisa, é possível retornar à hipótese.

5.6.8.1.2. Delineamento entre e intraparticipantes

Na área de educação, em geral as pesquisas envolvem a participação de pessoas. Então, no seu delineamento, é necessário definir como as pessoas participarão. Para tanto, é preciso tomar algumas decisões: todos os sujeitos participarão das mesmas condições? Como os participantes serão alocados em cada situação? Quais são as vantagens e desvantagens de cada delineamento para o objetivo da pesquisa?

Dancey e Reidy (2018) descrevem duas possibilidades de delineamento em relação aos participantes e às condições da pesquisa: entre participantes e intraparticipantes.

No delineamento **entre participantes**, também conhecido como independente ou não relacionado, temos dois grupos compostos por participantes diferentes, preferencialmente alocados de forma aleatória, que participam de condições distintas. Pode haver, então, variáveis intervenientes, relacionadas às características das pessoas que compõem os grupos, que podem influenciar a variável dependente. Dois grupos compostos por pessoas diferentes podem ter características distintas, portanto será necessário um maior número de participantes.

De outro lado, não teremos a influência de fatores como o cansaço dos participantes por completar mais de uma condição, a familiarização com a pesquisa, a menor propensão de perceber o objetivo do experimento e a influência que ter passado por uma condição anterior pode ter sobre a seguinte.

Já no delineamento **intraparticipantes**, também denominado medidas repetidas ou relacionado, as mesmas pessoas participam em todas as condições. Então, teremos as mesmas variáveis relacionadas às características das pessoas influenciando o desfecho. Assim, há menos variações externas influenciando as condições que estão sendo mensuradas.

Além disso, há a vantagem de se precisar de menos participantes, pois o mesmo grupo participa das condições que estão sendo analisadas. Porém, o fato de as mesmas pessoas participarem das condições pode ter consequências sobre o desfecho: as pessoas podem já estar influenciadas pela experiência da condição anterior, ficar mais familiarizadas com os procedimentos, perceber o objetivo do experimento e sentir-se mais cansadas e menos dispostas nas condições posteriores. Esses fatores podem influenciar os resultados obtidos.

Diante disso, Dancey e Reidy (2018) indicam algumas estratégias para diminuir o efeito desses fatores. Por exemplo, se uma pesquisa pretende medir o efeito de duas condições A e B em um grupo usando o delineamento intraparticipantes, uma alternativa é fazer um contrabalanceamento. Nessa estratégia, metade dos participantes completa a condição A e depois passa pela condição B, enquanto a outra metade completa primeiro a condição B, para depois passar pela condição A.

5.6.8.2. Ensaio clínico randomizado

Em alguns países, como Estados Unidos e Reino Unido, os ensaios clínicos randomizados (ECR) são valorizados e auxiliam na definição de políticas públicas. No Brasil, esse tipo de estudo não é comum em educação; o que conseguimos identificar são estudos quantitativos em larga escala realizados especialmente por órgãos governamentais, como o Inep.

Os ensaios clínicos randomizados atendem aos requisitos de um experimento clássico. De modo geral, os estudos experimentais têm algumas características fortemente relacionadas, como a credibilidade científica, a repetibilidade, a precisão e a causalidade (COHEN; MANION; MORRISON, 2018). Na educação, os ECR precisam observar algumas condições:

a) seleção de uma amostra aleatória de participantes de uma população;
b) alocação aleatória da amostra para compor os grupos controle e experimental;

c) aplicação do pré-teste nos grupos controle e experimental para garantir a paridade, ou seja, que não haja diferenças estatisticamente significativas ou grandes tamanhos de efeito entre eles;
d) identificação e isolamento das variáveis-chave;
e) controle das variáveis-chave e exclusão de quaisquer outras variáveis;
f) realização da intervenção com o grupo experimental (ou seja, manipular a variável independente), enquanto se mantêm todas as outras variáveis constantes para os dois grupos, garantindo a separação dos dois grupos para evitar contaminação;
g) medição final dos resultados para comparar os resultados entre os grupos de controle e experimentais e observar diferenças entre o pré-teste e o pós-teste;
h) comparação de um grupo com outro, para observar os efeitos da intervenção no grupo experimental e na variável dependente (COHEN; MANION; MORRISON, 2018).

Essas condições para a realização desse tipo de experimento possibilitam que o pesquisador tenha controle sobre a amostra, que é aleatória tanto na seleção inicial como na alocação, e sobre as variáveis que são identificadas, manipuladas e medidas. Esse tipo de experimento visa tentar isolar o efeito da intervenção sobre o grupo experimental; para tanto, é preciso garantir que as condições sejam as mesmas para evitar que haja interferência sobre o resultado.

Entretanto, na educação temos variáveis que dificilmente podem ser isoladas ou controladas, especialmente aquelas relacionadas aos participantes e suas condições subjetivas. Por maior controle e rigor com que um ensaio randomizado seja desenvolvido, é pouco provável que se garanta a previsibilidade e reprodutibilidade dos resultados alcançados, em função de todas as características temporais, sociais, culturais e subjetivas que modificam as condições e os resultados para replicação de experimentos. Diante disso, uma revisão de literatura consistente e a descrição dos participantes, incluindo fatores que possam influenciar a variável dependente, podem reforçar o maior controle do pesquisador.

De acordo com Cohen, Manion e Morrison (2018), a randomização tem como elemento essencial a amostragem e a alocação aleatória entre os grupos, que permite minimizar os efeitos de variáveis que não são controladas e mensuradas, já que a distribuição dessas variáveis fica mais ou menos uniforme nos grupos, ou seja, a randomização garante maior probabilidade de equivalência entre os grupos. Em pesquisas em educação, os autores apontam que a unidade de randomização pode ser a turma vinculada ao ano escolar ou mesmo a escola, observando a seleção da amostra por conglomerado ou *cluster*.

Há implicações éticas que precisam ser consideradas pelos pesquisadores, pois um grupo deixa de passar por uma intervenção que pode trazer benefícios para seus participantes. Uma solução seria o compromisso de fazer a intervenção com o grupo controle após a finalização da coleta da pesquisa.

Outras limitações que Cohen, Manion e Morrison (2018) apontam estão relacionadas ao foco dado à média na análise dos resultados, que resulta em análises do tamanho dos efeitos e da significância estatística, desconsiderando as diferenças entre os participantes, os grupos e as subamostras. Ou seja, os ECR podem ignorar subgrupos, condições e características contextuais, o que não pode ocorrer na educação. Quando analisamos uma base de dados que revela as diferenças obtidas no desempenho de alunos em teste pré e pós-intervenção, podemos encontrar vários participantes que não tiveram melhoras em seu desempenho, ou até pioraram. Porém, a análise da média pode revelar uma diferença positiva significativa. Isso talvez sinalize que a intervenção possa ser indicada para um grupo específico ou para alunos que possuem alguns interesses ou características diferenciadas. Essas diferenças e variações ficam mais ocultas conforme se amplia o tamanho da amostra, o que costuma melhorar o poder estatístico.

Alternativas para lidar com esses limites envolvem analisar a amostra e organizar subamostras com base em um diagnóstico e na caracterização consistente dos participantes, visando permitir a análise de como o efeito pode variar entre os indivíduos. Se trabalharmos com a média, ignorando valores extremos, obtém-se como resultado a indicação de que há melhores intervenções para alunos médios, enquanto os outros alunos podem não se beneficiar igualmente (COHEN; MANION; MORRISON, 2018). Uma análise para além da média pode apontar em função de quais contingências, ou seja, circunstâncias e condições, uma intervenção pode oferecer melhores resultados.

Como exemplo de um estudo ECR desenvolvido na educação, destacamos a pesquisa de Jones et al. (2010), que teve como objetivo relatar os impactos de uma intervenção focada na aprendizagem socioemocional e no desenvolvimento da literacia realizada ao longo de um ano escolar com 942 crianças do 3º ano de 18 escolas de Nova Iorque. A descrição do método do estudo é feita de forma exaustiva e detalhada. Os autores esclarecem que as escolas participantes faziam parte de um grupo de instituições que participavam de um programa de desenvolvimento social e foram recrutadas de maneira aleatória, a composição dos grupos experimentais e controles observou informações sobre características demográficas para garantir maior paridade, e a distribuição aleatória foi realizada com o apoio de um algoritmo que considerou as características que foram previamente mensuradas.

> Após uma visita de recrutamento e explicação detalhada da intervenção e do desenho do estudo, 24 destas 41 [escolas] concordaram com o processo de pareamento e randomização. Antes da randomização, um procedimento de pareamento foi usado para garantir a similaridade demográfica dos grupos de intervenção e controle. (JONES et al., 2010, p. 831, tradução nossa).

A partir da composição dos grupos, foram observados os procedimentos éticos, e as características dos participantes de cada grupo foram comparadas e analisadas observando-se o tamanho do efeito, por exemplo, em relação ao gênero, ao número de suspensões e às pontuações em uma escala de teste de leitura e matemática. A coleta incluiu: a aplicação de um questionário demográfico e a avaliação da competência social respondido pelos pais; a resposta dos professores a um questionário que avaliou as habilidades de linguagem e literacia, a competência social e os problemas de cada criança; e a realização de entrevistas estruturadas com as crianças avaliando aspectos da cognição social e sintomas de internalização. As intervenções focaram na leitura, na escrita, no respeito e na resolução.

O programa tem dois componentes principais: (a) um currículo abrangente de 7 unidades, 21-35 aulas, currículo baseado em alfabetização em aprendizagem socioemocional; e (b) 25 horas de treinamento seguidas de treinamento contínuo de professores para apoiá-los no ensino do Currículo 4Rs [Leitura, Escrita, Respeito e Resolução] (com um mínimo de 12 contatos de coaching por ano). (JONES *et al.*, 2010, p. 834).

Vários instrumentos de coleta que incluíram questionários, testes, escalas, autorrelatos e avaliações foram utilizadas para medir as variáveis relacionadas ao impacto da intervenção do programa.

No Brasil, poucos estudos ECR são desenvolvidos na área de educação, devido ao rigor e a todas as condições que precisam ser observadas, e também por sua abordagem mais quantitativa.

5.6.8.3. Pesquisa pré-experimental

Alguns estudos que contêm elementos das pesquisas experimentais, mas não podem ser considerados como tais, são classificados como pesquisas pré-experimentais.

Nessa perspectiva, Tuckman (2012) descreve três delineamentos de pesquisas que podem ser classificadas como pré-experimentais.

A pesquisa de caso simples com única observação prevê um grupo experimental e a aplicação do pós-teste. Como não se tem controle sobre as variáveis que possam interferir no experimento, nem se caracterizam previamente os participantes do estudo, não há como concluir que o efeito medido esteja relacionado à intervenção. Consideremos, por exemplo, uma pesquisa que pretende avaliar os efeitos da meditação no início das aulas sobre a manifestação de comportamentos agressivos. Propõe-se a realização de intervenções por um período de duas semanas. Em seguida, os professores respondem a um instrumento sobre a manifestação de comportamentos agressivos nos alunos. Mesmo que os resultados desse pós-teste sejam positivos, não se tem controle se outras experiências podem ter influenciado as mudanças observadas, assim como não se tem informações prévias sobre os participantes ou se já havia uma pré-disposição à mudança pela melhor adaptação à rotina e às regras escolares.

Outro tipo de pesquisa considerado por Tuckman (2012) como pré-experimental realiza uma intervenção com um único grupo, mas, diferentemente do anterior, faz uma avaliação inicial (pré-teste). Então, nesse delineamento temos um pré e um pós-teste, e uma intervenção realizada com um único grupo. Apesar disso, não se tem controle em relação às características do grupo que podem influenciar o resultado obtido, como aspectos relacionados à história e maturação dos participantes. Especialmente quando trabalhamos com crianças, o efeito observado de uma intervenção pode ser decorrente do seu próprio desenvolvimento, ou seja, que poderia ser observado com o tempo, sem relação com a intervenção proposta. Quando fazemos pesquisas em escolas, a própria rotina e as atividades desenvolvidas podem afetar o que se pretende medir na avaliação.

No terceiro delineamento, temos um grupo controle intacto ou estático, que não participa de uma intervenção (passivo) e não é selecionado de forma aleatória. Esse grupo controle é comparado ao grupo experimental ou participante apenas por uma avaliação final (pós-teste). O grupo controle ajuda a controlar o enviesamento que possa haver em relação à história ou à maturação; porém, nesse delineamento não é possível inferir que os resultados possam ser atribuídos à intervenção, por não haver um controle satisfatório sobre as variáveis.

Os três tipos de pesquisa pré-experimental estão sistematizados no Quadro 11.

QUADRO 11 — Delineamentos pré-experimentais

Tipo de pesquisa pré-experimental	Delineamento
Caso simples com única observação	Único grupo experimenta a intervenção e se faz a avaliação no final (pós-teste)
Grupo único com pré e pós-teste	Único grupo experimenta a intervenção e se faz a avaliação inicial (pré-teste) e no final (pós-teste)
Comparação de um grupo intacto (estático)	Dois grupos, incluindo o grupo controle não aleatório e passivo, que são avaliados no final (pós-teste)

Fonte: os autores, baseado em Tuckman (2012).

5.6.8.4. *Pesquisa quase-experimental*

A ideia de pesquisa experimental deriva dos laboratórios, onde é possível isolar, controlar e medir variáveis. Quando, inspirados nessa metodologia, aplicamos esses princípios na educação, por exemplo em sala de aula, já não podemos isolar e ter controle sobre as variáveis, por isso utilizamos a denominação quase-experimental, por atender em parte às condições de um "verdadeiro" experimento. Segundo Cohen, Manion e Morrison (2018), características como a randomização, o controle das variáveis, a objetividade e o distanciamento do pesquisador, em um estudo quase-experimental, podem estar apenas parcialmente presentes.

As pesquisas quase-experimentais, portanto, permitem flexibilizar algumas das condições e características da pesquisa experimental. Não se tem controle sobre todos os fatores que podem influenciar o experimento, o que remete a questões de validade interna. Segundo Tuckman (2012, p. 316), "[...] o mundo real que o investigador em educação enfrenta está repleto de limitações práticas relativamente às oportunidades para selecionar ou designar os sujeitos e manipular as condições".

Em educação, como vimos, uma das principais dificuldades refere-se à randomização, já que em um contexto de sala de aula não é possível, nem mesmo ético, determinar que alguns alunos participem de uma intervenção e outros não. É comum desenvolver intervenções com toda a turma ou toda a escola, compondo amostras por conveniência.

Outro aspecto que comumente se leva em consideração é o interesse da escola e dos professores por intervenções realizadas em suas turmas. Qualquer experimento que venha a ser desenvolvido na escola supõe a cooperação dos profissionais envolvidos, já que requer condições materiais para sua realização e tempo. O currículo, a rotina e os prazos escolares tornam esse tempo muito precioso, por isso as intervenções, muitas vezes, precisam atender a demandas da escola e/ou auxiliar na solução de problemas enfrentados. Assim, o pesquisador pode precisar fazer adequações e ter um planejamento flexível, pois dificilmente conseguirá aplicar seu experimento sem considerar o contexto no qual está realizando as intervenções.

Assim, a pesquisa em educação, em contraposição ao delineamento da pesquisa experimental, procura combinar seus objetivos com as condições efetivas para seu desenvolvimento, buscando aproximar-se dos experimentos e adequar-se ao campo de investigação, o que remete à possibilidade de se ter variações em relação ao delineamento das pesquisas experimentais. Nessas variações, é possível ter apenas um grupo experimental e fazer a aplicação de pré-teste e pós-teste, ou seja, o pesquisador faz uma avaliação inicial para medir a variável dependente, posteriormente realiza as intervenções, e ao final aplica o pós-teste para analisar se houve diferença.

Apesar de essa variação ser aceita como uma pesquisa quase-experimental, esse delineamento, como já vimos, é classificado como pesquisa pré-experimental, já que é difícil sustentar a melhora no desempenho em relação ao que foi medido pré e pós, pois muitos outros fatores podem ter interferido. Em estudos com crianças na escola, como já discutimos, a própria maturação biológica e as atividades escolares podem influenciar o que está sendo medindo. Segundo Tuckman (2012), em delineamentos com apenas um grupo e a aplicação de pré-teste e pós-teste, ficam totalmente incontroláveis os efeitos da maturação e da história dos participantes, o que pode afetar a validade interna do estudo. Então, é possível tomar o resultado como um indicador de melhora, e torna-se fundamental reconhecer possíveis influências nas discussões e limitações nas conclusões do estudo.

Diante disso, a adição de um grupo de controle torna a pesquisa mais consistente, pois, de algum modo, se mantêm condições muito próximas em dois grupos. Na educação, aconselha-se que a amostra seja composta por conveniência e sem randomização, quando os grupos são formados pela inclusão de alunos de uma turma; por exemplo, que as turmas que componham os grupos controle e experimental sejam equivalentes em relação ao ano escolar, as idades, as condições de sala de aula e a escola. Observando a garantia de maior paridade entre os grupos, é mais consistente que os resultados que, eventualmente, sejam melhores no grupo experimental, possam ser atribuídos à intervenção.

Em situações em que a composição dos grupos não se dá de maneira aleatória, podemos não ter grupos equivalentes. Diante disso, torna-se fundamental a aplicação do pré-teste para comparar os grupos. Ao final, a análise dos resultados se pauta na comparação da diferença obtida entre o pós-teste e o pré-teste, que ocorre entre a realização das intervenções com o grupo experimental.

No delineamento das pesquisas quase-experimentais, é essencial considerar algumas questões importantes ao longo das decisões que vão sendo tomadas durante o planejamento.

Nesse sentido, Cohen, Manion e Morrison (2018) alertam que decisões relacionadas à amostragem precisam considerar tanto a quantidade de pessoas que podem participar quanto o tempo necessário às intervenções, sem perder de vista que, quando temos amostras muito pequenas, é mais difícil obter significância estatística, embora possam se utilizar medidas de tamanho de efeito. Além disso, sempre que possível, deve-se optar por compor a amostra ou a distribuição nos grupos de maneia aleatória. Esses aspectos resultam na possibilidade de explorar maior variedade de análises estatísticas.

As medidas feitas na pesquisa quase-experimental podem ser analisadas com base em testes como teste t e análise de variância (ANOVA), quando temos dados paramétricos, e Wilcoxon e Mann-Whitney, para dados não paramétricos, e também analisando o tamanho do efeito.

Um estudo quase-experimental foi desenvolvido por Costa e Boruchovitch (2009) com objetivo de "[...] avaliar a eficácia de uma intervenção em estratégias de aprendizagem na melhoria da qualidade da produção de textos de alunos" (COSTA; BORUCHOVITCH, 2009, p. 173). O delineamento descrito pelas autoras apoia-se em três etapas: pré-teste, intervenção e pós-teste. Para a realização do estudo, foram selecionadas duas escolas com características similares, e a definição da escola na qual seriam realizados um estudo-piloto e a coleta de dados ocorreu por sorteio. Participaram do estudo 35 alunos da 6ª série de uma escola, que foram distribuídos aleatoriamente entre o grupo experimental (n=18) e de controle (n=17).

A mensuração pré e pós-intervenção baseou-se na proposta de produção de um texto narrativo sobre um mesmo tema. A intervenção ocorreu em sete aulas de 50 minutos durante 3 semanas, e nenhum tratamento foi realizado com o grupo controle.

As narrativas foram analisadas por três juízes independentes e o percentual de concordância obtido variou de 90% a 100% em relação aos critérios de avaliação. As análises dos dados categóricos foram realizadas por meio do uso do teste qui-quadrado ou do teste exato de Fisher (presença de valores esperados menores que 5). A comparação das variáveis numéricas entre os dois grupos foi realizada pelo teste de Mann-Whitney, análise de variância (ANOVA) e teste de Tukey. Esses testes serão abordados no capítulo 7, quando discutirmos a análise quantitativa.

Os resultados do estudo revelaram uma melhor qualidade dos textos produzidos pelos alunos do grupo experimental que participaram das intervenções propostas. Eles produziram textos, no pós-teste, de melhor qualidade, considerando os critérios utilizados para avaliação, que consideraram a estrutura narrativa, a articulação das ideias, erros ortográficos e a quantidade de linhas escritas (COSTA; BORUCHOVITCH, 2009).

A partir do breve relato do estudo brasileiro que se apoia no delineamento quase-experimental, observamos que a análise dos dados realizada nesse tipo de pesquisa pressupõe um conhecimento de estatística. No delineamento mais comum, que inclui a mensuração por meio da aplicação de um teste pré e pós-intervenção com dois grupos, um controle e outro experimental, recomenda-se a comparação entre os ganhos nos dois grupos, por exemplo, pelo uso do teste t pareado, que analisa a média da diferença pré e pós dos dois grupos, que será também discutido no capítulo 7. Campbell e Stanley (1966) reconhecem que esse teste é aceitável e amplamente usado, considerando cada ganho em pontuações entre o pré-teste e o pós-teste de cada grupo.

Porém, em muitos contextos escolares é possível ter uma paridade nas turmas, e, assim, o pré-teste pode ser aplicado após a definição da amostra e da composição dos grupos. Nesse caso, o pré-teste serve tanto para a caracterização e verificação da paridade dos grupos quanto como base para comparar o efeito da intervenção no pós-teste.

Cabe esclarecer que, apesar das etapas previstas para a pesquisa experimental, é possível haver variações para atender às condições de realização dos experimentos na educação. Muitas dessas variações precisam considerar a validade interna da pesquisa, para garantir que os dados coletados e analisados de fato sustentem o que está sendo observado, ou seja, até que ponto pode-se sustentar que a intervenção realizada efetivamente contribuiu com a melhora observada, e não que outros fatores foram responsáveis por tal resultado.

Em situações, por exemplo, em que o pesquisador dispõe apenas de um grupo para estudar, pode-se prever o que Tuckman (2012) denomina delineamento e amostras temporais equivalentes, em que, em vez de introduzir o tratamento ou a intervenção apenas uma vez, o pesquisador, para satisfazer a validade interna e ter maior controle sobre aspectos da história e experiência dos participantes, realiza uma sequência de intervenções e procede a avaliações ou observações para comparar as médias entre elas. São os mesmos participantes, com suas histórias e experiências, que estão envolvidos em intervenções que são comparadas.

Considerando esse delineamento, um professor interessado em avaliar as contribuições das metodologias ativas para a aprendizagem poderia, por exemplo, planejar aulas com diferentes metodologias. O professor dos anos iniciais, na primeira semana, poderia fazer uma exposição com os recursos comumente utilizados em sala de aula sobre os tipos de solo; na sequência, faria uma avaliação para identificar os conhecimentos sobre o assunto. Na aula seguinte, poderia pedir que os alunos explorassem os solos ao redor da escola e coletassem amostras para comparação, na tentativa de identificação. Após o desenvolvimento da atividade, conduziria outra avaliação sobre os conhecimentos. Então, na aula seguinte, o professor retomaria uma metodologia mais expositiva sobre os tipos de rochas, e, na aula seguinte, proporia que os alunos coletassem rochas e fizessem apresentações aos grupos sobre seus tipos. Do mesmo modo, conduziria avaliações para identificar os conhecimentos que foram apropriados pelos alunos. Diante disso, o professor poderia analisar cada uma das intervenções, sendo duas delas associadas às metodologias e atividades, e comparar a média dos resultados obtidos.

Cabe considerar que é preciso definir uma estratégia de avaliação equivalente que possa ser comparada. As avaliações precisam observar o mesmo formato de questões, os níveis de dificuldades, a quantidade de questões e a pontuação resultante. As análises comparativas precisam considerar que os conhecimentos vão sendo adquiridos e que uma intervenção anterior pode ter influência sobre a seguinte. Entretanto, pode-se observar o quanto há de mudanças e qual é o tamanho do efeito, evidenciado pelo melhor desempenho ou não dos alunos, o que permite verificar alterações diferenciais entre os tipos de intervenção.

As pesquisas experimentais e quase-experimentais na área de educação no Brasil têm pouca expressividade, porque são tipos de pesquisa tipicamente quantitativas, e encontramos muitas dificuldades práticas para atender às suas características e condições nas instituições ou nas ações de ensino e aprendizagem pesquisadas, como já mencionado. De qualquer modo, podemos encontrar muitas pesquisas publicadas, especialmente em revistas internacionais, e para muitos profissionais e pesquisadores esse é um tipo de pesquisa muito valorizado.

5.6.9. Ex-post-facto

A denominação ex-post-facto indica que o estudo é realizado após o fato ter acontecido. Esse tipo de estudo revela-se uma alternativa quando não é possível trabalhar com variáveis a partir da proposição de um tratamento ou de uma intervenção, como no caso das pesquisas experimentais ou quase-experimentais, cabendo, então, a análise das relações entre variáveis que ocorrem naturalmente (TUCKMAN, 2012). Em síntese, Cohen, Manion e Morrison (2018) pontuam que a pesquisa ex-post-facto parte do levantamento de possíveis antecedentes de eventos que já aconteceram.

Esse tipo de pesquisa investiga possíveis causas e procura estabelecer relações entre variáveis, observando uma condição ou um estado já existente (dado). Por isso, como não é possível controlar as variáveis, os controles podem ser aplicados apenas na fase de análise de dados, em que o pesquisador pode manipular as variáveis independentes e organizar grupos de dados considerando as observações e classificações feitas a partir desses dados (COHEN; MANION; MORRISON, 2018).

Na pesquisa ex-post-facto, os pesquisadores podem partir de perguntas que procuram levantar quais fatores ou variáveis independentes podem estar associados a certas ocorrências ou comportamentos. Como exemplo, podemos imaginar uma grande incidência de episódios que envolvam comportamentos agressivos em escolas de uma região. Inicialmente, uma revisão de literatura poderia levantar, de uma maneira geral, fatores associados à manifestação de comportamentos agressivos em escolas e, com base nisso, o pesquisador poderia formular hipóteses sobre as possíveis causas dos comportamentos nas escolas dessa região. Então, poderia coletar dados relacionados, por exemplo, a fatores sociais da localidade, estrutura familiar, adaptação à organização e estrutura das escolas, e, na análise, tentar identificar correlações entre esses fatores e o nível de violência.

Nesse exemplo fictício, procuramos destacar a importância da revisão de literatura para levantar fatores que possam ser associados ao fenômeno investigado e que auxiliem na sua compreensão. Esses fatores podem explicar a ocorrência de situações ou comportamentos que estão sendo investigados, contribuindo para a formulação de hipóteses que serão, então, verificadas a partir da coleta de dados, que inclui os fatores levantados previamente na revisão de literatura. A coleta de dados pode incluir, ainda, outras informações sobre os participantes e suas circunstâncias.

A principal característica dessa pesquisa é a realização da coleta de dados sobre algo que é dado e ocorreu independentemente de uma intervenção. Por isso, a pesquisa ex-post-facto aplica-se em situações em que não é possível realizar intervenções. Considerando o exemplo anterior, não é possível promover comportamentos agressivos para verificar quais são os fatores que contribuem para o aumento de sua frequência e intensidade. Esses fatores antecedentes constituem as variáveis independentes, que são analisadas em relação a algum efeito ou consequência, que seria a variável dependente, que, no exemplo descrito, refere-se aos comportamentos agressivos. Por isso, Gil (2019b) caracteriza esse tipo de pesquisa como sistemática e empírica, mas sem controle direto do pesquisador sobre as variáveis independentes.

De modo geral, a coleta de dados na pesquisa ex-post-facto ocorre por uma observação, em que se procede à avaliação e mensuração das variáveis investigadas. Essa observação ocorre em um momento pontual, procurando-se estabelecer uma relação de causalidade ou uma associação entre essas variáveis.

A pesquisa ex-post-facto pode ter diferentes delineamentos. Cohen, Manion e Morrison (2018) diferenciam a pesquisa pró-ativa da retroativa. Na primeira, os fatores são agrupados com base na presença ou ausência de uma variável independente, e então o pesquisador compara os grupos em termos de seus resultados, os quais constituem a variável dependente. Na retroativa, o pesquisador observa se a variável dependente é constante, então procura descobrir quais variáveis independentes podem ter contribuído para esse desfecho, hipotetizando sobre variáveis independentes e testando-as contra a evidência.

Outra diferenciação proposta pelos autores à pesquisa ex-post-facto caracteriza-a como causal ou causal-comparativa. A pesquisa causal ou correlacional busca confrontar diferentes conjuntos de dados, procurando identificar se há relação entre eles. É possível analisar se o aumento de um fator pode estar associado a outro, como, por exemplo, se quanto mais tempo os alunos passam no celular, menor é o desempenho escolar. Não é possível estabelecer uma relação de causa e efeito: produzem-se apenas medidas de associação.

De outro modo, na pesquisa ex-post-facto causal-comparativa ou grupo critério, o pesquisador constrói uma hipótese de relação entre as variáveis; em seguida, compara dois grupos, um grupo experimental exposto à variável independente presumida e um grupo controle que não foi exposto (COHEN; MANION; MORRISON, 2018). Por exemplo, o pesquisador pode coletar dados de alunos de uma escola e dividi-los em dois grupos, separando aqueles que têm computador com acesso à internet em casa e os que não têm, para verificar se o acesso ao computador pode ser associado ao menor tempo dedicado às tarefas escolares ou à maior frequência de consulta a portais educacionais.

Essa variação da pesquisa ex-post-facto causal-comparativa trabalha, segundo Tuckman (2012), com grupo critério, procurando comparar situações contrárias. Então, as amostras compõem-se por participantes que possuem características que os diferenciam. Essa diferenciação pode ser identificada por uma avaliação ou autodescrição.

Nesse delineamento de grupos critério, o pesquisador interessado em entender como os hábitos de estudo em casa podem influenciar o desempenho acadêmico pode diferenciar os alunos pelas notas obtidas nas avaliações e observar seus hábitos de estudo, fazendo a aplicação de um questionário, por exemplo. Teríamos dois grupos: os alunos que têm bom desempenho escolar e aqueles que não têm; então, poder-se-ia comparar os hábitos de estudos dos dois grupos. A análise pode considerar diferentes fatores, como local de estudo, tipos de recursos utilizados, tempo dedicado aos estudos, estratégias utilizadas etc. Essa abordagem pode ser um primeiro momento para propor uma pesquisa quase-experimental, com intervenções que trabalhem os hábitos de estudos dos alunos.

Outro exemplo que podemos construir, relacionado a pesquisas ex-post-facto, seria considerarmos que, hoje, muitas crianças e jovens possuem conhecimento da língua inglesa, e algumas tornam-se até mesmo fluentes na interação com as tecnologias que vinculam muito conteúdos nessa língua. Para verificar a hipótese de que a interação frequente com jogos digitais em inglês melhora o desempenho nas habilidades de leitura e escrita em inglês, dificilmente poderíamos conduzir um experimento que propusesse como intervenção a interação frequente com jogos digitais, pois esse tipo de comportamento ocorre como opção de entretenimento e acontece no ambiente residencial. Então, como alternativa, pode-se definir uma população em termos de idade ou ano escolar, para proceder à seleção de uma amostra, preferencialmente aleatória; aplicar um instrumento que permita identificar o tipo e a frequência de interação com os jogos digitais, que pode ser expressa pela média de horas diárias, e desde que idade isso ocorre, aplicando-se, por exemplo, um questionário; e realizar, então, a uma avaliação das habilidades de leitura e escrita, o que pode ser feito pela aplicação de um teste ou uma prova. Nesse caso, temos como variável independente o tempo de interação diário com jogos digitais, e a variável dependente seria o desempenho na avaliação de inglês.

No planejamento da pesquisa ex-post-facto, é possível prever alguns procedimentos organizados em etapas, que envolvem as definições amostrais, a coleta de dados, o estabelecimento das categorias, a análise e a interpretação de dados. No Quadro 12, sistematizamos as etapas descritas por Cohen, Manion e Morrison (2018).

Quadro 12 — **Etapas da pesquisa ex-post-facto**

Etapa 1: defina o problema e revise a literatura.
Etapa 2: declare as hipóteses e as premissas nas quais as hipóteses e os procedimentos de pesquisa são baseados.
Etapa 3: selecione os participantes (amostragem) e defina os métodos para coletar os dados.
Etapa 4: identifique os critérios e categorias para a classificação dos dados, para atender aos objetivos do estudo, que sejam tão inequívocos quanto possível, que permitirão que relacionamentos e semelhanças sejam encontrados.
Etapa 5: reúna dados sobre os fatores que são sempre presentes em que o resultado dado ocorre e descarte os dados em que esses fatores nem sempre estão presentes.
Etapa 6: reúna dados sobre os fatores que estão sempre presentes em que o resultado fornecido não ocorre.
Etapa 7: compare os dois conjuntos de dados (ou seja, subtraia o primeiro — etapa 5 — do último — etapa 6 —, a fim de ser capaz de inferir as causas responsáveis pela ocorrência ou não ocorrência do resultado.
Etapa 8: analise, interprete e relate as descobertas.

Fonte: Cohen, Manion e Morrison (2018, p. 425, tradução nossa).

A análise pode pautar-se na correlação entre as variáveis independente e dependente. No exemplo anterior, pode-se relacionar que quanto mais tempo se joga, maior é o desempenho na avaliação em inglês. A partir da correlação, procura-se estabelecer ou não uma relação entre as variáveis. Cabe reconhecer, na análise e nas conclusões, que esse tipo de pesquisa não tem controle sobre outras variáveis que possam influenciar o resultado obtido, como frequentar um curso extracurricular de inglês, o que torna difícil, na educação, estabelecer relações causais apenas com uma coleta de dados. Pode haver fortes indicadores, e um estudo mais qualitativo subsequente poderia ampliar a compreensão sobre os fatores que contribuem com o domínio da língua inglesa.

Nos delineamentos ex-post-facto, podemos trabalhar a relação entre variáveis independentes e dependentes, porém esse tipo de relação caracteriza-se como retrospectiva, pois não se realizou a manipulação da condição ou variável independente, não se teve controle sobre as variáveis, nem se aplicou a randomização dos participantes dentro dos grupos que estão sendo comparados. Isso porque, como vimos, primeiro se procede à coleta de dados, para depois dividir a amostra em grupos quando atendem ao critério definido, como ter computador em casa ou não. Diante disso, Cohen, Manion e Morrison (2018) alertam que, mesmo quando encontramos uma relação entre duas variáveis, devemos reconhecer que, nesse tipo de estudo, não podemos estabelecer relação de causa e efeito, porque os resultados podem ser associados a outro fator que não pôde ser controlado. O relacionamento pode realmente existir; entretanto, não há como observar se ele é único. Nesse sentido, podemos considerar que horas de leitura podem estar relacionadas ao melhor desempenho na produção textual, porém uma boa base acadêmica anterior e o incentivo da família que valoriza a leitura podem também ser fatores associados, mas que não foram contemplados no estudo ex-post-facto.

Outro aspecto de que não é possível dar conta com a pesquisa ex-post-facto, ao encontrar associação entre variáveis, é determinar qual variável influencia a outra. Até que ponto jogar games de ação desenvolve uma melhor atenção visual, ou até que ponto quem tem um melhor desempenho da atenção visual tem preferência por games de ação?

Diante dessas limitações, quando possível, é importante optar pela pesquisa experimental ou quase-experimental, ou, a partir dos resultados do estudo ex-post-facto, fazer um maior aprofundamento para verificar melhor as relações estabelecidas entre variáveis, seja pela realização de um experimento, seja pela triangulação com entrevistas.

É importante que, na discussão e nas conclusões, o pesquisador reconheça as limitações desse tipo de pesquisa, demonstrando cautela e evitando traçar generalizações e relações de causa e efeito. Algumas limitações e alguns problemas são sistematizados por Cohen, Manion e Morrison (2018), dentre os quais destacamos:

a) a falta de controle, porque não é possível ao pesquisador manipular a variável independente ou randomizar os participantes;
b) não há como ter certeza de que o fator causador do desfecho observado foi incluído ou mesmo identificado;

c) pode ser que nenhum fator observado seja a causa, pois um resultado específico pode ser resultado de diferentes causas em distintas ocasiões;
d) quando se identifica a associação entre duas variáveis, temos dificuldade para decidir qual é a causa e qual é o efeito;
e) a relação de dois fatores não estabelece causa e efeito.

Para exemplificar o uso desse tipo de pesquisa, destacamos um estudo caracterizado como exploratório comparativo desenvolvido por Felicetti e Fossatti (2014), que teve como objetivo realizar um mapeamento comparativo entre alunos bolsistas do Programa Universidade para Todos (ProUni) e não bolsistas em uma instituição de ensino superior privada. A situação dos alunos levava em consideração se: estavam cursando, eram evadidos (abandonaram ou cancelaram a matrícula), trancaram a matrícula, foram transferidos, trocaram de curso ou formaram-se. A análise foi realizada a partir do banco de dados disponibilizado pela instituição acerca dos ingressantes em 2007, 2008 e 2009 nos cursos de licenciatura, considerando-se a situação desses ingressantes no segundo semestre de 2012.

As análises desses dados incluíram: a estatística descritiva, com a construção de tabelas; o uso do qui-quadrado para comparar alunos bolsistas e não bolsistas ProUni entre as diferentes situações; e a regressão para "[...] analisar o fator preditivo do bolsista ProUni de ter evadido, na comparação com ter sido formado, estar cursando, ter transferido ou trocado de curso" (FELICETTI; FOSSATTI, 2014, p. 273).

Por fim, enfatizamos que a pesquisa ex-post-facto utiliza-se da estatística nas análises, em consonância com sua abordagem quantitativa, e pode ter como fonte de dados os resultados de um questionário construído e aplicado, bem como registros e dados já coletados. Na educação, há muitos dados que podem ser utilizados nesse tipo de pesquisa, desde os censos até cadastros e registros de alunos, por isso visualizamos muitas possibilidades de utilização nessa área.

5.6.10. Outras

As metodologias que incluímos nesta seção são as mais relatadas na literatura. Entretanto, mencionaremos aqui outras metodologias que também são importantes nas pesquisas em educação.

Em primeiro lugar, cabe destacar o papel que as pesquisas baseadas em elementos visuais e artes vêm desempenhando, não apenas na área da educação. Como metodologia, elementos visuais e artes podem ser fontes de dados, formas de coletar dados e meios de apresentar os resultados, além da possibilidade de se estudar imagens e vídeos, artistas e o processo artístico. Fotografias tiradas pelos próprios participantes são um exemplo de método que tem sido comumente empregado em pesquisas.

Especialmente em educação, as pesquisas que focam na avaliação de programas e políticas podem ser consideradas uma metodologia específica, tanto que o título do livro de Patton (2015), que utilizamos como referência neste texto, é *Qualitative research & evaluation methods* (*Pesquisa qualitativa e métodos de avaliação*).

Apesar de termos mencionado as pesquisas correlacionais quando abordamos as metodologias quantitativas, alguns autores as classificam como uma categoria própria. Da mesma forma, apesar de termos focado, em alguns momentos do livro, nas pesquisas com crianças e adolescentes, especialmente em educação há metodologias específicas para investigar esse público.

Dentre outras metodologias, merecem ainda ser mencionadas: interacionismo simbólico, redes sociais, teoria da complexidade, pragmatismo, pesquisa baseada em design, positivismo, teoria das representações sociais, metodologias pós-críticas, mundos virtuais, teoria de sistemas e construcionismo. Sejam considerados paradigmas, abordagens ou métodos, alguns autores as consideram metodologias específicas.

A Figura 25 ilustra o ciclo da pesquisa até a etapa da definição do tipo e da metodologia da pesquisa.

FIGURA 25 — Ciclo da pesquisa até a metodologia

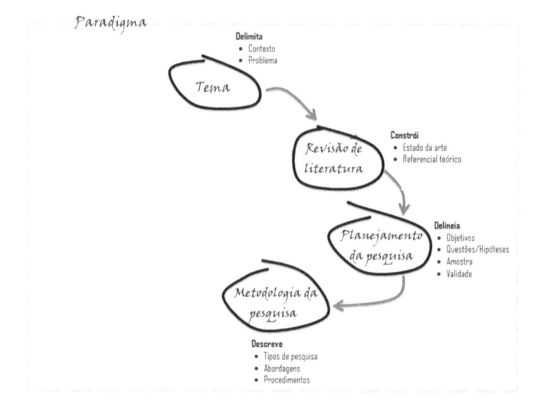

Fonte: os autores.

6.

COLETA DE DADOS

Utilizamos até agora diversas vezes a expressão coleta de dados, mas exatamente o que quer dizer "dados" nesta expressão? Bogdan e Biklen (2007, p. 117, tradução nossa) trazem uma conceituação que abre este capítulo:

> O termo *dados* refere-se aos materiais brutos que os pesquisadores coletam do mundo que estão estudando; os dados são as singularidades que formam a base da análise. Os dados incluem os materiais que as pessoas que conduzem o estudo registram ativamente, como transcrições de entrevistas e notas de campo de observação participante. Os dados também incluem o que outras pessoas criaram e o pesquisador descobre, como diários, fotografias, documentos oficiais e artigos de jornal.

Portanto, é possível coletar dados registrados ou descobertos pelo pesquisador, produzidos ou não pelos participantes e/ou pesquisadores durante o exercício da pesquisa. Sem dados, mesmo pesquisas de cunho mais teórico não prosperam.

Se as metodologias que exploramos no capítulo anterior estão mais vinculadas ao referencial teórico e ao planejamento da pesquisa, pode-se dizer que os métodos estão mais vinculados a técnicas, procedimentos e instrumentos utilizados para a coleta de dados. Van Manen (2016, p. 27-28, tradução nossa), por exemplo, afirma que "[...] a metodologia é a teoria por trás do método [...]", enquanto para Cohen, Manion e Morrison (2018, p. 186, tradução nossa)

> [...] a metodologia diz respeito a como descobrimos o fenômeno, a abordagem a ser usada, os princípios que a sustentam e a justificativa para usar o tipo de abordagem de pesquisa adotado, o tipo de estudo a ser realizado, como a pesquisa é realizada (com suas questões associadas sobre tipos de pesquisa, amostragem, instrumentalização, princípios de validade etc.). Os métodos dizem respeito à instrumentalização: como os dados são coletados e analisados, enquanto a metodologia justifica os métodos usados.

Depois da revisão de literatura e do planejamento, incluindo a escolha da metodologia, pode-se dizer que a coleta de dados é o momento em que efetivamente se inicia a execução da pesquisa, quando não se trata apenas de uma revisão bibliográfica. Nesse sentido, é uma etapa essencial, que pressupõe a definição prévia de uma estratégia de amostragem, envolvendo a identificação dos participantes da pesquisa e do local em que será realizada. Essas escolhas e definições devem estar alinhadas com o problema, os objetivos e as questões e/ou hipóteses formulados na fase do planejamento. Para Babbie (2016), por exemplo, as questões da pesquisa determinam os métodos que decidimos usar. Além disso, o referencial teórico construído até este momento, as abordagens e a metodologia definidas também devem orientar os procedimentos de coleta de dados. Seidman (2019, p. 10, tradução nossa) ilustra como a adequação de uma abordagem ou de um método depende do objetivo e das questões da pesquisa:

> Se um pesquisador fizer uma pergunta do tipo: "Como as pessoas se comportam nesta sala de aula?", a observação participante pode ser o melhor método de investigação. Se o pesquisador perguntar: "Como o posicionamento dos alunos em um nível do sistema de rastreamento se correlaciona com a classe social e a raça?", um *survey* pode ser a melhor abordagem. Se o pesquisador questionar se um novo currículo afeta o desempenho dos alunos em testes padronizados, um estudo quase-experimental controlado pode ser mais eficaz. Entretanto, os interesses de pesquisa nem sempre ou frequentemente são tão claros; em muitos casos, têm muitos níveis e, como resultado, múltiplos métodos podem ser apropriados. Se o pesquisador estiver interessado, no entanto, em como é para os alunos estarem na sala de aula, ou os pacientes no hospital, qual é a sua experiência e que significado eles constroem a partir dessa experiência – se o interesse é o que Schutz (1967) chama de sua "compreensão subjetiva" – então me parece que a entrevista, na maioria dos casos, tende a ser a melhor via de investigação.

Em relação especificamente às abordagens de pesquisa, alguns autores, como Creswell e Guetterman (2019), separam, na exposição do seu texto, a coleta de dados quantitativa e qualitativa. Optamos neste livro por realizar essa separação apenas no próximo capítulo, que cobre a análise de dados, como o fazem Cohen, Manion e Morrison (2018). Quando necessário, então, discutiremos neste capítulo essas diferenças de abordagem em cada método específico. Entretanto, é importante destacar algumas reflexões gerais presentes na literatura.

Para Lune e Berg (2017, p. 12, tradução nossa), por exemplo,

> nas ciências sociais, tendemos a privilegiar métodos quantitativos de coleta e análise de dados quando buscamos medir os padrões e as práticas relativamente estáveis que definem nossas estruturas sociais; e adotamos métodos mais qualitativos quando precisamos de uma compreensão mais profunda das exceções e dos casos especiais, ou quando queremos compreender os significados e as preferências que fundamentam esses padrões mais amplos. O trabalho quantitativo tende para perguntas do tipo "o quê", enquanto o trabalho qualitativo tende para questões do tipo "por quê" e "como".

Para Patton (2015, p. 255, tradução nossa), por sua vez, a pesquisa qualitativa privilegia os seguintes métodos e estratégias de coleta de dados: "[...] entrevistas em profundidade, grupos focais, perguntas abertas em *surveys*, publicações em redes sociais, observações diretas de campo e análise de documentos". Para o autor, "os dados qualitativos contam uma história" (PATTON, 2015, p. 54, tradução nossa). Creswell e Guetterman (2019) sugerem, inclusive, que nas pesquisas qualitativas tendemos a elaborar nossos próprios protocolos para organizar as informações fornecidas pelos participantes, em vez de utilizar instrumentos elaborados por terceiros. Mas cabe também lembrar que autores como Creswell e Clark (2018) exploram abordagens de métodos mistos, que envolvem a coleta de dados quantitativos e qualitativos, seja simultaneamente, seja sequencialmente.

O processo de coleta de dados pode ser ainda dividido em dois momentos, pré-coleta e coleta: inicialmente, a elaboração e a validação dos instrumentos de coleta de dados, o planejamento e a preparação da coleta, e, posteriormente, o momento efetivo da coleta, no campo. A exposição do texto, neste capítulo, não faz essa separação, que será destacada, entretanto, também em cada método específico. A organização dos dados para a análise, que poderia ainda ser concebida como um terceiro momento, pode ocorrer simultaneamente à coleta, ou já como parte da análise, por isso a exposição neste capítulo não a separa formalmente do momento anterior.

Apesar de, no capítulo sobre planejamento, já termos estudado relações entre variáveis (como, por exemplo, independentes e dependentes), a primeira seção deste capítulo revisita o tema do ponto de vista da mensuração e dos tipos de variáveis (como, por exemplo, categóricas e numéricas). Este capítulo cobre os métodos e estratégias mais comuns de coleta de dados: observação, questionário e entrevista. Em função da importância que têm na educação, testes são estudados em uma seção específica. Grupos focais, apesar de poderem ser considerados um tipo de entrevista, são também estudados em uma seção separada pela importância que podem ter nas pesquisas em educação. A pesquisa documental, já estudada como um tipo de pesquisa em função das fontes, é aqui também abordada como uma estratégia de coleta de dados.

6.1. MENSURAÇÃO DE VARIÁVEIS

De acordo com as características do que é medido, há diferentes tipos de variáveis. Uma primeira diferenciação pode ser feita entre variáveis numéricas (quantitativas) e categóricas (qualitativas).

As variáveis **numéricas** podem ser contínuas ou discretas.

As variáveis **contínuas** podem assumir qualquer valor dentro de um intervalo, podendo aceitar casas decimais ou ser "quebradas". Como exemplos de variáveis contínuas, temos a idade, a temperatura e o peso. Podemos dizer, por exemplo, que o participante de uma pesquisa tem 10,9 anos, que sua temperatura é de 36,4 graus e que pesa 38,7 kg.

As variáveis **discretas**, por sua vez, só assumem certos valores dentro de um intervalo, sendo expressas por números inteiros. Como exemplos, temos: o número de peças de um quebra-cabeça, o número de filhos e a quantidade de cadeiras em uma sala. Nesse tipo de variável, só podemos usar números inteiros: uma pessoa só pode ter 1, 2 ou 3 livros na mochila; não pode ter, por exemplo, 2,8 livros.

Desse modo, a diferença entre os dois tipos de variáveis numéricas é que, na contínua, pode-se expressar a altura de uma criança como 1,2 metros, ou mais precisamente 1,23 ou 1,231. De outro modo, não podemos dizer, por exemplo, que uma mulher possui 2,6 filhos; só se admitem 1, 2 ou 3 filhos.

Já as variáveis **categóricas** indicam uma qualidade e os valores assumidos indicam uma categoria, como, por exemplo, o sexo e a classe social. Algumas variáveis numéricas podem ser transformadas em categóricas quando estabelecemos faixas. Como exemplos, podemos pedir que a pessoa indique quanto anos tem escrevendo o número de anos e meses, ou podemos indicar idades categorizadas (menos de 10 anos; entre 10 e 15 anos; entre 16 e 21 anos; mais de 21 anos). O Quadro 13 apresenta diversos exemplos de variáveis contínuas, discretas e categóricas.

QUADRO 13 — **Exemplos de variáveis contínuas, discretas e categóricas**

Contínuas	Discretas	Categóricas
Idade	Número de queixas	Gênero
Nota	Quantidade de faltas	Faixa etária
Altura	Número de alunos	Recurso pedagógico utilizado em aula
Peso	Número de intervenções realizadas	Escolaridade
Escore de um teste	Alunos de uma escola	Grupo (quando turma foi dividida)
Tempo (relógio)	Número de computadores	Língua

Fonte: os autores.

As variáveis categóricas, por sua vez, podem ser dicotômicas ou politômicas. As variáveis **dicotômicas** apresentam duas categorias, como sim/não ou verdadeiro/falso, enquanto as variáveis **politômicas** incluem mais de duas categorias, como nível de escolaridade, classe social ou nível de concordância (concordo plenamente, concordo, nem concordo nem discordo, discordo, discordo plenamente).

Muitos estudos dicotomizam variáveis contínuas e discretas para fazer comparações. Um exemplo que dicotomiza variáveis contínuas poderia ser definir que os alunos acima da média são aqueles que têm média no primeiro bimestre igual ou superior a 7; e os alunos abaixo da média, aqueles que têm médias inferiores a 7. Assim, o valor discreto da média das notas é dicotomizado entre alunos acima e abaixo da média. A Figura 26 apresenta tipos e exemplos de variáveis categóricas e numéricas.

FIGURA 26 — **Tipos e exemplos de variáveis categóricas e numéricas**

Fonte: os autores.

Outra classificação das variáveis envolve o nível de mensuração da escala utilizada para medição, ou seja, o modo como as variáveis podem ser medidas. Considerando a forma de medição da variável, há os seguintes tipos de escala: nominal, ordinal, intervalar e de razão.

A **escala nominal** inclui variáveis categóricas e não possui uma ordem ou classificação, apenas caracteriza o que se pretende medir. Como exemplo, temos o sexo feminino ou masculino, que apenas categoriza, sem definir uma ordem ou indicar que um grupo seja melhor que outro.

De outra forma, a **escala ordinal** inclui variáveis que revelam uma ordem e uma classificação, representadas em escalas, como, por exemplo: muito participativo, participativo, pouco participativo, não participativo. Cada item da escala pode corresponder a um número, sem que possamos garantir que temos a mesma diferença entre o intervalo muito participativo/participativo e o intervalo participativo/pouco participativo. Na escala ordinal, não temos, necessariamente, intervalos iguais, ou seja, não se pode supor que a distância entre cada ponto da escala é igual. Esse tipo de escala é frequentemente utilizado para medir a opinião e as atitudes das pessoas. Um exemplo é a escala Likert em que temos os seguintes itens: 1 = discordo totalmente; 2 = discordo; 3 = nem concorda nem discorda; 4 = concordo; 5 = concordo totalmente.

Já a **escala intervalar** envolve intervalos em que a distância é a mesma entre as variáveis. Os intervalos entre os valores da escala oferecem uma indicação da posição de um ponto ou de um sujeito. Um exemplo é a escala usada para medir a temperatura em que o intervalo entre 3 e 4 graus tem a mesma diferença (magnitude) que o intervalo entre 11 e 12 graus. Porém, cabe notar que na medida de temperatura, não temos um zero absoluto. Esse tipo de escala é frequentemente utilizado em testes de rendimento ou de inteligência, que localizam o desempenho do sujeito em um ponto da escala, permitindo a classificação e a comparação.

Por fim, a **escala de razão** inclui as características das variáveis intervalares, como uma ordem de magnitude e intervalos com a mesma diferença, além do acréscimo do ponto zero absoluto ou de uma origem fixa. Como exemplos, temos as medidas de tempo e velocidade. Um carro parado tem velocidade de 0 km; conforme o motorista acelera, vai aumentando sua velocidade.

O Quadro 14 apresenta características e exemplos dos tipos de escala abordados.

QUADRO 14 — **Tipos de escala, características e exemplos**

Tipos de escala	Características	Exemplos
Escalas nominais	• Nomeiam (do verbo nomear) • Possuem categorias • Não têm ordem • Classificam	Sexo Uso/Não uso Cidade de residência
Escalas ordinais	• Ordenam (do verbo ordenar) • Têm algum tipo de ordem entre as categorias • Valores ordenados	Nível de escolaridade Escala Likert Frequência de uso
Escalas intervalares	• Possuem intervalos iguais entre os escores • Não têm zero absoluto • Permite comparar intervalos	Medida de inteligência Nível de motivação Aproveitamento escolar
Escalas de razão	• Possuem intervalos iguais entre os escores • Têm zero absoluto • Razão entre quantidades	Idade Peso Número de alunos

Fonte: adaptado de Dancey e Reidy (2018) e Coutinho (2018).

A definição e o uso desses quatro tipos de escalas de dados são importantes para determinar o tipo de teste estatístico que pode ser utilizado na análise. Em dados nominais, por exemplo, não se pode aplicar médias nem usar o teste t, mas pode-se calcular a frequência e usar o teste qui-quadrado. Esses testes serão abordados no capítulo 7.

6.2. OBSERVAÇÃO

A observação é uma estratégia de coleta de dados comum a diversas metodologias que estudamos neste livro. Para Patton (2015, p. 332, tradução nossa), seu objetivo principal é

[...] *descrever em profundidade e detalhes* o ambiente que foi observado, as atividades que aconteceram no ambiente, as pessoas que participaram dessas atividades e os significados do que foi observado a partir das perspectivas daqueles que foram observados.

Em educação, a observação permite coletar dados sobre a organização de ambientes físicos e humanos, interações (formais e informais, planejadas e não planejadas, verbais e não verbais) e a organização, configuração e avaliação de cursos e programas, incluindo recursos, estilos pedagógicos e currículos (COHEN; MANION; MORRISON, 2018). Nesse sentido, a compreensão e a sensibilidade em relação ao contexto são essenciais — a observação fornece dados autênticos e informações contextuais ricas (COHEN; MANION; MORRISON, 2018; PATTON, 2015). Cabe salientar que o contexto influencia o comportamento das pessoas e "[...] envolve lugar, momento, circunstâncias, outras pessoas e até mesmo condições psicológicas e físicas" (BENTZEN, 2012, p. 87).

Diante de todos os aspectos que compõem um contexto, é possível observar, por exemplo, o ambiente, as relações entre as pessoas, as reações, os comportamentos manifestos e os eventos que ocorrem. Podem ser observados fatos (como o número de livros em uma sala de aula ou a quantidade de alunos que frequentam a biblioteca em determinado período), eventos (as conversas entre professores e alunos em uma sala de aula) e comportamentos ou qualidades (o comportamento cooperativo entre os alunos ou a simpatia do professor) (COHEN; MANION; MORRISON, 2018).

Nesse sentido, os objetivos de uma observação são lentes que direcionam o olhar para o que se deve observar e registrar. Ambientes sociais em que há diversas pessoas executando várias ações, por exemplo, tornam quase impossível dar conta de tudo o que acontece no espaço e no tempo. Cabe, então, definir a que aspectos o olhar do pesquisador precisa estar atento e direcionado. Em um exemplo de uma observação de alunos fazendo um trabalho em grupo, por exemplo, é possível observar como eles: a) interagem socialmente, dando atenção ao diálogo (às falas) dos alunos; b) utilizam os recursos disponíveis, como cadernos, livros, registros, notebooks e celulares; e c) organizam-se para realizar a atividade (se fazem registros, se alguém do grupo assume a liderança, se dividem tarefas etc.). A partir dessas possibilidades, diferentes objetivos podem nortear a observação.

6.2.1. Tipos de observação

Em função de todos esses elementos levantados, é possível classificar a observação em diferentes tipos. Nesta seção, apresentamos os mais comuns.

A **observação científica** caracteriza-se por ser sistemática e objetiva. A realização sistemática de observações pressupõe um planejamento detalhado, com base nos objetivos da pesquisa, que inclui a definição do local em que será realizada a observação, em quais momentos e por quanto tempo, quem serão os sujeitos observados, quais comportamentos e circunstâncias serão observados e quais técnicas e formas de registro serão utilizadas (DANNA; MATOS, 2015).

Cabe, todavia, destacar diferenças entre a observação nas abordagens quantitativas e qualitativas. Nas pesquisas quantitativas, a observação tende a ser mais estruturada, pressupondo, inclusive, um piloto, e mais fragmentada, realizada em pequenos intervalos de tempo. Já nas pesquisas qualitativas, a observação tende a ser menos estruturada e mais emergente, responsiva e aberta, com uma duração mais prolongada e contínua, buscando capturar a natureza dinâmica dos eventos. Especialmente no caso da pesquisa-ação e da pesquisa participante, concebe-se ainda uma observação mais colaborativa (COHEN; MANION; MORRISON, 2018).

Na educação, realizam-se com frequência observações naturalísticas, que ocorrem no campo da pesquisa, como em uma instituição de ensino, uma sala de aula ou um ambiente virtual de aprendizagem. Na **observação naturalística**, o pesquisador realiza observações em um ambiente natural específico (o campo) durante um longo período e usando diferentes técnicas (COZBY, 2014). O pesquisador aproxima-se do campo para entender como as pessoas se relacionam no ambiente social e físico.

Ao considerar a presença ou não do pesquisador no campo de pesquisa, pode-se diferenciar a observação direta da indireta. Segundo Gil (2019b), na **observação direta** o pesquisador está fisicamente presente no campo, o que a torna mais flexível, por permitir que o observador relate muito aspectos que acontecem e tenha diferentes focos de observação. Já a **observação indireta** é realizada de forma mediada, a partir do registro feito por filmagem ou câmera digital de transmissão.

A **observação sistemática** caracteriza-se por voltar-se para comportamentos específicos previamente definidos, que são observados em um ambiente particular (COZBY, 2014). Esses comportamentos específicos são descritos e categorizados para que seja possível sua identificação e medição. Medeiros *et al.* (2003), por exemplo, ao observarem relações entre professor e alunos em uma sala de aula, apresentam uma tabela com o código, a identificação do comportamento e sua descrição, incluindo, dentre outros, o comportamento "iniciar contato com a professora", que é descrito como:

> Classes de respostas emitidas pelo P [participante], de interação com a professora, independente da professora responder ou não: chamar a professora, pedir para ir ao quadro negro, aproximar-se dela, tocá-la, mostrar suas tarefas a ela, perguntar e falar com a mesma. (MEDEIROS *et al.*, 2003, p. 33).

A **observação estruturada**, que pode ser considerada uma observação sistemática, é cuidadosamente planejada e parte da definição dos comportamentos a serem observados, do tempo (contínuo ou por amostragem) e da forma de registro, prevendo o uso de um protocolo de observação elaborado com base nas decisões tomadas.

De outro modo, a **observação não estruturada** ou assistemática acontece sem definições prévias em relação aos comportamentos ou eventos a serem observados, supondo uma aproximação entre o observador e o campo de observação. Esse tipo de observação pode ocorrer, por exemplo, como fase inicial de uma pesquisa para aproximação com o campo de pesquisa e envolve um registro contínuo de observação.

É importante, ainda, ressaltar algumas características da **observação on-line**, realizada na internet. Já estudamos, no capítulo anterior, a etnografia virtual ou digital. Hoje, é possível realizar observações, por exemplo, em comunidades on-line, cursos a distância e mundos virtuais. Cabe notar que, em comparação com a observação de campo tradicional, é mais fácil para o observador on-line ficar escondido, sem aparecer para os observados. Além disso, as particularidades das mídias e das tecnologias devem ser levadas em consideração nesse tipo de observação (MERRIAM; TISDELL, 2016).

6.2.2. Métodos e técnicas de observação

Há diferentes métodos e técnicas que podem ser utilizados para a observação de comportamentos. Abordaremos os mais importantes nesta seção.

Em primeiro lugar, independentemente do tipo de observação, é preciso prever seu registro, pois não é possível contar exclusivamente com a memória do observador. Nesse sentido, pode-se dizer que o registro da observação é tão importante quanto o ato de observar. Registros podem ser feitos no momento da observação, enquanto os fatos e comportamento transcorrem, ou logo após o período de observação. É possível contar, ainda, com imagens ou filmagens para aprimorar os registros.

Pressupõe-se a utilização de um protocolo ou formulário para o registro de informações e de notas de campo, que envolvem, em geral, descrições do que foi observado. O protocolo de observação é um documento em que o pesquisador faz os registros dos dados coletados a partir da observação, incluindo itens e informações relevantes para a análise. Danna e Matos (2015) descrevem três conjuntos de informações que compõem o protocolo: identificação geral (observador e objetivo), identificação das condições em que se realiza a observação (condições, sujeitos, local e período de observação) e o registro dos comportamentos e circunstâncias ambientais (técnica utilizada).

De acordo com Bentzen (2012), as anotações devem utilizar uma linguagem científica e objetiva, procurando fazer um registro de forma precisa e mais completa possível. Uma descrição objetiva supõe a não influência de emoções, interpretações, avaliações e especulações. Não cabe ao observador, por exemplo, avaliar um comportamento emitindo um juízo de valor ou uma opinião sobre um fato ocorrido.

A observação objetiva, dessa maneira, procura descrever o que o observador consegue ver e ouvir, evitando incluir estados de humor, sentimentos, intenções ou motivos (BENTZEN, 2012). No registro, todavia, o observador pode relatar algumas impressões ou possíveis interpretações que vão além do que foi diretamente observado, mas cabe diferenciar esse tipo de anotação. Em um momento posterior, é possível, por meio de uma entrevista, questionar as pessoas que foram observadas sobre suas intenções e sentimentos.

O registro da observação pode ser diferenciado como cursivo ou categorizado. No **registro cursivo**, o observador descreve os comportamentos e eventos conforme se apresentam, obedecendo a uma sequência temporal. Já no **registro categorizado**, são pré-definidas categorias antes da observação, com base em uma revisão de literatura ou em trabalhos anteriormente desenvolvidos pelo próprio pesquisador (DANNA; MATOS, 2015).

O **registro contínuo** se propõe a descrever a ocorrência de comportamentos conforme vão se desenvolvendo de forma mais completa possível, preservando a precisão e a objetividade. O **registro contínuo cursivo** "[...] consiste em descrever o que ocorre, na sequência em que os fatos se dão" (FAGUNDES, 1985, p. 32). Essas descrições e anotações costumam ser feitas no que se denomina diário de campo.

Já o **registro contínuo por amostragem** supõe uma parte de algo. Em vez do registro dos comportamentos de forma contínua, é possível trabalhar com uma amostra que, nesse tipo de observação, considera o intervalo de tempo. Assim, em vez de o observador fazer o registro do que acontece durante todo o período de observação, pode-se dividir esse tempo em intervalos e, a cada intervalo, registrar-se o que acontece. Cabe então ao pesquisador definir o intervalo de tempo e os comportamentos que serão registrados na observação (DANNA; MATOS, 2015).

A **observação por amostragem de tempo** pode ter algumas variações, que incluem o registro cursivo em amostras de tempo, o registro categorizado em amostras de tempo e o registro de intervalo. Salienta-se, de acordo com Danna e Matos (2015), que a definição do tamanho do intervalo de tempo precisa ser estabelecida considerando a duração do comportamento: quanto menos frequentes os comportamentos, menores devem ser os intervalos estabelecidos, enquanto os comportamentos mais frequentes sugerem intervalos maiores.

No **registro cursivo em amostras de tempo**, o observador, no início ou final de cada intervalo de tempo definido, procede à descrição do que o sujeito ou grupo observado está fazendo.

Já no **registro categorizado em amostras de tempo**, de acordo com Bentzen (2012, p. 118), "[...] as amostras de tempo e de comportamento devem coincidir, o que significa que determinado comportamento é registrado apenas se for observado durante o período pré-selecionado". A cada período determinado, como de 15 em 15 segundos ou de 30 em 30 segundos, o observador registra o que está acontecendo no segundo inicial ou final do intervalo. Na Tabela 3, temos um exemplo de registro por amostragem de tempo de comportamento social de quatro crianças em intervalos de 20 segundos.

TABELA 3 — Exemplo de registro por amostragem de comportamento social

Comportamentos	Intervalos							
	1	2	3	4	5	6	7	8
Interage com outra criança	1		3				3	
Faz atividades sozinha		2				2		4
Exibe comportamento amigável	1			4			3	
Exibe comportamento agressivo					1	2		
Inicia atividade com outras crianças				4	1			
Assume papel de seguidor	1		3					
Exibe comportamento dependente			3					
Exibe comportamento independente		2		4		2		4

Notas: 1 = criança 1; 2 = criança 2; 3 = criança 3; 4 = criança 4. Em cada intervalo registrado, observou-se uma das crianças, e a ocorrência do comportamento foi considerada em relação à duração do intervalo. Os intervalos foram: 20 segundos para observar, 20 segundos para registrar e 20 segundos de espera antes de iniciar a observação da criança seguinte.
Fonte: adaptada de Bentzen (2014, p. 132).

A observação é realizada com o uso de um formulário construído, que divide o tempo da sessão de observação nos intervalos de tempo e lista os comportamentos a serem registrados. De acordo com Danna e Matos (2015), esse formulário pode ser uma tabela que apresenta uma lista de comportamentos (cada um em uma linha) e os intervalos de tempos (cada intervalo corresponde a uma coluna), e o observador marca a ocorrência do comportamento assinalando o campo correspondente.

Por fim, no **registro de intervalo**, o observador considera todo o intervalo para registrar a ocorrência do comportamento, não apenas o momento inicial ou final, conforme definição do pesquisador, como acontece nos outros tipos de registros descritos. Fagundes (1985) reforça que, nesse tipo de registro, anota-se a ocorrência ou não do comportamento, sem considerar quantas vezes o comportamento aconteceu. Na Tabela 4, exemplificamos uma alternativa de protocolo para o registro de intervalo. O registro poderia ser usado para a observação de um sujeito em relação ao comportamento de andar.

TABELA 4 — Exemplo de registro de intervalo

Minutos	Intervalos (em segundos)					
	0 a 10	11 a 20	21 a 30	31 a 40	41 a 50	51 a 60
1		X		X	X	
2			X	X		

Nota: X = ocorrência.
Fonte: Fagundes (1985, p. 55).

Um estudo desenvolvido com o objetivo de analisar o papel do adulto e a forma como decorrem as interações, além de identificar comportamentos sociais e comunicativos (GASPAR; SERRANO, 2011, p. 67), pautou-se na realização de observações das interações sociais e comunicativas de uma criança com perturbação do espectro do autismo (PEA) com outras crianças, em uma turma de educação infantil, com a presença ou não de um adulto. A seleção dos comportamentos foi realizada a partir da revisão de literatura e compôs os dois protocolos utilizados. O primeiro, com a presença do pesquisador participando da atividade lúdica, durou 10 minutos, enquanto, no segundo, registraram-se os comportamentos da criança sem a participação do observador por 6 minutos. No Exemplo 15, apresentamos o segundo protocolo utilizado pelas autoras.

EXEMPLO 15 — **Protocolo de observação categorizado por amostragem de tempo**

Interacções durante a actividade lúdica com pares (6 minutos)

Data: __/__/__   Nome da criança: _____   Observado por: _____   Actividade lúdica: _____

Comportamentos observados durante as interacções sociais e comunicativas	1		2		3		4		5		6		Observações
	A	P	A	P	A	P	A	P	A	P	A	P	
1 Faz contacto ocular													
2 Cumprimenta/Agradece													
3 Faz alternância de turnos													
4 Segue instruções													
5 Responde com ecolália													
6 Responde sem ecolália													
7 Toma iniciativa comunicativa													
8 Faz comentários													
9 Faz perguntas													
10 Pede ajuda/Solicita informação													
11 Recusa/Nega													
12 Pede desculpa													

Fonte: Gaspar e Serrano (2011, p. 81).

A partir da análise dos registros das observações, foi possível identificar os comportamentos mais frequentes na interação social e notar um papel mais passivo e receptor da criança com autismo.

O **registro de evento** procurar contabilizar a ocorrência de algum evento anteriormente definido. O evento pode ser definido como "[...] qualquer coisa que ocorre em algum lugar no mundo real" (BENTZEN, 2014, p. 140). É uma forma de registro contínuo categorizado (DANNA; MATOS, 2015). Para tanto, é preciso escolher os eventos ou comportamentos que são importantes para a pesquisa e defini-los, incluindo critérios para considerar ou não sua ocorrência durante a observação, que podem ser convenções estabelecidas importantes quando temos mais de um observador envolvido na coleta (FAGUNDES, 1985). Um exemplo de um comportamento simples, como andar, é apresentado por Fagundes (1985, p. 51) da seguinte forma:

> Descrição: considera-se andar a locomoção do sujeito, realizada mediante o deslocamento alternado dos pés, no solo.
>
> Critérios de ocorrência: será requerido que o sujeito pare no mínimo 3 segundos, para se considerar possível nova ocorrência. A menor unidade de ocorrência inclui o deslocamento de um dos pés, seguido do deslocamento do outro.

A partir da definição do evento, procede-se normalmente ao registro de frequência da ocorrência, ou, como veremos a seguir, de sua duração. O registro de frequência é utilizado quando queremos analisar a ocorrência de um comportamento, comparar a ocorrência de comportamentos para identificar o mais frequente ou verificar se um comportamento se modifica diante de alguma situação específica. Na Tabela 5, temos um exemplo de registro que poderia ser utilizado para observar comportamentos indicativos de distração de um aluno por um tempo determinado.

TABELA 5 — Exemplo de registro de evento

Comportamento	Ocorrências	Total
Olha em direção ao fundo da sala	⁄⁄⁄⁄ ⁄⁄⁄⁄ /	11
Inicia conversa com um colega	⁄⁄⁄⁄ ⁄⁄⁄⁄ ⁄⁄⁄⁄ ///	18
Não executa a orientação ou pedido do professor	⁄⁄⁄⁄	5
Levanta-se sem ser solicitado	//	2

Fonte: os autores.

Um estudo desenvolvido no grupo de pesquisa Edumídia (RAMOS; KNAUL; ROCHA, 2020) tinha como objetivo analisar as diferenças decorrentes do uso de jogos analógicos e digitais no contexto escolar, enfatizando os comportamentos sociais manifestos durante a realização das atividades com diferentes tipos de jogos. Nesse sentido, foram propostas quatro intervenções com os jogos *Tangram* e *Material Dourado*, ambos na versão analógica e digital. As intervenções foram observadas diretamente por quatro pesquisadores, que procederam ao registro contínuo, e as sessões foram filmadas e analisadas com base no registro de evento. No site do livro, é possível visualizar o protocolo de registro utilizado na observação do vídeo gravado nas intervenções com o jogo *Tangram* analógico e digital.

Cada sessão durou cerca de 30 minutos e, na contagem da frequência, seguindo o procedimento de amostragem de tempo, foram considerados os primeiros 15 minutos de cada intervenção após as crianças terem iniciado a interação com os jogos.

Os resultados revelaram maior frequência de comportamentos que indicam diversão na interação com o jogo digital, observando-se também menor dispersão. Já no uso do jogo analógico, identificou-se maior interação entre as crianças, incluindo maior frequência de prestação de auxílio aos colegas e menor necessidade de mediação da professora (RAMOS; KNAUL; ROCHA, 2020).

Já no **registro de duração**, procede-se ao registro do tempo de duração de um comportamento definido anteriormente, constituindo-se como uma forma de registro contínuo categorizado (DANNA; MATOS, 2015). Na Figura 27, apresentamos um exemplo.

FIGURA 27 — **Exemplo de registro de duração**

Situação de observação: sala de aula durante exposição do professor. Sujeito: M. J. P; sexo masculino; 8 anos. Início observação: 14:20 Término: 14:50 Duração total: 30 minutos		
Comportamentos	Duração (em segundos)	Total
Olhar em direção ao quadro	84 – 126 – 29 – 287 – 89 – 311	926 (15'23")
Mexer no material escolar	22 – 59 – 15	96
Conversar com um colega	176 – 85 – 265	526 (8'46")
Escrever no caderno ou livro	296 – 431	727 (12'07")

Fonte: adaptada de Fagundes (1985).

O registro de uma observação contínua pode ser feito utilizando uma lista de verificação ou checklist, em que o observador marca a presença ou não de determinado evento ou comportamento descrito na lista. Ao observar, o pesquisador marca o comportamento a qualquer momento em que ocorrer, considerando os critérios de ocorrência.

Essa técnica, considerada estruturada, pauta-se na definição prévia dos comportamentos e nos critérios de ocorrência. Cabe, inclusive, a análise da concordância entre observadores, quando realizada por uma equipe de pesquisadores. O site do livro apresenta uma lista de verificação para a observação de estratégias de ensino de língua.

Uma variação descrita por Bentzen (2014) é o uso de escalas de avaliação, que supõe a atribuição de um valor ou uma qualidade a algo, partindo de uma escala que pode ser entendida como "[...] um instrumento com o qual medimos ou registramos o grau relativo de certas competências, habilidades, comportamentos, características" (BENTZEN, 2014, p. 189). Portanto, diferem da lista de verificação, que apenas registra ausência ou presença, por envolver a análise da qualidade de algo e um juízo. A Tabela 6 apresenta um exemplo.

TABELA 6 — **Exemplo de registro de observação com escala de avaliação**

Função motora	Excelente	Muito boa	Boa	Regular	Fraca
Usa o movimento de pinça para pegar pequenos objetos, alimentos.					
Deixa cair ou joga objetos deliberadamente, mas não consegue abaixar o objeto intencionalmente.					
Mostra a capacidade inicial de erguer-se na posição em pé.					
Começa a ficar de pé sozinho; se apoia em móveis, passa ao redor de obstáculos com movimentos laterais.					
Engatinha; escala e desce escadas.					

Fonte: Bentzen (2012, p. 205).

Outra questão importante é o tempo de duração da observação. Se nas pesquisas sociológicas e antropológicas tradicionais poder-se-ia esperar que o pesquisador passasse meses e até anos no campo, em educação as observações são bem mais curtas, envolvendo até mesmo avaliações rápidas, de dias e mesmo horas.

A validade e confiabilidade, que se referem ao quanto as observações ou mensurações realizadas refletem o que se pretende investigar e o quanto são estáveis e consistentes, também precisam ser consideradas na observação. Em estudos em que há mais de um observador, esses aspectos se refletem no nível de concordância entre os registros dos observadores. Cozby (2014) ressalta que um alto índice de concordância entre observadores reflete a confiabilidade da observação; geralmente, as pesquisas publicadas definem um índice de 80% ou mais de concordância.

6.2.3. Dialética observação/participação

É importante reconhecer que o observador que não está envolvido nas rotinas dos sistemas sociais pode perceber nuances que os próprios observados, imersos nessas rotinas, não são capazes de perceber, ou mesmo às quais ninguém jamais prestou atenção — pode ver o invisível. Pode também conhecer aspectos, como tópicos sensíveis, sobre os quais as pessoas, por exemplo, não gostariam de falar em uma entrevista, especialmente para estranhos. O trabalho de campo contínuo oferece, assim, a oportunidade de ir além das perspectivas seletivas dos outros — ver por si próprio; afinal, as entrevistas, que discutiremos na próxima seção, apresentam sempre as percepções dos entrevistados (PATTON, 2015).

É ainda importante notar que quando as pessoas sabem que estão sendo observadas, podem reagir e modificar seu comportamento natural. Assim, é concebível que o pesquisador modifique e adapte seu papel como observador, dependendo da situação, ou mesmo que assuma pontos de vista contraditórios simultaneamente, em vez de ficar mudando de posição (BABBIE, 2016).

A presença do observador pode distrair ou motivar a pessoa a se comportar de forma diferente, para agradar ou chamar a atenção do observador. Diante disso, Bentzen (2012) indica que a pesquisa participante pode minimizar esses efeitos indesejados, pois o pesquisador se torna parte do grupo e participa das atividades.

Uma nova pessoa (observador) inserida em uma instituição de ensino, seja na sala de aula ou em outro espaço, é uma novidade e, em um momento inicial, pode chamar a atenção de crianças e de adultos, especialmente se o ano letivo já estiver em andamento e as pessoas que compõem o grupo já se conheçam. Cabe então, em algumas situações, realizar pré-observações, até que o observador deixe de ser uma novidade e torne-se parte do grupo, para então iniciar as coletas com base na observação e em registros.

Há algumas estratégias de observação que podem tornar imperceptível a presença do observador, como espelhos unidirecionais, que são utilizados em alguns espaços preparados para observação das pessoas sem que possam se dar conta que estão sendo observadas.

Uma alternativa é o uso de câmeras, que registram e transmitem o que acontece em um espaço delimitado, como a sala de aula.

Há, portanto, uma interessante e complexa dialética entre a observação e a participação, que foi ilustrada com a metáfora clássica ético/êmico por Pike (1967), inspirada na linguística (fonética/ fonêmica). O ponto de vista ético estuda o comportamento de um sistema de fora, enquanto o ponto de vista êmico estuda o comportamento de um sistema por dentro, a partir do próprio sistema. As unidades e classificações éticas podem estar disponíveis antes de se iniciar a análise, enquanto as unidades e classificações êmicas são determinadas durante a análise — devem ser descobertas, não previstas. As descrições ou análises éticas são "estranhas", com critérios externos ao sistema; já as descrições êmicas fornecem uma visão interna, com critérios escolhidos de dentro do sistema — representam a visão de quem conhece o sistema e sabe como atuar nele. Um sistema ético pode ser estabelecido por critérios ou por um plano lógico cuja relevância seja externa ao sistema em estudo; já a descoberta ou implantação do sistema êmico requer a inclusão de critérios relevantes para o funcionamento interno do próprio sistema. Os dados éticos podem ser obtidos no início da análise, com informações parciais; os critérios êmicos, ao contrário, requerem um conhecimento do sistema total do qual, em última análise, extraem sua significância (PIKE, 1967).

Por quais valores as observações deveriam ser guiadas: do etnógrafo (éticos) ou dos observados (êmicos)? Como é possível compreender os valores dos outros? Para Patton (2015, p. 338, tradução nossa), "metodologicamente, o desafio é fazer justiça a ambas as perspectivas durante e após o trabalho de campo, e ser claro consigo mesmo e com o público sobre como essa tensão é administrada". A descrição do que estudamos com as palavras utilizadas pelos participantes, por exemplo, nos leva a adquirir as atitudes e perspectivas compartilhadas por eles. "O desafio é combinar a participação e a observação para nos tornar capazes de entender o cenário como um *insider* e ao mesmo tempo descrevê-lo para *outsiders*" (PATTON, 2015, p. 338, tradução nossa), ou, segundo o próprio autor, uma "neutralidade empática". Davis (1973) desenvolve outra metáfora para representar o fenômeno: do marciano e do convertido.

Um dos aspectos mais interessantes e discutidos na literatura sobre observação são justamente os papéis desempenhados pelo observador. Partindo do trabalho anterior de Buford Junker, Gold (1957), em um artigo clássico, define quatro papéis principais do observador em relação aos participantes: participante total, participante-como-observador, observador-como-participante e observador total. Os quatro papéis oferecem vantagens e desvantagens.

A identidade e os objetivos do **participante total** não devem ser conhecidos por aqueles que ele observa, o que, como se pode imaginar, gera questionamentos éticos. O pesquisador deve interagir com os participantes o mais natural e intensamente possível. Entretanto, essa proximidade gera o risco de ele se tornar nativo, violando, assim, seu papel de observador, o que, por consequência, tende a comprometer a objetividade do relato de suas descobertas. Por isso, o participante total precisa de períodos de reflexão durante e após sua participação, nos quais pode voltar a ser ele mesmo e ponderar sobre seu comportamento. Portanto, embora o papel de participante total possibilite a percepção e a compreensão de dentro, que, de outra forma, escapariam a um observador tradicional, exige também um delicado equilíbrio. Nesse sentido, um participante total deve se lembrar continuamente de que, acima de tudo, está ali como observador: este é o seu papel principal.

No caso do **participante-como-observador**, o papel de participante é mais saliente que o de observador. Às vezes, o pesquisador observa formalmente, como no caso de entrevistas agendadas; em outras ocasiões, observa informalmente, como quando, por exemplo, participa de confraternizações. Embora seu papel seja basicamente similar ao do participante total, tanto o pesquisador quanto os participantes estão cientes de que seu relacionamento é de campo. Se essa consciência mútua contribui para minimizar os problemas relacionados à simulação de papéis, não evita erros que são comuns ao participante total. O pesquisador pode, da mesma forma, se identificar excessivamente com os participantes e se tornar nativo, passando, assim, a perder sua perspectiva de pesquisa. Foi o que ocorreu, como vimos na seção sobre ética no capítulo 4, com o psicólogo Philip Zimbardo, que conduziu o experimento da Prisão de Stanford e acabou se envolvendo exageradamente com o próprio experimento, abandonando sua perspectiva de observador e pesquisador. Por isso, sempre que necessário, o participante-como-observador deve deixar o campo para rever seu papel, assim como o participante total. Importante notar, também, outro problema potencial: os participantes podem se tornar muito identificados com o pesquisador para continuar a funcionar apenas como participantes; nesses casos, os próprios participantes tornam-se excessivamente observadores.

Tanto no participante total quando no participante-como-observador, a participação desempenha um papel essencial na observação. Patton (2015, p. 334, tradução nossa) ressalta o valor da observação participante: "A observação participante é um encontro holístico. Todos os sentidos entram em jogo. Essa é a grande força de estar presente, verdadeiramente presente, em campo."

Já no caso do **observador-como-participante**, a participação é periférica ao papel de observador. Esse tipo de observação é usado, por exemplo, em estudos que envolvem a ida a campo para realizar apenas entrevistas, ou a observação sem participação mais ativa em um grupo. Requer uma observação relativamente mais formal do que qualquer observação informal ou participação de qualquer tipo. Também implica menos risco de tornar-se nativo do que o papel de participante total ou de participante-como-observador. No entanto, como o contato do pesquisador com os participantes é breve, e até mesmo superficial, ele tem mais probabilidade de interpretar mal os participantes e de ser mal compreendido por eles, não apreendendo, por exemplo, regras informais do grupo. Relacionamentos breves com numerosos participantes expõem um observador-como-participante a muitas possibilidades de mal entendidos. Esses encontros frustrantemente breves também contribuem para percepções equivocadas que, por sua vez, estabelecem barreiras de comunicação das quais o pesquisador pode não se tornar consciente até que seja tarde demais.

Por fim, o papel de **observador total** remove inteiramente o pesquisador da interação social com os participantes, que pode não ser visto nem percebido pelo grupo.

"O pesquisador está escondido do grupo (por exemplo, atrás de um espelho unilateral) ou em um ambiente totalmente público, como um aeroporto ou uma biblioteca." (MERRIAM; TISDELL, 2016, p. 145, tradução nossa). Aqui, um pesquisador tenta observar as pessoas de formas que tornem desnecessário que elas o levem em consideração, pois não sabem que ele as está observando, ou que, em algum sentido, estão servindo como seus informantes. Dentre os quatro papéis mencionados, este quase nunca é o dominante. Às vezes, é usado como um dos papéis subordinados empregado para implementar os dominantes. Com mais observação do que participação, as chances de se tornar nativo são menores, mas surge, então, um problema oposto: a possibilidade de etnocentrismo, que ocorre sempre que um pesquisador não pode ou não vai interagir de forma significativa com um participante. Como um observador total permanece inteiramente fora da interação observada, ele enfrenta o perigo de interpretar mal o que observa, rejeitando as opiniões dos participantes sem chegar a compreendê-las. No outro extremo, um pesquisador que se torna nativo ultrapassa o ponto de relacionamento de campo ao aceitar literalmente as opiniões de seus participantes como sendo suas. Ambos fingem ser observadores, mas por razões obviamente opostas.

Esses quatro papéis do observador podem ser resumidos em um contínuo entre, nas palavras de Patton (2015), o engajamento e o desapego, ou entre a imersão total e o papel de um espectador. A Figura 28 procura representar esse contínuo.

FIGURA 28 — **Contínuo dos papéis do observador**

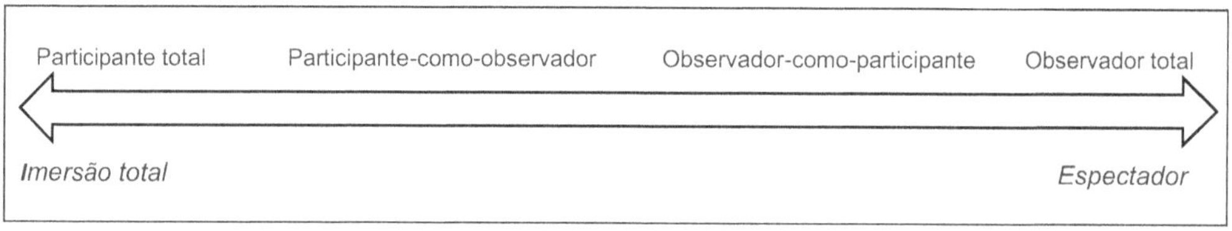

Participante total	Participante-como-observador	Observador-como-participante	Observador total
Imersão total			*Espectador*

Fonte: os autores.

Merriam e Tisdell (2016), entretanto, apontam com sutileza que trabalhos mais recentes definiram outra posição para o observador: a do **parceiro colaborativo**. Esse papel está mais próximo de um participante total na Figura 28, mas a identidade do pesquisador é conhecida por todos os envolvidos. Utilizado, por exemplo, em pesquisas com professores, feministas ou pesquisa-ação e participante, sua característica definidora é que o pesquisador e os participantes são parceiros no mesmo nível no processo de investigação, o que envolve a definição do problema a ser estudado, a elaboração dos objetivos e questões e/ou hipóteses da pesquisa, a definição da metodologia, as estratégias para a coleta e a análise dos dados, assim como a redação e a divulgação das descobertas.

6.3. QUESTIONÁRIO

O questionário é um instrumento de coleta de dados composto por um conjunto de itens (perguntas e/ou afirmações) que são apresentados a um respondente. Segundo a avaliação de Campos (2020, p. 11), questionários "[...] que investigam percepções, representações e opiniões sobre experiências, conceitos ou acontecimentos relacionados a processos ou ambientes educacionais" estão entre os métodos mais comuns de coleta de dados empíricos na área da educação.

Questionários são utilizados, principalmente, em pesquisas com abordagens quantitativas, pelo fato de serem compostos, sobretudo, de questões objetivas, que requerem análises baseadas em estatística descritiva e/ou inferencial. As questões podem considerar as variáveis independentes e dependentes definidas na investigação, especialmente no caso de pesquisas ex-post-facto. Por ser um instrumento bastante comum em *surveys*, a leitura desta seção completa-se com a leitura da seção do capítulo anterior que aborda essa metodologia. Questionário e *survey*, inclusive, são duas palavras utilizadas, muitas vezes, alternadamente, uma no lugar da outra, sem distinção.

O uso de questionários em pesquisas deve observar alguns procedimentos importantes, que incluem: planejamento; construção do instrumento; elaboração das questões, fechadas e/ou abertas, que atendam aos objetivos norteadores da pesquisa; escolha de escalas; validação e testagem prévia do questionário e critérios para garantir a confiabilidade e validade do instrumento; e definição de estratégias de aplicação e acompanhamento dos retornos obtidos. Nesta seção, abordamos esses procedimentos, enquanto o capítulo seguinte abordará os aspectos relacionados à análise dos resultados obtidos.

Devido a suas características, o uso de questionários aplica-se especialmente quando há um número expressivo de participantes que compõem a amostra. Assim, as orientações apresentadas no capítulo sobre planejamento da pesquisa devem ser consideradas para a definição da população e da amostra que, espera-se, responderá às questões. Um pré-teste do delineamento da amostra, por exemplo, é um procedimento que visa avaliar as dificuldades que o pesquisador poderá encontrar para selecionar a amostra (VIEIRA, 2009). A baixa taxa de retorno a questionários, por outro lado, é um dos desafios para sua utilização em pesquisas, que deve ser considerado no design da investigação.

Os questionários podem ser combinados com outros instrumentos de coleta de dados, podendo ser empregados, assim, em diferentes tipos de pesquisa. A aplicação de um questionário permite coletar vários tipos de dados, que incluem o levantamento de características populacionais, crenças, preferências, opiniões, comportamentos e atitudes, dentre outros. Nesse sentido, podem ser utilizados como etapa inicial de uma pesquisa para caracterização dos participantes, coleta de informações para a definição dos participantes de etapas seguintes ou formação de grupos a partir do levantamento de características específicas.

O uso do questionário como procedimento de coleta de dados em uma pesquisa oferece diversas vantagens, tais como:

a) atinge muitas pessoas que podem estar dispersas geograficamente;
b) pode garantir o anonimato de quem responde;
c) combina questões fechadas padronizadas e abertas;
d) permite aplicação individual autoadministrada ou coletiva;
e) a condução da aplicação é um processo simples;
f) não requer, em geral, treinamento de uma equipe para conduzir a aplicação;
g) não é necessária uma equipe numerosa para realizar a coleta de dados;
h) os dados são facilmente tabulados e organizados em bases para posterior análise.

De outro modo, o uso do questionário também apresenta desvantagens, que precisam ser consideradas na definição das estratégias e na sua adoção como forma de coleta de dados, dentre as quais:

a) a construção do questionário é um processo trabalhoso, que precisa ser feito de forma cuidadosa e fundamentada, incluindo procedimentos de validação antes da aplicação;
b) quando a aplicação não é conduzida presencialmente pelo pesquisador, não permite o acompanhamento, nem, em geral, que o respondente tire dúvidas eventuais;
c) não se tem controle sobre as circunstâncias em que foi respondido;
d) tem-se menor taxa de retorno do que outros instrumentos de coleta de dados, especialmente quando enviado de forma on-line por e-mail ou disponibilizado em sites ou redes sociais.

A seguir, exploraremos os aspectos da elaboração de um questionário.

6.3.1. Planejamento e construção do questionário

Levando em consideração todos os procedimentos mencionados, a construção de um questionário é uma tarefa complexa, exigindo planejamento, sistematização, avaliação e reflexão por parte do pesquisador. Entretanto, um dos problemas é que, assim como praticamente todo pesquisador, mesmo iniciante, acredita que sabe naturalmente conduzir um estudo de caso (YIN, 2018), praticamente todo pesquisador, mesmo iniciante, acredita que sabe naturalmente elaborar um questionário, pautando-se na crença de que seria, afinal, uma atividade simples e trivial.

Em primeiro lugar, cabe averiguar se não existem instrumentos prontos, adequados aos objetivos da investigação, que possam ser usados na íntegra ou mesmo modificados. Em muitos casos, não é necessário refazer o que já existe e o pesquisador pode se utilizar de um questionário já amplamente testado e validado.

O planejamento e a construção de um questionário devem partir dos objetivos e das questões e/ou hipóteses da pesquisa. Entretanto, além desse olhar retrospectivo, é necessário exercitar um olhar prospectivo, buscando clareza sobre a forma como se pretende analisar as respostas obtidas. Considerar a análise no planejamento do questionário é essencial, pois uma mesma pergunta pode ser formulada de diferentes maneiras, e, no caso de perguntas fechadas, por exemplo, o modo como as alternativas são apresentadas tem implicação direta sobre as possibilidades de análise, o que estudaremos no próximo capítulo. Nesse sentido, Cohen, Manion e Morrison (2018, p. 474, tradução nossa) sugerem que se planeje um questionário com a análise dos dados em mente: "O ponto a ser destacado aqui é que o questionário seja planejado – construído – com a análise em mente; o pesquisador sabe de antemão como deseja analisar os dados, e a estrutura e o conteúdo do questionário derivam-se daí". Nessa perspectiva, uma estratégia importante é avaliar se cada uma das perguntas inicialmente planejada no questionário trará alguma contribuição para atingir os objetivos e responder às questões da pesquisa, e se (e como) as respostas a essas perguntas serão utilizadas na análise e interpretação dos resultados; em caso negativo, a pergunta é desnecessária e pode ser excluída do questionário.

Para construir um questionário, os objetivos e as questões da pesquisa precisam ser transformados nas perguntas do instrumento; para tanto, é preciso identificar quais são as variáveis envolvidas nesses objetivos e questões e torná-las operacionais, de modo a permitir sua mensuração. Por exemplo, se uma pesquisa tem como um de seus objetivos identificar os fatores que influenciam a permanência e a conclusão dos estudos por parte de alunos que cursam o ensino médio noturno, cabe identificar quais são as variáveis que estão relacionadas com esse objetivo. As variáveis que caracterizam esses alunos e suas condições, como idade, sexo, se trabalham, distância a que residem da escola, meio de transporte que utilizam, nível de motivação para aprender e expectativas profissionais com o término do ensino médio, são importantes. É possível, por exemplo, levantar as variáveis citadas e identificadas em outros estudos relacionados. Com esse conjunto de variáveis definido, é preciso, então, torná-las operacionais. Em relação a sexo e idade, por exemplo, a tarefa é simples: basta indagar e o respondente já tem suas opções de respostas facilmente definidas. Entretanto, o nível de motivação ou as expectativas são fatores que pressupõem o uso de escalas ou conjuntos de afirmações baseadas em teorias que abordem esses conceitos, para que seja possível alcançar alguma medida de como o respondente se sente.

Cabe notar que um questionário pode ser mais ou menos estruturado. Cohen, Manion e Morrison (2018) propõem uma regra prática: de um lado, quanto maior o tamanho da amostra, mais estruturado, fechado e numérico o questionário deveria ser; de outro lado, quanto menor o tamanho da amostra, menos estruturado, mais aberto e baseado em palavras o questionário deveria ser — a ponto de ser o caso de se avaliar se uma entrevista não seria mais adequada. Nesse sentido, um passo importante é escolher os tipos mais adequados de questões para atender ao que se pretende medir. Como veremos, há vários tipos de questões que podem ser combinadas em um questionário.

Deve-se atentar, também, para a extensão do instrumento. Um questionário muito longo pode gerar fadiga no respondente. Responder a um questionário pode demandar um esforço mental significativo dos participantes; por isso, no planejamento e na construção do instrumento, os pesquisadores devem considerar a carga de esforço e a demanda prevista para o respondente (COHEN; MANION; MORRISON, 2018). Vieira (2009) sugere, como regra geral, que o instrumento tenha entre 15 e 30 questões.

Além disso, precisam ser elaboradas orientações para o respondente, tais como: instruções claras e comentários introdutórios, no início do questionário; uma apresentação sobre o conteúdo e os objetivos das seções, no início das seções; e instruções especiais para facilitar a resposta, no início de algumas perguntas. "Breves introduções e explicações como essas ajudam o respondente a compreender o questionário. Fazem o questionário parecer menos caótico, especialmente quando utiliza uma variedade de dados." (BABBIE, 2016, p. 258, tradução nossa).

Tanto as questões e as orientações quanto as decisões relacionadas ao meio e à forma de aplicação devem considerar para quem se dirige o questionário. A amostra que responderá ao questionário tem quais características? Levando esse ponto em consideração, qual é melhor linguagem e forma de apresentar o questionário? Em muitas pesquisas com crianças, por exemplo, o uso do questionário não é possível nos casos em que elas não sabem ler ou teriam dificuldades para interpretar os enunciados e as alternativas. Mas mesmo quando sabem ler, tendem a ter dificuldades para responder a um instrumento longo. Nesses casos, o questionário deve ser construído considerando o tempo que as crianças conseguem ficar dedicadas à atividade de responder às perguntas, bem como a linguagem e os tipos de questões, que podem incluir imagens e escalas visuais. Em muitas situações, recomenda-se, inclusive, que a aplicação seja feita com o auxílio do pesquisador, que faz a leitura do questionário individualmente para cada criança e registra suas respostas.

Cabe lembrar, ainda, que a construção de questionários envolve aspectos éticos. Como afirmam Cohen, Manion e Morrison (2018, p. 471, tradução nossa), "o questionário sempre será uma intrusão na vida do respondente, seja em termos do tempo gasto no preenchimento do instrumento, do nível de ameaça ou sensibilidade das perguntas ou da possível invasão de privacidade". Nesse sentido, como componentes essenciais de projetos de pesquisa, devem ser submetidos à Plataforma Brasil para avaliação por comitês de ética, sendo, inclusive, um dos pontos que costumam gerar a devolução dos projetos para adequação.

As duas seções seguintes apresentam orientações para a elaboração de questões e escalas para questionários.

6.3.2. Questões

Vieira (2009) faz uma série de sugestões para a elaboração de perguntas em questionários, das quais destacamos algumas. Em primeiro lugar, devem ser usadas palavras simples e diretas, em vez de palavras com significado ambíguo. A interpretação do sentido das palavras pode variar de pessoa para pessoa. Segundo Cohen, Manion e Morrison (2018, p. 478, tradução nossa), "este é o cerne do problema dos questionários: diferentes respondentes interpretam as mesmas palavras de diferentes maneiras".

Da mesma forma, perguntas simples, objetivas e específicas são mais indicadas do que perguntas indefinidas e gerais. Além disso, as sentenças devem ser curtas, evitando-se frases negativas, que podem comprometer a interpretação do leitor. Tampouco é conveniente apresentar mais de uma problemática ou variável na mesma pergunta: *"Faça uma pergunta por vez*. Certifique-se de que cada pergunta questione apenas sobre um ponto" (COHEN; MANION; MORRISON, 2018, p. 491, tradução nossa). Em temas mais complexos, as questões podem ser divididas em conjuntos para atender ao objetivo pretendido. Cabe, ainda, atentar para a ordem das palavras nas afirmações e questões.

De qualquer maneira, o processo de redação das questões envolve um exercício contínuo da escrita e reescrita: "[...] termine de escrever, desligue o computador e faça outra coisa durante alguns dias, antes de reler o que escreveu" (VIEIRA, 2009, p. 103-104).

Um questionário pode ser composto por questões fechadas e/ou abertas. A seguir, apresentamos, exemplificamos e discutimos os tipos de perguntas mais comuns em questionários, contemplando as alternativas que podem ser utilizadas.

6.3.2.1. Questões fechadas

As questões fechadas, também denominadas objetivas, oferecem um conjunto de alternativas, explícitas ou implícitas, para que o respondente escolha uma ou mais opções, possibilitando, assim, comparações e análises estatísticas. As opções podem incluir itens como categorias, escalas, tipologias e níveis de concordância. Recomenda-se a inclusão da opção "Outro" para casos em que não estejam contempladas nas alternativas todas as possibilidades de respostas que atendam a todos os respondentes. Em algumas situações, cabe incluir a opção "Não se aplica".

De modo geral, um questionário deve priorizar as questões fechadas, voltando-se assim para um número maior de participantes. Além disso, esse tipo de questão exige menos esforço e tempo do participante para a elaboração da resposta, bem como facilita a tabulação e a análise dos dados. Cobrimos nas próximas seções os seguintes tipos de questões fechadas: dicotômicas, múltipla escolha, escalas e respostas numéricas, assim como alguns de seus subtipos.

6.3.2.1.1. Questões dicotômicas

Questões objetivas dicotômicas apresentam apenas duas alternativas de resposta, o que evita que o respondente fique em cima do muro. Qualquer pergunta que envolva as respostas sim/não, por exemplo, é dicotômica. São também comuns em questionários perguntas dicotômicas para identificar o sexo do respondente (masculino/feminino), apesar das várias outras denominações utilizadas hoje quando abordamos gênero e orientação sexual.

Questões dicotômicas podem ser utilizadas para direcionar o fluxo do questionário com muita facilidade em formulários on-line, sem necessidade de conhecimentos de programação. Se um respondente escolhe uma das alternativas, pode ser direcionado automaticamente para uma seção do questionário; se escolhe a outra alternativa, pode ser direcionado para outra seção. Por exemplo, podemos utilizar um questionário para que professores avaliem um programa de formação, incluindo uma pergunta sobre terem recebido apoio de sua instituição para participar do programa, tendo como opções de resposta sim ou não. Caso o professor responda sim, pode-se direcioná-lo para questões mais específicas relacionadas às formas de apoio recebido, por exemplo. Quando o respondente marca a opção não, essas questões específicas podem nem aparecer, ou pode ser indicado que pule para uma questão mais à frente.

As questões fechadas dicotômicas trabalham com variáveis categóricas dicotômicas e dados nominais, o que facilita a codificação e determinadas estratégias de análise. Esse tipo de questão, por exemplo, permite dividir os dados em grupos, o que remete à análise estatística que compara dois grupos usando, por exemplo, o teste t ou o teste de Mann-Whitney, que serão discutidos no próximo capítulo.

6.3.2.1.2. Questões de múltipla escolha

Ao contrário das questões dicotômicas, as questões de múltipla escolha (ou politômicas) apresentam três ou mais alternativas como resposta, com a possibilidade de escolha de apenas uma ou múltiplas respostas. Por isso, deve haver um cuidado especial na elaboração das questões e das alternativas.

Deve-se garantir que as opções fornecidas sejam exaustivas, incluindo toda a gama de respostas possíveis, a menos que o pesquisador esteja interessado em apenas alguns aspectos específicos (BABBIE, 2016; COHEN; MANION; MORRISON, 2018).

As alternativas precisam ainda ser balanceadas, para evitar o direcionamento das respostas. Considere, por exemplo, a seguinte questão: "O que a escola representa para você?". Imagine que os alunos só tivessem as seguintes opções de escolha: (a) só há futuro para quem frequenta a escola; (b) a escola é fundamental para um futuro promissor; (c) a escola tem pouca influência sobre o futuro das pessoas. Considerando a questão e as alternativas, pode-se supor que boa parte dos respondentes escolheria a opção b. A questão é muito ampla e as alternativas não apresentam um bom balanceamento que permita medir, de forma pormenorizada, as diferentes opiniões que os alunos possam ter sobre o papel da escola no seu futuro.

No caso de uma questão de múltipla escolha em que o respondente só pode escolher uma alternativa, formula-se uma questão e apresenta-se um conjunto de opções para que o respondente escolha uma delas. As alternativas devem ser discretas ou mutuamente exclusivas, ou seja, não deve haver sobreposição entre elas, evitando-se, assim, que o respondente sinta necessidade de selecionar mais de uma (BABBIE, 2016; COHEN; MANION; MORRISON, 2018).

A análise desse tipo de questão pode ser feita, por exemplo, pela distribuição da frequência; quando as opções constituem variáveis de análise, podem-se utilizar testes como ANOVA ou Kruskal-Wallis, que serão estudados no próximo capítulo. O Exemplo 16 apresenta uma questão de múltipla escolha para a escolha de uma alternativa.

Exemplo 16 — **Questão de múltipla escolha com uma alternativa de resposta**

Qual o seu nível de escolaridade? Selecione o último nível que você completou, ou a primeira opção, se não tiver completado o ensino fundamental.
( ) Ensino fundamental incompleto
( ) Ensino fundamental
( ) Ensino médio ou EJA (Educação de Jovens e Adultos)
( ) Graduação
( ) Pós-graduação lato sensu (Especialização)
( ) Mestrado
( ) Doutorado
( ) Pós-doutorado

Fonte: os autores.

Questões podem também ser consideradas objetivas e admitir apenas uma resposta, mesmo sem apresentar alternativas para o respondente escolher, o que Dohrenwend (1965, p. 175, tradução nossa) chama de questão de identificação: "A questão de identificação, que é caracterizada por interrogativos como quem, quando ou onde, requer que o respondente selecione uma resposta de um conjunto finito de possibilidades, que está implícito, mas não declarado". Essas questões, que à primeira vista podem parecer abertas, solicitam uma resposta escrita curta de uma lista de opções que não está redigida no questionário, mas que existe, virtualmente, na mente do respondente. Esse tipo de questão se justifica, por exemplo, quando a quantidade de respostas é muito grande, inviabilizando a apresentação de opções para o respondente assinalar. O Exemplo 17 apresenta questões de identificação.

Exemplo 17 — **Questões de identificação**

Em que cidade você reside? _____
Em que escola você estuda? _____
Profissão: _____

Fonte: os autores.

Questões de múltipla escolha podem também permitir que o respondente escolha mais de uma alternativa, seja um número definido de opções, seja uma escolha livre de quantas alternativas desejar. O Exemplo 18 apresenta dois desses tipos de questão. A análise das respostas dessas questões pode, por exemplo, considerar a ocorrência de frequência em cada item e calcular a quantidade de itens marcados.

EXEMPLO 18 — **Questões de múltipla escolha que admitem mais de uma alternativa de resposta**

Escolhas as três metodologias que você considera mais importantes para as pesquisas em educação.
[ ] Pesquisa narrativa ou história de vida
[ ] Pesquisa fenomenológica
[ ] Etnografia
[ ] Pesquisa-ação
[ ] Teoria fundamentada (*grounded theory*)
[ ] *Survey* ou levantamento de campo
[ ] Pesquisa experimental ou quase-experimental
[ ] Pesquisa ex-post-facto

Quais tecnologias digitais você utiliza para estudar em casa? Você pode marcar mais de uma opção.
[ ] Não utilizo nenhuma tecnologia digital para estudar em casa
[ ] Computador de mesa
[ ] Notebook
[ ] Smartphone
[ ] Tablet
[ ] Outra: _____

Fonte: os autores.

Pode-se conceber questões de identificação também nesses casos, conforme o Exemplo 19.

EXEMPLO 19 — **Questão de identificação com múltiplas respostas**

Qual(is) curso(s) você concluiu na graduação? (se houver mais de uma resposta, separe por vírgula) _____

Fonte: os autores.

Assim como no caso de questões fechadas dicotômicas, as questões de múltipla escolha envolvem o trabalho com variáveis categóricas e a coleta de dados nominais, o que possibilita diversos tipos de análise, como veremos no próximo capítulo.

6.3.2.1.3. *Questões de respostas numéricas*

As questões de respostas numéricas apresentam um enunciado que pede a inclusão de um valor numérico. São utilizadas, em geral, quando as opções são muito extensas, o que inviabilizaria apresentar alternativas para o respondente assinalar. Assim como no caso das questões de múltipla escolha de identificação, podem parecer, à primeira vista, questões abertas, mas são, na verdade, fechadas, em que o respondente escolhe a alternativa de uma lista virtual de opções, que estão implícitas na pergunta e existem na sua mente. O Exemplo 20 apresenta algumas questões.

EXEMPLO 20 — **Questões de resposta numérica**

Quantos anos você tem? _____
Em que ano você nasceu? _____
De 0 a 100, qual nota você daria ao curso realizado? _____

Fonte: os autores.

Outros exemplos deste tipo de questões são as entrevistas feitas por telefone, após algum serviço prestado, quando o respondente é solicitado a avaliar o serviço dando uma pontuação, por exemplo, de 0 a 10.

6.3.2.1.4. *Questões de ordenação*

Questionários também podem propor que os respondentes comparem e ordenem listas de palavras ou declarações, definindo, assim, importância, prioridade ou intensidade. Entretanto, séries muito longas de itens podem se tornar inexequíveis.

Outra opção é solicitar que o respondente distribua um número total de pontos entre algumas alternativas, o que também obriga ao estabelecimento de prioridades. A demanda sobre o respondente, entretanto, pode ser muito alta, levando à falta de resposta ou à desistência (COHEN; MANION; MORRISON, 2018).

6.3.2.2. *Questões abertas*

Ao contrário das questões fechadas, as questões abertas permitem que o respondente descreva de forma mais livre suas respostas. Dessa maneira, informações alternativas são produzidas no questionário.

Entretanto, em comparação com as questões fechadas, as questões abertas demandam mais dos respondentes e requerem um tempo maior para a resposta; por isso, questionários compostos por muitas questões abertas acabam tendo, em geral, um baixo retorno. Nas situações em que é preciso utilizar muitas questões abertas, quando possível, é mais adequada a opção por entrevistas.

Uma das opções de se utilizar questões abertas em questionários é como complemento a questões fechadas, quando, por exemplo, é solicitado ao respondente que faça um comentário sobre sua resposta. Outra opção é solicitar ao respondente o complemento de uma sentença.

Questões abertas, em princípio, não permitem análise estatística, envolvendo, em geral, análise qualitativa. Nesse sentido, uma das técnicas de análise de respostas a questões abertas são a codificação e a categorização, discutidas no próximo capítulo.

O Exemplo 21 apresenta questões abertas.

Exemplo 21 — **Questões abertas de um questionário**

> Quais foram as principais contribuições que a realização do curso ofereceu à sua atuação profissional?
> Quais são as principais dificuldades que você enfrenta para cursar a sua graduação?

Fonte: os autores.

6.3.2.3. Escalas

As questões fechadas apresentam um enunciado e um conjunto de opções para que o respondente assinale uma ou mais alternativas que podem utilizar escalas. É bastante comum apresentar as alternativas das respostas a perguntas em questionários no formato de escalas, que são adequadas, por exemplo, para medir percepções, opiniões, valores e atitudes.

Os resultados das escolhas em escalas podem ser transformados em números, conferindo, assim, um valor a uma variável que esteja sendo medida; nesse sentido, as escalas permitem a mensuração de conceitos quantitativamente (VIEIRA, 2009). Um conjunto de afirmações que são respondidas por uma escala, por exemplo, podem somar os valores correspondentes às escolhas feitas, gerando um escore que pode ser analisado como um dado numérico e não ordinal, abrindo outras possibilidades de análises inferenciais com base no uso de testes estatísticos. Para essa finalidade, existem vários tipos de escala, dos quais cobrimos nesta seção: escala de Thurstone, escala de diferencia semântico, escala Likert, escala de Guttman e escala de distância social de Bogardus, além de algumas de suas variações.

6.3.2.3.1. Escala de Thurstone

A escala de Thurstone foi desenvolvida pelo psicólogo norte-americano Louis Leon Thurstone (1887-1955), figura importante nos estudos de psicométrica, especialmente da análise fatorial dos resultados de testes psicológicos. A escala, cujo objetivo principal é a mensuração de atitudes, é constituída de uma série de afirmações com as quais o respondente deve indicar se concorda ou discorda.

Uma das críticas comuns à escala de Thurstone é a complexidade e o custo envolvidos na sua construção. A partir da definição de uma variável que se deseja medir, uma série inicial de afirmações relacionadas a essa variável deve ser produzida, seja a partir de questionários e entrevistas, seja a partir de revisões de literatura. Essa quantidade inicial deve ser bem maior do que o número final de afirmações que se pretende utilizar na escala.

Essas afirmações iniciais devem ser, então, submetidas a juízes, cuja função é classificar cada uma delas em categorias contínuas, que representam atitudes mais ou menos favoráveis ao conceito que se pretende medir. O estudo do próprio Thurstone e Chave (1929), por exemplo, que procura medir a atitude de grupos em relação à igreja, utilizou 11 categorias. Um processo sistemático de avaliação, que envolveu 300 juízes, reduziu 130 afirmações iniciais a 45, proporcionalmente classificadas em cada uma dessas 11 categorias. Esse processo de seleção e classificação, além de excluir alguns dos juízes dos resultados da análise, levou em consideração os valores médios obtidos por cada afirmação na escala, critérios objetivos de ambiguidade e irrelevância e a avaliação das afirmações.

Na aplicação da escala, as afirmações devem ser apresentadas aos respondentes em uma ordem aleatória, ou seja, sem que as mais favoráveis apareçam primeiro, seguidas das menos favoráveis, para evitar viés nas respostas. O escore de cada indivíduo pode ser indicado pela pontuação das afirmações com as quais concordou, cujos pesos foram definidos na construção das categorias. A estatística descritiva, por sua vez, pode ser utilizada para análise de frequências, o que possibilita, por exemplo, determinar as atitudes de indivíduos e grupos em relação à variável que se pretende medir.

6.3.2.3.2. Diferencial semântico

A escala de diferencial semântico apresenta adjetivos antônimos nas extremidades (como, por exemplo: ativo/passivo, feliz/triste, objetivo/subjetivo) e números entre essas extremidades. A avaliação de um respondente na escala representa, assim, a seleção de um ponto no campo semântico entre os dois adjetivos. De acordo com Osgood, Suci e Tannenbaum (1967), que desenvolveram o método, os adjetivos utilizados nas escalas de diferencial semântico cobrem fatores como avaliação, potência e atividade. A escolha de um número na escala envolve juízos de avaliação sobre as dimensões de um conceito.

Osgood, Suci e Tannenbaum (1967) propõem o uso do diferencial semântico para a mensuração de significados, atitudes e procedimentos, assim como em pesquisas sobre personalidade e psicoterapia, comunicação, linguística e estética. Para os autores, trata-se de uma técnica geral de mensuração que deve ser adaptada aos problemas e objetivos das pesquisas às quais é aplicada; não há, portanto, conceitos nem escalas padrão.

Após a definição do conceito que se pretende avaliar, a construção e a aplicação da escala, as análises do uso do diferencial semântico podem envolver elementos visuais e técnicas estatísticas.

6.3.2.3.3. Escala Likert

A escala Likert, uma das mais utilizadas, deriva seu nome de um estudo publicado pelo sociólogo norte-americano Rensis Likert, em 1932, em que ele propôs uma escala para a mensuração de atitudes em relação a questões sociais. Traçando uma comparação com métodos similares disponíveis na época, como o de Thurstone, o autor defendeu que sua proposta apresentava algumas vantagens: dispensava o uso de avaliadores ou juízes, era menos trabalhosa para fundamentar a construção de uma escala e produzia a mesma confiabilidade com menos itens (LIKERT, 1932).

A partir da apresentação de um conjunto de afirmações (itens) que descrevem alguma situação, atitude, crença ou apreciação, o respondente assinala um dos pontos da escala que melhor represente sua concordância. De modo geral, a escala Likert possui cinco pontos de intervalo, conforme o polêmico Exemplo 22, que faz parte de um questionário para avaliar questões raciais desenvolvido pelo próprio Rensis Likert.

Exemplo 22 — **Item de escala Likert**

Se for necessária a mesma preparação, o professor negro deveria receber o mesmo salário do branco.
( ) Aprovo fortemente
( ) Aprovo
( ) Indeciso
( ) Desaprovo
( ) Desaprovo fortemente

Fonte: Likert (1932, p. 19).

Há, entretanto, variações desde três alternativas até sete, considerados por Cohen, Manion e Morrison (2018) e Vieira (2019) o limite aceitável. No caso do número par de alternativas, busca-se evitar o ponto neutro quando se deseja forçar o respondente a demonstrar uma posição positiva ou negativa. Os exemplos seguintes procuram ilustrar algumas dessas possibilidades de variação. Alguns autores sugerem as opções "não sei" ou "não tenho opinião", cujo uso, entretanto, é discutível, por isso não são representadas nos exemplos. Outros autores sugerem, ainda, a utilização de números no lugar de palavras, o que facilitaria a análise, mas pode dificultar a resposta, por isso tampouco são representados nos exemplos. O site do livro apresenta vários exemplos de escalas Likert de três a sete alternativas.

Questões com escala de frequência podem apresentar um enunciado relacionado a comportamentos, ações ou hábitos, sendo o respondente convidado a marcar a frequência com que o realiza. Nesses casos, além de as opções fazerem uso de escalas como as apresentadas, podem quantificar a frequência de forma mais objetiva, oferecendo um parâmetro mais concreto. Isso porque a avaliação de algumas alternativas utilizadas nas escalas pode estar sujeita à interpretação do respondente: o que uma pessoa pode considerar frequente, para outra pode ser com alguma frequência ou às vezes. No Exemplo 23 é possível observar uma questão.

EXEMPLO 23 — **Questão com escala de frequência objetiva**

Em média, durante quanto tempo você acessa as tecnologias digitais?
( ) Menos de 15 minutos por dia
( ) De 15 minutos a 1 hora por dia
( ) De 1 a 2 horas por dia
( ) De 3 a 4 horas por dia
( ) Mais de 5 horas por dia
( ) Não utilizo

Fonte: os autores.

Em relação à construção da escala, o próprio Likert (1932) faz algumas sugestões, dentre as quais:

a) devem inicialmente ser selecionadas mais afirmações do que serão usadas no questionário, para que possam ser testadas em um grupo de respondentes;
b) as afirmações devem ser claras, concisas e diretas, utilizar o vocabulário mais simples possível e evitar qualquer tipo de ambiguidade;
c) afirmações duplas ou múltiplas, ou seja, que envolvam duas ou mais questões, devem ser separadas;
d) as afirmações devem direcionar um julgamento de valor, não de fato — nesse sentido, sugere-se o uso da palavra "deveria" nas afirmações, como no exemplo mencionado: "Se for necessária a mesma preparação, o professor negro deveria receber o mesmo salário do branco" (LIKERT, 1932, p. 19, tradução nossa);
e) as afirmações devem admitir respostas diferentes de pessoas com pontos de vista diferentes, balanceadas entre opções positivas e negativas, e a reação modal a elas deveria corresponder, aproximadamente, à resposta do meio dentre as possíveis;
f) aproximadamente metade das afirmações deve ter a pontuação da escala crescendo, do negativo para o positivo, da direita para a esquerda, e a outra metade da esquerda para a direita, para evitar estereótipos ou tendências; esses dois tipos de afirmações devem ser distribuídos ao longo do questionário de maneira aleatória ou fortuita, mas sem exageros, que podem, também, gerar confusão.

A análise dos resultados de um instrumento que utilize a escala Likert pode ser feita de forma descritiva, apresentando a frequência observada em cada ponto da escala, ou considerando a soma ou média dos pontos assinalados por cada indivíduo, a partir da atribuição de um valor numérico consecutivo para cada uma das alternativas. Pode-se, por exemplo, atribuir as pontuações: -2 = discordo totalmente; -1 = discordo; 0 = nem concordo, nem discordo; 1 = concordo; e 2 = concordo totalmente. Outra possibilidade, dependendo do objetivo e da quantidade de itens que compõem o instrumento, é atribuir as seguintes pontuações: 1 = discordo totalmente; 2 = discordo; 3 = nem concordo, nem discordo; 4 = concordo; e 5 = concordo totalmente.

Na Tabela 7, apresentamos parte de um instrumento elaborado para avaliar a percepção dos professores sobre comportamentos que indicam o nível de atenção de alunos em sala de aula. As afirmações em cinza descrevem comportamentos que revelam dificuldades de atenção; então, nesses casos, é preciso inverter a pontuação. Ao somar as pontuações, é preciso estar atento que uma afirmação pode estar no sentido negativo, cabendo, então, inverter a pontuação atribuída.

TABELA 7 — **Instrumento com escala Likert**

INSTRUÇÕES:
Abaixo descrevemos alguns comportamentos e/ou hábitos que devem ser avaliados, considerando as observações que você tem feito da criança na escola. Leia cada item cuidadosamente e responda às afirmações assinalando o item da escala que melhor define a criança:

4 – Concordo plenamente   3 – Concordo   2 – Nem discordo, nem concordo   1 – Discordo   0 – Discordo plenamente

1. Responde adequadamente aquilo que lhe é perguntado	4	3	2	1	0
2. Esquece com facilidade coisas que acabaram de ser ditas	4	3	2	1	0
3. Parece estar distante, sem prestar atenção ao que lhe é dito	4	3	2	1	0
4. Participa das aulas com comentários descontextualizados	4	3	2	1	0
5. Muda de interesse e foco em diversos momentos na brincadeira ou alguma atividade que está fazendo	4	3	2	1	0
6. Interrompe e não deixa as pessoas terminarem uma frase	4	3	2	1	0

Fonte: os autores.

Assim, quando se pretende somar as pontuações, primeiramente é preciso analisar as afirmações para verificar se estão no sentido afirmativo ou negativo, e então atribuir as pontuações para proceder à soma. A partir da somatória das respostas obtidas no instrumento, quanto maior a pontuação obtida pelo aluno, melhor é o indicador de sua atenção em sala. Por isso, as afirmações que indicam o melhor desempenho da atenção devem receber uma pontuação maior.

A somatória das pontuações gera um escore, tornando-se uma variável numérica que permite a realização de análises pautadas na estatística inferencial, que estudaremos no próximo capítulo.

Um dos desafios em relação ao uso da escala Likert, conforme já comentado, é seu caráter potencialmente subjetivo; o significado de um "concordo" para um respondente, por exemplo, pode equivaler ao significado de um "concordo plenamente" para outro.

Além disso, apesar de usarmos números consecutivos para analisar os resultados do uso da escala Likert, não se pode presumir que o intervalo entre cada um dos pontos na escala corresponda ao mesmo intervalo entre as alternativas, ou seja, não há, naturalmente, a mesma diferença de intensidade entre "concordo totalmente" e "concordo", e entre "nem concordo, nem discordo" e "discordo". Nesse sentido, um piloto é uma boa oportunidade para testar as alternativas propostas, incluindo a opção "Outros" e solicitando que o respondente especifique que outra categoria poderia ser incluída na escala.

6.3.2.3.4. Escala de Guttman

A escala de Guttman ou cumulativa foi desenvolvida pelo matemático e sociólogo norte-americano Louis Guttman na década de 1940. Sua finalidade é medir atitudes, preconceitos, crenças e/ou percepções. A escala envolve uma série de declarações relacionadas ao conceito que se pretende medir, com as quais, em geral, o respondente deve simplesmente concordar ou discordar. As declarações devem expressar posições distintas e cumulativas, de maneira que quem concordar com uma declaração mais forte deva naturalmente concordar com as declarações mais fracas. Para cada declaração marcada, atribui-se uma pontuação, somando-se, então, os pontos de cada respondente. A partir das respostas obtidas na escala, é possível ter mais informações sobre as atitudes avaliadas, por sua natureza cumulativa (VIEIRA, 2009).

Gore e Nelson (1984), em um estudo sobre as relações entre os objetivos das faculdades e a educação experiencial, elaboram uma escala de Guttman de sete itens para professores avaliarem quais deveriam ser os objetivos de cursos de graduação, reproduzidos no Exemplo 24. Repare que a tendência é que, caso o respondente concorde com a última afirmativa, concorde também com as afirmativas anteriores.

Exemplo 24 — Escala de Guttman

1	Oferecer uma oportunidade para todo aluno participar de algum tipo de experiência de campo.
2	Fornecer um contexto motivacional aprimorado para a aprendizagem por meio de experiências de campo, proporcionando uma exposição a uma gama mais ampla de opções de carreiras.
3	Prover métodos viáveis de ensino como uma resposta às demandas dos alunos por uma educação relevante por meio de métodos variados para atingir os objetivos educacionais.
4	Oferecer experiências de campo em toda a faculdade com foco na definição de problemas ecológicos humanos e uma abordagem de resolução de problemas para questões sociais.
5	Oferecer experiências de campo para melhorar a integração do ensino, da pesquisa e do serviço público.
6	Oferecer experiências de campo destinadas a fortalecer as experiências da sala de aula.
7	Preparar os alunos para carreiras profissionais relacionadas ao bem-estar do indivíduo, do consumidor e da família.

Fonte: Gore e Nelson (1984, p. 148, tradução nossa).

6.3.2.3.5. Escala de distância social de Bogardus

A escala de distância social, desenvolvida pelo sociólogo norte-americano Emory Bogardus, pode ser considerada um tipo de escala de Guttman. É utilizada para medir o grau de proximidade com que as pessoas estão dispostas a participar de relações com outros grupos sociais.

Um conjunto de declarações — entre cinco a dez, segundo Vieira (2009) — é estruturado em um contínuo, que representa os diferentes níveis de contato potencialmente aceitos pelo respondente. Podem-se atribuir pontuações para as diferentes alternativas, transformando, assim, as respostas em dados quantitativos.

Um estudo sobre ações discriminatórias no âmbito escolar desenvolvido e conjunto pela Fundação Instituto de Pesquisas Econômicas (FIPE), pelo Ministério da Educação (MEC) e pelo Inep (FIPE; MEC; INEP, 2009), por exemplo, utilizou, dentre outros itens, a escala de Bogardus para mensurar a distância social de diretores, professores, funcionários, alunos e pais/mães de escolas públicas no Brasil em relação a diversos grupos sociais: uma pessoa pobre; uma pessoa negra; uma pessoa indígena; uma pessoa cigana; uma pessoa homossexual; um morador de periferia ou de favela; um agricultor, trabalhador ou morador pobre de área rural ou de assentamento da reforma agrária; um deficiente físico; e um deficiente mental. As afirmações foram assim redigidas no instrumento:

a) Aceitaria que meu(minha) filho(a) se casasse com ele(a). / Casaria com ele(a).
b) Aceitaria que meu(minha) filho(a) namorasse com ele(a). / Namoraria com ele(a).
c) Aceitaria como colega de trabalho na escola. / Teria como colega para fazer trabalhos em grupo.
d) Convidaria/aceitaria que estudasse em minha casa.
e) Aceitaria como aluno(a)/colega na sala de aula.
f) Aceitaria como aluno(a) da escola.

Os resultados da pesquisa apresentam diferenças significativas tanto em função dos tipos de respondentes, quanto em relação aos grupos sociais considerados no estudo. Além disso, a análise comparou os resultados obtidos com o uso da escala de distância social com os resultados em relação aos mesmos constructos medidos com outras escalas no *survey*.

6.3.2.3.6. Questões com escalas visuais

Nas questões com escalas visuais, os enunciados relacionados a avaliações ou expressão de sentimento podem ter como alternativas imagens ou elementos visuais, como carinhas ou termômetros. Esse tipo de escala é indicado especialmente para crianças, e muitos formulários para a construção e aplicação de questionários on-line oferecem opções de questões com esses recursos como alternativas. O Exemplo 25 apresenta escalas visuais.

COLETA DE DADOS

Exemplo 25 — **Questões com escalas visuais**

Fonte: os autores.

Vieira (2009) menciona ainda o que chama de escala visual analógica, em que uma linha horizontal ou desenhos mais sugestivos são apresentados para o respondente assinalar onde ele se situa.

6.3.2.4. Layout das questões

O layout das questões é um dos elementos importantes em um questionário. Atualmente, como vimos na seção sobre *survey* no capítulo 5, existem plataformas que oferecem a possibilidade de criar questionários explorando diferentes tipos e layouts de questões.

As alternativas para questões de múltipla escolha podem ser apresentadas em círculos, caixas de seleção (que, em geral, indicam a possibilidade de mais de uma escolha) e lista suspensa, por exemplo. Os Exemplo 26, Exemplo 27 e Exemplo 28 apresentam três tipos de layout para questões de múltipla escolha utilizando a plataforma Formulário Google.

Exemplo 26 — **Alternativas em círculo para questão de múltipla escolha**

Qual o seu nível de escolaridade? Selecione o último nível que você completou, ou a primeira opção, se não tiver completado o ensino fundamental.

○ Ensino Fundamental incompleto
○ Ensino Fundamental
○ Ensino Médio ou EJA (Educação de Jovens e Adultos)
○ Graduação
○ Pós-Graduação Lato Sensu (Especialização)
○ Mestrado
○ Doutorado
○ Pós-Doutorado

Fonte: os autores, elaborada nos Formulários Google.

EXEMPLO 27 — **Caixas de seleção para questão de múltipla escolha**

```
Quais recursos você utilizar em suas aula online?
(pode selecionar mais de uma alternativa)

☐ Fóruns de discussão
☐ Wiki
☐ Envio de tarefas
☐ Chat
☐ Vídeos
☐ Podcasts
☐ Glossário
☐ Games
```

Fonte: os autores, elaborada nos Formulários Google.

EXEMPLO 28 — **Lista suspensa para questão de múltipla escolha**

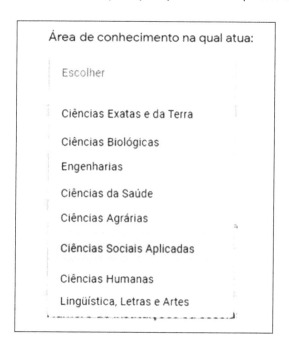

Fonte: os autores, elaborada nos Formulários Google.

Questões de identificação, seja de múltipla escolha, seja de respostas numéricas, demandam alternativas de texto de resposta curta. O Exemplo 29 apresenta uma questão de identificação em forma de texto de resposta curta, enquanto o Exemplo 30 apresenta uma questão numérica no mesmo formato.

Exemplo 29 — **Questão de identificação com texto de resposta curta**

Em que cidade você reside?

Sua resposta

Fonte: os autores, elaborada nos Formulários Google.

Exemplo 30 — **Questão de resposta numérica com texto de resposta curta**

Quantos anos você tem?

Sua resposta

Fonte: os autores, elaborada nos Formulários Google.

Questões abertas já demandam respostas mais longas, em formato de parágrafo. O Exemplo 31 apresenta a opção para esse formato na elaboração de uma questão nos Formulários Google.

Exemplo 31 — **Elaboração de questão aberta**

Fonte: os autores, elaborada nos Formulários Google.

Uma estratégia de layout interessante para questionários é variar aleatoriamente a ordenação das respostas para evitar viés por parte dos respondentes.

Outra estratégia de layout é o uso de uma matriz ou grade, em que os itens do questionário são apresentados em conjunto, um em seguida do outro, com as mesmas opções de respostas. Exemplo 32 apresenta o layout de uma questão de múltipla escolha em formato de grade utilizando a escala Likert.

Exemplo 32 — **Questão de grade de múltipla escolha**

No que se refere a aprendizagem e interação no curso, considero que: *	Discordo totalmente	Discordo	Nem discordo, nem concordo	Concordo	Concordo totalmente
Minha aprendizagem no curso está sendo significativa.	○	○	○	○	○
Interajo com meus colegas e tutores(as).	○	○	○	○	○
Participo do curso motivado (a).	○	○	○	○	○

Fonte: os autores, elaborada no Formulários Google.

6.3.2.5. Ordem das questões

A ordem das questões é também uma decisão importante a ser tomada na elaboração de um questionário.

De modo geral, um questionário propõe inicialmente questões relacionadas às características sociodemográficas dos respondentes, que podem incluir idade, sexo, local em que residem, formação, atuação profissional etc. Essas informações caracterizam a amostra da pesquisa e podem se constituir como fatores de análise — por exemplo, se há diferenças nas respostas quando observamos o sexo, o nível de formação ou a atuação profissional. Cohen, Manion e Morrison (2018), entretanto, propõem que as questões demográficas e pessoais sejam posicionadas no final do questionário. Se os respondentes podem esperar naturalmente esse tipo de questão no início, sentindo um "buraco" quando o questionário já começa com perguntas específicas, o posicionamento das questões demográficas e pessoais no final pode ajudar a direcionar o instrumento já no início para os pontos que realmente interessam ao pesquisador.

É adequado que as questões sejam agrupadas por temas. Como afirma Vieira (2009, p. 54), "não pule de um tópico para outro, sem plano". Um questionário pode ser organizado, por exemplo, em seções que agrupem um conjunto de questões sobre determinados aspectos ou categorias.

Outro ponto importante da ordem das questões está relacionado ao nível de complexidade. Segundo Cohen, Manion e Morrison (2018, p. 492-493, tradução nossa),

> o preenchimento de um questionário pode ser visto como um processo de aprendizagem no qual os respondentes se sentem mais à vontade com a tarefa à medida que avançam. Portanto, as perguntas iniciais devem ser simples, ter alto valor de interesse e incentivar a participação. Isso aumentará a confiança e a motivação do respondente.

Assim, se os objetivos abordam diferentes aspectos ou variáveis, cabe organizar o questionário em uma sequência que privilegie, inicialmente, questões mais pontuais e simples em relação a outras mais complexas. Cohen, Manion e Morrison (2018) e Vieira (2009) sugerem que as questões devem caminhar do nível mais concreto para o mais abstrato, e de mais fatuais para mais opinativas. Cohen, Manion e Morrison (2018) sugerem, ainda, que a seção intermediária do instrumento deve conter as perguntas mais difíceis, e as últimas questões devem apresentar grande interesse para o respondente, para incentivá-lo a completar o questionário.

Outro elemento importante relacionado à ordenação das questões é o seu nível de sensibilidade. Veira (2009) propõe que as questões sejam organizadas do nível menos sensível ao mais sensível. Cohen, Manion e Morrison (2018), por sua vez, propõem que as questões gerais e não ameaçadoras apareçam primeiro, e depois as delicadas ou potencialmente embaraçosas.

Nessa mesma direção, as questões abertas poderiam aparecer mais no final do questionário (COHEN; MANION; MORRISON, 2018), porque exigem um maior nível de elaboração e demandam um tempo maior de resposta, o que pode desestimular o participante a continuar respondendo ao questionário

Além disso, a ordem em que os itens do questionário são apresentados pode afetar as respostas, ou seja, as perguntas e respostas anteriores podem influenciar as respostas às questões seguintes. Babbie (2016) dá o seguinte exemplo: se os respondentes forem solicitados a avaliar sua religiosidade de uma maneira geral, suas respostas a perguntas posteriores sobre aspectos específicos de sua religiosidade tenderão a ser consistentes com essa avaliação inicial. De outro lado, se os respondentes forem questionados inicialmente sobre aspectos específicos de sua religiosidade, sua avaliação geral subsequente tenderá a refletir as respostas anteriores.

Por fim, como já foi dito em relação às questões dicotômicas, outros tipos de questão também podem direcionar o fluxo do questionário, de forma que, quando é selecionada uma alternativa, o respondente seja direcionado para determinada seção do questionário, e, quando é selecionada outra alternativa, seja direcionado para outra seção.

6.3.3. Validação do questionário

O processo de construção de um questionário precisa observar aspectos relacionados a sua confiabilidade e validade, já que se propõe a avaliar ou medir algo. Cabe, então, certificar-se de que o instrumento cumpre o que se propõe a fazer.

Quando pensamos na confiabilidade de um questionário, estamos nos referindo ao quanto ele é estável e confiável, ou seja, o quanto fornece os mesmos resultados independentemente da circunstância de aplicação (COUTINHO, 2018). Se aplicamos um questionário em um mesmo grupo em dois momentos distintos, ou em grupo com características próximas, deveríamos obter os mesmos resultados, pelo menos próximos.

Os procedimentos para a verificação da confiabilidade de um questionário podem incluir diferentes estratégias, como: teste e reteste, que mede a estabilidade; procedimento de formas paralelas, que prevê a verificação da equivalência entre dois instrumentos que medem o mesmo constructo; divisão em duas partes do instrumento para a comparação dos resultados (*split-half*); análise da consistência interna pelo alfa de Cronbach ou Kuder--Richardson; e avaliação do questionário por juízes para verificação da concordância entre eles. A seguir, passamos a descrever cada um desses procedimentos.

No procedimento **teste-reteste**, analisa-se a estabilidade do instrumento. Para tanto, um mesmo instrumento é aplicado com as mesmas pessoas em dois momentos distintos, analisando-se o desempenho das pessoas na primeira e segunda aplicação, esperando que as medidas obtidas estejam relacionadas, o que pode ser verificado pela análise de correlação. A alta correlação indica que se avaliam características e variáveis mais estáveis e contínuas dos participantes. Entretanto, a desvantagem dessa estratégia é que os participantes podem ser influenciados pela experiência de já terem respondido uma vez ao questionário ou por alguma experiência entre o teste e o reteste (TUCKMAN, 2012).

A equivalência do instrumento pode ser analisada utilizando o questionário construído juntamente com outro instrumento já validado que mede o mesmo constructo, o que é conhecido como **formas paralelas** (COUTINHO, 2018). Nesse caso, o pesquisador aplica o questionário e o outro instrumento com os mesmos participantes. A análise pauta-se também na correlação de Pearson, que estudaremos no próximo capítulo, e espera-se que os resultados evidenciem uma alta correlação. Pode-se avaliar se um conjunto de questões no formato de escala realmente mede uma variável, por exemplo, a atenção dos alunos. Nesse caso, é possível aplicar o questionário sobre a atenção e outro instrumento já validado, como um teste psicológico voltado para medir a atenção, para analisar se há correlação entre os resultados dos dois instrumentos. Espera-se que, se ambos medem a mesma variável, o questionário utilizado na pesquisa tenha uma correlação alta com o teste.

A avaliação da consistência interna de um questionário pode ser feita, quando possível, dividindo-se o instrumento em duas partes correspondentes, o que é conhecido como *split-half*. Normalmente, isso é realizado quando um aspecto ou uma variável é medida em um questionário por meio de mais de uma questão. A análise, nesse caso, avalia se há correlação entre as pontuações obtidas nas duas metades. Segundo Cronbach (1951), este método avalia a estabilidade e a equivalência do instrumento.

Uma alternativa para a verificação da consistência interna de um instrumento, composto por questões com múltiplas opções de respostas na forma de escala, é a utilização do **alfa de Cronbach**. Para tanto, é necessário aplicar o questionário uma vez, sendo que a análise se pauta no grau de variância geral dos resultados associado à somatória da variância item a item, ou seja, na correlação de cada item com a soma de todos os outros itens relevantes (COHEN; MANION; MORRISON, 2018; COUTINHO, 2018).

A partir do cálculo de alfa de Cronbach, temos um coeficiente resultante, que pode ser interpretando considerando os seguintes parâmetros: maior que 0,90, considera-se o instrumento muito altamente confiável; entre 0,80 e 0,90, temos um instrumento altamente confiável; entre 0,70 e 0,79, o instrumento é confiável; entre 0,60 e 0,69, considera-se o instrumento minimamente confiável; e quando temos um valor menor que 0,60, temos uma confiabilidade baixa e inaceitável.

A análise do instrumento utilizando alfa de Cronbach pode ser feita com o uso de softwares de apoio à análise estatística, como o SPSS. No Quadro 15, descrevemos os passos para seu cálculo.

QUADRO 15 — **Passos no SPSS para uso do alfa de Cronbach**

A análise de alfa de Cronbach é realizada no SPSS selecionando as seguintes opções no menu:

```
Analisar → Escala → Análise de confiabilidade
```

Abre-se uma janela para seleção dos itens a serem analisados, e logo abaixo escolhe-se o modelo "alfa". Clica-se no botão "Estatísticas" e no bloco "Descritivas" para marcar a opção "Escalar se o item for excluído".

Fonte: os autores.

Para exemplificar a análise, utilizamos parte de um questionário desenvolvido para que os professores avaliassem comportamentos indicativos de atenção dos alunos em sala de aula. As questões eram apresentadas como afirmativas e o professor assinalava uma das opções da escala de frequência. Na tabulação das respostas, procedemos à inversão dos valores da escala considerando afirmações positivas e negativas, para então realizar as análises. No Quadro 16, reproduzimos parte das questões que serão analisadas.

QUADRO 16 — **Parte de um questionário voltado para professores para avaliação da atenção de alunos em sala de aula**

Analise os comportamentos abaixo em relação a cada criança e marque o número que corresponde à sua avaliação:

0 – Nunca 1 – Raramente 2 – Às vezes 3 – Frequentemente 4 – Sempre

Comportamento	Frequência				
Distrai-se com facilidade, qualquer barulho ou pessoa tira a atenção do que está fazendo	0	1	2	3	4
Conversa muito com os colegas em horários inadequados	0	1	2	3	4
Muda de interesse e foco em diversos momentos durante uma atividade	0	1	2	3	4
Atenta-se aos detalhes sem importância das atividades, esquecendo-se do conteúdo principal	0	1	2	3	4

Fonte: os autores.

A análise considerou 25 respostas obtidas referentes a uma turma de 3º ano em uma das escolas em que desenvolvemos intervenções com jogos. O questionário configurava-se como um dos procedimentos utilizado nas avaliações pré e pós-intervenção para o aprimoramento da capacidade de atenção. A Figura 29 apresenta os resultados da análise do alfa de Cronbach das seis questões que avaliavam a atenção dos alunos.

FIGURA 29 — **Resultados de alfa de Cronbach no SPSS**

Escala: ALL VARIABLES

Resumo de processamento do caso

		N	%
Casos	Válido	25	100,0
	Excluídos^a	0	,0
	Total	25	100,0

Estatísticas de confiabilidade

Alfa de Cronbach	N de itens
,850	6

Estatísticas de item-total

	Média de escala se o item for excluído	Variância de escala se o item for excluído	Correlação de item total corrigida	Alfa de Cronbach se o item for excluído
Q1	10,6800	17,310	,899	,766
Q2	10,3600	18,823	,831	,784
Q3	8,9200	33,577	-,719	,944
Q4	10,8000	18,250	,818	,785
Q5	10,6400	16,990	,921	,760
Q6	11,6000	20,583	,731	,808

Fonte: os autores.

Nos resultados do SPSS, podemos observar que o coeficiente obtido foi 0,85, ou seja, o instrumento é altamente confiável. Podemos também visualizar qual seria o valor de alfa quando cada um dos itens fosse excluído. Essa tabela é importante quando é necessário realizar ajustes no instrumento, pois indica quais questões precisariam ser revistas.

Kuder-Richardson é um coeficiente de equivalência considerado uma medida geral de consistência interna (CRONBACH, 1951). Esse método volta-se para a análise da confiabilidade de instrumentos que possuem alternativas dicotômicas, como sim/não ou certo/errado. Para calcular o coeficiente de Kuder-Richardson no SPSS, basta seguir os mesmos procedimentos descritos no Quadro 15.

Enquanto a confiabilidade volta-se para as características do instrumento, a validade refere-se à qualidade do resultado e a sua generalização. Esses conceitos são distintos, mas estreitamente relacionados. Segundo Coutinho (2018), só podemos almejar a validade quando temos a confiabilidade assegurada.

Dentre os tipos de validade, destacamos a validade externa, que, como vimos, está relacionada à generalização dos resultados que são obtidos. Assim, quando pensamos a validade externa de um instrumento, é preciso testar a validade de uma medida, como um índice ou uma escala, examinando sua relação com outros indicadores presumidos da mesma variável (COHEN; MANION; MORRISON, 2018).

Um questionário pode passar pela fase de **validação por especialistas**, seja por especialistas no conteúdo coberto pelas questões, seja por especialistas em metodologia da pesquisa e, mais especificamente, na elaboração de questionários. A validação pode ocorrer em relação ao conteúdo e à forma do questionário. Pode envolver a simples leitura e discussão, ou mesmo um relatório do especialista em relação ao questionário, mas pode também envolver o exercício de o especialista responder ao questionário antes de avaliá-lo.

Um procedimento importante a ser previsto no planejamento e na construção de um questionário é a realização do **pré-teste** (ou **piloto**), para garantir que as categorias sejam abrangentes, exaustivas e representativas, especialmente no caso de alternativas para questões de múltipla escolha (COHEN; MANION; MORRISON, 2018). Esse procedimento prevê a aplicação do questionário a um grupo reduzido de pessoas que tenham as mesmas características da amostra da pesquisa. O pesquisador deve reproduzir os procedimentos previstos para a aplicação; entretanto, ao final, realiza uma entrevista com esses participantes para discutir o instrumento em relação à clareza das questões, alternativas apresentadas, adequação das alternativas às questões, organização, tempo de resposta, nível de motivação e nível de fadiga ou cansaço para responder. Vieira (2009, p. 105) sugere que, sempre que possível, pergunte-se aos respondentes, informalmente: "Foi difícil responder algumas das perguntas? Precisou ler mais de uma vez algumas das perguntas? Sentiu que gostaria de responder alguma das perguntas mais detalhadamente? Não gostou de alguma pergunta?". Esses retornos devem ser levados em consideração para a realização de ajustes e adequações no instrumento. É importante ainda notar, como Vieira (2009), que os testes devem ser repetidos quantas vezes for necessário.

Segundo Cohen, Manion e Morrison (2018), no sentido de aumentar a confiabilidade, validade e praticidade do questionário, um piloto pode ter várias funções, dentre as quais destacamos: eliminar ambiguidades, redundâncias, omissões ou dificuldades de leitura e compreensão; obter feedback sobre perguntas (inclusive sensíveis) e respostas, a aparência e o layout do questionário; verificar o tempo de preenchimento e o nível de dificuldade; e experimentar estratégias de análise.

De modo geral, procuramos evidenciar como a construção de um questionário exige dedicação e envolve uma série de procedimentos e cuidados para garantir que cumpra sua função na pesquisa. Ou seja, que colete dados que sejam representativos da população e coerentes com o fenômeno que está sendo investigado. Cabe ao pesquisador avaliar as condições para a execução da pesquisa, assim como as características e possibilidades do uso do questionário, que podem compor, com outros procedimentos, a etapa da coleta de dados. O uso do questionário pode ser previsto em vários momentos da pesquisa e atender a distintos objetivos. A escolha pelo questionário deve ser feita com base em conhecimentos sobre o fenômeno que está sendo investigado e considerando qual seria o melhor procedimento para atender aos objetivos e às condições da pesquisa.

6.3.4. Aplicação do questionário

No planejamento da pesquisa, é importante pensar na forma como os questionários serão aplicados. Isso porque, como vimos, uma das desvantagens do uso de questionários é ter uma taxa reduzida de retorno, por isso cabe pensar em algumas estratégias possíveis, que incluem o acompanhamento do seu retorno.

Um questionário pode ter basicamente dois formatos — impresso ou on-line —, e ser aplicado de diferentes maneiras: autoadministrado sem acompanhamento, autoadministrado com acompanhamento, oral presencial e oral a distância. No questionário **autoadministrado sem acompanhamento**, um link a um formulário on-line pode ser enviado por e-mail ou disponibilizado em redes sociais, ou um formulário impresso pode ser enviado ou entregue para o participante, que o responde no momento ou local que considerar mais adequado e conveniente. Como o questionário é respondido de forma independente, sem o acompanhamento do pesquisador, caracteriza-se um tipo de coleta indireta e assíncrona. Já no caso do questionário **autoadministrado com acompanhamento**, o pesquisador acompanha o processo de aplicação, individual ou em grupo, de um questionário on-line ou impresso, por exemplo, em uma sala de aula ou uma plataforma on-line, caracterizando um tipo de coleta também indireta, mas síncrona. De outro modo, na aplicação **oral presencial**, o entrevistador faz as perguntas presencialmente aos participantes e anota as respostas, caracterizando-se um tipo de coleta direta e síncrona. Por fim, na aplicação **oral a distância**, as perguntas podem ser feitas celular ou telefone, aplicativos ou plataformas on-line, o que também caracteriza um tipo de coleta direta e síncrona.

Padula (2015), por exemplo, utilizou três dessas estratégias na mesma pesquisa, após a visita dos participantes a museus. Na saída de uma exposição em visitas promovidas por escolas, no caso de respondentes com menos de 10 anos, o pesquisador fez as perguntas e anotou as respostas; os demais assinalaram as respostas em um formulário impresso.

Outros alunos, de um curso superior, escolheram visitar a exposição de acordo com sua disponibilidade, respondendo posteriormente a um questionário em um formulário on-line em um ambiente virtual de aprendizagem.

Uma alternativa de aplicação de questionários é a coletiva. Na educação, temos mais facilidade de acessar grupos para aplicação de questionários, pois os participantes podem estar em turmas escolares ou cursos on-line, reunidos no espaço presencial ou virtual. Então, em articulação com os professores, pode-se prever um momento para a aplicação coletiva do instrumento. Essa estratégia aumenta consideravelmente a taxa de retorno. Quando a pesquisa se volta para professores, podem-se, por exemplo, aproveitar momentos de formação continuada ou reuniões para convidar os professores a responderem o instrumento, desde que se tenha autorização e articulação com a pessoa responsável pelo encontro.

6.4. TESTES

O uso de testes na área da educação remete, a princípio, à ideia de avaliação. Vinculado ao senso comum, um teste seria um conjunto de questões objetivas para avaliar conhecimento e aprendizagem. Nesse sentido, os resultados de testes ou provas, envolvendo, inclusive, questões abertas, podem se constituir em rica fonte de dados para investigações, caracterizando, quando aplicados naturalmente no processo de ensino e aprendizagem, o que classificamos no capítulo anterior como pesquisa documental.

Todavia, nos casos em que o próprio pesquisador desenvolve esse tipo de teste para a avaliação do conhecimento ou da aprendizagem dos participantes da pesquisa, caracterizar-se-ia um processo de construção de instrumentos e coleta de dados mais ativo, que não se restringiria à pesquisa de documentos já produzidos por terceiros. Em metodologias como pesquisa-ação, em que o docente deseja avaliar os resultados de sua própria prática, como já discutimos, as funções do docente e do pesquisador se confundem, inclusive na elaboração dos instrumentos para a avaliação da aprendizagem. De outro lado, os resultados de intervenções, no caso de pesquisas experimentais ou quase-experimentais, podem ser mensurados por testes elaborados também pelo pesquisador.

Em todas essas situações, muitas das discussões da seção anterior, sobre o planejamento e a construção de questionários, a elaboração de questões e os procedimentos para validação e aplicação dos instrumentos, podem servir como orientações para a elaboração desses tipos de teste. Além disso, diversos livros focam na elaboração de diferentes formatos de testes e provas para a avaliação da aprendizagem, presencial e on-line, tais como: perguntas objetivas, exercícios de interpretação, ensaios, trabalhos em grupo, projetos, avaliação de desempenho, portfólios, avaliação por pares e autoavaliação (cf. p. ex.: CONRAD; OPENO, 2019; MILLER; LINN; GRONLUND, 2013).

De qualquer maneira, o emprego de testes nas pesquisas em educação é um tema mais amplo, envolvendo um universo de procedimentos e uma larga gama de aspectos a serem avaliados — não apenas conhecimentos, mas também habilidades, comportamentos e atitudes, entre outros. Além disso, pressupõe-se o rigor na construção dos testes que inclui sua validação e confiabilidade, bem como um processo abrangente para sua avaliação.

O uso de testes na educação, especialmente testes de inteligência, não é recente e, muitas vezes, reveste-se de polêmica. No Brasil, nos anos 1930, discutiu-se o uso da ciência psicológica e de provas de nível mental para reorganizar a escola brasileira, incluindo provas padronizadas elaboradas por Lourenço Filho (1897-1970), como os testes ABC, que tinham o objetivo de verificar a maturidade necessária à aprendizagem da leitura e da escrita (SASS, 2011).

Já Gatti (2013) reforça que o uso de testes educacionais passa a ter mais expressão no Brasil a partir da década de 1960, muito associado aos vestibulares, destacando que várias críticas aos testes são consequência de sua má elaboração e do improviso. A autora destaca a construção de um conjunto de testes de desenvolvimento educacional (TDE), desenvolvidos pelo Centro de Estudos de Testes e Pesquisas Psicométricas, da Fundação Getúlio Vargas, nas décadas de 1960 e 1970, abordando linguagem, matemática, ciências físicas e naturais e estudos sociais. Essa experiência somou-se às ações de estudo e formação, ressaltando-se, ainda, que o estudo para a "[...] elaboração dos itens, sua seleção, aplicação para padronização, validação e verificação da fidedignidade foi acompanhado de uma pesquisa sobre os efeitos de diferentes variáveis sociais e econômicas em seus resultados" (GATTI, 2013, p. 37-38). Apesar de empenho e impacto localizados, não se fez uso da bateria dos testes nas instâncias administrativas da educação.

Esses exemplos nos chamam a atenção para o fato de que o uso de testes padronizados pode ser um instrumento importante para a avaliação mais ampla na educação e para a coleta de dados, podendo pautar pesquisas e políticas públicas. Atualmente, alguns testes são aplicados mundialmente e servem para diagnosticar, comparar e prever a necessidade de investimentos e a delimitação de metas para educação. Um exemplo é o *Programme for International Student Assessment* (PISA), um instrumento internacional de avaliação comparada do desempenho dos estudantes e sistemas de ensino, lançado em 1990 pela Organização para Cooperação e Desenvolvimento Econômico (OCDE). O PISA é um teste que avalia estudantes com idade entre 15 e 16 anos matriculados em instituições de ensino a cada três anos em três áreas: ciências, leitura e matemática (HYPOLITO; JORGE, 2020). Seus resultados, nesse sentido, podem servir como rica fonte documental para pesquisas em educação.

No Brasil, o Sistema Nacional da Educação Básica (Saeb) é uma avaliação nacional em larga escala vinculada ao Inep, destinada a "[...] fornecer informações sobre a qualidade, a equidade e a eficiência da educação básica brasileira para aperfeiçoar e orientar as políticas e os sistemas de ensino básico (Pestana, 1998)" (BONAMINO; COSCARELLI; FRANCO, 2002). Da mesma forma, seus resultados são ricas fontes de dados que podem subsidiar pesquisas documentais na área.

Os testes podem ser definidos como instrumentos estandardizados que foram desenvolvidos incluindo procedimentos rigorosos, uniformes e consistentes para serem utilizados na avaliação e interpretação de seus resultados (COUTINHO, 2018). De modo geral, um teste observa procedimentos rigorosos de construção, validação e aplicação para oferecer parâmetros de avaliação e medição de habilidades, comportamentos, conhecimentos ou atitudes.

Há testes estandardizados vinculados a diferentes áreas e conhecimentos, como os que envolvem desenvolvimento psicomotor e conhecimentos específicos em áreas como matemática, português e inglês; outros voltam-se para a avaliação psicológica, incluindo testes de inteligência e personalidade. Testes podem envolver desempenho (o que um aluno sabe ou pode fazer), proficiência, diagnóstico (quais são os pontos fortes e fracos de um aluno, onde está tendo problemas), aptidão (o que o aluno faz bem) e velocidade; podem ser usados para comparar alunos, identificar se um aluno atingiu determinado critério fixo independentemente da comparação com outros alunos, avaliar quais habilidades um aluno dominou e diagnosticar dificuldades e problemas (COHEN; MANION; MORRISON, 2018).

Os testes apresentam diferentes formatos, podendo se configurar como provas que abordam conhecimentos, apresentados em formatos de perguntas e respostas. Há testes que avaliam desenhos, outros propõem tarefas e atividades estruturadas. Alguns também apresentam afirmações para a avaliação do respondente com base em uma escala.

Hambleton (2012 apud COHEN; MANION; MORRISON, 2018) diferencia oito tipos de teste: testes de aptidão e desempenho referenciados por normas (produzidos comercialmente), testes de desempenho referenciados por critérios (geralmente produzidos comercialmente), testes em sala de aula (produzidos por pesquisadores e destinados a uso único), testes de performance, testes de personalidade, escalas de atitude, inventários de interesse (geralmente produzidos comercialmente) e questionários.

Destacam-se, principalmente, os testes psicológicos, por comporem uma grande gama de tipos que mensuram aspectos diversos. Esses testes costumam ser utilizados em diagnósticos e avaliações psicológicas. De acordo com Cohen, Manion e Morrison (2018), os testes de diagnóstico são projetados para identificar forças, fraquezas, problemas e dificuldades. Muitas vezes, os resultados obtidos nesses testes podem ser triangulados com a percepção dos professores e os registros avaliativos da escola.

A seleção do teste para a coleta de dados da pesquisa é um passo fundamental para seu uso. Cabe ao pesquisador analisar se o teste mensura o que se pretende efetivamente medir na pesquisa, verificando seus constructos, suas indicações, seu público-alvo e o tipo de dado gerado.

Um estudo desenvolvido por Okano *et al.* (2004) utilizou os testes Matrizes Progressivas Coloridas – Raven Infantil – Escala Especial e Escala Infantil Piers-Harris de Autoconceito com o objetivo de

> [...] avaliar o autoconceito de 40 crianças de ambos os sexos, na faixa etária de 7 a 10 anos, alunos de 1ª e 2ª série de uma escola da rede pública do município de Uberaba-MG, com nível intelectual pelo menos médio inferior, divididas em dois grupos: o G1 reuniu 20 crianças com dificuldades de aprendizagem escolar que frequentam, além do ensino regular, um programa complementar denominado Ensino Alternativo e o G2, por sua vez, foi composto por 20 crianças sem dificuldades escolares freqüentando o ensino regular com bom rendimento. (OKANO *et al.*, 2004, p. 121).

O teste Matrizes Progressivas Coloridas – Raven Infantil foi utilizado para realizar a seleção das crianças participantes considerando o nível intelectual identificado a partir do resultado do teste. Já a Escala Infantil Piers-Harris de Autoconceito é composta por 80 afirmativas relacionadas ao modo como as crianças se sentem a respeito de si mesmas, abordando categorias como comportamento, status intelectual e acadêmico, aparência física e atributos, ansiedade, popularidade, felicidade e satisfação. Na pesquisa em questão, a escala foi apresentada às crianças, sendo solicitado que avaliassem cada sentença e respondessem sim ou não considerando o que sentiam em relação a si mesmas. O dado resultante foi a somatória das respostas com valor positivo, correspondendo ao escore total (OKANO *et al.*, 2004).

Testes são utilizados em muitas regiões do mundo, e, para que um teste desenvolvido em outro país possa ser utilizado no Brasil, por exemplo, precisa passar por um processo de adaptação à nossa realidade sociocultural, o que inclui sua validação e aplicação em larga escala com análises estatísticas para definir parâmetros de avaliação e comparação entre os participantes, o que se aplica tanto a testes referenciados por norma quanto por critério.

Um teste referenciado por norma compara as realizações de um participante em relação às realizações de outros, permitindo a classificação de quem está sendo testado. Essa referência à norma é baseada na curva de distribuição normal — curva gaussiana simétrica (COHEN; MANION; MORRISON, 2018). Para tanto, sua construção pauta-se na ampla testagem e em adequações regionais e culturais.

De outro modo, um teste referenciado por critérios não compara um participante com outro, mas observa se quem está sendo testado consegue cumprir um determinado conjunto de critérios, um padrão ou resultado predefinido, por exemplo, em termos de conhecimentos ou habilidades. Assim, testa o que o participante pode e não pode fazer, ou sabe e não sabe, independentemente de qualquer outro participante. Nesse tipo de avaliação, esses critérios específicos são definidos antecipadamente, e os participantes são avaliados quanto ao nível que alcançam (COHEN; MANION; MORRISON, 2018).

No Brasil, o Sistema de Avaliação de Testes Psicológicos (SATEPSI), vinculado Conselho Federal de Psicologia (CFP), avalia a qualidade técnico-científica de instrumentos psicológicos para uso profissional. Os resultados das avaliações dos testes indicam se tiveram parecer favorável ou desfavorável para uso por psicólogos. O site do SATEPSI (https://satepsi.cfp.org.br/lista_teste_completa.cfm) disponibiliza uma lista completa dos testes. No Quadro 17, destacamos alguns testes que são utilizados em pesquisas na área de educação.

QUADRO 17 — **Exemplos de testes psicológicos e aspectos avaliados**

Teste	Aspecto mensurado	Forma de aplicação
Bateria Psicológica para Avaliação da Atenção — BPA	Atenção concentrada, atenção dividida e atenção alternada	Individual e coletiva; composto por três subtestes; tempo de aplicação por teste previamente definido
TDE II — Teste de Desempenho Escolar	Habilidades básicas de leitura, escrita e aritmética	Individual e coletiva; sem limite de tempo
Bateria de Provas de Raciocínio — BPR-5	Raciocínio abstrato, verbal, espacial, numérico e mecânico	Individual e coletiva; composta por cinco subtestes com limite de tempo
Escala de Maturidade Mental Colúmbia — CMMS	Capacidade de raciocínio geral de crianças	Aplicação individual com tempo estimado de 30 minutos
Teste de Trilhas Coloridas	Atenção sustentada e dividida	Aplicação individual; não tem limite de tempo, duração estimada de 10 minutos
Escala de Autenticidade, Agressividade e Inibição — EdAAI	Assertividade, autenticidade, agressividade e inibição	Individual e coletiva
EFAC & EMAC (Escala Feminina de Autocontrole e Escala Masculina de Autocontrole)	Autoconceito em relação ascondutas sociais, aos sentimentos e às emoções.	Individual e coletiva; sem limite de tempo
Escala de avaliação da motivação para aprender de alunos do ensino fundamental (EMA-EF)	Interesses, motivações, necessidades e expectativas	Individual e coletiva
Escala Baptista de Depressão (versão Infanto-Juvenil) EBADEP-IJ	Depressão (sintomas)	Individual ou coletiva; sem limite de tempo
Teste não verbal de inteligência G-36	Inteligência (fator G)	Individual ou coletiva; até 30 minutos
Inventário de Habilidades Sociais (IHS-Del-Prette)	Habilidades sociais	Individual e coletiva
Instrumento de Avaliação Neuropsicológica Breve Infantil – NEUPSILIN-Inf	Processos neuropsicológicos	Aplicação individual; composto por 32 subtestes; tempo estimado de 50 minutos
As Pirâmides Coloridas de Pfister	Personalidade, dinâmica afetiva e habilidades cognitivas	Aplicação individual
Matrizes Progressivas Coloridas de Raven	Inteligência (fator G)	Individual ou coletiva; sem limite de tempo
Escala de Transtorno do Déficit de Atenção / Hiperatividade – TDAH	Desatenção, impulsividade, aspectos emocionais, autorregulação da atenção, da motivação e da ação e hiperatividade.	Individual ou coletiva; sem limite de tempo
Teste de Criatividade Figural Infantil	Criatividade	Individual ou coletiva; com limite de tempo
WISC-IV Escala de Inteligência Wechsler para Crianças	Inteligência; gera quadro índices: compreensão verbal, organização perceptual, memória operacional e velocidade de processamento	Aplicação individual; composto por 10 subtestes principais e 5 complementares
Teste WISCONSIN de Classificação de Cartas	Raciocínio abstrato, planejamento e flexibilidade cognitiva	Aplicação individual

Fonte: os autores.

A aplicação de um teste precisa observar os procedimentos indicados nas orientações que normalmente constam em seu manual. Muitos testes definem o tempo de duração, a ordem das questões ou tarefas propostas, os critérios para finalizar a aplicação e como contabilizar sua pontuação.

As pontuações resultantes da aplicação de um teste configuram-se como dados que podem ser indicadores importantes de medida de um aspecto ou constructo. A vantagem do uso de testes para a coleta de dados é que são instrumentos validados e passaram por um processo rigoroso para sua construção, descrevendo informações importantes sobre os constructos avaliados e orientações relacionadas aos procedimentos de aplicação, correção e classificação. Porém, uma desvantagem é que os testes são vendidos comercialmente e muitos só podem ser comprados e aplicados por psicólogos registrados do CFP.

Há testes de aplicação individual e autoadministrados, e outros que podem ser utilizados em aplicações coletivas. Na pesquisa, a aplicação coletiva é mais interessante quando se tem uma amostra que inclui muitos participantes. Testes de aplicação coletiva podem ser aplicados em turmas inteiras, observando as normas e as questões éticas da pesquisa.

Em várias pesquisas desenvolvidas no grupo de pesquisa Edumídia utilizam-se testes psicológicos para coletar dados. A pesquisa conduzida por Ramos e Melo (2018), por exemplo, que tinha o objetivo de avaliar os efeitos do uso de jogos digitais na rotina escolar no desempenho da atenção de alunos do ensino fundamental, utilizou o teste psicológico de atenção concentrada D2 como forma de avaliação pré e pós-intervenção realizada em uma pesquisa de delineamento quase experimental.

O Teste de Atenção Concentrada (D2) propõe uma tarefa em que o participante precisa discriminar três estímulos específicos em um conjunto amplo de opções em um período, envolvendo a capacidade de seleção de uma fonte de informação que exige a atenção concentrada; os acertos e erros são então contabilizados, gerando um escore indicativo do desempenho da atenção. Os estímulos são apresentados em 14 linhas e os participantes têm 20 segundos para marcar a maior quantidade de estímulos de forma assertiva (BRICKENKAMP, 2000). Na pesquisa, aplicou-se o teste antes e depois do período de realização das intervenções com os grupos experimental e controle, para comparar a pontuação entre os grupos.

A aplicação de um teste precisa considerar alguns fatores que podem influenciar seus resultados e sua fidedignidade, tais como: a familiaridade com o teste, a fadiga, a tensão emocional, as condições físicas durante a aplicação do teste, as condições de saúde dos participantes, a prática e a experiência do participante em relação à variável que está sendo medida e a influência de outras experiências externas que interferem sobre o que se pretende avaliar (TUCKMAN, 2012).

Os dados coletados por testes, em sua maioria, são quantitativos, pois são medidas numéricas relacionadas às pontuações obtidas pelos participantes. Muitas vezes, temos uma pontuação bruta, que inclui as tentativas e o quanto o participante avançou no teste, e uma pontuação líquida, que considera os erros cometidos por comissão (quando o participante marca uma opção ou um estímulo incorretamente por impulsividade, por exemplo) ou omissão (quando o participante não marca uma opção ou um estímulo que precisaria ser marcado). De qualquer maneira, é importante ressaltar que estratégias para a interpretação dos resultados de testes para pesquisas são discutidas no próximo capítulo, tanto no caso de análises qualitativas quanto de análises quantitativas e estatísticas.

A coleta de dados por testes é uma opção nas pesquisas em educação, gerando principalmente dados quantitativos que podem ser triangulados com outras fontes, como entrevistas e observações. Em muitas situações, recomenda-se que o pesquisador busque, inicialmente, testes já desenvolvidos e validados, em vez de empenhar grande tempo da pesquisa na elaboração de instrumentos. Os testes podem ser utilizados na sua versão integral ou ainda adaptados para atender aos objetivos da pesquisa. Assim, ao planejar a etapa da coleta de dados, é válido considerar a realização de uma busca inicial por testes antes de começar a construir um instrumento.

6.5. ENTREVISTA

A entrevista é uma técnica de coleta de dados rica e bastante utilizada em pesquisas na área da educação. Para Seidman (2016), a forma principal pela qual um pesquisador pode investigar uma organização, uma instituição ou um processo educacional é por meio das experiências das pessoas individuais, que, afinal, constituem a organização ou conduzem o processo. "Abstrações sociais como 'educação' são mais bem compreendidas por meio das experiências dos indivíduos cujo trabalho e vida são o material sobre o qual essas abstrações são construídas." (SEIDMAN, 2019, p. 9, tradução nossa). As entrevistas possibilitam incluir nas pesquisas a perspectiva dos alunos, professores, gestores, coordenadores, supervisores, psicólogos, funcionários em geral e pais, cujas experiências individuais e coletivas constituem, efetivamente, a educação.

Nas palavras de Cohen, Manion e Morrison (2018, p. 506, tradução nossa), "a entrevista é uma ferramenta flexível de coleta de dados, permitindo o uso de canais multissensoriais: verbal, não verbal, visão, fala, audição e, com entrevistas on-line, escrito". Pode-se conceber um contínuo que vai das entrevistas mais estruturadas, em um extremo, às menos estruturadas, em outro extremo. Quando abordamos a metodologia do *survey*, no capítulo anterior, exploramos entrevistas mais estruturadas (praticamente em formato de um questionário aplicado oralmente), associadas a um paradigma mais quantitativo. No outro extremo, as entrevistas qualitativas se caracterizam pela maior profundidade e por uma abordagem mais conversacional e interacional, configurando uma troca e um encontro (COHEN; MANION; MORRISON, 2018). Entre esses extremos, encontram-se as variações que chamamos de entrevistas semiestruturadas.

Segundo Seidman (2019), entrevistar o outro é convidá-lo a sair do fluxo da sua rotina e construir significados para a sua vida. Nesse sentido, a entrevista permite que adentremos na perspectiva de outras pessoas, compreendendo melhor suas experiências vividas e o significado que elas dão a essas experiências (PATTON, 2015; SEIDMAN, 2019).

Não é possível observar nem replicar tudo, especialmente quando nosso interesse é compreender as pessoas por uma perspectiva mais subjetiva. Não é fácil, por exemplo, observar sentimentos ou como as pessoas interpretam o mundo ao seu redor, e a observação, em geral, não é uma técnica de coleta de dados suficiente quando utilizada na metodologia de estudo de caso; além disso, muitas vezes não conseguimos replicar eventos passados (MERRIAM; TISDELL, 2016). E essas situações são comuns nas pesquisas em educação:

> Um pesquisador pode abordar a experiência de pessoas em organizações contemporâneas por meio do exame de documentos pessoais e institucionais, da observação, da exploração da história, da experimentação, de questionários e *surveys* e de uma revisão da literatura existente. Se o objetivo do pesquisador, no entanto, é compreender o significado que as pessoas envolvidas na educação ou em qualquer instituição social dão à sua experiência, a entrevista fornece uma via de investigação necessária, se não completamente suficiente. (SEIDMAN, 2019, p. 9-10, tradução nossa).

A observação nos permite enxergar a experiência dos outros pelo nosso ponto de vista, enquanto a entrevista (especialmente a qualitativa) nos permite compreender a experiência dos outros pelo ponto de vista deles (SEIDMAN, 2019). E, ao contrário dos questionários, que são estruturados de maneira mais rígida, as entrevistas possibilitam explorar problemas em mais profundidade, com a inclusão de novas questões a partir da interação com os entrevistados, buscando, assim, compreender como e por que as pessoas estruturam suas ideias da maneira como o fazem, e como e por que fazem conexões entre ideias, valores, eventos, opiniões, comportamentos etc. (COHEN; MANION; MORRISON, 2018). Conforme já comentamos, entrevistas podem ser utilizadas para ampliar a compreensão sobre as respostas a um *survey* ou, quando aplicadas previamente, para estruturar um *survey*. Entretanto, têm um custo maior quando comparadas aos questionários, inclusive em relação ao tempo despendido para sua realização e posterior transcrição e análise.

Seidman (2019) propõe um método de entrevista baseado na fenomenologia, combinado com histórias de vida. Perguntas abertas convidam o participante a reconstruir sua experiência vivida e o significado que dá a essa experiência. Mas o próprio autor indica que boa parte das orientações servem para o uso de entrevistas de uma maneira geral.

Patton (2015) diferencia vários tipos de entrevista, em função da orientação filosófica e das áreas, das abordagens e dos referencias teóricos, dentre os quais: neopositivistas, fenomenológicas, feministas, análise do discurso, narrativas, pós-modernas, transformativas, descolonizadoras, performáticas, *role play* (quando se pede que o entrevistado responda imaginando que o entrevistador seja outra pessoa), colaborativas/participantes e em que a coleta de dados é feita pela equipe de um programa. Aponta, ainda, para a possibilidade de coleta de dados quantitativos e mesoqualitativos em tempo real e em ambientes naturais, por meio de dispositivos móveis que convidam seus usuários várias vezes ao dia a responder a perguntas que incluem: sua localização física, as atividades nas quais estavam engajados, as pessoas com quem estavam interagindo, sua experiência subjetiva, seus sentimentos e assim por diante.

Assim como no caso dos questionários, a produção das perguntas é um procedimento essencial nas entrevistas. Pode envolver sua elaboração em uma entrevista mais estruturada, assim como um roteiro mais livre, em entrevistas menos estruturadas. A revisão de literatura pode ajudar na elaboração das questões de uma entrevista, sendo, portanto, ideal que essa revisão seja feita antes do envio de um projeto de pesquisa para a Plataforma Brasil, já que é necessário anexar o roteiro da entrevista. Deve-se atentar, dentre outros fatores, para a ordem das perguntas. Não faça perguntas mais difíceis e sensíveis no início (RUBIN; RUBIN, 2012). As questões da pesquisa devem orientar a elaboração das perguntas da entrevista (quando estas não chegam a se confundir), inclusive sua contextualização. Para auxiliar nesse processo, um protocolo é um formulário que contém as perguntas, instruções para a condução da entrevista e um espaço para anotações por parte do entrevistador (CRESWELL; GUETTERMAN, 2019). A validação do protocolo por especialistas e o pré-teste do instrumento com alguns entrevistados são boas práticas importantes na preparação de entrevistas.

O protocolo inclui o roteiro com as questões da entrevista, mas também tem orientações e pode prever os campos para o registro do entrevistador. Especialmente no caso de uma pesquisa que tem a entrevista como procedimento de coleta de dados e inclui o envolvimento de mais de um entrevistador, o protocolo é fundamental. Além disso, cabe realizar um treinamento com o grupo de entrevistadores para minimizar a influência que o protocolo possa ter sobre as respostas e o conteúdo coletado.

No site do livro, reproduzimos parte do protocolo utilizado em uma pesquisa que avaliou a experiência de profissionais que atuam na educação. Esses profissionais participaram de uma atividade presencial de formação e jogaram um jogo educacional que abordava a temática que estava sendo tratada. As entrevistas foram conduzidas simultaneamente por uma equipe composta por de pesquisadores durante a formação após os profissionais jogarem. Cada entrevistador realizou entrevistas individuais em salas de aulas vazias reservadas para tal finalidade.

A entrevista individual, uma abordagem popular em pesquisa educacional, apesar de demorada e cara, é um processo de coleta de dados no qual o pesquisador faz perguntas e registra as respostas de apenas um participante do estudo por vez. Em uma pesquisa qualitativa, podem ser realizadas várias entrevistas individuais (CRESWELL; GUETTERMAN, 2019).

Outra questão importante é projetar o tempo de cada entrevista e o número de pessoas que serão entrevistadas, o que dependerá dos objetivos da pesquisa. Seidman (2019), por exemplo, sugere que pode ser realizada mais de uma entrevista com o mesmo entrevistado, com duração de aproximadamente uma hora e meia cada.

Cabe também registrar que ainda são feitas entrevistas por telefone. Entrevistas pela internet, por sua vez, têm sido cada vez mais realizadas, de diferentes maneiras, combinando texto (e-mails, por exemplo, apesar podermos considerar que uma entrevista por e-mail deveria ser classificada como questionário), áudio e vídeo (por exemplo, com o uso de recursos de comunicação como WhatsApp, Skype e ferramentas de webconferência).

Rubin e Rubin (2012) fornecem diversas orientações para a condução de uma entrevista. Espera-se, de maneira geral, que o entrevistado sinta que se estabeleceu uma relação de confiança com o entrevistador. Em primeiro lugar, procure utilizar uma linguagem que o entrevistado compreenda. Além disso, evite soar como se estivesse questionando uma testemunha. Não demonstre seu ponto de vista, especialmente em questões mais sensíveis — o entrevistado não é você! Para atingir profundidade, procure ouvir longas respostas sem interrupção — Bogdan e Biklen (2007) defendem que uma boa entrevista envolve uma escuta profunda. De outro lado, para obter riqueza e detalhes, você pode fazer mais perguntas, provocando inclusive interrupções. Babbie (2016), entretanto, ressalta que o entrevistador não deve falar mais do que 5% do tempo. Para conseguir nuances, ou seja, variações e diferentes perspectivas, evite questões sim ou não e procure fazer perguntas de esclarecimento.

Um dos desafios éticos de toda pesquisa, e, por consequência, das entrevistas, é não causar incômodo ao participante. Como proceder, nesse sentido, nas situações em que a pessoa que você está entrevistando parecer seriamente estressada ou afetada emocionalmente? O pesquisador deve evitar ferir aquele que está entrevistando, tentando, por exemplo, agressivamente forçá-lo a falar sobre tópicos que podem ser perturbadores, dolorosos ou humilhantes. Ao contrário, deve procurar apoiá-lo e ajudá-lo (BOGDAN; BIKLEN, 2007).

Além disso, é preciso estar a atento às expressões faciais que podem comunicar desapontamento, irritação, discordância, surpresa, entre outros sentimentos ou juízos que podem inibir ou coagir o entrevistado, influenciando suas respostas. Não é preciso que o entrevistador mantenha uma expressão fechada ou imparcial, mas deve se mostrar receptivo e atento ao que está sendo falando, ao mesmo tempo em que se mantém consciente de suas expressões.

Boni e Quaresma (2005), em um artigo em língua portuguesa bastante citado sobre como entrevistar nas ciências sociais, mencionam a entrevista projetiva, centrada em técnicas visuais, na qual o entrevistador pode mostrar ao entrevistado fotos e filmes, dentre outros recursos visuais. Fotos e vídeos podem estimular reflexões, recordações e histórias durante a entrevista (PATTON, 2015).

Rubin e Rubin (2012), por sua vez, chamam a abordagem de entrevista em profundidade que propõem de entrevista responsiva, porque os entrevistadores reagem e fazem outras perguntas a partir das respostas dos entrevistados, em vez de se basearem exclusivamente em perguntas predeterminadas. A essência da entrevista responsiva, portanto, é ouvir o que os entrevistados têm a dizer, e então fazer novas perguntas, com base nas respostas que eles forneceram.

Para os autores, deveríamos considerar em entrevistas três tipos de perguntas: principais, de *follow-up* e de direcionamento (*probe questions*).

As **perguntas principais** serviriam para estruturar a entrevista para responder às questões da pesquisa. Devem ser preparadas com antecedência, inclusive em função da experiência do entrevistado.

Já as **perguntas de *follow-up*** são elaboradas em resposta aos comentários e às ideias introduzidos pelo entrevistado, ou seja, exploram suas respostas para obter mais profundidade e detalhes, para solicitar exemplos explicativos e para esclarecer eventos, conceitos e temas relevantes. Seu objetivo, portanto, é alcançar riqueza e vivacidade, ajudando a garantir validade e credibilidade à pesquisa. Questões de *follow-up* podem ser feitas logo que o entrevistado faz algum comentário, mais tarde na entrevista ou mesmo em outra entrevista. Mas, afinal, que motivações poderiam acionar perguntas de *follow-up*? Partes que faltam no quebra-cabeça, perguntas não respondidas ou respondidas evasivamente, respostas muito genéricas ou muito específicas, contradições ou ambivalências aparentes, histórias com temas implícitos, conceitos que não ficaram claros, temas incompletos ou não fundamentados e novas ideias relacionadas às questões da pesquisa.

Por fim, o objetivo das **perguntas de direcionamento** é administrar a entrevista, mantendo-a dentro do planejado. Podem-se solicitar elaborações ou detalhes, esclarecimentos, exemplos ou evidências. É aconselhável elaborar uma lista, ainda que mentalmente, de padrões para esse tipo de questão, como "Continue..." ou "Você poderia dar um exemplo?". Rubin e Rubin (2012) classificam esse tipo de pergunta em três grupos:

a) atenção, que indicam que você está ouvindo com atenção;
b) administração da conversa, que ajudam a regular o nível de profundidade e detalhe, esclarecer trocas ambíguas e manter a conversa focada no tema da pesquisa — direção, confirmação, esclarecimento, sequência, continuação, elaboração;
c) credibilidade, que revelam quanta evidência sólida está por trás das respostas, quão boa é a memória do entrevistado e que tipo de preconceito ou viés ele pode ter, ajudando, assim, a interpretar suas respostas.

Nesse sentido, Babbie (2016, p. 312, tradução nossa) cria uma bonita metáfora para indicar como o entrevistador deve atuar:

> Há algo que podemos aprender em relação a isso com as artes marciais. O mestre de aikidô nunca resiste ao golpe do oponente, mas, em vez disso, o aceita, se junta a ele e então, sutilmente, o redireciona para uma direção mais apropriada. A entrevista de campo requer uma habilidade análoga. Em vez de tentar interromper a linha de discussão de seu entrevistado, aprenda a pegar o que ele acabou de dizer e desvie o comentário na direção adequada aos seus objetivos. A maioria das pessoas adora falar com quem está realmente interessado. Interromper a linha de conversa indica a eles que você não está interessado; pedir-lhes que elaborem em determinada direção indica a eles que você está.

A posição que o entrevistador deve adotar varia em função do maior ou menor conhecimento que tem do entrevistado. Se o entrevistado não é conhecido, por exemplo, é preciso gastar um tempo inicial para estabelecer uma relação. Kvale (apud COHEN; MANION; MORRISON, 2018) elabora um contínuo para as abordagens do entrevistador, que envolve, como extremos, as metáforas do minerador e do viajante. O entrevistador como minerador considera que o entrevistado tem as informações, e, então, se preocupa em extrair dele as pepitas de material precioso. Já o entrevistador como viajante se preocupa em viajar com o entrevistado como parceiro para um país desconhecido, uma jornada colaborativa pela estrada de criação de conhecimento, ou seja, como parte de um relacionamento mutuamente fortalecedor. Assim, enquanto o primeiro extrai informações, o último coconstrói o conhecimento.

É importante notar que há situações específicas que exigem cuidados especiais na condução de entrevistas, como, por exemplo, no caso de pessoas com algum tipo de deficiência, idosos ou crianças. Entrevistas com crianças podem ser conduzidas com sucesso em grupo, e uma estratégia comumente utilizada, em vez de fazer perguntas, é mostrar imagens, desenhar ou solicitar que terminem uma história iniciada. Já no caso de pessoas de outras culturas ou que falam outra língua, convém estudar a cultura e escolher adequadamente as palavras e os locais para as entrevistas (RUBIN; RUBIN, 2012).

A entrevista com crianças precisa ser bem planejada não só em relação à linguagem utilizada, mas também em relação à manutenção do interesse da criança em participar. Por isso, podem-se utilizar desenhos ou estratégias gamificadas de entrevista, como um formato de tabuleiro que vai apresentando as perguntas e se avança nas casas com um pino (conforme pode-se observar no Exemplo 33) ou na conquista de pontos ou cartas ao se responder a uma pergunta.

EXEMPLO 33 — **Tabuleiro que pode ser usado para entrevista com crianças**

Fonte: os autores.

A entrevista em grupo pode ser uma boa opção para realizar com crianças; o grupo pode se constituir como um espaço mais seguro e um incentivo à participação. Não é incomum obtermos respostas curtas e muito objetivas das crianças em entrevistas, como, por exemplo, ao se questionar por que a criança gosta da escola, podem-se obter respostas do tipo "porque é legal!", e ao questionar, então, por que a escola é legal, a criança responder: "porque sim, eu gosto!". Já no grupo, ao ouvir outros colegas, a criança pode elaborar melhor sua resposta. Nesse sentido, Cohen, Manion e Morrison (2018) reforçam que a entrevista em grupo com crianças incentiva a interação entre o grupo. Entretanto, é preciso ficar atento ao fato que algumas crianças podem se sentir envergonhadas ou simplesmente reproduzir a resposta ou opinião dada por um colega.

Cohen, Manion e Morrison (2018), ao abordarem a pesquisa com crianças, oferecem algumas dicas, como: fazer a entrevista em local conhecido da criança, como um local na escola; a criança já deve ter visto o pesquisador na escola; a constituição de um ambiente descontraído, amigável e, quando possível, bem-humorado; o entrevistador pode vestir-se mais informalmente para proporcionar maior simpatia das crianças; a linguagem precisa ser clara, objetiva e de fácil compreensão; ofereça feedbacks positivos às respostas e, sobretudo, é preciso estar atento à comunicação não verbal e ao silêncio, bem como às dimensões emocional e social da entrevista.

Para muitos pesquisadores, a entrevista com crianças é um desafio, especialmente quando os temas a serem abordados não são de muito interesse delas, o que é diferente de pedirmos que falem sobre algo de que gostam, como, por exemplo, os jogos digitais com que interagem — sobre os quais seriam capazes de dar detalhes sobre regras, recompensas e personagens. As crianças também se comportam de forma muito distinta não só em função de seus interesses, mas pela maior ou menor facilidade de expressão, inibição e simpatia com o pesquisador. Podem desviar facilmente o foco da entrevista, especialmente quando é realizada em grupo; podem também responder ou dar contribuições sobre outros aspectos que não têm relação com o que está sendo questionado, o que exige que o pesquisador tenha sensibilidade e consiga reconduzir a entrevista com foco em seus objetivos, ao mesmo tempo em que valorize e incentive a participação das crianças.

Para além da elaboração dos protocolos e roteiros, na condução da entrevista é preciso valorizar a forma de registro. É possível fazer o registro enquanto o entrevistado vai respondendo, que pode ser complementado logo após a finalização da entrevista, o que acaba se constituindo como um registro narrativo que conta o que foi falado sem que seja possível transcrever na íntegra as falas. Considerando que em muitas pesquisas é importante garantir a integridade das respostas dadas na entrevista, sempre que possível deve-se fazer a gravação pelo menos do áudio, pois isso permite que o entrevistador fique envolvido e atento às expressões e comunicação do entrevistado — uma alternativa é envolver mais de um pesquisador, cada um com funções distintas. A gravação possibilita a transcrição literal de todo o diálogo e retorno ao que foi gravado, em caso de dúvidas.

Mesmo gravando, fazer anotações durante a entrevista é importante, por exemplo, para registrar sinais não verbais. De qualquer maneira, hoje é comum filmar entrevistas. Cabe lembrar que a transcrição de gravações é um processo demorado e trabalhoso, e não se deve esperar muito tempo para realizar a revisão das notas e das gravações, para aproveitar enquanto a experiência ainda está clara na mente do entrevistador.

Na leitura de artigos e relatórios de pesquisas, especialmente no caso de pesquisas qualitativas, o leitor espera ouvir as vozes dos entrevistados. Nesse sentido, na redação desses documentos, é importante utilizar citações diretas das passagens que o pesquisador considerar essenciais para responder aos objetivos e às questões da pesquisa e ilustrar o texto com diversas vozes.

A codificação, a categorização, a análise e a interpretação dos dados das entrevistas, apoiadas pelo uso de softwares, assim como em outras formas de coleta de dados, são discutidas no capítulo seguinte.

6.6. GRUPO FOCAL

Kruger e Casey (2015), no prefácio de um livro que é um guia prático de referência para o trabalho com grupos focais, contam uma interessante história. Os autores foram solicitados a realizar uma avaliação das necessidades de um grupo de faculdades profissionalizantes interessadas em ampliar as ofertas de cursos a fazendeiros. Elaboraram, então, um *survey*, que foi enviado por correio aos fazendeiros, e, a partir da análise dos dados, recomendaram que as faculdades desenvolvessem vários cursos novos. Entretanto, quando as faculdades ofereceram os cursos, ninguém apareceu! O que teria dado errado?

Kruger e Casey presumiram que o problema teria sido um erro de amostragem; então, elaboraram uma detalhada estratégia para a seleção da amostra e repetiram o estudo. Mas as conclusões da segunda pesquisa foram quase idênticas às da primeira!

Perplexos, os pesquisadores fizeram, então, algo praticamente inédito na época — pediram aos entrevistados que os ajudassem a compreender o que estava acontecendo. Organizaram grupos focais com os fazendeiros, mostraram os resultados da avaliação das necessidades e explicaram:

> Os fazendeiros nos disseram que precisavam de informações sobre estes tópicos e que estes eram os melhores horários para as aulas. Entretanto, quando as faculdades ofereceram cursos sobre esses tópicos, ninguém apareceu. Ajudem-nos a entender o que está acontecendo. (KRUGER; CASEY, 2015, p. 19, tradução nossa).

Um fazendeiro comentou: "Precisamos dessas coisas, mas só porque precisamos, não significa que iremos para as aulas" (KRUGER; CASEY, 2015, p. 19, tradução nossa). Esse comentário pontual mudou a visão dos autores.

Como educadores, eles tinham ingenuamente presumido que, se as pessoas sentissem necessidade de aprender algo, imediatamente se esforçariam para preencher essa necessidade. Os fazendeiros, entretanto, os ajudaram a compreender o problema a partir da perspectiva deles, não dos pesquisadores. Eles estavam, na verdade, fazendo escolhas sobre como usar seu precioso tempo. Estavam escolhendo entre as aulas e ir ao jogo de basquete de seus filhos, ou aos seus compromissos voluntários, ou apenas relaxar em casa. As aulas competiam com outras maneiras de os fazendeiros usarem o seu tempo.

Os pesquisadores, então, perguntaram: "O que seria necessário para que você fizesse um curso oferecido pela faculdade profissionalizante?" (KRUGER; CASEY, 2015, p. 19, tradução nossa). Mais uma vez, os fazendeiros deram respostas que abalaram a maneira como os autores enxergavam a pesquisa. Disseram, por exemplo: "As aulas devem ser divertidas!" (KRUGER; CASEY, 2015, p. 19, tradução nossa) — nunca tinha ocorrido aos pesquisadores que as aulas deveriam ser divertidas. Informativo? Sim. Divertido? Não. "Os instrutores deveriam ter sujeira sob as unhas" (KRUGER; CASEY, 2015, p. 19, tradução nossa) — uma maneira poética de dizer que os fazendeiros queriam instrutores com experiência recente. Mas, afinal, não é o que todos nós queremos? "'Não desperdice seu dinheiro com aqueles folhetos brilhantes que você envia. Eu vou para uma aula porque meu veterinário, ou meu banqueiro, ou outro fazendeiro disse que é bom e eu deveria ir'. (Apontando o poder da propaganda boca a boca para o público-alvo.)" (KRUGER; CASEY, 2015, p. 19, tradução nossa).

Os pesquisadores analisaram os dados dos grupos focais e compartilharam recomendações com as faculdades. Com base nessas recomendações, os professores das faculdades profissionalizantes, mais uma vez, ofereceram vários cursos novos. Desta vez, os cursos foram um grande sucesso. Esses primeiros grupos focais abriram um novo território para os autores. Eles ficaram surpresos com o que tinham aprendido ao reunir um grupo de pessoas, fazer perguntas e escutar.

Abrimos esta seção com essa longa história porque ilustra, de uma maneira viva, o poder e a função dos grupos focais, que são uma técnica de coleta de dados bastante utilizada em pesquisas na área de ciências sociais, inclusive em educação.

Grupos focais são um tipo de entrevista em grupo em que se discute um tema de interesse para a pesquisa, produzindo, assim, uma visão do grupo, e não de um indivíduo, como no caso das entrevistas individuais; essa visão do grupo emerge a partir da interação entre os participantes, guiada por um moderador, que faz perguntas para estimular o debate e, ao mesmo tempo, procura manter a discussão focada (BONI; QUARESMA, 2005; COHEN; MANION; MORRISON, 2018; CRESWELL; GUETTERMAN, 2019; PATTON, 2015). Nesse sentido, pode-se dizer que o paradigma construtivista fundamenta esse procedimento de coleta de dados, focado na interação entre os participantes, que gera, assim, dados distintos das entrevistas individuais.

Embora não existam regras rígidas sobre quantas pessoas devam participar dos grupos, a literatura sugere uma variação entre 4 e 15 participantes. Em pesquisas de marketing, um dos usos principais da técnica, os grupos tendem a ser maiores do que nas pesquisas acadêmicas. Quanto maior o grupo, mais difícil é a sua moderação e os membros têm menos oportunidades de participar. Já os grupos pequenos, mais fáceis de recrutar e conduzir, inclusive em relação ao espaço, apresentam a desvantagem de limitar a gama total de experiências. Krueger e Casey (2015) sugerem considerar os seguintes fatores para definir o número de participantes do grupo:

a) o objetivo da pesquisa: se o objetivo é entender um problema ou comportamento, convide menos pessoas; se o objetivo é fazer um piloto de uma ideia ou de materiais, convide mais pessoas;
b) a complexidade do tema: se o tema é mais complexo, convide menos pessoas; se é menos complexo, convide mais pessoas;

c) nível de experiência ou conhecimento dos participantes: se os participantes têm mais experiência, convide menos pessoas; se têm menos experiência, convide mais pessoas;
d) nível de paixão dos participantes pelo tema: se os participantes são mais apaixonados, convide menos pessoas; se são menos apaixonados, convide mais pessoas;
e) número de questões que você se deseja cobrir no grupo focal: se você deseja cobrir mais questões, convide menos pessoas; se deseja cobrir menos questões, convide mais pessoas.

Estudos de dinâmica de grupo podem ser identificados nas primeiras décadas do século XX, seguidos pelos trabalhos do sociólogo Robert Merton sobre entrevistas focadas. O início do uso de grupos focais pode ser identificado durante a Segunda Guerra Mundial, quando os cientistas sociais passaram a usar a técnica de entrevista não diretiva em grupos. Na década de 1950, grupos focais passam a ser amplamente utilizados em pesquisas de marketing. Nas pesquisas acadêmicas, entretanto, passam a ser utilizados apenas na década de 1980, a partir do aprendizado com o marketing (KRUEGER; CASEY, 2015; LUNE; BERG, 2017).

Assim como no caso de entrevistas, e ao contrário, por exemplo, das pesquisas experimentais, a amostragem intencional é mais usada para definir os participantes de um grupo focal, que podem ser escolhidos em função do conhecimento sobre o tema. Os participantes, de preferência, não devem ser desconhecidos, a não ser que a amizade seja um critério importante, como, por exemplo, para debater algo que geralmente é discutido apenas entre amigos. O grupo focal é, em geral, caracterizado pela similaridade (amostra homogênea) — e isso pode ser enfatizado para os participantes na introdução da dinâmica, mas com variação suficiente entre os participantes para permitir opiniões contrastantes. Além disso, em geral é realizado mais de um grupo focal, em que os participantes podem ter características diferentes, permitindo, assim, a comparação, ou vários grupos até que se atinja a saturação teórica, onde novos grupos não estejam trazendo percepções e perspectivas novas sobre o tema. Pode-se, inclusive, repetir o mesmo grupo focal periodicamente, para se obter, por exemplo, uma perspectiva longitudinal do grupo sobre um tema (COHEN; MANION; MORRISON, 2018; KRUEGER; CASEY, 2015; LUNE; BERG, 2017; PATTON, 2015).

A partir desses elementos, Babbie (2016) reflete sobre a questão da generalização. Em geral, pesquisas que utilizam grupos focais são exploratórias e seus participantes não são escolhidos por métodos de amostragem probabilística, não representando, portanto, uma população do ponto de vista estatístico. Mesmo assim, normalmente são conduzidos dois ou mais grupos, para contribuir para a generalização dos achados.

Um aspecto importante a ser considerado no planejamento de um grupo focal é o local da reunião. Espera-se que seja um ambiente confortável. Krueger e Casey (2015) chamam a atenção para se pensar também na comida, como a oferta de lanche, por exemplo. Mas é possível também realizar grupos focais utilizando diversos recursos de comunicação disponíveis na internet e em aplicativos, o que permite reunir, sem custo ou com um custo mínimo, pessoas geograficamente dispersas, que seria difícil reunir presencialmente. Cabe avaliar se, on-line, um grupo focal apenas por texto e/ou assíncrono funcionaria da mesma maneira que em uma reunião presencial.

Grupos focais podem ser utilizados em conjunto com outras técnicas de coleta de dados, como entrevistas, questionários e observação. Em comparação com entrevistas, *surveys* e experimentos, a coleta ocorre em um ambiente de grupo e mais natural, em que os participantes são influenciados por outros, como na realidade. A dinâmica dos grupos pode revelar aspectos que outras técnicas não revelariam, já que os participantes têm a possibilidade de refletir sobre suas próprias visões durante a interação com os outros. Outra vantagem é a economia de tempo, em comparação, por exemplo, com entrevistas individuais (BABBIE, 2016; BOGDAN; BIKLEN, 2007; CRESWELL; GUETTERMAN, 2019; LUNE; BERG, 2017; KRUEGER; CASEY, 2015).

De outro lado, algumas pessoas podem falar demais e monopolizar a palavra, enquanto outras podem se mostrar mais tímidas em grupo, expressando-se menos do que o fariam em uma entrevista individual. Grupos focais podem ser, também, inadequados para a discussão de tópicos sensíveis, muito pessoais e culturalmente inadequados para discutir na presença de estranhos (LUNE; BERG, 2017). Portanto, é necessário avaliar as vantagens e desvantagens de seu uso: "Enquanto você ganha na conversa estimulante entre os participantes, pode perder na qualidade dos dados, então você precisa decidir o que quer ganhar com a experiência" (BOGDAN; BIKLEN, 2007, p. 109, tradução nossa).

O papel do moderador é essencial na condução de um grupo focal; por isso, ele deve ter habilidades para organizar uma dinâmica de grupo e desempenhar diferentes papéis. Deve encorajar todos os participantes a falarem, evitando assim que alguns dominem a discussão, incentivando, inclusive, pensamentos divergentes. Pode também interferir quando algum participante demora muito para desenvolver uma ideia ou quando a discussão sai muito do tema, para manter o grupo focado. Pode contar, ainda, com um assistente, responsável, por exemplo, por tomar notas do debate.

Além do moderador, outro componente essencial de um grupo focal são as questões utilizadas para dinamizar a discussão. Embora devam parecer espontâneas, precisam ser cuidadosamente elaboradas e organizadas sequencialmente em um roteiro. Krueger e Casey (2015) sugerem que as perguntas iniciais sejam mais gerais, para ajudar os participantes a pensarem e falarem sobre o tema, tornando-se aos poucos mais específicas e focadas, e que as perguntas mais próximas do final forneçam as informações mais úteis.

Há ainda questões de transição, que servem para ajudar a mudar o assunto. De uma maneira geral, as questões devem ser abertas, claras e curtas, convidando os participantes à conversação. Entretanto, além de perguntas, podem ser utilizadas também outras técnicas, como imagens e mapas mentais, que podem ser criados pelos próprios participantes (KRUEGER; CASEY, 2015).

Grupos focais podem ter usos e objetivos diversos. Seu objetivo principal é coletar uma visão compartilhada por um grupo sobre um tema específico, permitindo, ao mesmo tempo, explorar múltiplas perspectivas. É possível, também, gerar hipóteses a partir das percepções e dos dados coletados nas sessões. Nesse sentido, o grupo focal é uma técnica bastante adequada para estudar comportamentos, atitudes, valores, percepções, pontos de vista e opiniões. Pode ser utilizado, ainda, para gerar perguntas de um questionário para um *survey* ou uma entrevista subsequente (BABBIE, 2016; BOGDAN; BIKLEN, 2007; COHEN; MANION; MORRISON, 2018; CRESWELL; GUETTERMAN, 2019; KRUEGER; CASEY, 2015).

Em função das características discutidas até aqui, grupos focais são uma técnica adequada para pesquisas de avaliação de programas, políticas e serviços em diversos tipos de organização, podendo auxiliar na tomada de decisões. Para Krueger e Casey (2015), seus resultados podem ser utilizados para coletar informações antes de um programa (avaliação de necessidades, pesquisa de clima, teste-piloto), durante (avaliação formativa ou processual, monitoramento) ou depois (avaliação somativa, avaliação de resultados).

Podem ser tomadas notas durante um grupo focal, mas é também comum o uso de recursos de gravação e filmagem. Logo após o final de uma sessão, a equipe de pesquisa deve fazer uma discussão e avaliação para comparar notas e compartilhar percepções. Krueger e Casey (2015) sugerem que essa reunião seja gravada.

Os dados coletados em um grupo focal podem ser codificados e categorizados, técnicas que discutiremos no capítulo seguinte. Podem-se utilizar recursos visuais, como imagens, desenhos, mapas, matrizes, diagramas e quadrinhos, para representar os achados, o que discutiremos no último capítulo (KRUEGER; CASEY, 2015).

Há diversas situações em que o uso de grupos focais merece um cuidado especial, inclusive do ponto de vista ético. No caso de crianças e jovens, o tempo de duração das sessões, por exemplo, precisa ser reduzido. Estrangeiros e participantes de outras culturas merecem também um cuidado especial, quando possível, com o apoio de especialistas. E pessoas da própria organização podem se conhecer profundamente e até competir por posições, além de poderem se sentir intimidadas em partilhar suas opiniões; por isso, deve-se evitar, por exemplo, que profissionais de diferentes níveis hierárquicos participem do mesmo grupo (KRUEGER; CASEY, 2015).

Uma técnica de coleta de dados que também envolve a construção de uma visão de grupo é o método Delphi. Munaretto, Corrêa e Cunha (2013) comparam as características dos dois métodos, ressaltando que o método Delphi, ao contrário do grupo focal, pressupõe anonimato, questionários mais estruturados e aplicados individualmente, sem confrontação presencial entre os participantes, além de a análise de dados se utilizar de estatística descritiva. Marques e Freitas (2018), por sua vez, caracterizam o método Delphi e apresentam suas potencialidades para uso em educação, além de uma revisão de alguns casos de sua aplicação na área.

6.7. DOCUMENTOS

Para alguns estudiosos, documentos têm sido pouco utilizados como dados em pesquisas na área de educação, em ciências humanas e sociais e, de uma maneira mais geral, em pesquisas qualitativas (LÜDKE; ANDRÉ, 2015; MERRIAM; TISDELL, 2016). Há algumas décadas, Glasser e Strauss (2006) já retratavam a situação: para a maioria dos pesquisadores, dados qualitativos são praticamente sinônimo de trabalho de campo e entrevistas, com documentos sendo utilizados apenas como suporte para contextualizar a pesquisa. E arriscavam alguns motivos para essa subutilização dos documentos e a preferência dos sociólogos pela utilização de dados produzidos por eles próprios: o desejo de ver a situação concreta e os informantes pessoalmente. Entretanto, para os autores, documentos teriam tanto valor quanto observações e entrevistas, de forma que os sociólogos precisariam ser tão hábeis no seu uso quanto no trabalho de campo.

Já abordamos a pesquisa documental no capítulo anterior, classificada como um tipo de pesquisa em função das fontes utilizadas. Naquela seção, descrevemos brevemente vários tipos de documentos: registros públicos, documentos pessoais, documentos visuais, artefatos e materiais físicos, além de documentos e artefatos produzidos pelos participantes ou pesquisadores durante a investigação. Nesta seção, ressaltamos as técnicas e estratégias utilizadas para a coleta de dados quando são utilizados esses e outros tipos de documentos em pesquisas.

Em primeiro lugar, cabe refletir que documentos são fontes discretas ou não reativas, no sentido de que o pesquisador não interage com os participantes durante a fase de coleta de dados, não interferindo, portanto, no processo e nos resultados da coleta (BABBIE, 2016; LÜDKE; ANDRÉ, 2015; LUNE; BERG, 2017). Uma pesquisa completamente discreta coleta dados independentemente dos processos que os produziram, ou seja, "[...] examinamos artefatos sociais, traços ou outros materiais ou eventos que foram criados por algum outro motivo antes de examiná-los como dados" (LUNE; BERG, 2017, p. 146).

Aqui, o conceito de documento é ampliado para incluir registros ou rastros que as pessoas produzem, seja intencionalmente, seja inadvertidamente. Nesse sentido, a garbologia, ou o estudo do lixo, que se apoia nos rastros deixados no lixo gerado e que podem ser tomados como indicadores de vários comportamentos e atitudes das pessoas, seria uma forma de coleta de dados documentais.

Na mesma direção, o conceito de arquivo público pode ser ampliado para além de bibliotecas, para incluir, por exemplo: registros de internações hospitalares, relatórios de ocorrências policiais, registros de veículos, registros de faturamento de empresas de crédito, anúncios fúnebres em jornais, lápides em cemitérios e documentos digitais em geral (LUNE; BERG, 2017). Segundo os autores, podem ser concebidas quatro categorias de dados de arquivos públicos: mídias comerciais, materiais audiovisuais, registros atuariais e registros oficiais.

Mídias comerciais incluem materiais para consumo geral ou de massa, como jornais, revistas, CDs, programas de televisão, fitas de vídeo, DVDs, quadrinhos, mapas, blogs etc. Boa parte desses dados está hoje disponível pela internet, ou ao menos em formato digital, podendo, assim, ser facilmente pesquisados e acessados pelos pesquisadores interessados.

Materiais audiovisuais têm sido cada vez mais utilizados nas pesquisas em educação. Fotografias, por exemplo, podem tanto ser identificadas no processo de pesquisa quanto produzidas com a participação do pesquisador. Um uso comum de câmeras ocorre em observações realizadas pelo pesquisador, mas a câmera pode também ser fornecida pelo pesquisador aos participantes da pesquisa, com a solicitação para que tirem fotos. O periódico *Visual Sociology* (https://www.tandfonline.com/rvst19), por exemplo, é voltado especificamente ao uso da fotografia nas ciências sociais.

Alguns estudiosos argumentam, inclusive, que a pesquisa baseada nas artes tem uma metodologia específica e deveria ser tratada separadamente. Nesse sentido, as abordagens baseadas em arte podem incluir tanto uma técnica para coleta de dados ou um método de apresentação dos resultados, quanto um objetivo geral de estudar artistas ou o processo artístico (MERRIAM; TISDELL, 2016).

Já os **registros atuariais** incluem: registros de nascimento e óbito; registros de casamentos e divórcios; informações de aplicações mantidas por seguradoras e empresas de crédito; informações de títulos, terras e escrituras; e registros demográficos ou residenciais. Em alguns casos, esses dados também podem ser acessados pela internet, mas sua busca pode, também, envolver visitas a órgãos específicos, em função dos objetivos da pesquisa.

Por fim, Lune e Berg (2017) classificam como **registros oficiais** as comunicações, os arquivos e os registros escritos e eletrônicos produzidos, por exemplo, por escolas, hospitais, estabelecimentos varejistas, organizações sociais e outras para públicos específicos, tais como: registros escolares, transcrições de tribunais, relatórios policiais, estatísticas de crimes, informações de censos, registros de vendas, registros financeiros, transcrições de discursos políticos, relatórios e memorandos internos, atas de reuniões e e-mails. Esses materiais podem conter informações úteis para um pesquisador.

Um exemplo desse tipo de registro, que pode ser útil para as pesquisas em educação, são gravações de aulas e outras atividades escolares produzidas por e para terceiros, não especificamente para o pesquisador, mas que, quando identificados, podem se constituir em dados valiosos para a pesquisa. Além disso, nas pesquisas em educação, dados estatísticos, disponíveis, por exemplo, no site do Inep, devem ser utilizados, sempre que possível, ao menos como fontes de informação complementares à investigação.

Como os registros oficiais incluem, em muitos casos, dados pessoais, os pesquisadores devem tomar os cuidados éticos necessários na sua utilização em pesquisas.

Lune e Berg (2017) ressaltam também o valor dos arquivos privados para as pesquisas em ciências sociais, que incluem: autobiografias, diários, cartas, filmes, vídeos caseiros e artefatos artísticos e criativos (como, por exemplo, esboços e desenhos). Os autores ressaltam que autobiografias podem refletir os contornos sociais de um tempo, as orientações ideológicas de um grupo e as reflexões de uma pessoa sobre suas atividades, podendo se constituir, por isso, em ricos dados para o processo de pesquisa. Diários, por sua vez, são hoje muitas vezes publicados on-line em blogs, podendo, portanto, ser facilmente acessados pela internet.

Mas é a noção de traços que amplia bastante o campo dos documentos que podem ser úteis para as pesquisas em educação.

> Literalmente, rastros são itens físicos deixados para trás por humanos, em geral como resultado de alguma atividade inconsciente ou não intencional, que nos dizem algo sobre esses

indivíduos. Como esses vestígios foram deixados para trás sem o conhecimento dos produtores de sua utilidade potencial para os cientistas sociais, essas informações de pesquisa são *produzidas de forma não reativa*. (LUNE; BERG, 2017, p. 155, tradução nossa).

Os autores exploram duas categorias de traços: medidas de erosão (indicadores de desgaste ou desaparecimento) e de acumulação (indicadores de acréscimo ou aumento). O desgaste dos livros de uma biblioteca ou devolvidos para uma livraria, por exemplo, pode ser tomado como um índice do interesse por sua leitura. Da mesma maneira, a quantidade de poeira acumulada nos livros da biblioteca pode indicar o desinteresse por sua leitura. Nos dois casos, é importante notar que esses dados são gerados de maneira pouco perceptível e sem a intromissão do pesquisador, estando, portanto, livres de efeitos de medição reativos.

> Medidas discretas, em geral, apresentam muitas vantagens em relação a dados autorrelatados, pois nossas ações deixam rastros do que realmente fazemos, independentemente de como pensamos sobre essas coisas, o que lembramos ou esquecemos e como desejamos ser vistos pelos outros. (LUNE; BERG, 2017, p. 156, tradução nossa).

Como documentos são hoje, de uma maneira geral, acessados pela internet, é importante que o pesquisador reflita sobre os efeitos que as mídias e os softwares podem exercer na localização, na seleção e no processamento dos dados. Nesse sentido, a etnografia para a internet (HINE, 2015) e a netnografia (KOZINETS, 2002), já apresentadas no capítulo anterior, são ferramentas essenciais para a coleta de dados documental.

É importante, ainda, lembrar que os tipos de documentos discutidos nesta seção não foram produzidos especificamente para a pesquisa, não levando em consideração, por consequência, os objetivos e as questões de pesquisa, e, por isso, tendem a ser incompletos. Nesse sentido, quando possível, é importante tentar compreender as condições de produção desses materiais. Entretanto, cabe notar que documentos podem também ser produzidos durante a pesquisa, como, por exemplo, no caso de atividades desenvolvidas por alunos por solicitação dos pesquisadores.

Por fim, cabe indicar que a análise documental pode se apropriar das orientações gerais fornecidas no próximo capítulo.

A Figura 30 ilustra o ciclo da pesquisa até a etapa da coleta de dados.

FIGURA 30 — **Ciclo da pesquisa até a coleta de dados**

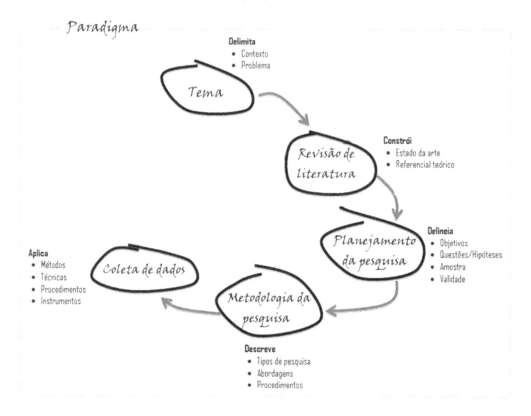

Fonte: os autores.

7.
RESULTADOS, ANÁLISE, DISCUSSÃO E INTERPRETAÇÃO

Merriam e Tisdell (2016) consideram que a parte mais difícil do processo da pesquisa qualitativa não é nem a discussão teórica para definir a metodologia da investigação, nem a condução da coleta de dados, mas a análise dos dados após terem sido coletados. Na mesma direção, Patton (2015, p. 523, tradução nossa) dá uma dica:

> **Agende um tempo intenso e dedicado para a análise**: a análise qualitativa requer imersão nos dados. Toma tempo. Arrume tempo. Defina um cronograma realista. Consiga o apoio de familiares, amigos e colegas para ajudá-lo a se manter focado e dedique à análise o tempo que ela merece.

No caso de abordagens quantitativas, a análise não é mais simples ou trivial do que os passos anteriores do ciclo da pesquisa, como ficará claro durante a leitura deste capítulo.

Lune e Berg (2017), por sua vez, consideram que a análise de dados é uma das partes mais criativas do processo de pesquisa. Na mesma perspectiva, Patton (2015) caracteriza a análise qualitativa como uma combinação entre ciência e arte, o que vale também para a discussão e interpretação dos resultados de pesquisas quantitativas ou abordagens de métodos mistos. Enquanto o componente científico da análise exigiria "[...] trabalho intelectual sistemático e disciplinado, atenção rigorosa aos detalhes em um contexto holístico e uma perspectiva crítica no questionamento dos padrões emergentes [...]" (PATTON, 2015, p. 631, tradução nossa), o componente artístico envolveria exploração, riscos, metáforas e imaginação. A análise, portanto, possibilitaria a combinação entre o pensamento crítico e a criatividade a partir da interação entre o pesquisador e os dados. Por isso, um processo abstrato de análise não poderia substituir completamente os conhecimentos, a experiência, as habilidades e a criatividade do pesquisador. Para transformar dados em achados, não haveria, então, uma fórmula ou receita pronta.

Para ilustrar a função da análise dos dados, Patton (2015) desenvolve a interessante metáfora de distinguir sinais de ruídos quando tentamos localizar o sinal de uma estação de rádio. Os dados brutos seriam os ruídos, que a análise tentaria detectar e aos quais procuraria dar sentido e interpretar, transformando-os em sinais. "Mas os sinais não são constantes ou estáticos. Eles variam com o contexto e mudam com o tempo. Portanto, a busca para distinguir o sinal do ruído é contínua." (PATTON, 2015, p. 522, tradução nossa).

Esse processo de dar sentido aos dados envolve diversos subprocessos: organizar e apresentar os dados; analisá-los; discutir e interpretar os resultados, relacionando-os à revisão da literatura, ao referencial teórico e às questões e/ou hipóteses da pesquisa; e apresentar as descobertas ou conclusões do estudo. Este capítulo cobre esses passos principais e outros auxiliares.

Mas não se estabelece, necessariamente, um movimento linear, que parta da análise dos dados para chegar à conclusão da pesquisa. Ao contrário, a análise de dados, especialmente no caso de pesquisas qualitativas, é um procedimento complexo, em que o pesquisador assume a função de detetive, envolvendo movimentos recursivos e dinâmicos, microscópicos e telescópicos, para frente e para trás, circulares (COHEN; MANION; MORRISON, 2018; CRESWELL; POTH, 2018; KOZINETS, 2020; MERRIAM; TISDELL, 2016). Há diferentes maneiras de conduzir análises de dados, que podem, por consequência, resultar em múltiplas interpretações (COHEN; MANION; MORRISON, 2018).

Bogdan e Biklen (2007, p. 159, tradução nossa) diferenciam a análise da interpretação, especificamente na pesquisa qualitativa, da seguinte maneira:

> Com *análise de dados*, queremos dizer o processo de pesquisar e organizar sistematicamente as transcrições das entrevistas, notas de campo e outros materiais que você acumula para possibilitar que faça descobertas. A **interpretação** dos dados refere-se ao desenvolvimento de ideias sobre suas descobertas e a relaciona-las à literatura e a questões e conceitos mais amplos. A **análise** envolve trabalhar com os dados, organizá-los, dividi-los em unidades gerenciáveis, codificá-los, sintetizá-los e buscar padrões. A interpretação envolve explicar e enquadrar suas ideias em relação à teoria, a outros estudos e à ação, bem como mostrar por que suas descobertas são importantes e torná-las compreensíveis.

No mesmo sentido, para Kozinets (2020), a análise dividiria processos complexos em processos independentes e nos elementos que os constituem, para, então, especificar suas relações. A interpretação, de outro lado, reconectaria esses elementos, concebendo-os novamente como um todo, agora reconstruído. Assim, enquanto a análise estaria vinculada à ideia de partes, a interpretação estaria vinculada à ideia de um todo, a uma síntese que pressupõe classificação, associação, avaliação e integração por diversas orientações, como: pela conexão dos dados aos resultados da revisão de literatura e ao referencial teórico, pelas respostas às questões da pesquisa ou pelo teste das hipóteses e/ou pela perspectiva de disciplinas específicas. "A interpretação é o processo de dar sentido e descobrir significados em dados coletados e analisados." (KOZINETS, 2020, p. 359, tradução nossa). Haveria, então, um caminho em direção à abstração, da análise para a interpretação, uma mudança de ênfase, "[...] da identificação de padrões nos dados para a tentativa de encontrar significados nos padrões" (KOZINETS, 2020, p. 359, tradução nossa). Enquanto a análise envolveria a transformação dos dados, a interpretação os transcenderia, por meio da conexão holística de conceitos, procurando:

> [...] conectar esses todos conceituais, tanto com os contextos dos quais foram retirados no ato da coleta de dados, quanto com os sistemas de significado institucionalizados que lhes dão sentido, com as pessoas que vivem com eles e com aqueles que procuram compreendê-los. (KOZINETS, 2020, p. 312, tradução nossa).

É importante reforçar que as atividades de análise e intepretação já podem começar na fase da coleta de dados, ou seja, os processos não devem, necessariamente, ser considerados sequenciais, podendo ser conduzidos simultaneamente. Além disso, tabelas e ilustrações, como gráficos e fluxogramas, podem ser utilizadas em todas essas etapas, tanto para ajudar na organização e análise dos dados e na interpretação dos resultados, quanto na apresentação dos achados para o leitor (BOGDAN; BIKLEN, 2007; MERRIAM; TISDELL, 2016).

Pelas características específicas das análises qualitativas e quantitativas, dividimos inicialmente este capítulo em duas partes. No final do capítulo, entretanto, quando explorarmos o processo de discussão e interpretação dos dados, essas duas abordagens voltam a se encontrar, inclusive para concluir com uma breve reflexão sobre as abordagens de métodos mistos.

7.1. ANÁLISE DE DADOS EM PESQUISAS QUALITATIVAS

A partir do momento em que os dados qualitativos tenham sido coletados, utilizando as estratégias e os instrumentos discutidos no capítulo anterior, devem ser preparados e organizados para sua gestão e análise, e mesmo para sua apresentação inicial ao leitor. A preparação pode implicar, por exemplo, no caso de entrevistas, a transcrição do áudio. Já um dos primeiros passos da organização dos dados é, normalmente, sua tabulação. Apesar do nome, não abrange apenas o uso de tabelas, mas, muitas vezes, de quadros, recursos que serão explorados no capítulo seguinte. A tabulação pode incluir os dados brutos, no formato como foram coletados, ou um primeiro movimento de organização e análise já pode guiar o procedimento, podendo envolver, inclusive, comentários iniciais do pesquisador. O importante é que, tanto para o pesquisador quanto para o leitor, os dados e as relações entre eles estejam bem visualizados em tabelas e quadros.

É também interessante "brincar" um pouco com os dados, inclusive em formatos alternativos de visualização, além de tabelas e quadros, como, por exemplo, gráficos e fluxogramas (que também serão explorados no capítulo seguinte), tanto para enxergá-los por perspectivas distintas e compreendê-los melhor, quanto para ensaiar formas diversas de apresentá-los ao leitor. Cohen, Manion e Morrison (2018) e Patton (2015) propõem, inclusive, que, antes da análise e da interpretação propriamente ditas, os dados sejam descritos e apresentados. Além disso, uma boa dica é deixar os dados temporariamente de lado, antes de começar sua análise e interpretação.

Em relação à análise propriamente dita, em primeiro lugar é importante reconhecer que as metodologias definidas para a pesquisa acabam determinando, ao menos parcialmente, o tipo de análise que será empregado. Creswell e Poth (2018), por exemplo, afirmam que a teoria fundamentada e a fenomenologia envolvem procedimentos de análise mais detalhados e desenvolvidos; a etnografia e o estudo de caso, procedimentos mais comuns; e a pesquisa narrativa, um procedimento menos estruturado. Existem, de qualquer maneira, diversas técnicas e estratégias que podem ser empregadas para analisar dados em pesquisas com abordagens qualitativas.

Uma técnica desenvolvida por Glasser e Strauss (2006) para a metodologia da teoria fundamentada, mas aplicada hoje a outros tipos de pesquisa qualitativa, é o método de comparação constante. A estratégia parte de um incidente específico (de notas de campo, entrevistas ou um documento), compara-o com outro incidente (no mesmo conjunto de dados ou outro conjunto), gerando categorias provisórias, que são, então, comparadas entre si e com outras instâncias até a formulação de uma teoria (MERRIAM; TISDELL, 2016). Apesar de ser largamente empregada em pesquisas em outras línguas, especialmente o inglês, a técnica é ainda pouco explorada nas pesquisas no Brasil.

Além disso, as imagens, fixas e em movimento, adquiriam grande importância em nossas vidas cotidianas e, por consequência, em pesquisas. Cohen, Manion e Morrison (2018) consideram as mídias visuais uma forma de discurso, que pode ser analisado por ferramentas como análise de conteúdo (qualitativa e quantitativa), análise do discurso e teoria fundamentada. Como já comentamos, pesquisas baseadas em elementos visuais e artes vêm desempenhando um papel importante, inclusive na área de educação. Assim, da mesma forma que podem caracterizar uma metodologia específica, imagens demandam técnicas específicas de análise, que já vêm sendo desenvolvidas por diversos teóricos e pesquisadores. A utilização de imagens na análise será discutida no próximo capítulo.

Optamos, neste livro, por explorar em detalhes três das técnicas de análise mais utilizadas nas pesquisas em educação: codificação e categorização, que servem como princípio geral para vários tipos de análise; análise de conteúdo, largamente utilizada no Brasil não apenas em educação, mas nas ciências sociais e humanas em geral; e análise do discurso, que vem sendo cada vez mais utilizada em pesquisas fundamentadas na teoria crítica. Esta seção ainda discute questões relativas à validade e credibilidade da análise.

7.1.1. Codificação e categorização

Esta seção está baseada no livro de Saldaña (2016), *The coding manual for qualitative researchers*, uma referência internacional para os processos de codificação e categorização em abordagens qualitativas. Como exemplos que utilizaram a metodologia proposta pelo autor, serão mencionados, em alguns momentos desta seção: o artigo de Mattar *et al.* (2020), uma revisão de literatura que propõe um modelo para as competências e funções dos tutores on-line em educação a distância; e a dissertação de Cuque (2020), uma pesquisa de campo sobre as contribuições do design thinking para o desenvolvimento de competências dos profissionais do século XXI. A exemplificação das estratégias de análise propostas por Saldaña (2016) nesta seção é, portanto, desigual, já que apenas algumas foram utilizadas nesses estudos. Fica, então, o convite para a consulta e leitura do seu livro, que apresenta uma introdução, fontes, descrição, aplicações, exemplos, análise e notas para todas as estratégias.

Ao fazer uma pesquisa qualitativa, é muito provável que você realize algum procedimento de codificação ou categorização. Entretanto, Saldaña (2016) chama a atenção para o fato de que a codificação é apenas uma maneira de analisar dados qualitativos, não a única. Nesse sentido, pode ser mais adequada para alguns tipos de pesquisa, e menos adequada para outros.

Assim como afirmamos que as atividades de análise podem começar já na fase da coleta de dados, podemos também começar a codificar à medida que coletamos os dados, não apenas depois que o trabalho de campo tiver sido concluído. É possível pré-codificar manualmente, por exemplo, circulando, sublinhando, destacando ou colorindo passagens ricas e significativas que nos chamem a atenção. Digitalmente, diversos recursos de processadores de texto e planilhas podem ser utilizados, como negrito, itálico, sublinhado, realce, cores, comentários e controle de alterações.

Mas, como já vimos, há softwares específicos, voltados para a análise de dados qualitativos, denominados CAQDAS. Dentre os mais utilizados, inclusive em educação, merecem ser citados: NVivo (qsrinternational.com), do qual apresentaremos algumas telas; Atlas.ti (atlasti.com), utilizado em alguns artigos que serão analisados neste capítulo; e MAXQDA (maxqda.com), utilizado no artigo de Mattar *et al.* (2020). Para revisões de literatura que incluam várias fontes, entrevistas com diversos participantes ou pesquisas que envolvam muitas anotações de campo, esses softwares podem se constituir em importantes ferramentas de apoio à análise. Uma vantagem desses programas é que você pode definir uma lista de códigos e passar a manuseá-la com muita facilidade. Outra vantagem é sua capacidade de busca e exibição rápida dos códigos e respectivos dados codificados, o que contribui para o exercício de comparações e análises. Os CAQDAS incluem ainda recursos estatísticos diversos, como a contagem da frequência de palavras e de códigos. Esses softwares também permitem a inserção de notas e comentários (*memos*, nas palavras de Saldaña), o que possibilita que o pesquisador vá registrando suas reflexões e seus insights paralelamente ao processo de codificação, os quais, posteriormente, também podem ser codificados e categorizados. E cabe lembrar que o processo de análise é contínuo: muitas vezes, é necessário recodificar e recategorizar, tarefas muito simples de realizar com esses programas. Saldaña (2016) destaca, ainda. a importância de se codificar de forma colaborativa, sendo que os CAQDAS incluem medidas como coeficiente kappa e r de Pearson para determinar o percentual de acordo entre os codificadores.

Uma importante distinção traçada por Saldaña (2016) é que códigos e categorias são componentes distintos do processo de análise de dados. Os códigos qualitativos são elementos que, agrupados de acordo com similaridades, regularidade e padrões, facilitam a elaboração de categorias e a análise de suas relações. Caminharíamos, portanto, de dados em direção a códigos, categorias, relações, temas, conceitos, proposições e teorias, ou seja, do real e particular para o abstrato e geral.

Saldaña (2016) propõe um modelo teórico com 33 estratégias para a codificação e categorização de dados, divididas em dois ciclos e agrupadas em seis tipos de métodos, representado no Quadro 18.

Quadro 18 — Métodos para codificação

MÉTODOS DE CODIFICAÇÃO DE PRIMEIRO CICLO

Métodos Gramaticais
Codificação por Atributos
Codificação por Magnitude
Subcodificação
Codificação Simultânea

Métodos Literários e de Linguagem
Codificação Dramatúrgica
Codificação por Motivos
Codificação Narrativa
Codificação por Trocas Verbais

Métodos Elementares
Codificação Estrutural
Codificação Descritiva
Codificação In Vivo
Codificação de Processos
Codificação Inicial
Codificação por Conceitos

Métodos Exploratórios
Codificação Holística
Codificação Provisória
Codificação por Hipóteses

Métodos Procedimentais
Codificação por Protocolos
Codificação por Esboço de Materiais Culturais
Codificação por Domínios e Taxonomias
Codificação por Causalidade

Métodos Afetivos
Codificação por Emoções
Codificação por Valores
Codificação Versus
Codificação de Avaliação

Tematizar os Dados

MÉTODO DE CODIFICAÇÃO DO PRIMEIRO PARA O SEGUNDO CICLO
Codificação Eclética

MÉTODOS DE CODIFICAÇÃO DE SEGUNDO CICLO
Codificação por Padrão
Codificação por Foco
Codificação Axial
Codificação Teórica
Codificação Elaborativa
Codificação Longitudinal

Fonte: Saldaña (2016, p. 68, tradução nossa).

Os métodos de codificação de primeiro ciclo incluem um conjunto de estratégias das quais um pesquisador qualitativo tenderia a escolher ao menos uma, caso sua pesquisa envolvesse os processos de codificação e categorização de dados. Incluem os seguintes métodos, apresentados nos próximos parágrafos: gramaticais, elementares, básicos, literários e de linguagem, exploratórios e procedimentais.

O que Saldaña (2016) chama de métodos gramaticais, apesar da nomenclatura, não se refere à gramática da língua, mas aos princípios básicos da técnica de codificação. Pode-se considerar que representam uma fase de pré-codificação, organização dos dados e definição das regras e da metodologia do processo de codificação. Incluem: codificação por atributos, codificação por magnitude, subcodificação e codificação simultânea.

A **codificação por atributos** serve para registrar informações sobre os dados (com a função de metadados) e características demográficas dos participantes. Envolve a indicação, geralmente no início de um conjunto de dados, de informações descritivas básicas, tais como: o formato dos dados (como a transcrição de entrevistas ou notas de campo), informações temporais (como a data e/ou o horário da coleta), a configuração do trabalho de campo (como o nome da escola e/ou a localização) e as características dos participantes ou dados demográficos (como idade e gênero). Nesse sentido, praticamente todas as pesquisas tendem a empregar alguma forma de codificação por atributos.

Os CAQDAS podem manter e vincular códigos de atributos (propriedades ou valores) a dados, facilitando ao pesquisador a análise de dados codificados, por exemplo, em relação a variáveis demográficas.

Já a **codificação por magnitude** consiste em adicionar um código ou subcódigo alfanumérico ou simbólico suplementar aos dados, com o objetivo de indicar, por exemplo, sua intensidade ou frequência. Esses códigos, portanto, adicionam dimensões adjetivas ou estatísticas a dados qualitativos. A codificação por magnitude é apropriada para estudos qualitativos descritivos que incluam informações estatísticas básicas, como frequências ou porcentagens, e para estudos qualitativos em educação que utilizem medidas quantitativas como evidências de resultados. Meta-análises, metassumarizações e metassínteses qualitativas, por sua vez, podem empregar a codificação por magnitude para comparar os efeitos do tratamento ou o impacto das descobertas em diferentes estudos.

Os CAQDAS, e mesmo softwares como o Microsoft Excel, podem gerar estatísticas a partir de códigos de magnitude. O Microsoft Excel inclui, por exemplo, funções de cálculo para estatísticas descritivas e inferenciais, como média, teste t e qui-quadrado. Outros softwares específicos para o apoio à análise estatística também podem ser utilizados para a análise desses códigos.

A **subcodificação**, por sua vez, atribui subcódigos a um código primário para detalhar ou enriquecer a informação. Esses subcódigos podem ser criados depois de uma primeira codificação mais geral e ampla. Exemplo: Ensino — Presencial, Ensino — a Distância e Ensino — Blended.

Por fim, a **codificação simultânea** ocorre quando dois ou mais códigos são aplicados a um mesmo dado. Os CAQDAS podem aplicar vários códigos à mesma passagem, sendo possível, posteriormente, visualizar as associações.

O segundo grupo de estratégias de primeiro ciclo, denominado de métodos elementares, inclui abordagens básicas para a codificação: codificação estrutural, codificação descritiva, codificação *in vivo*, codificação de processos, codificação inicial e codificação por conceitos.

A **codificação estrutural** é guiada pelas questões da pesquisa. Os dados são codificados, portanto, quando trazem algum tipo de contribuição para responder a cada questão proposta na pesquisa.

Já a **codificação descritiva** atribui rótulos (palavras ou frases — em geral um substantivo) aos dados, diferenciando-os, assim, por tópicos. O uso de *hashtags* nas redes sociais seria uma forma de codificação descritiva. É um método adequado para quem está aprendendo a codificar.

A **codificação *in vivo*** transforma a linguagem viva utilizada pelos próprios participantes da pesquisa em códigos. Nos CAQDAS, basta selecionar uma palavra ou frase curta, a qual, com um clique, pode ser transformada em um código. Segundo Saldaña (2016, p. 106, tradução nossa),

> a codificação *in vivo* é particularmente útil em etnografias educacionais com jovens. As vozes da criança e do adolescente são frequentemente marginalizadas, e codificar com suas próprias palavras amplia e aprofunda a compreensão de um adulto sobre suas culturas e visões de mundo.

No mesmo sentido, é também adequada para a pesquisa-ação, por utilizar termos e conceitos retirados da prática dos próprios participantes, facilitando, assim, a compreensão dos significados envolvidos na sua experiência.

A revisão de literatura conduzida por Mattar *et al.* (2020) utilizou a codificação *in vivo* para ampliar a lista inicial de códigos propostos para a análise das competências e funções dos tutores em educação a distância, incorporando à lista as próprias palavras ou expressões utilizadas nos textos incluídos na revisão, tais como: polidocência, competências pedagógicas e competências socioafetivas.

A **codificação de processos** usa gerúndios como códigos para identificar ação contínua nos dados. Nesse sentido, é particularmente apropriada para pesquisas que focam em rotinas e interações. Os CAQDAS, por exemplo, permitem que você reconstitua uma trilha do processo do participante no conjunto dos dados.

A **codificação inicial** é um método aberto para uma primeira divisão dos dados, podendo incorporar outros métodos, como codificação *in vivo* e de processos. Enquanto a codificação estrutural é baseada nas questões da pesquisa e a codificação descritiva é baseada em tópicos, temos aqui uma tentativa inicial de categorizar. Os códigos propostos neste momento, entretanto, são emergentes e provisórios, podendo ser reformulados conforme a análise avança. Nesse sentido, a lista de códigos deve ser frequentemente revisitada, tarefa facilitada com o uso de softwares.

É importante notar que a codificação *in vivo*, a codificação de processos e a codificação inicial são métodos básicos para a metodologia da teoria fundamentada.

Por fim, a **codificação por conceitos**, também denominada codificação analítica, procura captar uma ideia geral sugerida pelos dados. O nível de significado abarcado pelo código é mais intermediário ou macro, com um sentido mais abstrato ou analítico, abrindo o caminho para o desenvolvimento de teorias. Por isso, tende a ser aplicada a agrupamentos maiores de dados. É possível, por exemplo, combinar dois ou mais códigos criados por outros métodos em um conceito mais rico e amplo, mesmo quando esses códigos são contraditórios ou apresentam oposição.

O terceiro conjunto de estratégias de codificação, denominado métodos afetivos, investiga as emoções, os valores, os conflitos, os julgamentos e outras qualidades subjetivas da experiência dos participantes, essenciais nas interações humana. Seriam, por consequência, adequados para análises de sentimentos, opiniões subjetivas e atitudes. Incluem as seguintes estratégias: codificação por emoções, codificação por valores, codificação *versus* e codificação de avaliação. Segundo Saldaña (2016, p. 124, tradução nossa), "a *codificação por emoções* e a *codificação por valores* exploram os sistemas cognitivos internos dos participantes".

A **codificação por emoções** rotula os sentimentos e as emoções lembrados e/ou vivenciados pelos participantes, ou mesmo inferidos pelo pesquisador. Tende a ser usada com outros tipos de codificação, como a subcodificação, a codificação por magnitude, a codificação simultânea, a codificação *versus* e a codificação por valores. Os CAQDAS permitem que você trace o fluxo emocional do participante, simbolizando as emoções inclusive por *emoticodes*, representações visuais populares das emoções em forma de ícones.

Já a **codificação por valores** avalia o sistema integrado de valores, atitudes e crenças de um participante, ou seja, sua visão de mundo. É importante notar que os valores, as atitudes e as crenças dos seres humanos são pontuais, ou seja, esse sistema tende a se modificar com o tempo, demandando, portanto, estratégias de codificação longitudinais.

A **codificação *versus*** explora, em termos binários, os conflitos entre os seres humanos, identificando, por consequência, relações e lutas pelo poder. Esse tipo de codificação é adequado, por exemplo, para pesquisas que utilizem teorias de poder como fundamentação teórica, como as desenvolvidas pelo filósofo francês Michel Foucault. Saldaña (2016) menciona a teoria da mudança social do dramaturgo brasileiro Augusto Boal (1931-2009), que concebeu o teatro como instrumento político de transformação (augustoboal.com.br). Os CAQDAS podem também ajudar na visualização desses momentos de conflito e contradição nos dados.

A codificação *versus* é adequada também para pesquisas de avaliação, inclusive de cursos, e, por consequência, para as pesquisas em educação, de uma forma geral. No estudo de Cuque (2020), por exemplo, os entrevistados foram convidados a comparar programas de treinamento que tivessem utilizado metodologias de ensino tradicionais e design thinking.

Por fim, a **codificação por avaliação** procura identificar o julgamento do mérito, do valor ou da importância de programas, políticas, organizações e mesmo de indivíduos. Esses julgamentos podem envolver descrições de qualidade, comparações com padrões ideais e recomendações para mudanças. Portanto, também é uma estratégia útil para as pesquisas em educação.

O estudo de Cuque (2020) também utilizou esse tipo de codificação para analisar os discursos avaliativos dos entrevistados sobre o design thinking. Passagens de falas de dois entrevistados que denotam avaliação são reproduzidas a seguir: "[...] o design thinking é um jeito diferente de resolver o problema [...]" (CUQUE, 2020, p. 102) e "o design thinking é uma abordagem que vai fazer isso, vai permitir que a empresa esteja no mercado, que cresça, que atenda às novas tecnologias [...]" (CUQUE, 2020, p. 103).

Os métodos literários e de linguagem aproveitam-se de abordagens estabelecidas específicas para a análise da literatura e da comunicação. Incluem as seguintes estratégias: codificação dramatúrgica, codificação por motivos, codificação narrativa e codificação por trocas verbais.

A **codificação dramatúrgica** analisa os dados como uma peça de teatro e seus participantes como personagens de dramas sociais. Cuque (2020) utilizou essa estratégia para analisar as histórias contadas pelos entrevistados. Trechos selecionados das entrevistas foram codificados considerando os termos e convenções relativos a personagens indicados por Saldaña (2016): a) objetivos (OBJ), b) conflitos e obstáculos (CON), c) táticas e estratégias (TAC), d) atitudes (ATT), e) emoções (EMO) e f) subtextos (SUB). Procurou-se, ainda, identificar um tema central nos trechos selecionados. O site do livro apresenta passagens codificadas e tematizadas da fala de uma entrevistada.

A **codificação por motivos**, por sua vez, utiliza elementos simbólicos da literatura popular, como contos, mitos e lendas. Saldaña (2016) menciona várias referências que podem fundamentar esse tipo de codificação: os estudos sobre a narrativa de Jerome Bruner; a jornada do herói de Joseph Campbell; a psicologia analítica de Carl Jung, que explora arquétipos, sonhos e símbolos; os escritos sobre folclore de Stith Thompson; e as pesquisas sobre contos de fadas de Bruno Bettelheim.

Já a **codificação narrativa** adota a perspectiva da teoria literária para analisar os dados como histórias em que os participantes estão envolvidos. São levados em consideração, na análise, os seguintes aspectos: tipo da história, forma, gênero, espaço, tempo, enredo, ponto de vista da narrativa, personagens e outros elementos literários.

Por fim, a **codificação por trocas verbais** utiliza a teoria da análise do discurso. Saldaña (2016) menciona os estudos etnográficos narrativos e de comunicação do norte-americano Harold Lloyd Goodall Jr.

Os métodos exploratórios correspondem a tentativas iniciais e emergentes de codificação utilizando rótulos provisórios, após as quais podem se utilizar métodos mais específicos de primeiro ou segundo ciclo. Incluem: codificação holística, codificação provisória e codificação por hipóteses.

A **codificação holística** aplica um código único a grande parte do material que está sendo analisado, podendo cobrir desde meia página até um estudo completo.

Já a **codificação provisória** começa com uma lista prévia de códigos, produzida pelo pesquisador, que pode ser gerada por revisões da literatura e resultados de pesquisas anteriores, a estrutura conceitual e as questões da pesquisa, um estudo-piloto, o conhecimento e as experiências anteriores do pesquisador e hipóteses (SALDAÑA, 2016). Conforme a coleta e a análise progridem, esses códigos "[...] podem ser revisados, modificados, excluídos ou ampliados para incluir novos códigos" (SALDAÑA, 2016, p. 168, tradução nossa), o que pode ser realizado com facilidade nos CAQDAS.

Na revisão de literatura conduzida por Mattar *et al.* (2020), os códigos iniciais para as competências e funções dos tutores basearam-se em categorias propostas por estudos anteriores. O site do livro apresenta um "Livro de códigos" gerado pelo software MAXQDA com a lista inicial de códigos utilizados para a análise. Entretanto, a leitura dos textos incluídos na revisão de literatura e as tentativas de codificá-los acabou provocando a ampliação dessa lista inicial:

> Durante as leituras dos 34 textos selecionados para a revisão de literatura, os códigos foram arrastados, no software MAXQDA, para as palavras ou passagens dos textos em que podiam representar seus sentidos. Entretanto, rapidamente se mostrou necessário incluir novos códigos no quadro, já que algumas passagens dos textos não se enquadravam em nenhum dos códigos inicialmente propostos. Foi então utilizada a estratégia de codificação *in vivo* (SALDAÑA, 2016), um procedimento respaldado na *grounded* theory (ou teoria fundamentada), em que palavras ou expressões encontradas nos próprios textos são transformadas em códigos. (MATTAR *et al.*, 2020, p. 6).

Cuque (2020) também utilizou uma codificação provisória, em função de revisões da literatura realizadas, da estrutura conceitual do estudo, de suas questões e hipóteses de pesquisa, e do conhecimento e da experiência anterior da pesquisadora. Foram inicialmente consideradas para codificação as seguintes competências relacionadas ao profissional do século XXI e ao design thinking: colaboração, comunicação, criatividade, empatia, inovação e pensamento crítico. Entretanto, nas entrevistas, os entrevistados mencionaram 40 competências adicionais, dentre as quais foram mais frequentemente mencionadas: *open mind*/não julgar/evitar travas mentais; ter flexibilidade/ser multitarefada/multifuncional; comprometimento/responsabilidade/*accountability*; relacionamento interpessoal; e capacidade de arriscar/assumir risco.

Por fim, na **codificação por hipóteses**, o pesquisador gera uma lista de códigos para testar hipóteses elaboradas por ele a partir de teorias que poderiam explicar o comportamento dos dados. A análise pode confirmar ou negar as hipóteses, o que tende a levar ao refinamento do próprio sistema de codificação, tarefa que, novamente, pode ter o apoio de CAQDAS ou mesmo de softwares como o Microsoft Excel. Saldaña (2016) afirma que a codificação de hipóteses é, em geral, aplicada à análise de conteúdo.

Cuque (2020) utilizou também a codificação por hipóteses, procurando traçar um comparativo entre as três hipóteses previamente elaboradas pela autora e os relatos dos entrevistados. A codificação permitiu fundamentar a confirmação das três hipóteses, apesar de os entrevistados terem indicado diversas competências adicionais à lista inicialmente proposta pela pesquisadora.

O último conjunto de estratégias de primeiro ciclo recebe a denominação de métodos procedimentais, que utilizam sistemas de codificação pré-estabelecidos ou formas específicas e prescritivas para analisar dados qualitativos. Incluem: codificação por protocolo, codificação pelo Índice de Materiais Culturais, codificação por domínios e taxonomias e codificação por causas.

A **codificação por protocolo** segue sistemas pré-estabelecidos e padronizados de codificação, com procedimentos específicos prescritos, desenvolvidos por outros pesquisadores.

Como as listas de códigos podem ser importadas e exportadas de e para diversos projetos e usuários, os CAQDAS também facilitam esse tipo de codificação. Na pesquisa em educação, por exemplo, foram desenvolvidos diversos protocolos para a observação, o registro e a codificação do comportamento de crianças.

Já a **Codificação pelo Índice de Materiais Culturais** utiliza um extenso sistema de classificação etnográfica denominado Outline of Cultural Materials (COM), desenvolvido por cientistas sociais na Universidade de Yale (hraf.yale.edu/resources/reference/outline-of-cultural-materials/). O OCM faz parte dos Human Relations Area Files (hraf.yale.edu/), que contêm informações culturais para a educação e a pesquisa. Outros índices voltados especificamente para a área de educação poderiam também ser incorporados ao processo de codificação.

A **codificação por domínios e taxonomias** utiliza métodos culturais e etnográficos desenvolvidos pelo antropólogo norte-americano James Spradley.

Por fim, a **codificação por causalidade** procura compreender como as pessoas estabelecem relações lógicas de causa e efeito, ou mesmo a razão ou o propósito de algo que tenha ocorrido.

Ao final dos métodos de codificação de primeiro ciclo, Saldaña (2016) indica a possibilidade de elaborar códigos mais amplos, em forma de frases ou temas, para ampliar a compreensão sobre os significados compartilhados pelos participantes da pesquisa, o que ele chama de tematização dos dados.

Na transição entre o primeiro e o segundo ciclos de métodos de codificação, Saldaña (2016) propõe, ainda, que os códigos iniciais sejam reanalisados e eles próprios codificados, que categorias e modelos comecem a ser construídos e que os dados sejam reorganizados para melhor direcionar o estudo. Nesse sentido, ele propõe uma **codificação eclética**, que combine as estratégias já apresentadas, ressaltando que a codificação não é uma ciência exata, mas um exercício interpretativo. Nesse momento, podem ser utilizados quadros, tabelas, diagramas, nuvens de palavras e mapas mentais, dentre outros recursos, com o apoio de softwares diversos, para visualizar melhor os códigos e as categorias emergentes. Em muitas pesquisas, esses procedimentos serão suficientes, não sendo necessário utilizar nenhum dos métodos de codificação de segundo ciclo.

Quando necessários, os métodos de codificação de segundo ciclo contribuem para desenvolver categorias, temas, conceitos e/ou teorias a partir da reorganização e reconfiguração dos códigos de primeiro ciclo e os dados a eles associados. Esses métodos incluem: codificação por padrão, codificação por foco, codificação axial, codificação teórica, codificação elaborativa e codificação longitudinal, apresentados a seguir.

A **codificação por padrão** desenvolve metacódigos — rótulos que agrupam categorias, temas ou conceitos que foram codificados de forma semelhante. Esses códigos não só organizam os dados, mas procuram também atribuir significado a essa organização.

A **codificação por foco** identifica os códigos mais frequentes ou significativos para a elaboração de categorias com base em semelhança temática ou conceitual.

Já a **codificação axial** descreve as propriedades e as dimensões de uma categoria e as relações com suas subcategorias.

A **codificação teórica** procura descobrir a categoria central ou nuclear que identifique o tema principal da pesquisa, caminhando, assim, em direção a uma teoria. Um código teórico, uma palavra ou frase-chave funciona como um guarda-chuva que cobriria todos os outros códigos e categorias formulados na análise.

> Se Kathy Charmaz chama os códigos de "ossos" que formam o "esqueleto" de nossa análise, então pense na categoria central ou nuclear como a espinha desse esqueleto, a "espinha dorsal" que sustenta o corpus e o alinha. Strauss (1987) expande a metáfora observando que ciclos de codificação contínuos e detalhados eventualmente colocam "carne analítica nos ossos analíticos". (SALDAÑA, 2016, p. 250, tradução nossa).

Saldaña (2016), entretanto, chama a atenção para perspectivas pós-modernas que encaram de forma distinta a padronização dos dados, a codificação, a categorização, a tematização e a construção de teorias, preferindo abordagens mais problematizadoras e multidimensionais para a análise.

A **codificação por foco**, a codificação axial e a codificação teórica são os últimos passos para o desenvolvimento de uma teoria fundamentada, sendo os primeiros passos, como vimos, a codificação *in vivo*, a codificação de processos e a codificação inicial.

A **codificação elaborativa** baseia-se nos códigos, categorias e temas de um estudo anterior conduzido pelo próprio pesquisador, com o objetivo de aperfeiçoar os constructos teóricos já desenvolvidos. O segundo estudo desenvolve as principais descobertas teóricas do primeiro, podendo utilizar diferentes participantes, o que pode reforçar, modificar ou refutar as descobertas da pesquisa anterior (SALDAÑA, 2016).

Por fim, a **codificação longitudinal** acompanha processos de mudanças nos dados coletados e comparados ao longo do tempo. Narrativas ou histórias de vida são, naturalmente, metodologias adequadas para a utilização da codificação longitudinal.

Saldaña (2016, p. 276, tradução nossa) menciona, ainda, a técnica da tessitura da codificação (*codeweaving*): "[...] a integração efetiva de palavras-chave de códigos e frases no formato de narrativa para enxergar como as peças do quebra-cabeça se encaixam".

Uma das formas de avaliar se a codificação progrediu para categorias, temas, conceitos e mesmo uma teoria, seria o "teste do toque". Podemos tocar em uma mãe, mas não no conceito de maternidade, assim como podemos tocar na pintura de um artista, mas não no seu processo criativo: "Aquelas coisas que não podem ser literalmente tocadas são conceituais, fenomenológicas e processuais, e representam formas de abstração que, na maioria das vezes, sugerem pensamento de nível superior" (SALDAÑA, 2016, p. 276, tradução nossa). Esse seria um dos principais objetivos dos processos de codificação e categorização: caminhar do nível concreto e particular dos dados para um nível mais abstrato e geral.

7.1.2. Análise de conteúdo

Um dos métodos mais utilizados para a análise qualitativa de dados é a análise de conteúdo. Especialmente no Brasil, o livro de Bardin (2016) é uma considerado uma referência. Por isso, será a base para esta seção.

Segundo Bardin (2016), a análise de conteúdo desenvolveu-se inicialmente nos Estados Unidos, no começo do século passado, basicamente vinculada à imprensa e à propaganda. A partir da década de 1950, diversos campos do saber passam a contribuir com o método, como história, etnologia, psicanálise e psiquiatria, juntando-se ao jornalismo, à sociologia, à ciência política e à psicologia. Nos anos de 1960, a semiologia, a semiótica e a linguística também passam a dar suas contribuições, caracterizando-se, portanto, a análise de conteúdo como interdisciplinar. O desenvolvimento da informática também exerce forte influência sobre os estudos que utilizam o método. Bardin (2016) enxerga nesse desenvolvimento histórico da análise de conteúdo uma dialética metodológica entre, de um lado, a sistematização e o rigor da análise e, de outro lado, a criatividade e o brilhantismo da interpretação.

Patton (2015) nota que a expressão "análise de conteúdo" é utilizada com diferentes sentidos. Em um sentido mais restrito, pode se referir especificamente à contagem de palavras ou temas em textos. Em um sentido mais amplo, refere-se à análise de textos, como documentos ou transcrições de entrevistas. De maneira ainda mais geral, refere-se a toda tentativa de interpretar não apenas a textos, mas qualquer tipo de material qualitativo. Lune e Berg (2017), por sua vez, concebem a análise de conteúdo aplicada a diversas formas de comunicação humana, que podem incluir desde documentos escritos, fotografias, áudio, vídeos e filmes, até placas de carro, sinais de rua, grafite e nomes de avatares on-line.

Para Bardin (2016), a análise de conteúdo procura interpretar discursos, tanto a partir de seus significantes (como, por exemplo, no caso da análise lexical) quanto de seus significados (como, por exemplo, no caso da análise temática). Nesse sentido, pode utilizar diversas técnicas com diferentes objetivos, desde calcular frequências até extrair modelos teóricos desses discursos, em qualquer ato de comunicação:

> Sou investigador sociólogo e o meu trabalho visa determinar a influência cultural das comunicações de massa em nossa sociedade. Sou psicoterapeuta e gostaria de compreender o que as palavras dos meus "clientes" – os seus balbúcios, silêncios, repetições ou lapsos – são suscetíveis de revelar no seu rumo para a superação das suas angústias ou obsessões. Sou historiador e desejaria saber, baseando-me nas cartas enviadas à família antes da catástrofe, a razão pela qual determinado batalhão se deixou massacrar, durante a Primeira Guerra Mundial. Sou psicólogo e gostaria de analisar as entrevistas que efetuei com crianças de uma turma para avaliar o seu grau de adaptação. Estudo literatura, e ao debruçar-me sobre a obra de Baudelaire tento delinear, através de *Fleurs du Mal*, de poemas em prosa e notas íntimas encontradas, a estrutura temática do seu imaginário. Sou político e candidato desditoso, confio a um grupo de estudos a tarefa de desmontar a mecânica da propaganda do meu rival, de maneira que no futuro possa daí tirar partido. Sou publicista, e, pretendendo uma melhor adequação de determinada campanha ao seu fim, peço a um gabinete de estudos que realize uma análise comparativa de temas associados ao produto por altura das entrevistas de opinião e de temas utilizados na campanha atual. (BARDIN, 2016, p. 33).

Em todos esses exemplos, a análise de conteúdo seria um método adequado. O analista trabalha como um detetive ou arqueólogo, a partir de índices, indicadores e vestígios, para explorar as condições de produção (ou mesmo de recepção) dos textos e discursos: "o que *levou* a determinado enunciado?"; "quais as *consequências* que determinado enunciado vai provavelmente provocar?" (BARDIN, 2016, p. 45).

Da descrição ou enumeração das características do discurso (a superfície do texto), o procedimento da inferência deve conduzir à compreensão do contexto do seu uso, dos fatores que determinaram essas características e a interpretação de seus significados, estabelecendo uma correspondência entre as estruturas semânticas ou linguísticas dos enunciados e suas estruturas psicológicas ou sociológicas (BARDIN, 2016).

Como temos utilizado indiscriminadamente as palavras texto, discurso, mensagens e comunicações, é importante distinguir (ou mesmo aproximar) a análise de conteúdo da análise do discurso, que será discutida na seção seguinte. Quando concebida mais próxima da linguística, a análise do discurso estaria mais interessada na estrutura e nos elementos técnicos da língua, diferenciando-se, assim, de uma concepção mais ampla da análise de conteúdo que incorpora as perspectivas de disciplinas como a sociologia e a psicologia, particularmente a psicologia social. Mas é possível, também, conceber uma análise do discurso mais ampla, sendo, então, essas técnicas e estratégias de análise utilizadas de maneira bem próxima, de forma que não sejam claramente distinguíveis. Podemos ainda considerar, como o fazem Lune e Berg (2017, p. 181, tradução nossa), que "as técnicas de análise de conteúdo servem tanto como um método específico, quanto como a espinha dorsal da maioria das análises qualitativas".

Outra distinção é também importante. Ainda que o método da análise de conteúdo seja comumente utilizado para analisar documentos, é possível estabelecer uma distinção em relação à análise documental, baseada, em um sentido mais restrito, especificamente na classificação e indexação, que, por sua vez, corresponderiam apenas a algumas das técnicas utilizadas na análise de conteúdo voltada para a análise da expressão e do conteúdo de mensagens, e, de uma maneira mais ampla, de comunicações.

É importante também reconhecer que a análise de conteúdo pode adotar uma abordagem mais quantitativa, mais voltada à contagem da frequência da aparição de elementos nas mensagens, focando, assim, em significados mais manifestos e literais. Já de uma perspectiva mais qualitativa, como a temos considerado, seu foco é o conteúdo mais latente, levando em consideração o contexto, os emissores, os receptores e outros elementos da comunicação.

Um exemplo de quantificação da análise de conteúdo com base na contagem de frequência pode ser observado no trabalho de Ramos e Ribeiro (2018), cujo objetivo foi identificar indicativos de que o processo formativo desenvolvido na modalidade a distância contribuiu efetivamente com a atuação profissional de seus egressos. A pesquisa caracterizou-se por um levantamento de campo com abordagem quantitativa e qualitativa, com base na aplicação de um questionário on-line. Destaca-se a análise das 1.113 respostas abertas do questionário. A Tabela 8 apresenta os resultados que se pautaram na análise de conteúdo.

TABELA 8 — Referências codificadas nas subcategoria das contribuições do curso

Subcategorias	Referências
Aquisição de conhecimentos	211
Ampliação de conhecimentos	155
Reconhecimento da importância do CE	124
Aprimoramento da atuação na escola	102
Importância do CE e/ou participação na gestão da escola	96
Incentivo à gestão democrática	73
Preparo para participação	72
Atuação do CE	68
Atuação/Capacitação dos conselheiros	66
Participação em ações referentes ao CE na escola	58
Conhecimentos/aprimoramento da prática	56

Fonte: Ramos e Ribeiro (2018, p. 303).

Nesse exemplo, foi utilizado o software NVivo, que apoiou o processo de codificação de todos os dados qualitativos coletados. O uso desse software foi fundamental devido à grande quantidade de dados analisada. O site do livro apresenta exemplos de seu uso na pesquisa referida.

Todo processo de análise de conteúdo que inclui a codificação do material, seja com o apoio de um software ou realizado de forma mais manual, supõe fases. Bardin (2016) propõe que a análise de conteúdo seja dividida em três fases: pré-análise; exploração do material; e tratamento dos resultados, inferência e interpretação.

A **pré-análise** é a fase de organização. "Geralmente, esta primeira fase possui três missões: a escolha dos *documentos* a serem submetidos à análise, a formulação das *hipóteses* e dos *objetivos* e a elaboração de indicadores que fundamentem a interpretação final." (BARDIN, 2016, p. 124). A primeira atividade da pré-análise é denominada leitura flutuante, que envolve o contato inicial com o material, abrindo espaço para impressões e orientações. A escolha dos documentos, por sua vez, envolve a constituição de um corpus de análise a partir de diversas regras: exaustividade, representatividade, homogeneidade e pertinência. Ao final dessa fase, o material deve ser preparado para a análise.

A segunda fase, da **exploração do material**, envolve a aplicação sistemática das decisões tomadas na fase anterior. "Esta fase, longa e fastidiosa, consiste essencialmente em operações de codificação, decomposição ou enumeração, em função de regras previamente formuladas [...]" (BARDIN, 2016, p. 131).

Assim como em outros métodos de análise e interpretação de dados, especialmente no caso de abordagens qualitativas, a análise de conteúdo está fundamentada nos processos de codificação e categorização. O recorte do texto para a aplicação desses processos deve envolver a escolha das unidades de registro e de contexto. A unidade de registro "é a unidade de significação codificada e corresponde ao segmento de conteúdo considerado unidade de base, visando a categorização e a contagem frequencial" (BARDIN, 2016, p. 134). Pode corresponder a uma palavra ou frase, um documento, um acontecimento ou um tema. Já a unidade de contexto, segmento da mensagem cujas dimensões devem ser superiores às da unidade de registro, tem a função de contribuir para a compreensão da unidade de registro. Pode ser, por exemplo, a frase para uma palavra ou o parágrafo para um tema.

Segundo Bardin (2016), diversas regras de enumeração podem ser utilizadas nesta fase de exploração do material: presença/ausência, frequência, intensidade, direção, ordem e coocorrência. E a escolha das categorias deve ter as seguintes qualidades: exclusão mútua, homogeneidade, pertinência, objetividade/fidelidade e produtividade.

Por fim, a terceira fase, do **tratamento dos resultados**, por um procedimento de inferência, deve conduzir a análise da descrição (a enumeração das características do texto) à interpretação do conteúdo (o significado atribuído a essas características).

O site do livro ilustra os elementos o fluxo das três fases da análise de conteúdo propostas pela autora.

Mendes e Miskulin (2017) utilizaram minuciosamente essas três fases em uma pesquisa sobre a formação de professores de matemática em um curso de extensão na Universidade Federal de Lavras — UFLA. O fluxograma proposto por Bardin foi adaptado para a investigação, conforme ilustrado no site do livro.

Foi coletada uma diversidade de dados, incluindo registros orais (transcrições de entrevistas coletivas com os participantes e gravações de encontros presenciais) e escritos (fóruns de discussão no Moodle, registros reflexivos dos participantes, diário de campo da pesquisadora e atas dos encontros).

> Em nossa pesquisa tivemos várias mensagens que foram sendo geradas durante o processo: aquelas dos registros escritos e orais, das falas realizadas durante os encontros presenciais, as mensagens silenciosas que fomos percebendo inclusive nos fóruns de discussão e as gestuais que percebemos durante os encontros presenciais ou as entrevistas coletivas e que foram registradas no diário de campo da pesquisadora. (MENDES; MISKULIN, 2017, p. 1052).

A fase da pré-análise envolveu, incialmente, a leitura flutuante do material. A escolha dos documentos dentre aproximadamente mil páginas impressas e a constituição do corpus de análise obedeceram às regras propostas por Bardin: exaustividade, representatividade, homogeneidade e pertinência, devidamente descritas no artigo.

A fase da exploração do material envolveu o estabelecimento das unidades de registro (temas, que deram origem a eixos temáticos) e de contexto (os dois módulos do curso de extensão), além da utilização de diversos procedimentos de codificação. A análise foi toda feita artesanalmente, sem o uso de computadores. Foram calculadas, por exemplo, as recorrências dos instrumentos de coleta de dados utilizados, segundo os eixos temáticos.

Por fim, a fase do tratamento dos resultados, da inferência e da interpretação deu origem às categorias de análise, por meio da triangulação dos dados. Foram seguidos os princípios de categorização apresentados por Bardin: exclusão mútua, homogeneidade, pertinência, objetividade, fidelidade, fidedignidade e produtividade, todos, novamente, devidamente descritos no artigo. A interpretação dos dados fundamentou-se na teoria social da aprendizagem e no conceito de comunidades de prática, que compuseram o referencial teórico para a pesquisa. O estudo acabou identificando como os participantes negociavam significados durante o curso. O artigo de Mendes e Miskulin (2017) apresenta ainda vários quadros, figuras e uma tabela que ilustram, com muita riqueza, todo o processo de aplicação da análise de conteúdo a uma pesquisa em educação.

Silva Junior e Leão (2018), por sua vez, conduziram uma revisão sistemática de literatura sobre as teses brasileiras que abordam o uso da robótica educacional no ensino de ciências. O Atlas.ti foi utilizado como suporte para uma análise de conteúdo das teses, seguindo também estritamente as fases propostas por Bardin. O artigo apresenta diversas fotos de tela para ilustrar o uso do software durante a análise. Os autores concluem que o Atlas.ti é um recurso tecnológico adequado para cumprir as fases propostas por Bardin, tendo gerado uma redução substancial do trabalho manual e a otimização do tempo gasto com a codificação.

Depois de uma construção histórica e teórica em seu livro, Bardin (2016, p. 48) define da seguinte maneira a análise de conteúdo:

> Um conjunto de técnicas de análise das comunicações visando obter por procedimentos sistemáticos e objetivos de descrição do conteúdo das mensagens indicadores (quantitativos ou não) que permitam a inferência de conhecimentos relativos às condições de produção/recepção (variáveis inferidas) dessas mensagens.

Nesse sentido, além de codificação e categorização, técnicas fundamentais para o método, a autora apresenta algumas técnicas mais específicas:

a) análise de asserção avaliativa de Osgood, cuja finalidade é medir as atitudes do locutor em relação aos objetos de que ele fala;
b) análise da enunciação, que se baseia em uma concepção da comunicação como processo, desviando-se das estruturas e dos elementos formais;
c) análise proposicional do discurso, cujo objetivo é identificar "[...] como e por meio de que estrutura argumentativa se exprimem as questões e as ações dos agentes?" (BARDIN, 2016, p. 235);
d) análise de expressão, voltada ao significante e aos elementos formais;
e) análise das relações, incluindo análise de coocorrências e linguística estrutural.

Mesmo com o detalhamento dessas diversas técnicas e da apresentação de diversos exemplos (como horóscopo, teste de associação de palavras, respostas a questões abertas e entrevistas), Bardin (2016) defende uma análise de conteúdo aberta e emergente, em que nada está pronto, a não ser algumas regras gerais, e que precisa ser reinventada a cada momento, com exceção da análise de respostas a perguntas abertas de questionários, mais simples e rápida.

Vosgerau, Pocrifka e Simonian (2016) propuseram um modelo que associa as etapas da análise de conteúdo de Bardin aos ciclos de codificação de Saldaña com o apoio do software de análise de dados qualitativos Atlas.ti. Essa síntese entre a análise de conteúdo e a codificação em ciclos foi concebida com quatro passos: leitura flutuante, seleção de citações, elaboração de memórias analíticas (*memos*) e codificação em ciclos. Segundo os autores,

> o estudo revela que essa associação potencializa a criatividade metodológica dos pesquisadores e permite novas descobertas por meio da articulação das diferentes possibilidades de codificação, respondendo, com mais detalhes qualitativos, às questões de pesquisa. Além disso, destacamos que a aplicação dos indicadores sugeridos por Bardin nos dois ciclos de codificação propostos por Saldaña permite melhor sistematização do processo de codificação, diminuindo a subjetividade, devido às etapas e aos critérios claramente enunciados. (VOSGERAU; POCRIFKA; SIMONIAN, 2016, p. 93).

Essa proposta de análise foi aplicada na pesquisa de campo conduzida por Cubas, Vosgerau e Carvalho (2018), que procurou identificar os fatores associados ao acesso a serviços de saúde mental por parte de crianças e adolescentes com deficiência intelectual e/ou transtorno mental em situação de acolhimento institucional. O estudo concluiu que a associação entre a análise de conteúdo de Bardin e os ciclos de codificação de Saldaña possibilitou identificar fatores complementares àqueles já apontados na literatura em relação ao acesso aos serviços de saúde. Além disso, a utilização do Atlas.ti contribuiu com maior precisão, sistematização e riqueza para a aplicação da metodologia, tanto na abordagem qualitativa quanto quantitativa.

7.1.3. Análise do discurso

Da mesma forma que discurso é uma palavra polissêmica e imprecisa, análise do discurso é uma expressão guarda-chuva utilizada com significados distintos (COHEN; MANION; MORRISON, 2018), especialmente na teoria e prática da pesquisa. Além disso, por existirem diferentes tipos de análise do discurso e não haver, como no caso da análise de conteúdo, uma autora e um livro com orientações sistematizadas que sirvam de referência para as pesquisas em língua portuguesa, como é o caso de Bardin (2016), não chega a se configurar uma metodologia sistemática e uniforme de análise do discurso utilizada nas pesquisas em educação.

Já discutimos brevemente que, apesar dos esforços de diferenciação feitos por vários autores, pode haver pontos de intersecção entre o que se denomina análise de conteúdo e análise do discurso. Quando a análise de conteúdo é concebida em um sentido mais estrito de análise de textos, e a análise do discurso de uma maneira mais ampla, procurando relacionar os discursos a suas condições de produção e ao seu contexto social e político, diferenças entre as duas abordagens ficam claras. Da mesma forma, ficam claras diferenças quando concebemos a análise do discurso vinculada a procedimentos estritamente linguísticos, enquanto a análise de conteúdo é pensada de forma mais ampla, relacionando os textos (e mesmo os discursos) a suas condições de produção e ao seu contexto. Podem-se diferenciar também as duas abordagens no sentido de que a codificação e a categorização, essenciais na análise de conteúdo, não são tão importantes, ou podem nem mesmo ser utilizadas, na análise do discurso. Entretanto, em muitos casos, as concepções das duas estratégias se confundem em relação a esses e outros aspectos. Portanto, você precisa construir a sua concepção de análise de conteúdo ou de análise de discurso, se decidir utilizar uma dessas abordagens em sua pesquisa.

É importante ainda refletir que, apesar de ser menos comum o uso da análise do discurso em pesquisas em educação mais focadas em aspectos puramente linguísticos, cabe demarcar que o "puramente linguístico" não deve ser encarado como uma redução excessivamente simplificadora. A linguística, mesmo em suas vertentes mais voltadas ao estudo da língua, não é um campo de saber reduzido a análises desinteressadas de significantes. Ao contrário, suas metodologias e seus referenciais teóricos desenvolveram-se de tal maneira que é inclusive praticamente impossível caracterizar seu campo de estudo sem diferenciar diversas abordagens ricas e que utilizam técnicas específicas e distintas. Além disso, é natural, por exemplo, que se aplique a análise do discurso, em sua vertente mais voltada à linguística, a estudos sobre o ensino e a aprendizagem de línguas, literatura e assim por diante.

De qualquer maneira, talvez seja possível afirmar que a análise do discurso, mesmo em uma concepção mais redutora da linguística, nunca se resume ao estudo da língua retirada de seu contexto social. Assim, uma das funções da análise do discurso é justamente traçar relações entre os aspectos linguísticos do discurso, de um lado, e seu contexto histórico e cultural, suas condições de produção e suas conotações políticas e ideológicas, de outro lado, ou seja, o discurso entendido como prática social.

Por isso, naturalmente, desenvolveu-se uma vertente mais crítica da análise do discurso, que vem sendo cada vez mais utilizada nas pesquisas em educação. Essa vertente vai além do nível puramente linguístico, propondo-se a examinar o exercício do poder em diversos tipos discurso:

> A análise crítica do discurso, originada em grande parte da Escola de Frankfurt da teoria crítica [...], está ligada à crítica ideológica do poder e das relações de poder, interesses e suas operações, e tem uma agenda explícita de criticar as desigualdades, a discriminação e a dominação ideológica; busca transformar e emancipar a sociedade e seus membros e corrigir desequilíbrios ilegítimos de poder e influência nos relacionamentos. Interroga o poder ideológico, político, social e econômico e como é criado, alcançado, perpetuado e reproduzido por meio dos discursos. (COHEN; MANION; MORRISON, 2018, p. 688, tradução nossa).

A análise crítica do discurso trabalha, por exemplo, com as vozes de grupos marginalizados, desempoderados e oprimidos, denunciando o poder dos grupos dominantes e analisando o papel da linguagem nesse contexto. Mais do que uma questão de pesquisa, o que a move é um problema social. A análise linguística é, então, empregada para identificar e expor a ideologia, o poder e as influência em ação na sociedade. Nesse sentido, ao contrário da análise puramente linguística, que trabalha mais no nível micro, procura traçar relações entre esses aspectos micro e macro (COHEN; MANION; MORRISON, 2018).

Em outra abordagem crítica, Fischer (2001) apresenta conceitos importantes da teoria do discurso do filósofo francês Michel Foucault (1926-1984), autor bastante utilizado como referencial teórico e metodológico nas pesquisas em educação. Dentre os conceitos discutidos no artigo, destacam-se: o enunciado e a sua temporalidade, prática discursiva, heterogeneidade do discurso, pluridiscursividade e interdiscurso. A autora procura mostrar como Foucault conceitua o discurso como uma prática social, que se produz por relações de poder e de saber. Mas defende que se explore, nas análises, a dimensão material dos textos e dos discursos, que não devem ser tomados apenas como conjuntos de signos e significantes que representam determinados conteúdos ou significados, a verdade que a análise viria a descobrir:

> Para Foucault, nada há por trás das cortinas, nem sob o chão que pisamos. Há enunciados e relações, que o próprio discurso põe em funcionamento. Analisar o discurso seria dar conta exatamente disso: de relações históricas, de práticas muito concretas, que estão "vivas" nos discursos. (FISCHER, 2001, p. 198-199).

Uma abordagem que também toma o discurso como objeto de análise é denominada Discurso do Sujeito Coletivo (DSC), desenvolvida pelos pesquisadores brasileiros Fernando Lefevre e Ana Maria Lefevre (2006, 2014). A técnica, apesar de ter nascido voltada à área da saúde, vem sendo aplicada a diversos tipos de pesquisa, inclusive em educação. Baseada na teoria das representações sociais, propõe que os discursos ou depoimentos de diferentes indivíduos sejam condensados em um discurso redigido na primeira pessoa do singular representando a fala de um sujeito coletivo, que veicule histórias coletivas a respeito de um tema ou problema de pesquisa.

> Tais histórias coletivas refletem ou carregam códigos narrativos socialmente compartilhados; por isso, é possível com os conteúdos e os argumentos dos diferentes depoimentos que apresentam sentido semelhante, construir, na primeira pessoa do singular, uma narrativa verossímil, ou seja, uma história aceitável para um indivíduo culturalmente equivalente aos pesquisados. (LEFEVRE; LEFEVRE, 2014, p. 504).

Na condução da técnica do discurso do sujeito coletivo, o pesquisador desempenha a função de um parteiro das representações sociais de um grupo ou uma cultura. Além disso, os seus criadores classificam a abordagem como qualiquanti, pois envolve discursos e a frequência de seu compartilhamento.

Apesar de suas características próprias, que a diferenciam da análise do discurso tradicional ou mesmo crítica, a técnica do discurso do sujeito coletivo apresenta um interessante potencial para a análise de entrevistas e questões abertas em pesquisas na área de educação.

7.1.4. Validade e confiabilidade em pesquisas qualitativas

Validade e confiabilidade são aspectos que já foram tratados em uma seção no capítulo sobre o planejamento da pesquisa, para a qual, então, redirecionamos o leitor interessado, além de terem sido explorados em diversas metodologias e estratégias de coleta de dados, nos capítulos seguintes. Retomaremos aqui alguns pontos e faremos considerações adicionais, focando especificamente na análise de pesquisas qualitativas.

Cabe inicialmente explicar por que esses aspectos não serão também discutidos nas seções sobre análise quantitativa neste capítulo. Pode-se considerar que a validade e a confiabilidade, no caso das pesquisas quantitativas, estão mais vinculadas à metodologia, enquanto, nas pesquisas qualitativas, estariam mais relacionadas à análise e à interpretação.

> O estudo quantitativo deve convencer o leitor de que os procedimentos foram rigorosamente seguidos, pois muito pouca descrição concreta do que alguém faz é fornecida. O estudo qualitativo fornece ao leitor uma representação em detalhes suficientes para mostrar que a conclusão do autor 'faz sentido'. (FIRESTONE, 1987 apud MERRIAM; TISDELL, 2016, tradução nossa).

Assim sendo, nos capítulos sobre planejamento, metodologia e coleta de dados, os procedimentos que servem para garantir a validade e a confiabilidade dos resultados de pesquisas quantitativas já foram praticamente cobertos. No caso das pesquisas qualitativas, entretanto, são retomados e aprofundados neste capítulo, já que é na etapa da análise dos dados que contribuem mais efetivamente para fortalecer a credibilidade das interpretações e das conclusões dos estudos.

Na verdade, ao contrário das pesquisas quantitativas, nas quais os parâmetros para avaliar a validade e a confiabilidade dos resultados são mais sistemáticos e rigorosos, há um debate sobre o nível com que se pode considerar que as pesquisas qualitativas são válidas e confiáveis.

De um lado, como vimos, existe uma diversidade de metodologias de pesquisas qualitativas, que envolvem, por sua vez, uma diversidade de critérios. Além disso, as pesquisas qualitativas são concebidas com designs mais emergentes do que as quantitativas, estando seus resultados, portanto, mais sujeitos à mudança e à instabilidade, a "[...] interpretações que são temporais, localizadas e sempre abertas à reinterpretação (Angen, 2000)" (CRESWELL; POTH, 2018, p. 257, tradução nossa).

Por isso, vários autores argumentam que deveríamos reconceitualizar os próprios termos validade e confiabilidade nas pesquisas qualitativas, especialmente em função dos paradigmas interpretativo/construtivista e crítico/transformativo. São propostas, nesses casos, palavras, expressões e conceitos distintos, tanto para validade quanto para confiabilidade, que procuram se afastar do paradigma positivista (CRESWELL; POTH, 2018; MERRIAM; TISDELL, 2016).

As próprias concepções de pesquisa, de verdade e mesmo de realidade são distintas para cada um desses paradigmas. Qual deveria ser, por exemplo, o sentido adequado de validade e confiabilidade aos paradigmas crítico e transformativo, cujas pesquisas têm como objetivo, muitas vezes, dar voz aos marginalizados ou promover a justiça? Nesses casos, poder-se-ia considerar que o interesse primordial da pesquisa não é a exatidão com que a realidade é conhecida, mas gerar mais perguntas do que efetivamente buscar respostas, apontar dimensões ambíguas da realidade, provocar ações e mudanças, transformá-la. Dependendo do paradigma adotado pela pesquisa, a realidade pode ser concebida como um exercício constante e conflituoso de construção, não como algo dado e pronto; nesse sentido, todo o processo de planejar uma investigação, definir uma metodologia, coletar e analisar dados acaba tendo um sentido diferente de uma visão da pesquisa mais vinculada ao paradigma positivista.

Nessa guerra de paradigmas e, por consequência, de termos e conceitos, a palavra *credibilidade* talvez faça mais sentido do que validade e confiabilidade, quando nos referimos às pesquisas qualitativas. Independente do paradigma adotado, políticas públicas e mesmo a legislação na área da educação, muitas vezes, procuram se basear em resultados de pesquisas. Nesse sentido, espera-se que essas pesquisas sejam conduzidas de forma a garantir um nível de credibilidade suficiente para que os resultados obtidos possam ser utilizados na elaboração de políticas públicas e de documentos legais, e mesmo de práticas, de uma maneira geral.

> Toda pesquisa procura produzir conhecimento válido e confiável de maneira ética. Ser capaz de confiar nos resultados da pesquisa é especialmente importante para profissionais em campos aplicados porque os profissionais intervêm na vida das pessoas. Nenhum professor em sala de aula, por exemplo, desejará experimentar uma nova maneira de ensinar a ler, nem um terapeuta desejará implementar uma nova técnica para cuidar de uma família enlutada, sem alguma confiança em seu provável sucesso. (MERRIAM; TISDELL, 2016, p. 237, tradução nossa).

Nesse sentido, apresentamos a seguir algumas orientações para fortalecer a validade e a confiabilidade da análise dos dados e da interpretação dos resultados nas pesquisas qualitativas.

A validade interna procura medir o grau de correspondência e congruência entre a pesquisa e a realidade. Há, nesse sentido, uma série de estratégias específicas para a validade interna das pesquisas em ciências humanas.

Em primeiro lugar, o envolvimento do pesquisador na coleta de dados pode contribuir para validar as conclusões de estudos qualitativos. Esse envolvimento pode incluir, além da validação dos próprios instrumentos e da sistematização do processo de coleta de dados, já discutidas no capítulo anterior, o tempo de duração da pesquisa de campo e a proximidade com os participantes. A utilização da saturação teórica, conceito também já discutido, que indica que o acréscimo de mais dados não altera significativamente os resultados da análise, é um bom parâmetro para medir a validade dos achados de um estudo. Esse maior envolvimento do pesquisador deve gerar descrições ricas e densas (GEERTZ, 2017), que também contribuem para validar os resultados de análises qualitativas (CRESWELL; POTH, 2018; MERRIAM; TISDELL, 2016).

Uma das principais estratégias utilizadas pelas pesquisas qualitativas para aumentar a precisão dos resultados das análises é a **triangulação**, que já mencionamos em diversos momentos deste texto. Seguindo o fluxo da pesquisa que propusemos neste livro, é possível triangular ou comparar, durante a análise dos dados, diferentes elementos: teorias; metodologias; instrumentos e métodos de coleta de dados; tipos e fontes de dados; perspectivas de pesquisadores, participantes e audiências; e explicações e interpretações dos resultados. "Isso garante que o estudo será preciso porque as informações se baseiam em várias fontes de informação, indivíduos ou processos." (CRESWELL; GUETTERMAN, 2019, p. 261, tradução nossa).

A triangulação teórica implica utilizar múltiplos referenciais teóricos, abordagens ou mesmo paradigmas para interpretar os resultados da pesquisa. O exame dos dados por diferentes teorias pode contribuir para a maior credibilidade dos resultados.

Da mesma forma, é possível triangular diferentes metodologias para o tratamento dos dados em pesquisas qualitativas. Vimos, por exemplo, que são comuns híbridos que combinam estudo de caso e pesquisa-ação. O uso de diferentes metodologias também pode contribuir para a maior credibilidade dos resultados de pesquisas qualitativas.

Em pesquisas qualitativas, é comum a combinação entre observação, entrevistas e análise documental, o que caracteriza a triangulação de instrumentos e métodos de coleta de dados. Na área da educação, em muitos casos, o que está registrado em projetos pedagógicos e planos de ensino não é reproduzido em aulas pelos professores, ou as entrevistas revelam informações não detectadas em observações. O cruzamento entre os dados coletados por diferentes instrumentos e métodos fornece consistência e traz maior credibilidade aos achados do estudo.

Independentemente dos métodos e dos instrumentos utilizados na coleta de dados, é possível, ainda, triangular tipos e fontes de dados. Isso significa, por exemplo, observar fenômenos distintos em locais distintos, ou entrevistar diferentes tipos de participantes, como, por exemplo, alunos, professores, gestores educacionais, pais e outros atores no processo de ensino e aprendizagem.

A análise pode também se beneficiar da incorporação das perspectivas de diferentes pessoas sobre os dados e os resultados da investigação. Isso pode envolver: diferentes pesquisadores coletando dados e analisando os resultados; o compartilhamento dos resultados com os próprios participantes da pesquisa; revisão dos resultados dos estudos por pares (como ocorre, por exemplo, no envio de artigos para eventos ou periódicos, em orientações e bancas de mestrado ou doutorado ou em grupos de pesquisa); auditorias externas dos projetos de pesquisa realizadas por especialistas; e exposição dos resultados da análise para audiências para as quais a pesquisa está direcionada. Esse tipo de triangulação diminui as chances de viés, no caso de a investigação ser conduzida por apenas um ou alguns pesquisadores.

Nesse sentido, uma estratégia bastante mencionada para ampliar o grau de validade e confiabilidade dos resultados de análises e interpretações qualitativas é o compartilhamento das descobertas com os participantes do estudo. O pesquisador pode solicitar a um ou mais participantes para avaliarem as análises, as interpretações, as descobertas e o relatório final da pesquisa. No caso da pesquisa participante, eles podem inclusive contribuir no planejamento e na condução do estudo, assumindo a função de copesquisadores (CRESWELL; GUETTERMAN, 2019; CRESWELL; POTH, 2018; MERRIAM; TISDELL, 2016).

Pode, ainda, ser solicitado a uma pessoa sem vinculação com o projeto que conduza uma revisão sobre diferentes aspectos da investigação, durante ou ao final da pesquisa. Nessa auditoria, podem ser consideradas questões como: se o tema é apropriado, se as decisões em relação à metodologia são justificadas, o quanto as descobertas estão baseadas nos dados coletados, se as inferências realizadas são lógicas e qual é o grau de parcialidade do pesquisador, dentre outras (CRESWELL; GUETTERMAN, 2019).

Por fim, outra forma de triangulação é a busca por explicações rivais ou a elaboração de interpretações alternativas para os resultados da investigação. "Isso demonstra integridade intelectual e confere considerável credibilidade ao conjunto final de descobertas e explicações oferecidas." (PATTON, 2015, p. 654, tradução nossa). Esse processo pode envolver também a busca e a análise de evidências negativas, que não sustentem as hipóteses da pesquisa.

Outra estratégia que pode contribuir com a validade e a credibilidade das pesquisas qualitativas é o grau de reflexividade do pesquisador sobre o papel que ele desempenhou na investigação. Nesse sentido, é comum que dissertações e teses comecem com um memorial do percurso pessoal, profissional e acadêmico do candidato. Esse memorial, entretanto, só fará sentido se servir para esclarecer o paradigma adotado pelo pesquisador, sua maior ou menor competência para conduzir o estudo, possíveis vieses etc., e, principalmente, se essas reflexões forem retomadas no momento da análise e, principalmente, da interpretação dos resultados. É importante, ainda, lembrar que o pesquisador tende a mudar durante o próprio desenvolvimento da investigação, o que também deveria ser considerado nesse exercício de reflexão.

A confiabilidade ou consistência de uma pesquisa, de outro lado, indica o quanto suas descobertas podem ser replicadas, ou seja: se a pesquisa fosse repetida, produziria os mesmos resultados? Entretanto, assim como no caso da validade interna, o conceito é questionável nas pesquisas qualitativas, pois, dentre outras razões, o comportamento dos seres humanos é inconstante e há múltiplas interpretações possíveis para os fenômenos sociais. Por isso, a tendência é que, na replicação de estudos qualitativos, os resultados não sejam os mesmos.

> Porque o que está sendo estudado no mundo social é assumido como um fluxo, multifacetado e altamente contextual; porque as informações coletadas dependem de quem as fornece e do grau de habilidade do pesquisador em obtê-las; e porque o desenho emergente de um estudo qualitativo exclui controles a priori, alcançar confiabilidade no sentido tradicional não é apenas fantasioso, mas impossível. (MERRIAM; TISDELL, 2016, p. 251, tradução nossa).

Pode-se inclusive considerar que as possíveis diferenças semânticas entre os conceitos de validade interna e confiabilidade, em pesquisas qualitativas, são ainda menores do que nas pesquisas quantitativas. Nesse sentido, diversos autores sugerem que estratégias já mencionadas para a validação interna, como triangulação, múltiplos analistas, avaliação por pares, auditorias e a reflexividade do pesquisador, poderiam também ser utilizadas para garantir a consistência e a confiabilidade (CRESWELL; POTH, 2018; MERRIAM; TISDELL, 2016).

Já a validade externa refere-se ao grau com que os resultados de uma pesquisa podem ser aplicados a outras pesquisas ou situações, ou seja, o quanto podem ser generalizados. Um argumento comum em relação à validade externa das pesquisas qualitativas é que seu interesse é o particular, de um ou alguns casos, não o geral, não sendo seu objetivo, portanto, a generalização dos resultados. Já apresentamos, entretanto, uma perspectiva mais rica de Yin (2018), que defende que estudos de caso (e poderíamos aqui ampliar para pesquisas qualitativas) não buscam generalização estatística, de amostras a populações, mas generalização analítica, em que hipóteses, lições aprendidas, teorias e princípios poderiam ser aplicados a outras pesquisas ou situações, em um sentido pragmático. A generalização analítica, portanto, apontaria para a possibilidade de avanços em análises, interpretações e teorias a partir dos resultados da pesquisa.

De qualquer maneira, Merriam e Tisdell (2016) sugerem algumas estratégias para contribuir com a validade externa nas pesquisas qualitativas. A primeira deles envolve descrições densas (GEERTZ, 2017) do ambiente e dos participantes e descrições detalhadas dos resultados, com citações de entrevistas, notas de campo e documentos, de forma a permitir a contextualização do maior número de outras situações em função dos dados da pesquisa e a transferência.

Outra estratégia é a seleção cuidadosa da amostra do estudo. Apesar de os procedimentos diferirem em relação às pesquisas quantitativas, o capítulo de planejamento da pesquisa tem uma seção sobre amostragem que contempla abordagens qualitativas, à qual redirecionamos o leitor.

Conduzir uma pesquisa seguindo padrões éticos pode também ser considerado um procedimento para garantir a validade e a confiabilidade dos resultados de uma pesquisa qualitativa. Cabe lembrar que, ao submeter um projeto de pesquisa a um Comitê de Ética, passará por uma revisão de especialistas, uma das estratégias propostas nesta seção.

No fundo, seguir e manter a conexão entre todas as etapas do fluxo da pesquisa apresentado neste livro é uma forma mais ampla de se garantir a validade e a confiabilidade de pesquisas qualitativas: planejamento (incluindo os objetivos da pesquisa), revisão da literatura, referencial teórico, metodologia, coleta, análise e interpretação dos dados e apresentação dos resultados.

7.2. ANÁLISE DE DADOS EM PESQUISAS QUANTITATIVAS

A análise que se utilize de números, percentuais e gráficos não deve, automaticamente, ser classificada como de abordagem quantitativa. Em muitas situações, especialmente em pesquisas em educação, esses recursos cumprem apenas a função de descrever fenômenos observados de maneira complementar ao que é também descrito por palavras. Nessas situações, os dados representados por números cumprem uma função de complementar e reforçar achados de pesquisas qualitativas.

De qualquer maneira, como já discutimos, diversos argumentos refutam a lógica de oposição entre as abordagens quantitativas e qualitativas. Roni, Merga e Morris (2020) reforçam a posição de muitos autores que se debruçam sobre metodologias de pesquisa em educação de que não é preciso ter uma visão dicotômica entre a abordagem quantitativa e qualitativa, defendendo que se tenha um conhecimento amplo em relação à gama de métodos possíveis para entender e interpretar os fenômenos contemporâneos. Assim, os métodos quantitativos são mais uma opção que pode complementar os métodos qualitativos, e mesmo compor métodos mistos. Por isso, é importante ter um conhecimento básico para conseguir compreender pesquisas que se utilizam desses métodos e aproveitar alguns desses conhecimentos para delinear uma pesquisa, construir instrumentos e diversificar as formas de coleta de dados.

Os métodos quantitativos estão muito relacionados à estatística. Essa área, por sua vez, ao lidar com dados que são expressos por números, acaba fortemente associada à matemática, o que gera grande resistência, sustentada muitas vezes em preconcepções equivocadas e experiências negativas vivenciadas na escola. Segundo Babbie (2016), muitas pessoas sentem-se intimidadas e desconfortáveis para lidar com pesquisas quantitativas por as associarem à matemática e à estatística. Essa talvez possa ser uma hipótese que explique por que vários profissionais e pesquisadores da área de educação utilizem e conheçam pouco os métodos quantitativos.

Temos ainda a crença de que trabalhar com estatística exige a realização de cálculos complexos, o que contribui para que muitos pesquisadores se distanciem desse tipo de análise. Porém, com a quantidade de recursos tecnológicos e softwares que apoiam esse tipo de análise, não é preciso realizar cálculos para utilizar estatística; muito mais importante é desenvolver um raciocínio estatístico que inclua a compreensão dos conceitos utilizados, a identificação dos tipos de variáveis e a aplicação dos diferentes tipos de análises e testes estatísticos. Esses conhecimentos norteiam os pesquisadores nas tomadas de decisões necessárias ao longo da pesquisa, por exemplo, em relação ao modo como os dados podem ser apresentados ou às possibilidades de análise para atingir os objetivos da pesquisa.

A estatística aplicada a pesquisas pode ser de dois tipos: descritiva e inferencial, conforme pode se observar na Figura 31. Nas pesquisas em educação, quando se faz uso da estatística, mais comumente temos o uso da estatística descritiva, que, como a própria denominação indica, procura descrever os dados. Este tipo de estatística utiliza-se de algumas medidas, como a frequência e a média, para apresentar, enumerar e organizar os dados. As análises realizadas não procuram inferir sobre os dados, ou seja, não procuram prever parâmetros que possam ser generalizados.

De outro modo, a estatística inferencial procura estabelecer, como o próprio nome indica, inferências, ou seja, fazer deduções e previsões com base nos dados coletados. Para tanto, algumas condições precisam ser observadas, como a realização de coletas em uma amostra representativa da população para que os resultados obtidos revelem parâmetros que possam ser aplicados à população. Essas estatísticas incluem teste de hipóteses, regressão e regressão múltipla, teste de diferença (por exemplo, testes t e análise de variância) e análise fatorial (COHEN; MANION; MORRISON, 2018).

FIGURA 31 — **Esquema de caracterização da estatística descritiva e inferencial**

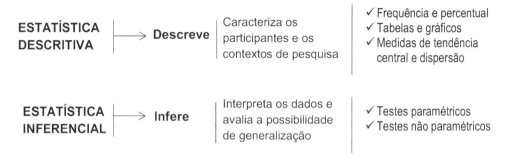

Fonte: os autores.

A busca pela generalização dos resultados obtidos nas pesquisas quantitativas pautadas no uso da estatística inferencial é muitas vezes criticada na área de educação. Entretanto, em outros contextos e áreas de conhecimento, esse é um aspecto valorizado. Um indicador dessa valorização está no fato de que há mais chances de os estudos quantitativos serem publicados em revistas internacionais bem qualificadas, pelo maior impacto que possam ter, o que está vinculado à possibilidade de generalização dos resultados. Entretanto, para ser possível generalizar os resultados, é preciso observar muitos aspectos relacionados à pesquisa, que incluem a consistente revisão de literatura, o delineamento da pesquisa incluindo amostras que atendam à aleatoriedade e representatividade, o uso de procedimentos e instrumentos de coleta que observem a validade e confiabilidade e uma interpretação consistente e coerente com os resultados e o alcance da pesquisa.

Esses aspectos remetem à ideia de que, quando chegamos no momento da análise quantitativa dos dados, todo o processo anterior da pesquisa já deve ter sido pensado e delineado para possibilitar e oferecer condições para o uso adequado dos procedimentos de análise envolvidos.

Na estatística inferencial, temos diferentes condições relacionadas ao tipo de dados e ao delineamento do estudo que determinam o tipo de teste estatístico que pode ser utilizado. Neste livro, abordaremos esses aspectos da estatística que são comumente utilizados em pesquisas na área de educação.

Nesta seção, apresentaremos inicialmente orientações para a preparação dos dados para a análise, para então abordar os principais procedimentos de análise quantitativa utilizados na educação, explorando inicialmente a estatística descritiva, que inclui a análise de frequência, a construção de gráficos e tabelas e medidas de tendência e variabilidade. Em relação à estatística inferencial, serão abordados alguns aspectos que auxiliam na compreensão das análises, como probabilidade, hipóteses, intervalo de confiança e nível de significância, para então abordarmos os testes paramétricos e não paramétricos, procurando esclarecer quando podem ser utilizados e quais procedimentos precisam ser observados para definir o teste adequado.

7.2.1. Preparação dos dados para a análise

Antes de começar a análise, é preciso preparar e organizar os dados. Essa organização precisa ser pensada mesmo antes do início da coleta, considerando os tipos de variáveis e o modo como podem ser coletadas.

Alguns dados coletados não são expressos em números. Em um questionário, é comum que o participante assinale uma dentre um conjunto de opções. Diante das opções assinaladas, é preciso organizar esses dados para proceder à análise, que pode incluir a contabilização da frequência, o cálculo da percentagem, a construção de gráficos e a execução de testes estatísticos.

O uso de softwares de apoio à análise pressupõe a necessidade de construção de uma base de dados para que o software possa fazer a leitura adequada dos dados para realizar os cálculos e as análises estatísticas. Esse processo de construção da base de dados inclui o uso de códigos numéricos que correspondam às opções e aos itens que foram respondidos. Por exemplo, o sexo assinalado, ao invés de feminino ou masculino, passa a corresponder a um código numérico, em que 1 indica feminino e 2, masculino.

A partir dos itens abordados no questionário, o pesquisador atribui códigos, e vale ter um registro com legenda. No Exemplo 34, podemos observar exemplos de codificações feitas a partir de algumas questões.

EXEMPLO 34 — Questões e codificação por tipo de escala utilizada

Tipo de escala	Exemplo de questão	Codificação
Nominal (dicotômica ou politômica)	Participou da intervenção: ( ) Sim ( ) Não Turno escolar que estuda: ( ) Matutino ( ) Vespertino ( ) Noturno	1 = Sim 2 = Não 1 = Matutino 2 = Vespertino 3 = Noturno
Ordinal	Com qual frequência você assiste a vídeos digitais para entender um conceito? ( ) Nunca ( ) Raramente ( ) Às vezes ( ) Muitas vezes ( ) Sempre	0 = Nunca 1 = Raramente 2 = Às vezes 3 = Muitas vezes 4 = Sempre
Intervalar	A pontuação feita em um teste de inteligência que varia de 20 a 130 pontos.	Registra-se o valor pontuado por participante
Razão	Aproximadamente, quantos minutos por dia você costuma dedicar à leitura de materiais impressos como livros e revistas? _____ minutos	Registra-se a quantidade de minutos (valor) respondida pelo participante

Fonte: os autores.

Os dados podem ser organizados e codificados em planilhas eletrônicas que já permitem a realização de algumas análises, como contagem de frequência, cálculo da percentagem, média e desvio padrão, conforme o tipo de análise indicada. De modo geral, na planilha organizamos os dados observando a disposição de linhas e colunas. As linhas correspondem aos dados de cada participante e as colunas contêm os dados das variáveis. Considerando os exemplos de questões e codificações descritos no Exemplo 34, na Figura 32 ilustramos como ficaria a planilha com os dados.

FIGURA 32 — Exemplo de planilha de organização e codificação de dados

	A	B	C	D	E	F
1		Participou da intervenção	Turno escolar	Frequência que assiste vídeos	Pontuação teste inteligência	Minutos diários dedicados a leitura impresso
2	Participante 1	1	3	2	38	0
3	Participante 2	1	1	1	44	15
4	Participante 3	2	3	0	89	0
5	Participante 4	1	3	0	56	30
6	Participante 5	2	2	1	52	40
7	Participante 6	2	2	2	41	10
8	Participante 7	2	2	2	39	0
9	Participante 8	1	1	3	93	30
10	Participante 9	1	3	1	47	0
11	Participante 10	2	1	0	56	10

Fonte: os autores.

Ao observamos a Figura 32, só podemos entender os registros feitos se soubermos o que os códigos utilizados representam. Então, cabe o registro em um documento ou a inclusão de uma legenda na própria planilha para conseguir fazer a interpretação dos códigos. Babbie (2016) chega a citar o uso de um livro de códigos, que consiste em um documento usado no processamento e na análise dos dados, registrando a localização dos itens de dados e o significado dos códigos usados para representar diferentes atributos das variáveis. Esse registro da codificação precisa ser feito tanto no exemplo ilustrado, como em codificações de conteúdo em análises qualitativas, pois descreve os processos, as tomadas de decisões e as convenções definidas na análise da pesquisa.

A partir da organização da planilha com os dados e sua codificação, é possível utilizar um software de apoio à análise estatística. Como no nosso livro utilizamos o SPSS para demonstrar alguns procedimentos de análise, no Quadro 19 demonstramos os passos para a transposição da planilha da Figura 32.

QUADRO 19 — **Passos para criar uma base de dados no SPSS**

Para criar uma base de dados no SPSS, é preciso, no menu superior, clicar na opção "Arquivo", depois em "Novo" e selecionar "Dados".

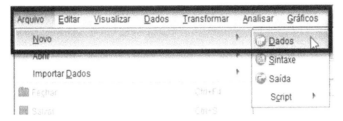

Em seguida, o primeiro passo é inserir as variáveis clicando na aba inferior "Visualização de variável".

Na tela, basta posicionar o mouse na primeira linha do nome e digitar a identificação da variável (não permite espaço) e indicar na coluna "Medida" o tipo. As outras opções já têm uma configuração padrão que pode ser alterada.

Em seguida, clicando em "Visualização de dados", é possível digitar ou copiar e colar os dados em cada coluna. Cada coluna corresponde a uma variável incluída.

Fonte: os autores.

7.2.2. Estatística descritiva

A análise pautada na estatística descritiva tem a função de descrever os dados. Para tanto, utiliza-se de alguns recursos e medidas que situam os dados para caracterizar o fenômeno investigado. De modo geral, a coleta de dados é feita em um momento específico do tempo para descrever o fenômeno naquele contexto. Por exemplo, se realizo uma coleta durante uma gincana promovida em determinada escola, a análise desses dados pode incluir a descrição de preferências, atitudes e avaliações dos alunos. Podemos responder a questões como: qual a faixa etária dos alunos participantes? Quantos meninos e quantas meninas participaram? Qual foi atividade preferida dos alunos? A interação com diferentes turmas incentivou a participação dos alunos? Os alunos tiveram dificuldades para trabalhar de forma colaborativa? Como os alunos avaliaram o nível dos desafios propostos na gincana? A análise para responder a essas questões pode incluir a descrição das frequências e seus percentuais, bem como o cálculo da média, da mediana e do desvio padrão, e, ainda, incluir correlações.

A questão que o pesquisador precisa considerar ao iniciar as análises é: qual é a melhor forma de descrever o dado? Não podem ser utilizadas todas as formas possíveis de análise, pois nem sempre se aplicam a todos os tipos de dados coletados. Na análise da estatística descritiva, também é importante conhecer os tipos de variáveis que estão sendo coletadas e analisadas; por exemplo, se trabalhamos com uma escala nominal dicotômica, não cabe calcular a média, e sim apresentar a frequência de cada item.

Assim, a análise descritiva precisa considerar não só os objetivos da pesquisa, mas o tipo e a quantidade de dados coletados, por exemplo. Para além do que é certo ou errado, em muitas situações é preciso ter bom senso e considerar quem serão os leitores da pesquisa. Se temos três dados relacionados à idade de crianças participantes de um estudo, por exemplo, não cabe apresentar a média ou o desvio padrão, tampouco criar um gráfico, já que é possível descrever os três dados coletados.

Para contextualizar e exemplificar a análise descritiva, destacamos um estudo brasileiro sobre o perfil do professor publicado como um relatório de pesquisa pelo Inep em 2018, de autoria de Carvalho (2018), que analisa e compara o perfil do professor da educação básica a partir dos Censos da Educação Básica dos anos 2009, 2013 e 2017.

A análise dos dados pauta-se no uso estatística descritiva para sistematizar as características demográficas, de formação e de atuação no trabalho do professor da educação básica. Os resultados da análise, em linhas gerais, revelam que 81% dos professores são mulheres, 42% de cor branca, têm idade média de 41 anos e nível superior. A maioria dos professores é concursada e leciona em apenas uma escola.

Esses dados podem nortear a delimitação das políticas públicas de educação, orientar os investimentos públicos e contribuir com a valorização dos profissionais que atuam na educação.

Nas seções seguintes, apresentaremos as principais formas de estatística descritiva, procurando orientar em relação às indicações de uso, formas de apresentação e de interpretação.

7.2.2.1. *Medidas de tendência central e distribuição: média, mediana e moda*

As medidas de tendência central são uma das estatísticas descritivas mais comumente utilizadas. Essas medidas informam sobre um ponto central que dá a ideia de um valor que melhor pode representar a distribuição dos dados. Dentre as medidas mais utilizadas, temos a média, a mediana e a moda.

A **média** refere-se à soma de todos os valores dividida pela quantidade de dados.

Já a **mediana** é o valor que está no meio da amostra dos dados. Se temos 11 valores, distribuem-se esses valores em ordem crescente e o valor da mediana é o que fica no meio; neste caso, refere-se ao valor que estiver na sexta posição. Se o conjunto de dados for par, divide-se a soma dos dois valores do meio por 2.

Por fim, a **moda** é o valor que mais se repete na amostra de dados.

A média é a medida de distribuição mais comumente utilizada, podendo ser representada pelo símbolo $\overline{X}$. Entretanto, não é em toda situação que a média é adequada ou constitui-se como a melhor alternativa para representar a distribuição de um conjunto de dados. Dancy e Reidy (2018) problematizam que cabe ao pesquisador saber qual medida pode melhor representar o conjunto de dados. A escolha da medida dependerá das características do próprio conjunto de dados. Se um conjunto de dados possui alguns valores muito diferentes e extremos, a média pode não o representar bem. Já a mediana não é sensível a valores extremos. Observe os exemplos no Quadro 20.

QUADRO 20 — **Média, mediana e moda**

Se temos o seguinte conjunto de dados:
1 2 3 4 5 6 7 8 9 10
A média é **5,5** e a mediana também é **5,5**.
Se alteramos um dos valores:
1 2 3 4 5 6 7 8 9 20
A média passa a ser **6,5**, mas a mediana permanece **5,5**.
Agora, se tivermos um valor muito extremo no conjunto:
1 2 3 4 5 6 7 8 9 100
A média passa a ser **14,5**, o que não representa bem os valores típicos do conjunto, mas a mediana continua sendo **5,5**.

Fonte: os autores.

Nos exemplos do Quadro 20, podemos observar que a mediana não se altera porque está relacionada à ordem e à localização dos valores. Como nos exemplos descritos alterou-se apenas o último valor, a mediana continuou sendo 5,5. Já a média foi se alterando, pois, como se pauta na soma todos os valores para então dividi-los pela quantidade, torna-se mais sensível a valores extremos ou discrepantes. Qualquer valor que seja alterado no conjunto de dados modifica a média.

A moda pode ser utilizada como medida de tendência central para dados que são variáveis categóricas (contêm categorias ou grupos), como ano escolar ou sexo, os quais não faz sentido organizar em ordem crescente para extrair a mediana ou calcular a média.

Para exemplificar o uso e a forma de apresentação das medidas de tendência central e dos quartis em pesquisas na área de educação, citamos o estudo desenvolvido por Ferreira e Aranha (2018), que analisou a variabilidade dos dados resultantes da aplicação de um protocolo de observação utilizado na avaliação do desempenho docente em educação física. O delineamento da pesquisa incluiu 68 participantes que observaram por duas vezes as quatro aulas de educação física e utilizaram o protocolo de observação. Uma das análises realizadas pautou-se na comparação das medidas de tendência central, conforme se pode verificar na Tabela 9. Os resultados apresentados consideram a classificação quantitativa atribuída pelos participantes segundo a escala graduada de 1 a 10 valores.

TABELA 9 — Exemplo do uso das medidas de tendência central

Aula	Obs	N	Média	Mediana	Quartis			Moda
1	1.ª	65	6,9	6,9	Q1=5,9	Q2=6,9	Q3=7,6	6,8 a)
	2.ª	62	6,3	6,2	Q1=4,9	Q2=6,2	Q3=7,7	5,5
2	1.ª	62	7,6	7,7	Q1=6,5	Q2=7,7	Q3=9,0	6,5
	2.ª	62	7,6	7,8	Q1=6,3	Q2=7,8	Q3=8,8	8,2
3	1.ª	30	5,0	4,9	Q1=3,7	Q2=4,9	Q3=6,2	2,5 a)
	2.ª	30	4,6	4,5	Q1=3,0	Q2=4,5	Q3=6,1	1,7 a)
4	1.ª	30	8,6	9,0	Q1=7,7	Q2=9,0	Q3=9,7	9,1 a)
	2.ª	30	8,6	9,1	Q1=7,9	Q2=9,1	Q3=9,8	10

a) Existem múltiplas modas (mostra o valor mais baixo)

Fonte: Ferreira e Aranha (2018, p. 206).

A partir da tabela podemos observar maior e menor variação entre os valores da média, mediana e moda que, como vimos, representam diferentes formas para definir o valor de tendência central. Os quartis serão abordados na seção seguinte. De modo geral, a pesquisa observou alta heterogeneidade nas classificações obtidas no total das aulas nas variáveis dependentes analisadas (FERREIRA; ARANHA, 2018).

Creswell e Guetterman (2019) sintetizam que as medidas de tendência central podem representar um conjunto de valores pela pontuação média (a média), pelo valor do meio do conjunto de números (a mediana) ou o valor que ocorre com mais frequência (a moda), sendo possível apresentar os três valores quando fizer sentido. No Quadro 21, temos uma síntese com a descrição de cada medida.

QUADRO 21 — Síntese média, moda e mediana

Medida	Descrição
Moda	Valor que mais se repete no conjunto de dados
Média	Valor médio, calculado por meio da soma de todos os valores dividida pela quantidade de registros
Mediana	Valor central; distribuindo todos os valores, a mediana é o valor que está no meio

Fonte: os autores.

7.2.2.2. Medidas de variabilidade e dispersão: desvio padrão, variância, quartil e intervalo interquartil

A caracterização de um conjunto de dados inclui não só a medida de tendência central de sua distribuição, mas também é importante descrever o quanto esses dados estão dispersos em torno dessa medida. Observa-se que a medida de variabilidade está relacionada à medida central. As principais medidas de variabilidade utilizadas são a amplitude, o desvio padrão, a variância, o quartil e o intervalo interquartil.

A **amplitude** é uma forma simples de ter uma indicação de quantos dos dados variam, ou seja, estão dispersos, pois parte da comparação entre o valor máximo e o mínimo, oferecendo uma ideia geral sem considerar a distribuição do conjunto dos dados que estão sendo analisados. A medida da amplitude é calculada pela diferença entre o valor mínimo e o máximo, ou seja, diminuindo do valor máximo o valor mínimo.

Outra medida de dispersão bastante utilizada é o **desvio padrão** (DP), que, diferentemente da amplitude, fornece indicações sobre o que acontece com os dados que estão entre os extremos (valor mínimo e máximo). O desvio padrão, calculado pela raiz quadrada da variância (que explicaremos a seguir) e representado pelo símbolo σ (sigma), indica o quanto os valores de um conjunto de dados variam em relação à média. Oferece, assim, informações que nos ajudam a entender se o conjunto de dados é mais uniforme ou disperso, ou seja, expressa a dispersão dos dados considerando o quanto os valores diferem entre sim. Dessa maneira, o DP nos permite perceber quão heterogêneos e dispersos são os dados ou quão distantes os valores estão da média. Por exemplo, se temos dois conjuntos de dados em que o primeiro tem o desvio padrão de 3,4 e o segundo de 18,9, podemos notar que o segundo tem uma dispersão maior, indicando maior heterogeneidade.

Oliveira, Boruchovitch e Santos (2008, p. 534), ao descreverem as crianças participantes de uma pesquisa sobre a leitura e o desempenho escolar, indicam que envolveu 434 estudantes, sendo que a "média de idade foi de 12 anos e 9 meses (DP=1,2), a idade mínima foi de 10 anos e a máxima 16". A partir dessa descrição, observamos que os autores apresentam a média como medida de tendência central; a variabilidade é expressa pela amplitude, indicando o valor máximo e mínimo; e a dispersão, pelo desvio padrão. Destaca-se a importância de descrever uma medida de tendência central juntamente com uma medida de dispersão, para que se possa ter uma ideia da idade dos participantes. Especialmente quando temos um público infantil, a idade tem grande influência sobre vários aspectos que possam ser avaliados, como, no exemplo, a capacidade de leitura.

Outra medida utilizada é a **variância**, que mostra quão distante cada valor está da média. Assim, quanto menor o valor da variância, mais perto os valores estão da média, ou seja, há menor dispersão. A variância ou variação dos escores "indica o grau no qual os escores da variável são diferentes uns dos outros" (DANCEY; REIDY, 2018, p. 75). É obtida somando os quadrados dos desvios (diferença entre o valor e a média da distribuição), cujo valor é dividido pelo número de ocorrências −1. Pode ser representada por s^2, S^2 ou σ^2 (sigma ao quadrado).

Reforça-se que tanto o desvio padrão quanto a variância consideram o quanto cada valor varia em relação à média. Quando calculamos os desvios da média, alguns desses valores podem ser negativos. Por isso, na variância esses valores são elevados ao quadrado, tornando-se positivos, e o desvio padrão é a raiz quadrada da variância.

Quando apresentamos a mediana como medida de tendência central, temos que utilizar como medida de variabilidade o **quartil**, que representa melhor a variação do conjunto de dados. A mediana divide os dados em duas partes, cada uma contendo 50% das ocorrências. O quartil, por sua vez, divide os dados em quatro partes, com cada uma das quatro partes contendo 25% das ocorrências. Os quartis são identificados como primeiro (Q1), segundo (Q2) e terceiro (Q3) quartil. Na Figura 33, podemos observar a distribuição de um conjunto de oito dados. Nesse conjunto, a mediana (que corresponde ao segundo quartil) seria, como temos um conjunto par, a soma dos dois valores centrais divididos por 2, ou seja, $(8 + 9) \div 2 = 8,5$.

FIGURA 33 — Exemplo da mediana e quartil

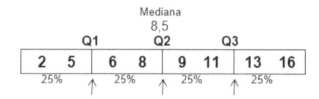

Fonte: os autores.

A partir disso, o **intervalo interquartil** refere-se à diferença entre o terceiro e o primeiro quartil (Q3 de Q1), contemplando 50% das ocorrências. Como no exemplo temos um conjunto par de números, é preciso calcular o valor médio de pares de dados, que no exemplo são: $(5 + 6) \div 2 = 5,5$ e $(11 + 13) \div 2 = 12$. Então, o valor do intervalo interquartil é $Q3 - Q1 = 12 - 5,5 = 6,5$. Esse intervalo nos informa que 50% dos valores estão dispersos em 6,5 pontos, pois ficam entre 5,5 e 12 (Figura 34).

FIGURA 34 — Exemplo do intervalo interquartil

Fonte: os autores.

A mediana e os quartis podem ser também consideradas medidas de posição, pois a mediana informa que metade dos dados estão abaixo dela, e a outra metade, acima. Outra medida de posição utilizada é o percentil, que divide o conjunto de dados em 100 partes para localizar os valores dentro dessas partes. Então, o 25º percentil equivale ao primeiro quartil (Q1), e ambas medidas indicam que 25% dos dados estão abaixo delas (AGRESTI; FINLAY, 2012).

7.2.2.3. Distribuição de frequência

A frequência descreve a quantidade de registros em cada categoria ou item contabilizado, podendo ser apresentada pelo número de ocorrências registradas e pelo percentual que expressa esse número no conjunto de dados coletados. Além da frequência e sua proporção descrita em percentual, pode-se incluir a frequência e o percentual acumulados, que vão somando os valores a cada linha da tabela. Na Tabela 10, descrevemos um exemplo fictício no qual são apresentados os dados relacionados à disciplina que os alunos de duas turmas do 5º ano de uma escola mais gostam, para ilustrar o uso da tabela de distribuição de frequência.

TABELA 10 — Disciplinas preferidas pelos alunos do 5º ano

Disciplina	Frequência	%	Frequência acumulada	% acumulado
Ciências	32	47,06	32	47,06
Português	14	20,59	46	67,65
Matemática	7	10,29	53	77,94
Filosofia	4	5,88	57	83,82
Artes	11	16,18	68	100,00
Total	68	100,00		

Fonte: os autores.

A frequência contabiliza os registros em cada um dos itens de uma variável categórica. Na Tabela 10, essa informação sobre a frequência nos permite identificar que a maior preferência é pela disciplina de ciências, o que corresponde a quase metade dos participantes.

Outra opção para a apresentação dos dados de frequência de variáveis categóricas é o uso de gráficos de barras ou pizza. A opção pela tabela ou gráfico deve orientar-se pelos critérios de clareza, organização e representatividade dos dados. Quando temos muitos dados, uma tabela pode ser uma opção mais indicada, pela organização e clareza. Porém, se não temos tantos dados, um gráfico pode representar visualmente melhor as diferenças e a distribuição das ocorrências.

Na pesquisa de Carvalho (2018), temos o exemplo de uma análise que apresenta a frequência e o percentual correspondente. A Tabela 11 traz os dados relativos ao número de professores por nível de escolaridade nos anos de 2009, 2013 e 2017.

TABELA 11 — Escolaridade dos professores no Brasil nos anos de 2009, 2013 e 2017

	2009 N	2009 %	2013 N	2013 %	2017 N	2017 %
BRASIL	1.857.278		2.017.071		2.078.910	
Fundamental incompleto	3.332	0,2	1.429	0,1	1.281	0,1
Fundamental completo	8.404	0,5	4.731	0,2	3.985	0,2
Ensino médio	590.206	31,8	504.008	25,0	443.695	21,3
Superior	1.255.336	67,6	1.506.903	74,7	1.629.949	78,4

Fonte: Carvalho (2018, p. 37).

A organização da tabela nos permite analisar os dados por nível de escolaridade e ano. Podemos observar, por exemplo, que, em 2009, a maioria dos professores tem nível superior, o que corresponde a 67,6%. Além disso, quando analisamos essa concentração de professores ao longo dos anos, observamos um aumento no número de professores com nível superior, chegando em 2017 a 78,4%.

7.2.2.4. Tabelas

As tabelas são recursos interessantes para a apresentação dos valores, especialmente quando são comparados dois conjuntos de dados, ou seja, quando temos frequências cruzadas, em que apresentamos os dados de uma variável em relação a outra. Agresti e Finlay (2012) esclarecem que a frequência se refere ao número de ocorrências por categoria; entretanto, para fazer comparações, é importante utilizar a proporção ou os percentuais, que também são conhecidos como frequência relativa. Diante disso, é importante apresentar tanto a frequência (número de ocorrências ou registros) quanto o percentual (número de ocorrências dividida pelo número total de observações multiplicado por 100).

Por exemplo, podemos analisar se, quando observamos a variável sexo, há diferença nas faixas de tempo de acesso aos jogos digitais. Assim, na tabela podemos distribuir a frequência e o percentual das faixas de tempo por sexo. No exemplo ilustrado na Tabela 12, temos os dados de 20 crianças na faixa etária de 7 a 8 anos de idade, sendo 10 meninos e 10 meninas.

TABELA 12 — Distribuição da frequência e percentual de tempo de acesso aos jogos por sexo

Sexo		Faixa de tempo diário				
		1 a 2h	2 a 5h	5 a 8h	Mais de 8h	Total
Feminino	Freq.	3	4	2	1	10
	Perc.	30%	40%	20%	10%	100%
Masculino	Freq.	1	3	4	2	10
	Perc.	10%	30%	40%	20%	100%
Total	Freq.	4	7	6	3	20
	Perc.	20%	35%	30%	15%	100%

Fonte: os autores.

A intepretação da Tabela 12 nos permite observar que uma proporção maior de crianças do sexo masculino acessa mais tempo os jogos digitais, pois apenas uma delas acessa de 1 a 2 horas e duas acessam mais de 8 horas. Quando analisamos o tempo de acesso das meninas, a maior parte delas (n=7) acessa os jogos de 1 a 5 horas. Além disso, se analisamos os valores expressos na linha Total, observamos que as faixas intermediárias são aquelas em que mais há ocorrências, somando 75% dos casos localizados entre 2 e 8 horas de acesso.

Nas tabelas, temos a possibilidade de acessar de forma clara e objetiva as análise e distribuições das frequências. Na interpretação, o pesquisador pode destacar alguns pontos da tabela que ajudam a responder às questões de pesquisa ou aos objetivos da coleta de dados. Não é necessário fazer a descrição de todas as informações; porém, é preciso interpretar os resultados que constam na tabela, normalmente chamando a atenção para as maiores ou menores frequências registradas, podendo-se agrupar dados, combinando o resultado de células, para dar uma visão mais ampla dos resultados e tendências mais gerais.

A comparação de resultados precisa considerar o tamanho dos grupos que estão sendo comparados. No exemplo da Tabela 12, temos dois grupos de mesmo tamanho, porém nem sempre isso ocorre. Uma alternativa é comparar a proporção (percentual) e não a frequência registrada.

7.2.2.5. *Gráficos*

Em muitas situações, os gráficos são alternativas ao uso de tabelas para descrever os dados. São indicados para mostrar proporções, possibilitando uma análise exploratória e revelando-se úteis para apresentar dados categóricos e discretos.

Existem diferentes tipos de gráfico e, dependendo do que pretendemos apresentar, alguns são mais indicados. A escolha do tipo de gráfico deve considerar a clareza em relação ao tipo de dados que está sendo apresentado e qual é a melhor opção para evidenciar diferenças que possam ser encontradas. Apresentamos nas seções seguintes alguns tipos de gráfico bastante usados em pesquisas.

7.2.2.5.1. Gráfico de barras

O gráfico de barras é utilizado para representar a frequência ou o percentual de dados categóricos. Diferencia-se do histograma em sua apresentação por ter espaço entre as colunas.

Assim, esse tipo de gráfico pode ser uma alternativa para apresentar os dados de uma tabela de frequência. Podemos observar que a Tabela 13 descreve exemplos de dados relacionados ao tempo diário durante o qual alunos de duas turmas do 5º ano de uma escola acessam as redes sociais.

TABELA 13 — **Frequência do tempo diário de acesso as redes sociais**

Tempo diário nas redes sociais	Frequência	%
1 a 2h	28	48,28
2 a 4h	10	17,24
4 a 6h	5	8,62
6 a 8h	5	8,62
Mais de 8h	10	17,24
Total	58	100,00

Fonte: os autores.

Na sequência, apresentamos um gráfico de barras como alternativa à apresentação das informações (Exemplo 35).

EXEMPLO 35 — **Gráfico de barras**

Fonte: os autores.

RESULTADOS, ANÁLISE, DISCUSSÃO E INTERPRETAÇÃO

Observe que, nesse gráfico, o eixo x representa as faixas de tempo, e o eixo y, a quantidade de ocorrências contabilizadas.

7.2.2.5.2. Gráficos de pizza

O gráfico de pizza é indicado quando temos um conjunto de dados de categorias proporcionais que somam 100%, de maneira que sua representação permita visualizar a distribuição dos dados. Assim, seu uso é indicado quando se pretende representar dados nominais.

No relatório de pesquisa de Carvalho (2018), citado anteriormente, o gráfico de pizza da Figura 35 é utilizado para mostrar a proporção de professores que atuam em instituições de ensino privadas e públicas.

FIGURA 35 — **Gráfico de pizza**

Fonte: Carvalho (2018, p. 42).

Carvalho (2018) destaca que os gráficos revelam que a proporção se mantém praticamente estável, com uma média de 78% dos professores atuando na rede pública de ensino, com uma variação entre 77% e 79%.

7.2.2.5.3. Histograma de frequência

O histograma de frequência apresenta a distribuição dos valores dos dados de uma amostra, ou seja, é uma forma de apresentar a quantidade de ocorrências de que cada valor da amostra teve. Esse tipo de gráfico é útil para apresentar dados contínuos. Podemos, por exemplo, fazer um histograma da idade de uma amostra de alunos, apresentando a quantidade de alunos que tem 6, 7, 8 e 9 anos, ou seja, quantificam-se e distribuem-se os valores dos dados em relação à idade da amostra de alunos. Diferentemente do gráfico de barras, não há espaço entre as colunas.

Em outro exemplo hipotético, seria possível representar por um histograma a distribuição das médias de 55 alunos de uma turma do ensino médio. Na Figura 36, é possível observar que a maior quantidade de alunos teve a média 7, com 11 ocorrências, seguidas pelas médias 8 e 6, ambas com 8 ocorrências.

FIGURA 36 — **Histograma da distribuição da média dos alunos de uma turma**

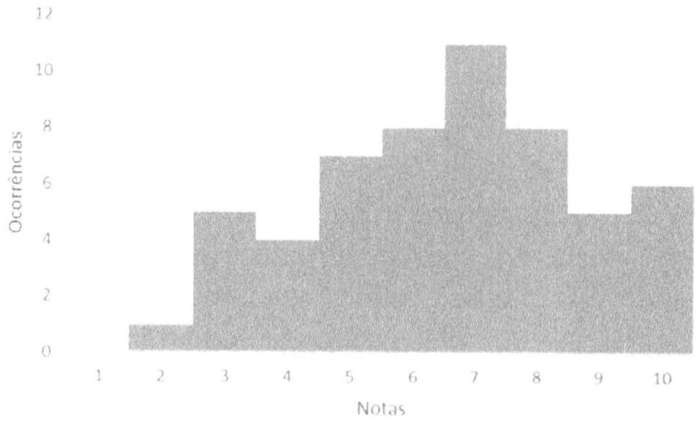

Fonte: os autores.

7.2.2.5.4. *Diagrama de caixa e bigodes*

O diagrama de caixa e bigodes, também conhecido como diagrama de caixa e fio ou *blox plot*, fornece a clara indicação de valores extremos, bem como o modo como esses valores estão distribuídos (DANCEY; REIDY, 2018).

As medidas que são apresentadas no diagrama de caixa e bigodes são a mediana, como uma medida de localização central, os quartis Q1 e Q3, e as medidas de dispersão, que incluem a amplitude (representada pelos valores máximo e mínimo), excluindo-se os valores discrepantes, e a distância interquartil (Q3 – Q1). Além disso, podem ser incluídos os valores atípicos ou *outliers* (valores discrepantes) do conjunto de dados. Na Figura 37, é possível observar como essas medidas estão representadas no diagrama.

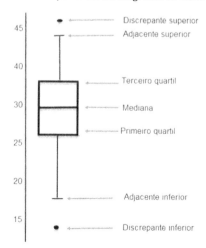

FIGURA 37 — **Os componentes do diagrama de caixa e bigodes**

Fonte: os autores.

A partir da Figura 37, podemos observar que a caixa representa 50% dos valores registrados (ocorrências), e os bigodes se estendem verticalmente para cima e para baixo a partir da caixa, finalizando nos limites superior e inferior. Além disso, temos uma reta que corta a caixa, representando a mediana, e pontos para além dos bigodes, que são os valores discrepantes.

O estudo de Oliveira, Boruchovitch e Santos (2008), que teve o objetivo de explorar a relação entre a compreensão em leitura e o desempenho escolar em alunos do ensino fundamental em escolas públicas, utiliza o diagrama de caixa e bigodes em suas análises. As autoras aplicaram coletivamente o teste de cloze (utilizado para a avaliação da compreensão em leitura) em 434 estudantes com idade média de 12 anos e 9 meses (DP=1,2), levantando as notas escolares das disciplinas de português e matemática. Foi analisado o desempenho no teste e nas disciplinas, e os resultados revelaram associação entre a compreensão em leitura e o desempenho escolar, observando-se correlação entre a compreensão textual e o desempenho escolar mais satisfatório em ambas as disciplinas.

No estudo, a pontuação obtida no teste de cloze considerou os acertos no preenchimento das lacunas no texto utilizado. As notas dos alunos foram expressas com os seguintes conceitos: "Em processo", "Realiza" e "Realiza plenamente". Uma das análises realizada pelas autoras utilizou o diagrama de caixa e bigodes para apresentar os resultados do teste por conceitos atribuídos aos alunos nas disciplinas de português (Figura 38) e matemática.

FIGURA 38 — **Diagrama de caixa e bigodes**

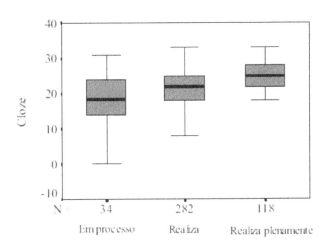

Fonte: Oliveira, Boruchovitch e Santos (2008, p. 536).

A partir do diagrama da Figura 38, podemos observar uma maior variação entre os 34 alunos que foram avaliados como "Em processo", já que há uma diferença maior entre os valores do terceiro e do primeiro quartil (extremidades inferior e superior da caixa), bem como entre os limites superior e inferior, representados pelo traço ao final da linha que se inicia na caixa para cima e para baixo ("bigode"). Outra análise indica que a mediana (medida de tendência central), representada pelo traço no meio da caixa, aponta que, conforme melhora a avaliação da disciplina de português, melhora também o desempenho no teste de cloze.

7.2.2.5.5. Gráfico ou diagrama de dispersão

O gráfico ou diagrama de dispersão representa graficamente a relação entre duas variáveis, apresentando seus escores nos eixos x e y (DANCEY; REIDY, 2018).

Imaginemos que um estudo procurou estabelecer a relação entre o escore obtido em um teste de atenção concentrada e o desempenho em um conjunto de atividades escolares, que poderiam somar o escore 100. Cada participante da amostra, portanto, tem um escore de atenção e um escore de desempenho nas atividades. No exemplo da Figura 39, podemos observar que o participante 1 (P1) teve um escore de 244 no teste de atenção e 88 no desempenho das atividades, enquanto o participante 2 (P2) teve os escores 197 e 56, respectivamente. Esses dados seriam representados da seguinte forma no diagrama de dispersão.

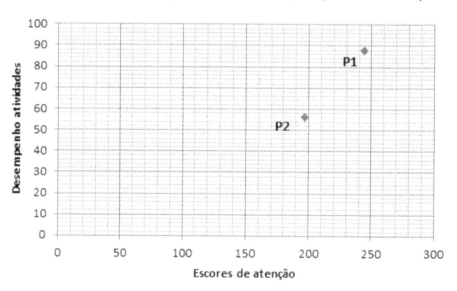

FIGURA 39 — Diagrama de dispersão dos dados de dois participantes com eixo x e y

Fonte: os autores.

Considerando ainda o mesmo exemplo, se temos dados de 20 participantes e os resultados geram o gráfico da Figura 40, como podemos interpretar a dispersão dos dados?

FIGURA 40 — **Gráfico de dispersão da relação entre os escores de atenção e o desempenho nas atividades escolares**

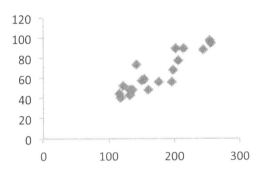

Fonte: os autores.

No gráfico de dispersão da Figura 40, podemos observar que os dados não estão dispersos, pois é possível identificar que, de forma geral, quanto maior é o escore de atenção, maior é o desempenho nas atividades escolares. Isso indica haver uma relação entre as variáveis, o que pode ser verificado, por exemplo, por uma análise de correlação, que será abordada ainda neste capítulo.

Entretanto, nem sempre os dados revelarão esse tipo de comportamento. Na Figura 41, podemos observar o que acontece no gráfico de dispersão quando os dados estão dispersos e não indicam haver relação entre as variáveis representadas.

FIGURA 41 — **Exemplo de um gráfico de dispersão que indica não haver relação entre as variáveis (dados dispersos)**

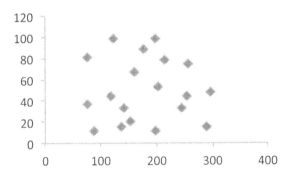

Fonte: os autores.

7.2.2.5.6. *Gráfico de linhas*

O gráfico de linhas é indicado quando desejamos mostrar tendências ou alterações ao longo do tempo referente a dados contínuos ou ordinais. Além disso, esse tipo de gráfico é uma opção quando há mais de um grupo de dados, pois permite comparar os resultados visualmente.

Para ilustrar o uso do gráfico de linhas, na Figura 42 temos exemplo construído no site Observatório do Plano Nacional de Educação, na opção Educação em Números. O gráfico mostra a evolução ao longo do tempo das matrículas no ensino superior na rede pública e privada no período de 2010 a 2018.

FIGURA 42 — Gráfico de linhas com três grupos de dados por ano

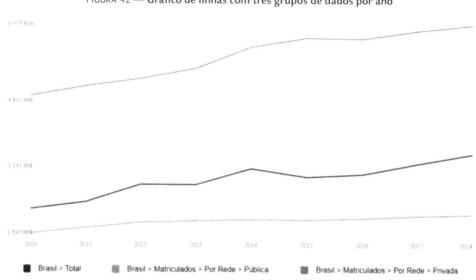

Fonte: Observatório do Plano Nacional de Educação (2020).

O gráfico de linhas da Figura 42 é composto por três linhas, cada uma representando um grupo (Total, Rede Pública e Rede Privada). Essas linhas possibilitam observar e comparar as ocorrências ao longo do tempo, o que indica um maior crescimento das matrículas na rede privada

7.2.2.6. Distribuição normal e não normal

Quando estamos analisando dados, é importante conhecer o modo como esses dados se distribuem, pois, dependendo do modo como se dá essa distribuição, podemos realizar diferentes testes estatísticos. Diante disso, destacamos que uma das distribuições mais importantes é a distribuição normal.

Na distribuição normal, os dados coletados são visualizados em um histograma, ou seja, um gráfico de barras horizontais ou verticais da distribuição de frequência de um conjunto de dados, que tem o formato de uma curva, como podemos observar na Figura 43. Tendo esse histograma, se traçamos uma linha sobre ele, esta apresenta a forma de uma curva ou um sino, o que representa uma distribuição normal, porque as maiores frequências estão próximas à média.

FIGURA 43 — **Histograma de frequência e curva normal**

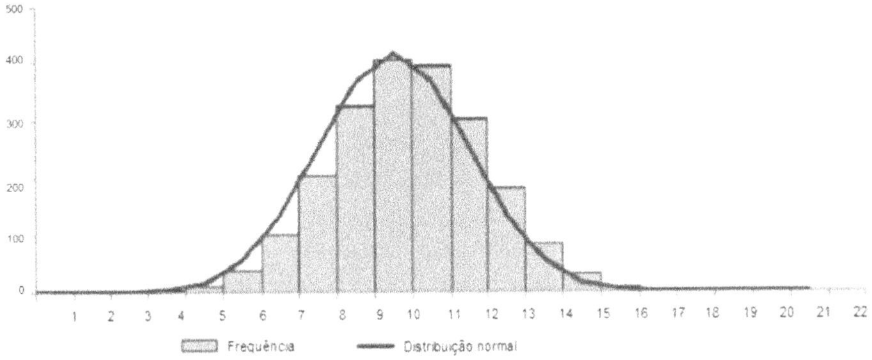

Fonte: os autores.

Devido a essa característica, a distribuição normal também é denominada curva normal ou curva de Gauss. Essa distribuição é caracterizada por ser simétrica e ter como ponto central a média. Apesar disso, a curva pode ter algumas variações.

A curva normal padrão tem as seguintes características: "[...] a média é zero, o desvio padrão é 1, e divide-se em intervalos iguais de unidades de desvio padrão em relação à média" (COUTINHO, 2018, p. 187). Em uma distribuição normal perfeita, a média, a mediana e a moda coincidem, como podemos observar na Figura 44.

FIGURA 44 — **Curva normal padrão**

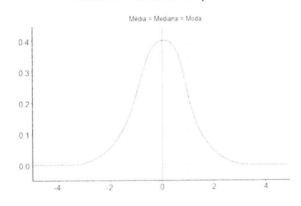

Fonte: os autores.

A distribuição normal padrão é útil para permitir a comparação entre valores de amostras diferentes. Para tanto, é preciso transformar os valores dos escores em valores normais padrão.

Verificar se os dados seguem a distribuição normal tem a função de identificar quais testes podem ser utilizados na análise estatística inferencial e quais dados podem descrever os valores que compõem a amostra que está sendo analisada, como as medidas de tendência central e de variabilidade. Quando os dados seguem uma distribuição normal, pode-se entender que temos uma distribuição paramétrica; quando não seguem, temos uma distribuição não paramétrica.

As distribuições não normais ou não paramétricas podem apresentar diferentes desvios da normalidade, resultando em uma assimetria. Diferentemente da distribuição normal perfeita, em que temos a média, a mediana e a moda coincidindo, na distribuição assimétrica esses valores estão localizados em pontos diferentes.

As características da curva normal que podem ser consideradas na sua análise são a assimetria, que considera a distribuição dos dados nos dois lados da curva dividida pela média, e a curtose, referente à medida de inclinação da curva. Espera-se que a assimetria e a curtose sejam zero, e os softwares de apoio a análise estatísticas fazem o cálculo desses valores. Diante disso, Cohen, Manion e Morrison (2018), com base em alguns pesquisadores, consideram aceitável um intervalo que varia de –1 a +1 de assimetria e curtose para classificar a distribuição como normal.

No conjunto de imagens da Figura 45 é possível observar diferentes tipos de curvas não normais.

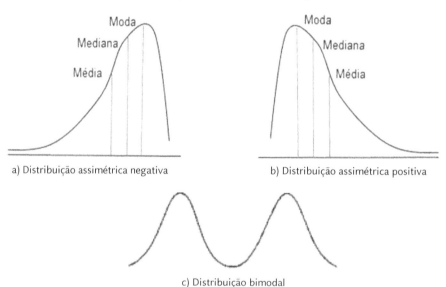

FIGURA 45 — **Exemplos de curvas de distribuição não normal**

a) Distribuição assimétrica negativa
b) Distribuição assimétrica positiva
c) Distribuição bimodal

Fonte: os autores.

Na distribuição assimétrica negativa, temos os dados enviesados à esquerda, pois a cauda se estende à esquerda. De forma contrária, na distribuição assimétrica positiva, temos os dados enviesados à direita. Já na distribuição bimodal, podemos observar duas curvas, nas quais podemos identificar duas modas.

A normalidade dos dados pode ser verificada pela imagem do histograma; porém, às vezes podemos ficar em dúvida. Diante disso, há dois testes que são utilizados para verificar a normalidade dos dados: Kolmogorov-Smirnov e Shapiro-Wilk. O tamanho amostral tem influência sobre os testes de normalidade; diante disso, Miot (2017) orienta que, para amostras pequenas (entre 4 e 30 unidades), seja utilizado o teste Shapiro-Wilk. Todavia, esse é um teste que pode ser utilizado para qualquer tamanho de amostra. Para amostras maiores que 50, pode-se utilizar o teste Kolmogorov-Smirnov. Esses testes podem ser feitos por programas estatísticos. O resultado dos testes precisa ter o valor de p maior que 0,05 para que os dados sejam considerados normalmente distribuídos.

No SPSS, é possível verificar a normalidade dos dados. No Quadro 22, mostramos os passos e opções de um exemplo que analisa a pontuação de três categorias de dados referentes a três grupos: 1 = professores, 2 = professores com especialização e 3 = professores com mestrado.

QUADRO 22 — Passos para verificar a normalidade dos dados no SPSS

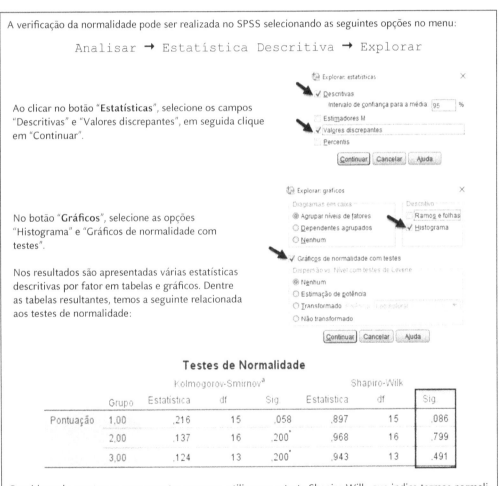

Fonte: os autores.

7.2.2.7. Análise univariada, bivariada e multivariada

A análise de dados pode ser realizada utilizando diferentes métodos. Dependendo do modo como lidamos com as variáveis, temos a análise univariada, bivariada ou multivariada.

A **análise univariada** examina as diferenças entre os casos em uma variável, tratando cada variável de forma isolada. Assim, podemos entender que a análise univariada é feita de apenas uma variável para fins de descrição. A análise pode envolver a distribuição de sua frequência, a média e as medidas de dispersão, conforme o tipo de variável que foi medida. Seriam exemplos de análise univariada a sistematização e a distribuição por sexo de uma escola, o cálculo da média de idade dos alunos de uma turma ou o cálculo do desvio padrão do rendimento de uma turma em matemática.

Já a **análise bivariada** analisa a relação entre duas variáveis. Essa análise pode ser feita pela construção de uma tabela percentual simples ou pelo cálculo de um coeficiente de correlação. Como exemplos de análise bivariada, teríamos a distribuição por sexo nos diferentes turnos escolares, em que temos duas variáveis: o turno escolar e o sexo. A análise dessas duas variáveis poderia responder se há diferença na distribuição por sexo nos turnos. Temos mais homens ou mulheres estudando no período noturno? Outro exemplo seria a relação entre o tempo que os alunos passam lendo e o desempenho escolar. A análise dessas variáveis poderia responder, por exemplo, se o tempo de leitura pode ser associado ao melhor ou pior desempenho escolar.

A **análise multivariada**, por sua vez, envolve a análise das relações entre diversas variáveis. Assim, podem ser analisados de maneira simultânea, por exemplo, os efeitos dos níveis de motivação e da idade sobre o desempenho no processo de alfabetização.

Para cada tipo de análise são utilizadas estatísticas diferentes, considerando se os dados são univariados, bivariados ou multivariados. A seção seguinte, que aborda a estatística inferencial, apresentará vários exemplos de análises desses tipos.

7.2.3. Estatística inferencial

A estatística inferencial volta-se para fazer inferências a partir dos resultados obtidos em uma amostra para um grupo mais amplo. Para tanto, o modo como a amostra é selecionada torna-se fundamental, bem como os aspectos relacionados à validade e confiabilidade da pesquisa. A análise inferencial envolve mais de uma variável simultaneamente, tendo em vista a comparação de grupos, a relação entre variáveis, a realização de previsões e a testagem de hipóteses (CRESWELL; GUETTERMAN, 2019).

De modo geral, a estatística inferencial se aplica aos delineamentos de pesquisa experimentais em que se busca verificar se uma ou mais variáveis independentes têm influência sobre a variável dependente. Para tanto, a amostra, preferencialmente aleatória, é dividida também de forma aleatória em dois grupos: o controle e o experimental. Assim, o grupo experimental participa do tratamento e da intervenção, comparando-se os resultados de testes e avaliações realizadas, como forma de atribuir as mudanças encontradas à intervenção realizada, e não ao acaso.

De acordo com Cohen, Manion e Morrison (2018), a estatística inferencial é frequentemente utilizada para medir a diferença entre grupos. Nessa perspectiva, os pesquisadores estão interessados em investigar se existem diferenças entre dois ou mais grupos para responder a perguntas como: existe diferença estatisticamente significativa entre o desempenho de alunos de humanas e exatas no ensino superior? Se sim, de quanto é essa diferença? Essas comparações podem considerar diferentes fatores relacionados às características dos grupos, como sexo, instituição de ensino superior, área, curso e turma, ou mesmo a intervenções que estão sendo analisadas, como a aplicação de um novo método de ensino, o uso de um recurso tecnológico ou o desenvolvimento de atividade em diferentes espaços.

Essas perguntas, que são respondidas na análise baseada no uso de testes estatísticos, pressupõem hipóteses que partam do valor nulo, ou seja, de que não há diferença significativa. Assim, se o teste indicar que não há diferença estatisticamente significativa, aceita-se a hipótese nula. Diferentemente, se há significância estatística na diferença, então não se tem suporte para aceitar a hipótese nula, que é, então, negada.

A análise estatística inferencial requer a realização de alguns procedimentos e verificações para responder às seguintes questões: os dados com que se está trabalhando são paramétricos ou não paramétricos? Quantos grupos estão sendo comparados? Os grupos são pareados (grupos relacionados, com medição antes e depois do mesmo grupo) ou independentes (não têm nenhuma relação entre si)? A resposta a essas perguntas define o tipo de teste que deve ser utilizado e tem forte influência no planejamento que deve feito para a pesquisa, considerando seus objetivos e o delineamento da coleta de dados.

A partir dos resultados obtidos na amostra, pode-se inferir, por meio da aplicação de testes estatísticos, quando se tem um nível de significância, que esses resultados também poderiam ser encontrados na população mais ampla. A significância encontrada indica que há uma probabilidade de o resultado ser encontrado na população. Apesar de esse ser um dos propósitos da estatística inferencial, no contexto da educação é preciso ter cautela, porque dificilmente conseguimos ter total controle das variáveis para estabelecer relações de causa e efeito ou generalizar os resultados obtidos. Muitos fatores podem influenciar um experimento na educação; por isso, acaba sendo prudente tomar os resultados como fortes indicadores.

A análise estatística inferencial na área de educação se apoia comumente no uso de softwares que realizam os cálculos matemáticos. De modo geral, a realização dos testes inclui a seleção de comandos lógicos e fáceis, porém o pesquisador precisa ter clareza em relação, especialmente, a quais testes utilizar, quais dados extrair e o que representam.

7.2.3.1. *Hipóteses unilaterais e bilaterais*

As hipóteses norteiam as pesquisas quantitativas, pois a relação entre as variáveis é descrita em sua formulação e os resultados dos testes indicam se a hipótese pode ser suportada ou não. A descrição da hipótese pode assumir diferentes formas; entretanto, comumente temos a apresentação de uma hipótese nula e outra alternativa.

A hipótese nula supõe não haver relação entre as variáveis, pressupondo ou não a relação de causa e efeito. Em estudos experimentais, a hipótese nula afirma que não há diferença nos testes pré e pós intervenção, por exemplo. Cohen, Manion e Morrison (2018) fazem a analogia com o júri, que assume a presunção de inocência, pois é preciso provar a culpa.

Além da hipótese nula, que afirma que não há mudança, diferença ou relação entre variáveis, temos a hipótese alternativa, que, de forma contrária, afirma a existência de mudança, diferença ou relação. De modo geral, a hipótese alternativa é suportada quando a hipótese nula não é suportada pelos resultados obtidos. Por exemplo, podemos ter as seguintes hipóteses:

a) hipótese nula (H0): a incorporação da aprendizagem baseada em projetos em sala de aula não interfere na motivação dos alunos;
b) hipótese alternativa (H1): a incorporação da aprendizagem baseada em projetos em sala de aula interfere na motivação dos alunos.

As hipóteses relacionam as variáveis que estão envolvidas no estudo. A hipótese alternativa indica uma diferença (relação ou associação), cuja direção pode ser positiva ou negativa — hipóteses direcionais alternativas — ou positiva e negativa — hipóteses não direcionais alternativas (CRESWELL; GUETTERMAN, 2019). No exemplo dado, temos como variável independente a incorporação da aprendizagem baseada em projetos em sala da aula, que se refere a modificações que são implementadas na prática pedagógica para verificar se geram mudanças. Nesse caso, as mudanças que correspondem à variável dependente referem-se à motivação dos alunos.

Nas hipóteses formuladas, estamos analisando se há efeito, porém não estamos afirmando que o nível de motivação aumenta ou não, então estamos trabalhando com uma hipótese bicaudal, sem haver um direcionamento em relação à mudança. A mudança pode ser considerada nas duas caudas extremas na distribuição normal, então temos uma hipótese bilateral ou bicaudal.

A hipótese bilateral prevê que podemos ter relação entre as variáveis ou diferença entre duas condições, entretanto não se prevê em que direção ocorre essa relação (DANCEY; REIDY, 2019). Não se prevê na hipótese se, assumindo relação ou diferença, a variável dependente aumenta ou diminui.

De outro modo, se procuramos analisar se há efeitos e considerar o direcionamento dessa mudança, por exemplo, para saber se a incorporação da aprendizagem baseada em projetos em sala de aula aumenta o nível de motivação dos alunos, estamos trabalhando com uma hipótese unilateral ou unicaudal. Assim, nesse tipo de hipótese temos a especificação da direção do relacionamento entre as variáveis ou da diferença entre as duas condições (DANCEY; REIDY, 2019).

Creswell e Guetterman (2019) esclarecem que os testes unilaterais são utilizados, por exemplo, quando pesquisas anteriores indicam uma direção provável e direcional como hipótese alternativa.

Na Figura 46, apresentamos o desenho da curva normal localizando e descrevendo as hipóteses unicaudal e bicaudal.

FIGURA 46 — Hipóteses unicaudal e bicaudal na curva normal

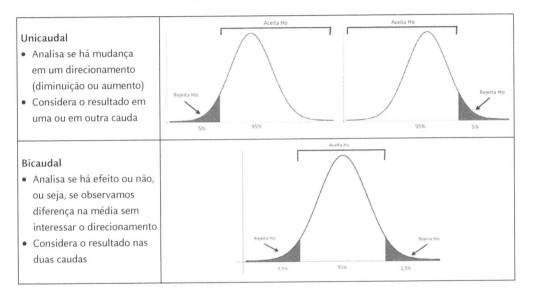

Fonte: os autores.

A visualização da área que representa as hipóteses unicaudais e bicaudais na curva normal indica que há uma probabilidade menor de obter esses valores na extremidade. Se o valor de p é 0,05, então temos 5% de chance de que a diferença encontrada seja decorrência do acaso. De outro lado, temos 95% de chance de que, se repetirmos o experimento, encontraremos um resultado similar, pois temos uma probabilidade maior que os valores obtidos ocupem a área mais central da curva normal.

7.2.3.2. Erro amostral

Em algumas situações, é praticamente impossível calcular a média de um parâmetro populacional. Quando isso não é possível, uma estratégia alternativa é calcular a média das várias amostras conhecidas para estimar a média da população.

De outro modo, problemas da amostragem e erros sistemáticos podem afetar a pesquisa, especialmente quando se estimam parâmetros populacionais a partir de estatísticas amostrais. O grau em que a estatística amostral se diferencia do parâmetro populacional é o erro amostral. Quando utilizamos amostras, estamos sujeitos a algum grau de erro amostral (DANCEY; REIDY, 2018).

O erro amostral é utilizado para definir a margem de erro de uma pesquisa. A margem de erro é um índice de variação de um resultado que se apresenta como um intervalo obtido pela soma e pela diminuição do erro amostral de um resultado. Por exemplo, quando obtemos o resultado relacionado ao desempenho em um teste a partir da amostra de alunos de uma escola no valor de 76 pontos e temos um erro amostral de 3, a margem de erro desse resultado seria entre 73 e 79 pontos.

Quanto maior o tamanho proporcional da amostra, menor tende a ser o erro amostral, porém ele ainda existe. Mesmo que se avalie o conhecimento de aritmética em 90% dos alunos da educação básica de um município, provavelmente essa média resultante da amostra não será igual à média da população.

Assim, podemos entender que o erro amostral é uma estimativa estatística que define a diferença que pode ser encontrada entre os valores obtidos na amostra e os valores reais que temos na população. O erro amostral é utilizado na definição do tamanho de uma amostra e pode ser estimado utilizando calculadoras disponíveis na internet, conforme indicado no site do livro.

7.2.3.3. Intervalo de confiança

O intervalo de confiança é uma estimativa de confiabilidade para que, a partir dos resultados, seja possível fazer previsões (inferir), desde que se observem todos os procedimentos previstos, que incluem o tamanho da amostra, o uso adequado dos testes, a aleatoriedade etc. De acordo com Creswell e Guetterman (2019), o intervalo de confiança refere-se à faixa de valores estatísticos superiores e inferiores que são consistentes com os dados observados e provavelmente contempla a população.

Uma pesquisa é realizada com base em uma amostra e espera-se que essa amostra seja representativa da população de que faz parte. Assim, o resultado obtido na amostra pode ser generalizado para a população. O intervalo de confiança é uma estimativa intervalar de que se pode fazer inferências tentando generalizar para a população. Se o intervalo de confiança é 95%, tem-se a chance de 5% de que o resultado obtido na amostra não possa ser generalizado à população. No site do livro, temos a indicação de algumas calculadoras que consideram essas informações para definir o tamanho amostral.

Considerando esse intervalo de confiança, se uma instituição de ensino superior realiza um levantamento sobre a preferência dos alunos pelas aulas de humanas em relação a exatas e obtém o resultado de que 67% dos alunos preferem as aulas de humanas, ao reproduzir o levantamento em outra turma espera-se que o resultado obtido esteja entre o intervalo obtido mais a margem de erro, que em nosso exemplo pode ser 2%. Então, temos 95% de chances de, ao repetir a pesquisa, ter o resultado entre 65% a 69% (67 − 2 e 67 + 2). Esse intervalo inclui a margem de erro definida para o estudo, considerando o erro amostral.

Nas pesquisas em educação, define-se frequentemente um intervalo de confiança de 95%.

7.2.3.4. Nível de significância

A significância estatística é comumente citada e utilizada nas análises quantitativas. Entretanto, apesar de sua ampla difusão, apresenta algumas limitações. Além disso, nas pesquisas em educação, o tamanho do efeito pode ser mais expressivo e adequado do que a significância, pois muitos fatores podem influenciar o poder estatístico, como o tamanho da amostra, a significância estatística e o tamanho do efeito (COHEN; MANION; MORRISON, 2018).

O poder estatístico refere-se à capacidade de uma pesquisa detectar um efeito quando efetivamente existe, e não detectar um efeito quando inexiste, ou seja, encontrar um verdadeiro positivo e um verdadeiro negativo e evitar um falso positivo e falso negativo (COHEN; MANION; MORRISON, 2018). Já o nível de significância é expresso pelo valor de p que indica um ponto de corte, a partir do qual assumimos a hipótese nula como verdadeira — ou seja, que não há efeito ou diferença nas variáveis analisadas — ou falsa (não suportada) — sugerindo que há efeito ou diferença. O valor de p é obtido nos testes estatísticos e está relacionado ao tamanho amostral (DANCEY; REIDY, 2019).

O valor do p é calculado presumindo que a hipótese nula seja verdadeira. Convencionalmente, utiliza-se o nível de significância de 95%, o que, na prática, indica que o valor de p deve ser menor que 0,05 para que se rejeite ou não se sustente a hipótese nula. Esse valor de 0,05 nos informa que há uma probabilidade que um pesquisador estabelece como limite para aceitar ou rejeitar as hipóteses (COUTINHO, 2018). Envolve a probabilidade de uma vez em 20, ou seja, 5% de que o resultado obtido tenha ocorrido ao acaso. Segundo Field (2009, p. 51), "[...] se há 5% de probabilidade de algo acontecer por acaso, podemos aceitar que é uma descoberta verdadeira – dizemos que é uma descoberta estatisticamente significativa".

Essa probabilidade pode ser visualizada na curva normal; quando distribuímos todas as ocorrências em um histograma, podemos observar que é maior a probabilidade que uma variável assuma um valor dentro da região da curva normal em termos do nível de significância do teste. Quando próximo à média e quando temos a distribuição normal no formato do sino, quanto mais nas pontas estão posicionados os dados, menor é a probabilidade ou chance desse resultado acontecer. Os dados que têm maior probabilidade estão em torno da média. Por isso, o valor de p considera as pontas da curva normal.

Diante disso, lembramos que a probabilidade é um campo da matemática que busca calcular a chance de algo ocorrer. Quando jogamos uma moeda para cima, qual é a chance de dar cara ou coroa? A probabilidade permite calcular essa chance mesmo em situações mais complexas em que haja mais de duas alternativas, como no caso da moeda.

Assim, a probabilidade analisa as possibilidades ou chances de algo acontecer ao acaso. Quão provável pode ser a ocorrência de um acontecimento quando ocorre de forma aleatória? Dancey e Reidy (2019, p. 143) esclarecem que o nível de significância verificado nos testes estatísticos nos informa sobre a "[...] probabilidade de obter o relacionamento que observamos em nosso estudo devido o erro amostral (por acaso) se não existir, de fato, relacionamento da população. Isso é basicamente o que é um teste de hipóteses (significância)".

Um exemplo clássico utilizado para entender a probabilidade refere-se às chances de quando jogamos um dado ao acaso, ter a face com as seis bolinhas para cima. Se um dado tem seis faces, a probabilidade é 1 em 6 (1/6), ou seja, 0,1667 ou 16,67% de chance de ter a face com as seis bolinhas para cima, considerando que todas as faces têm a mesma probabilidade de ser o resultado.

Nas pesquisas em educação, é comum ter o nível de significância de 0,05 ou 5%, que representa que a pesquisa admite que menos de 5% ($p<0,05$) dos valores podem ser fruto do acaso, e não da variável que está sendo analisada. Também é possível observar níveis de significância de 1%. Um resultado significativamente estatístico implica que a associação entre variáveis, as mudanças ou os efeitos mensurados não ocorreram ao acaso, então é possível esperar que esse resultado seja observado na população.

Imaginemos, como exemplo fictício, uma pesquisa realizada com professores com o objetivo de verificar se sua carga horária de trabalho semanal poderia ser associada à prática regular de atividade física. Considerando-se um nível de significância de 5%, a partir da aplicação de um teste estatístico, obteve-se um resultado de $p<0,05$, revelando que há uma diferença significativa, o que nos levaria a rejeitar a hipótese nula. Portanto, os professores que trabalham mais de 40 horas semanais praticam menos atividade física do que aqueles que trabalham menos de 40 horas. Então, podemos entender que, se repetirmos a pesquisa com populações equivalentes, temos 95% ou mais de chance de obter o mesmo resultado.

É preciso muita cautela na utilização do nível de significância e na generalização de um resultado para uma população, pois é preciso atender a condições como o tamanho da amostra e sua aleatoriedade, o que dificilmente conseguimos em pesquisas na área de educação. Por isso, cabe utilizar, sempre que possível, análises complementares, tanto estatísticas, incluindo o tamanho do efeito, como qualitativas, buscando a triangulação dos dados.

7.2.3.5. Erros tipo I e II

Ao utilizar a estatística para testar hipóteses, podem ocorrer dois tipos de erro. É preciso ter claro que nenhum teste é totalmente isento de erro, pois estamos lidando com probabilidades. Esses erros são influenciados pelo poder do teste utilizado e pelo nível de significância.

A hipótese nula representa o que é provisoriamente aceito como verdadeiro e passa a ser submetido a um experimento. A partir dos resultados obtidos nas análises, podemos aceitar essa hipótese como verdadeira ou rejeitá-la.

O erro tipo I ocorre quando a hipótese nula é rejeitada, quando, de fato, é verdadeira. Para tanto, o pesquisador aceita que as diferenças evidenciadas são decorrentes da intervenção, sendo que, de fato, ocorreram ao acaso. Esse tipo de erro é chamado de falso positivo em relação à hipótese alternativa, que é aceita quando deveria ter sido rejeitada.

De outro modo, o erro tipo II ocorre quando a hipótese nula não é rejeitada, mas deveria, de fato, ter sido rejeitada. Os resultados da pesquisa deveriam levar a se entender que as diferenças eram decorrentes das intervenções e associadas às variáveis independentes, mas a hipótese alternativa não foi aceita. Por isso, esse tipo de erro é denominado falso negativo.

Na área de educação, esses erros podem gerar graves equívocos. Por isso, assim como sugerimos na seção anterior, sempre que possível, em situações e contextos mais sensíveis, ou em que os resultados de intervenções possam ser usados para guiar políticas públicas, ou mesmo em escolas ou instituições específicas, devem-se utilizar análises complementares, tanto estatísticas como qualitativas.

7.2.3.6. Dados paramétricos e não paramétricos

Os dados paramétricos têm uma curva normal de distribuição e atendem a algumas condições. Segundo Coutinho (2018), temos as seguintes condições para que os dados sejam considerados paramétricos: a escala de medida da variável a ser utilizada precisa ser pelo menos intervalar, os dados observam uma distribuição normal, há homogeneidade de variâncias e há independência de observações.

Quando os dados não satisfazem a essas condições, temos dados não paramétricos. As análises de dados não paramétricos não permitem fazer suposições sobre a população, enquanto os dados paramétricos assumem que a amostra representa as características da população, permitindo fazer inferências da amostra para a população.

Os dados nominais e ordinais são frequentemente considerados não paramétricos, enquanto os dados de escalas de intervalo e de razão são frequentemente considerados dados paramétricos, se apresentam uma distribuição normal.

A identificação se o dado é paramétrico ou não paramétrico é fundamental para definir o tipo de teste a ser utilizado na análise. Os testes paramétricos tendem a ser mais poderosos que os testes não paramétricos. Talvez isso justifique por que sejam mais valorizados e difundidos os testes paramétricos, o que pode ser observado nos livros de estatística ou de abordagem quantitativa. Entretanto, na educação, pelas condições pelas quais temos, muitas vezes, de compor as amostras e ter acesso à população, bem como pelas dimensões do tamanho das amostras que conseguimos alcançar, acabamos tendo que utilizar testes não paramétricos.

As medidas que caracterizam os dados também são distintas, conforme essa diferenciação. Quando temos dados paramétricos, são apresentadas a média e o desvio padrão, e para os dados não paramétricos, precisamos utilizar outras medidas como a moda, a mediana e o intervalo interquartil, pois não se considera o valor de cada indivíduo, e sim a sua posição.

Na pesquisa, quando nossos dados não satisfazem às condições necessárias para o uso de testes paramétricos, como quando, Dancey e Reidy (2019) exemplificam, os dados são assimétricos com amostras pequenas ou desiguais, ou ainda quando não temos muita certeza se a população de onde retiramos a amostra tem uma distribuição normal, indica-se o uso dos testes não paramétricos. No Quadro 23, temos a indicação dos testes não paramétricos que são correspondentes aos testes paramétricos que são utilizados nos mesmos tipos de delineamentos e condições.

QUADRO 23 — **Correspondência entre os principais testes paramétricos e não paramétricos**

Teste paramétrico	Teste não paramétrico
r de Pearson	p de Spearman
Teste t para amostras independentes	Mann-Whitney
Teste t para amostras relacionadas	Wilcoxon
ANOVA para amostras independentes	Kruskal-Wallis
ANOVA para amostras relacionadas	Friedman

Fonte: os autores.

7.2.3.7. Tamanho do efeito

O tamanho do efeito refere-se à quantidade da diferença, o que talvez seja mais importante analisar do que o nível de significância, que indica se um resultado obtido foi dado ao acaso ou não. Segundo Cohen, Manion e Morrison (2018), o tamanho do efeito é um indicador que tem maior significado prático, pois analisa o tamanho da diferença observada especialmente quando se analisa a diferença entre dois grupos. Creswell e Guetterman (2019, p. 186, tradução nossa) acrescentam que os tamanhos de efeito "[...] nos dizem quão diferentes são os valores da amostra e nos permitem fazer um julgamento se isso é significativo com base em nosso conhecimento de medidas, os participantes e o esforço de coleta de dados". O tamanho do efeito justifica-se porque apenas o teste de hipótese pode levar a interpretações equivocadas e erros (CRESWELL; GUETTERMAN, 2019).

Em pesquisas quase-experimentais, quando organizamos os participantes em dois grupos, um controle e outro que recebe uma intervenção, como na introdução de uma nova metodologia ou de um recurso pedagógico distinto, procede-se à análise das diferenças encontradas no desempenho dos alunos entre os dois grupos, tentando observar se a intervenção provocou alguma mudança, como, por exemplo, a melhora na aprendizagem. Ao encontrarmos uma diferença, o tamanho do efeito procura indicar de quanto foi essa diferença, para se dimensionar, então, a melhora na aprendizagem.

Há várias formas de medir o tamanho do efeito, como d de Cohen, delta de Glass, g de Hedges e correlação. O delta de Glass é indicado para a análise de grupos de tamanhos diferentes ou nos quais o desvio padrão dos grupos for muito diferente. Já o g de Hedges pode ser usado quando temos grupos de tamanho desigual ou se o tamanho da amostra for pequeno (COHEN; MANION; MORRISON, 2018).

O tamanho do efeito, como, por exemplo, d de Cohen, é uma medida de diferença amplamente usada, que considera o desvio padrão e diferentes grupos. O resultado da análise indica se foi possível observar um tamanho de efeito baixo, médio ou alto.

Nosso foco no livro será em relação à correlação e ao d de Cohen, por serem frequentemente utilizados em pesquisas em educação. O d de Cohen utiliza-se basicamente da média e do desvio padrão de dois grupos de dados e aplica-se em testes de diferença.

O cálculo do d de Cohen pode ser feito em calculadoras acessadas na internet, como indicado no site do livro. Os resultados do tamanho do efeito, ao usar o d de Cohen, podem ser interpretados considerando os intervalos indicados na Tabela 14.

TABELA 14 — Efeitos correspondentes aos resultados do d de Cohen

Intervalo do d de Cohen	Efeito
0,00–0,20	fraco
0,21–0,50	modesto
0,51–1,00	moderado
>1,00	forte

Fonte: adaptado de Cohen, Manion e Morrison (2018).

Em análises do tamanho de efeito que se utilizem da correlação, podemos entender o coeficiente de correlação como sendo o tamanho do efeito, e sua interpretação considera os intervalos indicados na Tabela 15.

TABELA 15 — Efeitos correspondentes aos resultados em estudos de correlação

Coeficiente de correlação	Efeito
<0 +/− 1	fraco
<0 +/− 3	modesto
<0 +/− 5	moderado
<0 +/− 8	forte
≥ +/− 0,8	muito forte

Fonte: adaptado de Cohen, Manion e Morrison (2018).

Na análise de regressão, segundo Cohen, Manion e Morrison (2018), também podemos analisar o tamanho do efeito das variáveis preditoras, considerando o valor de R ao quadrado ou R ajustado, o que discutiremos de modo mais detalhado na seção sobre análise de regressão neste capítulo. A interpretação desses valores pode ser feita observando os intervalos do tamanho do efeito indicados na Tabela 16.

TABELA 16 — Efeitos correspondentes aos resultados de estudos de regressão

Coeficiente de correlação	Efeito
0,0–0,1	fraco
0,1–0,3	modesto
0,3–0,5	moderado
>0,5	forte

Fonte: adaptado de Cohen, Manion e Morrison (2018).

7.2.3.8. Graus de liberdade

Os graus de liberdade (gl) usados nos testes estatísticos geralmente correspondem a um valor a menos que o número de registros, pontuações ou valores que estão sendo analisados. Para uma amostra de pontuações n, temos gl = n − 1. Os graus de liberdade estabelecem o número de pontuações em uma amostra que são independentes e livres para variar porque a média da amostra restringe a variabilidade da amostra. Em uma amostra de pontuações, quando o valor da média é conhecido, todas as pontuações, exceto uma, podem variar (ou seja, ser independentes umas das outras e assumir qualquer valor), porque uma pontuação é restrita pela média da amostra (CRESWELL; GUETTERMAN, 2019).

Um exemplo simples que pode ilustrar a ideia de graus de liberdade seria: se temos um conjunto de quatro números e sabemos que a média deles é 8, porém não sabemos um dos valores que é representado por x, podemos calcular esse valor desconhecido pela equação $(10 + 9 + 8 + x) \div 4 = 8$. Ao resolver a equação, sabemos que $x = 5$. Entretanto, se não sabemos dois valores $(10 + 9 + y + x) / 4 = 8$, temos como resultado da resolução que $x = 13 - y$. Logo, se atribuímos um valor qualquer para y, sabemos qual é o valor x. Então, se temos um grau de liberdade, podemos escolher e atribuir qualquer valor ao y, o que define o valor de x, sem que o resultado 8 da média se altere.

7.2.3.9. Testes estatísticos

A definição de qual teste utilizar para analisar os dados é fundamental na estatística inferencial. Essa decisão precisa observar e atender a várias condições a que o pesquisador precisa estar atento e conhecer. A estatística inferencial possui um amplo leque de testes que são indicados para uso em distintas situações. Em nosso livro, abordamos alguns dos principais testes que são utilizados em pesquisas na área de educação, porém não esgotamos todas as possibilidades.

A escolha de um teste precisa considerar os objetivos da análise e as condições que são atendidas. Cohen, Manion e Morrison (2018) destacam que os objetivos de análise podem envolver a descrição e a exploração de dados, o teste de hipóteses, a verificação de correlações (o quanto duas ou mais variáveis estão relacionadas), a identificação dos efeitos de uma ou mais variáveis independentes sobre uma variável dependente, a análise das diferenças entre dois ou mais grupos e a indicação do tamanho do efeito. Para além disso, cabe verificar quais as condições dos dados a serem analisados em relação ao seu tipo de distribuição, às características das variáveis, às escalas de mensuração utilizadas e ao tamanho da amostra, entre outras.

A seguir, apresentamos algumas perguntas que precisam ser respondidas, que incluem as condições para a definição do teste; dependendo das respostas, vai se definindo o teste mais adequado. Os dados a serem analisados (variável dependente) são contínuos ou categóricos? Os dados das variáveis independentes, que se constituem como as condições ou fatores que serão comparados, são contínuos ou categóricos? Quantas variáveis independentes e dependentes serão comparadas? As escalas utilizadas para a mensuração das variáveis são nominais ou ordinais? Os dados seguem uma distribuição normal? Com que tipos de dados se está trabalhando, paramétricos ou não paramétricos? Qual é tamanho da amostra? Quantos grupos estão sendo comparados? Os grupos que estão sendo comparados têm um tamanho similar? Os participantes são os mesmos nos grupos, em comparação, ou cada grupo possui participantes distintos?

Dentre as diferentes condições que precisam ser observadas, temos os tipos de dados a serem analisados, que podem ser numéricos, categóricos ou ordinais. Como já vimos no capítulo anterior, os dados numéricos podem ser discretos (valores contáveis e inteiros) — como, por exemplo, número de alunos e quantidade de computadores — ou contínuos (valores em escala contínua que pode assumir valores fracionais) — como, por exemplo, altura, idade e média escolar. Já os dados categóricos podem ser categorias ou grupos mutuamente exclusivos, podendo ter ou não uma ordem, como, por exemplo, sexo, ano escolar e turno em que o aluno frequenta a escola. Para definir o teste, é importante identificar o tipo de dado a que a variável a ser analisada corresponde; dependendo do tipo de dado, determinados testes devem ser utilizados.

As variáveis também precisam ser consideradas nas análises. Cabe identificar quais são as variáveis independentes que correspondem a fatores, condições ou grupos que influenciam ou podem estar associados a outras variáveis que se pretende medir, ou seja, as variáveis dependentes. Essas variáveis estabelecem relações de exposição e desfecho (uma situação ou fator que influencia uma condição final) ou de causalidade (a presença de uma variável leva a uma consequência).

A partir da estatística inferencial, os dados podem ser analisados comparando grupos (por exemplo, como meninos e meninas percebem sua autoestima?), relacionando duas ou mais variáveis (por exemplo, a autoestima está relacionada a uma atitude otimista?) e testando hipóteses (por exemplo, os meninos têm maior autoestima do que as meninas?) (CRESWELL; GUETTERMAN, 2019).

Quando os valores não seguem uma distribuição normal ou não atendem às características desse tipo de distribuição, utilizam-se testes não paramétricos. Já quando os dados têm uma distribuição normal, aplicam-se os testes paramétricos.

Outra condição que precisa ser observada é se os grupos que estão sendo comparados são independentes ou dependentes. Os grupos são independentes quando não têm relação e não foram pareados, ou seja, no experimento ou intervenção proposto, cada grupo participa de uma condição específica e os grupos são avaliados de forma independente. De outro modo, os grupos podem ser dependentes ou pareados, quando, por exemplo, um mesmo grupo participa de diferentes condições ou é avaliado antes e depois da realização de uma intervenção. Como já vimos no capítulo sobre metodologias, na seção sobre pesquisa experimental, os grupos independentes compõem delineamento entre participantes, e os grupos dependentes, intraparticipantes.

Na Figura 47, organizamos um fluxo que parte do tipo de medida que está relacionada ao objetivo da análise, passando pelo tipo de dado, número de grupos envolvidos e delineamento da pesquisa, para a indicação do teste estatístico que pode ser utilizado. O fluxo não contempla todos os testes possíveis, mas os principais utilizados em pesquisas na área de educação.

FIGURA 47 — **Condições para a escolha dos testes**

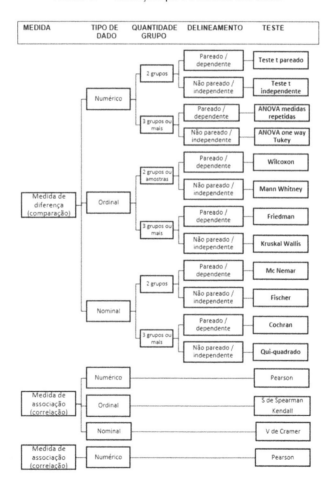

Fonte: os autores.

Há situações em pesquisas quantitativas em que temos apenas um grupo. De acordo com Cohen, Manion e Morrison (2018), os testes que podem ser aplicados a um único grupo incluem: teste binomial, teste do qui-quadrado de uma amostra e teste de Kolmogorov-Smirnov para uma amostra.

A seguir, passamos a detalhar diversos testes, procurando esclarecer os seus objetivos e aplicações, bem como demonstrando como realizá-los no SPSS, extrair e reportar os resultados.

7.2.3.9.1. Teste t

O teste t foi criado por William Sealy Gosset em 1908, quando trabalhava em uma cervejaria. Sem poder publicar os resultados de seu trabalho, começa a usar como pseudônimo Student. Por isso, em muitos textos encontramos a nomenclatura teste t de Student (DANCEY; REIDY, 2019).

O teste t é muito utilizado em diversas áreas, inclusive em estudos quantitativos em educação. Esse teste verifica se a diferença que possa ser encontrada na média resultante de duas condições é significativa. É importante observar que o teste t é paramétrico, pautando-se na média e na comparação entre duas condições.

Essas duas condições podem estar relacionadas à comparação de dois grupos (delineamento entre participantes) ou quando um mesmo grupo de participantes experimenta duas condições distintas (delineamento intraparticipantes). Esses dois tipos de delineamentos foram abordados no capítulo sobre metodologia e tipos de pesquisa.

No delineamento **entre participantes** (grupos independentes), as duas condições analisadas pelo teste t podem estar relacionadas à comparação dos resultados entre dois grupos compostos por diferentes participantes. Um exemplo seria comparar os resultados obtidos em uma avaliação aplicada a dois grupos, sendo que um grupo assiste a vídeos para aprender um conceito e outro grupo utiliza o livro didático para aprender o mesmo conceito. A partir disso, o pesquisador pode comparar, com o uso do teste t, os resultados em uma avaliação aplicada depois da realização das intervenções.

No delineamento **intraparticipantes** (grupos dependentes), temos um mesmo grupo submetido a duas condições. Ocorre, por exemplo, quando avaliamos um mesmo grupo antes e depois de uma intervenção, ou seja, temos uma condição em que o grupo não passou pela intervenção e outra, posterior, em que já passou pela intervenção. Aproveitando o exemplo anterior, podemos avaliar um grupo antes e depois da utilização de vídeos para a aprendizagem de um conceito.

Esses dois delineamentos remetem a duas variantes do teste t: o teste t para amostras independentes e o teste t para amostras relacionadas ou pareadas (COHEN; MANION; MORRISON, 2018).

De modo geral, o teste t refere-se a um "[...] quociente da medida da variância entre os grupos pela variância dentro dos grupos. Quanto maior a variância entre os grupos (colunas), comparada à variância dentro dos grupos (linhas), maior será o valor da estatística t." (DANCEY; REIDY, 2019, p. 217, tradução nossa).

O teste t nos ajuda a responder se a diferença é significativa; entretanto, alguns aspectos podem influenciar o resultado do teste. Dentre esses aspectos, temos a aleatoriedade e a representatividade da amostra, pois, em algumas situações, as diferenças encontradas podem ser aleatórias devido ao erro amostral, conforme vimos neste capítulo.

Babbie (2016) descreve alguns aspectos relacionados ao uso do teste t, incluindo condições que afetam seu resultado. Segundo o autor, faz sentido que quanto maior seja o tamanho da diferença entre as médias, maior seja o valor de t. O valor de t também aumenta em relação ao tamanho da amostra, ou seja, quanto maior o tamanho da amostra, mais chances de termos uma diferença significativa. E, por fim, o valor de t tende a ser maior quando as variações de valores dentro de cada grupo são menores.

No que se refere às variáveis que compõem as condições que o teste analisa, temos: uma variável independente categórica binominal e uma variável dependente contínua. A variável independente categórica define as duas condições distintas que estão sendo comparadas, como, por exemplo, o desempenho escolar entre meninos e meninas, entre alunos que estudam no turno matutino e no vespertino, ou antes e depois de uma intervenção (pré e pós-teste). A variável dependente precisa ser contínua, como a média de notas de uma disciplina, a pontuação feita em um jogo e o desempenho em um teste de inteligência. Então, o uso do teste t é indicado quando temos uma variável dependente categórica binominal e uma variável dependente ou um desfecho mensurado por uma escala contínua.

Para Creswell e Guetterman (2019), uma variável contínua é medida pelo pesquisador em um ponto ao longo de um contínuo de pontuações crescentes, que, às vezes, é chamada por alguns autores de um tipo de pontuação de intervalo, classificação ou pontuação em uma escala. Um exemplo desse tipo de escala é a idade, que pode ser um ponto entre um intervalo de 10 a 30 anos. As pontuações contínuas indicam, também, até que ponto os indivíduos concordam ou discordam de uma ideia ou avaliam o nível de importância de uma questão (CRESWELL; GUETTERMAN, 2019).

Além disso, para se utilizar o teste t, é preciso verificar algumas condições. Cohen, Manion e Morrison (2018) orientam que o pesquisador verifique se os dados a serem analisados são contínuos, se a variável dependente é medida pela escala intervalar ou de razão, se a amostragem foi composta de forma aleatória e se a distribuição dos dados é normal. Outro aspecto levantado pelos autores refere-se à igualdade ou homogeneidade da variância, cuja verificação é necessária; em softwares de apoio à análise estatística, como o SPSS, é calculado o teste de Levene (ver Quadro 24), que verifica esse aspecto e informa o valor de p e o nível de significância a ser utilizado quando há e quando não há igualdade de variância. Assim, mesmo que um conjunto de dados não observe essa igualdade, é possível utilizar o teste t.

QUADRO 24 — **Teste de Levene**

> O teste de Levene verifica a igualdade de variâncias para uma variável calculada para dois ou mais grupos. Se o resultado é inferior a 0,05 (<0,05), conclui-se que as variâncias são diferentes nos grupos.
> No SPSS, quando não se assume a homogeneidade das variâncias, deve-se optar por utilizar os valores da linha que corresponde ao teste t para "Variâncias iguais não assumidas" *(Equal variances not assumed)*.

Fonte: os autores.

Quando os dados a serem analisados não atendem aos aspectos que deveriam ser observados, é indicado que o pesquisador utilize testes não paramétricos, como, por exemplo, o teste Mann-Whitney e o teste de Wilcoxon, que discutiremos ainda neste capítulo.

Ao utilizar o teste t, na apresentação dos resultados é importante fornecer algumas informações:

a) média das médias das duas condições e da diferença entre elas;
b) intervalo de confiança, especialmente dos limites de confiança da diferença das médias;
c) valor do t que, quanto maior, mais reforça que a diferença entre as condições não foi resultado de um erro amostral. Não importa se o resultado é positivo ou negativo, mas o valor em si; o sinal indica a direção e pode ser decorrente do modo como os dados foram codificados;
d) valor de p que indica a probabilidade de a diferença ou associação entre as variáveis ter ocorrido devido ao erro amostral; se o valor de p é 0,03, por exemplo, isso significa que existem 3 chances em 100 de o resultado ter ocorrido por um erro amostral. Ao utilizarmos como parâmetro o valor de p<0,05, podemos inferir que a diferença encontrada entre as duas condições é significativa;
e) graus de liberdade que estão relacionados ao tamanho da amostra e, no teste t, é o número de participantes de cada grupo menos 1; normalmente são expressos entre parênteses após a indicação de t; por exemplo, se o gl de nosso experimento é 18 e o valor de t=7,87, então descreve-se da seguinte forma: t(18)=7,87;
f) desvios-padrão, que informam sobre a variabilidade dos valores da amostra analisada;
g) erro-padrão da média que é utilizada no cálculo dos intervalos de confiança (COHEN; MANION; MORRISON, 2018).

Teste t amostras independentes

O teste t independente é utilizado quando os participantes experimentam ou vinculam-se a apenas uma das condições, atendendo ao delineamento entre participantes (DANCEY; REIDY, 2019).

Utilizaremos um exemplo fictício e simples de um delineamento entre participantes, envolvendo uma amostra pequena, para explicar e demonstrar o uso do teste t. Suponhamos que temos dois grupos de alunos que são submetidos a duas condições distintas para aprender um conceito. Uma turma de 2º ano é dividida de forma aleatória em dois grupos: o Grupo Realidade Aumentada (GRA) tem a oportunidade de aprender um conceito por meio de realidade virtual, sem ter uma aula expositiva; o outro grupo, para aprender o mesmo conceito, tem a exposição do professor, que dá exemplos de forma oral e utiliza o livro didático — vamos nomear esse grupo como Grupo Livro e Explicação (GLE). Ao final dessas duas condições de que os dois grupos participaram durante o mesmo período de tempo, todos os alunos foram avaliados por meio da aplicação de uma prova igual sobre o conceito abordado. Na Tabela 17, temos os resultados obtidos no teste aplicado nos dois grupos.

TABELA 17 — Resultados obtidos por cada participante nas duas condições

Grupo Realidade Aumentada (GRA)	Grupo Livro e Exposição (GLE)
13	9
17	8
14	4
10	5
14	6
15	2
19	8
16	6
12	8
15	6
Média: 14,5	6,2
Desvio padrão: 2,5	2,1

Fonte: os autores.

A partir da Tabela 17, podemos observar, pelos valores obtidos na prova aplicada e pela média, que há uma diferença no desempenho entre os grupos; mas até que ponto podemos concluir que essa diferença é significativa? Além disso, podemos concluir que essa diferença seja decorrência das diferentes condições experimentadas pelos participantes? Para responder a essas questões, podemos usar o teste t.

O teste t para amostras independentes pode ser calculado com o apoio de softwares de estatística. No Quadro 25, demonstramos como o cálculo pode ser feito utilizando o SPSS.

QUADRO 25 — **Passos no SPSS para a execução do teste t independente**

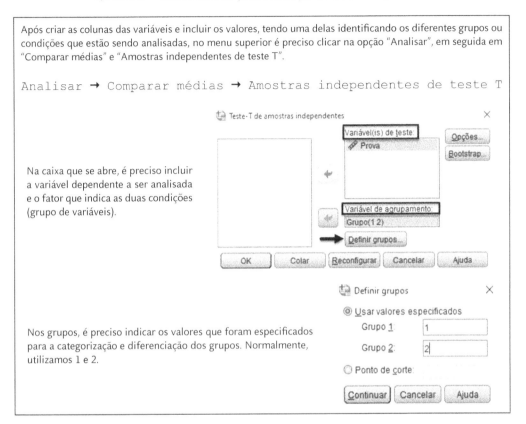

Após criar as colunas das variáveis e incluir os valores, tendo uma delas identificando os diferentes grupos ou condições que estão sendo analisadas, no menu superior é preciso clicar na opção "Analisar", em seguida em "Comparar médias" e "Amostras independentes de teste T".

Analisar → Comparar médias → Amostras independentes de teste T

Na caixa que se abre, é preciso incluir a variável dependente a ser analisada e o fator que indica as duas condições (grupo de variáveis).

Nos grupos, é preciso indicar os valores que foram especificados para a categorização e diferenciação dos grupos. Normalmente, utilizamos 1 e 2.

Fonte: os autores.

Na Figura 48, apresentamos o resultado dos SPSS, dando destaque para algumas informações importantes na extração que são explicadas na sequência.

FIGURA 48 — **Resultado do teste t para amostras independentes no software SPSS**

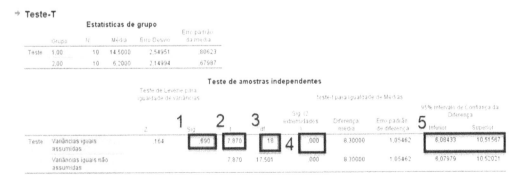

Fonte: os autores.

A partir do uso de softwares de apoio à análise estatística, podem-se extrair as informações que são descritas ou organizadas em tabelas que apresentam os resultados obtidos. Na Figura 48, destacamos as informações que serão extraídas, incluindo o teste de Levene, que indica de qual linha vamos extrair as informações. No SPSS, o Sig. refere-se ao valor de p. Observe que no destaque 1 do teste de Levene, temos Sig.=0,690. Como o valor é maior que 0,05, interpretamos que os dados assumem variâncias iguais; então, vamos extrair os dados da primeira linha. No destaque 2, temos o valor t de 7,870. O grau de liberdade (gl) é informado no destaque 3. No destaque 4, temos o valor de p do teste t, que é de 0,000, ou seja, menor do que 0,001, revelando que temos diferenças estatisticamente significativas. Por fim, no destaque 5, temos o intervalo de confiança da diferença.

A partir disso, na Tabela 18, apresentamos uma alternativa para reportar os resultados obtidos na análise dos dados fictícios que temos utilizado para demonstrar o uso do teste t. Salientamos que há várias possibilidades de construir e organizar as tabelas.

TABELA 18 — **Comparação do desempenho na avaliação entre os grupos GRA e GLE**

	GRA	GLE	Estatística
Média (DP)	14,50 (0,81)	6,20 (0,68)	t = 7,870 p = 0,000 gl = 18
IC 95%	12,67 – 16,32	4,66 – 7,74	IC 95% da diferença = 6,08 – 10,52

Nota: DP = desvio padrão; IC = intervalo de confiança; gl = grau de liberdade.
Fonte: os autores.

A partir da tabela, os resultados podem ser descritos da seguinte forma:

Os alunos que participaram da prática pedagógica pautada no uso da realidade aumentada (GRA) para a aprendizagem do conceito obtiveram uma pontuação média superior na avaliação (M = 14,50, DP = 0,81), quando comparamos com o resultado obtido pelo grupo participou da prática pedagógica que se utilizou da exposição dialogada e do livro didático (M = 6,20, DP = 0,68). A diferença entre os dois grupos foi de 8,30 pontos, sendo estatisticamente significativa (t (18)=7,87, p<0,001).

A partir desse resultado, podemos retomar as hipóteses da pesquisa. Nesse exemplo, a hipótese nula que poderia ser expressa indicando que não há diferença no desempenho dos grupos de alunos que experimentam distintas práticas pedagógicas na aprendizagem de determinado conceito. Considerando a diferença estatisticamente significativa observada, rejeita-se ou não se suporta a hipótese nula. Em nosso exemplo, concluímos que o desempenho na avaliação está associado ao tipo de prática pedagógica desenvolvida.

Um exemplo descrito pela literatura refere-se à pesquisa desenvolvida por Lamônica e Ferreira-Vasques (2015, p. 1475), que tinha como objetivo "verificar o desempenho comunicativo e lexical expressivo de crianças com síndrome de Down" para ampliar a compreensão sobre fatores interferentes no processo de aprendizagem para uma melhor adaptação dessas crianças na escola. Com base em critérios de inclusão, compôs-se uma amostra com 20 crianças, "10 com síndrome de Down (SD) e 10 com neurodesenvolvimento típico, de idade entre 36 a 62 meses, pareadas quanto ao gênero, idade cronológica e nível socioeconômico" (LAMÔNICA; FERREIRA-VASQUES, 2015, p. 1475).

A coleta de dados incluiu vários procedimentos, como a realização de entrevistas com familiares, a observação do comportamento comunicativo e a aplicação do teste de linguagem infantil ABFW. A análise utilizou o teste t, que comparou os dados do Grupo Experimental (GE), composto pelas crianças com SD, e do Grupo Controle (GC), que inclui as crianças com neurodesenvolvimento típico. Os resultados foram apresentados em tabelas com base nos resultados obtidos com os instrumentos de coleta. Dentre as tabelas, reproduzimos a Tabela 19, que apresenta os resultados comparativos no teste de linguagem entre o GC e o GE.

TABELA 19 — Comparação do desempenho dos Grupos Controle Experimental no Teste ABFW

ABFW	GC Média	GC D.P.	GE Média	GE D.P.	Valor p
DVU	56,66	16,61	13,35	19,22	≤0,05*
ND	1,99	3,58	54,94	41,64	≤0,05*
PS	41,40	16,15	31,93	30,44	≥0,05

Nota: Designação verbal usual (DVU); Não designação (ND); Processo de substituição (PS).
Fonte: Lamônica e Ferreira-Vasques (2015, p. 1478).

Segundo as autoras, na comparação entre os grupos, foi constatada diferença estatisticamente significante para DVU e ND, mas não para PS. A partir disso, dentre outros resultados obtidos que incluíram uma análise mais descritiva, o estudo conclui que

> o desempenho comunicativo e lexical expressivo de crianças com Síndrome de Down é inferior quando comparado com crianças com neurodesenvolvimento típico, nos aspectos de produção de palavras e frases, narrativa, tempo de atenção e nomeação de figuras. (LAMÔNICA; FERREIRA-VASQUES, 2015, p.1481).

Teste t pareado

O teste t pareado ou relacionado é usado quando os participantes experimentam ou vinculam-se às duas condições, o que corresponde ao delineamento intraparticipantes (DANCEY; REIDY, 2019). Desse modo, o teste aplica-se quando temos os mesmos participantes nas condições em que estão sendo analisados. Esse teste se aplica em situações em que não temos um grupo controle ou dois grupos distintos, mas em que os participantes são avaliados em dois momentos. Um exemplo poderia ser uma pesquisa que realiza uma avaliação antes de conduzir uma intervenção com uma turma (pré-teste) e, após ter conduzido a intervenção, aplica novamente a avaliação (pós-teste). Nesse caso, podemos utilizar o teste t pareado ou relacionado para saber se a diferença encontrada entre as duas avaliações é estatisticamente significativa. O Quadro 26 apresenta os passos no SPSS para o uso desse tipo de teste.

Quadro 26 — **Passos no SPSS para a execução do teste t relacionado ou pareado**

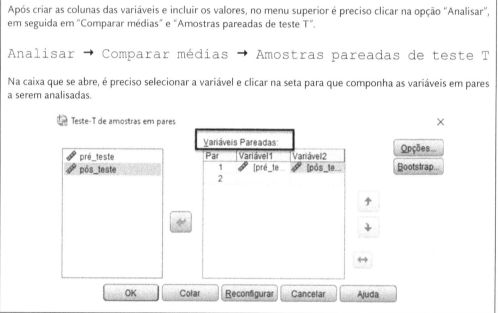

Fonte: os autores.

Na Figura 49, apresentamos o resultado da análise realizada utilizando o software SPSS, destacando algumas informações importantes na extração, que são explicadas na sequência.

FIGURA 49 — **Resultado do teste t pareado no software SPSS**

→ **Teste-T**

Estatísticas de amostras emparelhadas

Par 1	Média	N	Erro Desvio	Erro padrão da média
pré_teste	6,2400	20	1,64201	,36717
pós_teste	7,2200	20	1,11996	,25043

(destaque 1: Média)

Correlações de amostras emparelhadas

	N	Correlação	Sig
Par 1 pré_teste & pós_teste	20	,613	,004

(destaque 2: Correlação e Sig)

Teste de amostras emparelhadas

Diferenças emparelhadas

	Média	Erro Desvio	Erro padrão da média	95% Intervalo de Confiança da Diferença Inferior	Superior	t	df	Sig (2 extremidades)
Par 1 pré_teste - pós_teste	-,98000	1,30287	,29133	-1,58976	-,37024	-3,364	19	,003

(destaques 3, 4, 5, 6)

Fonte: os autores.

A partir dos resultados, podemos extrair a média e o erro desvio (desvio padrão) que estão nas estatísticas de amostras. A correlação de amostras emparelhadas, como vimos, pode ser um indicador do tamanho do efeito. Considerando os valores do destaque 2, temos tamanho de efeito moderado, indicando haver relação entre os valores do pré e pós-teste. Nas estatísticas da diferença, observamos, no destaque 3, que a média da diferença é −0,98, o intervalo de confiança da diferença é de −1,58 a −3,364 e o valor de p=0,003, indicando que há uma diferença estatisticamente significativa nos resultados das avaliações.

Cabe observar, na relação entre o resultado do teste t e da retomada das hipóteses, que, quando não temos diferença estatisticamente significativa, aceita-se a hipótese nula, o que remete à conclusão de que as variáveis não estão relacionadas. De outro modo, quando temos uma diferença significativa, rejeitamos a hipótese nula, concluindo que as variáveis estão relacionadas (BABBIE, 2016).

O teste t responde se há ou não diferença significativa entre dois grupos e condições. Entretanto, é importante complementar essa análise com a verificação do tamanho dessa diferença por meio do tamanho do efeito. Nessa perspectiva, Cohen, Manion e Morrison (2018) sugerem fortemente que a análise da significância estatística seja acompanhada por medidas de tamanho do efeito.

Um exemplo do uso do teste t pareado pode ser encontrado na pesquisa desenvolvida por Santos e Maluf (2010), que observou o delineamento quase experimental com base na aplicação do pré-teste, da intervenção e do pós-teste. O estudo teve como objetivos "[...] avaliar a eficácia de um programa de intervenção para desenvolver habilidades metafonológicas e facilitar a aprendizagem da escrita em crianças falantes do português do Brasil" (SANTOS; MALUF, 2010, p. 57). Participaram 90 crianças de classes de alfabetização em três condições distintas, que incluíram escolas distintas, classes regidas pelo mesmo ou diferentes professores e diferentes aplicadores.

As intervenções foram aplicadas junto aos grupos experimentais de cada condições, com duração de 12 semanas, totalizando 32 sessões. As intervenções incluíram atividades que se utilizavam de músicas, brincadeiras e jogos voltadas à aquisição de habilidades metafonológicas. Os grupos controle participaram de um programa placebo, que propôs "[...] atividades de colagem, desenho e pintura, selecionadas e desenvolvidas de modo a não concorrerem para o desenvolvimento de habilidades metafonológicas" (SANTOS; MALUF, 2010, p. 63).

Os resultados comparativos são apresentados em tabelas. Destacamos a Tabela 20, que descreve os principais resultados relacionados aos objetivos.

TABELA 20 — Média e desvio-padrão nas Tarefas de Habilidades Metafonológicas (THM) e nas Tarefas de Escrita (TE) das crianças dos Grupos Experimental (GE) e Controle (GC) no pré-teste e no pós-teste nas condições 1, 2 e 3

Condição	Grupo	N	Pré-Teste THM Média	dp	Pré-Teste TE Média	dp	Pós-Teste THM Média	dp	Pós-Teste TE Média	dp
1	GE	10	6,9	5,2	3,7	2,1	21,1	7,1	6,3	1,7
	GC	10	4,5	2,9	3,4	2,1	12,0	6,2	4,6	1,0
2	GE	18	4,2	2,2	3,1	1,5	19,2	6,0	6,1	1,8
	GC	18	5,1	2,6	4,4	1,1	11,3	6,3	5,2	1,6
3	GE	17	4,8	2,5	3,5	1,4	17,8	5,4	6,1	1,4
	GC	17	4,6	1,9	3,6	1,1	12,4	5,3	4,8	1,2

Fonte: Santos e Maluf (2010, p. 64).

A partir da Tabela 20, as autoras relatam os seguintes resultados:

> A comparação entre os resultados obtidos pelas crianças antes e depois da intervenção, utilizando-se o teste t de Student, mostrou avanços significativos, nas três condições em que o Programa foi aplicado (Condição 1: t=-5,09 e p=0,00; Condição 2: t=-9,96 e p=0,00; Condição 3: t=-8,90 e p=0,00), o que permitiu afirmar que o procedimento utilizado atingiu o objetivo de produzir avanços nas habilidades metafonológicas.
> [...]
> O teste t, aplicado à diferença das médias na prova de escrita do pré e pós-teste dos grupos experimentais, mostrou que no pós-teste as crianças apresentaram melhor desempenho na escrita das palavras ditadas, nas condições 1, 2 e 3 (C1: t=-3,03 e p=0,01; C2: t=-5,31 e p=0,00 e C3: t=-5,2 e p=0,00) de aplicação do Programa. (SANTOS; MALUF, 2010, p. 65).

Outros resultados e análises são realizadas no estudo, que levam as autoras resumir que "as habilidades metafonológicas têm papel facilitador no início do processo de aquisição da linguagem escrita e podem ser desenvolvidas por meio de programas de intervenção em diferentes condições de aplicação" (SANTOS; MALUF, 2010, p. 57).

7.2.3.9.2. ANOVA

A Análise de Variância (ANOVA) é um teste paramétrico utilizado quando queremos comparar mais de três condições ou grupos para verificar se há muita variância. Esse teste inferencial avalia o quão provável as diferenças encontradas entre as condições em comparação são decorrentes do erro amostral. Pauta-se na comparação das médias para verificar se há diferenças entre os grupos e o quão diferentes são, considerando a média das médias (que é soma das médias dos grupos em comparação dividida pela quantidade de grupos que estão sendo comparados) e a média individual (DANCEY; REIDY, 2019).

A principal diferença entre o teste t e a ANOVA reside na quantidade de condições ou grupos que são comparados; o primeiro é usado na comparação de duas condições, enquanto o segundo, de três ou mais. As condições para a utilização dos testes são as mesmas. A ANOVA requer que os dados a serem analisados sejam contínuos e paramétricos, resultantes de uma amostragem aleatória, e que sigam uma distribuição normal, já que a homogeneidade das variâncias pode ser superada com o uso de testes como Levene ou Welch, especialmente quando se utiliza um software de apoio à análise estatística (COHEN; MANION; MORRISON, 2018). Dancey e Reidy (2019) acrescentam, ainda, que o número de valores em cada condição deve ser similar, o que normalmente remete à preferência de se ter o mesmo número de participantes em cada grupo.

Na ANOVA, temos uma variável independente categórica, demarcando as condições que estão sendo comparadas, como, por exemplo, diferentes metodologias utilizadas, escolas, turmas, nível de motivação, disciplinas etc. A variável dependente precisa ser numérica e contínua, como, por exemplo, as notas, os escores resultantes de uma tarefa, os pontos em um teste psicológico, os acertos em um jogo etc.

Assim, as condições seriam os fatores que são analisados. As condições normalmente se referem aos grupos ou conjunto de dados que estão sendo comparados, como três turnos (matutino, vespertino e noturno), frequência de acesso a um recurso (alta, moderada e baixa) ou três diferentes escolas. Na organização dos dados para a análise, essas três condições são informadas em uma coluna; se o fator é o turno, por exemplo, podemos atribuir 1 para matutino, 2 para vespertino e 3 para noturno, conforme vimos na preparação dos dados para análise. Nas colunas seguintes, podemos ter os resultados do desfecho como os valores das médias obtidas em disciplina pelos participantes. Essas médias seriam as variáveis dependentes que estão sendo comparadas entre os grupos para verificar se o turno escolar tem influência sobre o desempenho do aluno, por exemplo.

Existem vários tipos de Análise de Variância; entretanto, neste livro destacamos duas que são mais frequentemente utilizadas em estudos na área de educação: a ANOVA de um fator e a ANOVA de medidas repetidas. Além disso, abordamos brevemente a Two-way ANOVA (ANOVA Fatorial).

As condições analisadas pela ANOVA podem se referir à comparação entre diferentes grupos (condições). Podemos ter dois delineamentos distintos: o delineamento entre participantes ou entre grupos (ANOVA independente) e o delineamento intraparticipantes (ANOVA relacionada ou de medidas repetidas).

ANOVA de um fator independente

A ANOVA de um fator ou univariada (One-way ANOVA) tem o delineamento entre grupos, no qual cada valor vinculado a um participante aparece apenas no grupo em que está sendo analisado, ou seja, temos o delineamento entre participantes. Um aluno incluído em um grupo não estará em nenhum dos outros grupos com que se está comparando. Cada grupo representa uma condição, e a ANOVA verifica se há diferença entre as médias dos grupos.

Temos dois tipos de variância: uma que se refere aos grupos (entregrupos), o quanto a média de um grupo varia em relação ao outro; e a variância intragrupos, o quanto os valores que compõem cada grupo ou a condição variam (Quadro 27). Dancey e Reidy (2019) listam os principais motivos para que se observe a variância entre grupos:

a) quando avaliamos o efeito de um tratamento ou intervenção, comumente relacionada a um estudo experimental ou quase-experimental em que cada grupo é submetido a diferentes intervenções;
b) quando temos diferenças individuais entre os participantes; mesmo em uma amostra aleatória, podemos ter diferenças entre os participantes, como alguns mais motivados em relação à condição a que foram submetidos;
c) quando temos o erro experimental decorrente de falhas no experimento, como nas instruções dadas aos participantes, problemas no equipamento utilizado e outras variáveis que possam ter afetado o resultado.

A variância intragrupos pode ser decorrente também das diferenças individuais e de erro no experimento. O Quadro 27 sintetiza os tipos de variância.

QUADRO 27 — **Tipos de variância entre grupos e intragrupos**

Tipos de variância	Definição
Variância entre grupos	Variação relacionada às condições que definem os grupos
Variância intragrupos	Variação dentro de cada grupo

Fonte: os autores.

A ANOVA considera as médias de cada grupo ou condição, a média geral (média das médias dos grupos), o desvio total de cada participante em relação à média do grupo a que se refere a variância intragrupos, ou seja, dentro do próprio grupo, e o desvio da média de cada grupo em relação à média geral resulta na variância entre grupos (DANCEY; REIDY, 2019).

A estatística F relacionada ao teste ANOVA é a razão da variância entre grupos com a variância intragrupos (variância entre grupos ÷ variância intragrupos = razão F). Considerando isso, quanto maior for a variância entre os grupos e menor a variância intragrupos, mais elevado é o valor de F, o que, por sua vez, aumenta as chances de que a diferença encontrada entre os grupos seja estatisticamente significativa.

Na apresentação dos resultados obtidos na ANOVA, é importante apresentar algumas estatísticas descritivas, como: as médias, os desvios-padrão e o intervalo de confiança de cada condição que está sendo comparada. Essas informações normalmente são apresentadas em uma tabela. Já nas informações relacionadas ao teste, recomenda-se a apresentação do valor de F, do grau de liberdade e do valor de p, que podem compor a tabela ou estar descritos no texto.

Quando o teste ANOVA indica que há diferenças entre os grupos, é possível comparar as condições de duas em duas para identificar entre quais grupos temos a diferença na variância. Já a ANOVA apenas informa se existe ou não diferença entre grupos, sem indicar entre quais grupos a diferença é significativa. Nessa comparação entre pares, Dancey e Reidy (2019) sugerem dividir o valor de probabilidade do erro tipo I pela quantidade de comparações. Normalmente, o valor de probabilidade do erro adotado é 0,05; então, se vamos fazer três comparações, esse valor é dividido por 3, o que resulta em 0,016 como sendo um valor de p, que pode ser menor ou igual, para que se considere a diferença como estatisticamente significativa. Ressalta-se que, em alguns softwares, como o SPSS, esse aspecto já é considerado nas opções testes post-hoc disponíveis para explorar as diferenças entre as médias.

Uma opção disponível, considerada conservadora, é o teste denominado Diferenças Honestamente Significativas (DHS), conhecido como teste de Tukey (DANCEY; REIDY, 2019). O teste de Tukey visa identificar onde as diferenças estão, ou seja, entre quais grupos (COHEN; MANION; MORRISON, 2018). Diante disso, Cohen, Manion e Morrison (2018) aconselham que o teste de Tukey seja utilizado em conjunto com a ANOVA para identificar onde estão as diferenças quando a ANOVA informa que há diferenças estatisticamente significativas entre grupos.

Imaginemos um estudo que tem o objetivo de analisar se o nível de formação tem influência sobre o modo como os professores integram e utilizam as tecnologias na prática pedagógica e conduzem atividades coletivas. Teríamos como participantes 60 professores com três níveis de formação (1 = graduação, 2 = especialização e 3 = mestrado), e as duas variáveis seriam mensuradas por afirmações relacionadas ao uso das tecnologias na prática e à condução de atividades coletivas com uso da escala Likert, que, somadas, gerariam um escore.

No SPSS, é possível conduzir essas análises após a inclusão dos dados, conforme opções e seleções indicadas no Quadro 28.

QUADRO 28 — **Passos no SPSS para execução do teste ANOVA de um fator**

Após criar as colunas das variáveis e incluir os valores, no menu superior é preciso clicar na opção "Analisar", em seguida em "Comparar médias" e "ANOVA Unidirecional" (One-way ANOVA).

Analisar → Comparar médias → Análise de Variância Unidimensional

Na caixa que se abre, é preciso incluir a variável dependente a ser analisada e o fator que indica as duas condições (grupo de variáveis).

No botão "Opções" (Options), localizado à esquerda da caixa, você pode fazer a seleção de estatísticas que são apresentadas para cada condição analisada. Sugere-se a seleção das opções "Descritivas" e "Teste de homogeneidade das variâncias".

Você ainda pode clicar no botão "Posteriori" (Post-hoc) e selecionar o teste de "Tukey" para fazer as comparações entre todos os grupos.

Fonte: os autores.

RESULTADOS, ANÁLISE, DISCUSSÃO E INTERPRETAÇÃO

A execução do teste resulta em várias tabelas que descrevem as estatísticas descritivas (média, desvio padrão, limite inferior e superior, valor mínimo e máximo) e os resultados dos testes que foram utilizados, conforme se pode observar na Figura 50 e Figura 51.

FIGURA 50 — Resultados do teste de homogeneidade e do ANOVA unidirecional

Teste de Homogeneidade de Variâncias

		Estatística de Levene	df1	df2	Sig.
EscoreUsoTecnologiasDigitais	Com base em média	,701	2	57	,500
	Com base em mediana	,529	2	57	,592
	Com base em mediana e com df ajustado	,529	2	51,996	,592
	Com base em média aparada	,690	2	57	,506
EscoreAtividadesColetivas	Com base em média	1,833	2	57	,169
	Com base em mediana	1,717	2	57	,189
	Com base em mediana e com df ajustado	1,717	2	41,091	,192
	Com base em média aparada	1,849	2	57	,167

ANOVA

		Soma dos Quadrados	df	Quadrado Médio	Z	Sig.
EscoreUsoTecnologiasDigitais	Entre Grupos	555,342	2	277,671	8,765	,000
	Nos grupos	1805,641	57	31,678		
	Total	2360,983	59			
EscoreAtividadesColetivas	Entre Grupos	258,106	2	129,053	7,061	,002
	Nos grupos	1041,827	57	18,278		
	Total	1299,933	59			

Fonte: os autores.

A partir da primeira tabela da Figura 50, podemos extrair as médias de cada grupo para cada fator, o desvio padrão, que é o valor disponível na coluna "Erro Erro", e os valores dos intervalos de confiança. Na tabela seguinte, temos o resultado do teste de homogeneidade, que, em todos os campos, tem um valor superior a 0,05, então podemos considerar que temos uma variância homogênea. E na terceira tabela temos o teste ANOVA, do qual extraímos os valores dos graus de liberdade (coluna df, ou gl), o valor de Z que se refere ao F, e o Sig., que equivale ao valor de p.

Outra possibilidade de análise que pode ser selecionada no SPSS, conforme indicação no Quadro 28, são os testes post hoc, que fazem a comparação entre os grupos para localizar as diferenças. Na Figura 51, podemos observar como os resultados são apresentados no SPSS.

FIGURA 51 — Resultados dos testes post hoc no SPSS

Testes Post-Hoc

Comparações múltiplas

Variável dependente	(I) NívelEscolar	(J) NívelEscolar	Diferença média (I-J)	Erro Erro	Sig.	Intervalo de Confiança 95% Limite inferior	Limite superior
EscoreUsoTecnologiasDigitais	1,00	2,00	-2,67419	1,78206	,298	-6,9626	1,6142
		3,00	-7,29524*	1,75851	,000	-11,5270	-3,0635
	2,00	1,00	2,67419	1,78206	,298	-1,6142	6,9626
		3,00	-4,62105*	1,80310	,034	-8,9601	-,2821
	3,00	1,00	7,29524*	1,75851	,000	3,0635	11,5270
		2,00	4,62105*	1,80310	,034	,2821	8,9601
EscoreAtividadesColetivas	,00	2,00	4,69173*	1,35364	,003	1,4343	7,9492
		3,00	3,92857*	1,33576	,013	,7142	7,1430
	2,00	1,00	-4,69173*	1,35364	,003	-7,9492	-1,4343
		3,00	-,76316	1,36962	,843	-4,0590	2,5327
	3,00	1,00	-3,92857*	1,33576	,013	-7,1430	-,7142
		2,00	,76316	1,36962	,843	-2,5327	4,0590

*. A diferença média é significativa no nível 0.05.

Fonte: os autores.

Considerando os resultados da Figura 51, podemos observar que, no que se refere ao uso das tecnologias digitais, temos diferença significativa entre os grupos 1 (educação infantil) e 3 (anos finais) e entre 2 (anos iniciais) e 3 (anos finais). Não tivemos diferença na comparação entre a educação infantil e os anos iniciais.

Esses resultados podem ser extraídos do SPSS e apresentados em tabelas e de forma descritiva, conforme a Tabela 21.

TABELA 21 — Resultado do teste ANOVA One-way para o nível de ensino

Recursos e tipo de estratégias (Variáveis dependentes)	G1 Média (DP)	G2 Média (DP)	G3 Média (DP)	F	p
Integração de tecnologias digitais	15,20 (6,63)	15,94 (5,80)	18,30 (13,39)	1,167	0,332
Proposição de atividades coletivas	20,26 (5,44)	20,94 (5,09)	21,61 (4,27)	1,298	0,262

Notas: (DP) Desvio Padrão; (*) p<0,05; (G1) Educ. infantil; (G2) Anos Iniciais; (G3) Anos finais.
Fonte: os autores.

Os resultados da ANOVA One-way para o fator atuação profissional, que podem ser observados na Tabela 21, não sugerem efeito significativo nos escores analisados referentes à prática antes da participação na formação realizada — F=1,167, p>0,05; a prática após a realização do núcleo — F=1,298, p>0,05; e a diferença entre os escores obtidos antes e após a realização da formação — F=0,937, p>0,05.

RESULTADOS, ANÁLISE, DISCUSSÃO E INTERPRETAÇÃO

Além disso, assim como no teste t, é importante informar o tamanho do efeito (d) para as diferenças entre duas condições. Para tanto, é possível utilizar uma calculadora na internet ou aplicar a fórmula: (média da condição 1 – média condição 2) ÷ desvio médio.

Uma pesquisa desenvolvida por Oliveira, Boruchovitch e Santos (2011) procurou levantar as possíveis diferenças na utilização das estratégias de aprendizagem de alunos do ensino fundamental; dentre os fatores de análise, as autoras consideraram a série escolar e a idade dos participantes. Para tanto, aplicaram a Escala de Estratégias de Aprendizagem com 815 alunos de 2ª à 8ª série do ensino fundamental de escolas públicas e privadas de São Paulo e Minas Gerais. A estatística descritiva é apresentada pela autora na Tabela 22.

TABELA 22 — Médias, desvio padrão, pontuação mínima e máxima do desempenho na Escala de Estratégias de Aprendizagem por série

Série	M de pontos na Escala	Dp	Pontuação mínima	Pontuação máxima
2ª	80,5	11,4	46	100
3ª	80,8	10,0	57	101
4ª	81,7	8,7	62	101
5ª	79,2	10,2	55	103
6ª	79,5	9,5	46	103
7ª	76,4	11,2	15	103
8ª	78,5	8,4	57	106

Fonte: Oliveira, Boruchovitch e Santos (2011, p. 101).

Os resultados obtidos na análise de variância e utilizando o teste post-hoc de Tukey são apresentados pelas autoras complementando a análise da Tabela 22:

> Para se levantar diferenças entre as séries a ANOVA foi usada. Assim, os alunos mais uma vez foram agrupados. O grupo 1 (29,6%, n=241) se referiu aos estudantes das 2ª, 3ª e 4ª séries, o segundo grupo (40,2%, n=328) abarcou os estudantes das 5ª e 6ª séries e no último grupo (31,2%, n=246) estavam os estudantes das 7ª e 8ª séries. A ANOVA permitiu evidenciar diferença significante entre os grupos [F(2, 812)=8,043, p=0,000]. Pelo teste post-hoc de Tukey a diferença no desempenho da Escala de Estratégias de Aprendizagem entre os grupos 1 e 3 (p=0,001) foi observada. Ao que parece os estudantes do grupo 1 obtiveram uma média de desempenho melhor (M=81,1) do que aqueles do grupo 3 (M=77,4). Não houve diferença entre os grupos 1 e 2 e grupos 2 e 3, sendo que neste último caso o p foi baixo (0,059) mas não significativo. (OLIVEIRA; BORUCHOVITCH; SANTOS, 2011, p. 101).

No artigo, as autoras ainda realizam análises que agrupam e comparam os dados das séries que compõem os anos iniciais e finais do ensino fundamental, utilizando o teste t para analisar as diferenças. Na sequência, agrupam os alunos em três faixas etárias para proceder às análises utilizando ANOVA e o teste post-hoc de Tukey. Nas duas análises, são identificadas diferenças significativas.

O uso da ANOVA e do teste post-hoc de Tukey indicam que há diferenças significativas nas médias das pontuações obtidas pelos grupos comparados, que podem ser associadas à série escolar e à idade dos alunos. A partir disso, os resultados obtidos são discutidos pelas autoras, procurando destacar as implicações educacionais.

ANOVA de medidas repetidas

Na ANOVA de um fator, os participantes que compõem a amostra estão relacionados a apenas uma das condições, diferentemente da ANOVA de medidas repetidas, em que cada participante é testado em cada condição. No delineamento de medidas repetidas, a mesma pessoa executa a tarefa ou é avaliada em cada uma das condições, então não temos a possibilidade de a variação encontrada ser decorrente de diferenças individuais, pois os participantes são os mesmos em cada condição que está sendo mensurada ou avaliada.

Dancey e Reidy (2019) recomendam que, na análise, seja considerada a linha de Greenhouse-Geisser, que está relacionada à esfericidade que supõe que todas as condições que estão sendo analisadas são independentes, o que, na ANOVA de medidas repetidas, refere-se à correlação existente entre as condições que estão sendo analisadas. As questões da esfericidade estão relacionadas à precisão e ao rigor da ANOVA (DANCEY; REIDY, 2019).

Para ilustrar o uso do teste ANOVA de medidas repetidas destacamos o estudo de Mendes *et al.* (2018), que teve como objetivo avaliar um projeto de escola de tempo integral com alunos do 6º ano do ensino fundamental II. A análise quantitativa pautou-se no desempenho acadêmico em períodos letivos, associado ao projeto de intervenção "O pirata do Ulisses", desenvolvido de forma integrada ao currículo em uma escola portuguesa. Os resultados são apresentados em uma tabela que inclui a média, o desvio padrão e o tamanho do efeito. Na Tabela 23, reproduzimos os resultados relacionados à ANOVA de medidas repetidas.

TABELA 23 — ANOVA de medidas repetidas do desempenho do alunos nos três períodos letivos (N=20)

Disciplinas	1º Período M	1º Período DP	2º Período M	2º Período DP	3º Período M	3º Período DP	$F_{(1, 19)}$	p	η^2
Português	3.05	0.83	3	0.73	3.25	0.64	2.509	.095	.117
Inglês	3.45	0.83	3.30	0.88	3.40	0.88	1.588	.232	.150
História GP	3.4	0.94	3.30	0.86	3.65	0.81	5.255	.01*	.217
Matemática	3.15	1.04	3.35	0.99	3.45	1.0	4.750	.014*	.200
Ciências Naturais	3.65	0.74	3.65	0.74	3.80	0.70	1.879	.167	.090
Educação Visual	3.3	0.47	3.30	0.47	3.40	0.50	1.000	.377	.050
Ed Tecnológica	3.8	0.41	3.75	0.44	3.75	0.44	1.000	.377	.050
Ed Musical	3.45	0.81	3.90	0.44	3.80	0.52	11.265	.000**	.372
Ed Física	3.95	0.60	4.05	0.51	4.00	0.46	1.000	.377	.050
Cidadania	3.9	0.78	3.80	0.70	4.10	0.55	3.500	.04*	.186

Notas: *p <0.05; **p <0.01. = Média; DP = Desvio-padrão.
Fonte: Mendes *et al.* (2018, p. 58).

Os autores descrevem os resultados obtidos da análise quantitativa destacando que:

> Nas disciplinas de História e Geografia de Portugal, de Matemática, de Educação Musical e de Cidadania verificaram-se melhorias significativas no final do 3º período, comparativamente aos períodos anteriores (p <.05). Por seu lado, nas disciplinas de Português e de Ciências Naturais registaram-se progressos, embora não tenham atingido o limiar de significação estatística. (MENDES et al., 2018, p. 58).

Two-way ANOVA

O teste Two-way ANOVA é usado para estimar o efeito de duas variáveis independentes em relação a uma única variável dependente, possibilitando que o pesquisador examine também os efeitos de interação entre as duas variáveis independentes (COHEN; MANION; MORRISON, 2018).

Imaginemos que um pesquisador pretenda avaliar a capacidade psicomotora de crianças por meio do número de acertos em uma tarefa (variável dependente) em relação à frequência com que fazem atividades esportivas por semana (não fazem, de 1 a 2 vezes por semana, mais de 2 vezes) e a faixa etária (variáveis independentes ou fatores). Com o Two-way ANOVA, o pesquisador pode verificar se esses fatores podem ser relacionados a diferenças no número de acertos e ainda observar que a faixa etária tem um efeito sobre crianças que fazem mais atividades esportivas. Nesse exemplo, temos uma variável dependente contínua, que é o número de acertos, e duas variáveis categóricas independentes, que são a faixa etária e a frequência de atividades esportivas semanais.

Desse modo, a ANOVA permite analisar as diferenças na variável dependente em relação aos dois fatores ou variáveis independentes, e, ainda, a interação das duas variáveis independentes sobre a variável dependente. A análise realizada no SPSS utiliza o teste de Levene para verificar a igualdade de variâncias de erro (ver Quadro 24), os graus de liberdade e os níveis de significância (valor p).

7.2.3.9.3. Mann-Whitney

O teste Mann-Whitney, também conhecido como Wilcoxon-Mann-Whitney ou U de Mann-Whitney, foi inicialmente concebido por Frank Wilcoxon para analisar medidas de tendência central em amostras de mesmo tamanho. Posteriormente, Henry B. Mann e Donald R. Whitney, em 1947, estenderam a aplicação do teste para amostras de diferentes tamanhos.

O teste Mann-Whitney é não paramétrico, utilizado para comparar a diferença entre dois grupos ou condições nos quais temos participantes diferentes em cada condição que está sendo analisada. Assim, é um teste correspondente ao teste paramétrico t para medidas independentes. Entretanto, diferentemente do teste t, não se pauta na média, e sim nos pontos resultantes do ordenamento dos valores dos dados.

Ao invés de pautar-se na média, o teste U de Mann-Whitney tem como base a classificação ou o ranking das pontuações (COHEN; MANION; MORRISON, 2018). Para tanto, os dados originais são previamente convertidos em postos, ou seja, ordenações. Os postos são definidos ordenando todos os valores em ordem crescente, independente de qual grupo façam parte, atribuindo-se na sequência um número que corresponde ao posto à ou ordem que inicia pelo número 1, como podemos observar na Tabela 24.

TABELA 24 — Ordenação e postos no teste Mann-Whitney

Valores	22	31	35	44	45	50	54	62	63	68
Postos	1	2	3	4	5	6	7	8	9	10

Fonte: os autores.

O Mann-Whitney pode ser utilizado, por exemplo, quando queremos comparar se há diferença entre escolas públicas e privadas em relação ao número de aulas de inglês semanais ofertadas às turmas do 6º ano da educação básica. Nesse exemplo, temos como variável dependente o número de aulas de inglês, e como condições que estão sendo comparadas, escolas privadas ou escolas públicas. Os participantes equivalem às diferentes escolas que fornecem dados. Como temos grupos distintos de dados que são coletados de diferentes escolas, consideramos que essas medidas são independentes. O dado de uma escola pública compõe apenas esse grupo, não podendo aparecer também no grupo das escolas privadas.

Este teste é utilizado para comparar a diferença entre dois grupos, sem indicar que uma variável causa a outra, ou que existe uma correlação entre a variável independente (agrupamento) e o variável dependente (resultado) (RONI; MERGA; MORRIS, 2020). A partir do exemplo ilustrativo, conforme veremos, não podemos concluir que a diferença encontrada seja em função do tipo de escola analisada; caberia investigar por que um tipo de escola oferta mais aulas de inglês, considerando seus objetivos e currículo, por exemplo. O teste Mann-Whitney indica apenas que a diferença que possa ser encontrada é significativa, sem que seja possível afirmar que a causa de ter mais ou menos aula é decorrente do tipo de escola.

De acordo com Roni, Merga e Morris (2020), as condições que precisam ser observadas para a utilização do teste Mann-Whitney são: apenas dois grupos são comparados; os dois grupos são mutuamente exclusivos, o que significa que cada participante é medido apenas uma vez, ou seja, cada dado é exclusivo de apenas de uma condição; a variável dependente é ordinal ou intervalar; e a distribuição de dados para ambos os grupos deve ser semelhante.

A apresentação dos resultados obtidos com o teste Mann-Whitney inclui também estatísticas descritivas, que podem ser calculadas na opção "Explorar" do SPSS, conforme se podem observar os passos descritos no Quadro 29. Dancey e Reidy (2019) indicam a apresentação pelo menos da média, do desvio padrão e da mediana das duas condições comparadas, o que pode ser feito por meio de uma tabela. Uma alternativa, considerando que os dados são assimétricos, é utilizar o gráfico de caixa e bigodes para as duas condições que estão sendo analisadas.

QUADRO 29 — **Passos no SPSS para calcular as estatísticas descritivas dos dados**

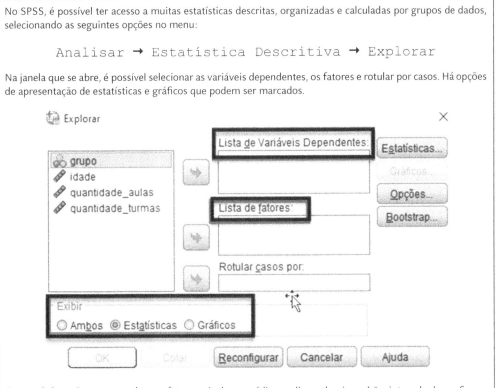

Fonte: os autores.

Diferentemente do teste t, que analisa as médias, o teste Mann-Whitney pauta-se nas medianas. Por isso, na apresentação dos resultados, recomenda-se que, dentre as estatísticas descritivas, inclua-se a mediana como medida de tendência central e o intervalo interquartil como medida de dispersão.

Para além dos resultados obtidos no uso do teste, as estatísticas descritivas permitem visualizar as diferenças encontradas e as medidas que indicam a dispersão dos dados. No SPSS, temos as opções relacionadas aos testes paramétricos. Para o uso do teste Mann--Whitney, observam-se os passos descritos no Quadro 30.

QUADRO 30 — **Passos no SPSS para o uso do teste Mann-Whitney**

A análise com o teste Mann-Whitney é realizada no SPSS selecionando as seguintes opções no menu:

```
Analisar → Testes Não Paramétricos → Caixas de diálogo
legadas → 2 amostras independentes
```

Na janela aberta, temos que selecionar a lista de variáveis a serem analisadas e a variável de agrupamento. Após a seleção das variáveis, é preciso clicar em "Definir grupos" e indicar o número atribuído a cada variável de agrupamento. Cabe verificar se o teste Mann-Whitney está selecionado.

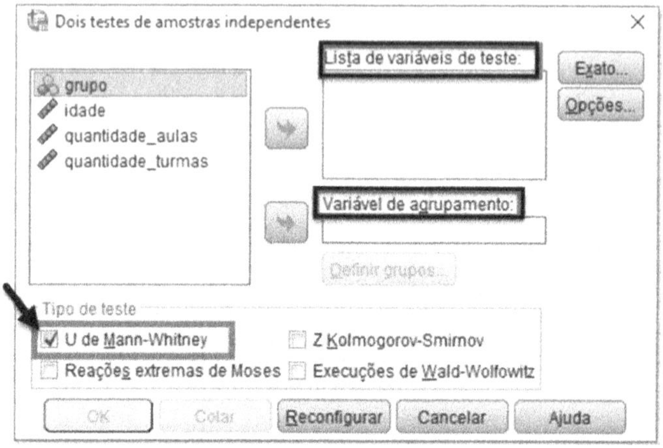

Fonte: os autores.

Os resultados consideram as hipóteses da pesquisa quantitativa, pressupondo que, na hipótese nula, não há diferença entre os grupos ou o conjunto de dados comparados. Ao retomarmos ao exemplo descrito, na Figura 52 é possível observar como os resultados são apresentados.

FIGURA 52 — **Apresentação dos resultados do teste Mann-Whitney no software SPSS**

Teste Mann-Whitney

Postos

	grupo	N	Posto Médio	Soma de Classificações
quantidade_aulas	1,00	6	9,50	57,00
	2,00	8	6,00	48,00
	Total	14		

Estatísticas de teste[a]

	quantidade_a ulas
U de Mann-Whitney	12,000
Wilcoxon W	48,000
Z	-1,595
Significância Sig. (bilateral)	,111
Sig exata [2*(Sig. de 1 extremidade)]	,142[b]

a. Variável de Agrupamento: grupo
b. Não corrigido para vínculos.

Fonte: os autores.

A partir da Figura 52, temos alguns dados que devem ser apresentados na descrição dos resultados, como o valor de U de Mann-Whitney, que no exemplo é 12; o valor de Z, que dá uma medida do tamanho do efeito (-1,595); e as duas últimas linhas em destaque, que se referem ao nível de probabilidade associada à hipótese bilateral.

Dancey e Heidy (2019) esclarecem que "Significância Sig. (bilateral)" baseia-se em grandes amostras, e "Sig exata [2*(Sig. de 1 extremidade)]" é indicado quando temos amostras pequenas e não balanceadas. Então, em nosso exemplo, consideramos o valor de 0,142 e presumimos que há 14,2% de chances de achar um valor de U igual 12 se a hipótese nula for verdadeira. Os resultados do teste podem ser combinados com as estatísticas descritivas que podem ser calculadas no SPSS, observando os passos descritos Quadro 29.

O resultado do teste Mann-Whitney pode ser relatado da seguinte forma:

A estatística descritiva revelou que a quantidade de aulas semanais de inglês nas escolas privadas (grupo 1) (mediana = 3,5) são maiores que nas escolas públicas (grupo 2) (mediana = 2,5). Entretanto, o U de Mann-Whitney foi de 12 (Z=-1,59) com um valor de probabilidade associada de 0,142, o que indica não termos uma diferença significativa entre os dois tipos de escolas.

Dentre os estudos relacionados à área de educação que utilizam o teste Mann-Whitney em suas análises, destacamos a pesquisa desenvolvida por Zenorini, Santos e Monteiro (2011, p. 157), que teve como objetivo "[...] comparar as orientações de metas de estudantes com alto e baixo desempenho e identificar diferenças relativas às variáveis sexo e tipo de escola". Para tanto, as autoras conduziram uma coleta de dados com 110 estudantes do ensino médio de escola particular e pública do interior de São Paulo, utilizando como instrumento a Escala de Avaliação da Motivação para Aprendizagem — EMAPRE.

Na metodologia do trabalho, são descritos os participantes, os instrumentos e os procedimentos de coleta e da análise de dados. Destacamos que, na análise, as autoras descrevem:

> Considerando-se a característica dos dados, optou-se pela prova U de Mann-Whitney da estatística não paramétrica, a qual não envolve o cálculo de médias dos pontos, mas sim a média dos pontos resultantes do ordenamento dos escores obtidos. (ZENORINI; SANTOS; MONTEIRO, 2011, p. 159).

A partir disso, nos resultados, as autoras apresentam tabelas e descrevem os dados para comparar as médias por ranking entre os alunos com alto e baixo desempenho e entre os alunos dos sexos masculino e feminino, bem como provenientes de escola pública e privada. Como exemplo, reproduzimos a tabela que compara as médias obtidas na escala aplicada e a classificação dos alunos em relação ao desempenho.

TABELA 25 — **Exemplo de tabela com os resultados da análise com base no teste de Mann-Whitney**

Subescalas	Classificação	n	Média	z	p
Meta aprender	Alto desempenho	56	63,63	-3,608	<0,001
	Baixo desempenho	50	42,16		
Meta performance-aproximação	Alto desempenho	58	54,00	-0,179	0,858
	Baixo desempenho	50	55,08		
Meta performance-evitação	Alto desempenho	58	45,34	-3,205	0,001
	Baixo desempenho	49	64,26		

Fonte: Zenorini, Santos e Monteiro (2011, p. 160).

A partir da apresentação da tabela, as autoras realizam a seguinte descrição dos resultados:

> Observa-se que, no que se refere à meta aprender, o grupo com alto desempenho obteve uma média por rank significativamente superior. Já com relação à meta performance-evitação, foi o grupo com baixo desempenho que apresentou a média ranqueada significativamente mais alta. (ZENORINI; SANTOS; MONTEIRO, 2011, p. 160).

Neste exemplo, as autoras reportam os resultados do teste Mann-Whitney na tabela e, no texto, realizam uma análise descritiva. Entretanto, pode haver diferentes estratégias de apresentação que optam por relatar os resultados dos testes apenas na descrição, sem incluí-los na tabela. Cabe destacar a importância de apresentar as estatísticas descritivas e incluir os resultados obtidos no teste, indicando se a diferença que possa ser observada nas duas condições é estatisticamente significativa.

7.2.3.9.4. Kruskal-Wallis

O teste de Kruskal-Wallis é uma alternativa não paramétrica para atender ao delineamento da análise de variância (ANOVA), ou seja, quando a pesquisa envolve a comparação de mais de dois grupos independentes (RONI; MERGA; MORRIS, 2020). Esse teste é utilizado para comparar as variáveis dependentes de pelo menos três condições distintas.

De acordo com Roni, Merga e Morris (2020), as condições que precisam ser observadas para a utilização do teste Kruskal-Wallis são: existem mais de dois grupos para comparar; os grupos são mutuamente exclusivos, o que significa que os participantes compõem apenas um grupo e são medidos apenas uma vez; a variável dependente é ordinal (por exemplo, uma escala de frequência: menos frequente, frequente e muito frequente) ou escala (por exemplo, temperatura, que é medida em graus Celsius ou Fahrenheit); e a distribuição de dados para ambos os grupos deve ser semelhante (ou seja, mesma forma e propagação).

Se a distribuição de dados dos grupos tiver a mesma forma, podemos usar Kruskal-Wallis para comparar a mediana. Porém, se a distribuição de dados for diferente, devemos usar a classificação média para interpretar o resultado de Kruskal-Wallis (RONI; MERGA; MORRIS, 2020).

O Quadro 31 apresenta os passos para o uso do teste no SPSS.

QUADRO 31 — Passos no SPSS para uso do teste Kruskal-Wallis

A análise com o teste Kruskal-Wallis é realizada no SPSS selecionando as seguintes opções no menu:

Analisar → Testes Não Paramétricos → Caixas de diálogo legadas → K amostras independentes

Na janela aberta, temos que selecionar a lista de variáveis a serem analisadas e a variável de agrupamento, fazendo a seleção da variável e clicando no botão da seta para um dos campos. Cabe verificar se o teste Kruskal-Wallis está selecionado. Também é preciso clicar em definir o intervalo, relacionado a quantidade de variáveis dependentes. No exemplo, como temos 3 grupos, informamos que o mínimo é 1 e o máximo é 3.

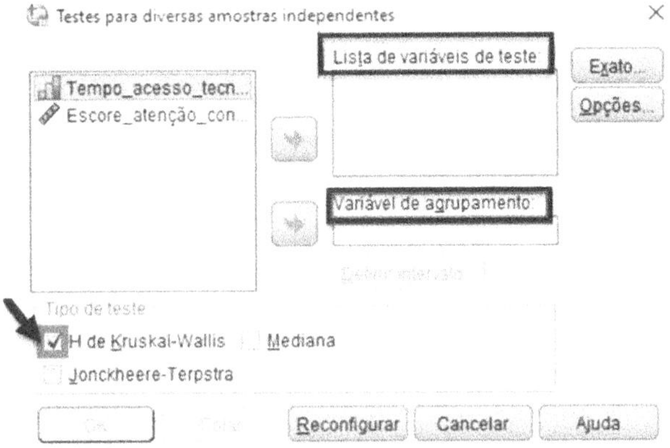

Fonte: os autores.

Na Figura 53, temos os resultados apresentados na saída do SPSS. Esses resultados obtidos no teste indicam não haver uma diferença significativa entre os grupos comparados, considerando que o valor de p (Significância Sig.) foi de 0,770.

FIGURA 53 — Resultados no SPSS do teste Kruskal-Wallis

Teste Kruskal-Wallis

Postos
Tempo_acesso_tecnologia

		N	Posto Médio
Escore_atenção_concentrada	1,00	15	20,57
	2,00	16	23,66
	3,00	13	23,31
	Total	44	

Estatísticas de teste[a,b]
Escore_atenção_concentrada

H de Kruskal-Wallis	,522
gl	2
Significância Sig.	,770

a. Teste Kruskal Wallis b. Variável de Agrupamento: Tempo_acesso_tecnologia

Fonte: os autores.

Quando a análise do Kruskal-Wallis revela diferença significativa, indica-se o uso conjunto Mann-Whitney para comparação entre os pares, utilizando-se uma análise post-hoc para determinar quais grupos diferem. Cada grupo é comparado, par a par, com os outros dois (ou mais, quando tivermos mais que três grupos) que compõem a pesquisa. Indica-se o uso do teste Bonferroni para comparação de pares na análise post-hoc para determinar quais grupos diferem.

Como não há essa opção de análise post-hoc nas opções dos testes não paramétricos no SSPS, uma alternativa para o uso desse teste é proceder à escolha da Análise de Variância (ANOVA), selecionando a opção "ANOVA Unidirecional" (One-way ANOVA), e no botão "Posteriori" (Post-hoc) selecionar o teste Bonferroni (Quadro 32).

QUADRO 32 — Análise Posteriori para comparar grupos com o teste Bonferroni

A comparação em pares de todos os grupos pode ser feita na opção "Posteriori" (Post-hoc) do teste da ANOVA Unidirecional. Para chegar até o teste, é preciso selecionar os seguintes itens no menos do SPSS:

Analisar → Comparar médias → Análise de Variância Unidimensional

Após a seleção das variáveis para análise e clicando na opção "Bonferroni" dos testes que aparecem ao clicar no botão "Bonferroni", dentre os resultados apresentados temos a tabela dos Testes Post-Hoc, conforme pode ser observado:

Testes Post-Hoc

Comparações múltiplas

Variável dependente: Escore_atenção_concentrada
Bonferroni

(I) Tempo_acesso_tecnologia	(J) Tempo_acesso_tecnologia	Diferença média (I-J)	Erro Erro	Sig.	Intervalo de Confiança 95% Limite inferior	Limite superior
1,00	2,00	-2,76250	5,52500	1,000	-16,5540	11,0290
	3,00	-3,58462	5,82530	1,000	-18,1257	10,9565
2,00	1,00	2,76250	5,52500	1,000	-11,0290	16,5540
	3,00	-,82212	5,74016	1,000	-15,1507	13,5065
3,00	1,00	3,58462	5,82530	1,000	-10,9565	18,1257
	2,00	,82212	5,74016	1,000	-13,5065	15,1507

A partir desses resultados, podemos observar que não há diferença entre os grupos, pois todos os valores de p descritos na coluna Sig. são maiores que 0,05.

Fonte: os autores.

Em relação à interpretação dos resultados, Roni, Merga e Morris (2020) alertam que haver diferenças estatisticamente significativas não implica que haja uma correlação entre as variáveis ou uma relação de causalidade. Assim, a partir do uso do teste na interpretação dos resultados, podemos apenas afirmar que há diferenças entre os grupos. Por exemplo, ao dividirmos uma turma em três grupos e conduzirmos diferentes metodologias para o ensino de um conteúdo, para comparar o desempenho acadêmico, se encontramos uma diferença significativa, não podemos interpretar que o desempenho dos alunos está correlacionado com o tipo de metodologia. Cabe discutir quais aspectos estão presentes em cada condição que podem influenciar o desempenho. Além disso, estratégias de métodos mistos podem ser utilizadas de forma combinada, como a observação do desenvolvimento da metodologia e dos recursos utilizados, a aplicação de um questionário avaliativo sobre a experiência ou a realização de entrevistas com os alunos.

Dentre os estudos relacionados à área de educação que utilizam nas análises o teste Kruskal-Wallis, destacamos o realizado por Molina e Del Prette (2006). O estudo examinou a relação de dois aspectos por meio da promoção das habilidades sociais para avaliar os efeitos sobre o repertório acadêmico e da promoção do repertório acadêmico para avaliar os efeitos sobre o repertório de habilidades sociais. Para tanto, as autoras adotaram um delineamento quase experimental de grupo com 16 estudantes, incluindo um grupo controle e dois experimentais, avaliando-se o repertório acadêmico e social de todos os participantes antes e após a intervenção. A intervenção referiu-se a um treinamento em habilidades sociais baseado em atividades lúdico-pedagógicas, enquanto a intervenção acadêmica caracterizou-se pelo ensino de 51 palavras de duas e três sílabas simples.

Os resultados do estudo são apresentados por gráficos e uma tabela. Umas das tabelas é aqui reproduzida como Tabela 26.

TABELA 26 — Resultados estatísticos do Kruskal-Wallis e Mann-Whitney do exemplo de pesquisa

Avaliação	GEL (AV2-AV1)	GHS (AV2-AV1)	GC (AV2-AV1)	Kruskal-Wallis H	p	Mann-Withney W	p	Conclusão
CD	43%	97%	35%	6,11	0,04	10	0,01	GHS>GEL
						38	0,03	GHS>GC
Habilidosa	-3%	32%	13%	8,86	0,01	10	0,02	GHS>GEL
						40	0,01	GHS>GC
Passiva	9%	-20%	-9%	6,22	0,04	25	0,04	GEL>GHS
Agressiva	1%	-19%	-11%	—	—	25	0,04	GEL>GHS

Notas: GEL = Grupo de Ensino de Leitura; GHS = Grupo de Habilidades Sociais; GC = Grupo Controle; CD = nomeação de palavras.
Fonte: Molina e Del Prette (2006, p. 59).

Os gráficos contemplam os dados da avaliação inicial (indicada por barras pretas) e final (indicada por barras vazias) do repertório acadêmico (tarefas de seleção/AC, nomeação de palavras/CD, ditado/AE e escrita/AF) e social (autoavaliação e avaliação pelos colegas e professores) dos grupos de pesquisa. A tabela apresenta os resultados estatísticos sobre as diferenças entre as avaliações para os três (Kruskal-Wallis) e para os pares (Mann-Whitney) de grupos.

Dentre os diferentes instrumentos utilizados, o gráfico que exemplificamos pautou-se nos resultados das avaliações feitas baseadas no uso do Inventário Multimídia de Habilidades Sociais para Crianças — IMHSC-Del-Prette, computando os escores levando em consideração as reações habilidosa, passiva e agressiva, e nos dados da Ficha de Avaliação de Leitura e Escrita, para as quais "[...] foram computados em termos da porcentagem de acertos das 15 tentativas das tarefas de seleção (AC), nomeação de palavras (CD) e ditado/escrita (AE e AF)" (MOLINA; DEL PRETTE, 2006, p. 59).

A partir da Tabela 26, as autoras descrevem os seguintes resultados: "Na maioria dessas análises os resultados favoráveis do GHS foram significativamente superiores aos do GEL e do GC [...]" (MOLINA; DEL PRETTE, 2006, p. 59). As diferenças são relacionadas aos dados das estatísticas descritivas apresentados nos gráficos.

De modo geral, os resultados do estudo revelaram que "[...] o grupo que passou por intervenção acadêmica apresentou ganhos em leitura e escrita, o grupo que passou pela intervenção em habilidades sociais apresentou ganhos no repertório social e no acadêmico" (MOLINA; DEL PRETTE, 2006, p. 53).

7.2.3.9.5. McNemar

O teste de McNemar é utilizado quando temos duas amostras relacionadas, ou seja, quando medimos o mesmo participante em dois momentos da pesquisa e a variável que está sendo comparada é categórica. Esse teste aplica-se aos objetivos muito próximos do qui-quadrado, que abordaremos mais à frente; a diferença é que, no McNemar, temos amostras dependentes ou pareadas, e no qui-quadrado as amostras são independentes ou não pareadas.

Um exemplo comumente encontrado refere-se às pesquisas que aplicam um pré e um pós-teste após alguma intervenção, por exemplo, quando se propõe um curso sobre algum tema e, no início, aplica-se um teste para ter um indicador sobre os conhecimentos prévios dos participantes. Então, ao final do curso, aplica-se novamente o mesmo teste para comparar os resultados e ter indicadores sobre os ganhos em relação à aprendizagem, ou seja, se ao final de curso temos um número significativo maior de alunos com conhecimento suficiente. Esses resultados classificam os alunos em tendo conhecimento suficiente ou insuficiente.

Em relação às condições para o uso do teste não paramétrico que precisam ser observadas, com base em Roni, Merga e Morris (2020), destacamos: a variável de resultado (dependente) é dicotômica ou binária, por exemplo, quando o desempenho é medido em aprovação ou reprovação e a ansiedade é medida como sim ou não; e os participantes são avaliados (dados de medida são coletados) em dois momentos distintos, como em delineamentos de aplicação pré e pós-teste antes e depois da realização de intervenções.

O Quadro 33 apresenta os passos para utilizar o teste de McNemar no SPSS.

Quadro 33 — **Passos para calcular o teste de McNemar no SPSS**

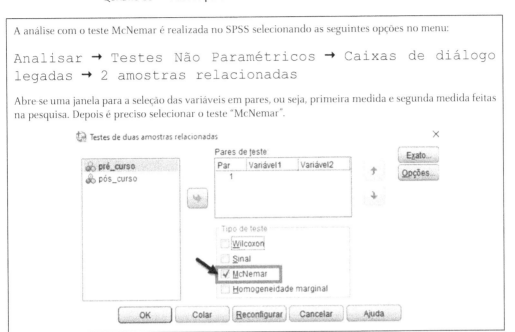

A análise com o teste McNemar é realizada no SPSS selecionando as seguintes opções no menu:

Analisar → Testes Não Paramétricos → Caixas de diálogo legadas → 2 amostras relacionadas

Abre-se uma janela para a seleção das variáveis em pares, ou seja, primeira medida e segunda medida feitas na pesquisa. Depois é preciso selecionar o teste "McNemar".

Fonte: os autores.

A análise dos dados do exemplo utilizado para explicar o teste de McNemar realizada no SPSS apresenta as informações que são descritas na Figura 54.

Figura 54 — **Resultados no SPSS do teste McNemar**

Fonte: os autores.

Os resultados do SPSS registram a frequência cruzada obtida na escala dicotômica e o valor de p Sig exato (bilateral), que indica se a diferença registrada nas duas condições é significativamente diferente. Em nosso exemplo, o valor de p=0,25, como é maior do que 0,05, não indica uma diferença estatisticamente significativa.

O teste de McNemar foi utilizado na análise da pesquisa desenvolvida por Lopes e Crenitte (2013, p. 1214), que tinha como objetivo

> [...] investigar a concepção de professores acerca dos distúrbios de aprendizagem, buscando revelar diferentes aspectos referentes à maneira como a percebem no cotidiano da sala de aula, quais fatores atribuem como causas do problema, como se posicionam frente à questão, além de verificar se houve mudança deste conhecimento após a orientação fonoaudiológica.

As autoras realizaram uma pesquisa com 25 professores que lecionam na Escola Municipal de Ensino Fundamental em São Paulo. A coleta inicial foi realizada por meio da aplicação de um questionário para investigar o conhecimento do professor em relação às dificuldades de aprendizagem. Na sequência, foi realizado um conjunto de palestras sobre a temática e, então, o questionário foi reaplicado. Parte dos resultados é apresentada na Tabela 27.

Tabela 27 — Exemplo da apresentação da análise de dados com o teste McNemar

Questões	Pré-teste % acertos	Pré-teste % erros	Pós-teste % acertos	Pós-teste % erros	Valor de p
Q. 9	16	84	12	84	p= 0,683
Q. 12	16	84	24	76	p= 0,723
Q. 13	12	88	8	92	p= 0,449
Q. 14.1	12	88	28	72	p= 0,288
Q. 14.2	24	76	84	16	p= 1,000
Q. 14.3	100	0	88	12	p= 0,134
Q. 14.4	20	80	24	76	p= 1,000
Q. 14.6	16	84	20	80	p= 1,000
Q. 14.7	48	52	44	56	p= 1,000
Q. 14.8	0	100	16	84	p= 0,134
Q. 14.9	28	72	80	20	p= 0,751

Fonte: Lopes e Crenitte (2013, p. 1222).

A partir dos resultados obtidos, Lopes e Crenitte (2012) evidenciam que os professores desconhecem os distúrbios de aprendizagem e apontam que as ações de formação podem se mostrar efetivas para orientação e formação.

7.2.3.9.6. Q de Cochran

O teste Q de Cochran é indicado quando temos mais de duas amostras relacionadas com um resultado (variável dependente) dicotômico (sim ou não; aprovado ou reprovado). É aplicado, por exemplo, em pesquisas que se propõem a avaliar o efeito de uma intervenção em que podemos medir o desempenho dos participantes antes, depois e seis meses depois da intervenção. Diante disso, aplica-se em um delineamento em que os participantes são avaliados ou fornecem dados em mais de dois momentos distintos da pesquisa.

Roni, Merga e Morris (2020) destacam que esse delineamento de pesquisa permite ter um acompanhamento mais progressivo do desempenho dos participantes, podendo assumir características de um estudo longitudinal.

Em relação às condições para o uso do teste Q de Cochran, há duas que precisam ser observadas, com base em Roni, Merga e Morris (2020): a variável de resultado (dependente) é dicotômica ou binária, por exemplo, quando o desempenho é medido em aprovação ou reprovação, e a ansiedade é medida como sim ou não; e os participantes são avaliados (dados de medida são coletados) em mais de dois momentos distintos, como em delineamentos em que ocorra a aplicação de um teste antes, depois e alguns meses depois da realização de intervenções.

Para exemplificar a aplicação do teste Q de Cochran, podemos imaginar uma situação fictícia em que o pesquisador tem o objetivo de medir o desempenho dos participantes que passaram por uma intervenção para aprender a utilizar um sistema específico. Os testes aplicados antes, depois da intervenção e seis meses depois procuraram avaliar se os participantes atingiam um nível de desempenho na realização de tarefas com o sistema acima de 70%; então, o resultado obtido era: atingiu ou não atingiu.

O Quadro 34 apresenta os passos para utilizar o teste no SPSS.

Quadro 34 — **Passos para calcular o teste Q de Cochran no SPSS**

A análise com o teste Q de Cochran é realizada no SPSS selecionando as seguintes opções no menu:

```
Analisar → Testes Não Paramétricos → Caixas de diálogo
legadas → K amostras relacionadas
```

Abre-se uma janela para a seleção das variáveis a serem analisadas. Depois, é preciso selecionar o teste "Q de Cochran".

Fonte: os autores.

A análise dos dados desse exemplo, realizada no SPSS, apresenta as informações mostradas na Figura 55.

FIGURA 55 — Resultados no SPSS do teste do Q de Cochran

Teste Cochran

Frequências

	Valor 1	Valor 2
pré_curso	6	4
pós_curso	3	7
pós_curso_6m	5	5

Estatísticas de teste

N	10
Q de Cochran	4,667
gl	2
Significância Sig.	,097

Fonte: os autores.

A partir das informações apresentadas nos resultados da análise do SPSS, destacamos que o pesquisador precisa apresentar a frequência das respostas obtidas em cada condição. Então, para descrever os resultados do teste Q de Cochran, temos como grau de liberdade (gl) 2 e o valor de p é 0,097, o que indica que não temos uma diferença significativa nas condições analisadas.

O resultado do teste Q de Cochran mostra se há ou não uma diferença significativa entre as condições analisadas; para saber entre quais condições localiza-se a diferença, é preciso executar vários post-hoc, ou seja, proceder à comparação de pares utilizando o teste McNemar (RONI; MERGA; MORRIS, 2020).

O estudo realizado por Silva *et al.* (2012) é um exemplo de análise que utiliza o teste Q de Cochran. Teve como objetivo investigar a violência entre pares de uma escola. Participaram 161 alunos com idade média de 14,09, que responderam a um questionário.

Os dados coletados foram analisados utilizando o SPSS e a análise de significância. Os resultados utilizam a estatística descritiva para apresentar os dados sociodemográficos, incluindo aspectos da estrutura familiar, com alguns dados sistematizados em tabelas. Em relação à vida escolar, os alunos foram questionados se já foram vítimas ou agressores, quais as situações em que a agressão ocorreu e qual fora o tipo de agressão. Dentre os vários relatos dos resultados feitos pelos autores, reproduzimos a descrição pautada no uso do teste:

> Em relação às vítimas, 76 (47,2%) relataram agressão verbal, 34 (21,1%) relataram agressão física e 22 (13,7%) relataram outras formas de agressão. O número de agressão verbal é

significativamente maior do que as outras duas (Teste Q de Cochran = 67,94; p < 0,001). Não houve diferença significativa quanto às formas de agressão em relação ao gênero. (SILVA *et al.*, 2012, p. 88).

7.2.3.9.7. Wilcoxon

O teste Wilcoxon Signed-Rank, ou apenas Wilcoxon, não paramétrico, é utilizado quando temos os mesmos participantes nas duas condições que estão sendo analisadas. As condições a serem analisadas precisam ser medidas por dados numéricos. Considerando essas condições, esse teste corresponde ao teste paramétrico t para medidas relacionadas.

Cohen, Manion e Morrison (2018) esclarecem que o teste de Wilcoxon aplica-se quando temos duas amostras relacionadas, há uma variável categórica e no mínimo uma variável ordinal.

Assim, em relação às condições para o uso do teste Wilcoxon que precisam ser observadas, com base em Roni, Merga e Morris (2020), destacamos: a variável de resultado (dependente) deve ser pelo menos ordinal, ou seja, os valores carregam uma ordem ou classificação, como, por exemplo, a frequência de leitura, que pode ser medida em uma escala de 1 a 5, na qual 1 é a menor frequência e 5, a maior; os mesmos participantes são medidos em dois momentos distintos, por exemplo, antes e depois da intervenção; e a diferença entre as pontuações pré e pós-intervenção são distribuídas simetricamente (aproximadamente).

O teste Wilcoxon não envolve o cálculo da média, mas considera a ordem dos valores ou postos. Para tanto, os valores resultantes do cálculo da diferença das duas condições pareadas que serão analisados precisam ser ordenados juntos em ordem crescente.

Dancey e Reidy (2019) esclarecem que apenas nas amostras pareadas em que temos os mesmos sujeitos participando das duas condições cabe calcular a diferença, para, então, ordená-las. Essa diferença é obtida subtraindo o primeiro valor do segundo. Se temos um pré-teste e um pós-teste aplicados antes e após a condução de uma intervenção, subtraímos o valor obtido no pré-teste do pós-teste (*valor do pós – valor do pré = diferença*). No exemplo apresentado na Tabela 28, na coluna (c) podemos observar os resultados da diferença.

Então, esses valores da diferença são ordenados do menor para o maior (ordem crescente), e para cada valor atribui-se um número (ordem), iniciando com 1 (um). Não são incluídas, nesta ordenação, as diferenças com valor zero, e o sinal é ignorado. Para ilustrar esses procedimentos, utilizaremos um exemplo fictício simples. Não realizaremos os cálculos do teste, pois prevemos que será utilizado um software de apoio; entretanto, é importante que você entenda como os valores são organizados e considerados para o cálculo e compreenda as informações que são apresentadas nos resultados de trabalhos científicos que fazem uso do teste de Wilcoxon.

Em nosso exemplo, uma pesquisa foi realizada com 10 professores que atuam no ensino superior. A partir de uma avaliação inicial com base na aplicação de uma escala para avaliação do autocontrole, os participantes foram classificados utilizando uma escala ordinal (5 = muito satisfatório; 4 = satisfatório; 3 = nem satisfatório, nem insatisfatório;

2 = insatisfatório; e 1 = muito insatisfatório). Após essa avaliação, os professores foram acompanhados por um novo serviço de apoio aos professores implantado na instituição e participaram de intervenções realizadas em grupo. Ao final, foram novamente avaliados com o mesmo instrumento. Diante disso, a instituição de ensino superior gostaria de saber se houve diferença significativa no autocontrole dos professores. Na Tabela 28, apresentamos os dados coletados e acrescentamos os procedimentos que serão detalhados na sequência a partir do ordenamento dos valores da diferença.

TABELA 28 — Dados do exemplo do uso do teste de Wilcoxon

Sujeito	(a) Pré-teste	(b) Pós-teste	(c) Diferença (pós-pré)	(d) Ordem ou postos	(e) Positiva	(f) Negativa
1	2	4	2	6,5	6,5	
2	3	4	1	3,0	3,0	
3	4	3	-1	3,0		3,0
4	2	3	1	3,0	3,0	
5	1	3	2	6,5	6,5	
6	4	5	1	3,0	3,0	
7	3	3	0			
8	3	2	-1	3,0		3,0
9	2	5	3	8,0	8,0	
10	5	5	0			

Fonte: os autores.

A ordem da coluna (d) é estabelecida ordenando todos os valores da diferença do maior para o menor, ignorando o zero, conforme ilustrado na Figura 56.

FIGURA 56 — Demonstração da definição dos postos da diferença no teste Wilcoxon

1º) Ordenam-se os valores da diferença, excluindo o zero e ignorando os sinais (+ ou −).

Diferença	1	1	1	1	1	2	2	3
Ordem	1	2	3	4	5	6	7	8

2º) Calculam-se os postos quando temos mais de um valor igual, somando o valor atribuído na ordenação e dividindo pela quantidade de valores.

Diferença	1	1	1	1	1	2	2	3
Ordem	1	2	3	4	5	6	7	8

$$(1 + 2 + 3 + 4 + 5) \div 5 = 3 \qquad (6 + 7) \div 2 = 6,5 \qquad 8$$

Fonte: os autores.

As partir dos postos e ordens positivas e negativas apresentados na Tabela 28, observamos que temos apenas 2 postos ou ordens negativas e que temos 6 positivos, o que indica que tivemos um aumento nos valores obtidos no pós-teste; o cálculo do teste Wilcoxon vai nos indicar se essa diferença pode ser considerada estatisticamente significativa. No Quadro 35, apresentamos os procedimentos para calcular o teste de Wilcoxon no SPSS.

QUADRO 35 — **Passos para calcular o teste de Wilcoxon no SPSS**

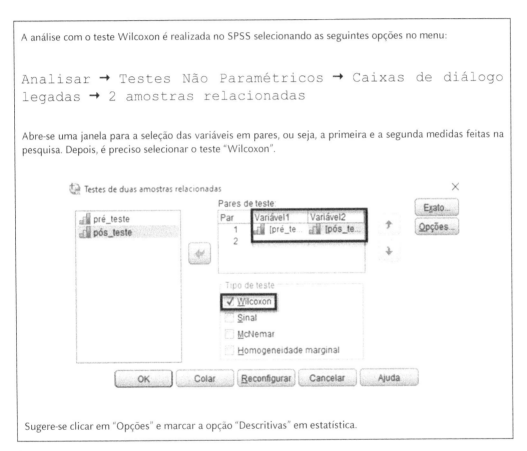

Fonte: os autores.

No Quadro 36, podemos observar os resultados obtidos no SPSS para os dados descritos no exemplo da análise das intervenções com os professores para o autocontrole.

QUADRO 36 — **Apresentação dos resultados do teste Wilcoxon no software SPSS**

Estatística Descritiva

	N	Média	Desvio Padrão	Mínimo	Máximo
pré_teste	10	2,9000	1,19722	1,00	5,00
pós_teste	10	3,7000	1,05935	2,00	5,00

Teste de Classificações Assinadas por Wilcoxon

Postos

		N	Posto Médio	Soma de Classificações
pós_teste - pré_teste	Classificações Negativas	2[a]	3,00	6,00
	Classificações Positivas	6[b]	5,00	30,00
	Empates	2[c]		
	Total	10		

a. pós_teste < pré_teste   b. pós_teste > pré_teste   c. pós_teste = pré_teste

Estatísticas de teste[a]

pós_teste - pré_teste

Z	-1,725[b]
Significância Sig. (bilateral)	,084

a. Teste de Classificações Assinadas por Wilcoxon
b. Com base em postos negativos.

Fonte: os autores.

A partir desses resultados apresentados no SPSS, podemos extrair as estatísticas descritivas que mostram as diferenças obtidas no pré e pós-teste. Observa-se que, no teste de Wilcoxon, são descritas a quantidade de postos com classificações negativas e positivas, bem como os empates, que se referem aos valores zero obtidos no cálculo das diferenças. Esses dados sintetizam o que demonstramos na Tabela 28. Por fim, temos o valor de Z de −1,75 e o valor de p de 0,084 (p>0,05), então as diferenças observadas na estatística descritiva não podem ser consideradas significativas.

Um exemplo do uso do teste de Wilconxon pode ser observado no estudo quase experimental desenvolvido por Coelho (2012), que incluiu a aplicação de pré e pós--teste e a realização de uma intervenção psicoeducativa sobre competência emocional voltada para professores. Participaram da pesquisa seis professores da educação básica de Portugal.

O teste de Wilcoxon foi utilizado para verificar a hipótese alternativa do estudo, que foi expressa da seguinte forma: "H1 – Existem diferenças estatisticamente significativas entre o nível de saúde mental e o perfil da competência emocional dos professores, antes e depois da psicoeducação" (COELHO, 2012, p. 19). Na Tabela 29, as ordens correspondem aos postos.

TABELA 29 — Exemplo de tabela da análise de dados utilizando o teste Wilcoxon

	Posições de ordens	N	Média de ordens	Z	p
Nível de saúde mental depois_ nivel saúde mental antes	Ordens positivas	3	2.67	-0.527	0.598
	Ordens negativas	3	4.33		
	Empates	0			

Fonte: Coelho (2012, p. 21).

A partir da tabela, a autora destaca que a verificação da hipótese se apoiou no teste de Wilcoxon para amostras relacionadas, apontando que:

Relativamente ao nível de saúde mental, apesar da amostra apresentar melhores resultados após a intervenção, sugerindo uma melhoria da saúde mental dos professores, segundo o teste estatístico de Wilcoxon a diferença não é estatisticamente significativa (Z=-0.527; p>0.05). (COELHO, 2012, p. 21).

De modo geral, os resultados indicaram melhoras no pré-teste nas dimensões da competência emocional avaliadas pelo instrumento utilizado. Na Tabela 29 observamos os resultados do teste para o nível de saúde mental que foi medido pela escala Mental Health Inventory-5 (MHI-5).

7.2.3.9.8. Qui-quadrado

O X^2, teste qui-quadrado ou chi-quadrado, é uma medida de associação ou relacionamento entre variáveis categóricas. Os dados categóricos são registrados pela contagem de frequência, como o número de homens e mulheres. Essa medida de associação foi criada em 1900 por Karl Pearson para verificar se as frequências que encontramos entre as categorias são significativas (DANCEY; REIDY, 2019).

De acordo com Babbie (2016), o teste qui-quadrado baseia-se em hipóteses, partindo da hipótese nula de que não há relação entre as variáveis na população pesquisada. Para tanto, pauta-se na comparação entre a frequência esperada e a frequência observada. Nesta seção, abordaremos três tipos de teste qui-quadrado que analisam quantidades diferentes de variáveis: de uma variável, independência 2 x 2 e independência r x c.

Para além de incluir na análise dados categóricos ou nominais, as condições que precisam ser atendidas para o uso do qui-quadrado é que cada participante só pode ser medido uma vez, ou seja, os grupos são independentes. Se seus grupos são relacionados, ou seja, quando as pessoas são medidas duas vezes, o uso do teste de McNemar é mais apropriado (RONI; MERGA; MORRIS, 2020).

Outra condição refere-se ao fato de que o tamanho da amostra precisa ser considerado no uso do teste do qui-quadrado, que exige que haja cinco casos ou mais em 80% das células (COHEN; MANION; MORRISON, 2018). Apesar de Dancey e Reidy (2019) descreverem o teste qui-quadrado como unilateral, orientam que se utilizem os valores do teste bilateral, pois há uma probabilidade menor de ter um resultado significativo.

O valor X^2 é calculado a partir das diferenças entre a frequência observada e a esperada em cada célula, elevando ao quadrado esse valor e dividindo pela frequência esperada. Esses resultados são somados para compor o valor do X^2, que se caracteriza como um valor de discrepância geral (BABBIE, 2016). Quanto maior esse valor, maior é a medida de discrepância, porém só podemos afirmar que a diferença é significativa considerando os graus de liberdade e o valor de p.

O grau de liberdade está relacionado ao nível de significância que é considerado no uso dos softwares estatísticos, mas há tabelas disponíveis na internet que podem ser facilmente consultadas.

Qui-quadrado de uma variável ou teste de aderência

O teste qui-quadro de uma variável é utilizado para verificar se a frequência obtida em uma pesquisa difere da esperada. Se aplicarmos um questionário a um grupo de 60 alunos sobre qual é a disciplina preferida dentre as seguintes opções: filosofia, artes, educação física e música, a frequência esperada considera o número de respostas obtidas dividido pelo número de opções. Nesse exemplo, a frequência esperada é de 15 em cada categoria. Entretanto, é bem provável que tenhamos diferenças em relação a esse valor; então, o teste permite verificar se a diferença encontrada é estatisticamente significativa, comparando a frequência obtida na pesquisa com a frequência esperada.

Na organização da base de dados para a análise, recomenda-se que em uma coluna identifiquem-se as categorias e, em outra, as frequências. Ao utilizar o SPSS, é preciso informar que os dados se referem a frequências, como pode-se observar nos passos descritos no Quadro 37.

QUADRO 37 — **Passos para calcular o X^2 de uma variável no SPSS**

Os dados foram lançados na base de dados. Na primeira coluna, temos as categorias, considerando que: 1 = Filosofia, 2 = Artes, 3 = Educação Física e 4 = Música. Na segunda coluna, temos os dados da frequência. Inicialmente, é preciso informar que os dados são frequência; para tanto, temos que seguir estas opções:

```
Dados → Ponderar dados
```

Abre-se, então, a seguinte janela, em que é preciso marcar a opção "Ponderar casos por" e selecionar a variável que se refere à frequência:

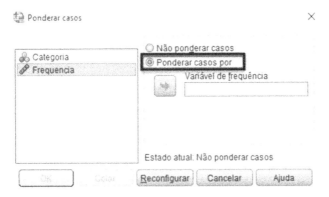

Então, procede-se à seleção do teste observando os seguintes passos:

```
Analisar → Testes não paramétricos → Caixa de diálogo
legadas → Qui-quadrado
```

Em seguida, é preciso selecionar as variáveis e clicar em "OK" para o cálculo do teste. Ainda nessa janela, Dancey e Reidy (2019) orientam que se clique no botão "Exato" e selecione-se a opção "Exato" quando temos amostras pequenas.

Fonte: os autores.

Os resultados apresentados no SPSS, conforme podemos observar na Figura 57, incluem as frequências observadas e esperadas por categorias e estatísticas do teste.

FIGURA 57 — Resultados do qui-quadrado uma variável no SPSS

Frequências

Categoria

	N Observado	N Esperado	Resíduo
1,00	9	15,0	-6,0
2,00	12	15,0	-3,0
3,00	22	15,0	7,0
4,00	17	15,0	2,0
Total	60		

Frequencia

	N Observado	N Esperado	Resíduo
9,00	9	15,0	-6,0
12,00	12	15,0	-3,0
17,00	17	15,0	2,0
22,00	22	15,0	7,0
Total	60		

Estatísticas de teste

	Categoria	Frequencia
Qui-quadrado	6,533ª	6,533ª
gl	3	3
Significância Sig.	,088	,088
Sig exata	,091	,091
Probabilidade de ponto	,009	,009

Fonte: os autores.

Na Figura 57, podemos observar que a tabela das estatísticas de teste apresenta dois valore para Sig. Cabe esclarecer que "Significância Sig." (Asymp. Sig) é indicada para grandes amostras e utilizamos "Sig exata" quando um conjunto de dados é pequeno, desbalanceado ou não atende às condições de normalidade (DANCEY; REIDY, 2019).

A extração dos dados do teste X^2 de uma variável precisa incluir a frequência registrada em cada categoria, o que pode ser apresentado em uma tabela ou um gráfico, cabendo relatar o valor do qui-quadrado, os graus de liberdade e o valor de Sig. No exemplo utilizado, em que temos uma quantidade de dados pequena, utilizamos o valor de "Sig exata". A descrição dos resultados do teste pode ser feita do seguinte modo:

Os resultados revelam que os alunos preferem a disciplina de educação física (n=22), em seguida a maior preferência é em relação à disciplina de música (n=17), depois artes (n=12) e filosofia (n=8). Entretanto, o teste X^2 teve o valor de 6,53 com gl de 3, tendo um nível de probabilidade de 0,091, superior a 0,05, o que não nos permite afirmar que há uma diferença significativa na preferência dos alunos.

No exemplo trabalhado, a frequência esperada foi definida pela quantidade de respostas obtidas divididas igualmente pelo número de categorias. Entretanto, é possível definir a frequência esperada a partir de dados de pesquisas anteriores ou dados já sistematizados de uma população. Por exemplo, em um estudo que busca identificar a diferença da proporção de gêneros, é possível indicar a frequência esperada com base do censo do IBGE

No SPSS, o padrão é aparecer marcado, na janela em que selecionamos as variáveis para análise, que os valores esperados para todas as categorias são iguais.

Qui-quadrado de independência 2 x 2

A partir do teste X^2, podemos verificar se há relação ou associação entre duas variáveis categóricas. Por exemplo, será que meninos jogam mais videogames do que meninas? Essa questão envolve duas variáveis categóricas: sexo (feminino e masculino) e o comportamento de jogar games (sim ou não). A frequência registrada no cruzamento dessas categorias pode revelar diferenças nesse comportamento, que o teste X^2 vai indicar se são significativas. Quando a diferença é significativa, pode-se interpretar que há uma associação entre o sexo e o comportamento de jogar videogames. No Quadro 38, apresentamos os passos para o cálculo do X^2 de 2 x 2 no SPSS.

QUADRO 38 — **Passos para calcular o X^2 de 2 x 2 no SPSS**

Os dados foram lançados na base de dados. Na primeira coluna, temos as categorias, considerando que: 1 = Sim, 2 = Não para a categoria jogar videogame; e 1 = Feminino e 2 = Masculino para a categoria sexo. Para usar o teste qui-quadrado, é preciso fazer as seguintes opções:

Analisar → Estatística descritiva → Tabela de referência cruzada (crosstabs)

Abre-se então uma janela para a seleção das categorias. Uma deve ser movida para a indicação de Linha e outra categoria para a de Coluna. Nessa janela, deve-se clicar no botão "Estatísticas" e a opção "Qui-quadrado" precisa ser marcada. Selecionar também "V de Cramer e Fi".

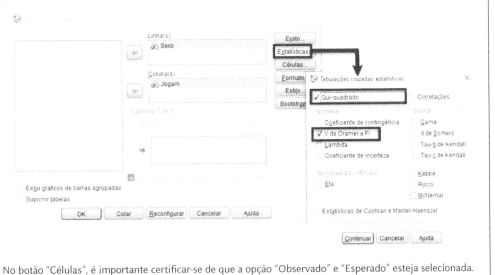

No botão "Células", é importante certificar-se de que a opção "Observado" e "Esperado" esteja selecionada.

Fonte: os autores.

O V de Cramer é uma medida de efeito que pode ser utilizada em testes de associação, e a sua interpretação pode ser feita da mesma forma que no caso do r de Pearson (DANCEY, REIDY, 2019). Dessa forma, o valor resultante dessa medida pode ser interpretado considerando que: 0 = o efeito é nulo; de 0,1 a 0,3 = fraco; de 0,4 a 0,6 = médio; de 0,7 a 0,9 = alto.

A Figura 58 apresenta os resultados da aplicação do teste no exemplo que está sendo trabalhado.

FIGURA 58 — Resultados do teste qui-quadrado 2 x 2 no SPSS

Tabulação cruzada Sexo * Jogam

Contagem

		Jogam 1,00	Jogam 2,00	Total
Sexo	1,00	8	12	20
	2,00	14	6	20
Total		22	18	40

Testes qui-quadrado

	Valor	gl	Significância Assintótica (Bilateral)	Sig exata (2 lados)	Sig exata (1 lado)
Qui-quadrado de Pearson	3,636[a]	1	,057		
Correção de continuidade[b]	2,525	1	,112		
Razão de verossimilhança	3,696	1	,055		
Teste Exato de Fisher				,111	,055
Associação Linear por Linear	3,545	1	,060		
N de Casos Válidos	40				

a. 0 células (0,0%) esperavam uma contagem menor que 5. A contagem mínima esperada é 9,00.
b. Computado apenas para uma tabela 2x2

Medidas Simétricas

		Valor	Significância Aproximada
Nominal por Nominal	Fi	-,302	,057
	V de Cramer	,302	,057
N de Casos Válidos		40	

Fonte: os autores.

A extração dos dados para sua descrição inclui a tabulação cruzada, que pode ser apresentada como tabela, e as informações destacadas. Da linha "Qui-quadrado de Pearson" extraímos o valor X^2, os graus de liberdade (gl) e o valor da "Significância Assintótica".

Observe a nota a, que reforça que o valor mínimo em cada célula não poderia ser menor que 5; caso o valor fosse menor, os valores a serem extraídos para a apresentação seriam os que constam na linha "Teste Exato de Fisher". Na tabela de Medidas Simétricas, destacamos o V de Cramer de 0,30.

Considerando esse exemplo, os resultados podem ser reportados da seguinte forma:
O teste qui-quadrado teve valor de X^2 de 3,64 com uma probabilidade associada de 0,057, tendo como grau de liberdade 1, mostrando que a relação entre o sexo e jogar games é pouco expressiva e que as diferenças encontradas podem ter ocorrido devido a erro amostral. O V de Cramer de 0,30 também indica um tamanho de efeito fraco.

Qui-quadrado de independência r x c

O teste X^2 de independência r x c é utilizado quando temos mais de dois níveis. Retornando ao exemplo anterior, ao invés de considerar se as crianças jogam ou não (sim/não), podemos considerar a frequência com que jogam (nunca, às vezes, frequentemente). A independência do teste está relacionada ao fato de que cada participante tem apenas um registro na pesquisa e não pode estar em duas categorias diferentes, ou seja, é menino ou menina, e se joga às vezes, não pode também indicar que nunca joga.

Dancey e Reidy (2019) reforçam que o teste só é confiável quando não mais que 25% das células têm menos do que cinco frequências e nenhuma célula tem o valor zero (ausência de frequência). Quando isso acontece, é preciso rever as categorias e juntá-las. Apesar de termos mais níveis nas categorias, a forma de análise, extração e apresentação dos resultados segue os mesmos passos e indicações feitas para o teste qui-quadrado de independência 2 X 2.

O teste qui-quadrado, por incluir a análise de variáveis categóricas qualitativas, tem bastante expressão em pesquisas na área educação. Dentre a grande variedade de estudos que se utilizam desse procedimento de análise, destacamos a pesquisa desenvolvida por Oliveira *et al.* (2013, p. 236), que teve como objetivo geral "[...] analisar se existe relação das variáveis idade, gênero e estilo de aprendizagem na percepção de estudante de contabilidade sobre o emprego de estratégias lúdicas". Participaram 206 graduandos do curso de ciências contábeis.

A coleta de dados pautou-se na aplicação de um questionário autoadministrado, que incluiu um bloco de questões pessoais, outro referente à adaptação no inventário sobre Estilos de Aprendizagem de Kolb para a identificação do estilo de aprendizagem dos participantes, e um terceiro bloco composto por questões afirmativas e escala Likert basicamente sobre as estratégias lúdicas. A análise utilizou *cluster* unindo as respostas das questões próximas relacionadas ao terceiro bloco do questionário, bem como o teste qui-quadrado (X^2) para "[...] investigar a existência de associação entre a preferência pelo uso de estratégia lúdica e as variáveis idade, gênero e estilos de aprendizagem" (OLIVEIRA *et al.*, 2013, p. 250).

Na Tabela 30, reproduzimos uma das tabelas apresentadas no artigo, que analisa a associação entre o uso da estratégia lúdica e o estilo de aprendizagem.

TABELA 30 — Exemplo de tabela de análise dos dados utilizando o chi quadrado

Clusters	Estilo de aprendizagem				
	Acomodador	Assimilador	Convergente	Divergente	Total
1.Indiferente	41	1	19	30	91
	45,1%	(1,1%)	(20,9%)	(33%)	(100%)
2.Concorda em aspectos positivos	16	6	7	15	44
	(36,4%)	(13,6%)	(15,9%)	(34,1%)	(100%)
3. Concorda aspectos negativos	7	1	1	2	11
	(63,6%)	(9,1%)	(9,1%)	(18,2%)	(100%)
4.Concorda com aspectos positivos com ênfase em jogos e dinâmicas	9 (23,10%)	0 (0%)	9 (23,10%)	21 (53,80%)	39 (100%)
5.Indiferente, exceto por discordar fortemente pela preferência por prática e experiência	9 (42,9%)	0 (0%)	2 (9,5%)	10 (47,6%)	21 (100%)
Qui_quadrado (X2)			28,16		
Nível de Significância de X2(p)			0,05		
Grau de Liberdade			12		

Fonte: Oliveira et al. (2013, p. 254).

A partir dos resultados da tabela, os autores descrevem que:

> Com relação aos estilos de aprendizagem, o teste obteve o valor de 28,16, ao nível de significância de 5%. Ao mesmo nível de significância, observa-se o Qui-Tabelado de 5. Diferentemente do que ocorreu nos testes anteriores, rejeitou-se a hipótese nula (H0), de que não existe relação entre a percepção dos estudantes de contabilidade sobre estratégias lúdicas e o estilo de aprendizagem. (OLIVEIRA et al., 2013, p. 255).

7.2.4. Análise de correlação

As teorias da correlação e da regressão foram cunhadas por Francis Galton (1822-1911), que desenvolveu parâmetros estatísticos que as originaram. O cientista, ao estudar as questões de hereditariedade, estabeleceu, por exemplo, a proporção de traços herdados de cada um dos pais, avós e bisavós de uma criança. A partir dos muitos dados coletados sobre os traços humanos, observou que eram distribuídos seguindo uma curva de distribuição normal. Ele batizou então essa curva em forma de sino como curva normal (SALGADO-NETO; SALGADO, 2011).

A correlação é uma medida de relação, ou seja, serve para verificar se duas variáveis possuem uma relação. A correlação indica se duas variáveis se modificam ou se alteram juntas e quão fortemente se influenciam, sem estabelecer uma relação de causa e efeito. Vejamos dois exemplos de questões que podem nortear pesquisas que se apoiem na análise de correlação entre variáveis: a quantidade de horas dedicadas aos estudos está relacionada ao melhor desempenho acadêmico? O acesso a uma quantidade maior de recursos pedagógicos está relacionado ao maior nível de motivação dos alunos?

Essas duas questões abordam a relação entre duas variáveis. Na primeira, temos as horas de estudo e o desempenho acadêmico; na segunda, temos a quantidade de recursos pedagógicos e o nível de motivação.

De acordo com Cohen, Manion e Morrison (2018), as análises correlacionais geralmente procuram responder a três perguntas sobre duas ou mais variáveis:

a) existe uma relação entre as variáveis? (se a resposta a esta pergunta é sim, seguem duas outras perguntas);
b) qual é a direção dessa relação? (se uma aumenta, a outra também aumenta, ou se uma aumenta, a outra diminui);
c) qual é a magnitude dessa relação?

É possível representar a correlação por meio de gráficos de pontos. As variáveis estão representadas no eixo x e y, e quanto mais dispersos os pontos estão, menor é a correlação existente entre as variáveis. Na Figura 59, é possível observar o gráfico de pontos para alguns valores do coeficiente de correlação. Esses gráficos representam correlações lineares, como de Speraman (rho) ou Pearson (r), nas quais cada par de observações representa um ponto no gráfico.

FIGURA 59 — Representação da correlação em gráficos de pontos

Fonte: os autores.

Os gráficos ilustrados na Figura 59 são exemplos de correlações lineares, sendo possível traçar uma linha reta entre os pontos. Porém, nem sempre é possível identificar essa linearidade na educação; muitas vezes, podemos ter uma linha curva (COUTINHO, 2018). Na correlação curvilínea, temos uma variável influenciando outra em um sentido; entretanto, em determinado momento muda o sentido dessa influência. Por exemplo, os prazos podem ajudar os alunos a se organizarem em relação às tarefas, porém, se o prazo for muito curto ou desproporcional, a quantidade de tarefas em determinado momento, ao invés de motivar e ajudar os alunos, pode passar a ter um efeito contrário, aumentando o nível de estresse e fazendo com que os alunos desistam de realizar as tarefas. Em outro exemplo, a presença do tutor on-line em cursos a distância tende a contribuir para a aprendizagem dos alunos; entretanto, quando essa presença se torna excessiva, pode gerar um efeito contrário, prejudicando o desenvolvimento da aprendizagem.

Além disso, nos gráficos é possível observar que quanto mais próximo de 1 ou −1 o coeficiente de correlação está, menos dispersos os pontos se localizam. Quando a distribuição dos pontos apresenta uma forma circular, ou seja, quando temos os pontos dispersos, não temos correlação entre as variáveis.

A interpretação da correlação considera não só o valor do coeficiente, mas também a significância estatística, que indica o quão forte é a correlação para que se possa aceitá-la como válida. Isso vale especialmente para correlações medianas. O nível de significância está relacionado ao tamanho da amostra: quanto maior é o tamanho da amostra, menor precisa ser o valor do coeficiente de correlação para que seja significativa a correlação (COUTINHO, 2018).

A direção da correlação pode ser positiva ou negativa, indicada pelos sinais + e – respectivamente. Em uma relação positiva, as variáveis têm o mesmo sentido, ou seja, à medida que uma variável aumenta, a outra também aumenta, ou à medida que uma diminui, a outra também diminui. De outro modo, uma correlação negativa indica um direcionamento contrário, ou seja, se uma variável aumenta, a outra diminui.

Desse modo, o coeficiente de correlação varia de −1 a +1, sendo que o valor 0 indica que não há correlação, e 1 indica uma correlação perfeita. Então, quanto mais perto o coeficiente estiver do valor 1, mais alta é a correlação. Assim, a partir do valor do coeficiente, a correlação pode ser classificada da seguinte forma: 0 = nula; de 0,1 a 0,3 = fraca; de 0,4 a 0,6 = média; de 0,7 a 0,9 = alta; e 1 = perfeita.

A correlação não indica uma relação de causa e efeito, mas sim que há uma relação entre as variáveis, ou seja, que uma afeta a outra; porém, em muitos casos nem é possível definir a direção dessa influência.

A correlação permite saber se há covariação, ou seja, se a variação de uma variável afeta outra (COUTINHO, 2018). A medida quantitativa da correlação é dada pelo coeficiente de correlação, que pode ser calculado de diversas formas. O tipo de coeficiente a ser utilizado precisa considerar o tipo de variável que será analisada e a distribuição dos dados. No Quadro 39, são apresentados os principais coeficientes de correlação e a indicação de quando utilizá-los.

QUADRO 39 — **Tipos de coeficientes de correlação**

Tipo de coeficiente	Quando utilizar
Pearson	variáveis intervalares contínuas ou de razão
Spearman rank order (rho) Kendall	variáveis ordinais
V de Cramer	mais de duas variáveis dicotômicas
Coeficiente de contingência	duas variáveis dicotômicas
Coeficiente de correlação bisserial	uma variável contínua e outra dicotômica

Fonte: adaptado de Coutinho (2018).

A correlação de Pearson que analisa a associação entre duas variáveis numéricas aplica-se, e é frequentemente utilizada, quando temos dados paramétricos. Quando os dados não satisfazem as condições para o uso de testes paramétricos, em vez de se utilizar o r de Pearson, utiliza-se o p ou rho de Spearman.

O Kendall ou Tau de Kendall é semelhante ao rho de Spearman, constituindo-se como um teste não paramétrico equivalente à correlação de Pearson, pois também testa uma correlação bivariada, ou seja, uma correlação entre duas variáveis que sejam no mínimo ordinais, não sendo aplicado a variáveis nominais.

O V de Cramer é utilizado quando temos mais de duas variáveis dicotômicas. Se temos duas variáveis dicotômicas (sim e não; feminino e masculino), utiliza-se o coeficiente de contingência.

Ainda temos o coeficiente de correlação bisserial, que se aplica em situações em que é analisada a associação entre uma variável contínua e outra dicotômica.

Considerando as pesquisas desenvolvidas na área de educação, passamos a detalhar alguns tipos de correlação mais comumente utilizados, como a correlação de Pearson, o rho de Spearman e o V de Cramer.

7.2.4.1. Correlação de Pearson

Quando temos duas variáveis contínuas, ou seja, medidas com escalas de intervalo ou de proporção, como tempo e peso, utiliza-se a correlação de Pearson. Atendidas as condições para a análise, a correlação de Pearson pode ser realizada também com o apoio de um software de análise estatística. No Quadro 40, apresentamos os passos para proceder à análise no SPSS.

QUADRO 40 — Passos para a análise de correlação de Pearson no SPSS

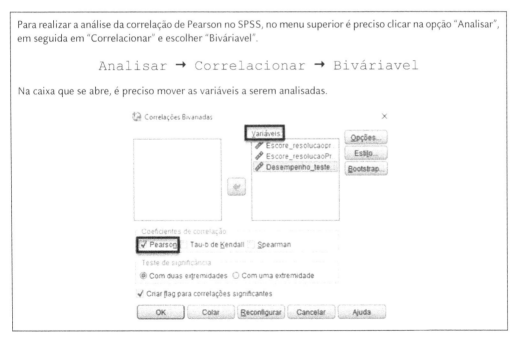

Fonte: os autores.

Para demonstrar os passos e proceder à análise, utilizamos parte dos dados de uma pesquisa conduzida com uma turma dos anos iniciais do ensino fundamental. Os dados incluem os escores obtidos no questionário aplicado ao professor da turma, que avalia a percepção dele em relação à capacidade de resolução de problemas de cada criança. Outro dado inclui os escores obtidos em uma entrevista estruturada aplicada a cada criança, que mensurou a percepção que elas possuem sobre sua capacidade de resolver problemas. Por fim, outra variável de análise foi o desempenho das crianças em um teste de matemática aplicado em sala. A análise desses dados pela correlação de Pearson nos permite identificar se há uma associação entre a percepção dos professores, a percepção das próprias crianças e o desempenho em um teste de matemática que supõe a aplicação da capacidade de resolução de problemas das crianças. Na Figura 60, podemos observar os resultados obtidos no SPSS.

Figura 60 — Saída dos dados da análise de correlação de Pearson no SPSS

Correlações

		Escore_resol ucaoproblem a_professor	Escore_resol ucaoProb_ent revista_crianc as	Desempenho _teste_mate mática
Escore_resolucaoproble ma_professor	Correlação de Pearson	1	,079	,726**
	Sig. (2 extremidades)		,733	,000
	N	21	21	21
Escore_resolucaoProb_e ntrevista_criancas	Correlação de Pearson	,079	1	-,001
	Sig. (2 extremidades)	,733		,996
	N	21	21	21
Desempenho_teste_mat emática	Correlação de Pearson	,726**	-,001	1
	Sig. (2 extremidades)	,000	,996	
	N	21	21	21

**. A correlação é significativa no nível 0,01 (2 extremidades).

Fonte: os autores.

Os resultados são apresentados em uma matriz, em que os valores são estão dispostos em linhas e colunas. Repare que cada valor aparece duas vezes (em uma linha e uma coluna), e, quando a mesma variável se cruza em uma linha e uma coluna, temos a correlação perfeita (r=1), pois estão sendo associados os mesmos valores, que se referem à medição da mesma variável. Na linha "Correlação de Pearson", temos os valores do coeficiente r, e na linha "Sig. (2 extremidades)", temos o valor de p. A partir dos resultados obtidos, extraímos as seguintes informações e podemos interpretar os resultados com a seguinte descrição:

A análise da correlação de Pearson indica que temos um relacionamento positivo e forte (r=0,726, p=0,000) entre a percepção dos professores e o desempenho das crianças

no teste de matemática, indicando que quanto melhor é a percepção do professor sobre a capacidade de resolução de problemas, maior é o desempenho das crianças no teste. Entretanto, não observamos uma associação entre a percepção das crianças e a percepção dos professores (r=0,079, p=0,733).

Um exemplo descrito na literatura na área de educação sobre o uso da correlação de Pearson é a análise feita por Cunha e Carrilho (2005, p. 215), em uma pesquisa que teve como objetivo "[...] analisar em que medida as vivências acadêmicas dos alunos ingressantes no ensino superior se apresentam relacionadas com o rendimento acadêmico". Essa pesquisa envolveu 100 estudantes de primeiro ano do curso de engenharia militar. A coleta de dados foi conduzida com base na aplicação do Questionário de Vivências Acadêmicas (QVA), composto de 170 itens com escala Likert de cinco alternativas, distribuídos em 17 subescalas que são agrupadas em três dimensões: pessoal, da realização acadêmica e contextual. Houve também uma avaliação do rendimento acadêmico de três disciplinas fundamentais à formação do engenheiro. A análise dos dados foi realizada com o apoio do SPSS e pautou-se na estatística descritiva e na análise de correlação, conforme se observa em umas das tabelas do artigo, reproduzida como Tabela 31.

TABELA 31 — **Exemplo da apresentação da análise de correlação de Pearson**

Dimensão		Física I	Cálculo I	Algebra Linear I	Média
Pessoal	r	0,15	0,18	0,30	0,27
	p	0,11	0,06	0,00**	0,00**
Realização	r	0,08	0,15	0,26	0,20
	p	0,39	0,13	0,00**	0,03*
Contextual	r	0,08	0,08	0,22	0,16
	p	0,40	0,42	0,02*	0,10

Fonte: Cunha e Carrilho (2005, p. 221).

A partir da Tabela 31, Cunha e Carrilho (2005, p. 221) destacam que:

> [...] disciplina Algebra Linear I foi a que mais se correlacionou positivamente com as vivências acadêmicas e que a média das três disciplinas apresenta uma correlação positiva de significado estatístico, com as dimensões Pessoal e de Realização Acadêmica do QVA. [...]
> Os resultados deste trabalho indicam que os alunos com as melhores vivências acadêmicas nas *dimensões Pessoal* (r=0,27; p<0,01) e de *Realização acadêmica* (r= 0,21; p< 0,05) apresentam melhor rendimento escolar. Já as subescalas relacionadas à dimensão Institucional estão muito menos relacionadas com o desempenho acadêmico do que as subescalas que compõem as *dimensões Pessoal e de Realização Acadêmica.*

De modo geral, os resultados apresentados na pesquisa sugerem que, a partir da análise de correlação, foi identificada uma associação positiva entre as vivências acadêmica no primeiro ano do curso e o rendimento acadêmico, ou seja, quanto melhores são as vivências dos estudantes, mais alta tende a ser média do rendimento escolar.

7.2.4.2. Rho de Spearman

O rho de Spearman é um teste de correlação não paramétrico equivalente à correlação de Pearson (RONI; MERGA; MORRIS, 2020). Esses testes são similares e seus coeficientes são interpretados da mesma forma. Dancey e Reidy (2019) recomendam que, quando o pesquisador tem um número pequeno de participantes e não está certo de que seus dados satisfazem às condições dos testes paramétricos, utilize o rho de Spearman.

A análise de correlação que utiliza o rho de Spearman mede uma associação entre duas variáveis, ambas ordinais; por exemplo, aluno do 1º ano, do 2º ano e assim por diante. O uso do rho é indicado quando temos variáveis de razão, intervalo ou ordinais, e existe uma relação monotônica entre as variáveis, ou seja, essas variáveis se movem em uma linha reta (RONI; MERGA; MORRIS, 2020).

O rho de Spearman poderia ser utilizado, por exemplo, em uma pesquisa que tivesse o objetivo de verificar se o acesso à quantidade de recursos com textos escritos está relacionado ao nível de escrita de 300 crianças que frequentam o 1º ano do ensino fundamental. Nesse caso, temos duas variáveis ordinais que poderiam ser medidas por meio do envio de um questionário aos pais e da avaliação dos professores. A quantidade crescente de acesso aos recursos poderia ser medida por opções em que os pais pudessem marcar todos os recursos aos quais as crianças têm acesso, como livros, revistas de história em quadrinhos, jogos com letras e palavras, jogos digitais que usam letras e palavras, vídeos etc. (até um total de seis itens). E o professor avaliaria o nível de escrita das crianças considerando as seguintes opções: garatuja, pré-silábico, silábico sem valor sonoro, ilábico com valor sonoro, silábico-alfabético e alfabético.

Nesse exemplo, utiliza-se o rho de Spearman, pois há o objetivo de observar a relação entre duas variáveis ordinais que têm nas suas opções uma quantidade crescente de acesso a recursos e nível crescente de escrita. Entretanto, mesmo que o coeficiente da análise indique uma correlação positiva, identificando que a quantos mais recursos as crianças têm acesso, maior é o seu nível de escrita, não seria possível estabelecer uma relação de causa e efeito. O problema é que não podemos saber, por exemplo, se a criança tem mais acesso porque já tem um nível mais desenvolvido de escrita ou se o acesso a levou a ter um melhor nível.

No Quadro 41, apresentamos os procedimentos para o cálculo do rho de Spearman utilizando o SPSS.

RESULTADOS, ANÁLISE, DISCUSSÃO E INTERPRETAÇÃO

Quadro 41 — **Passos no SPSS para uso do rho de Spearman**

Para realizar a análise da correlação de Spearman no SPSS, no menu superior é preciso clicar na opção "Analisar", em seguida em "Correlacionar" e escolher "Biváriavel".

$$\text{Analisar} \rightarrow \text{Correlacionar} \rightarrow \text{Biváriavel}$$

Na caixa que se abre, é preciso mover as variáveis a serem analisadas e marcar "Spearman" nas opções de coeficientes de correlação.

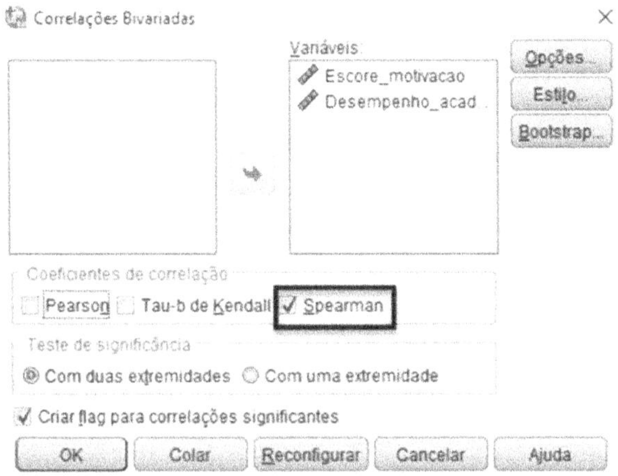

Fonte: os autores.

Após a execução dos procedimentos para a análise de correlação no SPSS, são apresentados os resultados, a partir dos quais se procede à extração dos dados, conforme se pode observar na Figura 61.

Figura 61 — **Resultado da análise de correlação do rho de Spearman no software SPSS**

Correlações

			Escore_motivacao	Desempenho_academico
rô de Spearman	Escore_motivacao	Coeficiente de Correlação	1,000	,908**
		Sig. (2 extremidades)	.	,000
		N	10	10
	Desempenho_academico	Coeficiente de Correlação	,908**	1,000
		Sig. (2 extremidades)	,000	.
		N	10	10

**. A correlação é significativa no nível 0,01 (2 extremidades).

Fonte: os autores.

Na Figura 61, podemos observar que os resultados do rho de Spearman são apresentados do mesmo modo que os da correlação de Pearson. Os valores formam uma matriz, em que aparecem duas vezes. Na primeira linha, temos o coeficiente r do Spearman, e o p aparece na linha "Sig. (2 extremidades)". No exemplo analisado, podemos observar que há correlação positiva alta entre os escores de motivação e o desempenho acadêmico (r=0,9, p=0,00).

7.2.4.3. V de Cramer

Quando desejamos analisar a correlação de variáveis qualitativas nominais que não estabelecem uma ordem entre os itens, deve-se utilizar o V de Cramer. Esse teste é semelhante ao qui-quadrado, porém fornece um índice de força da associação entre as variáveis. O uso desse teste se aplica em situações como em que queremos analisar se há associação entre o sexo das crianças (feminino e masculino) e a participação nas aulas extracurriculares oferecidas na escola (xadrez, futebol, desenho, vôlei e judô).

Em um estudo desenvolvimento por Santos e Ferreira (2018) sobre a participação em programa de mobilidade internacional envolvendo 1.327 estudantes brasileiros e portugueses, observa-se o uso do V de Cramer na análise de diversas variáveis nominais. Uma das análises voltou-se para o envio de estudantes em vulnerabilidade socioeconômica para o exterior (estudante vulnerável ou não), que correspondiam a 129 estudantes da amostra e às seis universidades brasileiras e portuguesas que participaram do estudo. Os resultados revelaram o seguinte percentual de envio de estudantes em vulnerabilidade por universidade: Instituto Universitário de Lisboa (ISCTE-IUL) (13,9%), Universidade de Lisboa (12,9%), Universidade Federal de Juiz de Fora (7,5%), Universidade de Trás-os-Montes e Alto Douro (6,5%) e Universidade Federal de Santa Catarina (5,6%). Os resultados dos testes indicaram que a relação entre universidade e participação em programas de mobilidade internacional é significativa ($X^2(5)$ = 32,959; p = 0,000) e a associação é fraca (V de Cramer = 0,156).

A interpretação desses resultados nos permite inferir que, apesar de haver uma associação entre a universidade e o percentual de envio de estudantes em vulnerabilidade socioeconômica para o exterior, o que indica que a frequência observada não seria dada ao acaso, essa associação é fraca.

7.2.5. Análise de regressão

A análise de regressão está relacionada à correlação, mas permite que o pesquisador preveja o valor de uma variável quando sabemos ou assumimos os valores das outras variáveis, consistindo em uma forma de modelar a relação entre variáveis (COHEN; MANION; MORRISON, 2018; FIELD, 2009). Essa associação entre duas variáveis pode ser representada por um gráfico com eixo y e x que são associados. Nessa perspectiva, a análise de regressão busca determinar a função específica que relaciona y a x (BABBIE, 2016). O eixo y corresponde à variável dependente ou de critério, enquanto o eixo x se refere à variável independente, também chamada de previsora ou explicativa na análise de regressão.

Segundo Dancey e Reidy (2019, p. 367), "[...] enquanto a análise de correlação nos permite determinar a força da relação entre duas variáveis (tanto em magnitude quanto a direção), a regressão linear responderá à pergunta 'Quanto y mudará se x mudar?'". Então, podemos entender que a principal diferença é determinar o valor resultante de uma variável influenciada por outra que muda. Reforça-se que, na medida em que a equação de regressão descreve a associação entre duas variáveis, podemos usá-la para prever outros conjuntos de valores (BABBIE, 2016).

A partir da correlação, podemos observar que, conforme um estudante aumenta o tempo dedicado aos estudos, maior é o seu desempenho escolar, sinalizando, assim, uma associação positiva entre as duas variáveis (tempo de estudo e desempenho acadêmico). Entretanto, apenas pela regressão podemos estabelecer o quanto as horas de estudos influenciam o desempenho. O uso da regressão poderia responder, por exemplo, quanto tempo seria preciso estudar para atingir um desempenho desejado.

Muitas condições precisam ser observadas para o uso da regressão. De acordo com Cohen, Manion e Morrison (2018), o pesquisador precisa verificar diversos aspectos, dentre os quais:

a) tamanho da amostra: quanto maior, melhor, sugerindo no mínimo quinze casos para cada variável;
b) evitar a multicolinearidade, ou seja, a forte correlação (r = 0,9 ou superior) entre as variáveis independentes;
c) as medições são provenientes de uma amostra aleatória;
d) todas as variáveis são números reais (dados de razão) ou, pelo menos, a variável dependente deve ser;
e) há um linear aproximado (uma linha reta) na relação entre a variável dependente e as variáveis independentes;
f) as variáveis têm uma distribuição normal.

O tamanho da amostra também tem influência sobre a análise de regressão. Field (2009) chega a citar duas regras básica para definir o tamanho: deve haver 10 casos para previsor, e precisamos de 15 casos para cada variável previsora acrescentada no modelo. Então, se em uma análise de regressão múltipla temos quatro variáveis previsoras, o tamanho da amostra, por essas regras, ficaria em 40 ou 60 casos. E continua valendo a regra de que quanto maior a amostra, melhor!

7.2.5.1. *Regressão linear simples*

Na regressão linear simples, analisa-se a relação entre duas variáveis, uma explicativa (a variável de critério ou independente) e outra explicada (a variável previsora ou dependente). Esse tipo de regressão é o modelo mais simples que é utilizado para calcular valores dentro dos limites da linha real. A ideia da linha real difere da linha imaginária que temos na correlação, porque, a partir dela, são feitas previsões na regressão.

A análise de regressão inclui a correlação e a verificação de associação significativa entre as variáveis. Agresti e Finlay (2012) esclarecem que são analisados três aspectos na regressão: a existência de associação entre variáveis testando a hipótese; a força da associação entre as variáveis pela correlação; e a previsão do valor da variável de resposta a partir do valor da variável explicativa pela equação da regressão. Mais à frente, veremos que a análise feita no SPSS apresenta resultados para todos esses aspectos.

Na distribuição dos dados por eixos (x e y), desenha-se uma linha reta que representa a relação entre os dados. Na regressão, a partir dessa linha, podemos "[...] afirmar que para cada unidade de mudança em x, y muda em uma quantia específica" (DANCEY; REIDY, 2019, p. 369). No SPSS, é possível traçar a linha de melhor aderência, ou seja, aquela que melhor representa os dados, como podemos observar no Quadro 42.

QUADRO 42 — **Passos para traçar a linha de melhor aderência na regressão linear no SPSS**

Para traçar a linha de melhor aderência na regressão linear, é preciso selecionar as seguintes opções:

Gráficos → Caixas de diálogo legadas → Dispersão/Pontos → Dispersão simples

Abre-se uma caixa para que se movam as variáveis para o eixo y (dependente/de critério) e o eixo x (independente/previsora).

Ao clicar em OK, temos o diagrama de dispersão. Para ter a linha, é preciso dar dois cliques no diagrama, no menu selecionar "Elementos" e no menu clicar na opção "Linha de ajuste total".

Fonte: os autores.

Em uma correlação perfeita, a linha reta passa por todos os pontos. Para tanto, é preciso haver uma regularidade na relação entre x e y; por exemplo, um aumento de 10 unidade para cada unidade de aumento em x. Porém, os dados que coletamos na área da educação raramente terão esse comportamento, e teremos dados que não estarão na reta. Esses pontos que estão longe da linha representam erros de previsão (DANCEY; REIDY, 2019).

A distância entre os pontos de dados e a linha são chamados de resíduos, sendo prevista uma diferença entre a pontuação real da variável dependente (a distância de uma pontuação real para a linha de melhor ajuste). De qualquer modo, espera-se que os resíduos sejam pequenos, ou seja, que os pontos de dados (valores) fiquem próximos da melhor linha ajuste (homocedasticidade), com poucas, se houver, grandes exceções (*outliers* ou casos excepcionais) (COHEN; MANION; MORRISON, 2018).

A análise de regressão leva em consideração a reta e observa uma equação que considera que a mudança em x muda o valor de y. Quanto mais íngreme é a inclinação da reta, mais y muda como resultado de x.

Essa análise é feita a partir de uma equação de função linear: $y = \alpha + \beta x$, em que temos o valor de x, y, β (beta) e α (alfa). β (beta) refere-se ao valor da inclinação da reta, que corresponde ao valor que aumenta ou diminui em y para o aumento de uma unidade de x. Já α (alfa) é o valor que temos na intersecção da linha no eixo y (AGRESTI; FINLAY, 2012).

A direção da mudança na regressão, se positiva ou negativa, é definida pelo sinal positivo ou negativo de β. Quando o sinal é positivo, conforme se aumenta uma unidade de x, o valor de y também aumenta. Já quando sinal é negativo, ao aumentar uma unidade x, o valor de y diminui. A Figura 62 apresenta um gráfico da equação da regressão linear com esses elementos.

FIGURA 62 — Gráfico da equação da regressão linear ($y = \alpha + \beta x$)

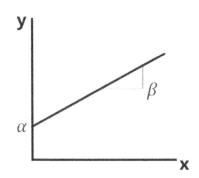

Fonte: os autores.

A análise de regressão apresenta alguns resultados que incluem o R ao quadrado, que nos diz quanto a variação na variável dependente é explicada pela variável independente (previsora). Esse valor pode ser transformado em um percentual; por exemplo, se o resultado obtido é $R^2 = 0,742$, indica que 74,2% da variação pode ser contabilizada pelo modelo, o que é um indicador alto de previsão (COHEN; MANION; MORRISON, 2018). Além do R ao quadrado, temos R ajustado, que é mais preciso, pois considera o número de variáveis previsoras e que temos dados de uma amostra, e não da população. O R ajustado pode ser interpretado considerando os intervalos descritos na Tabela 32.

TABELA 32 — Interpretaçao de valores de R ajustado

R ajustado	Interpretação
<0,1	ajuste ruim
0,11–0,3	ajuste modesto
0,11–0,3	ajuste moderado
>0,5	ajuste forte

Fonte: adaptado de Cohen, Manion e Morrison (2018).

Essa análise pode ser feita em softwares de apoio à análise estatística, como podemos observar nos passos descritos no Quadro 43.

QUADRO 43 — **Passos para a análise de regressão linear no SPSS**

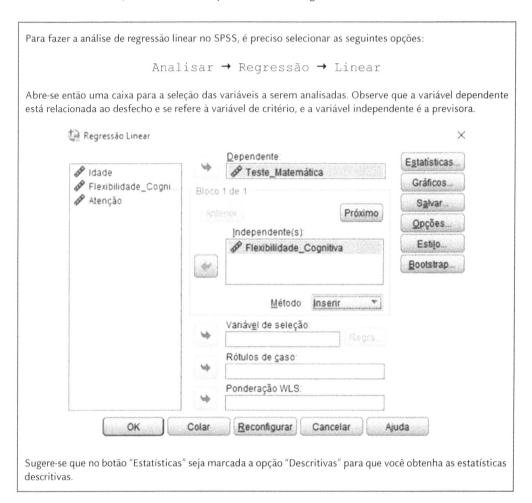

Fonte: os autores.

A saída no SPSS para a análise de regressão é bem extensa. Com base em Dancey e Reidy (2019), destacamos as principais informações que são extraídas para relatar os resultados, que estão identificadas por números e em destaque na Figura 63:

a) correlação entre x e y (R): refere-se ao r de Pearson e indica a força da correlação entre as variáveis; quanto maior o valor, mais forte é a correlação, indicando que mais os pontos se agrupam em torno da linha de melhor aderência, o que tende a resultar em uma melhor previsão também (ver destaque 1 na Figura 63);

b) variância explicada ou R ao quadrado (*R Square*): consiste na elevação do coeficiente de correlação ao quadrado, resultando em um percentual aproximado de variância, que pode ser explicado pela variância (ver destaque 2 na Figura 63);
c) R ao quadrado ajustado (*Adjusted R Square*): justifica o número de participantes e variáveis na análise, pois a linha de melhor aderência baseia-se em uma amostra e não na população, então esse ajuste fornece uma estimativa mais realista (ver destaque 3 na Figura 63);
d) erro-padrão (*Std. Error of the Estimate*): considera que as estatísticas não estão livres de erros, pois medimos a partir de uma amostra, e variáveis não previstas ou não controladas podem influenciar os resultados, então o erro-padrão é uma medida de quão correta a estimativa pode ser (ver destaque 4 na Figura 63).

FIGURA 63 — Dados de saída da análise de regressão linear no SPSS

Resumo do modelo

Modelo	R	R quadrado	R quadrado ajustado	Erro padrão da estimativa
1	,810[a]	,656	,625	5,00354

a. Preditores: (Constante), Flexibilidade_Cognitiva

ANOVA[a]

Modelo		Soma dos Quadrados	df	Quadrado Médio	Z	Sig
1	Regressão	524,918	1	524,918	20,967	,001[b]
	Resíduo	275,390	11	25,035		
	Total	800,308	12			

a. Variável Dependente: Teste_Matemática
b. Preditores: (Constante), Flexibilidade_Cognitiva

Coeficientes[a]

Modelo		Coeficientes não padronizados B	Erro Erro	Coeficientes padronizados Beta	t	Sig
1	(Constante)	42,557	9,107		4,673	,001
	Flexibilidade_Cognitiva	,362	,079	,810	4,579	,001

a. Variável Dependente: Teste_Matemática

Fonte: os autores.

Na sequência, o SPSS apresenta uma tabela ANOVA de análise de variância, na qual temos Z, que se refere ao valor de F (destaque 5 na Figura 63) e Sig. (destaque 6 na Figura 63). Outra tabela apresenta os coeficientes da regressão, incluindo b, que indica a inclinação (destaque 7 na Figura 63) e o intercepto a (destaque 8 na Figura 63). Esses valores são importantes para a equação de regressão. Essa tabela fornece, ainda, os coeficientes padronizados, que permitem estabelecer comparações com outros estudos (DANCEY; REIDY, 2019).

Considerando os dados fictícios utilizados que estariam se referindo à relação entre o desempenho em um teste que avalia a flexibilidade cognitiva e o desempenho em uma prova de matemática, exemplificamos uma forma de relatar os dados a partir da extração dos dados destacados na Figura 63:

A análise da regressão linear para verificar o efeito do desempenho em um teste de avaliação da flexibilidade cognitiva sobre o resultado em uma prova de matemática, revelou que a cada pontuação no teste temos um aumento de 0,36 pontos na prova, considerando o valor do coeficiente não padronizado de inclinação da reta.

7.2.5.2. Regressão múltipla

A regressão múltipla é uma extensão da regressão linear, mas que pretende descobrir como mais de uma variável (explicativas ou previsoras), representadas por x1, x2, x3, está relacionada a outra (dependente ou de critério), representada por y, procurando estabelecer os efeitos de um grupo de variáveis previsoras sobre uma variável dependente (DANCEY; REIDY, 2019; FIELD, 2009).

Esse tipo de regressão está mais próximo do que encontramos no cotidiano, em que dificilmente temos apenas uma variável influenciando um comportamento ou uma condição. Na educação, por exemplo, a aprendizagem é um dos principais temas de interesse, mobilizando muitos esforços, que incluem recursos, metodologias, infraestrutura, relacionamentos interpessoais, gestão escolar, entre outros tantos. Cada um desses aspectos remete a variáveis que podem influenciar a aprendizagem; um ambiente ruidoso, relações interpessoais hostis, cansaço físico, falta de motivação, uma metodologia baseada apenas na exposição oral podem também, somados, influenciar a aprendizagem dos alunos. Diante disso, dificilmente conseguimos estabelecer uma regressão linear para determinar o quanto uma variável influencia outra. E, mesmo na regressão múltipla, em que podemos considerar diversas variáveis, é difícil estabelecer relações de causa de efeito.

Apesar disso, podemos encontrar vários trabalhos na área de educação que se pautam na análise de regressão. Cabe muitas vezes cautela e bom senso para discutir e problematizar os resultados encontrados, considerando as especificidades da área.

Dancey e Reidy (2019) descrevem o exemplo de uma análise de regressão que considera como variáveis previsoras o QI e o nível de motivação sobre o desempenho em um teste, procurando responder à seguinte questão: "O quanto bem a combinação dessas duas variáveis prevê o sucesso em testes?" (DANCEY; REIDY, 2019, p. 389). E reforçam que ainda é possível descobrir a contribuição relativa de cada variável pela regressão múltipla.

A regressão múltipla também tem uma função, a equação de função linear: $y = \alpha + \beta x_1 + \beta x_2 + \beta x_3$. Podemos observar que, em relação à equação da regressão linear, são acrescentadas as variáveis explicativas, duas ou mais. Essa função "[...] descreve o relacionamento entre as variáveis explicativas e a média da variável resposta" (AGRESTI; FINLAY, 2012, p. 375).

No SPSS, o cálculo da regressão múltipla segue os mesmos passos descritos no Quadro 43, porém, na seleção das variáveis independentes (explicativas) para a análise, é selecionada mais de uma variável, e, nos resultados, na tabela de coeficientes da regressão, temos a apresentação dos coeficientes para cada uma das variáveis previsoras.

Podem-se utilizar diferentes métodos de regressão, como hierárquico (entrada em blocos), entrada forçada (ou *Enter* — no SPSS, em português, "Inserir") e método por passos. Esses modelos consideram que os previsores incluídos e o modo como são colocados influenciam o resultado da análise (FIELD, 2009). Esses modelos podem ser selecionados no SPSS.

A seguir, descrevemos, com base em Field (2009), algumas características desses modelos:

a) modelo hierárquico: é definida a ordem em que os previsores são colocados no modelo. Essa ordem é definida com base em estudos anteriores, e, só depois de incluir os previsores de importância reconhecida, o pesquisador adiciona novos ao modelo;
b) entrada forçada: todos os previsores são forçados no modelo ao mesmo tempo; a escolha dos previsores é definida com base em estudos anteriores; porém, o pesquisador não toma decisões sobre a ordem em que as variáveis são acrescentadas;
c) método por passos: a ordem em que os previsores são acrescentados ao modelo pauta-se por critérios matemáticos.

Na Figura 64, mostramos a saída que se obtém na análise realizada com o SPSS, dando continuidade ao exemplo utilizando na regressão linear, incluindo outra variável, que se refere ao desempenho em um teste de atenção.

FIGURA 64 — Dados de saída da análise de regressão múltipla no SPSS

Regressão

Variáveis Inseridas/Removidas[a]

Modelo	Variáveis inseridas	Variáveis removidas	Método
1	Atenção, Flexibilidade_ Cognitiva[b]		Inserir

a. Variável Dependente: Teste_Matemática
b. Todas as variáveis solicitadas inseridas.

Resumo do modelo

Modelo	R	R quadrado	R quadrado ajustado	Erro padrão da estimativa
1	,843[a]	,711	,654	4,80521

a. Preditores: (Constante), Atenção, Flexibilidade_Cognitiva

ANOVA[a]

Modelo		Soma dos Quadrados	df	Quadrado Médio	Z	Sig.
1	Regressão	569,407	2	284,703	12,330	,002[b]
	Resíduo	230,901	10	23,090		
	Total	800,308	12			

a. Variável Dependente: Teste_Matemática

Coeficientes[a]

		Coeficientes não padronizados		Coeficientes padronizados		
Modelo		B	Erro Erro	Beta	t	Sig
1	(Constante)	37,558	9,458		3,971	,003
	Flexibilidade_Cognitiva	,218	,129	,487	1,688	,122
	Atenção	,086	,062	,400	1,388	,195

a. Variável Dependente: Teste_Matemática

Fonte: os autores.

Field (2009) esclarece que o R^2 pode ser interpretado como na regressão linear, pois se refere à quantidade de variação na variável de saída.

Para exemplificar o uso da regressão em estudos publicados na área de educação, destacamos a pesquisa realizada por Marturano e Pizato (2015) com 248 alunos de quatro escolas públicas, que teve como objetivo

[...] testar um modelo de predição de desempenho acadêmico no 5º ano do EF, tendo como preditores as habilidades acadêmicas e sociais, os problemas de comportamento e a percepção de estressores escolares no 3º ano, considerando ainda a extensão do tempo de exposição à EI e características da clientela da escola de EF. (MARTURANO; PIZATO, 2015, p. 18).

No que se refere às análises de regressão, na seção de procedimentos, as autoras descrevem:

[...] modelo de predição testou a contribuição relativa das variáveis da criança no 3º ano para os desfechos observados no 5º ano, controladas as variáveis gênero (0 = masculino, 1 = feminino) e NSE (5 = classe A, 1 = classe E). Foram processadas duas regressões, uma para desempenho e a outra para competência acadêmica no 5º ano. Como preditores, entraram no primeiro bloco as variáveis sociodemográficas (gênero e NSE), o tempo de permanência na EI e a classificação da escola de EF de acordo com as características da clientela. No segundo e no terceiro bloco foram inseridos, respectivamente, os indicadores de competência (desempenho no TDE e habilidades sociais) e dificuldades adaptativas (problemas de comportamento e percepção de stress), avaliados no 3º ano. Utilizou-se um nível alfa de 0,05. (MARTURANO; PIZATO, 2015, p. 19).

Na apresentação dos resultados, as quatro escolas envolvidas na coleta são caracterizadas, observando-se análise em relação a diferenças de gênero e apresentação dos resultados (média, desvio padrão por gênero e ano escolar) das variáveis de estudo. Procede-se à análise de correlação entre as variáveis avaliadas no 3º e no 5º ano do ensino fundamental, para, então, serem apresentados os resultados das análises de regressão. Na Tabela 33, reproduzimos parte dos resultados que são apresentados, por isso recomendamos a consulta ao trabalho completo. Esclarecemos que as colunas de avaliação coletiva consideram uma prova aplicada em sala de aula com os alunos do 5º ano, e outra coluna apresenta os resultados da Escala de Competência Acadêmica do Sistema de Avaliação de Habilidades Sociais — SSRS-BR, que foi preenchida pelo professor.

Tabela 33 — Modelos de regressão hierárquica examinando preditores de desempenho acadêmico no 5º ano, avaliados no 3º ano

Preditores	Avaliação coletiva B(SE)	β	R^2	ΔR^2	Competência acadêmica SSRS B(SE)	β	R^2	ΔR^2
Bloco 1								
Gênero	0,92(0,47)	0,11*			3,01(1,15)	0,16*		
Nível socioeconômico	0,79(0,28)	0,18*			1,25(0,68)	0,13		
Anos na EI	0,26(0,52)	0,03			-0,71(1,29)	-0,04		
Escola EF	0,25(0,05)	0,31**			-0,09(0,13)	-0,05		
$F_{(4, 25)}$ variação	15,74**		0,21	0,21	2,82*		0,04	0,04
Bloco 2								
Desempenho TDE	0,08(0,01)	0,58**			0,17(0,02)	0,54**		
Habilidades sociais SSRS	0,98(0,17)	0,24**			2,52(0,48)	0,28**		
$F_{(2, 25)}$ variação	129,29**		0,62	0,41	85,49**		0,44	0,40

Fonte: Marturano e Pizato (2015, p. 20).

A partir da tabela, as autoras apresentam os resultados de forma descritiva, como passamos a reproduzir.

> No modelo preditivo de desempenho na avaliação coletiva, as variáveis do primeiro bloco respondem por 21% da variação nos resultados obtidos no 5º ano. Gênero, NSE e a escola de EF são preditores significativos, com maior peso para a escola, segundo os valores de beta padronizados. Com a introdução, no bloco 2, dos recursos da criança avaliados no 3º ano, o poder de predição do modelo se eleva para 62% do total da variância nos resultados. Tanto as habilidades acadêmicas como as habilidades sociais predizem o desfecho. Deve-se acrescentar que, dentre as variáveis do bloco 1, apenas a escola de EF continua no modelo, com valor de beta padronizado reduzido de 0,31 para 0,10. (MARTURANO; PIZATO, 2015, p. 20).
>
> No modelo preditivo de competência acadêmica, avaliada pelo professor, as variáveis do primeiro bloco respondem por 4% da variação nos resultados obtidos no 5º ano. Somente o gênero (se menina) aparece como preditor positivo de competência no 5º ano. Ao serem introduzidos na regressão os recursos da criança avaliados no 3º ano (bloco 2), o modelo passa a explicar 44% do total da variância nos resultados do 5º ano. Habilidades acadêmicas e sociais no 3º ano são preditoras de competência acadêmica; o exame dos valores de beta padronizado indica que as habilidades acadêmicas são o melhor preditor isolado. Ao passo que o gênero deixa de ser um preditor significativo, a escola de EF passa a fazer parte do modelo, como um preditor negativo de competência acadêmica ($\beta = -0,25$). (MARTURANO; PIZATO, 2015, p. 21).

Esse estudo mostra uma aplicação da análise de regressão na tentativa de identificar quais fatores podem ter influência sobre o desempenho de alunos, procurando estabelecer o quanto cada variável preditora pode influenciar a variável dependente.

7.3. DISCUSSÃO E INTERPRETAÇÃO DOS RESULTADOS

Alguns autores não diferenciam, em metodologia da pesquisa, as fases da análise e da interpretação. Muitas vezes, da apresentação dos resultados da coleta dos dados, passa-se à discussão, com a realização da análise e interpretação como um procedimento único. Outros autores, entretanto, propõem a separação entre as fases da análise e da interpretação. Como forma de ilustração das diferenças entre os dois procedimentos, abriremos esta seção visitando esses conceitos em outra área: a teoria literária.

O alemão Wolfgang Kayser (1963) é autor do livro *Análise e interpretação da obra literária*, em que os dois procedimentos são diferenciados, mesmo que seus objetivos acabem caminhando na mesma direção. Se, de um lado, é possível analisar uma obra literária focando em aspectos como suas características formais (rimas, versos, estrofes etc., por exemplo, no caso de poesias), figuras de linguagem, sintaxe, discurso e formas de construção e apresentação dos gêneros (poesia, prosa, drama etc.), de outro lado, a interpretação estaria interessada em aspectos como o sentido dos textos, as intenções do autor, a relação da obra com seu contexto, seus significados e assim por diante. Seria possível dizer, assim, que, enquanto a análise estaria mais interessada na forma da obra literária, a interpretação procuraria desvendar seu conteúdo ou significado.

Na pesquisa, a análise implica trabalhar com os dados que foram coletados, podendo envolver sua descrição e a comparação entre diferentes condições, grupos e variáveis relacionadas à coleta. Como vimos neste capítulo a análise utiliza técnicas e estratégias como a codificação, a análise de conteúdo e a estatística. Já a interpretação vai além dos dados coletados e dos resultados da análise, buscando atribuir-lhes sentido e significado. Interpretar significa discutir esses dados e resultados.

Patton (2015, p. 570, tradução nossa), tratando especificamente da pesquisa qualitativa e de métodos de avaliação, propõe uma definição na mesma direção para a etapa da interpretação:

> A interpretação, por definição, envolve ir além dos dados descritivos. Interpretação significa atribuir significado ao que foi encontrado, dar sentido às descobertas, oferecer explicações, tirar conclusões, extrapolar lições, fazer inferências, considerar significados ou impor ordem em um mundo indisciplinado, mas certamente padronizado.

Um dos objetivos da interpretação é, inclusive, passar das discussões e dos achados da pesquisa para significados mais gerais, abstratos e até mesmo complexos. Entretanto, se, de um lado, a análise não faz sentido sem a interpretação, a interpretação, de outro lado, deve partir da análise.

Apesar de já termos tratado, em vários momentos deste capítulo, de procedimentos relacionados à discussão e interpretação dos resultados de pesquisas, esta seção encerra o capítulo com reflexões específicas sobre o trabalho com os dados depois de terem sido analisados. Há ainda uma série de movimentos que podem ser realizados depois da análise dos dados, que procuramos isolar e descrever nesta seção. Além disso, ao contrário das seções anteriores, nesta seção não diferenciamos as pesquisas qualitativas das quantitativas, ou seja, concebemos a discussão e interpretação dos dados como uma etapa que pode ser aproximada nessas duas abordagens. Nesse sentido, encerramos esta seção com uma breve discussão sobre as abordagens de métodos mistos.

As orientações que propomos para o pesquisador, na fase da discussão e interpretação da pesquisa, incluem traçar relações dos resultados com os seguintes elementos: contexto; literatura; referencial teórico; objetivos, hipóteses ou questões da pesquisa; e o próprio pesquisador. O objetivo dessas relações é que esses elementos possam contribuir para iluminar os dados e os resultados da investigação, fazendo aflorar significados e novas perspectivas de compreensão.

7.3.1. Contexto

Mishler (1979) considera que a remoção do contexto para se chegar ao significado seria uma característica essencial da metodologia experimental e da análise estatística. Para Patton (2015), por sua vez, experimentos de laboratório retiram as ações observadas do contexto, identificando princípios e gerando descobertas que independem do contexto.

Para Mishler (1979), entretanto, a compreensão do significado como dependente do contexto teria também sido excluída das pesquisas nas ciências sociais, inclusive em educação: "Como teóricos e pesquisadores, tendemos a nos comportar como se o contexto fosse o inimigo da compreensão, em vez de um recurso para a compreensão, função que desempenha em nossa vida cotidiana" (MISHLER, 1979, p. 2, tradução nossa). Nesse sentido, poderíamos dizer que as pesquisas qualitativas, ao buscarem leis gerais, poderiam tender a eliminar o contexto da interpretação dos resultados da análise dos dados.

Mishler (1979) propõe então uma reformulação dos objetivos das ciências comportamentais — e poderíamos aqui estender a concepção para as pesquisas qualitativas, de uma maneira mais ampla: em vez de buscarmos leis gerais que se sustentem independentemente do contexto, procuraríamos especificar as condições em que as relações se mantêm, ou seja, buscar generalizações que tornem explícita a dependência do contexto. Patton (2015), por sua vez, concebe uma investigação naturalística e uma pesquisa qualitativa que não apenas descrevam o contexto ao relatar suas descobertas, mas também o destaquem e decifrem ao interpretá-las, ou seja, que elevem o contexto a um nível essencial para a interpretação.

Essa proposta pode servir, inclusive, para as pesquisas quantitativas na área da educação. Mesmo resultados obtidos a partir de dados quantitativos, pela operacionalização de variáveis e por análise estatísticas, podem ser recontextualizados para sua melhor compreensão. Portanto, nossa primeira orientação para a interpretação é reposicionar os resultados das pesquisas, qualitativas ou quantitativas, no contexto em que os dados foram coletados, de forma a iluminá-los.

O estudo de Ramos e Melo (2018), por exemplo, já posiciona o contexto como um elemento essencial da investigação, pois se propõe a avaliar o efeito da rotina do uso de jogos digitais no desempenho da atenção de alunos do ensino fundamental em sala de aula, enquanto, segundo os autores, a maioria dos estudos similares é realizada em ambiente de laboratório. No estudo, a atenção é investigada, avaliada e treinada no contexto de sala de aula, levando em consideração a importância dessa habilidade para a aprendizagem escolar. Mas, além disso, a análise e a interpretação dos resultados valorizam esse contexto.

7.3.2. Revisão de literatura

A interpretação, tanto no caso de pesquisas qualitativas como quantitativas, também deve procurar traçar relações entre os resultados da análise dos dados e estudos anteriores, identificados na etapa da revisão da literatura. A interpretação, nesses casos, pode tanto mostrar como os resultados da pesquisa corroboram os resultados desses estudos quanto apontar contradições entre os achados da investigação e desses estudos. Em muitos casos, os dois movimentos tendem a ocorrer, ou seja, os resultados da pesquisa reforçarão os resultados de alguns estudos, mas deverão ser também identificadas discrepâncias em relação a outros. Isso torna a interpretação e a discussão bastante ricas.

O estudo já mencionado de Ramos e Melo (2018), por exemplo, reconhece que os resultados da análise suportam os achados de outros estudos que investigaram os efeitos dos jogos digitais no desempenho cognitivo. Entretanto, diferencia seus resultados da literatura pelo fato de a pesquisa, o treinamento da atenção e sua avaliação terem sido realizados em ambiente de sala de aula, e não em laboratório, e em grupo, não individualmente.

O objetivo de traçar essas relações é que os resultados da análise dos dados possam ser interpretados à luz dos resultados de estudos anteriores, ou seja, que a pesquisa seja posicionada em relação à literatura.

7.3.3. Referencial teórico

Além de contextualizar os resultados da análise dos dados e compará-los com estudos anteriores, a etapa da interpretação deve posicionar os resultados em relação ao referencial teórico definido na pesquisa. Na verdade, uma orientação teórica fornece foco e sugere metodologias de investigação e procedimentos de análise, funcionando como lente para enxergar melhor o fenômeno que está sendo estudado (PATTON, 2015).

Cabe inicialmente retomar uma discussão que já fizemos sobre teorias de alto alcance (macroteorias), médio alcance e baixo alcance (ou empíricas). Sobre as teorias de baixo alcance, mais vinculadas a hipóteses, trataremos na próxima seção. O referencial teórico das pesquisas em educação é geralmente composto por macroteorias, mais gerais, e teorias de médio alcance, mais focadas no fenômeno que está sendo estudado.

Paradigmas e abordagens, como discutido no primeiro capítulo deste livro, que estão posicionados em um nível mais macro, podem servir como referências teóricas para a etapa da interpretação. O paradigma crítico, por exemplo, envolve um conjunto de abordagens teóricas, já mencionadas, que, em função da "virada crítica" (LINCOLN apud MERRIAM; TISDELL, 2016, p. 59), têm sido cada vez mais incorporadas às pesquisas em educação: teoria crítica, pós-modernismo, pós-estruturalismo, etnografia crítica, pedagogia crítica, teoria feminista, teoria pós-colonial, teoria *queer*, teoria crítica da deficiência e teoria crítica da raça, dentre outras. Todas podem, naturalmente, ser tomadas como macrorreferenciais teóricos para orientar as interpretações dos resultados da análise dos dados de uma pesquisa. Vamos repetir aqui partes de uma citação já feita no primeiro capítulo do livro:

> [...] pensando de maneira mais geral sobre a pesquisa crítica, o que a torna especificamente *crítica* é o referencial teórico que fundamenta o estudo [...]. O ponto é que esses tipos de estudo são coletivamente críticos no sentido do referencial teórico que fundamenta o estudo e sua análise das relações de poder. É a *análise dos dados*, à luz do referencial teórico e das relações de poder na sociedade que determinam como as pessoas constroem significados, que torna o estudo crítico. (MERRIAM; TISDELL, 2016, p. 59, tradução nossa).

Em muitos casos, nas interpretações que utilizem teorias mais amplas e próximas a visões de mundo, é necessário construir pontes entre o nível da abstração e os dados que foram analisados, de forma a iluminá-los adequadamente, para preservar a metáfora que temos utilizado nesta seção. Em pesquisas sobre educação a distância, por exemplo, é comum a utilização de referenciais teóricos baseados no cognitivismo e no construtivismo (Jean Piaget e Lev Vygotsky), na cibercultura (Pierre Lévy) e na teoria da complexidade (Edgar Morin). Todas são, obviamente, opções legítimas, mas seus arcabouços teóricos não estão, a priori, focados em fenômenos específicos em contextos específicos, o que Cohen, Manion e Morrison (2018) defendem como importante para o desenvolvimento de pesquisas em educação. A luz, que poderia servir ao exercício da interpretação dos resultados da análise dos dados, está muito distante e difusa, sendo necessário aumentar sua intensidade e seu foco, criando canais para a iluminação. Quanto mais o referencial teórico está distante dos dados e resultados da pesquisa, mais a construção dessas pontes e desses canais é necessária.

Admitamos, por exemplo, que se utilizem ideias de Piaget ou Vygostky como fundamentação teórica para a análise de fóruns de discussão em um MOOC — *Massive Open Online Course*. O fenômeno de estudo é a aprendizagem informal de adultos a distância, enquanto esses autores escreveram basicamente sobre a aprendizagem formal de crianças em ambientes presenciais, em uma época, aliás, em que não se utilizavam tecnologias na educação como hoje, muito menos educação on-line. Há, obviamente, diversos elementos que permitem a aproximação dessas teorias com a prática que se pretende estudar, já que ambas envolvem educação e aprendizagem, mas não se pode, por exemplo, simplesmente utilizar citações soltas das obras desses autores para fundamentar a interpretação das trocas verbais nos fóruns de discussão: pontes teóricas são necessárias para estabelecer essas aproximações, para posicionar essas teorias de maneira que possam iluminar os dados nos quais, a princípio, não estão focadas.

De outro lado, as teorias de médio alcance, de acordo com Cohen, Manion e Morrison (2018), além de estarem focadas em fenômenos específicos em contextos específicos, procuram explicar esses fenômenos, exibindo um equilíbrio entre elementos mais abstratos e mais empíricos. As pontes, nesses casos, já estão pelo menos iniciadas. Como já dissemos, nas pesquisas sobre educação a distância, teorias como as da distância transacional (MOORE, 2002) e da comunidade de investigação (GARRISON; ANDERSON; ARCHER, 2000) poderiam ser classificadas como de médio alcance, pois, ao mesmo tempo em que preservam um nível de abstração conceitual, vinculando-se ao campo teórico da aprendizagem de uma maneira geral, oferecem ferramentas, instrumentos e mesmo variáveis específicos para se analisar e interpretar o ensino e a aprendizagem a distância.

Em certo sentido, as próprias metodologias que definimos para nossas pesquisas, sejam elas qualitativas ou quantitativas, carregam consigo aspectos de teorias de médio alcance, além de seus elementos mais abstratos e empíricos. A pesquisa participante, por exemplo, está impregnada de aspectos teóricos (e mesmo ideológicos) que podem ser utilizados na interpretação dos resultados da análise dos dados das investigações concebidas com esse referencial.

O importante é considerar que, na fase da interpretação, os conceitos e autores utilizados para compor o referencial teórico do estudo devem ser trazidos de volta para iluminar os resultados da análise dos dados. Nesse sentido, um bom critério para ajudar a compor a versão final do referencial teórico de uma pesquisa (definir o que fica e o que deve ser cortado) é avaliar com que frequência esses conceitos e autores retornaram efetivamente na interpretação, ou seja, que utilidade tiveram para iluminar os resultados da pesquisa. Em muitos casos, longos (e muito bem escritos) capítulos ou seções são utilizados para introduzir o referencial teórico de um estudo, mas nem os autores, nem os conceitos apresentados retornam em nenhum outro momento do texto.

Muitas vezes, inclusive, quando os dados de uma pesquisa são analisados, o pesquisador poderá chegar à conclusão de que o referencial teórico elaborado para o estudo não é suficiente para ajudar compreender ou explicar os resultados da análise. Nesses casos, é necessário que novas buscas sejam feitas por teorias que possam complementar o referencial inicialmente traçado, de forma que o pesquisador se sinta munido de um arcabouço capaz de efetivamente ajudá-lo a iluminar os resultados. Portanto, ter que atualizar o referencial teórico não é, necessariamente, um sinal de falha de uma pesquisa: ao contrário, pode indicar a riqueza dos processos de coleta e análise dos dados, que podem ter gerado resultados não previstos inicialmente no planejamento da investigação.

A revisão de literatura conduzida por Mattar *et al.* (2020) sobre as competências e funções dos tutores on-line em educação a distância é um exemplo do uso do referencial teórico na interpretação dos resultados da análise. Conceitos desenvolvidos por autores como Philippe Perrenoud (competências pedagógicas), Maurice Tardif (saberes disciplinares, curriculares e experienciais), Lorenzo Aretio (competências socioafetivas) e Michael Moore (funções desempenhadas pelos tutores) são considerados referências na discussão sobre o tema, tanto em um sentido mais geral como quando especificamente voltados para a atuação dos tutores em educação a distância. Nesse sentido, esses conceitos são retomados na discussão sobre os resultados da codificação e da categorização dos artigos incluídos na revisão de literatura, conduzindo a interpretação dos resultados.

7.3.4. Objetivos, hipóteses e questões

A discussão dos resultados da análise dos dados deve também retornar a alguns elementos do planejamento da pesquisa, como seus objetivos (gerais e específicos) e as hipóteses e/ou questões formuladas.

Uma das funções da discussão dos resultados é avaliar se a pesquisa atingiu seus objetivos. Isso pode ocorrer de forma total ou parcial em relação ao objetivo geral, ou mesmo com o atingimento de alguns objetivos específicos, mas outros não. A reflexão sobre por que os objetivos foram atingidos ou não pode contribuir, inclusive, para iluminar os resultados e interpretá-los com mais foco.

De outro lado, Cohen, Manion e Morrison (2018) alertam que a forma como o pesquisador se reporta às hipóteses não é apenas uma questão de terminologia. É possível declarar que a hipótese nula é rejeitada, confirmada ou não confirmada, aceita ou não aceita, suportada ou não suportada. Rejeitar uma hipótese nula não é a mesma coisa que não a confirmar, pois a rejeição dá a ideia de um estado absoluto. Os autores indicam que, no campo da educação, é melhor indicar que as hipóteses não foram suportadas.

O estudo de Ramos e Melo (2018), já mencionado nesta seção, propôs como uma das questões de pesquisa: "A rotina de jogos digitais na escola pode ser uma ferramenta para estimular a atenção de crianças em pré-escolas em países com poucos recursos educacionais?". Na seção da discussão do artigo, os autores retomam a questão, utilizando-a para interpretar os resultados da análise dos dados:

> Em relação à questão de pesquisa nº 4, para o Brasil ou outros países em desenvolvimento, este estudo sugere que a rotina de jogos digitais na escola pode melhorar a eficiência de aprendizagem em sala de aula por treinamento cognitivo, sendo uma estratégia complementar adequada para o desenvolvimento cognitivo em crianças [...] (RAMOS; MELO, 2018, p. 17, tradução nossa).

Pode-se argumentar que os objetivos, as questões e/ou hipóteses não servem exatamente para interpretar os resultados de uma pesquisa, além de tornarem mais complexa, inclusive, a continuidade da metáfora da iluminação, mas servem mais como um exercício de avaliação do maior ou menor nível com que os resultados os atingiram ou confirmaram. De qualquer maneira, como foi possível perceber, a retomada dos objetivos, das hipóteses e das questões de pesquisa contribuem para dar um tom de elegância à condução e mesmo redação da discussão dos resultados da análise dos dados.

7.3.5. Pesquisador

Costuma-se dizer — e mesmo cobrar, especialmente em qualificações e bancas de mestrado e doutorado — que a voz do pesquisador se faça ouvir na etapa da discussão e interpretação dos resultados de uma pesquisa, mais do que nas etapas anteriores. Independentemente do tipo de pesquisa, qualitativa ou quantitativa, é, afinal, ao pesquisador que cabe interpretar e dar sentido aos resultados da análise dos dados, ou seja, iluminá-los.

De um lado, todo pesquisador traz algum nível de conhecimento prévio sobre o tema pesquisado; todo pesquisador é, em certo sentido, um especialista no seu tema, ou está se tornando um, pelo próprio processo de condução da pesquisa. Além disso, o pesquisador acaba trazendo para o exercício da interpretação seus preconceitos, interesses, crenças, preferências, biografia, história de vida e experiências pessoais (COHEN; MANION; MORRISON, 2018). Cabe lembrar, por exemplo, que, no caso da pesquisa participante, busca-se incluir as perspectivas não apenas do pesquisador, mas também de diversos participantes, inclusive no exercício da interpretação dos resultados.

Nesse sentido, a interpretação é o momento em que podem surgir insights sobre os dados e os resultados, inclusive a partir da incorporação das orientações das seções anteriores. Além dos processos de indução e dedução, comuns à metodologia científica, a interpretação é o momento para o exercício da abdução, dos saltos de criatividade lógica para iluminar os resultados da pesquisa com novas perspectivas e novos sentidos. Por isso esperamos ouvir mais a voz do pesquisador neste momento, como se ele conduzisse o próprio foco de luz.

Cabe também, como já vimos, um momento de metalinguagem no exercício da interpretação, de reflexividade sobre a própria voz e perspectiva do pesquisador, um movimento de interpretação da interpretação. Refletir sobre o papel que você desempenhou, desde o planejamento da pesquisa até a interpretação dos resultados, é essencial neste momento. A partir de diversos tipos de anotações que o pesquisador pode fazer sobre o processo da pesquisa, sua participação e seu papel devem ser explicitados. A luz, de alguma maneira, precisa iluminar a si mesma.

7.3.6. Métodos mistos

Já exploramos abordagens de métodos mistos em diversos momentos deste livro, desde o processo de planejamento da investigação até a análise dos dados. Com esta breve seção, encerramos este capítulo retomando essa perspectiva.

Considerando uma pesquisa que tenha analisado dados qualitativos e quantitativos, simultaneamente ou sequencialmente, o momento da interpretação deve procurar unificar as abordagens para a produção dos achados ou descobertas da pesquisa. Assim, uma vez que as análises estejam concluídas, a interpretação de métodos mistos deve examinar os resultados quantitativos e as descobertas qualitativas para tentar traçar inferências, interpretações e conclusões (CRESWELL; CLARK, 2018).

Creswell e Clark (2018) propõem vários tipos de métodos mistos, que já abordamos. Ressaltamos aqui suas diferenças na etapa da interpretação dos resultados da pesquisa.

O design convergente é aquele em que as análises dos dados qualitativos e quantitativos são conduzidas simultaneamente. "No design convergente, após coletar dados quantitativos e qualitativos simultaneamente, o pesquisador primeiro analisa as informações separadamente e, em seguida, integra as duas bases de dados." (CRESWELL; CLARK, 2018, p. 221, tradução nossa).

Um exemplo de pesquisa mista de design convergente é o estudo de Ramos *et al.* (2019), que teve o objetivo de avaliar se o uso de jogos em contexto educacional pode contribuir para o aprimoramento das funções executivas dos alunos. A coleta de dados quantitativos envolveu a aplicação de testes psicológicos, pré e pós-intervenção, para se obter um indicativo de melhora nas habilidades cognitivas relacionadas às funções executivas. Já a coleta de dados qualitativos envolveu a realização de entrevistas com as professoras, ao final da intervenção, para conhecer a sua percepção em relação às habilidades cognitivas avaliadas, ao desempenho na realização das atividades e às interações sociais. A entrevista em uma perspectiva qualitativa estabeleceu "[...] um diálogo sobre as percepções da atividade desenvolvida, a possível identificação de mudanças comportamentais e o desempenho escolar das crianças, focando principalmente as habilidades que compõem as funções executivas" (RAMOS *et al.*, 2019, p. 303).

O estudo conduziu as análises quantitativa e qualitativa separadamente, mas, na discussão, a interpretação dos dados relacionou os dois resultados, de modo a reforçar os achados. Assim, o que foi medido nos testes e revelou diferença estatística significativa, quando se comparou o desempenho antes e depois da intervenção com jogos, foi descrito pelas professoras em termos de mudanças comportamentais e desempenho da aprendizagem.

O design explicativo, por sua vez, é aquele em que a análise de dados quantitativa ocorre primeiro, seguida da análise qualitativa.

> No desenho sequencial explicativo, a análise e a integração dos dados ocorrem em mais de um ponto no estudo. Nesse design, o pesquisador primeiro coleta e analisa os dados quantitativos, conecta os resultados quantitativos à fase qualitativa, coleta e analisa os dados qualitativos e, em seguida, usa os resultados qualitativos para compreender os resultados quantitativos. (CRESWELL; CLARK, 2018, p. 234, tradução nossa).

Por fim, o design exploratório começa com a análise qualitativa, que é seguida da análise quantitativa. Assim como no caso do design explicativo, a análise e a integração dos dados ocorrem em mais de um ponto no estudo

> Em um design exploratório, a análise integrativa de dados de métodos mistos envolve explorar primeiro uma pequena amostra qualitativa; construir uma parte quantitativa (por exemplo, uma atividade de intervenção, um *survey* ou um instrumento, uma nova variável ou um site); e então testar o recurso quantitativo com uma grande amostra. (CRESWELL; CLARK, 2018, p. 238, tradução nossa).

Os autores tratam, ainda, de outros designs, que chamam de complexos, cujas orientações para a interpretação nos três métodos principais se aplicam, de uma maneira geral.

Como vimos nas outras etapas da pesquisa, interpretações de métodos mistos podem ser conduzidas por um pesquisador que tenha formação e aptidão para trabalhar com as duas abordagens, ou por equipes com diferentes formações e habilidades, que podem, inclusive, ter trabalhado separadamente até este momento, mas que agora precisam dialogar para tentar avançar na discussão e interpretação dos resultados das análises de dados. Este momento deve envolver a comparação entre os resultados das análises qualitativas e quantitativas, que nem sempre são similares ou correspondentes.

Encerrando a nossa metáfora, aproveitamos as palavras de Bryman (2007 apud COHEN; MANION; MORRISON, 2018, p. 47, tradução nossa): "[...] pesquisadores de métodos mistos redigem suas pesquisas de 'tal forma que os componentes quantitativos e qualitativos se iluminem mutuamente'".

A Figura 65 apresenta as etapas do ciclo da pesquisa até a fase da análise dos dados.

RESULTADOS, ANÁLISE, DISCUSSÃO E INTERPRETAÇÃO

FIGURA 65 — Ciclo da pesquisa até a etapa da análise dos dados

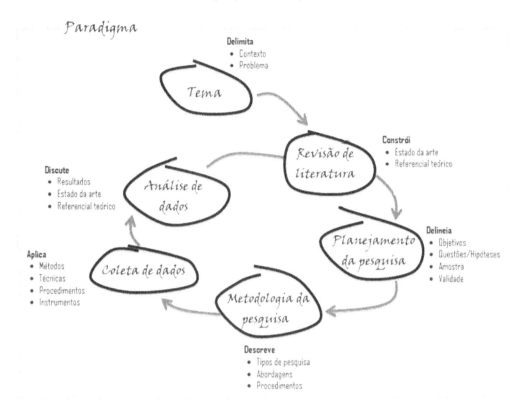

Fonte: os autores.

8.
REDAÇÃO

A redação do texto é a última etapa do fluxo da pesquisa proposto neste livro, mas não a menos importante. Mesmo que você siga cuidadosamente todos os passos propostos para o desenvolvimento de uma pesquisa — incluindo a revisão da literatura, a construção do referencial teórico, o planejamento da investigação, a definição da metodologia e a coleta, análise e interpretação dos dados —, todo o esforço empreendido pode ser desperdiçado em um texto mal escrito. Como afirmam Lune e Berg (2017, p. 191, tradução nossa), "mesmo a melhor pesquisa pode se tornar inútil por uma comunicação deficiente". Patton (2015, p. 632, tradução nossa) é ainda mais enfático: "Todo seu rigoroso trabalho de campo e sua análise diligente podem dar em nada se você apresentar suas descobertas de maneira pobre, incoerente ou em uma prosa enfadonha ou repleta de erros".

Já exploramos aspectos da redação de textos em outros momentos do livro, com destaque para o capítulo sobre metodologias, em que apontamos características específicas dos relatórios finais de alguns tipos de pesquisa, como, por exemplo, a fenomenologia, que admite um texto mais poético e metafórico. Este capítulo tem um caráter mais geral.

Iniciaremos este capítulo explorando a estrutura de artigos e trabalhos acadêmicos, incluindo a elaboração de referências e citações de acordo com a ABNT e a APA. Diferentes estratégias para a apresentação dos resultados da pesquisa são também abordadas, incluindo o uso de elementos visuais. O capítulo adentra ainda em algumas questões mais específicas de língua e redação, plágio e formatação. Por fim, há algumas orientações para a apresentação de trabalhos em eventos e bancas.

8.1. ESTRUTURA DE ARTIGOS E TRABALHOS ACADÊMICOS

As orientações nesta seção servem, em linhas gerais, tanto para artigos científicos quanto para trabalhos acadêmicos, mas faremos sempre indicações específicas, quando necessário. Todavia, cabe de antemão lembrar que a extensão das seções em artigos é, em geral, consideravelmente menor do que a extensão dos capítulos em trabalhos acadêmicos, em função da diferença geral de extensão de cada um desses gêneros textuais.

Existe uma norma da ABNT (2018a) para a apresentação de artigos em publicação periódica técnica e/ou científica. Entretanto, a estrutura e demais diretrizes para autores, inclusive de formatação, são efetivamente definidas pelos próprios periódicos para os quais o artigo é enviado, muitas vezes ignorando essa norma.

De qualquer maneira, uma estrutura bastante comum para artigos científicos, especialmente no caso de abordagens quantitativas, é representada pela sigla IMRaD — *Introduction, Method*(s), *Results and Discussion* —, cujas maiúsculas podem ser mantidas na tradução para o português:

a) *Introduction* (Introdução);
b) *Method*(s) (Métodos ou Metodologia) — em alguns casos, *Methods and Materials* (Métodos e Materiais) ou *Materials and Methods* (Materiais e Métodos);
c) *Results* (Resultados);
d) *Discussion* (Discussão).

Para completar as extremidades do IMRaD, faltam: o título e o resumo, elementos pré-textuais; as considerações finais (ou conclusão), elemento textual que, em alguns casos, acaba fazendo parte da discussão; e as referências, elemento pós-textual. Além disso, é também comum em artigos uma seção, localizada em geral após a introdução e antes da metodologia, com a exposição dos resultados de uma revisão de literatura, algumas vezes chamada de estudos correlatos.

Nesta seção, entendemos por trabalhos acadêmicos os seguintes tipos definidos pela ABNT (2011): trabalho de conclusão de curso de graduação, trabalho de graduação interdisciplinar, trabalho de conclusão de curso de especialização e/ou aperfeiçoamento, dissertação e tese. A ABNT (2011) propõe uma estrutura para trabalhos acadêmicos que é bem representada pela Figura 66.

Nas próximas seções, exploramos os elementos obrigatórios que são comuns aos artigos científicos e trabalhos acadêmicos, indicando, sempre que necessário, as especificidades de cada gênero.

8.1.1. Título

O primeiro elemento de um artigo ou trabalho acadêmico, que, neste caso, aparece na capa, logo após o nome da instituição e do autor, é o título: "palavra, expressão ou frase que designa o assunto ou o conteúdo de um trabalho" (ABNT, 2011a, p. 4). Em geral, o título é seguido de dois pontos e um subtítulo: "informações apresentadas em seguida ao título, visando esclarecê-lo ou complementá-lo, de acordo com o conteúdo do trabalho" (ABNT, 2011a, p. 4). Muitas vezes, entretanto, não se dá a devida importância à construção dos títulos e subtítulos em artigos e trabalhos acadêmicos.

A norma da ABNT para trabalhos acadêmicos informa que o título "deve ser claro e preciso, identificando o seu conteúdo e possibilitando a indexação e recuperação da

FIGURA 66 — **Estrutura do trabalho acadêmico**

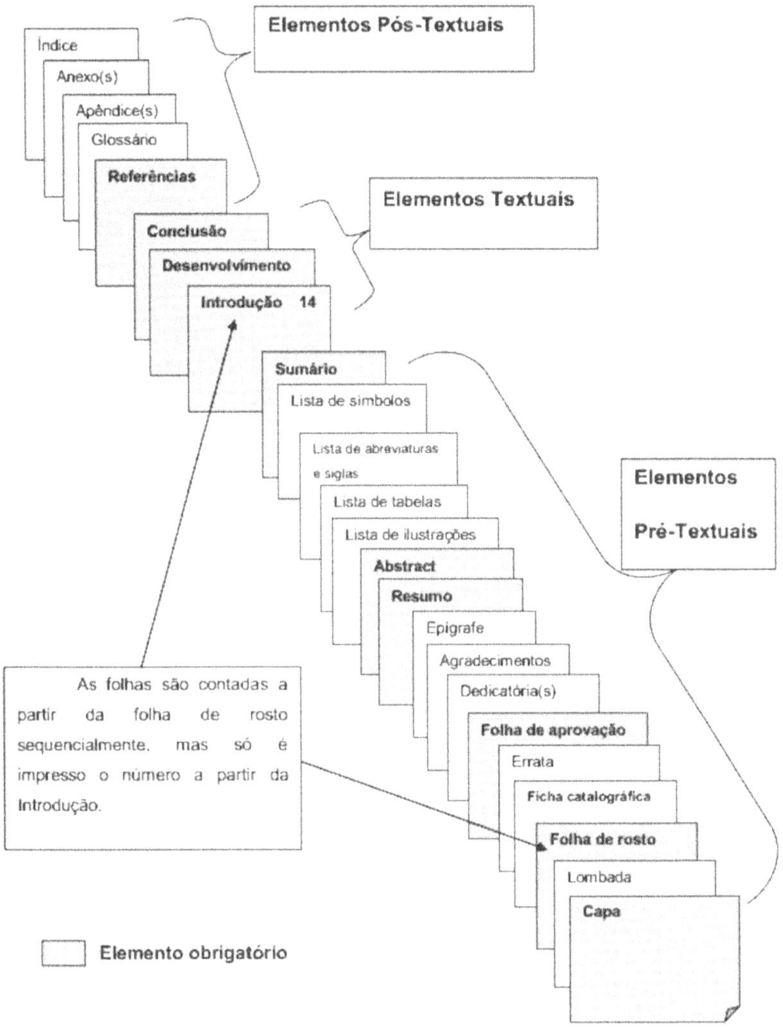

Elementos Pós-Textuais
- Índice
- Anexo(s)
- Apêndice(s)
- Glossário
- **Referências**

Elementos Textuais
- **Conclusão**
- **Desenvolvimento**
- **Introdução** 14

Elementos Pré-Textuais
- **Sumário**
- Lista de símbolos
- Lista de abreviaturas e siglas
- Lista de tabelas
- Lista de ilustrações
- **Abstract**
- **Resumo**
- Epígrafe
- Agradecimentos
- Dedicatória(s)
- **Folha de aprovação**
- Errata
- Ficha catalográfica
- **Folha de rosto**
- Lombada
- **Capa**

As folhas são contadas a partir da folha de rosto sequencialmente, mas só é impresso o número a partir da Introdução.

☐ Elemento obrigatório

Fonte: TCC MONOGRAFIAS E ARTIGOS (2021).

informação" (ABNT, 2011a, p. 6). Além dos aspectos de clareza e precisão, é importante atentar para o fato de que outros pesquisadores poderão fazer buscas em bases de dados por artigos e trabalhos que tratem do mesmo tema que o seu; portanto, o título deve contribuir para que os leitores interessados encontrem o seu texto.

Creswell e Clark (2018) sugerem que os títulos sejam curtos, contendo não mais do que 12 palavras. É impressionante como é possível transmitir uma ideia clara e precisa de uma obra com pouquíssimas palavras. Algumas das referências utilizadas neste livro, muitas delas clássicas, são claras e precisas, mas têm menos de seis palavras (Quadro 44).

QUADRO 44 — Títulos com menos de seis palavras

Qt de palavras	Título	Referência
3	Análise de conteúdo	(BARDIN, 2016)
	Aprendendo a observar	(DANNA; MATOS, 2015)
	Survey research methods	(FOWLER JR, 2014)
	Metodologia da pesquisa-ação	(THIOLLENT, 2011)
	Conducting educational research	(TUCKMAN, 2012)
4	Etnografia da prática escolar	(ANDRÉ, 2013)
	Research methods in education	(COHEN; MANION; MORRISON, 2018)
	"Estudos quantitativos em educação"	(GATTI, 2004)
	Introduction to longitudinal research	(RUSPINI, 2002)
5	Como elaborar projetos de pesquisa	(GIL, 2019a)
	A estrutura das revoluções científicas	(KUHN, 2017)
	Pesquisa em educação: abordagens qualitativas	(LÜDKE; ANDRÉ, 2015)
	A lógica da pesquisa científica	(POPPER, 2013)
	Conducting quantitative research in education	(RONI; MERGA; MORRIS, 2020)

Fonte: os autores.

Com menos do que 12 palavras, de qualquer maneira, é possível criar títulos claros e precisos, como, por exemplo, *Métodos estatísticos para as ciências sociais* (AGRESTI; FINLAY, 2012) e *Systematic reviews in educational research: methodology, perspectives and application* (ZAWACKI-RICHTER et al., 2020), inclusive criativos: *Qualitative interviewing: the art of hearing data* (RUBIN; RUBIN, 2012).

Creswell e Clark (2018) sugerem também que os títulos contemplem três componentes básicos, se possível nesta ordem: tema, participantes e local. Os títulos do Exemplo 36 contêm esses três elementos, indicados entre colchetes.

EXEMPLO 36 — Títulos que incluem tema, participantes e local

"Competências e funções [tema] dos tutores on-line [participantes] em educação a distância [local]" (MATTAR et al., 2020).

"Habilidades comunicativas e lexicais [tema] de crianças com Síndrome de Down [participantes]: reflexões para inclusão escolar [local]" (LAMÔNICA; FERREIRA-VASQUES, 2015).

"Alunos ProUni e não ProUni [participantes] nos cursos de licenciatura [local]: evasão em foco [tema]" (FELICETTI; FOSSATTI, 2014).

"Crianças com dificuldades escolares [participantes] atendidas em programa de suporte psicopedagógico na escola [local]: avaliação do autoconceito [tema]" (OKANO et al., 2004).

Fonte: os autores.

O local em que a pesquisa é realizada, muitas vezes, já se encontra implícito na descrição dos participantes, especialmente quando se identificam alunos e/ou professores de determinadas instituições ou regiões.

Os títulos podem também incluir a abordagem geral, a metodologia da pesquisa ou mesmo o método utilizado para a coleta de dados (Exemplo 37, grifos nossos).

Exemplo 37 — Títulos que incluem a metodologia da pesquisa

"**História de vida** e sua representatividade no campo da educação musical: um estudo com dois Educadores Musicais do Distrito Federal" (ABREU, 2017).

"**Levantamento bibliográfico** sobre financiamento da educação no Brasil de 1988 a 2014" (DAVIES, 2014).

"O uso de tecnologias na educação e no ensino de ciências a partir de uma **pesquisa bibliográfica**" (SOUZA; GONÇALVES, 2019).

"**Observação**, em sala de aula, do comportamento de alunos em processo de aquisição de leitura e escrita por equivalência" (MEDEIROS *et al.*, 2003).

Fonte: os autores.

A abordagem, o tipo de pesquisa ou a metodologia, quando mencionados, muitas vezes aparecem no subtítulo (Exemplo 38, grifos nossos).

Exemplo 38 — Títulos que incluem a metodologia no subtítulo

Contribuições do design thinking para o desenvolvimento de competências dos profissionais do século XXI: **revisão de literatura** e **pesquisa de campo** (CUQUE, 2020).

"Evaluation of evidence-based practices in online learning: a **meta-analysis** and **review** of online learning studies" (MEANS, 2009).

"Produção sobre educação corporativa no Brasil: um **estudo bibliométrico**" (TOLEDO; DOMINGUES, 2018).

"Interacções sociais e comunicativas entre uma criança com perturbação do espectro do autismo e os seus pares sem necessidades educativas especiais: **estudo de caso**" (GASPAR; SERRANO, 2011).

"Ensino e aprendizado na universidade: a percepção de estudantes em uma **perspectiva fenomenológica**" (MELO; REIS, 2018).

Fonte: os autores.

Há especificidades para os títulos em pesquisas qualitativas e quantitativas. Nas pesquisas qualitativas, o tema normalmente envolve o fenômeno ou conceito central que está sendo examinado em profundidade. "Um **tema educacional** é o assunto amplo que um pesquisador deseja abordar em um estudo e que gera um interesse inicial no leitor. [...] os pesquisadores colocam o tema no título e o apresentam nas primeiras frases." (CRESWELL;

GUETTERMAN, 2019, p. 64, tradução nossa). Exemplos: "A pesquisa narrativa em educação especial" (ROCHA; REIS, 2020) e *Pesquisa-formação na cibercultura* (SANTOS, 2019).

Títulos de pesquisa quantitativas, de outro lado, muitas vezes informam os grupos e/ou variáveis que são comparados. "Às vezes, os pesquisadores mencionam a teoria que está sendo testada, a abordagem quantitativa, a previsão feita no estudo ou os resultados prenunciados." (CRESWELL; CLARK, 2018, p. 145, tradução nossa). Exemplo: "Relação entre competências comportamentais e desempenho acadêmico" (NASCIMENTO; TEIXEIRA, 2017).

Já as pesquisas de métodos mistos têm o desafio de incorporar todos esses elementos no título, assim como, se possível, informar a abordagem (Exemplo 39, grifos nossos).

EXEMPLO 39 — **Títulos de pesquisas de métodos mistos**

"Profiles of urban, low SES, African American girls' attitudes toward science: a **sequential explanatory mixed methods study**" (BUCK et al., 2009).

"From ethnography to items: a **mixed methods approach** to developing a survey to examine graduate engineering student retention" (CREDE; BORREGO, 2013).

Educação musical na periferia de Fortaleza e Quebec: uma **pesquisa de métodos mistos** (FERREIRA, 2016).

"The role of leadership and culture in creating meaningful assessment: a **mixed methods case study**" (GUETTERMAN; MITCHELL, 2016).

"Students' persistence in a distributed doctoral program in educational leadership in higher education: a **mixed methods study**" (IVANKOVA; STICK, 2007).

8.1.2. Resumo

Embora o resumo, assim como no caso dos títulos, também seja muitas vezes elaborado sem os cuidados necessários, é uma das partes mais importantes de um artigo ou trabalho acadêmico. Para a APA (2020, p. 73, tradução nossa), por exemplo:

> Um resumo bem preparado pode ser o parágrafo mais importante em um artigo. Muitas pessoas têm seu primeiro contato com um artigo lendo seu título e seu resumo, geralmente comparando com vários outros, enquanto fazem uma busca na literatura. Os leitores frequentemente decidem, com base no resumo, ler ou não ler o artigo inteiro. O resumo precisa ser denso em informações. Ao incorporar termos essenciais ao seu resumo, você aprimora a capacidade de os leitores encontrarem o artigo.

O resumo deve conter a "apresentação concisa dos pontos relevantes de um texto, fornecendo uma visão rápida e clara do conteúdo e das conclusões do trabalho" (ABNT,

2011a, p. 4). Há uma norma específica para a apresentação de resumos (ABNT, 2003), que tem um caráter mais metodológico do que propriamente normativo. Recomenda-se o uso de parágrafo único, frases afirmativas e concisas (sem enumeração de tópicos) e verbo na voz ativa e na terceira pessoa do singular.

A primeira frase deve explicar o tema principal do trabalho. A seguir, deve-se indicar a abordagem, o tipo de pesquisa e/ou a denominação da metodologia escolhida para a pesquisa — a ABNT (2003, p. 2) fala em "categoria do tratamento", uma expressão pouco precisa. O resumo deve ressaltar o objetivo, a metodologia (incluindo os participantes, os tipos de dados coletados e os métodos para a coleta e a análise dos dados), os resultados e as conclusões do documento (ABNT, 2003).

As palavras-chave devem figurar abaixo do resumo, separadas entre si por ponto (ABNT, 2003). Para definir palavras-chave, utilizar um tesauro é uma excelente opção. Um tesauro, ou thesaurus, é um dicionário de palavras em uma área específica de conhecimento. Uma de suas funções acaba sendo diferenciar palavras com sentido próximo e, por consequência, contribuir para o processo de escolha de palavras-chave. O site do livro apresenta alguns exemplos de tesauros que cobrem a área da educação.

Os resumos de trabalhos acadêmicos devem ter entre 150 e 500 palavras, e os resumos de artigos de periódicos, entre 100 e 250 palavras (ABNT, 2003) — mas, novamente, cabe atentar para as diretrizes específicas de cada periódico.

Há um debate se os resumos poderiam ou não incluir referências (AUTOR, data), já que se constituem como documentos independentes e autossuficientes, que podem ser lidos separadamente dos textos a que se referem, como, por exemplo, na página inicial do artigo de muitos periódicos. Como, nesses casos, as referências completas não poderiam ser visualizadas sem o acesso ao documento no todo, isso quebraria o caráter de independência do resumo. Entretanto, em muitas bases de dados, resumos retornam com a exibição associada da lista das referências utilizadas no documento principal; o mesmo ocorre em muitas páginas introdutórias de artigos em periódicos. Dessa maneira, defendemos que a menção a conceitos essenciais para o referencial teórico e a metodologia do trabalho possa ocorrer no resumo, com a referência a autor e data, quando necessário. Mas devem-se evitar listas de autores, meras reproduções de referências a nomes não associados a conceitos ou procedimentos metodológicos no resumo, pois são, afinal, os conceitos e procedimentos que são incorporados a nossas pesquisas, não os próprios autores, enquanto pessoas físicas.

O site do livro apresenta os exemplos de resumos de um artigo e de uma dissertação e um modelo para resumos, baseado na norma da ABNT (2003).

Os resumos em língua portuguesa devem ser seguidos de um resumo em língua estrangeira. Em trabalhos acadêmicos, é normalmente um *abstract* em inglês, seguido dos *keywords*. Em periódicos, muitas vezes são apresentados *abstract* em inglês e *resumen* em espanhol, seguidos dos *keywords* e das *palabras clave*.

8.1.3. Listas e sumário

As listas (de ilustrações, tabelas, abreviaturas, siglas e símbolos), normalmente não utilizadas em artigos, são elementos opcionais em trabalhos acadêmicos, mas bastante comuns, por exemplo, em dissertações e teses, por isso são aqui mencionadas. Quando necessário, segundo a ABNT (2011a), devem ser elaboradas listas específicas para cada tipo de ilustração, como quadros, gráficos, fotografias, fluxogramas, organogramas, esquemas e mapas, assim como, separadamente, para abreviaturas: "representação de uma palavra por meio de alguma(s) de sua(s) sílaba(s) ou letra(s)" (ABNT, 2011a, p. 1); e siglas: "conjunto de letras iniciais dos vocábulos e/ou números que representa um determinado nome" (ABNT, 2011a, p. 4).

Há uma norma específica da ABNT para a apresentação de um sumário, que geralmente não é utilizado em artigos, definido, diferentemente de um índice, como a "enumeração das divisões, seções e outras partes de um documento, na mesma ordem e grafia em que a matéria nele se sucede" (ABNT, 2012, p. 1). Os elementos pré-textuais não podem ser listados no sumário, ou seja, a parte introdutória, com a nomenclatura utilizada no texto pelo autor (1 Introdução, por exemplo), deve ser o primeiro item do sumário. Os indicativos das seções no sumário devem ser alinhados à esquerda (ABNT, 2012).

8.1.4. Introdução

Sugerimos que a estrutura de uma introdução, tanto de um artigo quanto de um trabalho acadêmico, siga os passos propostos para o planejamento e o projeto de pesquisa: tema, revisão de literatura, referencial teórico, problema, justificativa, objetivos, questões e/ou hipóteses e metodologia, terminando com a estrutura do texto. Essas partes, comentadas a seguir, podem ou não estar divididas em seções numeradas na introdução. Entretanto, mesmo que na versão final não estejam, é uma boa prática mantê-las divididas em seções durante a redação, utilizando, por exemplo, o recurso de estilos nos processadores de textos, para ajudar na organização do pensamento e da escrita.

A exposição inicial do tema da pesquisa deve gerar interesse no leitor. Pode envolver uma discussão conceitual e/ou o posicionamento do tema em uma perspectiva histórica, além de exemplos. Indicar o que o tema não engloba, limitando, assim, sua extensão, pode também contribuir para o exercício da sua definição. Neste momento, cabe também definir alguns termos essenciais para o trabalho.

Dependendo da extensão da revisão de literatura realizada, seus resultados podem constar da introdução ou constituir um capítulo ou seção separado, procurando posicionar a pesquisa em relação aos estudos anteriores incluídos, identificar o público para o qual o trabalho se destina e discutir o significado do estudo para esse público. O mesmo se pode dizer em relação ao referencial teórico, em função de sua extensão, que pode, inclusive, constituir um capítulo ou uma seção em conjunto com os resultados da revisão de literatura.

A justificativa, neste momento, deve se referir à escolha do tema e à delimitação do problema, defendendo sua importância — imagine que você está concorrendo a algum tipo de fomento e precisa convencer os avaliadores de que seu trabalho é merecedor da verba! Pode também ser mencionada, neste momento, a motivação para a pesquisa.

A especificação dos objetivos, tanto geral quanto específicos, é um dos elementos mais importantes da introdução de um artigo ou trabalho acadêmico. Como já sugerimos, devem-se evitar variações na redação dos objetivos em diferentes momentos do trabalho (por exemplo, no resumo, na introdução, na discussão e na conclusão), pois isso acaba contribuindo para confundir o leitor.

Informações gerais sobre o tipo de pesquisa, a metodologia e a abordagem do trabalho podem ser fornecidas na introdução. De qualquer maneira, é comum que a metodologia seja detalhada em uma seção separada, no caso de artigos, ou em um capítulo separado, no caso de trabalhos acadêmicos.

É uma boa prática que a introdução de um artigo ou de um trabalho acadêmico termine com a apresentação da estrutura geral do texto, anunciando ao leitor as partes em que está dividido, mas discursivamente, não apenas em forma de lista (isso já consta no sumário). Por exemplo: "O capítulo [ou a seção] 1 introduz...", "O capítulo 2 apresenta os resultados da revisão de literatura e a fundamentação teórica...", "O capítulo 3 detalha a metodologia da pesquisa...", "O capítulo 4 apresenta os resultados da análise dos dados...", "O capítulo 5 discute e interpreta os resultados da pesquisa..." e "A conclusão resume o percurso da pesquisa, reforça suas contribuições, discute suas limitações e apresenta sugestões para trabalhos futuros".

8.1.5. Desenvolvimento

A ABNT (2011a) orienta que os elementos textuais sejam divididos em uma parte introdutória, desenvolvimento e uma parte conclusiva, sendo que o autor tem a liberdade para definir a nomenclatura para os títulos desses elementos. O desenvolvimento, portanto, é a parte central do trabalho, que quase sempre é dividida em capítulos ou seções com diferentes títulos, mas sem o uso da palavra desenvolvimento. Utilizamos nesta seção, como divisões do desenvolvimento, as sugestões do IMRaD depois da Introdução — Metodologia, Resultados e Discussão. Entretanto, um trabalho acadêmico, e mesmo um artigo, pode ter diferentes divisões com diferentes nomenclaturas.

8.1.5.1. Metodologia

Como mencionado, é bastante comum uma seção específica de metodologia, em artigos, ou um capítulo, em trabalhos acadêmicos. Aqui, o pesquisador deve explicar o tipo de pesquisa, a abordagem e a metodologia escolhidos. Além disso, deve descrever a amostra, os participantes e os procedimentos utilizados para a coleta e a análise dos dados.

No caso de pesquisas quantitativas ou de métodos mistos, é essencial também identificar as variáveis e as relações entre elas que estão sendo investigadas.

Considerando os vários aspectos que devem ser abordados na metodologia de uma pesquisa, sugere-se, sempre que possível, descrever os seguintes itens na seção da metodologia:

a) enquadramento da pesquisa: na parte inicial da metodologia é importante que o pesquisador classifique e fundamente sua pesquisa;
b) contexto e local da pesquisa: identifica o campo da pesquisa, onde a pesquisa e a coleta de dados serão realizadas — pode ser uma escola ou uma comunidade, por exemplo;
c) participantes ou amostragem: caracteriza-se quem são os participantes da pesquisa, podendo incluir informações como a faixa etária, o sexo, a quantidade de participantes e outras características importantes em relação ao tema da pesquisa; sempre que possível, vale descrever os critérios que nortearam a definição e a inclusão dos participantes;
d) instrumentos: os instrumentos que serão utilizados na pesquisa, como registros de observação, questionários, roteiros de entrevistas ou testes, precisam ser apresentados e caracterizados, procurando descrever a quantidade de questões, o tipo, a forma como são apresentadas etc.;
e) procedimentos de coleta de dados e de intervenção (se for o caso): descreve a ordem e modo como os procedimentos da pesquisa serão desenvolvidos, podendo ser organizados por etapas ou ilustrados por infográficos ou esquemas, de tal modo que se possa ter uma ideia geral de como a pesquisa será desenvolvida. Quando se prevê a realização de intervenções, como a proposição de atividades ou o uso de algum recurso específico, cabe apresentar o planejamento para realização;
f) análise de dados: após a coleta de dados, é importante que o pesquisador indique como organizará os dados e procederá à análise, indicando, também, se fará uso de algum software de apoio.

Esses aspectos dão conta de detalhar o delineamento da pesquisa e indicam as tomadas de decisões feitas, podendo aparecer como subseções ou descrito ao longo da seção de metodologia.

8.1.5.2. Resultados

É importante reconhecer que a metodologia escolhida determina, de alguma maneira, também a redação de um artigo ou trabalho acadêmico. Creswell e Poth (2018, p. 207, tradução nossa), por exemplo, fornecem orientações específicas para a apresentação dos dados de acordo com cada uma das cinco abordagens que exploram no seu livro, que pode variar, por exemplo, "[...] de uma narração na pesquisa narrativa, a afirmações, significados e descrições na fenomenologia, e a um modelo visual ou uma teoria na teoria fundamentada".

É possível dividir a apresentação dos resultados em dois níveis: a apresentação dos resultados da coleta de dados, ou seja, os dados praticamente brutos, mas organizados de alguma maneira para sua avaliação adequada; e os resultados da análise, ou seja, após o trabalho com os dados que tenha utilizado técnicas qualitativas e/ou quantitativas. Pode não fazer sentido, em um texto, dividir a apresentação nessas duas etapas, mas é importante que o pesquisador tenha noção de que tipo de resultado está apresentando ao leitor.

Cohen, Manion e Morrison (2018) discutem dez maneiras de apresentar os resultados da análise de dados em pesquisas qualitativas, por:

a) grupos de pessoas ou participantes, em geral em função de cada instrumento de coleta de dados utilizado;
b) pessoas ou participantes individuais, o que acaba obrigando a uma segunda rodada de análises, em que se procurem agrupar as posições individuais;
c) temas ou categorias;
d) questões de pesquisa;
e) instrumento de coleta de dados;
f) estudo ou estudos de caso, procurando pontos em comum e específicos de cada caso;
g) narrativas em forma de cronologia, análise lógica, análise temática ou histórias;
h) eventos;
i) sequência temporal;
j) diferentes perspectivas teóricas.

Essas dez estratégias de apresentação dos resultados não são mutuamente exclusivas, podendo ser combinadas em um texto. De qualquer maneira, independentemente da estratégia de apresentação dos resultados utilizada, em pesquisas qualitativas devem-se incluir no texto as vozes dos participantes, por exemplo, com citações, além de observações detalhadas e passagens de documentos, de maneira a tornar a apresentação mais rica (PATTON, 2015).

Em relação à apresentação dos resultados de análises quantitativas, fizemos no capítulo anterior várias indicações, incluindo a apresentação das variáveis e as relações medidas entre elas. Já as pesquisas que utilizam abordagens de métodos mistos podem apresentar os dados separadamente, para, na fase da discussão e interpretação, combiná-los.

8.1.5.3. Discussão

Convém iniciar a seção da discussão com uma recapitulação dos principais resultados da análise. Esta etapa envolve a interpretação dos resultados da análise dos dados. Neste momento do texto, o leitor deve notar o retorno de vários elementos, como o resultado da revisão de literatura, o referencial teórico, os objetivos e as questões ou hipóteses da pesquisa.

8.1.6. Conclusão

Sugerimos dividir a conclusão em quatro partes, nesta ordem, sem que seja necessário utilizar títulos para seções: resumo, contribuições, limitações e trabalhos futuros.

Em primeiro lugar, cabe fazer um **resumo** do percurso da pesquisa. Esse resumo deve revisitar o tema, o problema, os objetivos e as questões ou hipóteses da investigação, procurando mostrar o quanto foram explorados, resolvidos, atingidos, respondidos ou confirmados. Devem-se resumir também a metodologia escolhida, os instrumentos de coleta de dados utilizados, as estratégias para a análise dos dados, os resultados e os achados da pesquisa.

Em um segundo momento, a conclusão ou as considerações finais devem ressaltar as **contribuições** da pesquisa, posicionando-o, por exemplo, em relação aos estudos correlatos identificados na revisão de literatura e à fundamentação teórica da investigação.

Cabe também apontar e discutir as **limitações** ou os pontos fracos do estudo. Essas limitações podem abordar lacunas na revisão de literatura e na elaboração do referencial teórico, falhas no planejamento da pesquisa, inconsistências na definição da metodologia, problemas na coleta de dados, erros na análise dos dados e/ou pobreza na interpretação dos resultados.

A solução de algumas dessas limitações pode apontar para possibilidades de **trabalhos futuros**, além de incluir sugestões para a continuidade e o aprofundamento da pesquisa. Para Creswell e Guetterman (2019, p. 260, tradução nossa), tanto no caso de pesquisas qualitativas quanto quantitativas,

> implicações para trabalhos futuros podem incluir o uso dos resultados para a prática (por exemplo, salas de aula, escolas, ou com certas pessoas, como adultos ou adolescentes) ou a necessidade de pesquisas adicionais (por exemplo, reunir dados mais extensos ou fazer perguntas adicionais aos participantes). Você também pode indicar implicações para a tomada de decisões, como o planejamento para novas práticas (por exemplo, o melhor planejamento do campus para como lidar com incidentes violentos) ou para o público que você identificou na introdução ao seu estudo.

8.1.7. Referências e citações

As referências, "conjunto padronizado de elementos descritivos, retirados de um documento, que permite sua identificação individual" (ABNT, 2018b, p. 3), são o primeiro elemento não textual e único obrigatório, segundo a ABNT.

Há normas específicas da ABNT para a elaboração de referências (ABNT, 2018b) e a apresentação de citações (ABNT, 2002), que são geralmente seguidas por trabalhos acadêmicos. Muitos periódicos nacionais, entretanto, solicitam que sejam utilizadas as normas da American Psychological Association (APA), ou, em alguns casos, até mesmo formatações híbridas, que combinem as orientações das duas associações. Além disso, o reconhecimento da CAPES de que há uma defasagem na pós-graduação nacional em relação ao processo de internacionalização tem impulsionado pesquisadores brasileiros a procurarem publicar mais em periódicos internacionais, nos quais, em geral, as normas da APA são utilizadas na área da educação. Nesse sentido, esta seção apresenta alguns dos modelos de referências e citações mais utilizados em pesquisas em educação, comparando e comentando, em alguns momentos, as orientações da ABNT e da APA. Em algumas situações em que não há orientação específica na ABNT, as orientações da APA são ressaltadas com a função de ilustração.

Os elementos essenciais de uma referência, segundo a APA (2020), são: autor, data, título e fonte (onde o trabalho pode ser encontrado). A ABNT (2018b, p. 4), por sua vez, propõe que "os elementos essenciais estão estritamente vinculados ao suporte documental e variam, portanto, conforme o tipo". Entretanto, é possível conceber a mesma estrutura geral da APA, apenas em outra ordem: autor, título, fonte e data.

Por princípio, todo trabalho citado no texto deve aparecer na lista de referências, e todo trabalho que conste da lista de referências deve ser citado no texto. Portanto, listas de referências são distintas de bibliografias, que podem incluir obras consultadas para a elaboração do trabalho, inclusive comentadas, mas não citadas no texto. Entretanto, a APA (2020) aponta uma exceção: meta-análises — e poderíamos ampliar a exceção para todo tipo de revisão sistemática de literatura. Nesses casos, mesmo os estudos não citados durante o texto poderiam aparecer nas referências, com uma indicação no início da lista do tipo: "As referências marcadas com um asterisco indicam estudos incluídos na revisão sistemática de literatura". Quando citados no texto, não se usaria o asterisco.

Fontes para pesquisas têm sido cada vez mais acessadas on-line. Por isso, há para esses casos orientações específicas sobre os elementos que devem ser acrescentados ao final das referências, que comentaremos mais à frente. Entretanto, independente desses acréscimos, os exemplos apresentados nas próximas seções, em linhas gerais, servem para tanto para estudos acessados on-line quanto off-line.

8.1.7.1. Elementos principais das referências

Os elementos essenciais de uma referência "são as informações indispensáveis à identificação do documento" (ABNT, 2018b, p. 4). As seções seguintes discutem alguns aspectos dos elementos essenciais: autor, título, edição, local da publicação, editora e data.

8.1.7.1.1. Autor

O Quadro 45 apresenta algumas orientações para a formatação dos nomes de autores em referências, comparando as normas da ABNT e da APA.

QUADRO 45 — **Formatação dos nomes de autores em referências**

Elemento	ABNT	APA
Sobrenome e nome	AUTOR, A. A. AUTOR, Autor Autor. (utilizaremos, no restante deste quadro, apenas a opção anterior, com os nomes abreviados). "O autor deve ser indicado pelo **último sobrenome, em letras maiúsculas**, seguido do prenome e outros sobrenomes, **abreviados ou não, conforme consta no documento**" (ABNT, 2018b, p. 34, grifo nosso).	Autor, A. A. "Inverta os nomes de todos os autores individualmente, colocando primeiro o sobrenome, seguido por uma vírgula e as **iniciais**: Autor, A. A." (APA, 2020, p. 286, tradução nossa, grifo nosso) — **o sobrenome tem apenas a primeira letra maiúscula**.
Separação dos autores	AUTOR, A. A.; AUTOR, A. A.; AUTOR, A. A. "Os autores devem ser separados por **ponto e vírgula**, seguidos de um espaço" (ABNT, 2018b, p. 37, grifo nosso).	Autor, A. A., Autor, A. A., & Autor, A. A. "Use uma **vírgula** para separar as iniciais de um autor dos nomes de autores adicionais, mesmo quando houver apenas dois autores; use um e comercial (&) antes do nome do último autor: Autor, A. A., & Author, B. B." (APA, 2020, p. 286, tradução nossa, grifo nosso).
Quantidade de autores	"Quando houver **quatro ou mais autores**, convém indicar todos. Permite-se que se indique apenas o primeiro, seguido da expressão *et al.*" (ABNT, 2018b, p. 35, grifo nosso).	"Quando houver **21 ou mais autores**, inclua os primeiros 19 nomes dos autores, insira reticências (mas sem e comercial) e, em seguida, adicione o nome do autor final" (APA, 2020, p. 286, grifo nosso).
Responsabilidade	AUTOR, A. A. (ed.). AUTOR, A. A.; AUTOR, A. A. (ed.). comp. (compilador) coord. (coordenador) org. (organizador) "[...] letras minúsculas e no singular" (ABNT, 2018b, p. 36).	Autor, A. A. (Ed.). Autor, A. A., & Autor, A. A. (Eds.). letras maiúsculas e no plural, se houver mais de um autor
Autor pessoa jurídica	ASSOCIAÇÃO BRASILEIRA DE NORMAS TÉCNICAS. Todas as letras em maiúsculas. "[...] têm entrada pela forma conhecida ou como se destaca no documento, por extenso ou abreviada" (ABNT, 2018b, p. 37). "Convém que se padronizem os nomes para o mesmo autor, quando aparecem de formas diferentes em documentos distintos" (ABNT, 2018b, p. 37).	American Psychological Association. Apenas as primeiras letras em maiúsculas. "[...] pode às vezes ser abreviado – por exemplo, 'American Psychological Association' pode ser abreviado para 'APA'. [...] se a abreviatura for bem conhecida, se ajudará a evitar repetições incômodas ou aparecerá pelo menos três vezes no texto" (APA, 2020, p. 268).
Autoria desconhecida	TÍTULO título título título.	Título título título título.

Fonte: os autores.

Autores com nomes hispânicos (GARCÍA MÁRQUEZ, Gabriel), nomes compostos (ALVES-MAZOTTI, Alda Judith), grau de parentesco (FOWLER JR, Floyd J.) e sobrenomes com prefixos (DEL PRETTE, Zilda Aparecida Pereira) devem apresentar, no sobrenome, os dois elementos (ABNT, 2018b).

8.1.7.1.2. Título

De acordo com a ABNT (2018b), apenas o título de ser destacado (em negrito, itálico ou sublinhado). Na APA (2020), o destaque (itálico) deve incluir o subtítulo. Subtítulos, em inglês, iniciam-se com letras maiúsculas, ao contrário do português.

8.1.7.1.3. Edição

Segundo a ABNT (2018b, p. 41), "a edição, se constar no documento, deve ser transcrita pelas abreviaturas do numeral ordinal e da palavra edição, ambas no idioma do documento", logo após o título. Por exemplo: 5. ed. (para um documento em português) e 5th ed. (para um documento em inglês). Na APA (2020), a edição deve também vir após o título, mas entre parênteses: *Título* (2nd ed.).

Emendas e acréscimos à edição podem ser também indicados, como constam no documento. Exemplos: 2. ed. atual., 3. ed. aum., 4. ed. rev. (ABNT, 2018b). A versão de documentos eletrônicos pode ser considerada equivalente à edição de documentos impressos.

8.1.7.1.4. Local de publicação

A ABNT (2018b) solicita que o local de publicação (cidade, ou, na sua ausência, estado ou país) seja indicado na referência (até mesmo em artigos publicados em periódicos), como consta no documento. Quando o local não consta no documento, mas pode ser identificado de alguma maneira, deve ser indicado entre colchetes. Quando não aparece no documento nem pode ser identificado de nenhuma forma, deve ser utilizada a expressão [S. l.] ou [s. l.].

Essa exigência nos parece exagerada, com exceção de trabalhos apresentados em eventos, conforme problematiza a própria APA (2020, p. 295, tradução nossa):

> Não inclua a localização da editora na referência. A pesquisa on-line torna um trabalho facilmente detectável sem ela, e pode não ser claro qual local fornecer para editoras com escritórios em todo o mundo ou editores somente on-line, que não divulgam prontamente sua localização.

No caso de periódicos, o problema muitas vezes é o mesmo, já que muitos não chegam a indicar a cidade nem nos seus sites, nem nos seus volumes, números e artigos publicados.

8.1.7.1.5. Editora

O nome da editora ou de outras instituições responsáveis pela obra "deve ser indicado como aparece no documento, suprimindo-se as palavras que designam a natureza jurídica ou comercial" (ABNT, 2018b, p. 42) — por exemplo, S.A. e Ltda. —, mesma sugestão dada pela APA (2020), que ainda acrescenta que, se o trabalho for publicado por uma divisão de uma editora, deve-se utilizar o nome da divisão. É importante notar que a menção à informação sobre a editora, no caso de periódicos, não é um elemento obrigatório, mesmo porque muitos periódicos não têm editora.

Segundo a ABNT (2018b), quando não for possível identificar a editora, deve-se utilizar a expressão *sine nomine* [s. n.]. Quando nem o local nem a editora puderem ser identificados, utiliza-se: [S. l.: s. n.].

8.1.7.1.6. Data

Caso não seja possível localizar o ano da publicação de uma obra, a ABNT (2018b) sugere que se indique o ano do copyright, da distribuição, da impressão ou outro que seja possível identificar; caso contrário, deve-se indicar um ano aproximado entre colchetes. A APA (2020) sugere que se indique sempre o copyright, com exceção de artigos publicados em periódicos, dos quais deve-se usar a data do volume.

O Quadro 46 apresenta a abreviatura dos meses em português, inglês e espanhol — a ABNT traz, ainda, as abreviaturas em francês, italiano e alemão.

QUADRO 46 — **Abreviaturas dos meses**

Português		Inglês		Espanhol	
janeiro	Jan.	January	Jan.	enero	enero
Fevereiro	Fev.	February	Feb.	febrero	feb.
Março	Mar.	March	Mar.	marzo	marzo
Abril	Abr.	April	Apr.	abril	abr.
Maio	Maio	May	May	mayo	mayo
Junho	Jun.	June	June	junio	jun.
Julho	Jun.	July	July	julio	jul.
Agosto	Ago.	August	Aug.	agosto	agosto
Setembro	Set.	September	Sept.	septiembre	sept.
Outubro	Out.	October	Oct.	octubre	oct.
Novembro	Nov.	November	Nov.	noviembre	nov.
dezembro	Dez.	December	Dec.	diciembre	dic.

Fonte: extraído de ABNT (2018B, p. 54).

No caso de sites, a APA (2020) sugere que se indique a data da última atualização, quando disponível. Quando não há data disponível, pode-se utilizar a data de acesso nas citações.

8.1.7.1.7. *Acesso on-line*

Para documentos acessados on-line, além dos elementos utilizados para as referências de documentos off-line, a ABNT (2018b) sugere que se utilize o endereço eletrônico (precedido da expressão Disponível em:) e a data de acesso (precedida da expressão Acesso em:). Exemplo:

FORTUNE, Tara. *Immersion Teaching Strategies Observation Checklist*. 2014. Disponível em: https://carla.umn.edu/immersion/checklist.pdf. Acesso em: 24 jan. 2021.

A APA (2020, p. 290), por sua vez, não indica nenhuma expressão precedendo o endereço eletrônico e sugere o uso da data de acesso apenas no caso de fontes não estáveis (precedida da palavra Retrieved), ficando assim essa parte da referência: Retrieved October 11, 2020, from https://xxxxx

A ABNT (2018b) considera o DOI (digital object identifier) elemento complementar ao endereço eletrônico, enquanto a APA (2020) considera que a indicação de um DOI torna desnecessário apresentar o endereço eletrônico. DOIs e URLs devem ser copiados diretamente do browser para o texto, deixando que o próprio processador de textos faça os ajustes e as quebras de linha. A APA sugere que não se coloque ponto após um DOI ou uma URL, para não interferir com a funcionalidade do link, especialmente no caso da leitura on-line (por isso, o parágrafo anterior terminou sem ponto!), enquanto a ABNT prevê o uso de pontos.

8.1.7.1.8. *Elementos complementares*

Dentre os vários elementos complementares previstos na ABNT, o tradutor é um dos essenciais, inclusive para deixar claro que um texto foi redigido originalmente em outra língua, informação que pode ser importante para o leitor. A ABNT (2018b) prevê que o nome do tradutor (ou de mais de um tradutor, quando for o caso) seja posicionado após o título. Exemplo:
BARDIN, Lawrence. *Análise de conteúdo*. Tradução Luís Antero Reto, Augusto Pinheiro. 1. ed. 3. reimp. São Paulo: Edições 70, 2016.

A APA (2020) também sugere que a menção ao tradutor seja posicionada após o título, mas com sua inserção entre parênteses, indicando ainda que o título e a data de publicação original apareçam no final da referência, também entre parênteses.

8.1.7.2. Tipos de referência

Esta seção apresenta os tipos mais comuns de referências utilizadas em pesquisas na área de educação, com exemplos elaborados de acordo com as normas da ABNT e da APA, seguidos de comentários.

8.1.7.2.1. Artigo publicado em periódico

ABNT

GASPAR, Ana; SERRANO, Ana Maria. Interacções sociais e comunicativas entre uma criança com perturbação do espectro do autismo e os seus pares sem necessidades educativas especiais: estudo de caso. *Análise Psicológica*, Lisboa, v. 29, n. 1, p. 67-82, 2011. Disponível em: http://publicacoes.ispa.pt/publicacoes/index.php/ap/article/view/39. Acesso em: 7 dez. 2020.

APA

Gaspar, A., & Serrano, A. M. (2011). Interacções sociais e comunicativas entre uma criança com perturbação do espectro do autismo e os seus pares sem necessidades educativas especiais: Estudo de caso. *Análise Psicológica, 29*(1), 67–82. https://doi.org/10.14417/ap.39

O Quadro 47 destaca algumas diferenças entre a elaboração de referências a artigos na ABNT (2018b) e na APA (2020).

Quadro 47 — **Elementos de referências a artigos**

Elemento	ABNT	APA
Subtítulo	Apesar de a ABNT (2018b, p. 40) afirmar que "o título e o subtítulo devem ser reproduzidos como figuram no documento, separados por dois pontos", todos os subtítulos dos exemplos da norma da ABNT (2018b) começam em minúsculas	os subtítulos em inglês começam em maiúsculas
Data	no final da referência	após os autores, entre parênteses
Cidade	indicar	não indicar
Volume e Número	v. x, n. y	x(y)
Páginas	p. x-y (hífen)	x–y (traço)
DOI	elemento complementar, não obrigatório	elemento obrigatório, sem ponto no final
Endereço e data de acesso	Disponível em: endereço eletrônico. Acesso em: data de acesso.	Quando há DOI, não se deve indicar o endereço eletrônico nem a data de acesso. Caso não haja DOI, indica-se o endereço eletrônico direto, ou Retrieved [data de acesso], from [endereço eletrônico], no caso de fontes não estáveis.

Fonte: os autores.

O número do artigo, quando disponível, pode ser indicado após o volume e número do periódico.

Esse mesmo modelo deve servir, de acordo com a ABNT, para artigos publicados em revistas populares.

8.1.7.2.2. Livro

ABNT

COHEN, Louis; MANION, Lawrence; MORRISON, Keith. *Research methods in education*. 8th ed. New York: Routledge, 2018.

ANDRÉ, Marli Eliza Dalmazo Afonso de. *Etnografia da prática escolar*. Campinas: Papirus, 2013. E-book.

APA

Cohen, L., Manion, L., & Morrison, K. (2018). *Research methods in education* (8th ed). Routledge.

De André, M. A. D. A. (2013). *Etnografia da prática escolar* [Ebook]. Papirus.

Já vimos as diferenças em relação à utilização de nomes e datas nas referências. É possível supor que "De André" seria a entrada para o sobrenome da autora, na APA. A edição vem entre parênteses na APA (2020) e não se indica a cidade. A informação sobre o e-book também é posicionada de maneira distinta.

8.1.7.2.3. Capítulo

ABNT

GUBA, Egon G.; LINCOLN, Yvonna S. Do inquiry paradigms imply inquiry methodologies? *In*: FETTERMAN, David (ed.). *Qualitative approaches to evaluation in education*: the silent scientific revolution. New York: Praeger, 1988. p. 89-115.

APA

Guba, E. G., & Lincoln, Y. S. (1988). Do inquiry paradigms imply inquiry methodologies? In D. Fetterman (Ed.), *Qualitative approaches to evaluation in education* (pp. 89–115). Praeger.

Além das diferenças já notadas nas seções anteriores, repare que a ABNT utiliza *In*:, enquanto a APA simplesmente In sem itálico nem dois-pontos. O nome do editor aparece em ordem normal na APA e invertida na ABNT. As páginas aparecem entre parênteses e precedidas por pp. na APA, e sem parênteses e precedidas por p. na ABNT.

Informações sobre edição e volume seriam inseridas na APA antes do número das páginas, entre os parênteses; por exemplo: *Título do livro* (3rd ed., Vol. 2, pp. xx–xx). Se um volume tivesse seu título próprio, a informação na APA ficaria assim: *Título principal do livro: Vol. 3. Título do volume* (3rd ed., pp. xx-xx). Fica aqui o convite para você brincar com essas informações para construir uma referência de acordo com a ABNT.

8.1.7.2.4. Trabalho acadêmico

ABNT

CUQUE, Lúcia Maria. *Contribuições do design thinking para o desenvolvimento de competências dos profissionais do século XXI*: revisão de literatura e pesquisa de campo. 2020. Dissertação (Mestrado em Tecnologias da Inteligência e Design Digital) – Pontifícia Universidade Católica de São Paulo, São Paulo, 2020.

PADULA, Roberto Sanches. *Inovação em educação*: museus permeados por tecnologia como inspiração para o ambiente escolar. 2015. Tese (Doutorado em Tecnologia da Inteligência e Design Digital) – Pontifícia Universidade Católica de São Paulo, São Paulo, 2015.

APA

Cuque, L. M. (2020). *Contribuições do design thinking para o desenvolvimento de competências dos profissionais do século XXI: revisão de literatura e pesquisa de campo* [Dissertação de Mestrado, Pontifícia Universidade Católica de São Paulo].

Padula, R. S. (2015). *Inovação em educação: museus permeados por tecnologia como inspiração para o ambiente escolar* [Tese de Doutorado, Pontifícia Universidade Católica de São Paulo].

Repare que a referência da APA (2020) para um trabalho acadêmico é mais simples que a da ABNT (2018b). De qualquer maneira, caberia, especialmente na APA, indicar o endereço de acesso ao trabalho, sempre quando acessado on-line.

8.1.7.2.5. Artigo de jornal

OTTA, Lu Aiko. Parcela do tesouro nos empréstimos do BNDES cresce 566% em oito anos. *O Estado de S. Paulo*, São Paulo, ano 131, n. 42656, 1 ago. 2010. Economia & Negócios, p. B1.

PROFESSORES terão exame para ingressar na carreira. *Diário do Vale*, Volta Redonda, v. 18, n. 5877, 27 maio 2010. Caderno Educação, p. 41. Disponível em: http://www.bancadigital.com.br/diariodovale/ reader2/Default.aspx?pID=1&eID=495&lP=38&rP=39&lT=page. Acesso em: 29 set. 2010.

Os dois exemplos anteriores, da ABNT (2018b, p. 15-16), servem como modelo. O segundo exemplo, além de não ter autoria identificada (então a entrada começa pelo título, sem itálico, com a primeira palavra em maiúsculas), tem a indicação de acesso on-line.

A seguir, reproduzimos um exemplo da APA (2020, p. 320):

Guarino, B. (2017, December 4). How will humanity react to alien life? Psychologists have some predictions. *The Washington Post*. https://www.washingtonpost.com/news/speaking-ofscience/wp/2017 /12/04/how-will-humanity-react-to-alien-life-psychologists-have-somepredictions

As diferenças básicas entre os exemplos nas formatações sugeridas pelas duas associações já foram ressaltadas nas seções anteriores.

8.1.7.2.6. Trabalho apresentado em evento

A seguir, apresentamos um exemplo utilizado em nosso livro, de acordo com a ABNT (2018b):

ABREU, Marise Jeudy Moura de; CARNEIRO, Sônia Maria Marchiorato. A relação entre a educação física e a educação ambiental: um estudo na rede municipal de ensino de Curitiba. *In*: CONGRESSO NACIONAL DE EDUCAÇÃO–EDUCERE, 9., ENCONTRO SUL BRASILEIRO DE PSICOPEDAGOGIA, 3., 2009, Curitiba, PR. *Anais*. Curitiba: Pontifícia Universidade Católica do Paraná – PUCPR, 2009. p. 1887-1899. Disponível em: https://educere.bruc.com.br/arquivo/pdf2009/2757_1237.pdf. Acesso em: 13 jan. 2021.

Como se pode perceber, as orientações da ABNT (2018b) para a elaboração de referências para trabalhos apresentados em eventos é bastante complexa e até mesmo anti-intuitiva. Para a ABNT (2018b, p. 17), os elementos essenciais são: "[...] autor, título do trabalho, seguidos da expressão *In*:, nome do evento, numeração do evento (se houver), ano e local (cidade) de realização, título do documento, local, editora, data de publicação e páginas inicial e final da parte referenciada".

A APA (2020), de outro lado, trata esse tipo de referência da mesma forma que artigos publicados em periódicos, com as necessárias alterações.

8.1.7.2.7. Documento jurídico

Documentos jurídicos incluem Constituição, Decretos, Leis, Portarias e Resoluções, que, muitas vezes, são de interesse de pesquisas na área da educação. Há diversos exemplos e orientações na ABNT (2018b) para a elaboração de referências a documentos jurídicos, assim como na APA (2020), muitos deles complexos e detalhados, que, por isso, devem ser consultados pontualmente.

Reproduzimos abaixo uma referência para a Lei de Diretrizes e Bases da Educaçao (LDB) acessada no site do Ministério da Educação (MEC) e formatada de acordo com a ABNT (2018b). No exemplo, não são mencionadas as informações sobre a publicação no *Diário Oficial da União*, elemento complementar indicado pela ABNT.

BRASIL. *Lei nº 9.394, de 20 de dezembro de 1996*. Estabelece as diretrizes e bases da educação nacional. Disponível em: http://www.planalto.gov.br/ccivil_03/Leis/L9394.htm. Acesso em: 18 jan. 2021.

8.1.7.2.8. Documentos audiovisuais

Comentamos em mais de um momento deste livro que pesquisas baseadas em elementos visuais e artes têm se desenvolvido bastante na área da educação, a ponto de podermos conceber uma metodologia específica para a coleta e a análise desse tipo de dados. Nesse sentido, a ABNT (2018b) traz diversas sugestões específicas para a elaboração de referências a filmes, vídeos, documentos sonoros, partituras, documentos iconográficos, documentos cartográficos e documentos tridimensionais, assim como a APA (2020), que devem, portanto, ser consultados pelos interessados.

8.1.7.3. Regras gerais para apresentação e ordenação das referências

Nas seções anteriores já exploramos diversas sugestões para a apresentação de referências. Nesta seção, apenas reforçamos algumas que podem ter ficado um pouco soltas, ou as completamos com algumas mais gerais.

Um livro que tem mais de um volume, ou seja, mais de uma unidade física, deve ter essa indicação abreviada no final da referência (Exemplo 40).

EXEMPLO 40 — **Referência a documento publicado em mais de uma unidade física**

KAYSER, Wolfgang. *Análise e interpretação da obra literária*: introdução à ciência da literatura. Trad. Paulo Quintela. 3. ed. Coimbra: Armênio Amado, 1963. 2 v.

Fonte: elaborado pelos autores de acordo com a norma da ABNT (2018b).

Cada vez mais fontes on-line têm sido utilizadas em pesquisas, não apenas na área de educação, como, por exemplo: apresentações em formato de slides, músicas, podcasts, vídeos on-line e postagens em redes sociais. A ABNT traz poucas orientações para esses casos, a APA um pouco mais. Essas normas, entretanto, tendem a ser forçadas a se modificar conforme novos formatos de fontes on-line (ou mesmo para além do on-line) forem sendo incorporados às pesquisas acadêmicas. Nesse sentido, quando as normas disponíveis não fornecerem orientações específicas para as suas necessidades, tente usar os modelos mais próximos fornecidos por essas associações, ou procure consultar sugestões que acabam surgindo em mídias que são atualizadas com mais rapidez, como, por exemplo, sites e blogs especializados em metodologia.

Deve-se utilizar o mesmo padrão em todas as referências, como, por exemplo, na decisão sobre o recurso utilizado para destacar os títulos (negrito, itálico ou sublinhado), no caso da ABNT (2018b). Cabe, entretanto, lembrar que quando não há autoria ou responsabilidade e a entrada se faz pelo próprio título, este já é destacado pela primeira palavra em maiúsculas na primeira palavra, "[...] incluindo artigo (definido ou indefinido) e palavra monossilábica iniciais (se houver)" (ABNT, 2018b, p. 5). Por exemplo: O TÍTULO não tem itálico. TÍTULO não tem itálico.

O padrão também deve ser mantido se o pesquisador decidir utilizar um ou alguns elementos complementares (como, por exemplo, a menção ao tradutor), devendo, por consequência, utilizá-lo em todas as referências. A ABNT (2018b, p. 5) também sugere: "Os elementos essenciais devem refletir os dados do documento referenciado". Já as informações acrescidas (os elementos complementares) devem seguir o português, não a língua do documento referenciado.

Segundo a ABNT (2018b), as referências devem ser elaboradas com espaço simples, e não espaçamento 1,5 entre as linhas, como na maior parte do texto. Além disso, devem ser "[...] separadas entre si por uma linha em branco de espaço simples" (ABNT, 2018b, p. 5). Isso equivaleria a um Enter ao final de cada referência, no caso da formatação dessa parte do texto com espaço simples — entretanto, o ideal é utilizar o recurso de estilos do processador de textos para formatar esses espaços.

As referências devem também ser alinhadas à margem esquerda do texto, ou seja, não apenas sem entrada de parágrafo, mas efetivamente alinhadas à esquerda, e não justificadas (ABNT, 2018b).

A APA (2020) também tem uma série de regras adicionais para a apresentação das referências, que podem ser consultadas pelos interessados.

Segundo a ABNT (2018b, p. 5), as referências devem ser "[...] ordenadas em uma única lista", ou seja, não deve haver, por exemplo, uma lista separada para documentos acessados on-line.

As referências podem ser ordenadas pelos sistemas alfabético ou numérico (baseado na ordem de citação no texto), de acordo com o sistema utilizado para as citações (ABNT, 2018b).

No caso do sistema alfabético, o mais utilizado em trabalhos acadêmicos e em muitos periódicos na área de educação, as referências devem estar posicionadas no final do texto (conforme observamos nas estruturas de artigos e trabalhos acadêmicos), classificadas em ordem alfabética. No caso do sistema numérico, utilizado por alguns periódicos e eventos, a ordenação se dá pelo número da sequência em que a referência aparece pela primeira vez no texto (ABNT, 2018b).

No sistema alfabético, pode-se simplesmente utilizar o recurso de classificar em ordem alfabética dos processadores de textos. Entretanto, há algumas peculiaridades que esses recursos não resolvem e que, muitas vezes, mesmo a ABNT ou a APA não exploram.

Por exemplo, no caso envolvendo o mesmo autor e números (leis, por exemplo), a ABNT (2018b) sugere que as referências sejam organizadas pela ordem crescente. Por exemplo: BRASIL. *Lei nº 9.979* [...] primeiro, seguida de BRASIL. *Lei nº 12.384* [...]. Entretanto, a princípio, um processador de textos ordenaria essas referências ao contrário, considerando 1 menor do que 9, então esse ajuste teria que ser feito à mão.

No caso de obras do mesmo autor, a APA (2020) sugere que sejam ordenadas por data de publicação, começando pela mais antiga. Não há menção a isso na ABNT, apesar de existir uma norma específica para a aplicação da ordem alfabética (ABNT, 1989).

A APA (2020) também sugere que entradas de um autor (único) precedam entradas em que esse mesmo autor tenha coautores, desde que seja o primeiro autor mencionado. Não há menção específica a isso na ABNT, e um processador de textos ignoraria essa informação, classificando tudo simplesmente em função das letras iniciais dos segundos autores ou dos títulos em que o autor é único.

Por fim, além das abreviaturas já mencionadas neste capítulo, a ABNT (2018b) indica outras para a elaboração de referências que vale a pena mencionar (uma seleção foi feita no Quadro 48).

QUADRO 48 — **Abreviaturas para a elaboração de referências**

Abreviatura	Significado
cap.	capítulo
color.	colorido
f.	folha
il.	ilustração
pt.	parte
Supl.	suplemento
t.	tomo
v.	volume

Fonte: seleção do Anexo B de ABNT (2018b, p. 55).

8.1.7.4. *Citações*

A ABNT (2002, p. 1) define citação como a "menção de uma informação extraída de outra fonte". De antemão, podemos tirar uma lição dessa breve definição: devemos ter atenção e cuidado nesse movimento de extrair uma informação de uma fonte e transportá-la a outra, pois essas fontes, muitas vezes, podem estar envolvidas em contextos bastante distintos. Precisamos então, de alguma maneira, reconstruir o contexto da fonte original, ou pelo menos criar pontes entre o texto original e o texto de destino.

Quando desejamos mencionar uma informação extraída de outra fonte em um trabalho científico ou acadêmico, devemos fazer uma chamada no texto para a referência dessa fonte.

> Trata-se de uma prática de apontar sistematicamente para as origens das ideias, dos conhecimentos e dos pensamentos que utilizamos em nossos trabalhos. Uma prática movida pelo princípio de construção constante do conhecimento, por uma conversação contínua. (MATTAR, 2017a, p. 253).

De qualquer maneira, considerando que em um artigo ou trabalho acadêmico precisamos ouvir a voz do pesquisador, devemos procurar evitar os extremos dessa conversação: de um lado, falarmos praticamente sozinhos — um monólogo quase sem citações; de outro lado, muita gente falando ao mesmo tempo — uma Torre de Babel repleta de citações, em que nossa voz praticamente não é ouvida.

Segundo a ABNT (2002), as citações podem utilizar um sistema de chamada numérico ou autor-data. Em ambos os casos, as chamadas podem aparecer no texto ou em notas (de rodapé ou fim de texto). No sistema numérico, a numeração deve ser única e consecutiva, indicada entre parênteses ou sobrescrita. Já no sistema autor-data, a indicação da fonte é feita pelo sobrenome do autor.

Nas citações pelo sistema autor-data, há duas formas de fazer a chamada, que a APA (2020) denomina narrativa (em que o autor é mencionado no texto, antes ou depois da citação, e a data em seguida, entre parênteses) e parentética (em que o autor não é mencionado no texto, mas apenas entre parênteses, juntamente com a data). O Quadro 49 compara modelos de chamadas para as citações narrativas e parentéticas de acordo com a ABNT (2002) e a APA (2020), para referências com diferentes quantidades de autores. Repare no uso de *et al.* na APA, a partir de três autores, enquanto, na ABNT, a partir de quatro. Repare também no uso de & na APA e ponto-e-vírgula na ABNT.

QUADRO 49 — **Modelos para chamadas de citações**

Citação narrativa		Citação parentética	
ABNT	APA	ABNT	APA
Autor (data)	Autor (data)	(AUTOR, data)	(Autor, data)
Autor e Autor (data)	Autor and Autor (data)	(AUTOR; AUTOR, data)	(Autor & Autor, data)
Autor, Autor e Autor (data)	Autor *et al.* (data)	(AUTOR; AUTOR; AUTOR, data)	(Autor *et al.*, data)
Autor *et al.* (data)		(AUTOR *et al.*, data)	

Fonte: os autores.

A APA (2020) sugere que não se incluam os sufixos dos sobrenomes (por exemplo, Neto, Jr. etc.) nas chamadas das citações durante o texto, tornando, assim, sua apresentação menos poluída e mais fluida; não há menção a esse procedimento na ABNT.

O Quadro 50 apresenta exemplos para as chamadas de citações narrativas e parentéticas com autor pessoa jurídica ou entidade. Repare que a única diferença são as maiúsculas, no caso da ABNT (2002), quando a denominação da pessoa jurídica aparece entre parênteses.

QUADRO 50 — **Modelos para chamadas de citações com autor pessoa jurídica**

Citação narrativa		Citação entre parênteses	
ABNT	APA	ABNT	APA
Associação Brasileira de Normas Técnicas (data)	American Pyschological Association (data)	(ASSOCIAÇÃO BRASILEIRA DE NORMAS TÉCNICAS, data)	(American Psychological Association, data)

Fonte: os autores.

A APA (2020) admite o uso de siglas conhecidas para as chamadas de autores pessoa jurídica durante o texto, desde que a denominação completa seja apresentada na primeira ocorrência no texto. Isso, sem dúvida, torna o texto menos poluído e mais limpo, e foi a opção que adotamos neste livro, inclusive com as siglas das duas associações (ABNT e APA). Entretanto, para evitar qualquer tipo de problema de localização das fontes completas, fizemos entradas remissivas na lista de referências do tipo ABNT (ver ASSOCIAÇÃO BRASILEIRA DE NORMAS TÉCNICAS), já que, nas referências, é a denominação completa da pessoa jurídica que deve aparecer, e não a sigla.

O Quadro 51 apresenta modelos de chamadas para citações narrativas e parentéticas sem autoria definida. Repare que a ABNT (2002) sugere, por padrão, utilizar apenas a primeira palavra do título em maiúsculas. Além disso, como o título não aparece em maiúsculas na APA (2020), admitem-se as variações com ou sem destaque e entre aspas, neste último caso, por exemplo, de títulos de artigos.

QUADRO 51 — **Modelos para chamadas de citações sem autoria definida**

Citação entre parênteses	
ABNT	APA
(TÍTULO..., data)	(Título Título Título, data)
	(*Título Título Título*, data)
	("Título Título Título", data)

Fonte: os autores.

Quando houver no artigo ou trabalho acadêmico mais de uma referência do mesmo autor com a mesma data, acrescentam-se, já nas próprias referências (e por consequência, também na citação), letras minúsculas sequenciais (a, b, c...) após a data, tanto de acordo com a ABNT (2002) quanto com a APA (2020). Por exemplo, em uma citação narrativa: Autor (2020a) afirma que [...]; Autor (2020b) afirma que [...]; e assim por diante.

A palavra apud — que significa citado por, conforme, segundo — deve ser utilizada nas situações que se denominam citação da citação, ou citação de segunda mão. Para ilustrar, identifiquemos o texto que você está escrevendo como texto 1; você está lendo o texto 2, que, por sua vez, cita o texto 3. Imagine que você não consiga ler o texto 3, por diferentes motivos: não tem proficiência para ler na língua em que foi escrito; não consegue acessá-lo; não tem tempo ou considera que sua leitura, integral ou mesmo parcial, não interessaria à sua pesquisa; etc. Mesmo assim, você acha importante incorporar a citação do texto 3 ao seu texto 1. É nesse momento que a palavra apud tem sua funcionalidade.

Logo na Introdução do nosso livro, utilizamos um apud para enriquecer a discussão sobre métodos mistos. Reproduzimos o início da citação a seguir:

> Não basta que os pesquisadores de metodologia mista ocupem um espaço epistemológico situado em algum lugar entre os espaços epistemológicos quantitativo e qualitativo. (ONWUEGBUZIE, 2012, p. 192 apud PATTON, 2015, p. 90, tradução nossa).

Não conseguimos acesso ao texto de Onwuegbuzie, mas consideramos importante inserir a citação naquele momento da discussão. Repare na estrutura da chamada da citação: (ONWUEGBUZIE, 2012, p. 192 apud PATTON, 2015, p. 90, tradução nossa). Em primeiro lugar, vem o sobrenome do autor da citação (do texto 3), seguido de apud (sem aspas, conforme a ABNT, 2002) e os dados do autor do texto 2 (que você leu). Poderíamos ler a chamada, de uma forma mais livre, como é redigida de acordo com a APA (2020): [quem escreveu isso foi] Onwuegbuzie [que eu não li], como foi citado em [*as cited in*] Patton [ou seja, eu li a citação de Onwuegbuzie lendo Patton, eu li a citação do texto 3 no texto 2]. A APA sugere que apenas o autor do texto 2 (no caso do nosso exemplo, Patton, quem efetivamente lemos) apareça na lista de referências, que foi o padrão que adotamos neste livro. A ABNT, entretanto, não faz menção a esse procedimento.

O uso de apud, apesar de legítimo e validado pela ABNT (2002) — e como *as cited in*, também pela APA (2020) —, costuma causar controvérsia. Seu uso exagerado pode, é claro, demonstrar pouco empenho do pesquisador para pesquisar fontes adicionais. Mas seu uso também pode ser questionado em outros casos: quando um autor é citado por apud e é essencial para o trabalho, por exemplo, como referencial teórico (uma dissertação sobre psicanálise que cita Freud por apud); quando um conceito, mesmo que citado pontualmente, é muito importante para o trabalho e o texto original pode ser facilmente acessado, especialmente on-line (mas, nesse caso, convém ler o artigo completo, ou pelo menos um capítulo, no caso de livros); e quando um autor é muito citado por apud durante o texto. Nesses e em outros casos, realmente seu uso pode ser criticado. Entretanto, utilizado com parcimônia, como, por exemplo, neste livro, e em momentos essenciais do texto, o apud pode enriquecê-lo e trazer importante contribuição para a leitura.

As citações podem ser indiretas ou diretas. As citações são indiretas quando estão baseadas na obra do autor consultado, mas não envolvem transcrições textuais, ou seja, não envolvem o exercício de copiar e colar.

Quando há citações indiretas de mais de um documento do mesmo autor simultaneamente — por exemplo, quando são colhidos diferentes conceitos de diferentes obras do mesmo autor —, as datas devem ser separadas entre vírgulas em ordem cronológica, tanto de acordo com a ABNT (2002) quanto com a APA (2020). Um modelo, no caso de uma citação narrativa, seria: Autor (2016, 2019, 2020).

Em citações indiretas simultâneas de documentos de diferentes autores, as chamadas autor-data devem ser separadas por ponto-e-vírgula, em ordem alfabética, segundo as duas associações (ABNT, 2002; APA, 2020).

Uma discussão interessante, aprofundada pela APA (2020) mas não desenvolvida pela ABNT, é se múltiplas citações indiretas da mesma obra do mesmo autor, no mesmo parágrafo, exigiriam repetição da chamada autor-data. A APA sugere que o ano pode ser suprimido quando há múltiplas citações indiretas narrativas no mesmo parágrafo, ou seja, quando uma paráfrase se estende por várias sentenças no parágrafo e o nome do autor não aparece dentro dos parênteses. Entretanto, no caso de um novo parágrafo ou de citações parentéticas, o ano deve ser repetido. Talvez você tenha percebido que fizemos exatamente isso neste parágrafo, como chegamos a fazer em outros neste livro: introduzimos a citação indireta da APA com a data, no início do parágrafo, mas não repetimos a data na frase seguinte. Na verdade, nem mesmo a chamada para o autor (sem data) precisa necessariamente ser repetida. Neste parágrafo, por exemplo, fica claro que a continuação do texto, depois das duas menções iniciais à APA, está reproduzindo as orientações da associação, que, por isso, não foi mais mencionada. Entretanto, nesses casos é essencial reler o parágrafo para se assegurar de que a autoria está claramente indicada, mesmo sem a chamada.

Ao contrário das citações indiretas, as citações diretas envolvem transcrições textuais de parte da obra do autor consultado (copiar e colar). Em geral, citações diretas são mais utilizadas em textos teóricos e na área de ciências sociais e humanas do que em pesquisas empíricas e nas áreas ciências exatas e da saúde. Mas, afinal, quando devemos utilizar citações diretas em um artigo ou trabalho acadêmico?

Em primeiro lugar, quando o autor citado foi extremamente feliz na redação da passagem, de forma que uma paráfrase poderia empobrecê-la significativamente. Essas passagens memoráveis e, em geral, bastante conhecidas são aquelas, por exemplo, destacadas no Kindle por terem sido marcadas por muitos leitores. Em geral, envolvem a síntese de exercícios da construção de conceitos.

Quando você deseja comentar ou criticar em detalhes uma passagem de um autor citado, ou mesmo comparar passagens ou definições de diferentes autores, pode também ser adequado utilizar uma citação direta. Uma paráfrase ou citação indireta correria o risco de alterar o sentido das passagens originais, enviesando desde o início seu comentário, sua crítica ou sua comparação.

Cabe também utilizar uma citação direta, em sinal de humildade intelectual, quando o pesquisador admite conhecer pouco sobre o assunto, no qual, de outro lado, o autor citado é um especialista. Uma paráfrase, nesses casos, poderia transmitir uma ideia diferente da intenção do autor, até mesmo errada.

É comum, ainda, utilizar citações diretas na análise de obras literárias, como poemas, contos e romances. Nesses casos, a construção formal do texto é essencial e faz parte integral do seu sentido, não sendo apropriado, portanto, utilizar uma paráfrase.

No uso de citações diretas, devem obrigatoriamente ser indicadas as páginas das passagens citadas. O Quadro 52 apresenta diferentes maneiras de indicar a paginação nas citações diretas de acordo com a ABNT (2002) e a APA (2020). Repare que quando a chamada autor-data aparece antes da citação, no caso da APA, a paginação deve ser posicionada após a passagem citada, entre parênteses. Além disso, para preceder um intervalo de páginas, a APA utiliza pp. (seguido de espaço) e separa os números das páginas por traço, enquanto a ABNT utiliza p. (também seguido de espaço) e separa os números das páginas por hífen. Já notamos, em outro exemplo, o uso de maiúsculas para sobrenomes entre parênteses na ABNT.

QUADRO 52 — Modelos para indicação das páginas em citações diretas

Citação narrativa		Citação parentética	
ABNT	APA	ABNT	APA
Autor (data, p. x) "..."	Autor (data) "..." (p. x)	"..." (AUTOR, data, p. x)	"..." (Autor, data, p. x)
Autor (data, p. x-x) "..."	Autor (data) "..." (pp. x–x)	"..." (AUTOR, data, p. x-x)	"..." (Autor, data, pp. x–xx)
"..." Autor (data, p. x-x)	"..." Autor (data, p. x)		
"..." Autor (data, p. x-x)	"..." Autor (data, pp. x–xx)		

Fonte: os autores.

Como há uma tendência cada vez maior para a leitura de e-books em lugar de livros impressos, é uma dúvida recorrente como indicar as páginas nesses casos. Arquivos em formato PDF, normalmente, têm a paginação indicada de maneira estável; o problema ocorre com e-books em que é possível, por exemplo, alterar o tamanho das letras e da tela, dentre outros recursos, que acabam automaticamente alterando o tamanho do texto como um todo. A ABNT (2002) não aborda esse problema, mas a APA (2020) faz uma sugestão que pode ser estendida para outros formatos de e-books: não incluir os números de localização do Kindle, mas o número da página (disponível em muitos livros no próprio Kindle, especialmente aqueles baseados em edições impressas). Quando o número da página não está disponível — e isso vale para qualquer tipo de documento —, ambas as associações propõem, como alternativa, a identificação da seção em que a passagem está localizada.

Os casos já mencionados de autor pessoa jurídica ou obras sem autoria devem seguir os mesmos procedimentos, ou seja, o acréscimo das páginas nas posições e nos formatos indicados no Quadro 52.

A indicação de volume, tomo ou seção, quando houver, também deve ocorrer nas chamadas das citações diretas, seguindo as abreviaturas sugeridas por cada associação.

Há uma formatação especial indicada pelas duas associações para citações diretas mais longas (as mais curtas devem aparecer entre aspas duplas na sequência do próprio texto). Vejamos as duas orientações.

As citações diretas, no texto, com mais de três linhas, devem ser destacadas com recuo de 4 cm da margem esquerda, com letra menor que a do texto utilizado e sem as aspas. No caso de documentos datilografados, deve-se observar apenas o recuo. (ABNT, 2002, p. 2).

Se uma citação contiver 40 palavras ou mais, trate-a como uma citação em bloco. Não use aspas para citações em bloco. Comece uma citação em bloco em uma nova linha e recue o bloco inteiro 0,5 polegadas a partir da margem esquerda. Se houver parágrafos adicionais dentro da citação, recue a primeira linha de cada parágrafo subsequente em mais 0,5 polegadas. Dê um espaço duplo [o espaçamento padrão do texto, segundo a APA] em toda o bloco da citação; não adicione espaço extra antes ou depois. Ou (a) cite a fonte entre parênteses após a pontuação final da citação ou (b) cite o autor e o ano na narrativa antes da citação e coloque apenas o número da página entre parênteses após a pontuação final da citação. Não adicione um ponto após o parêntese final em nenhum dos casos. (APA, 2020, p. 272, tradução nossa)

A APA (2020) sugere que, no caso de erros de grafia, gramática ou pontuação que possam confundir o leitor, utilize-se a palavra [*sic*], em itálico e entre colchetes, logo após o erro. Entretanto, como esse tipo de erro pode distrair o leitor, e o *sic* pode distrair ainda mais, a APA sugere elaborar uma paráfrase, em que o erro pode ser simplesmente corrigido. A ABNT não discute esses pontos, nem, por exemplo, os casos em que a fonte original está escrita em uma versão anterior à reforma ortográfica — em princípio, portanto, a citação direta deveria manter a grafia da fonte original.

Em relação a outra dúvida comum, a APA (2020, p. 274, tradução nossa) afirma: "a primeira letra da primeira palavra em uma citação pode ser alterada para maiúscula ou minúscula para se ajustar ao contexto da frase em que a citação aparece". Fizemos exatamente isso na citação anterior, em que a primeira letra da citação direta, transformada de maiúscula para minúscula, tornou a leitura do texto mais fluida. Entretanto, cabe notar que não há menção na ABNT para esse procedimento — caberia, em princípio, manter o texto como na fonte original: "A primeira letra...". Uma das razões para se manter a maiúscula (ou mesmo minúscula) da primeira letra da passagem, conforme grafada no texto original, poderia ser que a identificação da passagem, no caso de uma consulta ao texto do autor citado, tende a ser dificultada porque, muitas vezes, usamos a letra maiúscula (ou mesmo a minúscula) como referência visual para identificar a passagem de maneira mais rápida. Entretanto, como os recursos de busca em textos on-line não diferenciam, em princípio, maiúsculas e minúsculas, esse problema seria minimizado. Mas cabe lembrar, ainda, que outros pesquisadores podem utilizar a passagem do nosso texto como citação da citação, reproduzindo, assim a alteração, como se fosse a configuração da passagem original.

Outra dúvida, no mesmo sentido, diz respeito a supressões no texto. A ABNT (2002) sugere que supressões no início, no meio e no final de uma citação direta sejam indicadas por reticências entre colchetes [...]. De outro lado, a APA (2020, p. 271, tradução nossa) sugere que "independentemente do tamanho da citação, não insira reticências no início e/ou no final de uma citação, a menos que a fonte original inclua reticências". Realmente, a inserção de [...] no começo e/ou no final de uma citação direta torna o texto poluído. No meio de uma sentença, a ABNT sugere novamente o uso de [...], enquanto a APA sugere (...) ou (. . .).

Interpolações e comentários adicionados a uma citação direta devem ser indicados por colchetes, segundo as duas associações (ABNT, 2002; APA, 2020). Já para inserir ênfase ou destaque em citações, a ABNT (2002) sugere utilizar negrito, itálico e sublinhado, indicando as alterações com a expressão (grifo nosso), após a chamada da citação, ou (grifo do autor), caso o destaque já exista na obra consultada. A APA (2020) sugere que se utilize o itálico na passagem destacada e a expressão [emphasis added], entre colchetes, no próprio corpo da citação, logo após a ênfase.

No caso de passagens traduzidas em citações diretas, a ABNT (2002) sugere a indicação, no final da chamada entre parênteses, da expressão tradução nossa. Apesar de ser possível argumentar que isso polui o texto, como indicamos em outras situações, parece-nos importante a indicação para destacar que uma passagem foi traduzida ou escrita originalmente em língua portuguesa; por isso, utilizamos a expressão em várias passagens neste livro.

As duas associações (ABNT, 2002; APA, 2020) sugerem que aspas duplas nos textos originais citados diretamente devem ser substituídas por aspas simples.

A APA (2020) sugere também que as chamadas para notas de rodapé e de fim de texto nas passagens citadas diretamente podem ser omitidas, o que, novamente, ajuda a tornar o texto mais limpo; a ABNT, entretanto, não faz menção a esse procedimento.

Quando passagens citadas diretamente contêm citações diretas ou indiretas para outras fontes, com suas respectivas chamadas, a APA (2020) sugere que essas fontes não sejam inseridas na lista de referências, apenas a obra que você efetivamente leu. Se um conjunto de chamadas para outras fontes aparece no final da passagem de uma obra citada diretamente, poderiam ser excluídas da citação direta quando o autor fez um resumo ou avançou em relação a essas ideias. Não há menção a nenhum desses procedimentos na ABNT.

Uma menção geral a um site, sem a utilização de informações ou páginas específicas, não precisa envolver uma entrada na lista de referências, mas apenas a indicação do endereço entre parênteses no próprio texto. Menções genéricas a periódicos durante o texto podem envolver apenas seu título, em itálico, sem a necessidade de incluí-lo como entrada na lista de referências. Isso vale para softwares e produtos em geral, quando são apenas mencionados no texto (APA, 2020).

Por fim, uma expressão útil sugerida pela ABNT (2002): cf. para confira ou confronte.

8.1.8. Formatação

Além da formatação de referências e citações, discutidas em detalhes nas seções anteriores, há ainda alguns aspectos mais gerais de formatação de trabalhos acadêmicos que cobrimos nesta seção, considerando apenas as normas da ABNT. Em primeiro lugar, listamos algumas indicações rápidas para a apresentação de trabalhos acadêmicos (ABNT, 2011a):

a) deve-se utilizar preto em todo o texto, com exceção das ilustrações, que podem utilizar outras cores;

b) margens: para a frente ou o anverso — esquerda e superior 3 cm e direita e inferior 2 cm; para o verso — direita e superior 3 cm e esquerda e inferior 2 cm;
c) o texto deve ter apenas dois tamanhos de fonte: 12 (recomendado) e um tamanho menor e uniforme (por exemplo, 11, 10 etc.) para: citações com mais de três linhas, notas de rodapé, paginação, dados internacionais de catalogação-na-publicação, legendas e fontes das ilustrações e das tabelas; não há nenhuma indicação de tipo de fonte (Times New Roman, Arial etc.);
d) espaçamento 1,5 entre linhas em todo o texto, com exceção de: citações de mais de três linhas, notas de rodapé, referências, legendas das ilustrações e das tabelas, natureza (tipo do trabalho, objetivo, nome da instituição a que é submetido e área de concentração), que devem ter espaço simples.

Os títulos e subtítulos dos elementos textuais, ou seja, inclusive da introdução e da conclusão, devem ser numerados, alinhados à esquerda, com espaço (não ponto, hífen, travessão, nem qualquer outro sinal) e o título (ABNT, 2012a). Por exemplo: 1 Introdução, 2.1 História da Educação etc.

Já os títulos sem indicativo numérico (elementos pré e pós-textuais, como errata, agradecimentos, lista de ilustrações, lista de abreviaturas e siglas, lista de símbolos, resumos, sumário, referências, glossário, apêndices, anexos e índices) devem ser centralizados (ABNT, 2011a).

Depois dos títulos dos capítulos e antes e depois dos títulos das seções (que devem ser numerados do nível dois até no máximo cinco níveis), o texto deve ter um espaço adicional de 1,5 (ABNT, 2011a), ou seja, que corresponderia a dois Enters com a formatação 1,5 — mas é sempre melhor criar esses espaços nos estilos do processador de textos e usar sempre apenas um Enter para mudar de linha, em todo o trabalho.

Importante notar, ainda, que existem normas para a apresentação de índice (ABNT, 2004), datas e horas (ABNT, 2019) e relatório técnico e/ou científico (ABNT, 2015).

8.2. FALANDO POR IMAGENS

Já exemplificamos com diversos tipos de recursos visuais — tais como tabelas, quadros e gráficos — diferentes momentos do desenvolvimento de uma pesquisa, especialmente no capítulo anterior, nas seções sobre análise de dados. Esses exemplos, entretanto, foram pontuais, em geral voltados para ilustrar algum tipo de procedimento específico. Nesta seção, focamos, de uma forma mais ampla, na construção de elementos visuais como quadros, tabelas, diagramas, esquemas e fluxogramas como estratégias de redação de um artigo ou trabalho acadêmico. Como dica, uma página que apresenta interativamente exemplos de diversos recursos visuais, explodindo a quantidade de alternativas, é a Tabela Periódica de Métodos de Visualização (https://www.visual-literacy.org/periodic_table/periodic_table.html).

Todas as etapas propostas para o desenvolvimento de uma pesquisa, neste livro, podem se beneficiar da contribuição de recursos visuais. Revisões de literatura, em geral, incluem uma grande quantidade de estudos e conceitos, que, muitas vezes, podem ser sintetizados de forma adequada por quadros e tabelas. Um referencial teórico pode ser resumido visualmente por esquemas que indiquem as relações entre teorias. Diagramas podem representar sinteticamente para o leitor os processos de planejamento da pesquisa. Cada tipo de pesquisa e metodologia utiliza diferentes recursos visuais, mais adequados para suas orientações teóricas; os exemplos desta seção incluem abordagens qualitativas, quantitativas e de métodos mistos. Exibir os dados visualmente para o leitor, inclusive em função dos diferentes tipos de estratégias de coleta utilizados, é um dos desafios de uma pesquisa. A etapa da análise e interpretação pode utilizar recursos visuais tanto na preparação e organização dos dados pelos próprios pesquisadores, quanto para apoiar esses procedimentos e expor seus resultados para os leitores. Um livro clássico de Miles, Huberman e Saldaña (2020), que mencionaremos em algumas passagens nesta seção, aborda o uso de diversos tipos de elementos visuais no exercício da análise de dados qualitativos. Por fim, cabe reconhecer que têm sido propostos cada vez mais formatos alternativos de apresentação de relatórios finais de pesquisas, com maior ênfase visual, ou mesmo em forma de produtos técnicos, musicais ou performáticos, que fogem um pouco do padrão textual de artigos e trabalhos acadêmicos tradicionais.

Desde a fase da formulação do problema da pesquisa, é possível enriquecer o trabalho com imagens. Krassmann (2020), por exemplo, em sua tese de doutorado, apresenta a Figura 67 para ilustrar a problemática da sua investigação sobre o senso de presença na educação a distância.

FIGURA 67 — Imagem representando o problema de uma pesquisa

Fragilidades da EAD

Fonte: Krassmann (2020, p. 15).

Paré *et al.* (2015) elaboram um rico quadro para representar diferentes tipos de revisão de literatura. Repare na quantidade de informações que os autores conseguiram reunir no

Quadro 53 para cada tipo: seus objetivos gerais (que reúnem os tipos de revisão), o escopo das questões (amplo ou restrito), estratégias de busca, a natureza das fontes primárias, se há seleção explícita dos estudos, se há avaliação de qualidade e os métodos para a síntese/análise dos resultados. Este é um exemplo muito rico da utilização de um quadro para condensar uma grande quantidade de informações procedimentais e conceituais.

QUADRO 53 — **Tipos de revisão de literatura**

Objetivo Geral	Tipos de revisão teórica	Escopo das questões	Estratégia de busca	Natureza das fontes primárias	Seleção explícita dos estudos	Avaliação da Qualidade	Métodos para síntese/análise dos resultados
Resumo do conhecimento anterior	Revisão narrativa	Amplo	Em geral seletiva	Conceitual e empírica	Não	Não	Resumo narrativo
	Revisão descritiva	Amplo	Representativa	Empírica	Sim	Não	Análise de conteúdo / análise de frequências
	Revisão de escopo	Amplo	Abrangente	Conceitual e empírica	Sim	Não essencial	Análise de conteúdo ou temática
Agregação ou integração de dados	Meta-análise	Restrito	Abrangente	Empírica (apenas quantitativa)	Sim	Sim	Métodos estatísticos (técnicas meta-analíticas)
	Revisão sistemática qualitativa	Restrito	Abrangente	Empírica (apenas quantitativa)	Sim	Sim	Síntese narrativa
	Revisão guarda-chuva	Restrito	Abrangente	Revisões sistemáticas	Sim	Sim	Síntese narrativa
Construção de explicação	Revisão teórica	Amplo	Abrangente	Conceitual e empírica	Sim	Não	Análise de conteúdo ou métodos interpretativos
	Revisão realista	Restrito	Iterativa e objetiva	Conceitual e empírica	Sim	Sim	Abordagem de métodos mistos
Avaliação crítica da literatura existente	Revisão crítica	Amplo	Seletiva ou representativa	Conceitual e empírica	Sim ou não	Não essencial	Análise de conteúdo ou métodos interpretativos críticos

Fonte: Paré *et al.* (2015, p. 186, tradução nossa).

É comum, por exemplo, apresentar em forma de quadro uma lista dos resultados incluídos na revisão de literatura — quando a quantidade desses textos incluídos não torna isso inviável — informando, por exemplo, autores, títulos, fonte (título do periódico, por exemplo) e data. Mas é também possível apresentar os resultados da revisão de literatura com outros tipos de recursos visuais.

Mattar *et al.* (2019), no Quadro 54, por exemplo, apresentam os referenciais teóricos mais utilizados em pesquisas sobre competências e funções dos tutores on-line em educação a distância, a partir dos resultados da revisão de literatura conduzida pelos autores. O quadro consegue apresentar, ao mesmo tempo, os autores, suas obras, os temas que inspiraram as citações e a quantidade de citações nos 34 textos incluídos na revisão. Já é, portanto, a exibição ordenada dos resultados da análise, que serão interpretados na seção de discussão do artigo.

QUADRO 54 — Referenciais teóricos utilizados em pesquisas sobre tutoria on-line

Autor	Fonte	Tema	QT
Maria Luiza Belloni	*Educação a Distância*	Educação a Distância	20
Michael Moore e Greg Kearsley	*Educação a distância: uma visão integrada*	Educação a Distância Papéis e funções dos tutores	14
Lorenzo García Aretio	*La educación a distancia: de la teoría a la práctica*	Competências e funções dos tutores	14
Philippe Perrenoud	*Dez competências para ensinar* *As competências para ensinar no século XXI*	Conceito de competências Competências pedagógicas	12
Maurice Tardif	*Saberes docentes e formação profissional* *O trabalho docente: elementos para uma teoria da docência como profissão de interações humana*	Saberes docentes Reflexão sobre a prática docente	10
José M. Moran, Marcos T. Masetto e Marilda A. Behrens	*Novas tecnologias e mediação pedagógica*	Mediação pedagógica	9
Antonio Nóvoa	Diversas	Formação de professores	7
João Mattar	*Tutoria e interação em educação a distância*	Interação professor–aluno	7
Daniel Mill	*Polidocência na educação a distância: múltiplos enfoques*	Polidocência em EaD	7
Leonel Tractengerg e Regis Tractenberg	Diversas	Competências para a docência online	7
Vani Kenski	*Tecnologias e ensino presencial e a distância*	TICs na EaD	6
Rena Palloff e Keith Pratt	*O aluno virtual: um guia para trabalhar com estudantes on-line* *Construindo comunidades de aprendizagem no ciberespaço: estratégias eficientes para a sala de aula on-line*	Competências do tutor	6
Maria Tereza Leme Fleury, Afonso Carlos Correa e Joel Souza Dutra	Diversas	Competências (do ponto de vista da gestão)	6
Guy Le Boterf	Diversas	Competências como mobilização de recursos	5
Patricia Alejandra Behar	*Modelos pedagógicos em educação a distância* *Competências em educação a distância*	Competências em EaD	5
Otto Peters	*A educação a distância em transição: tendências e desafios* *Didática do ensino a distância: experiências e estágio da discussão numa visão internacional*	História da EaD	5

Fonte: Mattar et al. (2019, p. 120).

O próprio referencial teórico pode ser apresentado ao leitor com o apoio de recursos visuais. Krassmann (2020), por exemplo, em pesquisa já mencionada, apresenta, na Figura 68, seu referencial teórico em forma de diagrama.

Figura 68 — **Organização do referencial teórico de uma pesquisa representado visualmente**

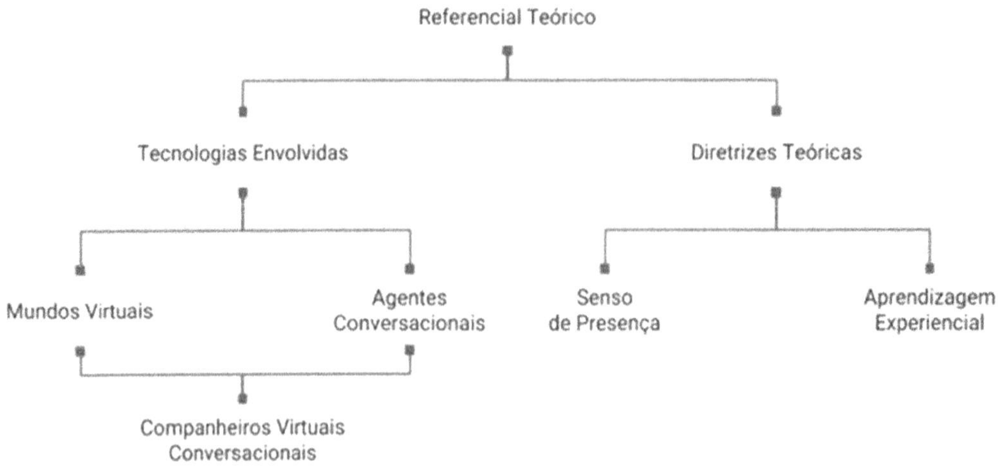

```
                    Referencial Teórico
                   /                    \
         Tecnologias Envolvidas      Diretrizes Teóricas
           /            \              /            \
    Mundos         Agentes         Senso        Aprendizagem
    Virtuais    Conversacionais  de Presença    Experiencial
         \           /
      Companheiros Virtuais
       Conversacionais
```

Fonte: Krassmann (2020, p. 20).

Da mesma forma, diagramas podem contribuir para resumir para o leitor as várias fases do design ou planejamento de uma pesquisa. Krassmann (2020) utiliza uma figura, reproduzido no site do livro, para representar as etapas que compõem o desenho de sua investigação.

As escolhas em relação aos tipos e procedimentos da pesquisa também podem ser apresentadas com o apoio de recursos visuais. Na mesma tese, Krassmann (2020) utiliza a Figura 69 para indicar a classificação metodológica de sua pesquisa.

Figura 69 — **Metodologia da pesquisa representados visualmente**

Natureza	Objetivos	Abordagem	Procedimentos
• Aplicada	• Explicativa	• Mista	• Quase-experimental

Fonte: Krassmann (2020, p. 58).

Metodologias específicas, por sua vez, demandam estratégias visuais distintas para trabalhar os dados e expor seus resultados. Miles, Huberman e Saldaña (2020) apresentam exemplos da comparação visual do progresso de dois ou mais casos em função de suas ações, e quadros em forma de matrizes descritivas que organizam hierarquicamente variáveis e resultados comuns de diferentes casos, contribuindo, assim, para o exercício e a apresentação ao leitor de um resumo da discussão e interpretação dos resultados da análise.

A coleta de dados é uma fase da pesquisa que pode se beneficiar bastante do uso de recursos visuais, tanto na sua organização e no seu desenvolvimento, quanto na exposição dos seus resultados para o leitor.

A descrição dos participantes é um dos momentos em que, em geral, o pesquisador utiliza algum tipo de quadro, tabela ou figura que acaba contribuindo para a tarefa de comparação entre os participantes, tanto por parte do pesquisador quanto do leitor. Miles, Huberman e Saldaña (2020) apresentam diversos exemplos, tais como: quadros e tabelas que agrupam atributos e dados demográficos dos participantes, como idade, nível de escolaridade, gênero, status socioeconômico e outras características consideradas relevantes para o estudo; e organogramas, sociogramas e outras figuras que mapeiam visualmente as relações entre os participantes, seus papéis e suas posições, grupos e mesmo organizações que compõem o contexto de suas ações, em relação a aspectos específicos de interesse para a pesquisa, adiantando, assim, o exercício da interpretação.

Ramos e Garcia (2019) conduziram um estudo quase-experimental de abordagem mista sobre as relações entre o uso de jogos digitais em casa e o aprimoramento do controle inibitório em crianças que frequentavam o atendimento educacional especializado. A partir dos resultados de um questionário preenchido pelos pais, as autoras apresentam a descrição do perfil das oito crianças que compuseram os grupos participante e controle, especialmente em relação ao uso de tecnologias (Tabela 34).

TABELA 34 — Descrição dos participantes de uma pesquisa em uma tabela

Grupo	Identificação	Idade	Sexo	Acesso aos meios	Interesse no uso das tecnologias
Grupo Participante	Participante 1 (P1)	8 anos	M	Console, computador e tablet	Jogar e assistir a vídeos
	Participante 2 (P2)	11 anos	M	Computador e tablet	Assistir a vídeos
	Participante 3 (P3)	9 anos	M	Computador, tablet e celular	Jogar e assistir a vídeos
	Participante 4 (P4)	7 anos	M	Computador e tablet	Jogar e assistir a vídeos
Grupo Controle	Participante 5 (C1)	9 anos	M	Celular, computador e tablet	Jogar e assistir a vídeos
	Participante 6 (C2)	8 anos	F	Computador e tablet	Jogar e assistir a vídeos
	Participante 7 (C3)	10 anos	F	Computador e tablet	Assistir a vídeos
	Participante 8 (C4)	10 anos	M	Computador	Jogar, ouvir músicas e assistir a vídeos

Fonte: Ramos e Garcia (2019, p. 41).

Já a pesquisa qualitativa de Ramos e Rocha (2017), sobre o uso de jogos digitais para melhorar a capacidade de atenção e de resolução de problemas de crianças, apresenta a caracterização inicial dos participantes a partir dos resultados de uma entrevista e dos primeiros atendimentos realizados pelos mediadores, conforme figura disponível no site do livro.

É possível também incorporar recursos visuais para ilustrar os resultados de um processo de coleta de dados que tenha utilizado estratégias e instrumentos específicos. O estudo de Ramos *et al.* (2017) sobre o uso de jogos digitais em contexto escolar visando a melhora das funções executivas, especialmente a atenção, por exemplo, sistematiza os comportamentos resultantes da observação realizada antes (Tabela 35) e depois de uma intervenção (Tabela 36), em que se destacam as melhoras observadas e registradas.

TABELA 35 — **Resultados de observação antes de intervenção representados em tabela**

	Comportamentos Registrados					
	Desatenção	Pouca persistência	Dificuldade na interação social	Dificuldade de cumprir metas	Intolerância à frustração	Impaciência ou irritação
P1	◊◊◊		◊◊	◊		
P2	◊	◊◊		◊	◊◊	◊◊
P3	◊◊◊		◊◊	◊◊	◊◊	
P4	◊		◊◊◊	◊◊◊	◊◊	◊◊◊
P5	◊◊◊	◊◊	◊	◊◊	◊◊	◊◊
P6	◊◊◊	◊◊	◊	◊		

Nota. ◊ = pouco frequente; ◊◊ = frequente; ◊◊◊ = muito frequente; **Em branco** = não registrado.

Fonte: Ramos *et al.* (2017, p. 267).

TABELA 36 — **Resultados de observação após intervenção representados em tabela**

	Comportamentos Registrados						
	Desatenção	Pouca persistência	Dificuldade na interação social	Dificuldade de cumprir metas	Intolerância à frustração	Autocontrole	Desempenho nos jogos
P1	↑	↑↑	↑	↑			↑
P2		↑		↑↑	↑	↑	↑
P3			↑			↑	
P4	↑↑		↑		↑	↑	↑↑
P5	↑↑	↑	↑		↑	↑	↑
P6	↑	↑		↑			↑

Nota. ↑↑ = muita melhora; ↑ = melhora; ↓ = piora; **Em branco** = não foi registrada mudança.

Fonte: Ramos *et al.* (2017, p. 271).

De outro modo, Ramos e Rocha (2016), em uma pesquisa qualitativa para avaliar o uso de jogos eletrônicos para o aprimoramento das funções executivas no contexto escolar, ao final da intervenção entrevistaram, em grupo, duas professoras (Quadro 55) e os alunos que participaram do estudo (Quadro 56), sistematizando os resultados nesses quadros.

Quadro 55 — Sistematização de entrevistas com professoras em quadro

Categorias	Exemplos de respostas codificadas e classificadas
Autocontrole	"Melhorou até o limite, o controle deles" "Parece que aprenderam a parar e pensar mais".
Atenção	"Depois do projeto eles participam de atividades em sala que exige concentração, leitura de textos maiores, interpretação, participar de rodas" "percebi que conseguiram melhorar a compreensão dos enunciados das atividades, não era preciso repetir várias e várias vezes o que era para fazer"
Resolução de problemas	"algumas crianças estão tentando mais, são mais perseverantes em resolver" "algumas crianças estão tendo mais facilidade para resolver"

Fonte: Ramos e Rocha (2016, p. 140).

Quadro 56 — Sistematização de entrevistas com alunos em quadro

Categorias	Indicador (frequência)	Exemplos de respostas codificadas e classificadas
Autocontrole	Paciência (n=12) Pensar antes de agir (n=7)	"Aprendi que tem que ter paciência, principalmente lá em casa com a comida no micro-ondas" "Aprendi que a gente não tem só que fazer, tem que pensar antes de fazer ou falar."
Atenção	Guardar a informação na memória (n=4) Prestar mais atenção (n=9)	"Que tem que prestar atenção para lembrar depois" "tem que ler e ouvir certinho para saber o que é para fazer"
Resolução de problemas	Ser rápido (n=5) Ter mais facilidade (n=11)	"Porque ia fazendo, ia tentando acertar e ia ficando cada vez mais fácil" "ia conseguindo fazer cada vez em menos tempo"

Fonte: Ramos e Rocha (2016, p. 140).

Uma forma de ordenar dados, processos, casos, ações, eventos ou variáveis é da perspectiva cronológica ou histórica, de forma a permitir que se examinem suas mudanças ao longo do tempo. Nessas representações visuais ou *timelines*, podem-se, também, incluir anotações dos pesquisadores que orientem a interpretação. Miles, Huberman e Saldaña (2020) apresentam vários exemplos, dentre os quais a Figura 70, que representa a história de vida de um jovem, da pré-escola até quase 30 anos.

FIGURA 70 — Representação visual da história dos eventos de um estudo de caso

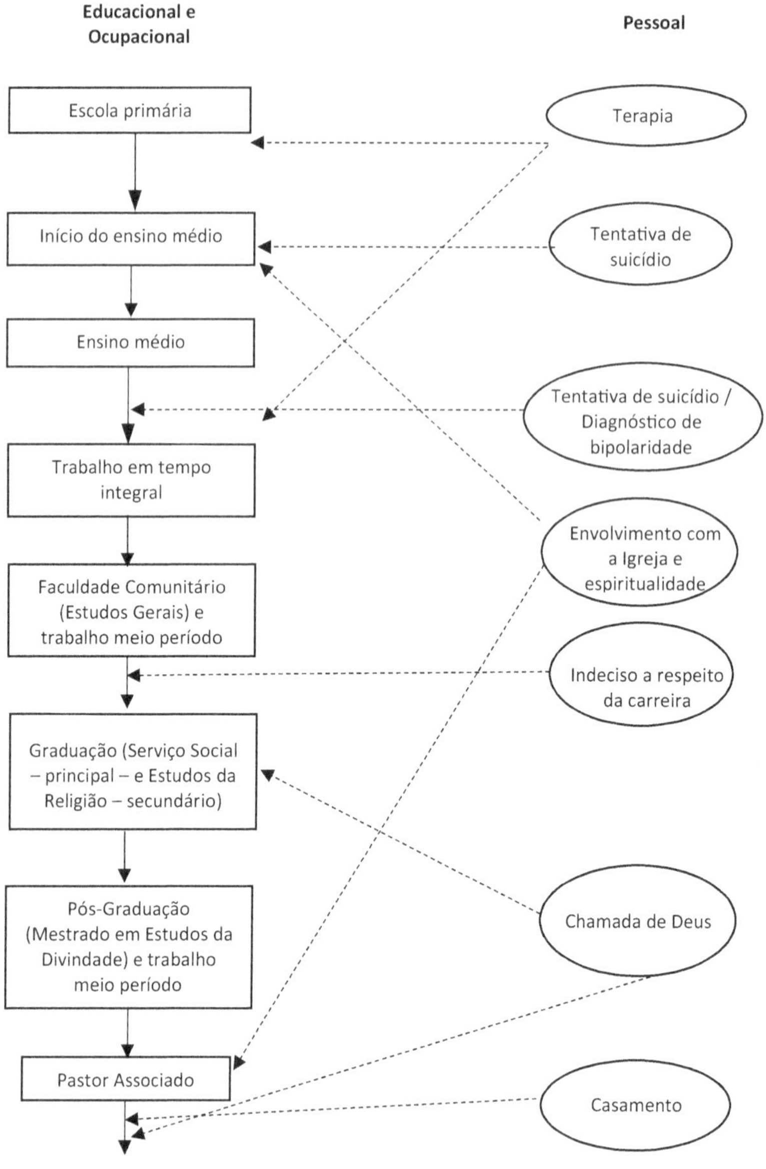

Educacional e Ocupacional

- Escola primária
- Início do ensino médio
- Ensino médio
- Trabalho em tempo integral
- Faculdade Comunitário (Estudos Gerais) e trabalho meio período
- Graduação (Serviço Social – principal – e Estudos da Religião – secundário)
- Pós-Graduação (Mestrado em Estudos da Divindade) e trabalho meio período
- Pastor Associado

Pessoal

- Terapia
- Tentativa de suicídio
- Tentativa de suicídio / Diagnóstico de bipolaridade
- Envolvimento com a Igreja e espiritualidade
- Indeciso a respeito da carreira
- Chamada de Deus
- Casamento

Fonte: Miles, Huberman e Saldaña (2020, p. 196, tradução nossa).

Os autores descrevem a Figura 70 da seguinte maneira:

As sucessivas experiências educacionais e ocupacionais são indicadas na coluna da esquerda; à direita, vemos o resumo do pesquisador das principais crises pessoais e forças que se movem simultaneamente ao longo da educação e do histórico de trabalho do estudo de caso. O pesquisador usa isso não apenas como uma cronologia de lista de eventos, mas como uma crônica visual de períodos significativos e epifanias de uma vida jovem. (MILES; HUBERMAN; SALDAÑA, 2020, p. 195, tradução nossa).

Recursos visuais também podem desempenhar um papel essencial na etapa da análise de dados, como já vimos no capítulo anterior. Os resultados dos processos de codificação e categorização tendem a ser apresentados de maneira visual.

Kowalski *et al.* (2020), por exemplo, realizaram uma revisão da literatura em língua portuguesa sobre a evasão na educação a distância, diferenciando as causas "[...] exógenas (ou extrínsecas aos cursos, antes de o aluno ingressar na instituição de ensino) e endógenas (ou intrínsecas aos cursos, quando o aluno já está na instituição de ensino)" (KOWALSKI *et al.*, 2020, p. 4). Os resultados da frequência das categorias e subcategorias, considerando-se apenas uma ocorrência em cada um dos 48 textos incluídos, estão expostos em duas tabelas no site do livro, representando as causas exógenas e endógenas.

Mas os resultados da codificação e categorização podem também ser apresentados de outras maneiras. No estudo de abordagem mista de Ramos e Lopes (2020), por exemplo, que levantou as percepções de 1.113 egressos de um curso público de formação a distância em relação à sua atuação profissional, por meio de um questionário, os resultados da categorização foram apresentados por meio de um diagrama de análise de cluster elaborado no NVivo, disponível no site do livro.

Miles, Huberman e Saldaña (2020) propõem, ainda, o que denominam descrição de variabilidade, métodos que podem ser posicionados neste momento de apresentação dos resultados da análise de dados. Esses métodos incluem: tabelas ou matrizes conceituais, que destacam as propriedades e/ou dimensões de categorias, conceitos, temas ou variáveis importantes para o estudo; taxonomias, para organizar e representar processos; e matrizes temáticas, em que fluxogramas e diagramas representam as categorias e as relações entre elas, contribuindo, assim, para o avanço na interpretação dos resultados.

> Esses exemplos retratam as descobertas somativas de seus respectivos estudos em forma gráfica. Os modelos são mais do que descritivos; são analíticos e interpretativos (Wolcott, 1994). Quando os rótulos da categoria, do tema ou do conceito são organizados em relações espaciais diagramáticas uns com os outros, exibimos nossos resultados em matrizes dimensionadas que contam uma história e sua "moral" — isto é, a lição a ser aprendida. (MILES; HUBERMAN; SALDAÑA, 2020, p. 179, tradução nossa).

Ramos e Rocha (2016), em pesquisa da qual já transcrevemos a sistematização do resultado de entrevistas com as professoras e os alunos em quadros, apresentam também um esquema em que são mostradas as relações das transcrições das entrevistas com três categorias de análise: autocontrole, atenção e resolução de problemas (Figura 71).

FIGURA 71 — **Esquema dos resultados de codificação e categorização de transcrição de entrevistas**

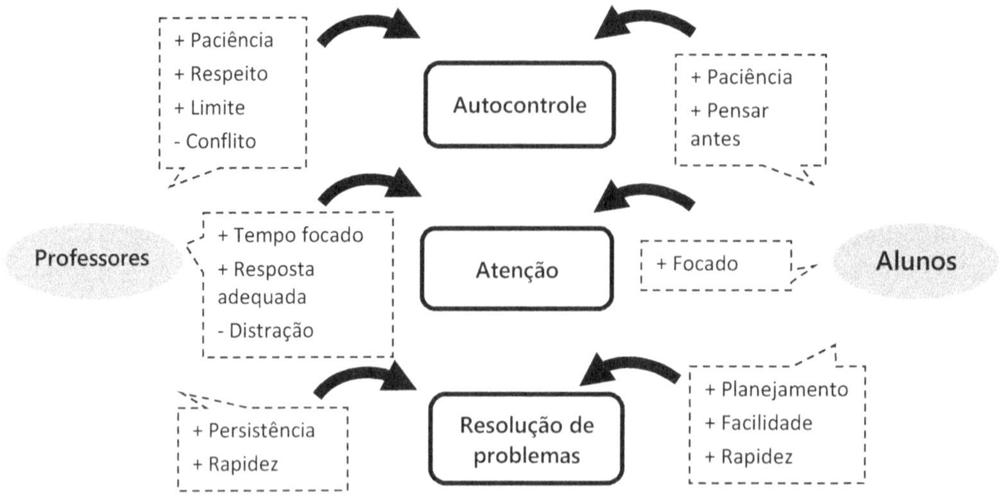

Fonte: Ramos e Rocha (2016, p. 138).

Clark, Garrett e Leslie-Pelecky (2010), por sua vez, apresentam, em uma mesma tabela disponível no site do livro, a combinação de dados quantitativos e qualitativos em diferentes colunas, incluindo dados estatísticos, categorias e falas dos participantes, todos em correspondência por linhas, possibilitando uma fotografia de métodos mistos por parte do leitor sobre o conjunto dos resultados.

Miles, Huberman e Saldaña (2020) propõem, ainda, a ordenação de processos por meio de diagramas de modelos de decisão, de redes de estados de eventos e de análise de sequência composta, assim como a descrição de ações por vinhetas, imagens poéticas e diagramas de redes cognitivas, todos com exemplos interessantes.

Elementos visuais podem também ser utilizados para resumir os achados ou a conclusão de uma pesquisa. Seria a fotografia final do estudo, muitas vezes apresentando modelos ou teorias. Vejamos alguns exemplos.

Mattar *et al.* (2019), no final do seu artigo, apresentam um quadro teórico em três dimensões (de mais geral à mais específica) para orientar pesquisas sobre competências e funções dos tutores on-line em educação a distância (Quadro 57).

QUADRO 57 — Teorias para pesquisas sobre competências e funções de tutores on-line

Conceitos gerais	Saberes Docentes (Tardif)		Competências Pedagógicas (Perrenoud)
Teorias da EaD	Interações professor–aluno (Moore et al)	Distância Transacional diálogo (Moore)	Comunidade de Investigação presença docente (Garrison, Anderson e Archer)
Tutores Online	Papéis e Funções (Moore e Kearsley)	Polidocência em EaD (Mill et al)	Competências e Funções (Aretio)

Fonte: Mattar *et al.* (2019, p. 127).

Em outro resultado da revisão de literatura, Mattar *et al.* (2020) propõem um modelo teórico visual (Quadro 58) para orientar esse tipo de pesquisa, agora não restrito ao nível do referencial teórico, que também conclui o artigo.

QUADRO 58 — Modelo teórico para pesquisas sobre competências e funções de tutores on-line

Competências/Saberes			Funções
conhecimentos (*saberes*)	*habilidades* (*saber fazer*)	*atitudes* (*saber ser*)	
	competências gerenciais		gerenciais
saberes disciplinares (conteúdo)			
competências/saberes pedagógicos			pedagógicas
	comunicação		
			sociais
	competências socioafetivas		
competências tecnológicas			

Fonte: Mattar *et al.* (2020, p. 13).

8.3. BREVES QUESTÕES DE LÍNGUA E ESTILO

A construção de um artigo ou trabalho acadêmico pressupõe domínio sobre as normas cultas da língua portuguesa, o que se adquire, na verdade, continuamente desde a educação básica. Nesse sentido, vale a pena, sempre que possível, uma reciclagem em questões relacionadas a gramática e estilo, pois assim sempre crescemos um pouco mais como escritores. Faremos, aqui, apenas breves reflexões e daremos algumas dicas.

Hoje, há vários recursos digitais e on-line que podem nos apoiar na escrita. Em primeiro lugar, é preciso prestar atenção às marcações dos corretores automáticos dos próprios processadores de texto, que indicam não apenas problemas de ortografia, mas também de gramática — cada tipo de erro, inclusive, com cores diferentes. Às vezes, as marcações ressaltam passagens em que não há problemas de redação, mas, em geral, apontam para problemas que exigem a revisão do texto.

O Vocabulário Ortográfico da Língua Portuguesa (VOLP), elaborado pela Academia Brasileira de Letras e disponível para buscas on-line (https://www.academia.org.br/nossa-lingua/busca-no-vocabulario), é um recurso interessante para verificar a grafia oficial das palavras em língua portuguesa. É importante notar que existem palavras e expressões com pronúncia semelhante, mas com grafia e significados distintos (como, por exemplo, seção e sessão), cujos erros na escrita, em geral, os corretores automáticos dos processadores de texto não indicarão. O VOLP traz indicações de variações para esse tipo de palavra, que vale a pena, portanto, consultar sempre que você tiver alguma dúvida. Para *sessão*, por exemplo, o retorno do VOLP é: "s.f. 'reunião', etc.; cf. ceção, cessão, seção e secção".

Dicionários são também recursos importantes para conferir não apenas a grafia correta das palavras, mas também a diversidade dos seus significados. Importantes dicionários impressos estão disponíveis on-line, ainda que, muitas vezes, em versões mais simplificadas, como *Aurélio*, *Houaiss* e *Michaelis*, além de alguns que só existem on-line. Teste e avalie aquele com o qual você se sente mais confortável, e então vale a pena manter seu endereço facilmente disponível, por exemplo, nos favoritos do seu browser.

Muitas vezes, durante a redação de um texto, é essencial conferir sinônimos para palavras que parecem não estar encaixando na frase ou que você esteja utilizando em demasia. Dicionários de sinônimos on-line (por exemplo: https://www.sinonimos.com.br/) são recursos essenciais para consultas rápidas e podem ajudar a enriquecer o estilo do seu texto.

Como um texto acadêmico não pode ser constituído com uma sequência de orações sem ligação, cabe ressaltar a importância das conjunções, justamente as palavras que ligam orações de ponto de vista lógico. Nesse sentido, vale a pena a consulta a orientações para seu uso em alguma gramática. Entretanto, as conjunções não são o único recurso da língua portuguesa para estabelecer a conexão lógica entre orações. O site do livro apresenta uma longa lista das palavras ou expressões que podem exprimir relações lógicas, de conexão ou de referência e que, por isso, são essenciais para a redação de textos acadêmicos.

A pontuação é outro recurso essencial para a construção de um texto acadêmico fluido e coeso. Nesse sentido, assim como no caso das conjunções, vale a pena revisitar gramáticas, ou mesmo materiais ou livros específicos que ofereçam orientações sobre o uso adequado da pontuação em língua portuguesa.

Outros aspectos são também importantes na redação de textos, como a construção de parágrafos e da argumentação. Mattar (2017a) apresenta em detalhes uma metodologia para a utilização do sumário como guia para a leitura e redação de textos, que envolve o uso do recurso de estilos no Microsoft Word, estratégias de divisão do texto em partes (mesmo que os títulos sejam descartados na versão final) e escrita acadêmica.

De qualquer maneira, é uma boa prática enviar o artigo ou trabalho final para um revisor, mesmo porque, em certo momento, tanto nós quanto nossos orientadores nos tornamos tão imersos no texto que não conseguimos mais enxergá-lo adequadamente, nem mesmo, muitas vezes, seus erros. Sempre que possível, pois isso tem um custo, a revisão do seu texto por um especialista em língua e estilo tende a torná-lo muito mais legível e rico.

Há também importantes questões de redação relacionadas ao estilo do texto — por exemplo, se devo ser mais impessoal (sem utilizar a primeira pessoa — a impessoalidade era a marca do discurso acadêmico) ou mais pessoal (o que passou a ser mais aceito especialmente em pesquisas qualitativas, especialmente nas metodologias de pesquisa--ação e pesquisa participante). É importante que você pesquise outros textos no periódico para o qual deseja enviar seu artigo, ou mesmo as orientações do periódico, do seu curso ou programa, para compreender quais são as expectativas estilísticas gerais nesses casos.

Outro problema que a escrita acadêmica enfrenta é o plágio. É claro que o plágio intencional é inadmissível. Entretanto, muitas vezes passagens de artigos ou trabalhos acadêmicos acabam sendo classificadas como plágio mesmo sem a intenção do autor. Para tentar minimizar esses riscos, procure sempre indicar a fonte de citações diretas e indiretas, além de ilustrações e tabelas. Lembre-se também que, em geral, conceitos (que você não desenvolveu), avaliações ou perspectivas sobre alguma questão, assim como dados numéricos, demandam indicação das fontes. E você ainda precisa evitar o autoplágio, ou seja, a apresentação de partes de seus trabalhos anteriores sem citação. Sim, você precisa citar a si mesmo, senão corre o risco de cometer autoplágio!

8.4. APRESENTAÇÃO DO TRABALHO

É comum que pesquisadores apresentem os resultados de suas investigações em eventos e bancas. Por isso, encerramos este último capítulo com breves orientações para essas situações.

Eventos, em geral, oferecem a opção de apresentação de pôsteres. Muitas vezes, é indicada como diretriz a norma da ABNT (2006) para a apresentação de pôsteres técnicos e científicos.

Mesmo que a sua apresentação seja oral, é importante procurar orientações para a elaboração dos slides ou recursos que sustentarão a sua fala. Em linhas gerais, deve-se evitar muito texto nos slides e imagens que deixem as telas muito poluídas. Deve-se evitar também, durante a apresentação, ler os slides, o que pode deixar transparecer fraqueza do pesquisador. É importante compreender que a plateia estará ouvindo sua voz e lendo seus slides, quando não estiver olhando para você: então, os slides devem complementar o que você estiver dizendo, não simplesmente repetir. Apesar de o PowerPoint ser um padrão para apresentações, têm sido cada vez mais utilizadas alternativas, como o Prezi.

Cabe ainda lembrar que, especialmente no caso da pesquisa participante, há uma tendência de se compartilhar os resultados das investigações com os próprios participantes. Isso pode ser feito de maneira mais ou menos formal, dependendo do contexto.

A defesa de uma pesquisa em bancas de trabalhos de conclusão de curso, mestrado e doutorado é um dos momentos mais tensos para muitos candidatos. Muitas delas têm uma delimitação de tempo, por isso é indicado fazer um ensaio de sua apresentação para verificar o tempo, e como um preparo para o momento da defesa. É possível se preparar, ainda, antevendo alguns tipos de questões ou observações comuns, por exemplo, em relação ao título, aos objetivos e à metodologia da pesquisa. Encerramos adaptando duas sugestões fornecidas por Mattar (2017a, p. 225) para a preparação e postura de um candidato durante uma banca.

Em primeiro lugar, faça um resumo das principais ideias do seu trabalho, um esqueleto de sua estrutura, procurando identificar os momentos importantes da argumentação, os momentos em que você avança mais em suas interpretações, aquelas passagens em que as conclusões tiradas parecem pouco fundamentadas, as contradições etc. A consciência em relação a esse mapa do seu texto (inclusive em relação às falhas no mapa) ajudará bastante a aumentar sua confiança e servirá como suporte para que as perguntas colocadas pela banca possam ser respondidas com mais segurança e domínio.

Em segundo lugar, convém anotar as perguntas que cada membro da banca fizer e procurar responder a todas — se houver um limite de tempo, procure selecionar as mais importantes. As anotações das perguntas possibilitam, inclusive, passada a defesa, que o trabalho seja revisto em função das questões levantadas e, possivelmente, corrigido. É importante, ainda, durante a defesa, reconhecer as fraquezas ou os erros evidentes do trabalho, quando apontados pela banca — uma postura agressiva e de irredutibilidade na defesa de suas próprias opiniões só diminui as chances de uma boa nota!

9.
CONCLUSÃO

Começamos este livro explorando a guerra dos paradigmas entre as abordagens de pesquisa quantitativas e qualitativas. Durante o texto, revisitamos várias vezes esse campo de guerra, propondo como um dos caminhos as abordagens de métodos mistos. Mas essa discussão sobre a validade e confiabilidade das pesquisas qualitativas e quantitativas, na verdade, não se resume somente a uma guerra de paradigmas metodológicos. Como ressalta Patton (2015, p. 586, tradução nossa), "este não é simplesmente um debate acadêmico. Em jogo estão milhões de dólares em fundos de avaliação e a credibilidade de diferentes tipos e abordagens de avaliações em todo o mundo."

No Brasil, por exemplo, a Portaria nº 1.122 do Ministério da Ciência, Tecnologia, Inovações e Comunicações (MCTIC) definiu como prioridades para guiar as decisões em relação a financiamentos a projetos de pesquisa, para o período 2020 a 2023, as áreas de tecnologias estratégicas, habilitadoras, de produção, para desenvolvimento sustentável e para qualidade de vida (BRASIL, 2020). A portaria gerou muitas críticas da comunidade acadêmica, especialmente pelo fato de a área de ciências humanas não ter sido explicitamente contemplada.

Mas muito tempo antes, no final da Segunda Guerra Mundial, no já mencionado *Science The Endless Frontier*, relatório elaborado a pedido do presidente dos Estados Unidos, Bush (1945, Cap. 4, tradução nossa) já refletia sobre esse problema: "Seria uma insensatez estabelecer um programa que expandisse a pesquisa nas ciências naturais e na medicina à custa das ciências sociais, humanidades e outros estudos tão essenciais para o bem-estar nacional".

Bush (1945) sugere que, como cidadãos, ao examinarmos questões relacionadas à ciência, deveríamos levar em consideração as necessidades do bem-estar nacional. Nesse sentido, um programa que direcionasse à ciência e à tecnologia uma parcela desproporcional de recursos e talentos tenderia a causar danos não apenas à nação, mas também à própria ciência: "A ciência não pode viver por si e para si própria isolada" (BUSH, 1945, Cap. 4).

Abordagens de métodos mistos são uma alternativa para enfrentar essa guerra de paradigmas entre as ciências empíricas, exatas e quantitativas, de um lado, e as ciências humanas, sociais e qualitativas, de outro lado. De qualquer maneira, independentemente da abordagem, as pesquisas na área de educação ocupam um espaço social legítimo e crítico, tendo potencial para contribuir com o bem-estar nacional, mas também local. Para seu sucesso, entretanto, é preciso compreender as diversas possibilidades teóricas e práticas para conduzir as investigações na área, com o que este livro procurou colaborar por meio da proposta e do detalhamento de um ciclo da pesquisa.

Cooper (1998 apud CHUEKE; AMATUCCI, 2015, p. 1) posiciona a pesquisa em relação ao passado e ao futuro:

> As centenas de horas de estudo dedicadas a uma pesquisa servirão apenas como uma pequena peça para montar um quebra-cabeça gigante. O valor de seu estudo será determinado pela forma como ele se adequa aos esforços empreendidos por outros pesquisadores no passado e pelas perguntas que os seus achados deixam para pesquisas futuras.

Logo após a definição do tema, nosso ciclo da pesquisa definiu o rico espaço para a revisão de literatura — um diálogo com o passado. Mas os resultados e os achados da pesquisa, em um movimento contínuo, procuram dialogar também com o futuro. Assim, encerramos nosso livro com a imagem inicial do ciclo, agora detalhada e pulsando (Figura 72).

FIGURA 72 — **Ciclo da pesquisa revisitado**

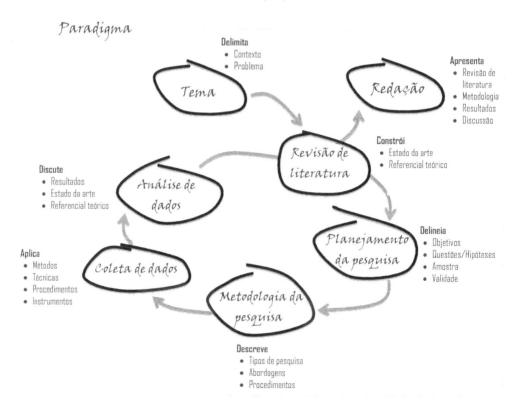

Fonte: os autores.

REFERÊNCIAS

ABNT (ver ASSOCIAÇÃO BRASILEIRA DE NORMAS TÉCNICAS)

ABREU, Delmary Vasconcelos de. "História de vida e sua representatividade no campo da educação musical: um estudo com dois Educadores Musicais do Distrito Federal". *InterMeio: Revista do Programa de Pós-Graduação em Educação-UFMS*, Campo Grande/MS, v. 23, n. 45, p. 207-227, 2017. Disponível em: https://desafioonline.ufms.br/index.php/intm/article/view/5080. Acesso em: 13 de janeiro de 2021.

ABREU, Marise Jeudy Moura de; CARNEIRO, Sônia Maria Marchiorato. "A relação entre a educação física e a educação ambiental: um estudo na rede municipal de ensino de Curitiba". *In*: CONGRESSO NACIONAL DE EDUCAÇÃO–EDUCERE, 9., ENCONTRO SUL BRASILEIRO DE PSICOPEDAGOGIA, 3., 2009, Curitiba, PR. *Anais*. Curitiba: Pontifícia Universidade Católica do Paraná – PUCPR, 2009. p. 1887-1899. Disponível em: https://educere.bruc.com.br/arquivo/pdf2009/2757_1237.pdf. Acesso em: 13 de janeiro de 2021.

AGRESTI, Alan; FINLAY, Barbara. *Métodos estatísticos para as ciências sociais*. Tradução de Lori Viali. 4. ed. Porto Alegre: Penso, 2012.

ALVES, Daniela Alves; TEIXEIRA, Wanessa Milagres. "Ética em pesquisa em ciências sociais: regulamentação, prática científica e controvérsias". *Educação e Pesquisa*, São Paulo, v. 46, e217376, p. 1-20, 2020. Disponível em: http://www.periodicos.usp.br/ep/article/view/170818. Acesso em: 23 de janeiro de 2021.

ALVES-MAZOTTI, Alda Judith. "Relevância e aplicabilidade da pesquisa em educação". *Cadernos de Pesquisa*, São Paulo, n. 113, p. 39-50, 2001. Disponível em: http://www.scielo.br/scielo.php?pid=S0100-15742001000200002&script=sci_arttext&tlng=pt. Acesso em: 22 de janeiro de 2021.

AMERICAN PSYCHOLOGICAL ASSOCIATION. *Publication manual of the American Psychological Association*. 7. ed. Washington, D.C., 2020.

AMORIM, Antonio Carlos Rodrigues de; FERRAÇO, Carlos Eduardo; CARVALHO, Isabel Cristina de Moura; MAINARDES, Jefferson; NUNES, João Batista Carvalho. "Ética e pesquisa em Educação: documento introdutório". *In*: ANPED — Associação Nacional de Pós-Graduação e Pesquisa em Educação. *Ética e pesquisa em Educação*: subsídios. Rio de Janeiro, 2019. v. 1. p. 6-16.

ANDERSON, Lorin W.; KRATHWOHL, David R. (ed.). *A taxonomy for learning, teaching, and assessing: a revision of Bloom's taxonomy of educational objectives*. Abridged edition. New York: Longman, 2001.

ANDRÉ, Marli Eliza Dalmazo Afonso de. *Etnografia da prática escolar*. Campinas: Papirus, 2013. E-book.

ANDRÉ, Marli Eliza Dalmazo Afonso de. "O que é um estudo de caso qualitativo em educação?". *Revista da FAEEBA – Educação e Contemporaneidade*, Salvador, v. 22, n. 40, p. 95-103, 2019. Disponível em: http://www.revistas.uneb.br/index.php/faeeba/article/view/7441. Acesso em: 24 de janeiro de 2021.

ANDRÉ, Marli Eliza Dalmazo Afonso de. "Pesquisa em educação: buscando rigor e qualidade". *Cadernos de Pesquisa*, São Paulo, n. 113, p. 51-64, 2001. Disponível em: https://www.scielo.br/scielo.php?pid=S0100-15742001000200003&script=sci_arttext. Acesso em: 22 de janeiro de 2021.

ANPED (ver ASSOCIAÇÃO NACIONAL DE PÓS-GRADUAÇÃO E PESQUISA EM EDUCAÇÃO)

APA (ver AMERICAN PSYCHOLOGICAL ASSOCIATION).

ARAÚJO, Carlos A. "Bibliometria: evolução histórica e questões atuais". *Em Questão*, Porto Alegre, v. 12, n. 1, p. 11-32, 2006. Disponível em: https://www.seer.ufrgs.br/EmQuestao/article/view/16/5. Acesso em: 13 de agosto de 2020.

ASSOCIAÇÃO BRASILEIRA DE NORMAS TÉCNICAS. *ABNT NBR 5.892*: informação e documentação: representação e formatos de tempo: datas e horas: apresentação. 2. ed. Rio de Janeiro, nov. 2019.

ASSOCIAÇÃO BRASILEIRA DE NORMAS TÉCNICAS. *ABNT NBR 6.022*: informação e documentação: artigo em publicação periódica técnica e/ou científica: apresentação. 2. ed. Rio de Janeiro, maio 2018a.

ASSOCIAÇÃO BRASILEIRA DE NORMAS TÉCNICAS. *ABNT NBR 6.023*: informação e documentação: referências: elaboração. Rio de Janeiro, nov. 2018b.

ASSOCIAÇÃO BRASILEIRA DE NORMAS TÉCNICAS. *ABNT NBR 6.024*: informação e documentação: numeração progressiva das seções de um documento escrito: apresentação. Rio de Janeiro, fev. 2012a.

ASSOCIAÇÃO BRASILEIRA DE NORMAS TÉCNICAS. *ABNT NBR 6.027*: informação e documentação: sumário: apresentação. Rio de Janeiro, dez. 2012b.

ASSOCIAÇÃO BRASILEIRA DE NORMAS TÉCNICAS. *ABNT NBR 6.028*: informação e documentação: resumo: apresentação. Rio de Janeiro, nov. 2003.

ASSOCIAÇÃO BRASILEIRA DE NORMAS TÉCNICAS. *ABNT NBR 6.033*: ordem alfabética. Rio de Janeiro, ago. 1989.

ASSOCIAÇÃO BRASILEIRA DE NORMAS TÉCNICAS. *ABNT NBR 6.034*: informação e documentação: índice: apresentação. Rio de Janeiro, dez. 2004.

REFERÊNCIAS

ASSOCIAÇÃO BRASILEIRA DE NORMAS TÉCNICAS. *ABNT NBR 10.520*: informação e documentação: citações em documentos: apresentação. Rio de Janeiro, ago. 2002.

ASSOCIAÇÃO BRASILEIRA DE NORMAS TÉCNICAS. *ABNT NBR 10.719*: informação e documentação: relatório técnico e/ou científico: apresentação. 4. ed. Rio de Janeiro, maio 2015.

ASSOCIAÇÃO BRASILEIRA DE NORMAS TÉCNICAS. *ABNT NBR 14.724*: informação e documentação: trabalhos acadêmicos: apresentação. Rio de Janeiro, mar. 2011a.

ASSOCIAÇÃO BRASILEIRA DE NORMAS TÉCNICAS. *ABNT NBR 15.287*: informação e documentação: projeto de pesquisa: apresentação. Rio de Janeiro, mar. 2011b.

ASSOCIAÇÃO BRASILEIRA DE NORMAS TÉCNICAS. *ABNT NBR 15.437*: informação e documentação: pôsteres técnicos e científicos: apresentação. Rio de Janeiro, nov. 2006.

ASSOCIAÇÃO NACIONAL DE POS-GRADUAÇÃO E PESQUISA EM EDUCAÇÃO. *Ética e pesquisa em Educação: subsídios*. Rio de Janeiro, 2019. v. 1. Disponível em: https://anped.org.br/sites/default/files/images/etica_e_pesquisa_em_educacao_-_2019_17_ago.pdf. Acesso em: 19 de agosto de 2020.

BABBIE, Earl. *The practice of social research*. 14. ed. Boston, MA: Cengage Learning, 2016.

BARDIN, Lawrence. *Análise de conteúdo*. Tradução de Luís Antero Reto e Augusto Pinheiro. 1. ed. 3. reimp. São Paulo: Edições 70, 2016.

BARREYRO, Gladys Beatriz; ROTHEN, José Carlos. "Percurso da avaliação da educação superior nos Governos Lula". *Educação e Pesquisa*, São Paulo, v. 40, n. 1, p. 61-76, 2014. Disponível em: https://www.scielo.br/scielo.php?pid=S1517-97022014000100005&script=sci_arttext&tlng=pt. Acesso em: 24 de janeiro de 2021.

BARROS, Fernando C.; VICTORA, Cesar G.; HORTA, Bernardo L.; GIGANTE, Denise P. "Metodologia do estudo da coorte de nascimentos de 1982 a 2004-5, Pelotas, RS". *Revista de Saúde Pública*, São Paulo, v. 42, p. 7-15, 2008. Disponível em: https://www.scielo.br/scielo.php?pid=S0034-89102008000900003&script=sci_arttext&tlng=pt. Acesso em: 24 de janeiro de 2021.

BATISTA, Jaqueline Brito Vidal; CARLOTTO, Mary Sandra; COUTINHO, Antônio Souto; AUGUSTO, Lia Giraldo da Silva. "Prevalência da Síndrome de Burnout e fatores sociodemográficos e laborais em professores de escolas municipais da cidade de João Pessoa, PB". *Revista Brasileira de Epidemiologia*, São Paulo, v. 13, p. 502-512, 2010. Disponível em: https://www.scielo.br/scielo.php?pid=S1415-790X2010000300013&script=sci_arttext&tlng=pt. Acesso em: 24 de janeiro de 2021.

BENTZEN, Warren R. *Guia para observação e registro do comportamento infantil*. Tradução de All Tasks. São Paulo: Cengage Learning, 2012.

BERA (ver British Educational Research Association)

BLOOM, Benjamin S. (ed.). *Taxonomy of educational objectives*: classification of educational goals. London: Longmans, 1956. Handbook 1: cognitive domain.

BOGDAN, Robert C.; BIKLEN, Sari Knopp. *Qualitative research for education*: an introduction to theories and methods. 5. ed. Boston, MA: Pearson, 2007.

BOLGER, Niall; LAURENCEAU, Jean-Philippe. *Intensive longitudinal methods*: an introduction to diary and experience sampling research. New York: Guilford Press, 2013.

BONAMINO, Alicia; COSCARELLI, Carla; FRANCO, Creso. "Avaliação e letramento: concepções de aluno letrado subjacentes ao SAEB e ao PISA". *Educação & Sociedade*, Campinas, v. 23, n. 81, p. 91-113, 2002. Disponível em: https://www.scielo.br/scielo.php?pid=S0101-73302002008100006&script=sci_arttext. Acesso em: 24de janeiro de 2021.

BONI, Valdete; QUARESMA, Sílvia Jurema. "Aprendendo a entrevistar: como fazer entrevistas em Ciências Sociais". *Em Tese*, Florianópolis, v. 2, n. 1, p. 68-80, 2005. Disponível em: https://periodicos.ufsc.br/index.php/emtese/article/view/18027. Acesso em: 24 de janeiro de 2021.

BRASIL. Ministério da Ciência, Tecnologia, Inovações e Comunicações. *Portaria nº 1.122, de 19 de março de 2020*. Define as prioridades, no âmbito do Ministério da Ciência, Tecnologia, Inovações e Comunicações (MCTIC), no que se refere a projetos de pesquisa, de desenvolvimento de tecnologias e inovações, para o período 2020 a 2023. Disponível em: https://www.in.gov.br/en/web/dou/-/portaria-n-1.122-de-19-de-marco-de-2020-249437397. Acesso em: 10 de janeiro de 2021.

BRASIL. Ministério da Educação/Conselho Nacional de Educação/Secretaria Executiva. *Resolução nº 2, de 20 de dezembro de 2019*. Define as Diretrizes Curriculares Nacionais para a Formação Inicial de Professores para a Educação Básica e institui a Base Nacional Comum para a Formação Inicial de Professores da Educação Básica (BNC-Formação). Disponível em: https://www.in.gov.br/web/dou/-/resolucao-n-2-de-20-de-dezembro-de-2019-234967779. Acesso em: 5 de agosto de 2020.

BRICKENKAMP, Rolf. *Teste D2: atenção concentrada: manual, instruções, avaliação, interpretação*. Tradução de Giselle Müller Roger Welter. 7. ed. São Paulo: Centro Editor de Testes e Pesquisa em Psicologia, 2000.

BRITISH EDUCATIONAL RESEARCH ASSOCIATION. Ethical Guidelines for Educational Research. 4. ed. London, 2018. Disponível em: https://www.bera.ac.uk/publication/ethical-guidelines-for-educational-research-2018. Acesso em: 24 de janeiro de 2021.

BROOKE, Nigel; FERNANDES, Neimar da Silva; MIRANDA, Isabela Pagani Heringer de; SOARES, Tufi Machado. "Modelagem do crescimento da aprendizagem nos anos iniciais com dados longitudinais da pesquisa GERES". *Educação e Pesquisa*, São Paulo, v. 40, n. 1, p. 77-94, 2014. Disponível em: https://www.scielo.br/scielo.php?script=sci_arttext&pid=S1517-97022014000100006&lng=pt&tlng=pt. Acesso em: 24 de janeiro de 2021.

BUCK, Gayle; COOK, Kristin; QUIGLEY, Cassie; EASTWOOD, Jennifer; LUCAS, Yvonne. "Profiles of urban, low SES, African American girls' attitudes toward science: a sequential explanatory mixed methods study". *Journal of Mixed Methods Research*, [s.l.], v. 3, n. 4, p. 386-410, 2009. Disponível em: https://tigerprints.clemson.edu/eugene_pubs/52/. Acesso em: 24 de janeiro de 2021.BUSH, Vannevar. *Science The Endless Frontier*. United States Government Printing Office, Washington: 1945. A Report to the President by Vannevar Bush, Director of the Office of Scientific Research and Development, July 1945. Disponível em: https://www.nsf.gov/od/lpa/nsf50/vbush1945.htm. Acesso em: 24 de janeiro de 2021.

CAMPBELL, Donald T.; STANLEY, Julian C. *Experimental and quasi-experimental designs for research.* 1966. Edição dos autores, a partir de um capítulo publicado originalmente em: GAGE, N. L. (ed.). *Handbook of research on teaching.* New York: Rand McNally, 1963.

CAMPOS, Regina Helena de Freitas. "A pesquisa em ciências humanas, ciências sociais e educação: questões éticas suscitadas pela regulamentação brasileira". *Educação e Pesquisa*, São Paulo, v. 46, e217224, p. 1-20, 2020. Disponível em: http://www.periodicos.usp.br/ep/article/view/170728. Acesso em: 24 de janeiro de 2021.

CAPES (ver COORDENAÇÃO DE APERFEIÇOAMENTO DE PESSOAL DE NÍVEL SUPERIOR)

CARRAHER, David. *Senso crítico: do dia-a-dia às ciências humanas.* 2. ed. São Paulo: Pioneira, 1993.

CARVALHO, Maria Regina V. *Perfil do professor da educação básica.* Brasília, DF: Instituto Nacional de Estudos e Pesquisas Educacionais Anísio Teixeira, 2018. Disponível em: http://rbep.inep.gov.br/ojs3/index.php/relatos/article/view/4083/3625. Acesso em: 24 de janeiro de 2021.

CENTERS FOR DISEASE CONTROL AND PREVENTION. *The Tuskegee Timeline.* Disponível em: https://www.cdc.gov/tuskegee/timeline.htm. Acesso em: 20 de agosto de 2020.

CHERMUG (ver CONTINUING/HIGHER EDUCATION IN RESEARCH METHODS USING GAMES).

CHOW, Jason C.; EKHOLM, Eric. "Do published studies yield larger effect sizes than unpublished studies in education and special education? A meta-review". *Educational Psychology Review*, [s.l.], v. 30, n. 3, p. 727-744, 2018. Disponível em: https://link.springer.com/article/10.1007/s10648-018-9437-7. Acesso em: 23 de janeiro de 2021.

CHUEKE, Gabriel Vouga; AMATUCCI, Marcos. "O que é bibliometria? Uma introdução ao Fórum". *Internext*, São Paulo, v. 10, n. 2, p. 1-5, 2015. Disponível em: http://internext.espm.br/internext/article/view/330. Acesso em: 24 de janeiro de 2021.

CLARK, Vicki L. Plano; GARRETT, Amanda L.; LESLIE-PELECKY, Diandra L. "Applying three strategies for integrating quantitative and qualitative databases in a mixed methods study of a nontraditional graduate education program". *Field Methods*, [s.l.], v. 22, n. 2, p. 154-174, 2010.

CNPq (ver CONSELHO NACIONAL DE DESENVOLVIMENTO CIENTÍFICO E TECNOLÓGICO)

CNS (ver CONSELHO NACIONAL DE SAÚDE)

COELHO, Lénea Verde Martins. "Competência emocional em professores: contributos da psicoeducação". *Revista Portuguesa de Enfermagem de Saúde Mental*, Porto, n. 8, p. 16-24, 2012. Disponível em: http://www.scielo.mec.pt/scielo.php?pid=S1647-21602012000200003&script=sci_arttext&tlng=en. Acesso em: 24 de janeiro de 2021.

COHEN, Louis; MANION, Lawrence; MORRISON, Keith. *Research methods in education*. 8. ed. New York: Routledge, 2018.

CONNELLY, F. Michael; CLANDININ, D. Jean. "Stories of experience and narrative inquiry". *Educational Researcher*, [s.l.], Washington, D.C., v. 19, n. 5, p. 2-14, 1990. Disponível em: https://scholarpractitionernexus.com/wp-content/uploads/2019/12/Connelly-Clandinin.pdf. Acesso em: 24 de janeiro de 2021.

CONRAD, Dianne; OPENO, Jason. *Estratégias de avaliação para a aprendizagem online*. Trad. João Mattar *et al*. São Paulo: Artesanato Educacional, 2019.

CONSELHO NACIONAL DE SAÚDE (Brasil). Resolução nº 466, de 12 de dezembro de 2012. *Diário Oficial da União*: seção 1, Brasília, DF, n. 12, p. 59, 13 jun. 2013. Disponível em: http://www.conselho.saude.gov.br/resolucoes/2012/Reso466.pdf. Acesso em: 18 de agosto de 2020.

CONSELHO NACIONAL DE SAÚDE (Brasil). Resolução nº 510, de 07 de abril de 2016. *Diário Oficial da União*: seção 1, Brasília, DF, n. 98, p. 44-46, 24 maio 2016. Disponível em: http://conselho.saude.gov.br/resolucoes/2016/Reso510.pdf. Acesso em: 18 de agosto de 2020.

CONTINUING/HIGHER EDUCATION IN RESEARCH METHODS USING GAMES. *Project Deliverable Report*. Deliverable 22: Analysis of Pilot. 31 jan. 2014. Disponível em: http://www.chermug.eu/wp-content/uploads/2014/02/22.Deliverable22-Analysis-ofPilotallphases31012014-pvr.pdf. Acesso em: 28 de julho de 2020.

COORDENAÇÃO DE APERFEIÇOAMENTO DE PESSOAL DE NÍVEL SUPERIOR. DAV — Diretoria de Avaliação. *Documento de Área. Área 38: Educação*. 2019a. Disponível em: https://www.gov.br/capes/pt-br/centrais-de-conteudo/educacao-doc-area-2-pdf. Acesso em: 22 de janeiro de 2021.

COORDENAÇÃO DE APERFEIÇOAMENTO DE PESSOAL DE NÍVEL SUPERIOR. DAV — Diretoria de Avaliação. *Documento de Área. Área 46: Ensino*. 2019b. Disponível em: https://www.gov.br/capes/pt-br/centrais-de-conteudo/ENSINO.pdf. Acesso em: 22 de janeiro de 2021.

COORDENAÇÃO DE APERFEIÇOAMENTO DE PESSOAL DE NÍVEL SUPERIOR. *Tabela de Áreas de Conhecimento/Avaliação*. 31 jan. 2017. Disponível em: https://www.capes.gov.br/avaliacao/documentos-de-apoio/91-conteudo-estatico/avaliacao-capes/6831-tabela-de-areas-de-conhecimentoavaliacao. Acesso em: 20de julho de 2020.

COSTA, Elis R.; BORUCHOVITCH, Evely. "As estratégias de aprendizagem e a produção de textos narrativos". *Psicologia: Reflexão e Crítica*, Porto Alegre, v. 22, n. 2, p. 173-180, 2009. Disponível em: https://www.scielo.br/scielo.php?pid=S0102-79722009000200002&script=sci_arttext&tlng=pt. Acesso em: 24 de janeiro de 2021.

COSTA, Marco Antonio F. da; COSTA, Maria de Fátima Barrozo da; ANDRADE, Viviane Abreu de. "Caminhos (e descaminhos) dos objetivos em dissertações e teses: um olhar voltado para a coerência metodológica". *Revista Praxis*, Volta Redonda, v. 6, n. 11, 2014. Disponível em: http://revistas.unifoa.edu.br/index.php/praxis/article/view/595. Acesso em: 15 de agosto de 2020.

COUTINHO, Clara Coutinho. *Metodologia da investigação em ciências sociais e humanas: teoria e prática*. 2. ed. reimpr. Coimbra: Almedina, 2019.

REFERÊNCIAS

COZBY, Paul. *Métodos de pesquisa em ciências do comportamento*. Tradução de Paula Inez Cunha Gomide e Emma Otta. 1. ed. 7. reimpr. São Paulo: Atlas, 2014.

CREDE, Erin; BORREGO, Maura. "From ethnography to items: a mixed methods approach to developing a survey to examine graduate engineering student retention". *Journal of Mixed Methods Research*, [s.l.], v. 7, n. 1, p. 62-80, 2013. Disponível em: https://journals.sagepub.com/doi/abs/10.1177/1558689812451792. Acesso em: 24 de janeiro de 2021.

CRESWELL, John W.; CLARK, Vicki L. Plano. *Designing and conducting mixed methods research*. 3. ed. Thousand Oaks, CA: Sage, 2018.

CRESWELL, John W.; CRESWELL, J. David. *Research design*: qualitative, quantitative, and mixed methods approaches. 5. ed. Thousand Oaks, CA: Sage, 2018.

CRESWELL, John W.; GUETTERMAN, Timothy C. *Educational research*: planning, conducting, and evaluating quantitative and qualitative research. 6. ed. Saddle River, NJ: Pearson, 2019.

CRESWELL, John W.; POTH, Cheryl N. *Qualitative inquiry and research design*: choosing among five approaches. 4. ed. Thousand Oaks, CA: Sage, 2018.

CRONBACH, Lee J. "Coefficient alpha and the internal structure of tests". *Psychometrika*, [s.l.], v. 16, n. 3, p. 297-334, 1951.

CRUZ, Carlos Henrique de Brito. "Apresentação: Vannevar Bush – Science The Endless Frontier". *Revista Brasileira de Inovação*, Campinas, v. 13, n. 2, p. 241-280, 2014. Disponível em: https://periodicos.sbu.unicamp.br/ojs/index.php/rbi/article/view/8649079. Acesso em: 24 de janeiro de 2021.

CUBAS, João Mário; VOSGERAU, Dilmeire Sant'Anna Ramos; CARVALHO, Deborah Ribeiro. "Fatores que interferem no acesso aos serviços de saúde mental por crianças e adolescentes". *Revista Brasileira em Promoção da Saúde*, v. 31 (Supl.), 2018. Disponível em: https://periodicos.unifor.br/RBPS/article/view/8642. Acesso em: 6 de janeiro de 2021.

CUNHA, Simone Miguez; CARRILHO, Denise Madruga. "O processo de adaptação ao ensino superior e o rendimento acadêmico". *Psicologia Escolar e Educacional*, Campinas, v. 9, n. 2, p. 215-224, 2005. Disponível em: https://www.scielo.br/scielo.php?pid=S1413-85572005000200004&script=sci_arttext. Acesso em: 24 de janeiro de 2021.

CUQUE, Lúcia Maria. *Contribuições do design thinking para o desenvolvimento de competências dos profissionais do século XXI: revisão de literatura e pesquisa de campo*. 2020. Dissertação (Mestrado em Tecnologias da Inteligência e Design Digital) – Pontifícia Universidade Católica de São Paulo, São Paulo, 2020.

DANCEY, Christine; REIDY, John. *Estatística sem Matemática para Psicologia*. Tradução de Lori Viali. 7. ed. Porto Alegre: Penso, 2018.

DANNA, Marilda Fernandes; MATOS, Maria Amélia. *Aprendendo a observar*. 3. ed. São Paulo: Edicon, 2015.

DAVIES, Nicholas. "Levantamento bibliográfico sobre financiamento da educação no Brasil de 1988 a 2014". *Educação em Revista*, Marília, v. 15, n. 1, p. 91-162, 2014. Disponível em: https://revistas.marilia.unesp.br/index.php/educacaoemrevista/article/view/4749. Acesso em: 23 de janeiro de 2021.

DAVIS, Fred. "The Martian and the convert: ontological polarities in social research". *Urban Life and Culture*, [s.l.], v. 2, n. 3, p. 333-343, 1973.

DENZIN, Norman K. "Moments, mixed methods, and paradigm dialogs". *Qualitative Inquiry*, [Newbury Park, CA], v. 16, n. 6, p. 419-427, 2010. Disponível em: https://journals.sagepub.com/doi/pdf/10.1177/1077800410364608. Acesso em: 22 de janeiro 2021.

DOHRENWEND, Barbara. "Some effects of open and closed questions on respondents' answers". *Human Organization*, Oklahoma City, v. 24, n. 2, p. 175-184, 1965. Disponível em: https://www.jstor.org/stable/44125010?seq=1#metadata_info_tab_contents. Acesso em: 24 de janeiro de 2021.

DONMOYER, Robert. "Take my paradigm... please! The legacy of Kuhn's construct in educational research". *International Journal of Qualitative Studies in Education*, United Kingdom, v. 19, n. 1, p. 11-34, 2006. Disponível em: https://www.tandfonline.com/doi/full/10.1080/09518390500450177. Acesso em: 22 jan. 2021.

DOWD, Alicia C.; JOHNSON, Royel M. Why Publish a Systematic Review: An Editor's and Reader's Perspective. *In*: ZAWACKI-RICHTER, Olaf; KERRES, Michael; BEDENLIER, Svenja; BOND, Melissa; BUNTINS, Katja (ed.). *Systematic reviews in educational research: methodology, perspectives and application*. Wiesbaden: Springer, 2020. p. 69-87.

EUROPEAN COMMISSION. *Ethics in Social Science and Humanities*. Out. 2018. Disponível em: https://ec.europa.eu/research/participants/data/ref/h2020/other/hi/h2020_ethics-soc-science-humanities_en.pdf.

FAGUNDES, Antônio Jayro da Fonseca Motta. "Cuidados para a formulação dos objetivos de pesquisa". *Revista Educação*, Guarulhos, v. 3, n. 1, p. 73-81, 2008. Disponível em: http://revistas.ung.br/index.php/educacao/article/viewFile/199/317. Acesso em: 15 de agosto de 2020.

FAGUNDES, Antônio Jayro da Fonseca Motta. *Descrição, definição e registro de comportamento*. 6. ed. São Paulo: Edicon, 1985.

FELICETTI, Vera Lucia; FOSSATTI, Paulo. "Alunos ProUni e não ProUni nos cursos de licenciatura: evasão em foco". *Educar em Revista*, Curitiba, n. 51, p. 265-282, 2014. Disponível em: https://www.scielo.br/scielo.php?pid=S0104-40602014000100016&script=sci_arttext&tlng=pt. Acesso em: 24 de janeiro de 2021.

FERRARO, Alceu R. "Quantidade e qualidade na pesquisa em educação, na perspectiva da dialética marxista". *Pro-Posições*, Campinas, v. 23, n. 1, p. 129-146, 2012. Disponível em: https://www.scielo.br/scielo.php?pid=S0103-73072012000100009&script=sci_arttext. Acesso em: 22 de janeiro de 2021.

FERREIRA, António; MEIRINHOS, Manuel. "Utilização de quadros interactivos multimédia numa escola do ensino básico". *In*: IETIC — Inovação na Educação com TIC, 2011, Bragança,

REFERÊNCIAS

Instituto Politécnico de Bragança, Escola Superior de Educação. p. 337-351. Disponível em: https://bibliotecadigital.ipb.pt/handle/10198/6181. Acesso em: 23 de janeiro de 2021.

FERREIRA, Gabriel Nunes Lopes. *Educação musical na periferia de Fortaleza e Quebec: uma pesquisa de métodos mistos*. 2016. Projeto de pesquisa. Disponível em: http://www.pesquisamus.ufc.br/images/PDF/Projetos_de_Pesquisa/Projeto_Gabriel_Nunes_PESQUISAMUS_13_12.pdf. Acesso em: 23 de janeiro de 2021.

FERREIRA, Rui; ARANHA, Ágata. "Avaliação do Desempenho Docente em Educação Física". *Motricidade*, Ribeira de Pena, v. 14, S1, 2018. Disponível em: https://revistas.rcaap.pt/motricidade/article/view/14610/12552. Acesso em: 24 de janeiro de 2021.

FIELD, Andy. *Descobrindo a Estatística usando o SPSS*. Tradução de Lorí Viali. 2. ed. Porto Alegre: Artmed, 2009.

FILGES, Trine; SONNE-SCHMIDT, Christoffer Scavenius; NIELSEN, Bjørn Christian Viinholt. "Small class sizes for improving student achievement in primary and secondary schools: a systematic review". *Campbell Systematic Reviews*, [s.l.], v. 14, n. 1, p. 1-107, 2018. Disponível em: https://campbellcollaboration.org/better-evidence/small-class-sizes-student-achievement-primary-and-secondary-schools.html. Acesso em: 18 de agosto de 2020.

FIPE (ver FUNDAÇÃO INSTITUTO DE PESQUISAS ECONÔMICAS)

FISCHER, Rosa Maria Bueno. "Foucault e a análise do discurso em educação". *Cadernos de Pesquisa*, São Paulo, n. 114, p. 197-223, 2001. Disponível em: http://publicacoes.fcc.org.br/index.php/cp/article/view/591. Acesso em: 6 de janeiro de 2021.

FORTUNE, Tara. *Immersion Teaching Strategies Observation Checklist*. 2014. Disponível em: https://carla.umn.edu/immersion/checklist.pdf. Acesso em: 24 de janeiro de 2021.

FOWLER JR, Floyd J. *Survey research methods*. 5. ed. Thousand Oaks, CA: Sage, 2014.

FRANZKE, Aline Shakti; BECHMANN, Anja; ZIMMER, Michael; ESS, Charles M. *Internet Research: Ethical Guidelines 3.0*. Association of Internet Researchers, 2020. Disponível em: https://aoir.org/reports/ethics3.pdf.

FREITAS, Daniel Antunes; SANTOS, Emanuele Mariano de Souza; LIMA, Lucy Vieira da Silva; MIRANDA, Lays Nogueira; VASCONCELOS, Eveline Lucena; NAGLIATE, Patrícia de Carvalho. "Saberes docentes sobre processo ensino-aprendizagem e sua importância para a formação profissional em saúde". *Interface* – Comunicação, Saúde, Educação, Botucatu, v. 20, p. 437-448, 2016. Disponível em: https://www.scielo.br/scielo.php?script=sci_arttext&pid=S1414-32832016000200437&lng=pt&tlng=pt. Acesso em: 24 de janeiro de 2021.

FUNDAÇÃO INSTITUTO DE PESQUISAS ECONÔMICAS; MINISTÉRIO DA EDUCAÇÃO; INSTITUTO NACIONAL DE ESTUDOS E PESQUISAS EDUCACIONAIS ANÍSIO TEIXEIRA. *Projeto de estudo sobre ações discriminatórias no âmbito escolar, organizadas de acordo com áreas temáticas, a saber, étnico-racial, gênero, geracional, territorial, necessidades especiais, socioeconômica e orientação sexual*. Produto 7 — Relatório Analítico Final. São Paulo, maio 2009.

Coordenador responsável: Prof. José Afonso Mazzon. Disponível em: http://portal.mec.gov.br/dmdocuments/relatoriofinal.pdf. Acesso em: 24 de janeiro de 2021.

GAGE, Nathaniel L. "The paradigm wars and their aftermath: a 'historical' sketch of research on teaching since 1989". *Educational Researcher*, Washington, D.C., v. 18, n. 7, p. 4-10, 1989. Disponível em: https://citeseerx.ist.psu.edu/viewdoc/download?doi=10.1.1.464.8114&rep=rep1&type=pdf. Acesso em: 22 de janeiro de 2021.

GARRISON, D. Randy; ANDERSON, Terry; ARCHER, Walter. "Critical inquiry in a text-based environment: computer conferencing in higher education". *The Internet and Higher Education*, [s.l.], v. 2, n. 2, p. 87-105, 2000.

GASPAR, Ana; SERRANO, Ana Maria. "Interacções sociais e comunicativas entre uma criança com perturbação do espectro do autismo e os seus pares sem necessidades educativas especiais: estudo de caso". *Análise Psicológica*, Lisboa, v. 29, n. 1, p. 67-82, 2011. Disponível em: http://publicacoes.ispa.pt/publicacoes/index.php/ap/article/view/39. Acesso em: 7 de dezembro de 2020.

GATTI, Bernardete Angelina. *A construção da pesquisa em educação no Brasil*. Brasília: Liber Livro, 2012.

GATTI, Bernardete Angelina. "Estudos quantitativos em educação". *Educação e Pesquisa*, São Paulo, v. 30, n. 1, p. 11-30, 2004. Disponível em: https://www.scielo.br/scielo.php?pid=S1517-97022004000100002&script=sci_arttext. Acesso em: 22 de janeiro de 2021.

GATTI, Bernardete Angelina. "Testes e avaliações do ensino no Brasil". *Educação e Seleção*, n. 16, p. 33-42, 2013. Disponível em: https://www.fcc.org.br/pesquisa/publicacoes/es/artigos/125.pdf. Acesso em: 24 de janeiro de 2021.

GEERTZ, Clifford. *Thick description: toward an interpretive theory of culture*. In: GEERTZ, Clifford. *The interpretation of culture: selected essays*. New York: Basic Books, 2017. p. 3-35.

GIL, Antonio Carlos. *Como elaborar projetos de pesquisa*. 6. ed. 3. reimpr. São Paulo: Atlas, 2019a.

GIL, Antonio Carlos. *Métodos e técnicas de pesquisa social*. 7. ed. São Paulo: Atlas, 2019b.

GIORGI, Amedeo. "Difficulties encountered in the application of the phenomenological method in the social sciences". *Análise Psicológica*, Lisboa, v. 24, n. 3, p. 353-361, 2006. Disponível em: http://publicacoes.ispa.pt/index.php/ap/article/view/175. Acesso em: 24 de janeiro de 2021.

GLASER, Barney G.; STRAUSS, Anselm L. *The discovery of grounded theory: strategies for qualitative research*. New Brunswick: AldineTransaction, 2006.

GLASS, Gene V. "Primary, secondary, and meta-analysis of research". *Educational Researcher*, Washington, D.C., v. 5, n. 10, p. 3-8, 1976.

GOLD, Raymond L. "Roles in sociological field observations". *Social Forces*, Oxford, v. 36, n. 3, p. 217-223, 1958. Disponível em: https://www.jstor.org/stable/2573808?seq=1#metadata_info_tab_contents. Acesso em: 24 de janeiro de 2021.

REFERÊNCIAS

GORE, Jane S.; NELSON, Helen Y. "How experiential education relates to college goals and objectives". *Evaluation and Program Planning*, [s.l.], v. 7, n. 2, p. 143-149, 1984.

GUBA, Egon G. (ed.). *The paradigm dialog*. Newbury Park, CA: Sage, 1990.

GUETTERMAN, Timothy C.; MITCHELL, Nancy. "The role of leadership and culture in creating meaningful assessment: a mixed methods case study". *Innovative Higher Education*, [s.l.], v. 41, n. 1, p. 43-57, 2016. Disponível em: https://link.springer.com/article/10.1007/s10755-015-9330-y. Acesso em: 24 de janeiro de 2021.

GUSMÃO, Pablo da Silva. "A aprendizagem autorregulada da percepção musical no ensino superior: uma pesquisa exploratória". *Opus*, Porto Alegre, v. 17, n. 2, p. 121-140, dez. 2011. Disponível em: https://anppom.com.br/revista/index.php/opus/article/view/204. Acesso em: 24 de janeiro de 2021.

HAMMERSLEY, Martyn. "Systematic or unsystematic, is that the question? Reflections on the science, art, and politics of reviewing research evidence". Texto de uma palestra ministrada no Public Health Evidence Steering Group da Health Development Agency, out. 2002. Disponível em: https://www.researchgate.net/publication/42798662_Systematic_or_unsystematic_is_that_the_question_Reflections_on_the_science_art_and_politics_of_reviewing_research_evidence. Acesso em: 13 de agosto de 2020.

HANTONO, Bimo Sunarfri; NUGROHO, Lukito Edi; SANTOSA, P. Insap. "Meta-review of augmented reality in education". *In*: ICITEE — International Conference on Information Technology and Electrical Engineering, 10., 2018, Kuta, Indonesia. p. 312-315. Disponível em: https://ieeexplore.ieee.org/document/8534888. Acesso em: 23 de janeiro de 2021.

HART, Chris. *Doing a literature review: releasing the research imagination*. Thousand Oaks, CA: Sage, 2018.

HARZING, A.-W.; ALAKANGAS, S. "Google Scholar, Scopus and the Web of Science: a longitudinal and cross-disciplinary comparison". *Scientometrics*, [s.l.], v. 106, n. 2, p. 787-804, 2016. Disponível em: https://link.springer.com/article/10.1007/s11192-015-1798-9. Acesso em: 23 de janeiro de 2021.

HATTIE, John A. C. *Visible learning: a synthesis of over 800 meta-analyses relating to achievement*. New York, NY: Routledge, 2009.

HIGGINS, Julian P. T.; THOMAS, James; CHANDLER, Jacqueline; CUMPSTON, Miranda; LI, Tianjing; PAGE, Matthew J.; WELCH, Vivian A. (ed.). *Cochrane handbook for systematic reviews of interventions*. 2. ed. Chichester, UK: John Wiley & Sons, 2019.

HINE, Christine. *Ethnography for the Internet: embedded, embodied and everyday*. London: Bloomsbury Academic, 2015.

HYPOLITO, Álvaro Moreira; JORGE, Tiago. "OCDE, PISA e Avaliação em Larga Escala no Brasil". *Sisyphus Journal of Education*, [s.l.], v. 8, n. 1, p.10-27, 2020. Disponível em: https://revistas.rcaap.pt/sisyphus/article/view/18980. Acesso em: 24 de janeiro de 2021.

INEP (ver INSTITUTO NACIONAL DE ESTUDOS E PESQUISAS EDUCACIONAIS ANÍSIO TEIXEIRA)

INSTITUTO NACIONAL DE ESTUDOS E PESQUISAS EDUCACIONAIS ANÍSIO TEIXEIRA. *Estado do Conhecimento*. Disponível em: http://inep.gov.br/web/guest/lista-de-publicacoes?p_p_id=122_INSTANCE_DsQFgskt4vWp&p_p_lifecycle=0&p_p_state=normal&p_p_mode=view&p_p_col_id=column-1&p_p_col_count=1&p_r_p_564233524_resetCur=true&p_r_p_564233524_categoryId=408659. Acesso em: 11 de agosto de 2020a.

INSTITUTO NACIONAL DE ESTUDOS E PESQUISAS EDUCACIONAIS ANÍSIO TEIXEIRA. *História*. Disponível em: http://portal.inep.gov.br/historia. Acesso em: 3 de agosto de 2020b.

IVANKOVA, Nataliya V.; STICK, Sheldon L. "Students' persistence in a distributed doctoral program in educational leadership in higher education: a mixed methods study". *Research in Higher Education*, [s.l.], v. 48, n. 1, p. 93, 2007. Disponível em: https://link.springer.com/article/10.1007/s11162-006-9025-4. Acesso em: 24 de janeiro de 2021.

JONES, Stephanie M.; BROWN, Joshua L.; HOGLUND, Wendy L. G.; ABER, J. Lawrence. "A school-randomized clinical trial of an integrated social-emotional learning and literacy intervention: Impacts after 1 school year". *Journal of Consulting and Clinical Psychology*, [s.l.], v. 78, n. 6, p. 829, 2010. Disponível em: https://europepmc.org/article/med/21114343. Acesso em: 24 de janeiro de 2021.

KAYSER, Wolfgang. *Análise e interpretação da obra literária: introdução à ciência da literatura*. Trad. Paulo Quintela. 3. ed. Coimbra: Armênio Amado, 1963. 2 v.

KOWALSKI, Alcimar; MATTAR, João; BARBOSA, Lohayny Costa; BRANCO, Lilian Soares Alves. "Evasão no Ensino Superior a distância: revisão da literatura em língua portuguesa". *EaD em Foco*, Rio de Janeiro, v. 10, n. 2, 2020. Disponível em: https://eademfoco.cecierj.edu.br/index.php/Revista/article/view/983. Acesso em: 24 de janeiro de 2021.

KOZINETS, Robert V. *Netnography: the essential guide to qualitative social media research*. 3. ed. Thousand Oaks, CA: Sage, 2020. Kindle edition.

KRASSMANN, Aliane Loureiro. *Investigando o senso de presença na Educação a Distância*. Tese (Doutorado em Informática na Educação) – Centro Interdisciplinar Novas Tecnologias na Educação, Universidade Federal do Rio Grande do Sul, Porto Alegre, 2020.

KRON, Frederick W. *et al.* "Using a computer simulation for teaching communication skills: a blinded multisite mixed methods randomized controlled trial". *Patient Education and Counseling*, [s.l.], v. 100, n. 4, p. 748-759, 2017. Disponível em: https://www.sciencedirect.com/science/article/abs/pii/S0738399116304943?via%3Dihub. Acesso em: 24 de janeiro de 2021.

KRUEGER, Richard A.; CASEY, Mary Anne. *Focus groups: a practical guide for applied research*. 5. ed. Thousand Oaks: Sage, 2015.

KUHN, Thomas S. *A estrutura das revoluções científicas*. Tradução de Beatriz Vianna Boeira e Nelson Boeira. 13. ed. São Paulo: Perspectiva, 2017. Reedição comemorativa dos 50 anos da publicação com ensaio introdutório de Ian Hacking. (Coleção Debates, 115).

REFERÊNCIAS

LAMÔNICA, Dionísia Aparecida Cuisn; FERREIRA-VASQUES, Amanda Tragueta. "Habilidades comunicativas e lexicais de crianças com Síndrome de Down: reflexões para inclusão escolar". *Revista Cefac*, São Paulo, v. 17, n. 5, p. 1475-1482, 2015. Disponível em: https://www.scielo.br/scielo.php?pid=S1516-18462015000501475&script=sci_arttext&tlng=pt. Acesso em: 24 de janeiro de 2021.

LAROCCA, Priscila; ROSSO, Ademir José; SOUZA, Audrey Pietrobelli de. "A formulação dos objetivos de pesquisa na pós-graduação em Educação: uma discussão necessária". *Revista Brasileira de Pós Graduação*, Brasília, v. 2, n. 3, 2005. Disponível em: http://ojs.rbpg.capes.gov.br/index.php/rbpg/article/view/62. Acesso em: 15 de agosto de 2020.

LEFEVRE, Fernando; LEFEVRE, Ana Maria Cavalcanti. "Discurso do sujeito coletivo: representações sociais e intervenções comunicativas". *Texto & Contexto* – Enfermagem, Florianópolis, v. 23, n. 2, p. 502-507, 2014. Disponível em: https://www.scielo.br/scielo.php?pid=S0104-07072014000200502&script=sci_arttext&tlng=pt. Acesso em: 7 de janeiro de 2021.

LEFEVRE, Fernando; LEFEVRE, Ana Maria Cavalcanti. "O sujeito coletivo que fala". *Interface – Comunicação, Saúde, Educação*, Botucatu, v. 10, n. 20, p. 517-524, 2006. Disponível em: https://www.scielo.br/scielo.php?script=sci_abstract&pid=S1414-32832006000200017&lng=pt&nrm=iso&tlng=pt. Acesso em: 7 de janeiro de 2021.

LEME, Sebastião de Souza. "Atuação em Comitês de Ética". *In*: ASSOCIAÇÃO NACIONAL DE PÓS-GRADUAÇÃO E PESQUISA EM EDUCAÇÃO. *Ética e pesquisa em Educação: subsídios*. Rio de Janeiro, 2019. v. 1. p. 123-128.

LIBERATI, Alessandro; ALTMAN, Douglas G.; TETZLAFF, Jennifer; MULROW, Cynthia; GØTZSCHE, Peter C.; IOANNIDIS, John P. A.; CLARKE, Mike; DEVEREAUX, P. J.; KLEIJNEN, Jos; MOHER, David. "The PRISMA Statement for reporting systematic reviews and meta-analyses of studies that evaluate health care interventions: explanation and elaboration". *PLoS Medicine*, [s.l.], v. 6, n. 7, e1000100, p. 1-28, 2009. Disponível em: https://journals.plos.org/plosmedicine/article?id=10.1371/journal.pmed.1000100. Acesso em: 23 de janeiro de 2021.

LIKERT, Rensis. "A technique for the measurement of attitudes". *Archives of psychology*, Bethel Park, v. 22, n. 140, p. 1-55, 1932.

LIMA, Maria Emília Caixeta de Castro; GERALDI, Corinta Maria Grisolia; GERALDI, João Wanderley. "O trabalho com narrativas na investigação em educação". *Educação em Revista*, Belo Horizonte, v. 31, n. 1, p. 17-44, 2015. Disponível em: https://www.scielo.br/scielo.php?pid=S0102-46982015000100017&script=sci_abstract&tlng=es. Acesso em: 24 de janeiro de 2021.

LITTELL, Julia H.; WHITE, Howard. "The Campbell Collaboration: providing better evidence for a better world". *Research on Social Work Practice*, [s.l.], v. 28, n. 1, p. 6-12, 2018.

LO, Chung Kwan. "Systematic reviews on flipped learning in various education contexts". *In*: ZAWACKI-RICHTER, Olaf; KERRES, Michael; BEDENLIER, Svenja; BOND, Melissa; BUNTINS, Katja (ed.). *Systematic reviews in educational research: methodology, perspectives and application*. Wiesbaden: Springer, 2020. p. 129-143.

LOPES, Raquel Caroline Ferreira; CRENITTE, Patrícia Abreu Pinheiro. "Estudo analítico do conhecimento do professor a respeito dos distúrbios de aprendizagem". *Revista CEFAC*, São Paulo, v. 15, n. 5, p. 1214-1226, 2013. Disponível em: https://www.scielo.br/scielo.php?pid=S1516-18462013000500019&script=sci_arttext&tlng=pt. Acesso em: 24 de janeiro de 2021.

LÜDKE, Menga; ANDRÉ, Marli E. D. A. *Pesquisa em educação: abordagens qualitativas*. 2. ed. reimp. Rio de Janeiro: E.P.U, 2015.

LUNE, Howard; BERG, Bruce L. *Qualitative research methods for the social sciences*. 9. ed. New York: Pearson, 2017. (Series: Books a la carte).

MACEDO, Elizabeth; SOUSA, Clarilza Prado de. "A pesquisa em educação no Brasil". *Revista Brasileira de Educação*, Rio de Janeiro, v. 15, n. 43, p. 166-176, 2010. Disponível em: https://www.scielo.br/scielo.php?pid=S1413-24782010000100012&script=sci_arttext. Acesso em: 22 de janeiro de 2021.

MACHI, Lawrence A.; MCEVOY, Brenda T. *The literature review: six steps to success*. 3. ed. Thousand Oaks, CA: Corwin Press, 2016. Kindle edition.

MANNING, Matthew; GARVIS, Susanne; FLEMING, Christopher; WONG, Gabriel T. W. "The relationship between teacher qualification and the quality of the early childhood education and care environment". *Campbell Systematic Reviews*, [s.l.], v. 13, n. 1, p. 1-82, 2017. Disponível em: https://campbellcollaboration.org/better-evidence/teacher-qualification-and-quality-of-early-childhood-care-and-learning.html. Acesso em: 19 de agosto de 2020.

MAROLDI, Alexandre Masson; LIMA, Luis Fernando Maia; HAYASHI, Maria Cristina Piumbato Innocentini. "A produção científica sobre educação indígena no Brasil: uma revisão narrativa". *Revista Ibero-Americana de Estudos em Educação*, Araraquara, v. 13, n. 4, p. 931-952, 2018. Disponível em: https://periodicos.fclar.unesp.br/iberoamericana/article/view/10211. Acesso em: 23 de janeiro de 2021.

MARQUES, Joana Brás Varanda; FREITAS, Denise de. "Método Delphi: caracterização e potencialidades na pesquisa em Educação". *Pro-Posições*, Campinas, v. 29, n. 2, p. 389-415, 2018. Disponível em: https://www.scielo.br/scielo.php?pid=S0103-73072018000200389&script=sci_arttext&tlng=pt. Acesso em: 24 de janeiro de 2021.

MARTURANO, Edna Maria; PIZATO, Elaine Cristina Gardinal. "Preditores de desempenho escolar no 5º ano do Ensino Fundamental". *Psico*, Porto Alegre, v. 46, n. 1, p. 16-24, 2015. Disponível em: https://revistaseletronicas.pucrs.br/index.php/revistapsico/article/view/14850. Acesso em: 24 de janeiro de 2021.

MATTAR, João. *Metodologia científica na era digital*. 4. ed. São Paulo: Saraiva, 2017a.

MATTAR, João. *Metodologias ativas para a educação presencial, blended e a distância*. São Paulo: Artesanato Educacional, 2017b.

MATTAR, João; RODRIGUES, Lucilene Marques Martins; CZESZAK, Wanderlucy A. Alves Corrêa; GRACIANI, Juliana Santos. "Competências e funções dos tutores online em educação a distância". *Educação em Revista*, Belo Horizonte, v. 36, 2020. Disponível em: https://www.scielo.

REFERÊNCIAS

br/scielo.php?pid=S0102-46982020000100222&script=sci_arttext. Acesso em: 3 de janeiro de 2021.

MATTAR, João; RODRIGUES, Lucilene Marques Martins; CZESZAK, Wanderlucy A. Alves Corrêa; GRACIANI, Juliana Santos. "Competências e funções dos tutores online em educação a distância: referencial teórico". *Revista Educaonline*, Rio de Janeiro, v. 13, n. 2, p. 106-135, 2019. Disponível em: http://www.latec.ufrj.br/revistas/index.php?journal=educaonline&page=article&op=view&path%5B%5D=1049. Acesso em: 21 de janeiro de 2021.

MCALLISTER, Gretchen; IRVINE, Jacqueline Jordan. "Cross cultural competency and multicultural teacher education". *Review of Educational Research*, [s.l.], v. 70, n. 1, p. 3-24, 2000. Disponível em: https://journals.sagepub.com/doi/abs/10.3102/00346543070001003. Acesso em: 14 de agosto de 2020.

MCNIFF, Jean. "My story is my living educational theory". *In*: CLANDININ, D. Jean (ed.). *Handbook of narrative inquiry: mapping a methodology*. Thousand Oaks, CA: Sage, 2007. p. 308-329.

MEANS, Barbara; TOYAMA, Yukie; MURPHY, Robert; BAKIA, Marianne; JONES, Karla. "Evaluation of evidence-based practices in online learning: a meta-analysis and review of online learning studies". U. S. Department of Education, Office of Planning, Evaluation, and Policy Development Policy and Program Studies Service, 2009. Disponível em: https://www2.ed.gov/rschstat/eval/tech/evidence-based-practices/finalreport.doc. Acesso em: 12 de agosto de 2020.

MEDEIROS, José Gonçalves; FERNANDES, Analu Regis; PIMENTEL, Raquel; SIMONE, Ana Carolina Seara. "Observação, em sala de aula, do comportamento de alunos em processo de aquisição de leitura e escrita por equivalência". *Interação em Psicologia*, Curitiba, v. 7, n. 2, p. 31-41, 2003. Disponível em: https://revistas.ufpr.br/psicologia/article/view/3221/2583. Acesso em: 7 de dezembro de 2020.

MELO, Fabiola Freire Saraiva de; REIS, Bruno Miguel Carriço dos. "Ensino e aprendizado na universidade: a percepção de estudantes em uma perspectiva fenomenológica". *Ponto-e-Vírgula: Revista de Ciências Sociais*, São Paulo, n. 23, p. 60-97, 2018. Disponível em: https://revistas.pucsp.br/pontoevirgula/article/view/37269. Acesso em: 24 de janeiro de 2021.

MENARD, Scott. "Introduction: longitudinal research design and analysis". *In*: MENARD, Scott (ed.). *Handbook of longitudinal research: design, measurement, and analysis*. Burlington, MA: Elsevier, 2008. p. 3-12.

MENDES, Pedro Cabral; LEANDRO; Cristina Rebelo; CAMPOS, Francisco; PARREIRA, Pedro; MONICO, Lisete. "Projeto de escola a tempo inteiro para o 6.º ano de escolaridade: 'O Pirata do Ulisses'". *Revista Portuguesa de Pedagogia*, Coimbra, n. 52-2, p. 47-67, 2018. Disponível em: https://impactum-journals.uc.pt/rppedagogia/article/view/1647-8614_52-2_3. Acesso em: 24 de janeiro de 2021.

MENDES, Rosana Maria; MISKULIN, Rosana Giaretta Sguerra. "A análise de conteúdo como uma metodologia". *Cadernos de Pesquisa*, São Paulo, v. 47, n. 165, p. 1044-1066, 2017. Disponível em: http://publicacoes.fcc.org.br//index.php/cp/article/view/3988. Acesso em: 5 de janeiro de 2021.

MERRIAM, Sharan B.; TISDELL, Elizabeth J. *Qualitative research: a guide to design and implementation*. 4. ed. San Francisco: Jossey-Bass, 2016.

MERTON, Robert K. *Social theory and social structure*. New York: The Free Press, 1968. Enlarged edition.

MILES, Matthew B.; HUBERMAN, A. Michael; SALDAÑA, Johnny. *Qualitative data analysis: a methods sourcebook*. 4. ed. Thousand Oaks, CA: Sage, 2020.

MILGRAM, Stanley. "Behavioral study of obedience". *The Journal of Abnormal and Social Psychology*, [s.l.], v. 67, n. 4, p. 371, 1963. Disponível em: https://psycnet.apa.org/record/1964-03472-001. Acesso em: 23 de janeiro de 2021.

MILGRAM, Stanley. *Obedience to authority: an experimental view*. New York: Harper Perennial, 2009.

MILLER, M. David; LINN, Robert L.; GRONLUND, Norman. *Measurement and evaluation in teaching*. 11. ed. Upper Saddle River, NJ: Pearson, 2013.

MIOT, Hélio Amante. "Avaliação da normalidade dos dados em estudos clínicos e experimentais". *Jornal Vascular Brasileiro*, Porto Alegre, v. 16, n. 2, p. 88-91, 2017. Disponível em: https://www.scielo.br/scielo.php?pid=S1677-54492017000200088&script=sci_arttext. Acesso em: 24 de janeiro de 2021.

MISHLER, Elliot. "Meaning in context: is there any other kind?". *Harvard Educational Review*, [s.l.], v. 49, n. 1, p. 1-19, 1979.

MOHER, David; LIBERATI, Alessandro; TETZLAFF, Jennifer; ALTMAN, Douglas G.; PRISMA Group. "Preferred reporting items for systematic reviews and meta-analyses: the PRISMA Statement". *PLoS Med*, [s.l.], v. 6, n. 7, e1000097, p. 1-6, 2009. Disponível em: https://journals.plos.org/plosmedicine/article?id=10.1371/journal.pmed.1000097. Acesso em: 23 de janeiro de 2021.

MOHER, David; SHAMSEER, Larissa; CLARKE, Mike; GHERSI, Davina; LIBERATI, Alessandro; PETTICREW, Mark; SHEKELLE, Paul; STEWART, Lesley A.; PRISMA-P Group. "Preferred reporting items for systematic review and meta-analysis protocols (PRISMA-P) 2015 statement". *Systematic Reviews*, v. 4, n. 1, p. 1-9, 2015. Disponível em: https://systematicreviewsjournal.biomedcentral.com/articles/10.1186/2046-4053-4-1?report=reader. Acesso em: 23 de janeiro de 2021.

MOLINA, Renata Cristina Moreno; DEL PRETTE, Zilda Aparecida Pereira. "Funcionalidade da relação entre habilidades sociais e dificuldades de aprendizagem". *Psico-USF*, Itatiba, v. 11, n. 1, p. 53-63, 2006. Disponível em: https://www.scielo.br/scielo.php?pid=S1413-82712006000100007&script=sci_arttext. Acesso em: 24 de janeiro de 2021.

MONTEIRO, Joana. "Gasto público em educação e desempenho escolar". *Revista Brasileira de Economia*, Rio de Janeiro, v. 69, n. 4, p. 467-488, 2015. Disponível em: http://bibliotecadigital.fgv.br/ojs/index.php/rbe/article/view/41538. Acesso em: 15 de agosto de 2020.

REFERÊNCIAS

MOORE, Michael G. "Teoria da Distância Transacional". Tradução de Wilson Azevêdo, revisão de José Manual da Silva. *Revista Brasileira de Aprendizagem Aberta e a Distância (RBAAD)*, São Paulo, v. 1, 2002. Disponível em: http://seer.abed.net.br/index.php/RBAAD/article/view/111. Acesso em: 23 de janeiro de 2021.

MOREIRA, Paulo Sergio da Conceição; GUIMARÃES, André José Ribeiro; TSUNODA, Denise Fukumi. "Qual ferramenta bibliométrica escolher? um estudo comparativo entre softwares". *P2P E INOVAÇÃO*, Rio de Janeiro, v. 6, n. 2, Ed. Especial, p. 140-158, 2020. Disponível em: http://revista.ibict.br/p2p/article/view/5098. Acesso em: 18 de agosto de 2020.

MUNARETTO, Lorimar Francisco; CORRÊA, Hamilton Luiz; CUNHA, Júlio Araújo Carneiro da. "Um estudo sobre as características do método Delphi e de grupo focal, como técnicas na obtenção de dados em pesquisas exploratórias". *Revista de Administração da UFSM*, Santa Maria, v. 6, n. 1, p. 9-24, 2013. Disponível em: https://periodicos.ufsm.br/reaufsm/article/view/6243. Acesso em: 24 de janeiro de 2021.

NASCIMENTO, Leanilde; TEIXEIRA, Aridelmo; BEZERRA, Francisco Antonio. "Relação entre competências comportamentais e desempenho acadêmico". *Revista de Gestão e Contabilidade da UFPI*, Floriano/PI, v. 4, n. 1, p. 87-104, 2017. Disponível em: https://revistas.ufpi.br/index.php/gecont/article/view/5060. Acesso em: 23 de janeiro de 2021.

NASTASI, Bonnie K.; HITCHCOCK, John; SARKAR, Sreeroopa; BURKHOLDER, Gary; VARJAS, Kristen; JAYASENA, Asoka. "Mixed methods in intervention research: theory to adaptation". *Journal of Mixed Methods Research*, [s.l.], v. 1, n. 2, p. 164-182, 2007.

NESH (ver The National Committee for Research Ethics in the Social Sciences and the Humanities)

NEWMAN, Mark; GOUGH, David. "Systematic reviews in educational research: methodology, perspectives and application". *In*: ZAWACKI-RICHTER, Olaf; KERRES, Michael; BEDENLIER, Svenja; BOND, Melissa; BUNTINS, Katja (ed.). *Systematic reviews in educational research: methodology, perspectives and application*. Wiesbaden: Springer, 2020. p. 3-22.

NUNES, João Batista Carvalho. "Pesquisas *online*". *In*: ANPED — Associação Nacional de Pós-Graduação e Pesquisa em Educação. *Ética e Pesquisa em Educação: subsídios*. Rio de Janeiro, 2019. v. 1. p. 92-97.

OBSERVATÓRIO DO PLANO NACIONAL DE EDUCAÇÃO. Educação em Números. Matrículas no Ensino Superior. Matriculados: Rede Pública e Privada. 2020. Disponível em: https://observatoriodopne.org.br/indicadores-de-contexto. Acesso em: 24 jan. 2021. O gráfico é gerado dinamicamente pelo site, com essas opções selecionadas.

OKANO, Cynthia Barroso; LOUREIRO, Sonia Regina; LINHARES, Maria Beatriz Martins; MARTURANO, Edna Maria. "Crianças com dificuldades escolares atendidas em programa de suporte psicopedagógico na escola: avaliação do autoconceito". *Psicologia: reflexão e crítica*, Porto Alegre, v. 17, n. 1, p. 121-128, 2004. Disponível em: https://www.scielo.br/scielo.php?pid=S0102-79722004000100015&script=sci_arttext&tlng=pt. Acesso em: 24 de janeiro de 2021.

OKOLI, Chitu. "Guia para realizar uma revisão sistemática de literatura". Tradução de David Wesley Amado Duarte; revisão técnica e introdução de João Mattar. *EaD em Foco*, Rio de Janeiro, v. 9, n. 1, p. 1-40, 2019. Disponível em: https://eademfoco.cecierj.edu.br/index.php/Revista/article/view/748/359. Acesso em: 23 de janeiro de 2021.

OLIVEIRA, André Junior de; RAFFAELLI, Susana Cipriano Dias; COLAUTO, Romualdo Douglas; NOVA, Silvia Pereira de Castro Casa. "Estilos de aprendizagem e estratégias ludopedagógicas: percepções no ensino da contabilidade". *Advances in Scientific and Applied Accounting*, São Paulo, v. 6, n. 2, p. 236-262, 2013. Disponível em: http://asaa.anpcont.org.br/index.php/asaa/article/view/117/89. Acesso em: 24 de janeiro de 2021.

OLIVEIRA, Katya Luciane de; BORUCHOVITCH, Evely; SANTOS, Acácia Aparecida Angeli dos. "Estratégias de aprendizagem no ensino fundamental: análise por gênero, série escolar e idade". *Psico*, Porto Alegre, v. 42, n. 1, p. 98-105, 2011. Disponível em: https://dialnet.unirioja.es/descarga/articulo/4068957.pdf. Acesso em: 24 de janeiro de 2021.

OLIVEIRA, Katya Luciane de; BORUCHOVITCH, Evely; SANTOS, Acácia Aparecida Angeli dos. "Leitura e desempenho escolar em português e matemática no ensino fundamental". *Paidéia*, Ribeirão Preto, v. 18, n. 41, p. 531-540, 2008. Disponível em: https://www.scielo.br/scielo.php?script=sci_arttext&pid=S0103-863X2008000300009&lng=pt&tlng=pt. Acesso em: 24 de janeiro de 2021.

OSGOOD, Charles Egerton; SUCI, George J.; TANNENBAUM, Percy H. *The measurement of meaning*. Urbana, IL: University of Illinois press, 1967.

PADULA, Roberto Sanches. *Inovação em educação: museus permeados por tecnologia como inspiração para o ambiente escolar*. 2015. Tese (Doutorado em Tecnologia da Inteligência e Design Digital) – Pontifícia Universidade Católica de São Paulo, São Paulo, 2015.

PAIVA, Marlla Rúbya Ferreira; PARENTE, José Reginaldo Feijão; BRANDÃO, Israel Rocha; QUEIROZ, Ana Helena Bomfim. "Metodologias ativas de ensino-aprendizagem: revisão integrativa". *SANARE – Revista de Políticas Públicas*, Sobral, v. 15, n. 2, 2016. Disponível em: https://sanare.emnuvens.com.br/sanare/article/view/1049. Acesso em: 11 de agosto de 2020.

PARÉ, Guy; TRUDEL, Marie-Claude; JAANA, Mirou; KITSIOU, Spyros. "Synthesizing information systems knowledge: a typology of literature reviews". *Information & Management*, [s.l.], v. 52, n. 2, p. 183-199, 2015. Disponível em: https://www.sciencedirect.com/science/article/abs/pii/S0378720614001116?via%3Dihub. Acesso em: 23 de janeiro de 2021.

PASSEGGI, Maria da Conceição; SOUZA, Elizeu Clementino de; VICENTINI, Paula Perin. "Entre a vida e a formação: pesquisa (auto)biográfica, docência e profissionalização". *Educação em Revista*, Belo Horizonte, v. 27, n. 1, p. 369-386, 2011. Disponível em: https://www.scielo.br/scielo.php?pid=S0102-46982011000100017&script=sci_arttext. Acesso em: 22 de janeiro de 2021.

PATTON, Michael Quinn. *Qualitative research & evaluation methods: integrating theory and practice*. 4. ed. Thousand Oaks, CA: Sage, 2015.

PAULA, Samantha Chang Rodrigues de; TOSTES, Adriana Maria Balena; BARBOSA, Gláucia Sabadini; ARAUJO, Marco Antônio Pereira. "Uma investigação sobre o uso de ferramentas computacionais no ensino de cálculo integral e diferencial". *RENOTE – Revista Novas Tecnologias na Educação*, Porto Alegre, v. 13, n. 2, p. 1-10, 2015. Disponível em: https://www.seer.ufrgs.br/renote/article/view/61394. Acesso em: 23 de janeiro de 2021.

PIKE, Kenneth L. *Language in relation to a unified theory of the structure of human behavior.* 2. revised ed. The Hague, Netherlands: Mouton, 1967.

PIMENTEL, Alessandra. "O método da análise documental: seu uso numa pesquisa historiográfica". *Cadernos de Pesquisa*, São Paulo, n. 114, p. 179-195, 2001. Disponível em: https://www.scielo.br/scielo.php?pid=S0100-15742001000300008&script=sci_arttext&tlng=pt. Acesso em: 24 de janeiro de 2021.

POPPER, Karl R. *A lógica da pesquisa científica.* Tradução de Leonidas Hegenberg e Octanny Silveira da Mota. 2. ed. São Paulo: Cultrix, 2013.

POPPER, Karl R. *Conjectures and refutations: the growth of scientific knowledge.* 2. ed. London: Routledge, 2002.

PRIGOL, Edna Liz; BEHRENS, Marilda Aparecida. "Teoria Fundamentada: metodologia aplicada na pesquisa em educação". *Educação & Realidade*, Porto Alegre, v. 44, n. 3, 2019. Disponível em: https://www.scielo.br/scielo.php?pid=S2175-62362019000300607&script=sci_arttext. Acesso em: 24 de janeiro de 2021.

RAMOS, Daniela Karine; BIANCHI, Maria Luiza; REBELLO, Eliza Regina; MARTINS, Maria Eduarda de O. "Intervenções com jogos em contexto educacional: contribuições às funções executivas". *Psicologia: Teoria e Prática*, São Paulo, v. 21, n. 2, 2019. Disponível em: http://pepsic.bvsalud.org/scielo.php?script=sci_arttext&pid=S1516-36872019000200011&lng=pt&nrm=iso&tlng=pt. Acesso em: 24 de janeiro de 2021.

RAMOS, Daniela Karine; GARCIA, Fernanda Albertina. "Jogos digitais e aprimoramento do controle inibitório: um estudo com crianças do atendimento educacional especializado". *Revista Brasileira de Educação Especial*, Bauru, v. 25, n. 1, p. 37-54, 2019. Disponível em: https://www.scielo.br/scielo.php?pid=S1413-65382019000100037&script=sci_arttext&tlng=pt. Acesso em: 24 de janeiro de 2021.

RAMOS, Daniela Karine; KNAUL, Ana Paula; ROCHA, Aline. "Jogos analógicos e digitais na escola: uma análise comparativa da atenção, interação social e diversão". *Revista Linhas*, Florianópolis, v. 21, n. 47, p. 91-116, 2020. Disponível em: https://www.periodicos.udesc.br/index.php/linhas/article/view/13209. Acesso em: 24 de janeiro de 2021.

RAMOS, Daniela Karine; MARTINS, Patrícia N.; ANASTÁCIO, Bruna S. "A função da narrativa e dos personagens em um jogo digital educativo: análise do jogo saga dos conselhos". *Interfaces Científicas — Educação*, Aracaju, v. 6, n. 1, p. 59-70, 2017. Disponível em: https://periodicos.set.edu.br/educacao/article/view/4435. Acesso em: 24 de janeiro de 2021.

RAMOS, Daniela Karine; MELO, Hiago Murilo. "Can digital games in school improve attention? A study of Brazilian elementary school students". *Journal of Computers in Education*, [s.l.], v. 6, n. 1, p. 5-19, 2019. DOI: https://doi.org/10.1007/s40692-018-0111-3.

RAMOS, Daniela Karine; RIBEIRO, Fabiana Lopes. "Educação a Distância em políticas nacionais de formação". *Revista Brasileira de Aprendizagem Aberta e a Distância (RBAAD)*, São Paulo, v. 19, n. 1, 2020. Disponível em: http://seer.abed.net.br/index.php/RBAAD/article/view/390. Acesso em: 24 de janeiro de 2021.

RAMOS, Daniela Karine; RIBEIRO, Fabiana Lopes. "Formação continuada à distância para fortalecimento da gestão democrática na educação". *Revista e-Curriculum*, São Paulo, v. 16, n. 2, p. 286-314, 2018. Disponível em: https://revistas.pucsp.br/curriculum/article/view/36764. Acesso em: 24 de janeiro de 2021.

RAMOS, Daniela Karine; ROCHA, Natália Lorenzetti da. "Avaliação do uso de jogos eletrônicos para o aprimoramento das funções executivas no contexto escolar". *Revista Psicopedagogia*, São Paulo, v. 33, n. 101, p. 133-143, 2016. Disponível em: http://pepsic.bvsalud.org/scielo.php?script=sci_arttext&pid=S0103-84862016000200003. Acesso em: 24 de janeiro de 2021.

RAMOS, Daniela Karine; ROCHA, Natália Lorenzetti da. "Jogos cognitivos em pequenos grupos: contribuições às habilidades cognitivas". *Retratos da Escola*, Brasília, v. 11, n. 20, p. 277-294, 2017. Disponível em: http://retratosdaescola.emnuvens.com.br/rde/article/view/529. Acesso em: 24 de janeiro de 2021.

RAMOS, Daniela Karine; ROCHA, Natália Lorenzetti da; RODRIGUES, Katia Julia Roque; ROISENBERG, Bruna Berger. "O uso de jogos cognitivos no contexto escolar: contribuições às funções executivas". *Psicologia Escolar e Educacional*, Maringá, v. 21, n. 2, p. 265-275, 2017. Disponível em: http://www.scielo.br/scielo.php?script=sci_arttext&pid=S1413-85572017000200265&lng=en&nrm=iso. Acesso em: 21 de janeiro de 2021.

REIS, Sônia Maria Alves de Oliveira; MEIRA, Anita Monik Teixeira; MOITINHO, Cleidemar Ramos. "História de vida de idosos no Ensino Superior: percursos inesperados de longevidade escolar". *Revista Exitus*, Santarém, v. 8, n. 3, p. 340-369, 2018. Disponível em: http://ufopa.edu.br/portaldeperiodicos/index.php/revistaexitus/article/view/649. Acesso em: 24 de janeiro de 2021.

ROCHA, Leonor Paniago; REIS, Marlene Barbosa de Freitas. "A pesquisa narrativa em educação especial". *Revista Ibero-Americana de Estudos em Educação*, Araraquara, v. 15, n. esp. 1, p. 884-899, 2020. Disponível em: https://periodicos.fclar.unesp.br/iberoamericana/article/view/13500. Acesso em: 24 de janeiro de 2021.

ROMANOWSKI, Joana Paulin; ENS, Romilda Teodora. "As pesquisas denominadas do tipo 'estado da arte' em educação". *Revista Diálogo Educacional*, Curitiba, v. 6, n. 19, p. 37-50, 2006. Disponível em: https://periodicos.pucpr.br/index.php/dialogoeducacional/article/view/24176. Acesso em: 23 de janeiro de 2021.

RONI, Saiyidi Mat; MERGA, Margaret Kristin; MORRIS, Julia Elizabeth. *Conducting quantitative research in education*. Singapore: Springer, 2020.

RUBIN, Herbert J.; RUBIN, Irene S. *Qualitative interviewing: the art of hearing data*. 3. ed. Thousand Oaks, CA: Sage, 2012.

RUSPINI, Elisabetta. *Introduction to longitudinal research*. London: Routledge, 2002.

REFERÊNCIAS

SALDAÑA, Johnny. *The coding manual for qualitative researchers*. 3. ed. Thousand Oaks, CA: Sage, 2016.

SALGADO-NETO, Geraldo; SALGADO, Aquiléa. "Sir Francis Galton e os extremos superiores da curva normal". *Revista de Ciências Humanas*, Florianópolis, v. 45, n. 1, p. 223-239, 2011. Disponível em: https://periodicos.ufsc.br/index.php/revistacfh/article/view/2178-4582.2011v45n1p223/20950. Acesso em: 17 de setembro de 2020.

SANTOS, Cláudia Priscila C. dos; FERREIRA, Jorge. "Sempre sonhei estudar fora: mobilidade internacional entre estudantes em vulnerabilidade socioeconômica". *Argumentum*, Vitória, v. 10, n. 2, p. 220-237, 2018. Disponível em: https://periodicos.ufes.br/argumentum/article/view/18764. Acesso em: 24 de janeiro de 2021.

SANTOS, Edméa. *Pesquisa-formação na cibercultura*. Teresina: EDUFPI, 2019. Disponível em: http://www.edmeasantos.pro.br/assets/livros/Livro%20PESQUISA-FORMA%C3%87%C3%83O%20NA%20CIBERCULTURA_E-BOOK.pdf. Acesso em: 24 de janeiro de 2021.

SANTOS, Maria José dos; MALUF, Maria Regina. "Consciência fonológica e linguagem escrita: efeitos de um programa de intervenção". *Educar em Revista*, Curitiba, n. 38, p. 57-71, 2010. Disponível em: https://www.scielo.br/scielo.php?pid=S0104-40602010000300005&script=sci_arttext. Acesso em: 24 de janeiro de 2021.

SASS, Odair. "O aluno sob medida: os testes psicológicos e educacionais como tecnologia". *Educação & Sociedade*, Campinas, v. 32, n. 117, p. 971-987, 2011. Disponível em: https://www.scielo.br/scielo.php?script=sci_arttext&pid=S0101-73302011000400005&lng=pt&tlng=pt. Acesso em: 24 de janeiro de 2021.

SEIDMAN, Irving. *Interviewing as qualitative research: a guide for researchers in education & social sciences*. 5. ed. New York: Teachers College, 2019.

SHADISH, William R. "Critical multiplism: a research strategy and its attendant tactics". *New Directions for Evaluation*, v. 1993, n. 60, p. 13-57, 1993.

SHAMSEER, Larissa; MOHER, David; CLARKE, Mike; GHERSI, Davina; LIBERATI, Alessandro; PETTICREW, Mark; SHEKELLE, Paul; STEWART, Lesley A.; PRISMA-P Group. "Preferred reporting items for systematic review and meta-analysis protocols (PRISMA-P) 2015: elaboration and explanation". *BMJ*, v. 349, p. 1-25, 2015. Disponível em: https://www.bmj.com/content/349/bmj.g7647.full. Acesso em: 23 de janeiro de 2021.

SHUSTER, Evelyne. Fifty years later: the significance of the Nuremberg Code". *New England Journal of Medicine*, [s.l.], v. 337, n. 20, p. 1436-1440, 1997. Disponível em: https://www.nejm.org/doi/full/10.1056/NEJM199711133372006. Acesso em: 23 de janeiro de 2021.

SIDI, Pilar de Moraes; CONTE, Elaine. "A hermenêutica como possibilidade metodológica à pesquisa em educação". *Revista Ibero-Americana de Estudos em Educação*, Araraquara, v. 12, n. 4, p. 1942-1954, 2017. Disponível em: https://periodicos.fclar.unesp.br/iberoamericana/article/view/9270. Acesso em: 24 de janeiro de 2021.

SILVA, Carla Elizabeth da; OLIVEIRA, Ricardo Vigolo de; BANDEIRA, Denise Ruschel; SOUZA, Diogo Onofre de. "Violência entre pares: um estudo de caso numa escola pública de Esteio/RS". *Psicologia Escolar e Educacional*, Maringá, v. 16, n. 1, p. 83-93, 2012. Disponível em: https://www.scielo.br/scielo.php?pid=S1413-85572012000100009&script=sci_arttext. Acesso em: 24 de janeiro de 2021.

SILVA JUNIOR, Luiz Alberto; LEÃO, Marcelo Brito Carneiro. "O software Atlas.ti como recurso para a análise de conteúdo: analisando a robótica no Ensino de Ciências em teses brasileiras". *Ciência & Educação*, Bauru, v. 24, n. 3, p. 715-728, 2018. Disponível em: https://www.scielo.br/scielo.php?script=sci_arttext&pid=S1516-73132018000300715&lng=pt&tlng=pt. Acesso em: 5 de janeiro de 2021.

SOUZA, Ana Caroline Lima de; GONÇALVES, Carolina Brandão. "O uso de tecnologias na educação e no ensino de ciências a partir de uma pesquisa bibliográfica". *REAMEC – Rede Amazônica de Educação em Ciências e Matemática*, São Paulo, v. 7, n. 3, p. 280-300, 2019. Disponível em: https://periodicoscientificos.ufmt.br/ojs/index.php/reamec/article/view/9256. Acesso em: 24 de janeiro de 2021.

SOUZA, Ana Cláudia de; ALEXANDRE, Neusa Maria Costa; GUIRARDELLO, Edinêis de Brito. "Propriedades psicométricas na avaliação de instrumentos: avaliação da confiabilidade e da validade". *Epidemiologia e Serviços de Saúde*, Brasília, v. 26, p. 649-659, 2017. Disponível em: https://www.scielosp.org/article/ress/2017.v26n3/649-659/. Acesso em: 23 de janeiro de 2021.

SOUZA, Kellcia Rezende; KERBAUY, Maria Teresa Miceli. "Abordagem quanti-qualitativa: superação da dicotomia quantitativa-qualitativa na pesquisa em educação". *Educação e Filosofia*, Uberlândia, v. 31, n. 61, p. 21-44, 2017. Disponível em: http://www.seer.ufu.br/index.php/EducacaoFilosofia/article/view/29099. Acesso em: 22 de janeiro de 2021.

STOKES, Donald E. *O quadrante de Pasteur: a ciência básica e a inovação tecnológica*. Tradução de José Emílio Maiorino. São Paulo: Ed. Unicamp, 2005.

SURI, Harsh. "Epistemological pluralism in research synthesis methods". *International Journal of Qualitative Studies in Education*, [S.l.], v. 26, n. 7, p. 889-911, 2013. Disponível em: https://www.tandfonline.com/doi/full/10.1080/09518398.2012.691565. Acesso em: 22 de janeiro de 2021.

TAI, Joanna; AJJAWI, Rola; BEARMAN, Margaret; WISEMAN, Paul. "Conceptualizations and measures of student engagement: a worked example of systematic review". *In*: ZAWACKI-RICHTER, Olaf; KERRES, Michael; BEDENLIER, Svenja; BOND, Melissa; BUNTINS, Katja (ed.). *Systematic reviews in educational research: methodology, perspectives and application*. Wiesbaden: Springer, 2020. p. 91-110.

TASHAKKORI, Abbas; CRESWELL, John W. Editorial: "Exploring the nature of research questions in mixed methods research". *Journal of Mixed Methods Research*, [s.l.], v. 1, n. 3, p. 207-211, 2007. Disponível em: https://journals.sagepub.com/doi/pdf/10.1177/1558689807302814. Acesso em: 17 de agosto de 2020.

REFERÊNCIAS

TCC MONOGRAFIAS E ARTIGOS. *Estrutura sugerida pelas normas ABNT e normalmente utilizada em monografias*. Disponível em: http://www.tccmonografiaseartigos.com.br/regras-normas-formatacao-tcc-monografias-artigos-abnt. Acesso em: 15 de janeiro de 2021.

THE CAMPBELL COLLABORATION. *Campbell systematic reviews: policies and guidelines*. Version 1.4. Última atualização: 10 jan. 2019. Disponível em: https://onlinelibrary.wiley.com/pb-assets/assets/18911803/Campbell%20Policies%20and%20Guidelines%20v4-1559660867160.pdf. Acesso em: 23 de janeiro de 2021. Campbell Policies and Guidelines Series No. 1.

THE NATIONAL COMMITTEE FOR RESEARCH ETHICS IN THE SOCIAL SCIENCES AND THE HUMANITIES. *A guide to Internet research ethics*. 2. ed. Oslo, jun. 2019. Disponível em: https://www.etikkom.no/en/ethical-guidelines-for-research/ethical-guidelines-for-internet-research/. Acesso em: 24 de janeiro de 2021.

THIOLLENT, Michel. *Metodologia da pesquisa-ação*. 18. ed. São Paulo: Cortez, 2011.

THURSTONE, Louis Leon; CHAVE, E. J. *The measurement of attitudes: a psychophysical method and some experiments with a scale for measuring attitude toward the Church*. Chicago: University of Chicago Press, 1929.

TOLEDO, Gustavo Sousa; DOMINGUES, Carlos Roberto. "Produção sobre educação corporativa no Brasil: um estudo bibliométrico". *Revista de Gestão e Secretariado*: GeSec, São Paulo, v. 9, n. 1, p. 108-127, 2018. Disponível em: https://revistagesec.org.br/secretariado/article/view/755. Acesso em: 23 de janeiro de 2021.

TROTMAN, Dave. "Interpreting imaginative lifeworlds: Phenomenological approaches in imagination and the evaluation of educational practice". *Qualitative Research*, [s.l.], v. 6, n. 2, p. 245-265, 2006.

TUCKMAN, Bruce. *Manual de investigação em educação: metodologia para conceber e realizar o processo de investigação científica*. Tradução de António Rodrigues Lopes. 4. ed. Lisboa: Fundação Calouste Gulbenkian, 2012.

VAN MANEN, Max. *Researching lived experience: human science for an action sensitive pedagogy*. 2. ed. Abingdon: Routledge, 2016.

VIDAL, Diana Gonçalves; SILVA, José Cláudio Sooma. "Questões éticas na pesquisa sobre a própria prática ou no ambiente de trabalho". *In*: ANPED — Associação Nacional de Pós-Graduação e Pesquisa em Educação. *Ética e pesquisa em Educação: subsídios*. Rio de Janeiro, 2019. v. 1. p. 42-45.

VIEIRA, Sonia. *Como elaborar questionários*. São Paulo: Atlas, 2009.

VOSGERAU, Dilmeire Sant Anna Ramos; POCRIFKA, Dagmar Heil; SIMONIAN, Michele. "Associação entre a técnica de análise de conteúdo e os ciclos de codificação: possibilidades a partir do software ATLAS.ti". *RISTI – Revista Ibérica de Sistemas e Tecnologias de Informação*, Porto, n. 19, p. 93-106, 2016. Disponível em: http://www.scielo.mec.pt/scielo.php?script=sci_arttext&pid=S1646-98952016000300008. Acesso em: 5 de janeiro de 2021.

VOSGERAU, Dilmeire Sant'Anna Ramos; ROMANOWSKI, Joana Paulin. "Estudos de revisão: implicações conceituais e metodológicas". *Revista Diálogo Educacional*, Curitiba, v. 14, n. 41, 2014. Disponível em: https://periodicos.pucpr.br/index.php/dialogoeducacional/article/view/2317. Acesso em: 22 de janeiro de 2021.

WALDINGER, Robert. "Do que é feita uma vida boa? Lições do mais longo estudo sobre felicidade". *TEDxBeaconStreet*, nov. 2015. Disponível em: https://www.ted.com/talks/robert_waldinger_what_makes_a_good_life_lessons_from_the_longest_study_on_happiness?language=pt-br#t-493886.

WEBSTER, Jane; WATSON, Richard T. "Analyzing the past to prepare for the future: writing a literature review". *MIS Quarterly*, [s.l.], v. 26, n. 2, xiii-xxiii, 2002. Guest Editorial. Disponível em: https://www.jstor.org/stable/4132319?seq=1#metadata_info_tab_contents. Acesso em: 23 de janeiro de 2021.

YAMAKAWA, Eduardo Kazumi; KUBOTA, Flávio Issao; BEUREN, Fernanda Hansch; SCALVENZI, Lisiane; MIGUEL, Paulo Augusto Cauchick. "Comparativo dos softwares de gerenciamento de referências bibliográficas: Mendeley, EndNote e Zotero". *Transinformação*, Campinas, v. 26, n. 2, 2014. Disponível em: https://www.scielo.br/scielo.php?pid=S0103-37862014000200167&script=sci_abstract&tlng=es. Acesso em: 23 de janeiro de 2021.

YAZAN, Bedrettin. "Três abordagens do método de estudo de caso em educação: Yin, Merriam e Stake". Tradução de Ivar Cesar Oliveira de Vasconcelos. *Revista Meta*: Avaliação, Rio de Janeiro, v. 8, n. 22, p. 149-182, 2016. Disponível em: https://revistas.cesgranrio.org.br/index.php/metaavaliacao/article/view/1038. Acesso em: 24 de janeiro de 2021.

YIN, Robert K. *Case study research and applications*: design and methods. 6. ed. Los Angeles: Sage, 2018.

ZAWACKI-RICHTER, Olaf. "Introduction: Systematic Reviews in Educational Research". *In*: ZAWACKI-RICHTER, Olaf; KERRES, Michael; BEDENLIER, Svenja; BOND, Melissa; BUNTINS, Katja (ed.). *Systematic reviews in educational research: methodology, perspectives and application*. Wiesbaden: Springer, 2020. v-xiv.

ZAWACKI-RICHTER, Olaf; KERRES, Michael; BEDENLIER, Svenja; BOND, Melissa; BUNTINS, Katja (ed.). *Systematic reviews in educational research: methodology, perspectives and application*. Wiesbaden: Springer, 2020. Disponível em: http://library.oapen.org/handle/20.500.12657/23142. Acesso em: 30 de abril de 2020.

ZENORINI, Rita da Penha Campos; SANTOS, Acácia Aparecida Angeli dos; MONTEIRO, Rebecca de Magalhães. "Motivação para aprender: relação com o desempenho de estudantes". *Paidéia*, Ribeirão Preto, v. 21, n. 49, p. 157-164, 2011. Disponível em: https://www.scielo.br/scielo.php?pid=S0103-863X2011000200003&script=sci_arttext&tlng=pt. Acesso em: 24 de janeiro de 2021.

ZIMBARDO, Philip G. *The Stanford Prison Experiment*. Disponível em: https://www.prisonexp.org/. Acesso em: 20 de agosto de 2020.

SOBRE OS AUTORES

João Mattar é bacharel em filosofia (PUC-SP) e letras (USP), certificado em ensino e aprendizagem na educação superior (Laureate International Universities), especialista em administração (FGV-SP), mestre em tecnologia educacional (Boise State University), doutor em letras (USP) e pós-doutorado (Stanford University), onde foi *visiting scholar* (1998-1999).

É autor de diversos artigos em periódicos nacionais e internacionais, capítulos e livros, dentre os quais: *Metodologia Científica na Era Digital* (Saraiva), *Metodologias Ativas para a Educação Presencial, Blended e a Distância* (Artesanato Educacional), *Introdução à Filosofia* (Pearson), *Filosofia da Computação e da Informação* (LCTE), *Second Life e Web 2.0 na Educação: o potencial revolucionário das novas tecnologias* (Novatec), *Web 2.0 e Redes Sociais na Educação* (Artesanato Educacional), *Games em Educação: como os nativos digitais aprendem* (Pearson), *Guia de Educação a Distância* (Cengage Learning), *ABC da EaD: a educação a distância hoje* (Pearson), *Design Educacional: educação a distância na prática* (Artesanato Educacional) e *Tutoria e Interação em Educação a Distância* (Cengage Learning).

Foi coordenador de pós-graduação e pesquisa do Centro Universitário Ibero-Americano (Unibero); professor e coordenador do curso de pós-graduação lato-sensu (especialização) em inovação em tecnologias educacionais na Universidade Anhembi Morumbi (Laureate International Universities); professor, pesquisador e orientador no PPGENT — Programa Profissional de Pós-Graduação em Educação e Novas Tecnologias do Centro Internacional Uninter; e vice-presidente da ABT — Associação Brasileira de Tecnologia Educacional.

É professor, pesquisador e orientador no TIDD — Programa de Pós-Graduação em Tecnologias da Inteligência e Design Digital (PUC-SP), onde é líder do GPTED — Grupo de Pesquisa em Tecnologias Educacionais; professor, pesquisador e orientador no Mestrado Interdisciplinar em Ciências Humanas na Universidade de Santo Amaro (Unisa); diretor de relações internacionais da ABED — Associação Brasileira de Educação a Distância; e professor colaborador do mestrado em recursos digitais em educação, na Escola Superior de Educação (ESE) do Instituto Politécnico de Santarém (Portugal).

Daniela Karine Ramos é licenciada e bacharel em psicologia pela Universidade Federal de Santa Catarina (UFSC) e em pedagogia pela Universidade do Estado de Santa Catarina

(UDESC), especialista em gestão de recursos humanos pelo Instituto Candido Mendes, mestre e doutora em educação (UFSC) e tem pós-doutorado em educação e psicologia na Universidade de Aveiro (Portugal).

É autora de diversos artigos em periódicos nacionais e internacionais, capítulos e livros como: *Jogos Digitais em Contextos Educacionais* (CRV), *Tecnologias, Participação e Aprendizagem: contribuições à gestão democrática e ao fortalecimento dos Conselhos Escolares* (Saberes em Diálogo) e *Cursos On-Line: planejamento e organização* (Editora da UFSC).

Atuou em projetos de educação a distância em várias instituições de ensino superior e foi coordenadora pedagógica da Ilog Tecnologia, atuando no desenvolvimento de projetos de educação a distância corporativa. Foi professora de disciplinas em diferentes cursos de graduação em algumas universidades de Santa Catarina.

Atualmente, é professora no programa de pós-graduação em educação e no Departamento de Metodologia de Ensino da Universidade Federal de Santa Catarina. É líder do Grupo de Pesquisa Edumídia (CNPq) e coordena o LabLudens, um laboratório de pesquisa e extensão do Colégio de Aplicação da UFSC que propõe atividades lúdicas utilizando jogos analógicos, games e gamificação para o desenvolvimento de habilidades cognitivas.

Coordenou o desenvolvimento da Escola do Cérebro, um aplicativo que integra jogos digitais voltados para crianças no contexto escolar para o aprimoramento das funções executivas. A sequência de projetos financiados, vinculados à Escola do Cérebro, resultou em muitos trabalhos publicados de validação e avaliação de intervenções, baseados tanto em abordagens qualitativas como quantitativas e mistas de pesquisa.